Mariacristina Razzoli Maria Messori

# Diritto ed economia tra mondo reale e digitale 2.0

Seconda edizione

P. 12-15 / P. 17-18 / P. 35 / P. 54 / P. 68

P. 20





PER IL COMPUTER E PER IL TABLET

## L'eBook multimediale

**1 REGÌSTRATI**

Vai su **my.zanichelli.it** e regìstrati come studente

**2 ATTIVA IL TUO LIBRO**

Una volta entrato in **myZanichelli**, inserisci la **chiave di attivazione** che trovi sul bollino argentato in questa pagina

**3 CLICCA SULLA COPERTINA**

Puoi:
- **scaricare l'eBook offline** sul tuo computer o sul tuo tablet
- **sfogliare un'anteprima** dell'eBook online

CLITT ZANICHELLI

Realizzazione editoriale:
- Coordinamento e redazione: Giovanna Mancini (Bianca&Volta, Roma)
- Progetto grafico: Bianca&Volta, Roma
- Impaginazione: Lucia Cangiano (Bianca&Volta, Roma)
- Ricerca iconografica: Bianca&Volta, Roma

Copertina:
– Progetto grafico e realizzazione: Bianca&Volta, Roma

Prima edizione: marzo 2018

Ristampa:
5 4 3 2019 2020 2021 2022

Zanichelli garantisce che le risorse digitali di questo volume sotto il suo controllo saranno accessibili, a partire dall'acquisto dell'esemplare nuovo, per tutta la durata della normale utilizzazione didattica dell'opera. Passato questo periodo, alcune o tutte le risorse potrebbero non essere più accessibili o disponibili: per maggiori informazioni, leggi my.zanichelli.it/fuoricatalogo

**File per sintesi vocale**
L'editore mette a disposizione degli studenti non vedenti, ipovedenti, disabili motori o con disturbi specifici di apprendimento i file pdf in cui sono memorizzate le pagine di questo libro. Il formato del file permette l'ingrandimento dei caratteri del testo e la lettura mediante software screen reader. Le informazioni su come ottenere i file sono sul sito http://www.zanichelli.it/scuola/bisogni-educativi-speciali

**Grazie a chi ci segnala gli errori**
Segnalate gli errori e le proposte di correzione su **www.zanichelli.it/correzioni.**
Controlleremo e inseriremo le eventuali correzioni nelle ristampe del libro.
Nello stesso sito troverete anche l'errata corrige, con l'elenco degli errori e delle correzioni.

Zanichelli editore S.p.A. opera con sistema qualità
certificato CertiCarGraf n. 477
secondo la norma UNI EN ISO 9001:2015

Questo libro è stampato su carta che rispetta le foreste.
www.zanichelli.it/chi-siamo/sostenibilita/

Stampa: Grafiche Zanini
Via Emilia, 41/E - Anzola Emilia (Bologna)
per conto di Zanichelli Editore S.p.A.
Via Irnerio 34, 40126 Bologna

**Diritto ed Economia tra mondo reale e digitale 2.0** è un testo destinato al primo biennio della scuola superiore, aggiornato con le più recenti riforme legislative che, in pochissimi anni, hanno modificato più di un aspetto della disciplina (es. Rosatellum, "Brexit", divorzio breve, unioni civili).
È un manuale agevole, operativo e completo nei contenuti, che si articolano in dodici **moduli**, di cui sei di Diritto e sei di Economia, proposti attraverso un percorso di apprendimento basato sulle **competenze chiave di cittadinanza** e sulle **competenze di base dell'asse storico-sociale**, da certificare alla fine del primo biennio.

Ciascun modulo è ripartito in **unità di apprendimento**, che consentono al docente di fare scelte autonome, in sintonia con la programmazione del Consiglio di Classe. Il Diritto e l'Economia sono trattati separatamente, pur rispettando la stretta connessione tra loro, messa in evidenza da frequenti richiami interdisciplinari che guidano gli studenti alla comprensione della realtà che li circonda.

Lo studio della materia e l'acquisizione della terminologia specifica sono facilitati dall'utilizzo di un linguaggio chiaro e accessibile, corredato da frequenti **esempi concreti**, evidenziati all'interno dei paragrafi. Un breve percorso, collocato all'interno di ogni modulo, propone conoscenze disciplinari di base, avvalendosi della metodologia **CLIL** comprensiva di audio.

Tutti i moduli si aprono con l'indicazione dei materiali digitali da utilizzare per la **flipped classroom**, precisano gli obiettivi essenziali da raggiungere e si chiudono con un **compito di realtà**, al fine di sviluppare le competenze e verificare i livelli raggiunti.

Ogni unità di apprendimento è suddivisa in **paragrafi**, organizzati con frequenti **richiami a margine** per facilitare la lettura, e contiene:

- un ricco apparato d'**immagini,** illustrazioni e **link** ai contenuti digitali;
- **box** a margine, per chiarire in modo sintetico il significato di termini tecnici;
- **approfondimenti**, denominati "Dentro il diritto" o "Dentro l'economia", che arricchiscono la spiegazione degli argomenti;
- **schemi**, **tabelle** e **mappe concettuali**, che favoriscono la sintesi e la memorizzazione degli argomenti trattati;
- uno o più **esercizi**, inseriti alla fine di ogni paragrafo, per allenarsi sulle competenze chiave di cittadinanza;
- una **sintesi finale** dei contenuti proposti, scritta e vocale, per agevolare la preparazione dello studente;
- una "**Verifica delle competenze**", strutturata in sei tipologie di esercizi di tre livelli (base, intermedio e avanzato), con una tabella di autovalutazione;
- una mappa delle **"Parole chiave"**, anche con animazione digitale, per guidare la memorizzazione e l'esposizione dei contenuti.

Nel manuale è riservata grande attenzione alla **didattica inclusiva**, attraverso un limitato utilizzo del corsivo e uno specifico "**Percorso per tutti**", finalizzato a rispettare i tempi e i bisogni di apprendimento di ogni studente. Un percorso di "**Educazione digitale**", che si compone di quattro approfondimenti, propone efficaci strumenti per navigare sicuri e in modo responsabile nel mondo digitale.

Mariacristina Razzoli, Maria Messori

# DIRITTO

## 1



## 2

## 3

# ECONOMIA

## 1 L'ECONOMIA E IL SISTEMA ECONOMICO

## 2 I SOGGETTI ECONOMICI

## 3 LE REGOLE DEL MERCATO E LE SUE FORME

# COME È FATTO L'EBOOK MULTIMEDIALE

L'**eBook multimediale** contiene tutte le pagine del corso. Con l'eBook potrai:

- leggere sul **tablet**, sul **computer** e sul **netbook** le pagine digitali del libro
- svolgere gli **esercizi interattivi**
- ascoltare tutti gli **audio**
- guardare i **video**
- ritagliare **immagini** e importarle negli appunti
- consultare lo **schedario grammaticale**

Vuoi sapere di più sul tuo eBook? Visita il sito del libro: www.clitt.it/libri/diritto-econ-2-0/

**1.** Dal menu iniziale dell'**eBook** puoi accedere ai contenuti del corso.

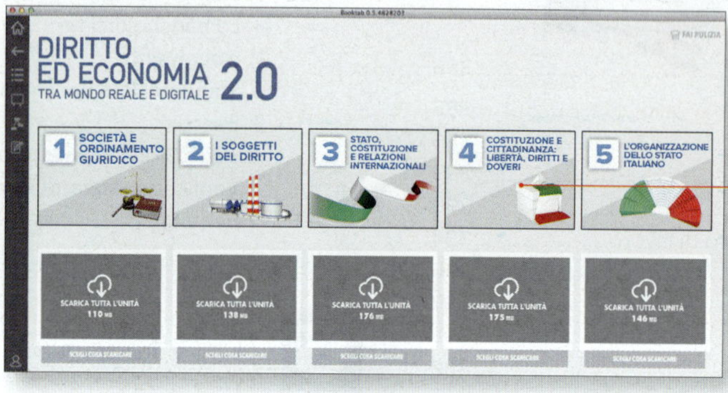


Ogni immagine corrisponde a un'unità: fai clic su quella che ti interessa.

**2.** Nell'indice dell'unità puoi vedere le pagine che la compongono.

Fai clic sulle doppie pagine: si apriranno a tutto schermo.

**3.** Le icone sulla pagina segnalano i contenuti interattivi e multimediali.

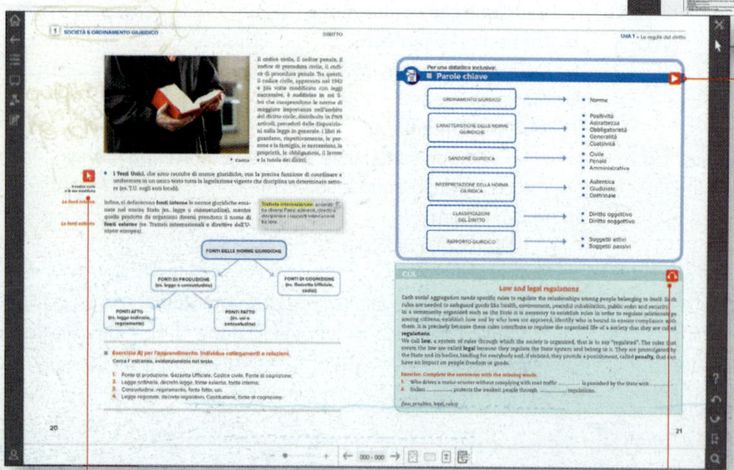

Guarda i video.

Guarda l'approfondimento

Ascolta l'audio

- Tutti questi contenuti sono disponibili anche su **tablet**.

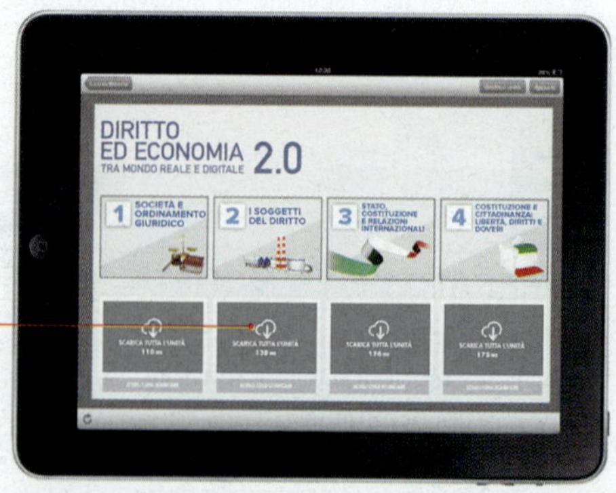

Fai clic sui capitoli per scaricarli sul tablet: quelli già scaricati appaiono colorati.

Puoi visualizzare l'eBook su computer e tablet. Con la funzione di sincronizzazione, gli appunti presi o le modifiche effettuate con un dispositivo saranno automaticamente visibili anche su tutti gli altri dispositivi.

# 1 SOCIETÀ E ORDINAMENTO GIURIDICO

**UdA 1**
**Le regole del diritto**
→ COMUNITÀ ORGANIZZATA → RAPPORTI TRA LE PERSONE → NORME GIURIDICHE → DIRITTO

**UdA 2**
**Le fonti del diritto italiano e la validità delle norme giuridiche**
→ LEGGI E REGOLAMENTI → ORDINE D'IMPORTANZA → ENTRATA IN VIGORE → FINE DELLE NORME GIURIDICHE

**Alla fine di questo percorso didattico, sarai in grado di identificare i fondamenti dell'organizzazione giuridica dello Stato italiano.**

**Educazione digitale:** Le regole per navigare sicuri in Rete.

**FLIPPED classroom**

### A casa: lezione

Leggo e ascolto i materiali digitali:
- I diritti soggettivi (Pdf).
- Il Codice civile e le sue modifiche (*PowerPoint*).
- Esempio di testo di legge (Pdf).
- Esempio di Raccolta di usi e consuetudini (Pdf).
- "Ripassiamo insieme" (Audio).
- "Parole chiave" (Animazione).

### A scuola: sviluppo le competenze

Rifletto:
- Confronto e dibattito in classe.
- Verifica delle competenze di fine unità di apprendimento.

Mi metto alla prova:
- Compito di realtà di fine modulo.

# UdA 1 LE REGOLE DEL DIRITTO

## 1. La società e le regole

Ognuno di noi si misura ogni giorno con una serie infinita di regole senza rendersene conto: da quella di lavarsi i denti dopo aver fatto colazione a quella di pagare il biglietto dell'autobus.
Le regole ci dicono come si fa a fare qualcosa o come comportarci in determinate situazioni. Ad esse spetta il compito di far funzionare le cose in un certo modo.

**Esempio:** **per suonare il pianoforte bisogna osservare le regole della teoria musicale; di fronte ad un semaforo rosso è necessario fermarsi.**

Qualsiasi aggregazione sociale ha bisogno di determinate regole per disciplinare i rapporti tra le persone che ne fanno parte. Esse servono a tutelare beni come la salute, l'ambiente, la pacifica convivenza, l'ordine pubblico e la sicurezza, anche nell'ambito delle nuove tecnologie di comunicazione, come Internet. Non è possibile vivere insieme senza rispettarle.

**Postare:** dall'inglese "to post", nel senso di "posta", "corrispondenza", che, in tempi recenti, nel linguaggio di comunicazione in rete o dei social network, ha assunto il significato di inviare un messaggio o mettere un'immagine in Internet.

**Esempio:** **non si può andare in motorino se non si osservano le regole della circolazione stradale; non è possibile "postare" una foto su Internet senza il consenso della persona ritratta.**

**Le norme**

In una comunità organizzata come lo Stato è necessario fissare delle regole per disciplinare i rapporti tra i consociati, stabilire come e da chi sono approvate le leggi, individuare coloro che sono tenuti a farle rispettare. Tali regole, proprio perché contribuiscono a disciplinare la vita organizzata di una società, sono dette **norme**.

**L'ordinamento giuridico**

Si definisce **diritto** l'insieme delle norme attraverso le quali si organizza, cioè si "ordina" la società. Da qui discende l'altra espressione, dal significato sostanzialmente equivalente, di **ordinamento giuridico**.

In base al loro contenuto, le norme hanno la possibilità di organizzare la società in modi diversi.

**Esempio:** **le norme possono concedere alle persone ampia libertà di manifestare il loro pensiero o stabilire censure o restrizioni; possono ritenere le persone tutte uguali tra loro oppure no, ampliare o ridurre i loro diritti.**

Le norme non sono immutabili, ma variano secondo i tempi e i luoghi.

**Esempio:** **fino al 1946 il diritto di voto era riservato ai cittadini di sesso maschile, mentre da quella data in poi fu esteso anche alle donne; in Italia la maggiore età si acquista a diciotto anni, nel Missouri (USA) a diciassette e in Giappone a venti.**

▸ Strisce pedonali: obbligo di fermarsi

FATTI SPECIE = FATTO CONCRETO

Diritto positivo → Posto dallo stato

Diritto naturale → coscienza di tutti (libertà di parola ecc.....)



| ESEMPIO DI INTERPRETAZIONE | |
|---|---|
| Situazione ipotetica prevista dalla norma giuridica | Art. 624 c.p. (codice penale) Furto. *Chiunque si impossessa della cosa mobile altrui, sottraendola a chi la detiene, al fine di trarre profitto per sé o per altri, è punito con la reclusione da 6 mesi a 3 anni e con la multa da 154 euro a euro 516.* |
| Caso concreto | Lorenzo, giovane ventenne disoccupato, ruba il portafoglio di Ottavio, anziano signore, al supermercato. |
| La norma giuridica si applica a Lorenzo? | Sì, perché la norma riguarda tutti i soggetti indistintamente ("*Chiunque*") e quindi anche Lorenzo. |
| La norma giuridica vale per il furto di un portafoglio? | Sì, perché la norma parla genericamente di "*cosa mobile altrui*" e non specifica un oggetto in particolare. Pertanto, il portafoglio di Ottavio, essendo una cosa mobile (cioè che si può spostare da un luogo all'altro), rientra nella previsione della norma in esame. |

Ognuno di noi può essere in grado di attribuire un significato alle parole contenute in una norma giuridica. In base ai soggetti che esercitano questa attività, il nostro ordinamento giuridico distingue una:

**L'interpretazione autentica**

- **Interpretazione autentica:** quando va a chiarire il significato di una norma giuridica che esiste già ma la cui applicazione ha sollevato dei dubbi. Essa proviene dallo stesso soggetto che ha emanato la norma (legislatore). Questo tipo di interpretazione è vincolante per tutti.

**Esempio:** **il Parlamento emana una legge per spiegare il significato da attribuire alle disposizioni normative precedentemente approvate.**

**Parlamento:** è un organo regolato dalla Costituzione, titolare del potere legislativo (cioè quello di approvare le leggi), ed eletto dal popolo.

**Processo:** un insieme di attività mediante le quali gli organi competenti (es. giudice) applicano la legge, nell'ambito di una lite giudiziaria, che è quella promossa davanti ad un Tribunale.

**L'interpretazione giudiziale**

- **Interpretazione giudiziale:** quando è operata da un giudice nell'ambito di un processo, al fine di applicare la norma generale e astratta al caso concreto. Tale interpretazione è vincolante solo per le parti coinvolte e non si estende ad altre liti giudiziarie, anche se relative a situazioni simili. L'insieme delle sentenze dei giudici, che si definisce **giurisprudenza**, può, tuttavia, determinare orientamenti e prassi applicative.

**Esempio:** **un Giudice decide con un suo provvedimento a conclusione di un giudizio (sentenza) se condannare o meno il venditore di una cucina a risarcire i danni al compratore che lamenta difetti nel montaggio e ritardi nella consegna.**

▸ Interpretazione giudiziale

**L'interpretazione dottrinale**

- **Interpretazione dottrinale**, quando è posta in essere da giuristi o esperti del diritto. Questa interpretazione non è vincolante per nessuno, ma può costituire un valido aiuto, anche per i giudici, per chiarire l'estensione e i limiti dell'applicabilità delle norme giuridiche ai casi concreti. L'insieme degli apporti degli studiosi del diritto si definisce **Dottrina**.

**Esempio:** **un docente universitario, esperto di diritto (giurista), pubblica un saggio dove chiarisce come, a suo parere, si debbano applicare determinate norme che, in precedenza, sono state oggetto di contrasti interpretativi.**

Dentro il **diritto**

### I criteri dell'interpretazione

Gli interpreti, nell'esercizio della loro attività interpretativa, potranno avvalersi di criteri diversi, partendo, ad esempio, dal significato letterale delle parole (**criterio letterale**) o dall'intenzione del legislatore nell'emanazione di una norma (**criterio teleologico**).

Il giudice, in particolare, poiché non può rifiutarsi di decidere, può ricorrere all'**analogia**, mediante la quale, in assenza di una norma giuridica applicabile al caso concreto, può applicare le disposizioni normative previste per casi simili a quello in esame o dettate per materie analoghe.

**Esercizio E) per l'apprendimento. Comunica (comprendi).**
**Indica a fianco delle seguenti frasi se si tratta di un'interpretazione autentica (A), giudiziale (G) o dottrinale (D).**

1. Un articolo di un professore universitario su una rivista specializzata che analizza il significato di una norma giuridica. **A G D**
2. La sentenza di un Tribunale a conclusione di un processo. **A G D**
3. La pubblicazione di un libro da parte di un giurista che esprime il suo parere circa l'applicazione di alcune disposizioni normative. **A G D**
4. L'ordinanza di un giudice emanata nel corso di un processo. **A G D**
5. Una legge del Parlamento che ne chiarisce una precedente. **A G D**

## 5. Le classificazioni del diritto

Il diritto

Il **diritto**, inteso come insieme di regole su cui si basa l'organizzazione della società, può assumere un duplice significato.

Partiamo da un esempio: Luca ha quindici anni e vorrebbe tanto guidare una moto, ma il diritto non glielo consente; Giulio, che ha appena compiuto diciotto anni, ha il diritto di prendere la patente.

Nel primo caso, il termine evidenziato fa riferimento all'insieme delle norme giuridiche, mentre nel secondo indica il potere di un soggetto di esigere dallo Stato una determinata prestazione. Di conseguenza, possiamo distinguere tra:

▸ Diritto alla segretezza della corrispondenza

Il diritto oggettivo

- **Diritto oggettivo**, che indica l'insieme delle norme giuridiche in vigore in uno Stato.

▸ La legge è parte del diritto positivo

**Esempio:** il diritto italiano (cioè l'insieme delle norme giuridiche) tutela i minori di età.

Il diritto soggettivo

- **Diritto soggettivo**, che è la pretesa che un soggetto può far valere nei confronti di un altro soggetto e che trova protezione nell'ambito dell'ordinamento giuridico.

**Esempio:** il diritto ad ottenere il risarcimento del danno per lesioni personali, subite in occasione di un sinistro stradale; il diritto alla segretezza della corrispondenza.

I diritti soggettivi

Distinguiamo **diritti soggettivi assoluti**, che si possono far valere nei confronti di tutti (es. diritto di proprietà), e **relativi**, da esercitare solo nei confronti di uno o più soggetti determinati (es. diritto di credito).

Nell'ambito dell'ordinamento giuridico si distingue anche tra:

Il diritto positivo

- **Diritto positivo**, che è l'insieme delle norme giuridiche poste (cioè emanate) dallo Stato e, pertanto, viene a coincidere con la nozione di diritto oggettivo e di ordinamento giuridico.

**Esempio:** è norma di diritto positivo quella che prevede il divieto di uccidere, contenuta nel nostro codice penale.

**Espropriazione per pubblica utilità:** è quel procedimento in forza del quale la Pubblica Amministrazione può privare un cittadino della proprietà di un immobile, in ragione di un prevalente interesse generale, dietro versamento di un indennizzo.

Il diritto naturale

- **Diritto naturale**, che è inteso come quel complesso di principi e di valori universali, preesistenti al diritto positivo e propri della natura stessa dell'uomo (es. giustizia, libertà, dignità umana).

**Esempio:** è principio del diritto naturale il diritto alla vita e alla propria integrità fisica e morale, presente in ogni uomo sin dalla nascita.

Come emerge dagli esempi sopra indicati, spesso le norme giuridiche di diritto positivo coincidono con i principi di diritto naturale. Nella storia, purtroppo, non sono mancati esempi in cui le libertà fondamentali dei cittadini sono state limitate o soppresse (es. leggi razziali nei confronti degli ebrei).

▸ Il diritto privato regola il contratto di lavoro

Tutte le norme giuridiche esistenti nel nostro Stato regolano ogni aspetto della vita umana e, a seconda del contenuto, il diritto le suddivide in due rami fondamentali:

Il diritto pubblico

- **Diritto pubblico:** costituito dall'insieme di norme giuridiche che regolano il funzionamento dello Stato e i rapporti tra cittadini e Stato, quando quest'ultimo si pone in una posizione di supremazia.

**Esempio:** è disciplinato dal diritto pubblico l'ordine di espropriazione per pubblica utilità di un terreno, notificato da un Comune ad un cittadino.

**Il diritto privato**

- **Diritto privato:** formato dall'insieme di norme giuridiche che disciplinano i rapporti tra i privati e tra i privati e lo Stato quando quest'ultimo si spoglia della sua sovranità e agisce in posizione di parità.

**Esempio: è regolato dal diritto privato il contratto di locazione (cioè di affitto) di un garage, da adibire a deposito, stipulato da un Comune con un privato.**

All'interno di questa ripartizione, troviamo un'ulteriore suddivisione in diversi rami, sia del diritto pubblico, sia del diritto privato, sulla base della materia che essi vanno a regolare.

**Comune:** è l'ente locale più vicino al cittadino ed ha la diretta rappresentanza della propria comunità, di cui cura gli interessi e promuove lo sviluppo (es. Comune di Modena). I suoi organi istituzionali sono: Consiglio comunale, Giunta comunale, Sindaco.

Dentro il **diritto**

## I principali rami del diritto privato

**Diritto civile:** regola i rapporti tra privati e comprende le norme giuridiche in materia di persone, famiglia (es. matrimonio, figli, separazione), successioni (es. eredità, testamento), contratti (es. compravendita, assicurazione), responsabilità civile (es. risarcimento danni).

**Diritto commerciale:** disciplina l'attività economica, le imprese (es. industriali, bancarie o assicurative), le aziende e le società.

**Diritto del lavoro:** disciplina il rapporto di lavoro e tutti gli aspetti ad esso collegati come lo sciopero e gli altri diritti sindacali (diritto sindacale), la prevenzione degli infortuni e l'astensione obbligatoria o facoltativa della lavoratrice madre (legislazione sociale).

## I principali rami del diritto pubblico

**Diritto costituzionale:** disciplina l'organizzazione e le competenze dello Stato e dei suoi organi (es. Parlamento, Governo, Presidente della Repubblica, Magistratura, Corte Costituzionale).

**Diritto amministrativo:** regola l'organizzazione e l'attività della Pubblica Amministrazione nonché i rapporti tra quest'ultima e gli altri soggetti dell'ordinamento giuridico (pubblici o privati).

**Diritto penale:** prevede e disciplina i reati (es. rapina) e le relative sanzioni (es. reclusione in carcere).

**Diritto processuale:** regola l'attività dei giudici e lo svolgimento dei processi civili, penali e amministrativi.

- **Esercizio F) per l'apprendimento. Impara ad imparare.**
  **Scrivi cinque esempi di diritti soggettivi.**

- **Esercizio G) per l'apprendimento. Acquisisci ed interpreta l'informazione.**
  **Indica in quale ramo del diritto faresti rientrare le seguenti situazioni, indicando il numero corrispondente nella tabella sottostante.**

1. Separazione di due coniugi.
2. Espropriazione di un terreno di un cittadino da parte di un Comune per la costruzione di una scuola.
3. Risarcimento del danno.
4. Conflitto di competenza tra due organi dello Stato.
5. Conclusione di un contratto.
6. Rapporto di lavoro.
7. Furto in appartamento.
8. Procedura di approvazione della legge del Parlamento.

| Diritto privato | Diritto pubblico |
|---|---|
| N. ........... | N. ........... |
| N. ........... | N. ........... |
| N. ........... | N. ........... |
| N. ........... | N. ........... |

# 6. Il rapporto giuridico

I comportamenti e le relazioni umane sono molteplici e di vario genere. Non tutte le relazioni che intercorrono tra le persone interessano il diritto e sono da questo disciplinate.

**Esempio:** il rapporto di amicizia fra due adolescenti non è regolato da norme giuridiche.

Il diritto regola solamente quei rapporti che ritiene giuridicamente rilevanti, perché importanti e meritevoli di essere protetti sia per l'interesse dei singoli sia per quello della collettività.

**Esempio:** il rapporto di lavoro è una relazione tra il datore di lavoro e il lavoratore, che è disciplinata dal diritto attraverso il contratto di lavoro.

▸ Rapporto giuridico: matrimonio

Distinguiamo, allora, due tipi di rapporto:

Il rapporto di fatto

- **il rapporto di fatto**, che è la relazione di natura personale basata, ad esempio, sull'affetto, sul sentimento o sull'amicizia. Non è disciplinato dalla norma giuridica, ma segue le regole dell'educazione, della sensibilità e della cultura e, per questo, il diritto lo considera giuridicamente irrilevante (es. un rapporto sentimentale fra un ragazzo e una ragazza);

Il rapporto giuridico

- **il rapporto giuridico**, che è la relazione tra due o più soggetti prevista e regolata dal diritto oggettivo, ossia dall'insieme delle norme giuridiche (es. un contratto di vendita).

I soggetti, ossia quelli tra cui s'instaura un rapporto giuridico, sono definiti, più correttamente, **parti** (es. compratore o venditore), mentre sono qualificati **terzi** coloro che risultano estranei al rapporto ma in un qualche modo sono ad esso interessati.

**Esempio:** nel matrimonio i soggetti del rapporto giuridico (parti) sono i coniugi; in un contratto di acquisto di una casa, le parti sono il venditore e il compratore, mentre il terzo è colui che garantisce il pagamento del debito.

In base al ruolo che i soggetti rivestono all'interno del rapporto, distinguiamo:

I soggetti attivi

- **soggetti attivi,** quando la norma giuridica attribuisce loro il potere di far valere le proprie richieste.

**Esempio:** Mario, che ha prestato cento euro a Silvia, ha il potere di pretendere il pagamento del suo credito.

I soggetti passivi

- **soggetti passivi**, quando la norma giuridica li obbliga a tenere un determinato comportamento che va a vantaggio del soggetto attivo.

**Esempio:** Silvia ha l'obbligo di restituire a Mario la somma prestatale.

■ **Esercizio H) per l'apprendimento. Comunica (comprendi).**

**Indica se le seguenti situazioni individuano un rapporto di fatto (F) o un rapporto giuridico (G), apponendo una crocetta in corrispondenza della risposta che ritieni esatta.**

1. Matrimonio tra un uomo e una donna. F G
2. Convivenza tra due fidanzati. F G
3. Elemosina ad una persona in stato di bisogno. F G
4. Consulenza di un commercialista. F G
5. Cura dei denti da parte di un dentista. F G

legge = ordinamento giuridico

Positività, generalità, obbligatorietà, astrattezza, coattività

Hai capito? Hai dei dubbi?

## Ripassiamo insieme

**Che cos'è l'ORDINAMENTO GIURIDICO?**
È l'insieme delle norme attraverso le quali si organizza, cioè si "ordina" la società.

**Che cosa sono le NORME SOCIALI?**
Sono quelle la cui osservanza o meno dipende dalla coscienza di ciascuno, come nel caso di norme religiose (es. osservare il precetto festivo), morali (es. aiutare il prossimo) o di buona educazione (es. non parlare con la bocca piena).

**Che cosa sono le NORME GIURIDICHE?**
Sono quelle che costituiscono il diritto e si definiscono tali proprio perché organizzano l'ordinamento statale e ne fanno parte. Al contrario di quanto accade per quelle sociali, la violazione di tali norme è punita con una sanzione (cioè punizione) stabilita dallo Stato.

**Quali sono i CARATTERI PRINCIPALI DELLE NORME GIURIDICHE?**
Essi sono:
- positività: le norme giuridiche sono poste, cioè emanate dallo Stato e dai suoi organi;
- astrattezza: le norme giuridiche prevedono una situazione ipotetica e non un caso concreto;
- obbligatorietà: le norme giuridiche vincolano tutti i soggetti appartenenti ad una comunità sociale (consociati) e pertanto devono essere necessariamente osservate;
- generalità: le norme giuridiche sono rivolte a tutti i consociati o a tutti quei soggetti rientranti in una generica categoria;
- coattività: nell'ipotesi di violazione delle norme giuridiche, è prevista una sanzione.

**Che cos'è la SANZIONE GIURIDICA?**
È la conseguenza prevista dall'organizzazione sociale per l'inosservanza delle norme del diritto. Proprio per questo motivo si definisce giuridica e ha la funzione di rafforzare il rispetto delle norme e di prevenire ogni possibile inosservanza delle stesse. La sanzione può incidere sulla libertà o sui beni delle persone e si classifica in tre principali categorie:
- sanzione civile (es. risarcimento danni);
- sanzione penale (es. reclusione in carcere);
- sanzione amministrativa (es. sanzione in denaro o fermo amministrativo).

**Che cosa significa INTERPRETAZIONE DELLA NORMA GIURIDICA?**
Significa attribuire l'esatto significato alle parole e alle disposizioni di cui si compone la norma giuridica, al fine di individuare quando, a chi e a che cosa essa si applica.
In base ai soggetti che pongono in essere questa attività, distinguiamo un'interpretazione:
- autentica (legislatore);
- giudiziale (giudice);
- dottrinale (esperti del diritto).

**Che cos'è il DIRITTO OGGETTIVO?**
È l'insieme delle norme giuridiche in vigore in uno Stato.

**Che cos'è il DIRITTO SOGGETTIVO?**
È la pretesa che un soggetto può far valere nei confronti di un altro soggetto e che trova protezione nell'ambito dell'ordinamento giuridico. I diritti soggettivi si distinguono in:
- diritti assoluti, che possono farsi valere verso tutti (es. diritto di proprietà);
- diritti relativi, che possono essere fatti valere solo verso uno o più soggetti determinati (es. diritto di credito).

**Che cos'è il DIRITTO POSITIVO?**
È l'insieme delle norme giuridiche poste (cioè emanate) dallo Stato e, pertanto, viene a coincidere con la nozione di diritto oggettivo e di ordinamento giuridico.

**Che cos'è il DIRITTO NATURALE?**
È quel complesso di principi e di valori universali, preesistenti al diritto positivo e propri della natura stessa dell'uomo (es. giustizia, libertà, dignità umana).

**Che cos'è il DIRITTO PRIVATO?** PRIVATI
È l'insieme di norme giuridiche che disciplinano i rapporti tra i privati e tra i privati e lo Stato quando quest'ultimo si spoglia della sua sovranità e agisce in posizione di parità.

**Che cos'è il DIRITTO PUBBLICO?** STATO E CITTADINI
È l'insieme di norme giuridiche che regolano il funzionamento dello Stato e i rapporti tra cittadini e Stato, quando quest'ultimo si pone in una posizione di supremazia.

**Che cos'è il RAPPORTO DI FATTO?**
È la relazione di natura personale basata, ad esempio, sull'affetto, sul sentimento o sull'amicizia. Non è disciplinato dalla norma giuridica, ma segue le regole dell'educazione, della sensibilità e della cultura e, per questo, il diritto lo considera giuridicamente irrilevante (es. fidanzamento).

**Che cos'è il RAPPORTO GIURIDICO?**
È la relazione tra due o più soggetti prevista e regolata dal diritto oggettivo, ossia dall'insieme delle norme giuridiche (es. matrimonio).

**Chi sono i SOGGETTI DEL RAPPORTO GIURIDICO?**
Sono coloro tra i quali s'instaura un rapporto giuridico, definiti, più correttamente, parti. Essi, in base al ruolo che rivestono all'interno del rapporto, si distinguono in:
- soggetti attivi, quando la norma giuridica attribuisce loro il potere di far valere le proprie richieste;
- soggetti passivi, quando la norma giuridica li obbliga a tenere un determinato comportamento che va a vantaggio del soggetto attivo.

Per una didattica inclusiva:

## Parole chiave

| | |
|---|---|
| **ORDINAMENTO GIURIDICO** → | ■ Norme |
| **CARATTERISTICHE delle NORME GIURIDICHE** → | ■ Positività<br>■ Astrattezza<br>■ Obbligatorietà<br>■ Generalità<br>■ Coattività |
| **SANZIONE GIURIDICA** → | ■ Civile<br>■ Penale<br>■ Amministrativa |
| **INTERPRETAZIONE della NORMA GIURIDICA** → | ■ Autentica<br>■ Giudiziale<br>■ Dottrinale |
| **CLASSIFICAZIONI del DIRITTO** → | ■ Diritto oggettivo<br>■ Diritto soggettivo |
| **RAPPORTO GIURIDICO** → | ■ Soggetti attivi<br>■ Soggetti passivi |

## CLIL

### Law and legal regulations

Each social aggregation needs specific rules to regulate the relationships among people belonging to itself. Such rules are needed to safeguard goods like health, environment, peaceful cohabitation, public order and security.
In a community organized such as the State it is necessary to establish rules in order to regulate relationships among citizens, establish how and by who laws are approved, identify who is bound to ensure compliance with them. It is precisely because these rules contribute to regulate the organized life of a society that they are called **regulations**.
We call **law**, a system of rules through which the society is organized, that is to say "regulated". The rules that create the law are called **legal** because they regulate the State system and belong to it. They are promulgated by the State and its bodies, binding for everybody and, if violated, they provide a punishment, called **penalty**, that can have an impact on people freedom or goods.

**Exercise. Complete the sentences with the missing words.**

1. Who drives a motor-scooter without complying with road traffic .............. is punished by the State with ..............
2. Italian ................. protects the weakest people through .................. regulations.

*(law, penalties, legal, rules)*

## Verifica delle competenze

- Livello BASE: ✪ (Punteggio totale: 12)
- Livello INTERMEDIO: ✪✪ (Punteggio totale: 60)
- Livello AVANZATO: ✪✪✪ (Punteggio totale: 28)

### ✪ Esercizio 1). Impara ad imparare.

**Scelta multipla: evidenzia la risposta esatta. Il paragrafo indicato nella parentesi è quello su cui devi riflettere (2 punti per ciascuna scelta corretta).**

**1. L'ordinamento giuridico è costituito da (Par. n. 1):**
a. norme sociali
b. norme giuridiche e sociali
c. norme religiose, morali e di buona educazione
d. norme giuridiche

**2. Non è un diritto soggettivo il diritto (Par. n. 5):**
a. di voto
b. di proprietà
c. di appropriarsi delle cose altrui
d. di associazione

**3. La norma giuridica è astratta perché (Par. n. 2):**
a. è rivolta a tutti
b. prevede un caso ipotetico
c. deve essere necessariamente osservata
d. è prevista una sanzione

**4. L'interpretazione della norma giuridica può essere (Par. n. 4):**
a. soggettiva e giudiziale
b. oggettiva e dottrinale
c. discrezionale
d. giudiziale, dottrinale e autentica

**5. Il rapporto giuridico è (Par. n. 6):**
a. un rapporto di fatto
b. un fidanzamento
c. una relazione di amicizia
d. una relazione tra due o più persone regolata dal diritto

**6. La sanzione ha una funzione (Par. n. 3):**
a. finanziaria
b. punitiva
c. economica
d. sociale

**Punti: ..../12**

### ✪✪ Esercizio 2). Individua collegamenti e relazioni.

**Collega ciascun numero alla lettera corrispondente (3 punti per ciascun collegamento esatto).**

1. Diritto oggettivo
2. Diritto soggettivo
3. Norma sociale
4. Diritto assoluto
5. Diritto relativo
6. Diritto naturale
7. Norma giuridica
8. Studioso del diritto

a. Diritto di proprietà
b. Diritto di credito
c. Principi insiti nella natura umana
d. Pretesa riconosciuta dal diritto
e. Pagare le tasse
f. Insieme delle norme giuridiche
g. Salutare i vicini di casa
h. Professore universitario

| 1 | 2 | 3 | 4 | 5 | 6 | 7 | 8 |
|---|---|---|---|---|---|---|---|
| F | A | E | C | D | G | B | H |

**Punti: ..../24**

■ ✪✪ **Esercizio 3). Acquisisci ed interpreta l'informazione.**

**Indica se le seguenti affermazioni sono vere o false, motivando la risposta (3 punti per ciascuna risposta esatta).**

| | | V | F |
|---|---|---|---|
| 1. | La norma giuridica è positiva<br>Perché viene emessa dallo Stato | ☒ | ☐ |
| 2. | I diritti relativi possono essere fatti valere verso tutti<br>Perché ............ | ☐ | ☐ |
| 3. | Il diritto pubblico regola i rapporti tra privati<br>Perché è Stato | ☐ | ☒ |
| 4. | Diritto e ordinamento giuridico coincidono<br>Perché ............ | ☐ | ☐ |
| 5. | La norma sociale è punita da una sanzione stabilita dallo Stato<br>Perché ............ | ☐ | ☐ |
| 6. | La norma giuridica è astratta<br>Perché ............ | ☐ | ☐ |

**Punti: ..../18**

■ ✪✪ **Esercizio 4). Comunica (rappresenta).**

**Completa la mappa concettuale che segue (3 punti per ciascun completamento esatto).**

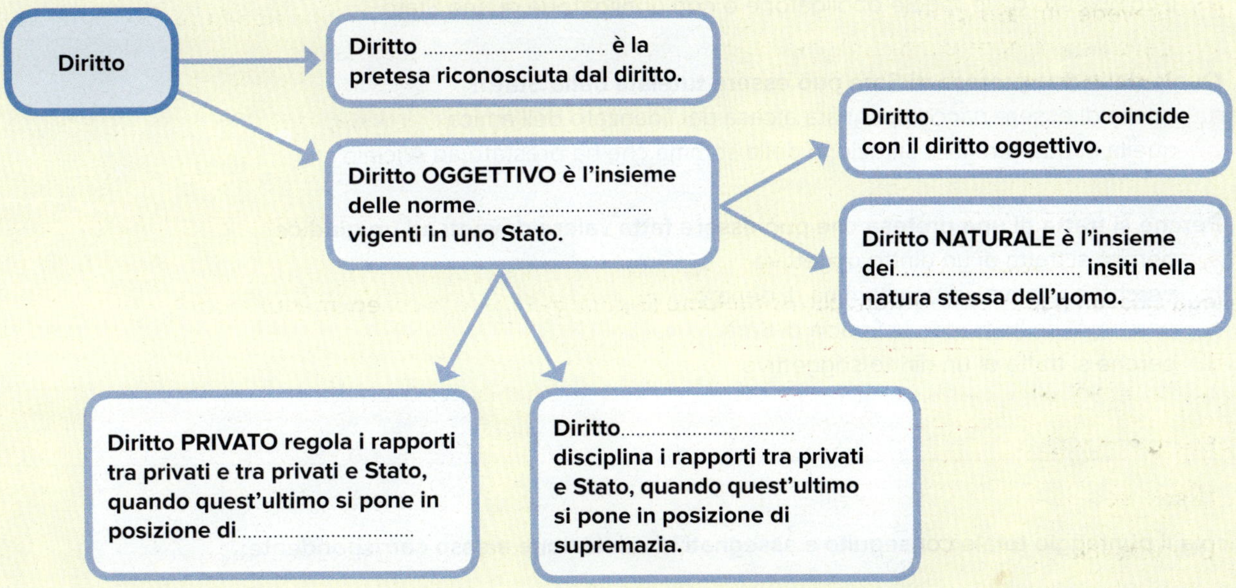


**Punti: ..../18**

■ ✪✪✪ **Esercizio 5). Comunica (comprendi).**

**Rispondi alle seguenti domande (4 punti per ciascuna risposta esatta).**

1. Indica e spiega le caratteristiche delle norme giuridiche. (Par. n. 2)
2. Quali tipi di sanzione prevede l'ordinamento giuridico? (Par. n. 3)
3. Distingui tra diritto oggettivo e diritto soggettivo. (Par. n. 5)

**Punti: ..../12**

## ✪✪✪ Esercizio 6). Risolvi i problemi.

**Analizza il caso e rispondi ai quesiti a risposta multipla (4 punti per ogni scelta multipla).**

Alice e Sara hanno quindici anni, abitano nello stesso quartiere e frequentano il primo anno di un Istituto Tecnico che dista a qualche chilometro dalla loro abitazione. Spesso Daniele, che frequenta la stessa scuola ed è il fidanzato di Alice, accompagna a casa entrambe con la sua automobile. Di recente, Sara ha prestato all'amica cinquanta euro per acquistare ai saldi una felpa all'ultima moda.
Dopo pochi giorni, a seguito di un litigio, Alice ha informato Sara di non aver più intenzione di restituirle i soldi e di permettere al suo fidanzato di riaccompagnarla a casa.
L'avvocato, amico di famiglia, consultato da Sara su come riavere indietro la somma prestata e su come continuare ad avvalersi del passaggio di Daniele, puntualizza che solo una delle due pretese trova protezione nell'ambito dell'ordinamento giuridico. Quale e perché?

**1. Lo Stato tutela:**
- a. ogni pretesa dei cittadini fatta valere in Tribunale
- b. i diritti soggettivi
- c. solo i diritti che hanno un contenuto economico
- d. qualsiasi pretesa anche non rilevante per il diritto

**2. Il diritto soggettivo è:**
- a. l'insieme delle norme giuridiche in vigore in uno Stato
- b. qualsiasi pretesa fatta valere dai soggetti del diritto
- c. la pretesa di un soggetto che trova protezione nell'ambito dell'ordinamento giuridico
- d. il complesso delle regole obbligatorie o non obbligatorie di uno Stato

**3. Quale delle due pretese di Sara può essere tutelata dalla Stato?**
- a. quella di essere riaccompagnata a casa dal fidanzato dell'amica
- b. quella di ottenere la restituzione della somma che ha prestato ad Alice

**4. Perché si tratta di una pretesa che può essere fatta valere davanti ad un giudice?**
- a. perché si tratta di un diritto oggettivo
- b. perché è relativa ad una somma di denaro
- c. perché Alice ha tradito la fiducia di Sara
- d. perché si tratta di un diritto soggettivo

**Punti: ..../16**

**Calcola il punteggio totale conseguito e assegnati la valutazione a esso corrispondente:**

| Tabella di autovalutazione | |
|---|---|
| ☐ 100-87 | **A** Lavoro eccellente. |
| ☐ 86-67 | **B.** Lavoro buono. |
| ☐ 66-47 | **C.** Lavoro adeguato. |
| ☐ 46-2 | **D.** Lavoro da migliorare. |

# UdA 2 LE FONTI DEL DIRITTO ITALIANO E LA VALIDITÀ DELLE NORME GIURIDICHE

## 1. Le fonti delle norme giuridiche

Il diritto non si forma da sé, ma ha un'origine, cioè una fonte, ben precisa.
Le **fonti del diritto** costituiscono il fondamento dell'ordinamento giuridico e sono gli atti o i fatti da cui nascono le norme giuridiche. Tradizionalmente si distinguono in:

Le fonti di produzione

A. **Fonti di produzione,** ossia quelle che rientrano nella definizione sopra indicata:

- **fonti atto**, che sono scritte e sono rappresentate da documenti normativi che possono essere emanati, secondo particolari procedure, solo dagli organi e dai soggetti abilitati dallo Stato (es. legge del Parlamento, decreto legge o decreto legislativo del Governo, legge regionale di una Regione) o appartenenti ad organizzazioni internazionali o sovranazionali dallo stesso riconosciute (es. direttive dell'Unione europea);

- **fonti fatto**, che non sono scritte e sono rappresentate da comportamenti spontanei posti in essere da una collettività, in modo costante e uniforme nel tempo, nella convinzione che essi siano obbligatori (es. usi o consuetudini).

**Unione europea:** è l'organizzazione sovranazionale, formata da 28 Stati membri del continente europeo, istituita con il Trattato di Maastricht del 1992, entrato in vigore nel 1993. Si definisce sovranazionale perché è al di sopra dei singoli Stati e i suoi provvedimenti entrano a far parte direttamente dell'ordinamento giuridico degli stessi.

▸ Gazzetta ufficiale della Repubblica Italiana

Le fonti di cognizione

B. **Fonti di cognizione**, che sono costituite dai mezzi o strumenti che servono a far conoscere ai cittadini le norme emanate dagli organi dello Stato. Tra le fonti di cognizione ricordiamo:

- **la Gazzetta Ufficiale della Repubblica Italiana**, che è quella più importante, sulla quale è pubblicato il testo delle leggi del Parlamento e dei decreti del Governo e del Presidente della Repubblica, che sono in vigore nel nostro Stato. Si tratta di un giornale a stampa quasi quotidiana, redatto a cura del Ministero della Giustizia, che può essere consultato anche online gratuitamente;

- **il Bollettino Ufficiale della Regione**, sul quale sono pubblicate le leggi regionali;

- **i codici**, che sono raccolte organiche di norme giuridiche relative ad una determinata materia, come, ad esempio,

**Governo:** è un organo disciplinato dalla Costituzione, titolare del potere esecutivo, che ha anche funzioni legislative.
È composto dal Presidente del Consiglio dei ministri, dal Consiglio dei ministri e dai ministri.

▸ Codice

il codice civile, il codice penale, il codice di procedura civile, il codice di procedura penale. Tra questi, il codice civile, approvato nel 1942 e più volte modificato con leggi successive, è suddiviso in sei libri che comprendono le norme di maggiore importanza nell'ambito del diritto civile, distribuite in 2969 articoli, preceduti dalle disposizioni sulla legge in generale. I libri riguardano, rispettivamente, le persone e la famiglia, le successioni, la proprietà, le obbligazioni, il lavoro e la tutela dei diritti;

Il codice civile e le sue modifiche

- **i Testi Unici**, che sono raccolte di norme giuridiche, con la precisa funzione di coordinare e uniformare in un unico testo tutta la legislazione vigente che disciplina un determinato settore (es. T.U. sugli enti locali).

Le fonti interne

Le fonti esterne

Infine, si definiscono **fonti interne** le norme giuridiche emanate nel nostro Stato (es. legge o consuetudine), mentre quelle prodotte da organismi diversi prendono il nome di **fonti esterne** (es. Trattati internazionali o direttive dell'Unione europea).

**Trattato internazionale:** accordo tra diversi Paesi aderenti, diretto a disciplinare i rapporti intercorrenti tra loro.

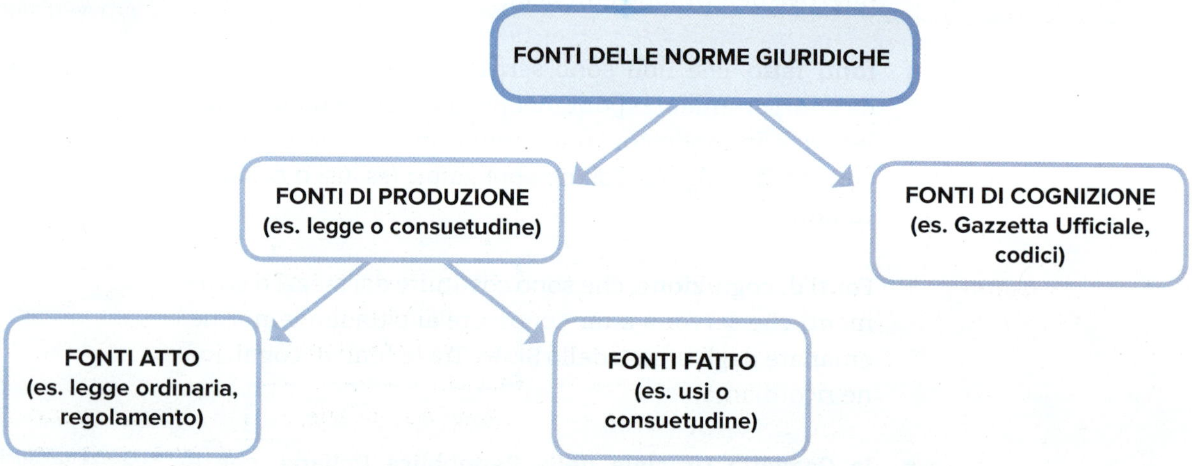


### Esercizio A) per l'apprendimento. Individua collegamenti e relazioni.

**Cerca l' estraneo, evidenziandolo nel testo.**

1. Fonte di produzione, Gazzetta Ufficiale, Codice civile, Fonte di cognizione;
2. Legge ordinaria, decreto legge, fonte esterna, fonte interna;
3. Consuetudine, regolamento, fonte fatto, usi;
4. Legge regionale, decreto legislativo, Costituzione, fonte di cognizione.

## 2. Le fonti di produzione e la loro gerarchia

▶ Fonti di produzione del Diritto italiano

Nel nostro ordinamento, fino al 1948, le fonti del diritto erano espressamente elencate nel codice civile ed erano riconducibili a poche tipologie. Da quella data in poi è entrata in vigore la Costituzione della Repubblica Italiana e sono comparsi nuovi soggetti abilitati a produrre norme giuridiche, come le Comunità europee o gli enti pubblici territoriali (Regioni, Comuni, Province). Il nostro Stato, oggi, si caratterizza per una pluralità di fonti di produzione che sono ordinate secondo criteri che garantiscono unità e coerenza all'intero sistema giuridico.

Il principio gerarchico

Il più importante di essi è costituito dal **principio gerarchico,** che attribuisce diverso grado e valore alle fonti del diritto e secondo il quale quelle di grado inferiore devono rispettare quelle di grado superiore.

Al vertice di questa gerarchia si trova la Costituzione e, a seguire, si posizionano, in ordine decrescente di importanza, i regolamenti comunitari, le leggi ordinarie, gli atti aventi forza di legge (decreti legge e decreti legislativi), le leggi regionali, i regolamenti, le consuetudini.

**Esempio: una legge ordinaria non potrà essere in contrasto con la Costituzione, mentre un regolamento regionale dovrà rispettare sia la legge ordinaria, sia la Costituzione.**

La scala gerarchica

Per comprendere questo concetto, possiamo immaginare che le fonti delle norme giuridiche siano collocate in ordine di importanza su una ideale **scala gerarchica,** composta da diversi gradini, con un vertice (il gradino più alto) e con una base (il gradino più basso), come sotto rappresentata.

**Fonti costituzionali**
- Costituzione
- Leggi Costituzionali
- Leggi di revisione Costituzionale

**Fonti primarie**
- Regolamenti comunitari
- Legge ordinaria
- Atti aventi forza di legge
- Leggi regionali

**Fonti secondarie**
- Regolamenti

**Fonti non scritte**
- Usi o consuetudini

Le fonti

Sul primo gradino vi sono le **fonti costituzionali**, che sono le più importanti e prevalgono su tutte le altre. Al secondo livello, si trovano le **fonti primarie** così denominate proprio perché collocate subito dopo le fonti di rango costituzionale, data la loro rilevanza giuridica, mentre sul terzo vi sono le **fonti secondarie,** così chiamate perché poste dopo le fonti primarie.
All'ultimo gradino della scala gerarchica, si trovano gli **usi o consuetudini** che sono l'unica **fonte** del diritto **non scritta**.
Nella tabella che segue, sono sinteticamente indicate le caratteristiche essenziali di ciascuna fonte considerata.

| | |
|---|---|
| **FONTI COSTITUZIONALI** | ▪ **Costituzione**: rappresenta la "legge fondamentale" del nostro Stato, riconosce i diritti e i doveri dei cittadini e regola l'ordinamento della Repubblica. Essa fu scritta e approvata dall'Assemblea Costituente, eletta a suffragio universale dal popolo, ed entrò in vigore il 1° gennaio 1948;<br>▪ **leggi costituzionali**: integrano la Costituzione, aggiungendo disposizioni normative o articoli, e **leggi di revisione costituzionale** che hanno il compito di modificarla. Tali leggi sono entrambe approvate dal Parlamento con una speciale procedura, più lunga e complessa rispetto a quella delle leggi ordinarie e sono comunque subordinate alla Costituzione. |
| **FONTI PRIMARIE** | ▪ **Regolamenti comunitari**: emanati dall'Unione europea che sono direttamente efficaci nel nostro ordinamento e che, nelle materie ad essi riservate, prevalgono sulle altre fonti primarie;<br>▪ **legge ordinaria**, emanata dal Parlamento e massima espressione della volontà popolare;<br>▪ **atti aventi forza di legge** (cioè aventi lo stesso valore delle leggi) che sono emanati dal Governo in casi particolari e sono i **decreti legge** e i **decreti legislativi**;<br>▪ **leggi regionali**, emanate dal Consiglio regionale (organo legislativo) di ciascuna Regione e con validità circoscritta al territorio delle medesime. |
| **FONTI SECONDARIE** | ▪ **Regolamenti**: in genere, hanno il compito di specificare quanto disposto dalle leggi. Quelli più importanti sono emanati dal Governo (**regolamenti governativi**), ma possono essere emanati anche da altri soggetti come i ministri (**regolamenti ministeriali**), gli enti pubblici territoriali (**regolamenti regionali, provinciali e comunali**) e la Pubblica Amministrazione (**regolamenti amministrativi**). |
| **FONTI NON SCRITTE** | ▪ **Usi o consuetudini**: consistono in un comportamento spontaneo posto in essere da una collettività, in modo costante e uniforme nel tempo (elemento materiale), nella convinzione che esso sia giuridicamente obbligatorio (elemento psicologico). (Es. consuetudine del libero accesso su un campo altrui non coltivato per raccogliere funghi).<br>Nel nostro ordinamento, gli usi o consuetudini hanno un ruolo secondario, poiché hanno efficacia vincolante solo in quanto espressamente richiamati dalla legge o dai regolamenti o quando disciplinano materie che non sono già regolate da una norma scritta. Anche se si tratta di una fonte non scritta, che si tramanda oralmente, gli usi o consuetudini sono trascritti nelle raccolte provinciali, tenute dalle Camere di Commercio. |

Esempio di testo di legge

Esempio di Raccolta di usi e consuetudini

Dentro il **diritto**

### Come si risolvono gli eventuali contrasti tra le fonti?

- Con il **principio della competenza**: quando le norme sono ordinate dalla Costituzione secondo una differente competenza, intesa come potere di emanare atti in un territorio o in determinate materie (es. la legislazione statale ha competenza esclusiva in materia di cittadinanza). In tal caso prevale la norma posta dalla fonte competente (la legge ordinaria su quella regionale).
- Con il **principio gerarchico**: se il contrasto è tra norme di grado diverso (es. tra una legge ordinaria e la Costituzione), prevale quella di grado più elevato (cioè la Costituzione).
- Con il **principio cronologico**: se il contrasto è tra norme di pari grado (es. tra una legge ordinaria del 2000 e un'altra legge ordinaria del 2004) si applica quella successiva nel tempo (cioè quella del 2004).

■ **Esercizio B) per l'apprendimento. Comunica (comprendi).**

**Completa la seguente tabella, inserendo le definizioni corrette e individuando il concetto nascosto nella colonna evidenziata.**

| | | | | | | | | | | | | | | | | | | | |
|---|---|---|---|---|---|---|---|---|---|---|---|---|---|---|---|---|---|---|---|
| 1 | | | | | | | | | | | T | | | | | | | | |
| 2 | | | | | | E | | | | A | | | N | | | | | | |
| 3 | | | R | | A | | E | | | | | | | | | | | | |
| 4 | | | | O | | | | | U | | | T | | | | | | | |
| 5 | | | U | | | | N | | E | | | | P | | | | | | |
| 6 | | | | | | | | | | N | | E | | | T | | R | | |
| 7 | | | Z | | | T | | | U | | | | C | | | | | | |
| 8 | | | | O | | | | | | | I | | | | | | | | |
| 9 | | | D | | | R | | | | | | G | G | | | | | | |
| 10 | | | | | | | C | | | I | | | | | | | | | |

1. Atto o fatto idoneo a produrre norme giuridiche.
2. È fonte secondaria.
3. Emana la legge che è fonte primaria.
4. Si definisce così l'Assemblea che ha scritto e approvato la Costituzione.
5. Emana regolamenti che sono fonte primaria.
6. Lo è un Trattato internazionale.
7. È una fonte di cognizione.
8. È la fonte più importante nel nostro ordinamento giuridico.
9. È un atto emanato dal Governo.
10. Sono raccolte organiche di norme giuridiche.

# 3. Le regole per indicare le norme giuridiche

La formulazione dei testi normativi avviene secondo regole predefinite. Gli atti legislativi riportano la data e il numero di emanazione nell'arco dell'anno di riferimento (ogni anno si riparte da capo).

**Esempio: Legge n. 149 del 28 marzo 2001; Decreto Legislativo n. 81 del 9 aprile 2008.**

Per favorire una consultazione più facile e immediata, le fonti di produzione possono essere ripartite in Parti, Titoli, Capi, sezioni.

**Esempio: la Costituzione è divisa in due Parti e ognuna di esse comprende più Titoli.**

> **PARTE SECONDA**
> **ORDINAMENTO DELLA REPUBBLICA**
>
> **Titolo I**
> **Il Parlamento**
>
> **Sezione I**
> **Le Camere**
>
> **Art. 55** Il Parlamento si compone della Camera dei deputati e del Senato della Repubblica.
> Il Parlamento si riunisce in seduta comune dei membri delle due Camere nei soli casi stabiliti dalla Costituzione.
> **Art. 56** La Camera dei deputati è eletta a suffragio universale e diretto.

▸ Esempio di ripartizione delle fonti di produzione

**Gli articoli**

Gli **articoli** di tutti gli atti normativi seguono una numerazione progressiva, spesso seguita da un titolo denominato "**rubrica**" (si trova nei codici ma non nella Costituzione). Gli articoli aggiuntivi, da inserire in testi di norme già in vigore, sono contrassegnati dal numero dell'articolo dopo il quale devono essere collocati, accompagnati dall'avverbio numerale latino (*bis, ter, quater ecc.*).

**Esempio: art. 230 bis c.c., che viene dopo l'art. 230 c.c., introdotto nel codice civile dalla Riforma del diritto di famiglia del 1975.**

**Il comma**

Sempre per agevolare l'interprete e chi, in generale, si trova ad avere a che fare con le norme giuridiche, ogni articolo è diviso in commi. Il **comma** è un periodo che termina con il punto a capo. Prendiamo ad esempio un articolo della Costituzione.

**Art. 29** La Repubblica riconosce i diritti della famiglia come società naturale fondata sul matrimonio. → Primo comma

Il matrimonio è ordinato sulla eguaglianza morale e giuridica dei coniugi, con i limiti stabiliti dalla legge a garanzia dell'unità familiare. → Secondo comma

**Le formule abbreviate**

Per quanto riguarda le modalità con cui si citano le norme giuridiche, per comodità, sono solitamente utilizzate **formule abbreviate**.

Dentro il **diritto**

## Come si abbreviano le norme giuridiche?

| Voci ricorrenti | Abbreviazioni |
|---|---|
| Articolo/articoli | Art./artt. |
| Codice civile | c.c. |
| Comma | c. |
| Costituzione della Repubblica Italiana | Cost. |
| Codice penale | c.p. |
| Codice di procedura civile | c.p.c. |
| Codice di procedura penale | c.p.p. |
| Contratto collettivo nazionale del lavoro | CCNL |
| Corte Costituzionale | Corte Cost. |
| Corte di Cassazione | Cass. |
| Disegno di legge | D.d.l. |
| Decreto legislativo | D.Lgs. |
| Decreto legge | D.L. |
| Decreto del Presidente della Repubblica | D.P.R. |
| Decreto ministeriale | D.M. |
| Gazzetta Ufficiale della Repubblica Italiana | G.U. |
| Legge | L. |
| Legge costituzionale | L. cost. |
| Lettera | lett. |
| Numero | n. |
| Regio decreto | R.D. |
| Sentenza | Sent. |
| Testo Unico | T.U. |

■ **Esercizio C) per l'apprendimento. Impara ad imparare.**

**Scrivi di fianco a ciascun atto normativo, l'abbreviazione ad esso corrispondente (es. Decreto Legge n. 6 del 2012: D.L. n. 6/2012).**

Legge n. 300 del 1970 ..........

Articolo n. 13 della Costituzione ..........

Legge costituzionale n. 3 del 2001 ..........

Art. 1470 del codice civile ..........

Art. 595 del codice penale ..........

# 4. L'efficacia delle norme giuridiche rispetto al tempo e allo spazio

Quando si parla di **efficacia** della **norma giuridica**, s'intende far riferimento alla sua capacità di produrre effetti giuridici, cioè conseguenze rilevanti per il diritto, nel tempo e nello spazio.

**Esempio:** **la norma giuridica che impone l'uso del casco in motorino determina un obbligo per tutti ed espone i trasgressori ad una sanzione.**

L'efficacia nel tempo

L'**efficacia** della norma giuridica non è illimitata **nel tempo**, nel senso che ha un inizio e una fine. In altre parole, coincide con quel periodo che va dalla sua entrata in vigore sino alla cessazione della sua capacità di produrre effetti giuridici, con l'abrogazione o l'annullamento.

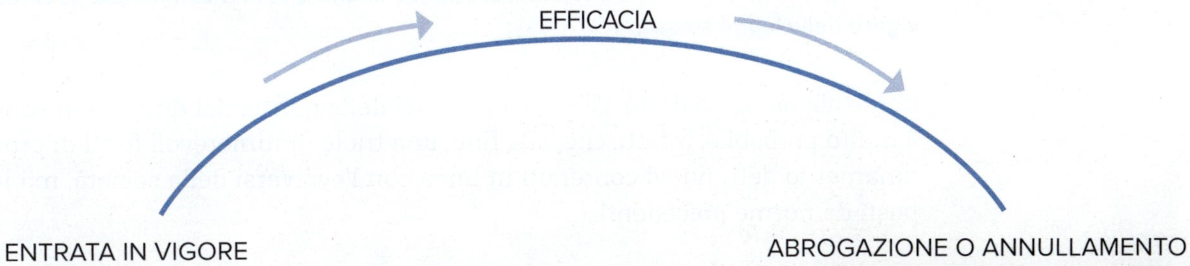


Perché la norma giuridica inizi ad avere efficacia, è necessario che, dopo l'approvazione da parte degli organi competenti, sia pubblicata sulla Gazzetta Ufficiale italiana o, in caso di leggi regionali, sul Bollettino Ufficiale della Regione.

L'entrata in vigore

Il quindicesimo giorno successivo alla sua pubblicazione (quindi il sedicesimo giorno) la norma giuridica **entra in vigore**.

**Esempio:** **una legge è pubblicata sulla G.U. il primo maggio e, dopo che sono passati quindici giorni (cioè dal primo al quindici maggio), entra in vigore il sedici maggio (che è il sedicesimo giorno dalla pubblicazione).**

▸ **Entrata in vigore della norma 15 giorni dalla pubblicazione sulla G.U.**

**La "*vacatio legis*"**

Questo periodo è denominato "***vacatio legis***" (espressione latina che significa "mancanza di legge"), nel senso che la norma giuridica, finché non siano trascorsi i quindici giorni richiesti, è improduttiva di effetti.

**Esempio:** supponiamo che una legge pubblicata sulla Gazzetta Ufficiale il trenta gennaio preveda per gli automobilisti l'obbligo di utilizzare nei mesi invernali le gomme termiche o, in alternativa, di avere a bordo le catene da neve. Se un Vigile, il dieci febbraio dello stesso anno, ferma Alberto, alla guida della sua autovettura (o automobile), non potrà erogargli alcuna sanzione, poiché la legge non è ancora entrata in vigore e, pertanto, non è obbligatoria.

In alcuni casi, l'ordinamento giuridico, facendo eccezione alla regola, può prevedere un termine diverso, più lungo o più breve.

**Esempio:** il Decreto Legislativo n. 196 del 2003, con il quale è stato emanato il Codice in materia di protezione dei dati personali, è entrato in vigore il 1°/01/2004, dopo circa cinque mesi dalla sua pubblicazione, avvenuta il 29/07/2003 (termine più lungo); i decreti legge, emanati dal Governo, entrano in vigore immediatamente, al momento della loro pubblicazione (termine più breve).

Il periodo di "*vacatio legis*" ha lo scopo di consentire ai cittadini di conoscere il contenuto delle norme giuridiche per adeguarsi ad esse. Nel nostro ordinamento, infatti, decorso tale lasso di tempo, l'ignoranza della legge non scusa, in quanto essa si presume conosciuta e diventa obbligatoria per tutti.

**Il principio di irretroattività**

Una volta entrata in vigore, la norma giuridica dispone solo per l'avvenire e non è retroattiva, cioè non produce alcun effetto giuridico rispetto al passato (**principio di irretroattività**). In diritto penale, il legislatore può fare eccezione a questa regola prevedendo che la norma giuridica retroagisca se più favorevole all'autore del reato (es. furto).

**Esempio:** la legge che dispone il divieto di fumare nei cortili delle scuole si applica solo dal momento in cui è entrata in vigore; una nuova legge che diminuisce una pena prevista per una determinata violazione del codice penale, da cinque a due anni, si applica anche a chi ha commesso quel reato prima dell'entrata in vigore della legge stessa.

Come abbiamo già detto, gli effetti giuridici delle norme del diritto non sono illimitati nel tempo. È molto probabile, infatti, che, alla fine, una tra le innumerevoli fonti di produzione del nostro ordinamento detti nuovi contenuti in linea con l'evolversi della società, ma in contrasto con quelli posti da norme precedenti.

**La cessazione dell'efficacia**

Nel nostro diritto, la **cessazione dell'efficacia** della norma giuridica può essere dovuta a fatti diversi: abrogazione o annullamento.

L'**abrogazione** consiste nell'eliminazione della norma dall'ordinamento giuridico, da parte di un atto successivo nel tempo in forza del quale essa cessa di esistere e di essere applicata. Ciò può avvenire per:

- **abrogazione espressa**, quando una nuova legge afferma chiaramente di eliminare in tutto o in parte una legge precedente;
- **abrogazione implicita**, quando una nuova legge, senza nulla dichiarare, è incompatibile con le precedenti disposizioni normative o introduce una nuova regolamentazione dell'intera materia già disciplinata dalla legge precedente;

- **referendum abrogativo** con esito positivo, che consiste in una consultazione popolare, con la quale i cittadini esprimono con una votazione (barrando un "sì" o un "no") la loro volontà circa la cessazione o meno dell'efficacia di una legge.

**Esempio: il Testo Unico in materia di salute e sicurezza nei luoghi di lavoro, approvato con il D.Lgs. n. 81/2008, ha abrogato espressamente la prima legge organica emanata in tale settore che risaliva al 1994 (D.Lgs. n. 626/1994).**

**L'annullamento**

L'**annullamento**, invece, è l'effetto prodotto dalla sentenza (cioè decisione) della Corte costituzionale che dichiara una legge o un atto avente forza di legge (decreto legge e decreto legislativo) in contrasto con la Costituzione (fonte che deve essere rispettata da tutte le altre) e quindi illegittima.

**Corte costituzionale:** è un organo previsto dalla Costituzione, composto da quindici giudici, che ha il compito di garantire il rispetto degli articoli e dei principi della Costituzione.

**Esempio: la norma del codice civile (art. 291 c.c.), che non permetteva l'adozione di persone di maggiorenni a chi avesse già dei figli, è stata dichiarata illegittima dalla Corte Costituzionale (con sentenza n. 557/1988) che, al contrario, l'ha ammessa, a condizione che i medesimi siano d'accordo.**

**L'efficacia nello spazio**

Nel nostro ordinamento, infine, l'**efficacia** delle norme giuridiche nello **spazio**, è regolata dal **principio di territorialità**, secondo il quale esse producono i loro effetti solo all'interno dei confini, cioè dei limiti territoriali di uno Stato. La legge, quindi, si applica a tutti i soggetti del diritto, italiani e stranieri, presenti sul territorio italiano.

**Adozione:** istituto giuridico mediante il quale una persona attribuisce lo stato di figlio legittimo ad un soggetto che è nato da un'altra persona, nei casi e alle condizioni previste dalla legge.

| EFFICACIA DELLE NORME GIURIDICHE | |
|---|---|
| **NEL TEMPO** | **NELLO SPAZIO** |
| **INIZIO**:<br>■ Entrata in vigore<br><br>**FINE**:<br>■ Abrogazione (mediante una nuova legge in modo espresso o tacito; mediante un referendum abrogativo)<br>■ Annullamento (mediante una sentenza della Corte Costituzionale). | ■ Principio di territorialità (la legge si applica a tutti i soggetti del diritto, italiani e stranieri, presenti sul territorio italiano). |

## ■ Esercizio D) per l'apprendimento. Risolvi i problemi.

**Analizza il caso e rispondi alle domande proposte.**

Valentina e Marco, studenti diciottenni di un Istituto professionale, sono legati da una tenera amicizia. Il cinque settembre del 2013, dopo essersi incontrati in occasione degli esami di recupero del debito formativo, sono usciti insieme nel cortile della scuola dove Marco si è acceso una sigaretta. Poco dopo, un insegnante l'ha invitato a spegnerla, pena una sanzione, poiché il Governo aveva appena approvato un decreto legge che estendeva il divieto di fumare anche alle aree all'aperto di pertinenza delle scuole. Quest'atto normativo è stato pubblicato sulla Gazzetta Ufficiale il dodici settembre 2013. Marco si oppone alla richiesta. Chi ha ragione? Perché?

■ **Esercizio E) per l'apprendimento. Individua collegamenti e relazioni.**
**Completa la tabella indicando a fianco di ogni situazione descritta, che configura una "causa", l'"effetto" corrispondente che essa produce, avvalendoti delle parole sotto indicate nella parentesi.**

| CAUSA | EFFETTO |
|---|---|
| Nuova legge con disposizioni contrarie a quelle di una precedente, che regola la stessa materia. | ........................ |
| Tre giorni dalla pubblicazione sulla G.U. | ........................ |
| Sedici giorni dalla pubblicazione sulla G.U. | ........................ |
| Nuova legge che dichiara di eliminare tutte le disposizioni ad essa contrarie. | ........................ |
| La Corte costituzionale dichiara illegittima una legge, perché contraria alla Costituzione. | ........................ |

*(Vacatio legis; annullamento; abrogazione tacita; entrata in vigore; abrogazione espressa.)*

(FONTI ATTO = DOCUMENTI); FONTI DI PRODUZIONE = PARLAMENTO, U.E., U.E.M, GOVERNO, REGIONALI, PROVINCIALI, COMUNALI;

Hai studiato per la verifica? Serve aiuto?

## Ripassiamo insieme

**Che cosa sono le FONTI DEL DIRITTO?**
Sono gli atti o i fatti da cui nascono le norme giuridiche e costituiscono il fondamento dell'ordinamento giuridico.

**Che cosa sono le FONTI DI PRODUZIONE?**
Esse sono:

- fonti atto, che sono scritte e sono rappresentate da documenti normativi che possono essere emanati, secondo particolari procedure, solo dagli organi e dai soggetti abilitati dallo Stato (es. *legge* del Parlamento) o appartenenti ad organizzazioni internazionali o sovranazionali dallo stesso riconosciute (es. direttive dell'Unione europea);
- fonti fatto, che non sono scritte e sono rappresentate da comportamenti spontanei posti in essere da una collettività, in modo costante e uniforme nel tempo, nella convinzione che essi siano obbligatori (es. usi o consuetudini).

**Che cosa sono le FONTI DI COGNIZIONE?**
Sono costituite dai mezzi che servono a far conoscere ai cittadini le norme emanate (es. Gazzetta Ufficiale della Repubblica Italiana).

**Che cosa si intende per GERARCHIA DELLE FONTI?**
Le fonti delle norme giuridiche sono regolate dal principio gerarchico, che attribuisce ad esse diverso grado e valore, e secondo il quale quelle di grado inferiore devono rispettare quelle di grado superiore. Al vertice di tale gerarchia si trova la Costituzione e, a seguire, si posizionano, in ordine decrescente d'importanza, i regolamenti comunitari, le leggi ordinarie, gli atti aventi forza di legge (decreti legge e decreti legislativi), le leggi regionali, i regolamenti, le consuetudini.

**Quando ENTRA IN VIGORE LA NORMA GIURIDICA?**
La norma giuridica entra in vigore il quindicesimo giorno successivo alla sua pubblicazione (quindi il sedicesimo giorno). Questo periodo in cui la norma giuridica non è ancora obbligatoria è detto "*vacatio legis*".

(assenza di leggi)

**Che cos'è il PRINCIPIO DI IRRETROATTIVITÀ?**
È il principio in base al quale, una volta entrata in vigore, la norma giuridica dispone solo per l'avvenire e non è retroattiva, cioè non produce alcun effetto giuridico rispetto al passato.

**Che cos'è l'ABROGAZIONE?**
Consiste nell'eliminazione della norma dall'ordinamento giuridico, da parte di un atto successivo nel tempo in forza del quale la stessa cessa di esistere e di essere applicata. Essa può avvenire per:

- abrogazione espressa, quando una nuova legge dichiara espressamente di eliminare in tutto o in parte una legge precedente;
- abrogazione implicita, quando una nuova legge, senza nulla dichiarare, è incompatibile con le precedenti disposizioni normative o introduce una nuova regolamentazione dell'intera materia già disciplinata dalla legge precedente;
- referendum abrogativo con esito positivo, che consiste in una consultazione popolare, con la quale i cittadini esprimono con una votazione (barrando un "sì" o un "no") la loro volontà circa la cessazione o meno dell'efficacia di una legge.

**Che cos'è l'ANNULLAMENTO?**
È l'effetto prodotto dalla sentenza (cioè decisione) della Corte costituzionale che dichiara una legge o un atto avente forza di legge (decreto legge e decreto legislativo) in contrasto con la Costituzione (fonte che deve essere rispettata da tutte le altre) e quindi illegittima.

**Che cosa prevede il PRINCIPIO DI TERRITORIALITÀ?**
In base ad esso le norme giuridiche producano i loro effetti solo all'interno dei confini, cioè dei limiti territoriali, di uno Stato. Nel nostro ordinamento, quindi, la legge si applica a tutti i soggetti del diritto, italiani e stranieri, presenti sul territorio italiano.

Per una didattica inclusiva:

## Parole chiave

**FONTI DEL DIRITTO** →
- Fonti di produzione
- Fonti di cognizione

**GERARCHIA delle FONTI** →
- Fonti costituzionali
- Fonti primarie
- Fonti secondarie
- Fonti non scritte

**ARTICOLO degli ATTI NORMATIVI** →
- Rubrica
- Comma

**EFFICACIA della NORMA GIURIDICA nel TEMPO** →
- Entrata in vigore
- Abrogazione
- Annullamento

**EFFICACIA della NORMA GIURIDICA nello SPAZIO** →
- Principio di territorialità

## Verifica delle competenze

- Livello BASE: ✪ (Punteggio totale: 12)
- Livello INTERMEDIO: ✪✪ (Punteggio totale: 60)
- Livello AVANZATO: ✪✪✪ (Punteggio totale: 28)

### ✪ Esercizio 1). Impara ad imparare.

**Scelta multipla: evidenzia la risposta esatta. Il paragrafo indicato nella parentesi è quello su cui devi riflettere (2 punti per ciascuna scelta corretta).**

1. **È una fonte di produzione (Par. n. 1):**
   a. un codice
   b. la Gazzetta Ufficiale
   c. la legge del Parlamento
   d. un Testo Unico

2. **È una fonte primaria (Par. n. 2):**
   a. un regolamento comunale
   b. un regolamento dell'Unione Europea
   c. un regolamento governativo
   d. un regolamento regionale

3. **La norma giuridica entra in vigore (Par. n. 4):**
   a. immediatamente alla pubblicazione sulla Gazzetta Ufficiale
   b. dopo la sua approvazione
   c. trascorsi 15 giorni dalla sua approvazione
   d. trascorsi 15 giorni dalla pubblicazione sulla Gazzetta Ufficiale

4. **Il principio di irretroattività prevede che la norma giuridica (Par. n. 4):**
   a. valga solo per il futuro
   b. valga solo per il passato
   c. sia eliminata dall'ordinamento giuridico
   d. abbia una scadenza

5. **La legge ordinaria è efficace (Par. n. 4):**
   a. nell'ambito dell'Unione Europea
   b. su tutto il territorio italiano
   c. su tutto il territorio italiano, fatta eccezione per alcune Regioni
   d. sul territorio dello Stato italiano e su quello degli Stati confinanti

6. **Non è una fonte scritta (Par. n. 2):**
   a. il decreto legge
   b. la legge regionale
   c. il decreto legislativo
   d. la consuetudine

**Punti: ..../12**

### ✪✪ Esercizio 2). Individua collegamenti e relazioni.

**Collega ciascun numero alla lettera corrispondente (3 punti per ciascun collegamento esatto).**

1. Entrata in vigore di una norma giuridica
2. Regolamento
3. Irretroattività della norma giuridica
4. Fonte di cognizione
5. La fonte più importante di tutte
6. Legge del Parlamento
7. Abrogazione
8. Usi o consuetudini

a. Fonte primaria
b. Eliminazione di una norma giuridica
c. Fonte non scritta
d. Costituzione
e. 15 giorni dalla pubblicazione sulla G.U.
f. Validità della norma giuridica solo per il futuro
g. Fonte secondaria
h. Gazzetta Ufficiale

| 1 | 2 | 3 | 4 | 5 | 6 | 7 | 8 |
|---|---|---|---|---|---|---|---|
| | | | | | | | |

**Punti: ..../24**

■ ✪✪ **Esercizio 3). Acquisisci ed interpreta l'informazione.**
**Indica se le seguenti affermazioni sono vere o false, motivando la risposta (3 punti per ciascuna risposta esatta).**

| | V | F |
|---|---|---|
| **1.** La Costituzione italiana è al vertice della gerarchia delle fonti del diritto<br>Perché ........................................ | ☐ | ☐ |
| **2.** La legge regionale è una fonte secondaria<br>Perché ........................................ | ☐ | ☐ |
| **3.** La legge ordinaria è pubblicata sul Bollettino Ufficiale delle Regioni<br>Perché ........................................ | ☐ | ☐ |
| **4.** Gli usi o consuetudini sono fonti fatto<br>Perché ........................................ | ☐ | ☐ |
| **5.** Un atto emanato dall'Unione europea è una fonte interna<br>Perché ........................................ | ☐ | ☐ |
| **6.** La legge può essere annullata dalla Corte Costituzionale<br>Perché ........................................ | ☐ | ☐ |

**Punti: ..../18**

■ ✪✪ **Esercizio 4). Comunica (rappresenta).**
**Completa la mappa concettuale che segue (3 punti per ciascun completamento esatto).**

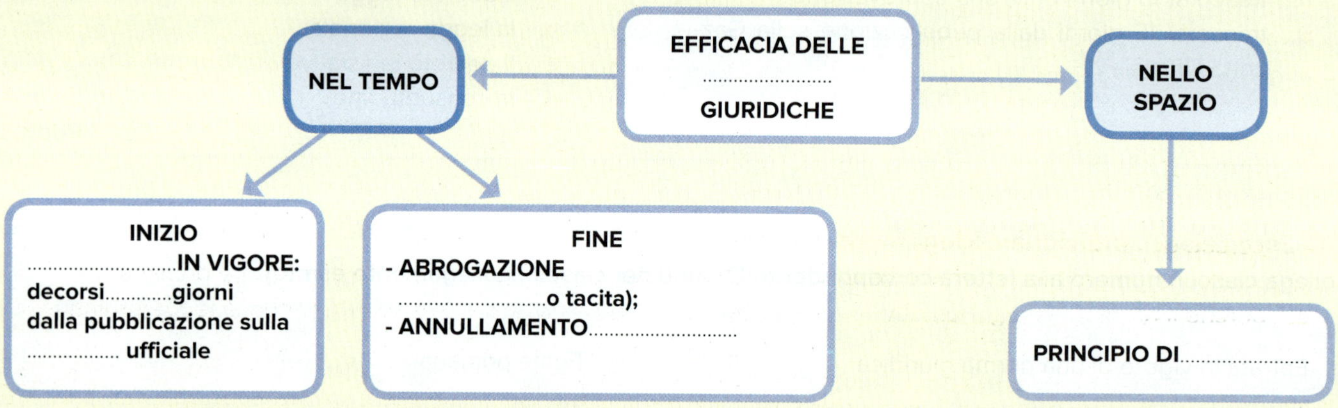


**Punti: ..../18**

■ ✪✪✪ **Esercizio 5). Comunica (comprendi).**
**Rispondi alle seguenti domande (4 punti per ciascuna risposta esatta).**

1. Che differenza c'è tra fonti di produzione e fonti di cognizione? (Par. n. 1)
2. Spiega che cos'è e come funziona il principio gerarchico. (Par. n. 2)
3. Quando entra in vigore una norma giuridica? (Par. n. 4)

**Punti: ..../12**

■ ✪✪✪ **Esercizio 6). Risolvi i problemi.**

**Analizza il caso e rispondi ai quesiti a risposta multipla (4 punti per ogni scelta multipla) .**

Francesco è un giovane giudice al primo incarico, che ha da poco preso servizio presso il Tribunale di una grande città. Dopo pochi giorni gli viene chiesto di emanare un provvedimento urgente in una causa di sua competenza. Mentre esamina il fascicolo, con gli atti e i documenti prodotti dagli avvocati delle parti, e studia la normativa applicabile, si accorge che in materia esiste una legge del Parlamento ma anche un regolamento esecutivo del Governo che, in un punto, contraddice la legge stessa.

Entrambi sono atti normativi validi ed efficaci, ma la legge impone una cosa e il regolamento ne impone un'altra, incompatibile con la prima. Quale dei due atti normativi dovrà applicare Francesco? Perché?

1. **Il principio gerarchico prevede:**
   a. che gli atti successivi prevalgano sui precedenti
   b. che gli atti precedenti prevalgano sui successivi
   c. che le fonti di grado superiore obbediscano a quelle di grado inferiore
   d. che le fonti di grado inferiore obbediscano a quelle di grado superiore

2. **Una legge del Parlamento è:**
   a. una fonte non scritta
   b. una fonte primaria
   c. una fonte secondaria
   d. la fonte del diritto più importante

3. **Quale dei due atti normativi dovrà applicare il giudice?**
   a. la legge del Parlamento
   b. il regolamento esecutivo del Governo

4. **Per quale motivo?**
   a. perché è una fonte che ha lo stesso valore della Costituzione
   b. perché è una fonte primaria
   c. perché il regolamento governativo è una fonte secondaria e non può contraddire una fonte primaria
   d. perché il regolamento governativo è una fonte secondaria e può essere in contrasto con la legge ordinaria

**Punti: ..../16**

**Calcola il punteggio totale conseguito e assegnati la valutazione a esso corrispondente:**

| Tabella di autovalutazione | |
|---|---|
| ☐ 100-87 | **A** Lavoro eccellente. |
| ☐ 86-67 | **B.** Lavoro buono. |
| ☐ 66-47 | **C.** Lavoro adeguato. |
| ☐ 46-2 | **D.** Lavoro da migliorare. |

**Verifica di autovalutazione di fine modulo**

## Un percorso per tutti

# Società e ordinamento giuridico

Questo è un percorso a tappe che rispetta i tempi e i bisogni di apprendimento di tutti, anche quelli speciali. Uno, due, tre, pronti ... VIA!

### TAPPA N. 1): acquisisci una visione d'insieme.

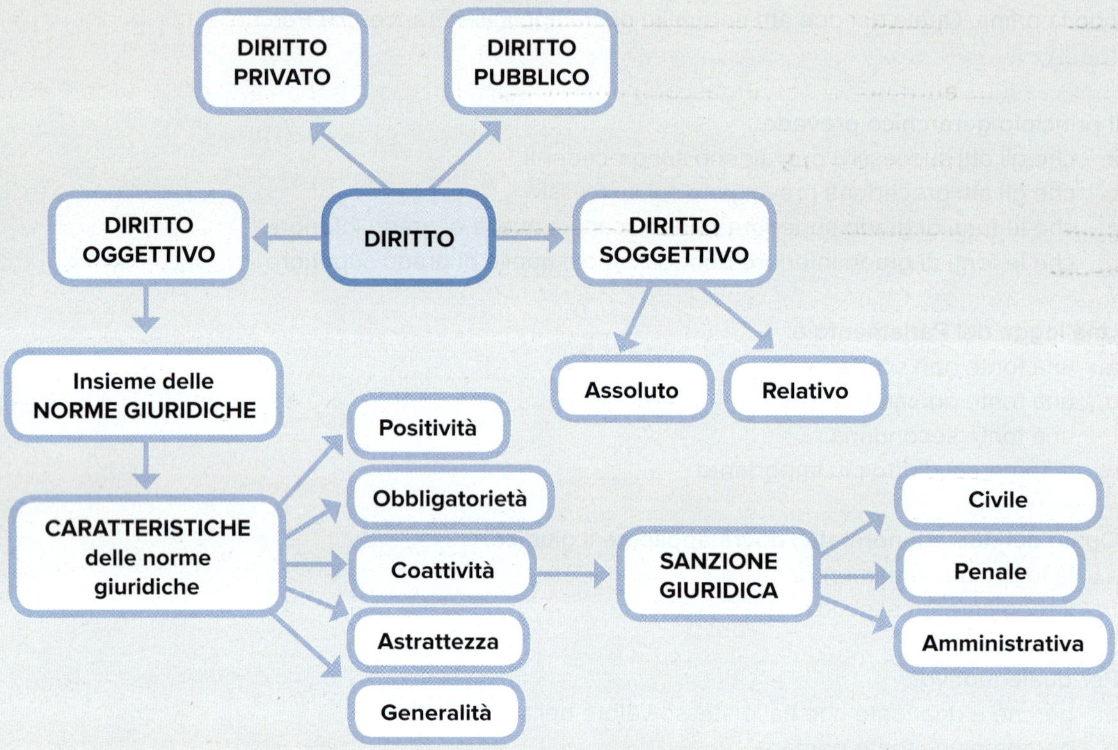


### TAPPA N. 2): sintetizza i concetti fondamentali.

**DIRITTO**
È l'insieme delle norme attraverso le quali si organizza, cioè si "ordina" la società.
Le **fonti del diritto** sono gli atti o i fatti da cui nascono le norme giuridiche (es. la legge).
**DIRITTO PRIVATO**
È l'insieme di norme giuridiche che disciplinano i rapporti tra i privati e tra i privati e lo Stato quando quest'ultimo si spoglia della sua sovranità e agisce in posizione di parità.
**DIRITTO PUBBLICO**
È l'insieme di norme giuridiche che regolano il funzionamento dello Stato e i rapporti tra cittadini e Stato, quando quest'ultimo si pone in una posizione di supremazia.
**DIRITTO OGGETTIVO**
È l'insieme delle norme giuridiche in vigore in uno Stato.
**DIRITTO SOGGETTIVO**
È la pretesa che un soggetto può far valere nei confronti di un altro soggetto e che trova protezione nell'ambito dell'ordinamento giuridico. I diritti soggettivi si classificano in:

- **diritti assoluti**, che possono farsi valere verso tutti (es. diritto di proprietà);
- **diritti relativi**, che possono essere fatti valere solo verso uno o più soggetti determinati (es. diritto di credito).

I beni che possono essere oggetto di diritti si definiscono **beni giuridici** e sono tali quando sono: utili (adatte cioè a soddisfare i bisogni dell'uomo); limitati (presenti in natura in quantità ridotta e che hanno un valore economico); accessibili (concretamente raggiungibili e utilizzabili con le normali conoscenze dell'uomo). I beni giuridici si classificano in:

- **beni mobili**, che sono quelli che non sono incorporati al terreno e che si possono spostare da un luogo all'altro (es. sedia);
- **beni immobili**, che sono quelli che sono incorporati al terreno, naturalmente (es. alberi) o artificialmente (es. case);
- **beni mobili registrati**, che sono quelli che, in genere, si individuano con un codice o numero di targa e che sono iscritti in pubblici registri.

**NORME GIURIDICHE**

Sono quelle che costituiscono il diritto e si definiscono tali proprio perché organizzano l'ordinamento statale e ne fanno parte. Al contrario di quanto accade per quelle sociali, la violazione di tali norme è punita con una sanzione (cioè punizione) stabilita dallo Stato.
Le norme giuridiche entrano in vigore trascorsi quindici giorni dalla loro pubblicazione sulla Gazzetta Ufficiale.

**CARATTERISTICHE DELLA NORME GIURIDICHE**

Esse sono:

- **positività**: le norme giuridiche sono poste, cioè emanate dallo Stato e dai suoi organi;
- **obbligatorietà**: le norme giuridiche vincolano tutti i soggetti appartenenti ad una comunità sociale (consociati) e pertanto devono essere necessariamente osservate;
- **coattività**: nell'ipotesi di violazione delle norme giuridiche, è prevista una sanzione.
- **astrattezza**: le norme giuridiche prevedono una situazione ipotetica e non un caso concreto;
- **generalità**: le norme giuridiche sono rivolte a tutti i consociati o a tutti quei soggetti rientranti in una generica categoria.

**SANZIONE GIURIDICA**

È la conseguenza prevista dall'organizzazione sociale per l'inosservanza delle norme del diritto. Proprio per questo motivo si definisce giuridica e ha la funzione di rafforzare il rispetto delle norme e di prevenire ogni possibile inosservanza delle stesse. La sanzione può incidere sulla libertà o sui beni delle persone e si classifica in tre principali categorie:

- **sanzione civile** (es. risarcimento danni);
- **sanzione penale** (es. reclusione in carcere);
- **sanzione amministrativa** (es. sanzione in denaro o fermo amministrativo).

### TAPPA N. 3): mettiti alla prova.

- Riascolta la sintesi, mediante il supporto audio.
- Verifica se hai compreso:

- **Esercizio per l'apprendimento. Comunica (comprendi).**
**Rispondi ai quesiti, utilizzando uno dei suggerimenti indicati nella parentesi.**

1. Come può essere la sanzione? ..........
(Gratuita, penale, facoltativa)
2. Qual è un bene immobile? ..........
(Terreno, quadro, nave)
3. Come si definiscono le norme giuridiche? ..........
(Concrete, negative, astratte).
4. Come si definisce l'insieme delle norme vigenti in uno Stato? ..........
(Diritto soggettivo, diritto oggettivo, diritto internazionale ).

- Misura la tua preparazione, avvalendoti degli esercizi facilitati di autovalutazione che trovi nei materiali digitali, sul sito del libro.

Verifica facilitata di autovalutazione di fine modulo

## Educazione Digitale

# Le regole per navigare sicuri in rete

Dall'inizio degli anni Novanta a oggi, Internet, rete mondiale di computer collegati tra loro, ha avuto una rapida diffusione sino a divenire il più importante mezzo di comunicazione di massa.
Si tratta di uno strumento straordinario che ha cambiato le nostre vite e il modo di metterci in contatto con gli altri. La Rete è ricca di potenzialità e rappresenta una grande opportunità per tutti e, soprattutto, per i bambini e i giovani. Costituisce un mondo sconfinato di relazioni e occasioni di apprendimento, ma è necessario imparare a usarla. Sono tanti i rischi cui andiamo incontro se non la utilizziamo in modo corretto, ma i più esposti ai pericoli della società digitale sono di sicuro gli adolescenti.

Proprio per questo motivo la Commissione Europea, in tema di nuovi Media (Internet e cellulari) e tutela dei minori, ha promosso il programma **Safer Internet** che prevede una serie di azioni mirate a promuovere un ambiente sicuro *online*, a contrastare la diffusione di contenuti illegali (es. pedopornografia) e dannosi e a creare poli di riferimento nazionali sul tema dell'utilizzo corretto della Rete.

Nell'ambito di questo programma, nel 2004 in Italia nasce il **Centro Giovani Online** (www.sicurinrete.it), co-finanziato dalla suddetta Commissione e frutto della collaborazione tra Adiconsum (associazione di tutela dei consumatori) e Save the children (la più grande organizzazione internazionale indipendente per la difesa e la promozione dei diritti dei bambini). L'obiettivo è quello di promuovere campagne di sensibilizzazione a livello nazionale, per un utilizzo sicuro e responsabile di Internet e dei cellulari da parte dei ragazzi e di aiutare chi si è imbattuto in contenuti dannosi e vuole segnalarli.

A livello internazionale, sempre nell'ambito del programma *Safer Internet*, nel 2003, la Commissione Europea ha istituito una giornata dedicata alla promozione dell'uso corretto dei nuovi mezzi di comunicazione di massa, denominata **"Safer Internet Day"**, evento ormai celebrato in oltre 90 paesi del mondo.

L'edizione del 2018, che si è tenuta il 6 febbraio, ad esempio, aveva come tema l'appello "Crea, connetti e condividi il rispetto: un'internet migliore comincia con te" ("*Create, Connect and Share Respect. A better internet starts with you*"), con il fine di indurre i ragazzi a riflettere sia sull'uso responsabile di Internet sia sul ruolo attivo e consapevole di ciascuno nella trasformazione della Rete in un luogo positivo e sicuro.
La realtà quotidiana e Internet, infatti, si assomigliano.

Se un amico compie gli anni, puoi fargli auguri con un biglietto o direttamente col tuo smartphone. Se vuoi parlare con i tuoi compagni di classe, vai a scuola o su Facebook.

Un concetto però deve essere chiaro: questi due mondi non sono la stessa cosa.

La tabella che segue mette a confronto il **mondo reale** e quello **virtuale**.

| MONDO REALE | MONDO VIRTUALE |
|---|---|
| Devo fare una ricerca: vado in biblioteca e consulto libri ed enciclopedie. | Per informarmi vado online: ops, 2.345.711 risultati. Posso fidarmi di tutti allo stesso modo? |
| Devo stare attento a non prendere freddo. | Potrei prendere un virus. |
| Grido la mia opinione in una piazza. | Scrivo la mia opinione su Internet. |
| Posso esprimere liberamente la mia opinione. | Posso esprimere liberamente la mia opinione, che rimane online ed è visibile a tutti, magari per anni. |
| Posso condividere con i miei amici alcune cose. | Posso condividere con i miei amici alcuni file, ma se non sto attento anche chi non è mio amico potrebbe accedervi. |
| Conosco di persona i miei amici. | Non tutti i contatti sono amici anche nella realtà. |
| Se un amico mi presenta un amico posso vedere quanti anni ha. | Se un contatto mi presenta un contatto non posso essere sicuro che nemmeno lui lo conosca veramente! |
| Non puoi modificare la tua immagine. | Puoi essere alto, bassa, magra, grasso, bionda, moro, avere dodici o cinquantaquattro anni ... Puoi essere chi vuoi! |
| Se fai vedere le tue foto agli amici, poi le riporti a casa. | Se carichi le tue immagini *online* e le lasci visibili a tutti, potresti perderne il controllo. |

*(Fonte: tabella tratta, con adattamenti, dai materiali scaricabili su www.sicurinrete.it)*

Ciò premesso, emerge ancora più evidente la necessità, soprattutto per i giovani, di sapersi districare tra grandi opportunità e possibili insidie offerte dalla Rete.

Ecco **dieci regole** per navigare sicuri in Internet, elaborate dalla Società Italiana di Pediatria insieme alla Polizia di Stato e a Microsoft Italia.

▸ Internet: rete mondiale

1. Non inviare tue immagini a nessuno, non farti vedere in web cam se non sei autorizzato dai tuoi genitori.
2. Non farti ritrarre in atteggiamenti intimi da nessuno.
3. Ricorda che le promesse troppo belle non sono mai vere.
4. Non dare mai il tuo numero di telefono a sconosciuti, nè informazioni personali come indirizzo, età, foto, via email, Facebook o Messenger.
5. Non prestare il tuo cellulare a nessuno.
6. Prima di aprire un allegato o scaricare contenuti pensaci: se conosci la persona che te lo ha inviato, chiedi conferma che te lo abbia mandato veramente; altrimenti ignoralo.
7. Prima di pubblicare qualcosa in internet, pensaci: foto, testi, video, conversazioni, messaggi possono essere visti anche da sconosciuti, anche a distanza di molto tempo; non postare nulla che consideri personale o riservato di cui potresti pentirti in futuro.
8. Attento ai falsi: messaggi allarmistici, richieste d'aiuto, offerte, richieste di dati, segnalazioni di virus spesso sono dei trucchi, sii diffidente.
9. Sui social network (come Facebook e Twitter) controlla le impostazioni del tuo profilo: chi può vederlo? Chi può fare ricerche su di te o raccogliere informazioni o esporti a situazioni che non controlli? Restringi il più possibile l'accesso alle informazioni che ti riguardano.
10. Rispetta la netiquette, ovvero le regole di buona educazione in rete: leggi le regole del sito in cui ti trovi, non offendere nessuno, non divulgare messaggi privati di altri.

*(Fonte: decalogo tratto dall'articolo di Donatella Barus, in data 8/02/2012, su www.fondazioneveronesi.it)*

## Mettiamoci alla prova

**Competenze di base e di cittadinanza:**

- collocare l'esperienza personale in un sistema di regole fondato sul reciproco riconoscimento dei diritti garantiti dalla Costituzione, a tutela delle persone, della collettività e dell'ambiente;
- agire in modo autonomo e responsabile;
- collaborare e partecipare;
- progettare;
- risolvere i problemi.

**Lavoro di gruppo:**

1. La classe si divide in gruppi di lavoro.
2. Ogni gruppo elabora un questionario da sottoporre ad amici e conoscenti per verificare:
   a. la conoscenza delle regole per una navigazione corretta e responsabile in Internet;
   b. eventuali esperienze negative nell'utilizzo della Rete;
3. Ogni gruppo classifica e rielabora i dati relativi ai quesiti proposti e relaziona alla classe;
4. Si apre il dibattito per commentare insieme i risultati delle interviste e proporre eventuali rimedi e strategie per sensibilizzare giovani e adulti ad un utilizzo sicuro e responsabile della Rete.

## Compito di realtà

***Esamino il caso:***

### *"Foto sui social dei figli minorenni, i genitori rischiano fino a 10.000 euro di multa"*

"Il sorriso di Sofia mentre mangia un gelato o quello di Francesco che tira un calcio al pallone: ricordi che ogni genitore vuole conservare e condividere con parenti e amici, spesso anche utilizzando i social network. Ma attenzione: un gesto che può sembrare innocente potrebbe costare caro a mamma e papà.
Sempre più spesso, infatti, i giudici condannano i genitori a rimuovere dal web le immagini dei figli minorenni. Ma questa volta, se la decisione del giudice non verrà rispettata, la mamma in questione dovrà versare una cifra consistente al figlio.
Stiamo parlando della sentenza del Tribunale di Roma, del 23 dicembre 2017: il giudice ha condannato una madre a togliere dalla Rete tutte le immagini relative al figlio di 16 anni. Nel caso non rispettasse la sentenza, dovrà versare al giovane 10.000 euro.
Dietro alla condanna, le lamentele del ragazzo, che più di una volta aveva protestato per l'atteggiamento dei genitori, coinvolti in una causa di separazione, che avevano pubblicato sul web dettagli della vicenda giudiziaria. Dettagli che, a parere del giovane, lo hanno messo a disagio, tanto da chiedere al giudice di potersi trasferire in America per proseguire gli studi e "rifarsi una vita".
È la prima volta che in Italia viene stabilita, oltre che la rimozione del materiale foto e video, anche una multa per il genitore. Così il nostro Paese si inserisce su un solco già segnato in Francia, dove le punizioni sono molto più severe. Qui, infatti, la violazione della privacy da parte dei genitori nei confronti dei figli comporta una sanzione di 45mila euro e la reclusione fino a un anno.
Il giudice ha fatto riferimento all'articolo 96 della legge sul diritto d'autore (legge 633/1941) che prevede che il ritratto di una persona non possa essere esposto senza il suo consenso, salvo alcune eccezioni. A rafforzare, poi, la tutela dei minori c'è l'articolo 16 della Convenzione sui diritti del fanciullo del 1989.
Ci sono anche dei precedenti: lo scorso autunno un giudice di Mantova aveva stabilito che non si possono postare sui social network le foto dei propri figli minorenni se l'altro genitore non è d'accordo." *

* Fonte: sito web di "Repubblica" dell'8.01.2018.

***Applico le conoscenze:***

1. Riconosci nel testo la norma giuridica richiamata dal giudice, a fondamento della condanna della madre?
2. Riesci a capire quale tipo di interpretazione è stata fatta dal giudice, per applicare la norma generale al caso concreto?
3. Sei in grado di individuare nel testo la sanzione stabilita dal giudice del Tribunale?
4. Comprendi l'espressione "violazione della privacy"?
5. Condividi nel merito la decisione del giudice? Motiva la tua risposta.

***Sviluppo le competenze e mi confronto:***

Intervista almeno dieci persone, appartenenti alla cerchia della tue conoscenze (amici, parenti, compagni di squadra), e sottoponi loro le seguenti domande:

1. Hai mai postato foto di una persona, in Rete o sui social network, senza il suo consenso?
2. Sei al corrente che la legge lo vieta?

Condividi con i tuoi compagni di classe i risultati delle interviste e, insieme, sulla lavagna o sulla Lim, realizzante un grafico o un prospetto che evidenzi l'esito complessivo del sondaggio. A ciò fate seguire un breve dibattito di analisi e di confronto.

***Valuto le competenze:***

| Competenze | A<br>Livello Avanzato | B<br>Livello Intermedio | C<br>Livello Base | D<br>Livello Iniziale |
|---|---|---|---|---|
| • Colloco l'esperienza personale in un sistema di regole fondato sul reciproco riconoscimento dei diritti garantiti dalla Costituzione, a tutela della persona, della collettività e dell'ambiente.<br>• Imparo ad imparare.<br>• Risolvo problemi.<br>• Individuo collegamenti e relazioni.<br>• Acquisisco ed interpreto le informazioni.<br>• Comunico.<br>• Collaboro e partecipo. | **Lavoro eccellente**<br>☐<br>Applico con consapevolezza le conoscenze acquisite alla vita reale; comprendo e valuto informazioni, con buona padronanza del lessico della disciplina, collaborando in modo efficiente. | **Lavoro buono**<br>☐<br>Applico in autonomia le conoscenze acquisite alla vita reale; comprendo e valuto informazioni, con un uso appropriato del lessico della disciplina, collaborando in modo efficace. | **Lavoro adeguato**<br>☐<br>Applico le conoscenze essenziali acquisite alla vita reale; reperisco informazioni di base, utilizzando i termini fondamentali della disciplina e collaborando in modo corretto. | **Lavoro da migliorare**<br>☐<br>Applico alcune conoscenze elementari acquisite alla vita reale, se guidato; fatico a reperire le informazioni di base, con un uso limitato dei termini della disciplina, collaborando in modo passivo. |

# 2 I SOGGETTI DEL DIRITTO

**UdA 1**
**Le persone fisiche**

SOGGETTI DEL DIRITTO → PERSONE FISICHE → CAPACITÀ GIURIDICA → CAPACITÀ DI AGIRE

**UdA 2**
**Le organizzazioni collettive e l'impresa**

ORGANIZZAZIONI COLLETTIVE → IMPRESA E SOCIETÀ → ASSOCIAZIONI E FONDAZIONI → TERZO SETTORE

**Alla fine di questo percorso didattico, sarai in grado di riconoscere i soggetti del diritto e di individuarne le caratteristiche principali.**

**Educazione digitale:** Bullismo sul web: come mi difendo?

**FLIPPED classroom**

**A casa: lezione**

Leggo e ascolto i materiali digitali:
- Le società (*PowerPoint*).
- "Ripassiamo insieme" UdA 2 (Audio).
- "Parole chiave" UdA 2 (Animazione).

**A scuola: sviluppo le competenze**

Rifletto:
- Confronto e dibattito in classe.
- Verifica delle competenze di fine unità di apprendimento 2.

Mi metto alla prova:
- Compito di realtà di fine modulo.

# UdA 1 LE PERSONE FISICHE

## 1. Le capacità dei soggetti del diritto

I **soggetti del diritto** sono sia le persone fisiche sia le organizzazioni collettive o enti.
Il nostro ordinamento riconosce a ognuno di essi determinate capacità che consistono, in generale, nella possibilità di avere dei diritti e di compiere atti giuridici.
Le organizzazioni collettive, non essendo persone fisiche, non sono in grado di prendere decisioni e di esprimerle ed è per questo che esercitano le capacità ad esse riservate dalla legge attraverso appositi organi (es. l'Amministratore Delegato di una società). In quest'unità di apprendimento tratteremo delle persone fisiche.

▸ Società per azioni: organizzazione collettiva

**La persona fisica**

È **persona fisica** ogni essere umano, senza distinzione di sesso, di razza, di religione, di opinioni e condizione sociale.

**La capacità giuridica**

L'ordinamento giuridico riconosce a tutte le persone fisiche la **capacità giuridica,** ossia l'idoneità ad essere titolare di diritti e di obblighi giuridici. Questa capacità si acquista al momento della nascita e si perde alla morte.

▸ Persone fisiche

**Esempio:** Nicolò conserverà per tutta la vita il diritto al nome, all'integrità fisica e all'onore; Sara potrà chiedere a chiunque la rimozione di una foto esposta e resa pubblica, senza il suo permesso (diritto alla riservatezza).

**Il concepito**

Il diritto stabilisce che la capacità giuridica si acquista solo con la nascita (art. 1 del codice civile). Tuttavia, anche a chi non è ancora nato, cioè il **concepito,** è riconosciuta la capacità di succedere e di ricevere donazioni, a condizione che venga ad esistenza, cioè nasca.

**Esempio:** Marco vuole donare il suo appartamento al figlio di Giovanna che nascerà tra sette mesi e solo con la nascita acquisterà il diritto a ricevere la donazione.

**La capacità di agire**

Avere la capacità giuridica non vuol dire essere anche in grado di esercitare i propri diritti e di curare i propri interessi. A tal fine è necessario essere titolari della **capacità di agire,** che è l'idoneità a disporre dei propri diritti.

**Capacità di succedere:** è l'idoneità ad essere erede di un'altra persona, diventando proprietario dei suoi beni, alla morte della stessa.
**Donazione:** è un contratto con cui un soggetto, per spirito di liberalità, dona ad un altro soggetto beni mobili o immobili, non di modico valore.

X **Esempio: Andrea, all'età di dieci anni diviene proprietario di un appartamento in montagna ereditato dal nonno che vorrebbe vendere perché ama il mare, ma non può farlo; Andrea a diciotto anni può stipulare il contratto per vendere l'appartamento.**

La capacità di agire si acquista alla maggiore età, cioè a diciotto anni (art. 2 del codice civile), poiché si ritiene che solo a quell'età il soggetto abbia acquisito una sufficiente maturità psichica e si perde nei casi previsti dalla legge, ossia con la morte, l'interdizione e l'inabilitazione (di cui parleremo nei paragrafi successivi).

| Capacità | Acquisto | Perdita | Esempio |
|---|---|---|---|
| Capacità giuridica | Alla nascita | Alla morte | Andrea, a dieci anni, diventa proprietario dell'appartamento ereditato dal nonno |
| Capacità di agire | Alla maggiore età (diciotto anni) | ■ Alla morte<br>■ Per interdizione (perdita totale della capacità di agire)<br>■ Per inabilitazione (perdita parziale della capacità di agire) | Andrea, a diciotto anni, vende l'appartamento ereditato dal nonno |

Dentro il **diritto**

### Nascita

Essa deve essere dichiarata entro dieci giorni all'ufficiale dello stato civile (anagrafe) per la formazione dell'atto di nascita, da uno dei genitori, da un procuratore speciale, da un medico, dall'ostetrica o da altra persona che ha assistito al parto. Se la nascita avviene in ospedale, la dichiarazione può essere resa entro tre giorni presso la corrispondente direzione sanitaria che la invierà all'ufficiale dello stato civile.

### Morte

Essa deve essere comunicata all'ufficiale di stato civile, per la compilazione dell'atto di morte, entro ventiquattro ore dal decesso, da uno dei congiunti o, in mancanza, da una persona informata dell'evento.

■ **Esercizio A) per l'apprendimento. Comunica (comprendi).**

**Indica se le frasi sotto riportate sono espressione della capacità giuridica (G) o della capacità di agire (A), apponendo una crocetta in corrispondenza della risposta che ritieni esatta.**

1. Essere titolare del diritto alla libertà personale **G A**
2. Vendere i gioielli di famiglia **G A**
3. Votare per eleggere i rappresentanti in Parlamento **G A**
4. Avere il diritto alla riservatezza **G A**
5. Ereditare un quadro di valore **G A**

## 2. Gli atti di ordinaria e di straordinaria amministrazione

Solamente la persona capace di agire può compiere validamente gli **atti giuridici** e assumersi la responsabilità che da essi deriva. Essi si suddividono in:

Gli atti di ordinaria amministrazione

- **atti di ordinaria amministrazione**, che consentono la conservazione del patrimonio e che hanno un limitato rilievo sul patrimonio stesso.

**Esempio:** **Elena dà in locazione un appartamento e riscuote 500 euro mensili di canone; la famiglia di Lucia negli ultimi tre mesi ha sostenuto delle spese ordinarie per: l'acquisto di un paio di scarpe e di generi alimentari, il pagamento della bolletta della luce e del gas.**

▸ Atto di ordinaria amministrazione: acquisto di un libro

Gli atti di straordinaria amministrazione

- **atti di straordinaria amministrazione**, che determinano l'aumento o la diminuzione in modo consistente del patrimonio.

**Esempio:** **Sonia vende un appartamento a Giovanni al prezzo di 300.000 euro; Mario acquista un quadro del valore di 10.000 euro.**

ATTI DI ORDINARIA AMMINISTRAZIONE (es. acquistare un libro) ← ATTI GIURIDICI → ATTI DI STRAORDINARIA AMMINISTRAZIONE (es. acquistare una casa)

La capacità legale

Le due figure di capacità (giuridica e di agire) si classificano come **capacità legale**, cioè attribuite dalla legge a tutte le persone fisiche. Ogni essere umano, tuttavia, è portatore di una sua capacità, cosiddetta naturale.

La capacità naturale

Per **capacità naturale** s'intende la capacità d'intendere e di volere, intesa come la consapevolezza di una persona dei propri pensieri e delle proprie azioni, che, talvolta, può anche non coincidere con la capacità legale, per cause transitorie.

▸ Atto di straordinaria amministrazione: acquisto di una casa

**Esempio:** **Alessio di diciannove anni, per festeggiare la promozione dopo l'Esame di Stato, va in un locale con un gruppo di amici e beve qualche bicchiere di troppo, ubriacandosi. In quel momento, il ragazzo ha la capacità di agire perché maggiorenne, ma non ha la capacità naturale.**

L'incapacità naturale

In tal caso, la legge riconosce l'**incapacità naturale** della persona e la possibilità di impugnare gli atti compiuti per farne annullare gli effetti.

**Esempio: Alessio, ubriaco, firma un contratto, nella convinzione di essere stato reclutato da un'agenzia per fare l'indossatore. Quando si riprende dagli effetti dell'alcool, si accorge che, in realtà, ha sottoscritto l'impegno a frequentare un corso per diventare tale alla modica cifra di 4.000 euro. Alessio, tuttavia, può agire in Tribunale per far annullare il contratto, facendo valere la sua incapacità naturale.**

■ **Esercizio B) per l'apprendimento. Acquisisci ed interpreta l'informazione.**
**Completa la seguente tabella, scrivendo in quale tipologia di atto (ossia atto di ordinaria o atto di straordinaria amministrazione) rientrano le situazioni descritte.**

| SITUAZIONI | TIPOLOGIA DI ATTO GIURIDICO |
|---|---|
| L'acquisto di una camicia. | ................................ |
| L'apertura di un conto corrente in banca. | ................................ |
| La vendita di un appartamento. | ................................ |
| La prenotazione di una camera d'albergo. | ................................ |
| La consumazione di un pranzo a una tavola calda. | ................................ |

## 3. Le ipotesi di incapacità della persona fisica

Nel corso della vita possono sopraggiungere eventi di varia natura (es. malattie degenerative o sinistri stradali) o comunque situazioni invalidanti (es. alcolismo) che compromettono le facoltà intellettive e/o volitive. Può succedere che un maggiorenne si trovi in una situazione psicofisica tale da non essere più in grado di valutare il significato e le conseguenze delle proprie azioni.

**Esempio: Marco, a causa di una grave lesione cerebrale, sopravvenuta a seguito di un incidente nautico, è diventato incapace di intendere e di volere e non è più in grado di curare i propri interessi.**

L'incapacità legale

In tal caso, la persona, per impedire che compia atti giuridici contro il proprio interesse, arrecando danno a se stessa e alla propria famiglia, può essere privata, in tutto o in parte, della capacità di agire. La situazione che viene a determinarsi è definita **incapacità legale**, perché è stabilita dalla legge.

Essa si distingue in: **incapacità assoluta** e **incapacità relativa**.

L'Incapacità assoluta

L'**incapacità assoluta** priva totalmente il soggetto della capacità di agire e di stipulare atti giuridicamente validi, anche quelli più semplici, come, ad esempio, l'acquisto di un oggetto di scarso valore economico. Gli incapaci di agire assoluti, infatti, non possono compiere né atti di ordinaria né atti di straordinaria amministrazione. Al loro posto agisce un **tutore** che ne ha la rappresentanza legale e che, per gli atti di straordina-

**Rappresentanza:** è un istituto giuridico in base al quale un soggetto (rappresentante) ha il potere di compiere atti giuridici in nome e per conto di un altro soggetto (rappresentato). Si dice **volontaria** quando è conferita direttamente dall'interessato e **legale** quando è conferita dalla legge.

ria amministrazione, ha bisogno dell'autorizzazione del giudice. Sono incapaci assoluti: il minore, l'interdetto giudiziale e l'interdetto legale.

**Il minore d'età**

Il **minore d'età** è colui che non ha ancora compiuto 18 anni.

**La responsabilità genitoriale**

I figli, sino alla maggiore età, essendo legalmente incapaci, sono sottoposti alla potestà dei genitori, ridefinita dal legislatore **responsabilità genitoriale**, e non possono stipulare direttamente atti giuridici né assumere decisioni in merito al loro compimento. In caso di mancanza o d'incapacità di entrambi i genitori, è nominato dall'autorità giudiziaria un tutore (es. uno zio), per svolgere gli atti che li riguardano.

**L'interdetto giudiziale**

L'**interdetto giudiziale** è una persona maggiorenne, dichiarata incapace di agire da una sentenza (cioè una decisione) del Tribunale, che ha accertato un'infermità di mente abituale, che gli impedisce di provvedere autonomamente ai propri affari e interessi. L'istituto dell'interdizione giudiziale assolve una **funzione protettiva**: tutelare l'incapace da coloro che potrebbero approfittarne. Può essere applicato solo nei confronti di una persona maggiore d'età, perché il minorenne è già legalmente incapace e come tale protetto dall'ordinamento.

▸ Tutore

**L'interdetto legale**

L'**interdetto legale** è una persona che è stata condannata a una pena detentiva superiore ai cinque anni o all'ergastolo per avere commesso reati di una certa gravità. L'istituto dell'interdizione non risponde a un'esigenza di tutela, ma ha una **funzione punitiva**, poiché rappresenta una sanzione ulteriore per la condanna subita. A differenza dell'interdetto giudiziale, quello legale può compiere validamente atti di natura personale.

▸ Responsabilità genitoriale

**L'incapacità relativa**

L'**incapacità relativa** priva parzialmente il soggetto della capacità di agire. Gli incapaci relativi possono compiere solo gli atti di ordinaria amministrazione; per quelli di straordinaria amministrazione sono assistiti da un **curatore**, previa autorizzazione giudiziale. Egli non si sostituisce all'incapace, ma integra la volontà di quest'ultimo, svolgendo una funzione di assistenza e di controllo. Sono incapaci relativi: il minore emancipato e l'inabilitato.

**Responsabilità genitoriale:** è l'espressione che il legislatore, con il D.Lgs. n. 154/2013, ha introdotto al posto di potestà dei genitori. Essa si riferisce al complesso dei diritti e dei doveri relativi sia al mantenimento, all'istruzione e all'educazione dei figli, tenuto conto delle loro capacità, delle inclinazioni naturali e delle aspirazioni, sia alla cura degli interessi patrimoniali della prole.

**L'inabilitato**

L'**inabilitato** è il soggetto che può essere dichiarato tale da una sentenza del Tribunale perché è (in alternativa):

a. **infermo di mente**, ma non in modo così grave da giustificare l'interdizione;
b. **alcolizzato o tossicodipendente** al punto da esporre se stesso o la sua famiglia a gravi pregiudizi economici;
c. **prodigo**, cioè che spende in modo eccessivo e sproporzionato rispetto alle proprie condizioni socio-economiche;
d. **sordo o cieco** dalla nascita o dalla prima infanzia, senza un'adeguata educazione che lo abbia reso in grado di provvedere ai propri interessi.

**Il minore emancipato**

**Minore emancipato** è colui che ha compiuto i sedici anni e che ha contratto matrimonio, su autorizzazione del Tribunale per i minorenni, che ha accertato:

- i gravi motivi alla base della richiesta;
- la maturità psico-fisica dei soggetti che vogliono sposarsi.

Il legislatore non ha dettato una regola precisa per individuare quali siano, in realtà, i "gravi motivi", affidando al giudice il compito di decidere caso per caso se ci siano o meno i presupposti per concedere l'autorizzazione. Ciò ha dato luogo alle più svariate e contrastanti interpretazioni giudiziali.

**Esempio: un Tribunale per i minorenni ha considerato la gravidanza della minore come grave motivo per concedere l'autorizzazione, al contrario di un altro che l'ha negata proprio per la medesima circostanza.**

Nel caso in cui i coniugi siano entrambi minori d'età, può essere nominato un unico curatore, scelto preferibilmente tra i genitori. Se, invece, il coniuge è maggiorenne, può essere lui stesso il curatore dell'emancipato. Lo stato di emancipazione viene meno con il raggiungimento della maggiore età.

Nelle ipotesi di incapacità relativa e di interdizione legale, l'ordinamento giuridico richiede sempre un procedimento giudiziale (cioè promosso davanti ad un Tribunale), volto ad accertare l'effettiva esistenza delle cause che limitano l'attitudine del soggetto a disporre validamente dei propri diritti, valutandone, di conseguenza, l'entità.

| INCAPACI LEGALI | |
|---|---|
| **ASSOLUTI** | **RELATIVI** |
| ■ Sono TOTALMENTE privi della capacità di agire.<br>■ Non possono compiere né atti di ordinaria amministrazione né atti di straordinaria amministrazione.<br>■ Sono rappresentati da un TUTORE.<br>■ Essi sono:<br>- Minore;<br>- Interdetto giudiziale;<br>- Interdetto legale. | ■ Sono PARZIALMENTE privi della capacità di agire.<br>■ Possono compiere solo atti di ordinaria amministrazione.<br>■ Sono assistiti da un CURATORE.<br>■ Essi sono:<br>- Minore emancipato;<br>- Inabilitato. |

■ **Esercizio C) per l'apprendimento. Individua collegamenti e relazioni.**
**Cerca l'estraneo, evidenziandolo nel testo.**

1. Incapace relativo, tutore, minore emancipato, atti di ordinaria amministrazione.
2. Interdetto giudiziale, minore, interdetto legale, curatore.
3. Minore emancipato, minore, tutore, incapace assoluto.
4. Curatore, atti di ordinaria amministrazione, inabilitato, atti di straordinaria amministrazione.

La legge sull'amministratore di sostegno

# 4. L'amministrazione di sostegno

Questo istituto giuridico è stata introdotto per la prima volta nell'ordinamento italiano con la Legge n. 6 del 2004.

La finalità

L'**amministrazione di sostegno** ha come **finalità** quella di proteggere le persone che si trovano, in tutto o in parte, nell'impossibilità di provvedere autonomamente ai propri interessi, senza ridurre, più di quanto sia necessario, la loro capacità di agire.

**Esempio: la nonna di Roberto, con l'età, ha perso in parte la memoria. Il nipote è nominato amministratore di sostegno per assisterla nella gestione dei risparmi mentre, per le operazioni quotidiane, la nonna rimane capace di agire.**

▶ Amministratore di sostegno

Le condizioni

In quali **condizioni** si deve trovare la persona, perché possa essere nominato l'amministratore di sostegno? La persona deve trovarsi in uno stato di:

- **infermità** (es. demenza senile) o **menomazione fisica** (es. il portatore di handicap fisico tale da impedire l'espletamento delle funzioni della vita quotidiana) o **psichica** (es. affievolimento della memoria);
- **impossibilità**, anche parziale o temporanea, di **provvedere ai propri interessi**.

L'amministratore di sostegno può essere designato dallo stesso soggetto interessato, in vista di una eventuale futura incapacità.

■ **Esercizio D) per l'apprendimento. Individua collegamenti e relazioni.**
**A conclusione della trattazione degli incapaci assoluti, relativi e dell'amministrazione di sostegno, completa la tabella, indicando a fianco di ogni situazione descritta, l'istituto giuridico che il nostro ordinamento prevede per legge o a tutela della persona, utilizzando i suggerimenti proposti.**

| SITUAZIONE | RIMEDIO GIURIDICO |
|---|---|
| Clara, di sedici anni, vuole sposarsi per gravi motivi. | ........................ |
| Leonardo, proprietario di imprese e di un ingente patrimonio, a seguito di un incidente sugli sci, dovrà rimanere a letto immobile per qualche mese. | ........................ |
| Luca, ventenne, fa uso abituale di sostanze stupefacenti. | ........................ |
| Martina, giovane donna di venticinque anni, dà segni di squilibrio ed è gravemente malata di mente. | ........................ |
| Riccardo ha otto anni e vive in famiglia con i genitori. | ........................ |
| Claudio, maggiorenne, è arrestato e condannato all'ergastolo per un grave reato commesso. | ........................ |

*(amministrazione di sostegno; responsabilità genitoriale; emancipazione; interdizione legale; inabilitazione; interdizione giudiziale.)*

# 5. I luoghi della persona fisica

La sede

Il luogo o **sede** dove la persona fisica sceglie di vivere, di stabilirsi momentaneamente o di svolgere un lavoro è di grande importanza per il diritto.

**Esempio:** **conoscere dove abita Mattia è necessario per recapitargli una lettera raccomandata, per comunicargli che la sua moto è stata rubata o per notificargli una multa.**

La fine o l'estinzione della persona fisica

A questo proposito, la legge distingue tre diversi luoghi della persona.

Il domicilio

- Il **domicilio** è il luogo in cui la persona stabilisce la sede principale dei suoi affari ed interessi, sia patrimoniali sia non patrimoniali.

**Esempio:** **l'avvocato Mario Bianchi ha come domicilio il suo studio a Bologna.**

La residenza

- La **residenza** è il luogo in cui solitamente la persona abita.

**Esempio:** **Luca ha fissato la sua residenza a Modena, dove abita con la famiglia.**

La dimora

- La **dimora** è il luogo in cui la persona attualmente (e non abitualmente) soggiorna.

**Esempio:** **Luca durante le vacanze estive sta a Riccione presso la casa degli zii.**

▸ Residenza

■ **Esercizio E) per l'apprendimento. Acquisisci ed interpreta l'informazione.**
**Completa la seguente tabella, indicando a quale luogo o sede giuridica delle persone fisiche corrispondono le situazioni proposte.**

| SITUAZIONI | LUOGO O SEDE GIURIDICA |
| --- | --- |
| Giulio durante le vacanze invernali si trova a Cortina dai nonni. | ................................ |
| Francesca è nata e vive con il marito a Bologna. | ................................ |
| Maria è titolare di una pasticceria a Genova. | ................................ |
| Luisa, per frequentare l'università, si trasferisce a Urbino da settembre a dicembre. | ................................ |
| Federico lavora in uno studio come dentista, in provincia di Firenze. | ................................ |

Hai capito? Hai dei dubbi?

## Ripassiamo insieme

**Chi sono i SOGGETTI DEL DIRITTO?**
Essi sono sia le persone fisiche, sia le organizzazioni collettive. Il nostro ordinamento riconosce a ognuno di essi determinate capacità che consistono, in generale, nella possibilità di avere dei diritti e di compiere atti giuridici.

**Chi è PERSONA FISICA?**
È ogni essere umano, senza distinzione di sesso, di razza, di religione, di opinioni e condizione sociale.

**Che cos'è la CAPACITÀ GIURIDICA?**
È l'idoneità ad essere titolare di diritti e di obblighi giuridici. Si acquista alla nascita e si perde alla morte.

**Che cos'è la CAPACITÀ DI AGIRE?**
È l'idoneità a disporre dei propri diritti. Si acquista alla maggiore età (cioè diciotto anni) e si perde alla morte o per inabilitazione o interdizione. Dà la possibilità di compiere validi atti giuridici che si suddividono in:
- atti di ordinaria amministrazione (es. acquisto di un libro);
- atti di straordinaria amministrazione (es. acquisto di una casa).

**Che cos'è la CAPACITÀ NATURALE?**
È la capacità d'intendere e di volere, intesa come la consapevolezza di una persona dei propri pensieri e delle proprie azioni.

**Chi sono gli INCAPACI ASSOLUTI?**
Sono i soggetti totalmente privi della capacità di agire e che, pertanto, non possono compiere né atti di ordinaria amministrazione né atti di straordinaria amministrazione. Sono rappresentati da un tutore. Essi sono:
- Minore;
- Interdetto giudiziale;
- Interdetto legale.

**Chi sono gli INCAPACI RELATIVI?**
Sono i soggetti parzialmente privi della capacità di agire e che, pertanto, possono compiere solo atti di ordinaria amministrazione. Sono assistiti da un curatore.
Essi sono:
- Minore emancipato;
- Inabilitato.

**Che cos'è l'AMMINISTRAZIONE DI SOSTEGNO?**
L'amministrazione di sostegno è un istituto giuridico nato nel 2006 che ha come finalità quella di proteggere le persone che si trovano, in tutto o in parte, nell'impossibilità di provvedere autonomamente ai propri interessi, senza ridurre, più di quanto sia necessario, la loro capacità di agire. La persona, perché possa essere nominato l'amministrazione di sostegno, deve trovarsi in uno stato di:
- infermità (es. demenza senile) o menomazione fisica (es. il portatore di handicap fisico tale da impedire l'espletamento delle funzioni della vita quotidiana) o psichica (es. affievolimento della memoria);
- impossibilità, anche parziale o temporanea, di provvedere ai propri interessi.

**Che cosa si intende per LUOGO O SEDE DELLA PERSONA FISICA?**
È quello in cui la persona fisica sceglie di vivere, di stabilirsi momentaneamente o di svolgere un lavoro. La legge distingue tre diversi luoghi della persona:
- domicilio, luogo in cui la persona stabilisce la sede principale dei suoi affari ed interessi, sia patrimoniali sia non patrimoniali;
- residenza, luogo in cui solitamente la persona abita;
- dimora, luogo in cui la persona attualmente (e non abitualmente) soggiorna.

Per una didattica inclusiva:

## Parole chiave

**SOGGETTI del DIRITTO** →
- Persone fisiche
- Organizzazioni collettive

**CAPACITÀ dei SOGGETTI del DIRITTO** →
- Capacità giuridica
- Capacità di agire
- Capacità naturale

**INCAPACI ASSOLUTI** →
- Minore d'età
- Interdetto giudiziale
- Interdetto legale

**INCAPACI RELATIVI** →
- Inabilitato
- Minore emancipato

**AMMINISTRATORE di SOSTEGNO** →
- Infermità o menomazione fisica o psichica della persona
- Impossibilità di provvedere ai propri interessi

**LUOGHI della PERSONA FISICA** →
- Domicilio
- Residenza
- Dimora

## Verifica delle competenze

- Livello BASE: ✪ (Punteggio totale: 12)
- Livello INTERMEDIO: ✪✪ (Punteggio totale: 60)
- Livello AVANZATO: ✪✪✪ (Punteggio totale: 28)

### ✪ Esercizio 1). Impara ad imparare.

**Scelta multipla: evidenzia la risposta esatta. Il paragrafo indicato nella parentesi è quello su cui devi riflettere (2 punti per ciascuna scelta corretta).**

**1. L'inabilitato è un incapace (Par. n. 3):**
a. temporaneo
b. assoluto
c. naturale
d. relativo

**2. La capacità di agire si acquista (Par. n. 1):**
a. alla nascita
b. alla morte
c. a diciotto anni
d. a sedici anni

**3. Il domicilio è la sede in cui la persona (Par. n. 5):**
a. svolge i propri affari e interessi
b. abita
c. soggiorna
d. riposa

**4. Può essere interdetto giudizialmente (Par. n. 3):**
a. il minorenne
b. condannato ad una pena superiore a 5 anni
c. l'infermo totale di mente
d. il condannato ad una pena inferiore a 5 anni

**5. La capacità giuridica si perde (Par. n. 1):**
a. per emancipazione
b. per inabilitazione
c. per interdizione
d. alla morte

**6. È un atto di straordinaria amministrazione (Par. n. 2):**
a. la riscossione di un canone di locazione
b. l'acquisto di un libro
c. la vendita di una casa
d. l'acquisto di un biglietto della lotteria

**Punti: ..../12**

### ✪✪ Esercizio 2). Individua collegamenti e relazioni.

**Collega ciascun numero alla lettera corrispondente (3 punti per ciascun collegamento esatto).**

1. Atto di ordinaria amministrazione
2. Incapace naturale
3. Tutore
4. Nascita
5. Residenza
6. Curatore
7. Minore emancipato
8. Atto di straordinaria amministrazione

a. Inabilitato
b. Sede della persona fisica
c. Riscossione di un canone di locazione
d. Acquisto di un terreno
e. Interdetto
f. Capacità giuridica
g. Tribunale dei minorenni
h. Ubriaco

| 1 | 2 | 3 | 4 | 5 | 6 | 7 | 8 |
|---|---|---|---|---|---|---|---|
| | | | | | | | |

**Punti: ..../24**

■ ✪✪ **Esercizio 3). Acquisisci ed interpreta l'informazione.**

**Indica se le seguenti affermazioni sono vere o false, motivando la risposta (3 punti per ciascuna risposta esatta).**

| | V | F |
|---|---|---|
| **1.** La capacità di agire non si può perdere nel corso della vita<br>Perché ........................................ | ☐ | ☐ |
| **2.** Il minore emancipato può compiere solo atti di ordinaria amministrazione<br>Perché ........................................ | ☐ | ☐ |
| **3.** L'interdetto legale è solo il condannato all'ergastolo<br>Perché ........................................ | ☐ | ☐ |
| **4.** La capacità giuridica si acquista alla nascita<br>Perché ........................................ | ☐ | ☐ |
| **5.** L'acquisto di una casa è un atto di ordinaria amministrazione<br>Perché ........................................ | ☐ | ☐ |
| **6.** Gli interdetti sono rappresentati da un tutore<br>Perché ........................................ | ☐ | ☐ |

**Punti: ..../18**

■ ✪✪ **Esercizio 4). Comunica (rappresenta).**

**Completa la mappa concettuale che segue (3 punti per ciascun completamento esatto).**

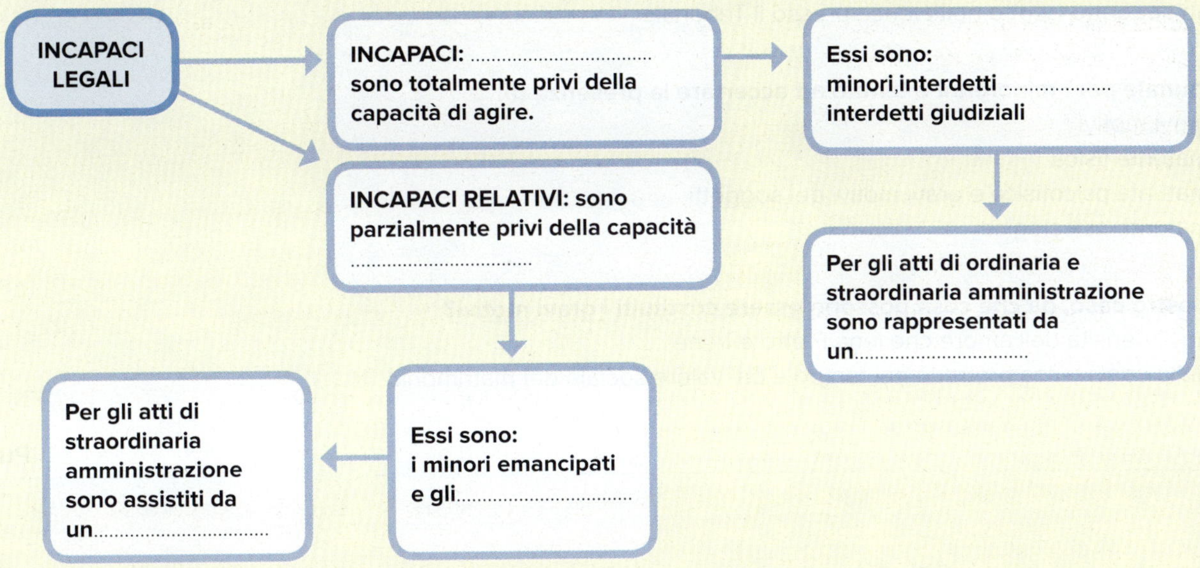


**Punti: ..../18**

■ ✪✪✪ **Esercizio 5). Comunica (comprendi).**

**Rispondi alle seguenti domande (4 punti per ciascuna risposta esatta).**

1. Che differenza c'è tra capacità giuridica, capacità di agire e capacità naturale? (Par. n. 1)
2. Chi sono gli incapaci relativi e da chi sono assistiti? (Par. n. 3)
3. Chi sono gli incapaci assoluti e da chi sono rappresentati? (Par. n. 3)

**Punti: ..../12**

■ ✪✪✪ **Esercizio 6). Risolvi i problemi.**

**Analizza il caso e rispondi ai quesiti a risposta multipla (4 punti per ogni scelta multipla) .**

Irene ha diciassette anni e da un po' di tempo ha un legame sentimentale serio e profondo con Pietro, giovane venticinquenne che lavora in un'azienda ortofrutticola. Da circa un anno, convivono come fossero marito e moglie a casa dei genitori di Irene, che non lavora, ma mostra un impegno costante nelle faccende domestiche derivanti dalla convivenza (cucina, lava, stira, fa le pulizie). La gente del piccolo centro agricolo, in cui vivono i ragazzi, mormora perché non approva l'unione di fatto. Irene e Pietro, che si amano sinceramente, chiedono al Tribunale per i minorenni l'autorizzazione al matrimonio che è concessa dopo qualche mese. Saresti in grado di spiegare che cosa ha guidato la decisione dei giudici?

1. **Perché i ragazzi devono chiedere l'autorizzazione a sposarsi?**
   a. perché Pietro è maggiorenne
   b. perché Irene è minorenne
   c. perché vivono con i genitori della ragazza
   d. perché Irene non lavora

2. **In questi casi, in genere, chi può essere nominato curatore?**
   a. il coniuge, quindi Pietro
   b. esclusivamente i genitori
   c. una persona al di fuori della cerchia familiare
   d. un soggetto iscritto nell'elenco presso il Tribunale

3. **Il Tribunale per i minorenni è tenuto ad accertare la presenza di:**
   a. gravi motivi
   b. maturità fisica
   c. maturità psicofisica e gravi motivi dei soggetti
   d. maturità psicologica

4. **Nel nostro caso, da che cosa possono essere costituiti i gravi motivi?**
   a. dall'intensità dell'amore che lega Pietro e Irene
   b. dalla convivenza protratta nel tempo e dal valore sociale del matrimonio

**Punti: ..../16**

**Calcola il punteggio totale conseguito e assegnati la valutazione a esso corrispondente:**

| Tabella di autovalutazione | |
|---|---|
| ☐ 100-87 | **A** Lavoro eccellente. |
| ☐ 86-67 | **B.** Lavoro buono. |
| ☐ 66-47 | **C.** Lavoro adeguato. |
| ☐ 46-2 | **D.** Lavoro da migliorare. |

# UdA 2 LE ORGANIZZAZIONI COLLETTIVE E L'IMPRESA

## 1. Le organizzazioni collettive in generale

Oltre alle persone fisiche, anche le organizzazioni collettive o enti sono soggetti del diritto e come tali sono titolari di **capacità giuridica** (es. possono diventare proprietari di una casa) e di **capacità di agire** (es. possono stipulare un contratto, attraverso i loro rappresentanti legali).

**Le organizzazioni collettive**

Le **organizzazioni collettive** o enti sono costituite da una pluralità di persone fisiche che agiscono per uno scopo comune e che a tal fine necessitano di un patrimonio.

Tale **scopo** può essere economico quando l'attività dell'organizzazione è finalizzata all'arricchimento degli associati (es. la società commerciale) o non economico, quando l'organizzazione persegue uno scopo ideale o altruistico (es. l'attività di solidarietà, di tutela dell'ambiente).

▶ Patrimonio dell'organizzazione collettiva

**Il patrimonio**

Il **patrimonio**, di cui hanno bisogno le organizzazioni per raggiungere i loro scopi, può consistere, ad esempio, in beni mobili (es. denaro), immobili (es. terreni) o mobili registrati (es. furgone).

Le organizzazioni collettive agiscono attraverso appositi **organi**, ai quali spetta il compito di formare e di esternare la volontà dell'organizzazione collettiva.
Tali organi sono formati da persone fisiche che possono agire individualmente, come, ad esempio, il Presidente dell'organizzazione o collegialmente (cioè tutti insieme), come l'assemblea degli aderenti all'organizzazione.

**L'autonomia patrimoniale**

Una caratteristica comune a tutte le organizzazioni è quella dell'**autonomia patrimoniale** che può essere più o meno completa e, in base alla quale, il patrimonio si configura in modo separato e distinto dai patrimoni personali dei singoli aderenti.

▶ Organizzazione collettiva: associazione

**L'autonomia patrimoniale perfetta**

Si ha **autonomia patrimoniale perfetta** quando il patrimonio dell'organizzazione è completamente distinto da quello dei singoli membri. Di conseguenza, gli eventuali creditori che vogliono essere soddisfatti possono agire solo sul patrimonio dell'organizzazione e non su quello dei singoli componenti, nel caso in cui i beni dell'ente siano insufficienti.

**Esempio:** Luigi è creditore per 20.000 euro, nei confronti di un'organizzazione con autonomia patrimoniale perfetta, i cui beni ammontano ad un valore di 15.000. Il suo credito verrà soddisfatto solo nei limiti di tale importo perché, per i restanti 5.000 euro, non avrà la possibilità di chiederli ai membri dell'organizzazione stessa.

L'autonomia patrimoniale imperfetta

Si ha **autonomia patrimoniale imperfetta** quando il patrimonio dell'organizzazione non è completamente separato da quello dei singoli aderenti. Ciò significa che i singoli associati sono chiamati a rispondere dei debiti contratti e degli impegni assunti dall'organizzazione, anche con il proprio patrimonio personale.

**Esempio:** Luigi, in tal caso, potrà chiedere l'importo residuo del suo credito, rivalendosi sui beni dei singoli aderenti.

**Esercizio A) per l'apprendimento. Impara ad imparare.**
**Dopo aver individuato gli errori, riscrivi le frasi correttamente.**

1. Con l'autonomia patrimoniale perfetta il patrimonio dell'organizzazione non è completamente separato da quello dei singoli aderenti.
......................................................................................................
......................................................................................................
2. Lo scopo delle organizzazioni collettive è solamente quello economico.
......................................................................................................
......................................................................................................
3. Le organizzazioni agiscono tramite gli organi, che sono sempre formati da una sola persona.
......................................................................................................
......................................................................................................

# 2. Le persone giuridiche e le organizzazioni non riconosciute

Le persone giuridiche

Le organizzazioni collettive dotate di autonomia patrimoniale perfetta, che sono state riconosciute dallo Stato, si definiscono **persone giuridiche.**
Rientrano in questa categoria, ad esempio, le fondazioni, gli enti pubblici, le associazioni riconosciute e le società di capitali.

**Riconoscimento delle persone giuridiche:** è concesso, su domanda dell'organizzazione interessata, dal Presidente della Repubblica o dal Prefetto, che devono accertare la presenza delle condizioni previste dalla normativa vigente (es. scopo possibile e lecito o patrimonio adeguato).

Le organizzazioni non riconosciute

Le organizzazioni con autonomia patrimoniale imperfetta, invece, si dicono **organizzazioni non riconosciute**.

Le persone giuridiche, in base allo scopo perseguito, si distinguono in:

▸ Persona giuridica pubblica: INAIL

1. **persone giuridiche pubbliche**, che hanno uno scopo collettivo (cioè nell'interesse di tutti) e che sono costituite dallo Stato, dagli Enti pubblici territoriali (Comuni, Province, Città metropolitane e Regioni) e altri enti (es. AUSL, INPS, INAIL, ISTAT, Università);

2. **persone giuridiche private,** costituite da persone che perseguono un interesse privato di natura economica (es. una società a responsabilità limitata), culturale (una fondazione bancaria che elargisce borse di studio agli studenti meritevoli), sportiva (es. associazione di pallavolo).

## 3. I tipi di organizzazioni collettive

In generale, nell'ambito delle organizzazioni collettive, s'individuano:

Le società

- **società**, organizzazioni collettive con uno **scopo di lucro**, che consiste nella divisione tra i soci degli utili conseguiti, attraverso l'esercizio in comune di un'attività economica oppure con uno **scopo mutualistico**, in base al quale ai soci sono offerti beni o servizi a condizioni più vantaggiose rispetto a quelle del mercato (es. società cooperative). Tra le società distinguiamo le **società di persone**, che godono di autonomia patrimoniale imperfetta e le **società di capitali** che godono di autonomia patrimoniale perfetta;

Le associazioni

- **associazioni**, formate da una pluralità di persone fisiche (associati) che perseguono obiettivi e interessi comuni, diversi dallo scopo di lucro, di natura, ad esempio, culturale, sportiva, ricreativa, ambientale (es. sindacati, partiti politici, AVIS, Associazione Volontari Italiani Sangue, AIDO, Associazione Italiana per la Donazione di Organi e tessuti). Qualora chiedano il riconoscimento da parte dello Stato, diventano persone giuridiche e quindi **associazioni riconosciute**; nel caso in cui ciò non avvenga, si qualificano come **associazioni non riconosciute o enti di fatto**;

**Alfred Bernhard Nobel (1833-1896):** fu chimico e filantropo svedese. Istituì la fondazione omonima, con la finalità di distribuire, ogni anno, un riconoscimento (premio) a chi si fosse distinto nel campo della fisica, della letteratura, della medicina, dell'economia e a chi si fosse prodigato per il mantenimento della pace.

**Le fondazioni**

- **fondazioni,** enti che perseguono i propri fini (comunque mai di lucro) mediante l'utilizzo di un patrimonio a ciò destinato (es. Fondazione per la ricerca sulla Fibrosi Cistica, FFC o la Fondazione NOBEL).
  Le fondazioni devono necessariamente essere riconosciute dallo Stato e perciò acquistano un'autonomia patrimoniale perfetta e sono persone giuridiche;

▸ Organizzazioni non profit

**Il terzo settore**

- **terzo settore,** costituito da organizzazioni di diritto privato che svolgono attività nei settori sociali, assistenziali o culturali e che, senza scopo di lucro (non profit), perseguono scopi solidaristici (es. Organizzazioni non lucrative di utilità sociale - ONLUS, organizzazioni di volontariato, cooperative sociali).
  Il terzo settore o settore *non profit* si differenzia sia dal settore pubblico (primo settore), in cui i servizi assistenziali e socio-sanitari sono prodotti dallo Stato e dagli enti pubblici territoriali (es. Comune), sia dal settore dell'imprenditoria o mercato (secondo settore), in cui i servizi sociali vengono prodotti con finalità lucrative.

**Esercizio B) per l'apprendimento. Acquisisci ed interpreta l'informazione.**

**Indica in quale categoria faresti rientrare le organizzazioni collettive qui di seguito indicate, collocandole nella tabella sottostante:**

Associazioni non riconosciute; Società di capitali; Associazioni riconosciute; Stato ed enti pubblici; Fondazioni; Società di persone.

| PERSONE GIURIDICHE | ORGANIZZAZIONI NON RICONOSCIUTE |
|---|---|
| ■ ........................ | ■ ........................ |
| ■ ........................ | ■ ........................ |
| ■ ........................ | ■ ........................ |
| ■ ........................ | ■ ........................ |

## 4. L'imprenditore

▸ Imprenditore

Tra i soggetti del diritto un posto particolare spetta all'imprenditore.

Secondo l'art. 2082 del codice civile è imprenditore *"chi esercita professionalmente una attività economica organizzata al fine della produzione e dello scambio di beni o di servizi"*.

L'articolo contiene i requisiti necessari per essere imprenditore:

L'attività economica

- esercizio di una **attività economica**, ossia di un'attività produttiva di beni, che comprende sia le attività primarie (es. agricoltura) sia le attività industriali (es. la produzione di tessuti), o un'attività produttiva di servizi (es. attività di trasporto o alberghiera), ovvero un'attività di intermediazione nella circolazione di beni (es. rivendita di scarpe) o di servizi (es. rivendita di biglietti per una partita di calcio);

La professionalità

- **professionalità**, che è da intendersi come l'esercizio abituale e non occasionale dell'attività economica;

**Esempio: l'attività di Piero, che gestisce un impianto sciistico sulle Alpi, da ottobre a marzo in modo costante, seppur con cadenze dipendenti dalla natura e dalla tipologia dell'attività stessa, si considera professionale; Marco, che quando capita dà un passaggio all'amica che abita nel suo stesso condominio, non è un imprenditore che esercita abitualmente un'attività di trasporto.**

**Costo:** sacrificio economico sopportato dall'imprenditore per l'attività d'impresa (es. lo stipendio dei lavoratori dipendenti o il prezzo che paga l'imprenditore per l'acquisto delle materie prime).
**Ricavo:** è il risultato in termini monetari della vendita dei beni prodotti.

L'economicità

- **economicità**, che è il modo con cui l'attività è svolta, ossia il metodo economico teso a coprire, nel lungo periodo, i costi della produzione con i ricavi. Perciò non è imprenditore chi produce beni o servizi per poi erogarli gratuitamente;

L'organizzazione

- **organizzazione**, che è il complesso di tutti gli atti di programmazione e di coordinamento sia di elementi personali (lavoro) sia di elementi materiali (macchinari).

**Esempio: è imprenditore chi gestisce una sala di videogiochi.**

Nell'ambito della categoria generale dell'imprenditore, il diritto commerciale distingue:

Il piccolo imprenditore

- il **piccolo imprenditore**, ossia il coltivatore diretto del fondo, l'artigiano, il piccolo commerciante e colui che esercita un'attività professionale organizzata con il proprio lavoro e dei componenti della famiglia (art. 2083 c.c.);

**Esempio: Claudio è un artigiano del legno che costruisce personalmente degli armadi con l'aiuto della moglie e del figlio;**

L'imprenditore agricolo

- **l'imprenditore agricolo** (art. 2135 c.c.), ossia colui che:
  - **coltiva il fondo** producendo prodotti agricoli (es. cereali, ortaggi, frutta);
  - svolge un'attività di **silvicoltura** ottenendo, ad esempio, legname, cellulosa o imballaggi;
  - si dedica all'**allevamento** degli animali da latte, carne, lavoro, competizione sportiva, compagnia, abbigliamento e alle attività agricole connesse a tutte le altre;

▸ Imprenditore agricolo

**Esempio: è imprenditore agricolo, perché esercita un'attività agricola connessa, chi produce e vende formaggio utilizzando il latte proveniente dal suo allevamento di animali;**

L'imprenditore commerciale

- **l'imprenditore commerciale,** ossia colui che esercita una o più delle attività elencate dall'art. 2195 c.c.:
  - un'attività **industriale** diretta alla produzione di beni o di servizi (es. impresa che produce piastrelle o impresa alberghiera);
  - un'attività **intermediaria** nella **circolazione** dei beni (es. commercio all'ingrosso o commercio al minuto);
  - un'attività di **trasporto** per terra, per acqua o per aria (es. impresa di trasporto merci);
  - un'attività **bancaria o assicurativa** (es. raccolta del risparmio tra il pubblico ed esercizio del credito);
  - altre **attività ausiliarie** delle precedenti (es. impresa di agenzia o di marketing).

▸ Imprenditore commerciale

## 5. L'impresa e l'azienda

A differenza dell'imprenditore, la definizione d'impresa non la troviamo nel codice civile, ma la desumiamo da quella di imprenditore.

L'impresa

L'**impresa** è l'attività economica esercitata dall'imprenditore per produrre o scambiare beni e servizi (es. impresa commerciale, impresa agricola).

Le imprese possono essere classificate in vari modi e si possono distinguere in base:
- all'**oggetto,** ossia al tipo di attività svolta, in agricole o commerciali;
- alla **dimensione** e al volume dell'attività esercitata, in piccole o medio-grandi;
- alla **natura** del soggetto che esercita l'attività, in pubbliche (esercitate dallo Stato) o private (esercitate da privati).

L'impresa individuale

Quando l'attività d'impresa fa capo a una singola persona, l'**impresa** è **individuale**.

**Esempio:** Edoardo esercita l'attività alberghiera gestendo la pensione di famiglia sulla riviera ligure.

L'impresa collettiva

Quando l'attività fa capo a una società o a un ente pubblico, l'**impresa** è **collettiva**.

**Esempio:** Pietro, Matteo e Chiara hanno costituito una società di prodotti e servizi informatici.

Le società di persone e le società di capitali

Esistono **società di persone** e **società di capitali**.

Le società

| SOCIETÀ DI PERSONE | SOCIETÀ DI CAPITALI |
|---|---|
| Sono quelle che hanno autonomia patrimoniale imperfetta e sono:<br>▪ società semplice (s.s.);<br>▪ società in nome collettivo (s.n.c.),<br>▪ società in accomandita semplice (s.a.s). | Sono quelle che hanno autonomia patrimoniale perfetta e sono:<br>▪ società a responsabilità limitata (s.r.l.);<br>▪ società a responsabilità limitata semplificata (s.r.l.s.);<br>▪ società per azioni (s.p.a.);<br>▪ società in accomandita per azioni (s.a.s.);<br>▪ società cooperative (coop). |

**L'azienda** Con il termine **azienda** si indica il complesso dei beni organizzati dall'imprenditore per l'esercizio dell'impresa (es. macchinari, merci, materie prime, locali), ossia per lo svolgimento della propria attività economica.

I beni aziendali non devono essere di proprietà dell'imprenditore perché è sufficiente che egli li possegga come, ad esempio, il capannone in affitto, il macchinario preso in leasing.

**Leasing:** è un contratto in base al quale una parte concede ad un'altra il godimento temporaneo di un bene che produce o che ha appositamente acquistato, dietro il pagamento di un canone periodico.

▸ **Azienda tessile**

Quale rapporto intercorre tra impresa e azienda?

- L'impresa è l'**attività economica** esercitata dall'imprenditore (es. attività di trasporto, assicurativa, bancaria, agricola, industriale);
- l'**azienda** è quel complesso dei beni organizzati che è lo strumento indispensabile per l'attività dell'imprenditore.

| IMPRENDITORE | IMPRESA | AZIENDA |
|---|---|---|
| È imprenditore colui che è in possesso dei seguenti **requisiti**:<br>▪ esercizio di un'attività economica;<br>▪ professionalità;<br>▪ economicità dell'attività svolta;<br>▪ organizzazione. | È l'**attività economica** esercitata dall'imprenditore per produrre o scambiare beni e servizi (es. impresa commerciale, impresa agricola). | Indica il **complesso dei beni organizzati** dall'imprenditore per l'esercizio dell'impresa (es. macchinari, merci, materie prime, locali), ossia per lo svolgimento della propria attività economica. |

■ **Esercizio C) per l'apprendimento. Progetta.**

**Immagina di essere un imprenditore che esercita un'attività agricola per la produzione di prodotti biologici. Poiché hai appena iniziato questa "avventura" devi programmare strategie e scelte economiche. Scrivi un piano operativo nel quale devi:**

1. stabilire verso quali colture indirizzare la tua attività;
2. decidere quali tecniche produttive o professionalità impiegare (es. macchinari o agronomi esperti del settore);
3. individuare i mercati nei quali promuovere i tuoi prodotti (es. in Italia, in determinate Regioni piuttosto che in altre, all'estero).

## 6. L'oggetto del diritto: i beni e le loro categorie

Il termine "bene" e il termine "cosa", nel linguaggio quotidiano, sono usati come vocaboli equivalenti e rappresentano ciò che può soddisfare un bisogno dell'uomo.

**I beni** Per il diritto, invece, i **beni** sono solo "*le cose che possono formare oggetto di diritti*" (art. 810 del codice civile) e, pertanto, di un rapporto giuridico.

**Esempio: Luca compra un quadro; Maria affitta un garage.**

**I beni in senso giuridico**

I **beni in senso giuridico** sono tutte le cose:
- **utili**, adatte cioè a soddisfare i bisogni dell'uomo;
- **limitate**, ossia presenti in natura in quantità ridotta e che hanno un valore economico;
- **accessibili**, cioè concretamente raggiungibili e utilizzabili con le normali conoscenze dell'uomo.

**Esempio:** il computer è presente in quantità limitata e per averlo occorre pagare un prezzo; soddisfa il bisogno di scrivere, di comunicare online e perciò è utile alla persona; è di facile utilizzo ed è accessibile a tutti coloro che abbiano una normale conoscenza dell'informatica.

Al contrario, i beni come l'aria, il Sole, la Luna, le stelle, la luce, il calore, le acque sono cose che si trovano in natura in quantità tale che nessuno ha interesse a farne l'oggetto di un rapporto giuridico. I loro caratteri non rientrano in quelli previsti dal diritto e, pertanto, non sono beni giuridici.

**Esempio:** l'energia solare è molto utile, ma si trova in natura in quantità illimitata.

**Le categorie di beni giuridici**

I **beni giuridici** si classificano in diverse categorie, tra le quali:
- beni mobili, immobili e mobili registrati;
- beni pubblici e privati.

a. I **beni immobili** sono il suolo, le sorgenti e i corsi d'acqua, gli alberi, gli edifici, le altre costruzioni e in genere tutto ciò che è naturalmente o artificialmente incorporato al suolo. I beni che non hanno queste qualità, per esclusione, sono **beni mobili.** I beni **mobili registrati** sono quelli che, in genere, s'individuano con un codice o un numero di targa e che sono iscritti in pubblici registri.

▸ Beni immobili: terreni

**Esempio:** la casa è un bene immobile costruito dall'uomo e artificialmente incorporato al suolo con le fondamenta; gli alberi sono beni immobili, perché con le loro radici sono naturalmente incorporati nel suolo; un tavolo è un bene mobile perché si può spostare da un luogo all'altro; l'aereo è un bene mobile registrato.

**La disciplina giuridica**

Distinguere i beni mobili da quelli immobili è fondamentale, perché il diritto prevede una diversa **disciplina giuridica** per il passaggio del bene da un proprietario all'altro.

I beni mobili circolano, ossia passano da un soggetto all'altro, senza alcuna formalità (es. accordo verbale). I beni immobili si possono trasferire solo attraverso un atto scritto, che deve essere portato a conoscenza dei terzi mediante trascrizione in pubblici registri, come nel caso della circolazione dei beni mobili registrati.

▸ Bene mobile registrato: automobile

**Esempio:** Alessandro acquista una camicia e ne diventa proprietario semplicemente pagando il prezzo alla cassa; Davide per acquistare un appartamento deve sottoscrivere un contratto di vendita per atto scritto (atto pubblico), redatto da un notaio (pubblico ufficiale) e trascritto nei pubblici registri immobiliari.

| CATEGORIE DI BENI | DEFINIZIONE | REGIME DI CIRCOLAZIONE |
|---|---|---|
| BENI MOBILI (es. libri, sedie) | Quelli che non sono incorporati al terreno e che si possono spostare da un luogo all'altro. | Nessuna formalità particolare (es. anche oralmente). |
| BENI IMMOBILI (es. alberi, case) | Quelli che sono incorporati al terreno, naturalmente o artificialmente. | Atto scritto + trascrizione in pubblici registri. |
| BENI MOBILI REGISTRATI (es. navi, aerei) | Quelli che, in genere, s'individuano con un codice o un numero di targa e che sono iscritti in pubblici registri. | Atto scritto + trascrizione in pubblici registri. |

**b.** I beni possono essere di proprietà dello Stato o degli Enti pubblici territoriali come, ad esempio, le Regioni, i Comuni (**beni pubblici**) o dei privati (**beni privati**).

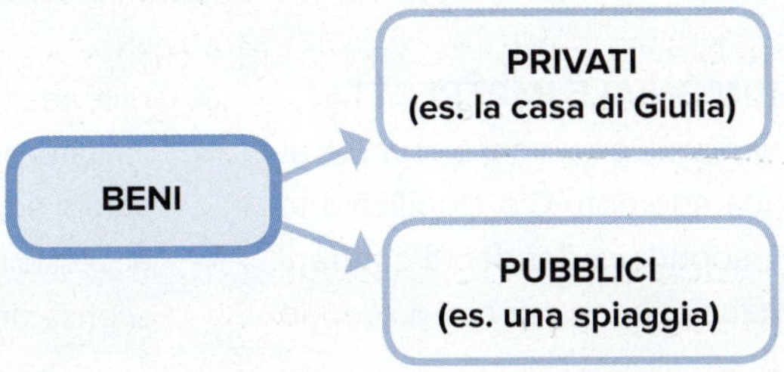


■ **Esercizio D) per l'apprendimento. Comunica (comprendi).**
**Indica a fianco dei seguenti beni se si tratta di un bene mobile (M), immobile (I) o mobile registrato (MR).**

1. Tablet **M I MR**
2. Grattacielo **M I MR**
3. Campo di grano **M I MR**
4. Scarpa **M I MR**
5. Elicottero **M I MR**
6. Motoscafo **M I MR**
7. Villetta **M I MR**
8. Aeroplano **M I MR**
9. Calcolatrice **M I MR**
10. Ciliegia **M I MR**

■ **Esercizio E) per l'apprendimento. Impara ad imparare.**
**Scrivi cinque esempi per ogni categoria di beni mobili, immobili e mobili registrati.**

Hai studiato per la verifica? Serve aiuto?

## Ripassiamo insieme

**Che cosa sono le ORGANIZZAZIONI COLLETTIVE O ENTI?**
Sono soggetti del diritto e sono costituite da una pluralità di persone fisiche che agiscono per uno scopo comune e che a tal fine necessitano di un patrimonio. Possono avere autonomia patrimoniale perfetta o autonomia patrimoniale imperfetta.

**Quando si ha AUTONOMIA PATRIMONIALE PERFETTA?**
Si ha quando il patrimonio dell'organizzazione è completamente distinto da quello dei singoli membri. Di conseguenza, gli eventuali creditori che vogliono essere soddisfatti possono agire solo sul patrimonio dell'organizzazione e non su quello dei singoli componenti, nel caso in cui i beni dell'ente siano insufficienti.

**Quando si ha AUTONOMIA PATRIMONIALE IMPERFETTA?**
Si ha quando il patrimonio dell'organizzazione non è completamente separato da quello dei singoli aderenti. Ciò significa che i singoli associati sono chiamati a rispondere dei debiti contratti e degli impegni assunti dall'organizzazione, anche con il proprio patrimonio personale.

**Che cosa sono le PERSONE GIURIDICHE?**
Sono le organizzazioni collettive dotate di autonomia patrimoniale perfetta, che sono state riconosciute dallo Stato.

**Che cosa sono le ORGANIZZAZIONI COLLETTIVE NON RICONOSCIUTE?**
Sono quelle organizzazioni collettive che hanno autonomia patrimoniale imperfetta.

**Chi è l'IMPRENDITORE?**
È imprenditore colui che è in possesso dei seguenti requisiti:
- esercizio di un'attività economica;
- professionalità;
- economicità dell'attività svolta;
- organizzazione.

Nell'ambito della categoria generale dell'imprenditore, il diritto commerciale distingue: piccolo imprenditore; imprenditore agricolo; imprenditore commerciale.

**Che cos'è l'IMPRESA?**
È l'attività economica esercitata dall'imprenditore per produrre o scambiare beni e servizi (es. impresa commerciale, impresa agricola).

**Che cosa si intende per AZIENDA?**
Essa indica il complesso dei beni organizzati dall'imprenditore per l'esercizio dell'impresa (es. macchinari, merci, materie prime, locali), ossia per lo svolgimento della propria attività economica.

**Che cosa sono i BENI GIURIDICI?**
Sono le cose che possono formare oggetto di diritti e, pertanto, sono:
- utili, adatte cioè a soddisfare i bisogni dell'uomo;
- limitate, ossia presenti in natura in quantità ridotta e che hanno un valore economico;
- accessibili, cioè raggiungibili e utilizzabili con le normali conoscenze dell'uomo.

**Che cosa sono i BENI MOBILI?**
Sono quelli che non sono incorporati al terreno e che si possono spostare da un luogo all'altro (es. sedia).

**Che cosa sono i BENI IMMOBILI?**
Sono quelli che sono incorporati al terreno, naturalmente (es. alberi) o artificialmente (es. case).

**Che cosa sono i BENI MOBILI REGISTRATI?**
Sono quelli che si individuano, in genere, con un codice o con un numero di targa e che sono iscritti in pubblici registri.

**Che cosa sono i BENI PRIVATI?**
Sono quelli che sono di proprietà dei privati (es. il giardino del Sig. Giovanni).

**Che cosa sono i BENI PUBBLICI?**
Sono quelli che sono di proprietà dello Stato o degli Enti pubblici territoriali (es. un parco comunale).

Per una didattica inclusiva:

## Parole chiave

**ORGANIZZAZIONI COLLETTIVE** →
- Scopo
- Patrimonio
- Organi
- Autonomia patrimoniale

**PERSONE GIURIDICHE** →
- Pubbliche
- Private

**TIPI di ORGANIZZAZIONI COLLETTIVE** →
- Società
- Associazioni
- Fondazioni
- Terzo settore

**IMPRENDITORE** →
- Attività economica
- Professionalità
- Economicità
- Organizzazione

**BENI GIURIDICI** →
- Mobili
- Immobili
- Mobili registrati
- Privati
- Pubblici

## CLIL

### Collective organizations

**Legal entities** are both natural persons and collective organizations. Our legal system acknowledges to any of them some specific capacities that are, in general, the possibility to have some rights and carry out legal acts.
**Collective organizations** are set up by a plurality of natural persons acting for a common purpose and that, to this end, need an estate. This purpose can be economic when the organization activity is aimed at enriching partners or non-economic when the organization achieves an ideal or altruistic **purpose**. Organizations need an **estate** to achieve their purposes. The estate, for instance, can be made up by movable property (money), real property (houses) or registered movable property (cars). Collective organizations act through appropriate **bodies**, made up of natural persons, that have the duty to create and express the will of the collective organization.

**Exercise. Complete the sentences with the missing words.**

1. Companies are ...................... ...................... with a profit-making ..........., consisting in sharing profits achieved among partners.
2. The ........... .............. is made up of private law organizations carrying out activities in .............., welfare or cultural field, with a non-profit-making purpose.

*(third sector, purpose, social, collective organizations)*

## Verifica delle competenze

- Livello BASE: ✪ (Punteggio totale: 12)
- Livello INTERMEDIO: ✪✪ (Punteggio totale: 60)
- Livello AVANZATO: ✪✪✪ (Punteggio totale: 28)

### ✪ Esercizio 1). Impara ad imparare.

**Scelta multipla: evidenzia la risposta esatta. Il paragrafo indicato nella parentesi è quello su cui devi riflettere (2 punti per ciascuna scelta corretta).**

1. **Costituisce un'organizzazione collettiva (Par. n. 1):**
   a. un gruppo di persone che si riuniscono per una cena
   b. una pluralità di persone che agiscono unitariamente
   c. un insieme di persone che agiscono per uno scopo comune e che hanno un patrimonio
   d. la presenza di un patrimonio

2. **È un bene mobile (Par. n. 6):**
   a. un palazzo
   b. un campo di patate
   c. un telefono
   d. un albero

3. **Lo Stato è (Par. n. 2):**
   a. una persona giuridica pubblica
   b. una persona giuridica privata
   c. un ente privato
   d. un'organizzazione non riconosciuta

4. **Lo scopo delle organizzazioni collettive può essere (Par. n. 1):**
   a. economico
   b. non economico
   c. sia economico sia non economico
   d. solo ideale o altruistico

5. **Le fondazioni sono organizzazioni formate da (Par. n. 3):**
   a. un insieme di persone con finalità comuni
   b. un patrimonio finalizzato ad uno scopo lucrativo
   c. un patrimonio finalizzato solo ad uno scopo di beneficienza
   d. un patrimonio finalizzato ad uno scopo non lucrativo

6. **L'azienda è (Par. n. 5):**
   a. l'attività economica esercitata dall'imprenditore
   b. solo l'insieme dei beni di proprietà dell'imprenditore
   c. il complesso dei beni organizzato dall'imprenditore
   d. l'insieme dei clienti e dei fornitori dell'imprenditore

**Punti: ..../12**

### ✪✪ Esercizio 2). Individua collegamenti e relazioni.

**Collega ciascun numero alla lettera corrispondente (3 punti per ciascun collegamento esatto).**

1. Impresa
2. Terzo settore
3. Scopo lucrativo
4. AIDO
5. Stato
6. Fondazione
7. Patrimonio
8. Azienda

a. Associazione
b. Persona giuridica pubblica
c. Attività economica
d. Complesso organizzato di beni
e. Beni mobili, immobili e mobili registrati
f. Settore non profit
g. Premio Nobel
h. Ripartizione degli utili

| 1 | 2 | 3 | 4 | 5 | 6 | 7 | 8 |
|---|---|---|---|---|---|---|---|
| | | | | | | | |

**Punti: ..../24**

## ■ ✪✪ Esercizio 3). Acquisisci ed interpreta l'informazione.

**Indica se le seguenti affermazioni sono vere o false, motivando la risposta (3 punti per ciascuna risposta esatta).**

| | V | F |
|---|---|---|
| **1.** Tutte le organizzazioni collettive sono persone giuridiche<br>Perché ........................................ | ☐ | ☐ |
| **2.** L'impresa è l'attività economica esercitata dall'imprenditore<br>Perché ........................................ | ☐ | ☐ |
| **3.** L'impresa può essere individuale o collettiva<br>Perché ........................................ | ☐ | ☐ |
| **4.** Lo Stato non può esercitare alcuna attività economica<br>Perché ........................................ | ☐ | ☐ |
| **5.** I beni mobili si trasferiscono solo con atto scritto<br>Perché ........................................ | ☐ | ☐ |
| **6.** I beni aziendali devono essere di proprietà dell'imprenditore<br>Perché ........................................ | ☐ | ☐ |

**Punti: ..../18**

## ■ ✪✪ Esercizio 4). Comunica (rappresenta).

**Completa la mappa concettuale che segue (3 punti per ciascun completamento esatto).**

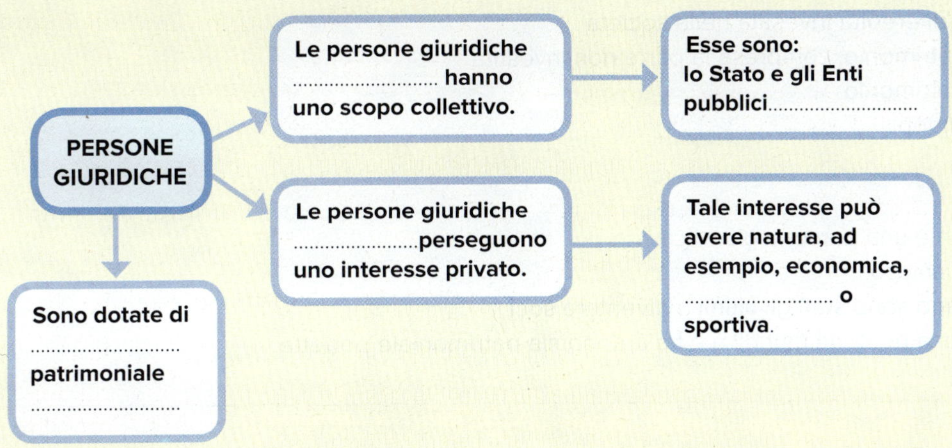


**Punti: ..../18**

## ■ ✪✪✪ Esercizio 5). Comunica (comprendi).

**Rispondi alle seguenti domande (4 punti per ciascuna risposta esatta).**

1. Che cosa sono le persone giuridiche? (Par. n. 2)
2. Distingui tra autonomia patrimoniale perfetta e autonomia patrimoniale imperfetta. (Par. n. 1)
3. Quali sono i requisiti necessari per essere imprenditore? (Par. n. 4)

**Punti: ..../12**

### ✪✪✪ Esercizio 6). Risolvi i problemi.

**Analizza il caso e rispondi ai quesiti a risposta multipla (4 punti per ogni scelta multipla) .**

Laura e Stefano, fratelli di circa trent'anni, hanno ereditato dalla zia un'ingente somma di denaro che decidono di investire, in parte, in un'attività economica esercitata in forma d'impresa. Così diventano soci di una società con autonomia patrimoniale perfetta che, dopo qualche mese, a causa della crisi economica, è costretta a chiudere.
Laura e Stefano, molto preoccupati, si rivolgono al loro consulente finanziario di fiducia perché temono di perdere tutto il patrimonio, compresa la parte che non hanno investito nella società.
Le loro preoccupazioni sono fondate? Perché?

1. **Se la società di Laura e Stefano ha autonomia patrimoniale perfetta significa che:**
   a. il suo patrimonio non è distinto da quello dei soci
   b. per i debiti della società rispondono i soci
   c. il suo patrimonio è completamente separato da quello dei soci
   d. i soci devono far fronte agli impegni contrattuali ed economici assunti dalla società stessa

2. **Una società con autonomia patrimoniale perfetta è:**
   a. un'organizzazione non riconosciuta
   b. una persona giuridica
   c. un'associazione
   d. una fondazione

3. **Laura e Stefano perderanno:**
   a. solo la parte di eredità investita nella società
   b. tutto il loro patrimonio, compresa la parte non investita
   c. tutto il loro patrimonio
   d. tutti i beni immobili

4. **Perché?**
   a. la società non è una persona giuridica
   b. la società ha chiuso
   c. Laura e Stefano sono stati gli ultimi a diventare soci
   d. la società è una persona giuridica e ha autonomia patrimoniale perfetta

**Punti: …./16**

---

**Calcola il punteggio totale conseguito e assegnati la valutazione a esso corrispondente:**

| Tabella di autovalutazione | |
|---|---|
| ☐ 100-87 | **A**<br>Lavoro eccellente. |
| ☐ 86-67 | **B.**<br>Lavoro buono. |
| ☐ 66-47 | **C.**<br>Lavoro adeguato. |
| ☐ 46-2 | **D.**<br>Lavoro da migliorare. |

**Verifica di autovalutazione di fine modulo**

## Un percorso per tutti

# I soggetti del diritto

Questo è un percorso a tappe che rispetta i tempi e i bisogni di apprendimento di tutti, anche quelli speciali. Uno, due, tre, pronti ... VIA!

**TAPPA N. 1): acquisisci una visione d'insieme.**

**TAPPA N. 2): sintetizza i concetti fondamentali.**

**SOGGETTI DEL DIRITTO**
Essi sono sia le persone fisiche sia le organizzazioni collettive o enti.
Il nostro ordinamento riconosce a ognuno di essi determinate capacità che consistono, in generale, nella possibilità di avere dei diritti e di compiere atti giuridici.
**PERSONE FISICHE**
È ogni essere umano, senza distinzione di sesso, di razza, di religione, di opinioni e condizione sociale.
**ORGANIZZAZIONI COLLETTIVE**
Sono soggetti del diritto e sono costituite da una pluralità di persone fisiche che agiscono per uno scopo comune e che a tal fine necessitano di un patrimonio. Possono avere autonomia patrimoniale perfetta o autonomia patrimoniale imperfetta.
**PERSONE GIURIDICHE**
Sono le organizzazione collettive dotate di autonomia patrimoniale perfetta, che sono state riconosciute dallo Stato.
**AUTONOMIA PATRIMONIALE PERFETTA**
Si ha quando il patrimonio dell'organizzazione è completamente distinto da quello dei singoli membri. Di conseguenza, gli eventuali creditori che vogliono essere soddisfatti possono agire solo sul patrimonio dell'organizzazione e non su quello dei singoli componenti, nel caso in cui i beni dell'ente siano insufficienti.
**ORGANIZZAZIONI NON RICONOSCIUTE**
Sono quelle organizzazioni collettive che hanno autonomia patrimoniale imperfetta.
**AUTONOMIA PATRIMONIALE IMPERFETTA**
Si ha quando il patrimonio dell'organizzazione non è completamente separato da quello dei singoli aderenti. Ciò signi-

fica che i singoli associati sono chiamati a rispondere dei debiti contratti e degli impegni assunti dall'organizzazione, anche con il proprio patrimonio personale.

**CAPACITÀ GIURIDICA**

È l'idoneità ad essere titolare di diritti e di obblighi giuridici.

**Acquisto**: alla nascita.

**Perdita**: alla morte.

**CAPACITÀ DI AGIRE**

È l'idoneità a disporre dei propri diritti.

**Acquisto**: alla maggiore età (cioè diciotto anni).

**Perdita**: alla morte o per inabilitazione o interdizione.

Essa dà la possibilità di compiere validi atti giuridici che si suddividono in:

- **atti di ordinaria amministrazione** (es. acquisto di un libro);
- **atti di straordinaria amministrazione** (es. acquisto di una casa).

I soggetti totalmente privi della capacità di agire si dicono **incapaci assoluti** e non possono compiere né atti di ordinaria amministrazione né atti di straordinaria amministrazione (es. minore).

I soggetti parzialmente privi della capacità di agire si definiscono **incapaci relativi** e possono compiere solo atti di ordinaria amministrazione (es. inabilitato).

**IMPRENDITORE**

Tra i soggetti del diritto un posto particolare spetta all'imprenditore.

Secondo l'art. 2082 del codice civile è imprenditore "*chi esercita professionalmente una attività economica organizzata al fine della produzione e dello scambio di beni o di servizi*".

Per esercizio di un'**attività economica** s'intende l'esercizio di un'attività produttiva di beni, che comprende sia le attività primarie (es. agricoltura) sia le attività industriali o un'attività produttiva di servizi (es. attività alberghiera), ovvero un'attività di intermediazione nella circolazione di beni (es. rivendita di scarpe) o di servizi (es. rivendita di biglietti per una partita di calcio).

La **professionalità** consiste nell'esercizio abituale e non occasionale dell'attività economica.

L'**economicità** è il modo con cui l'attività è svolta, ossia il metodo economico teso a coprire, nel lungo periodo, i costi della produzione con i ricavi.

L'**organizzazione** è il complesso di tutti gli atti di programmazione e di coordinamento sia di elementi personali (lavoro) sia di elementi materiali (macchinari).

## TAPPA N. 3): mettiti alla prova.

- Riascolta la sintesi, mediante il supporto audio.
- Verifica se hai compreso:

- **Esercizio per l'apprendimento. Comunica (comprendi).**
**Rispondi ai quesiti, utilizzando uno dei suggerimenti indicati nella parentesi.**

1. Chi sono i soggetti del diritto? ..................
(Persone fisiche, organizzazioni collettive, persone fisiche e organizzazioni collettive).
2. Quale capacità si acquista alla nascita? ..................
(Capacità giuridica, capacità di agire, capacità naturale).
3. Qual è un atto di straordinaria amministrazione? ..................
(acquisto di un libro, vendita di una casa, vendita di un vestito).
4. Quale tipo di attività esercita l'imprenditore? ..................
(Produttiva di beni, di volontariato, di beneficenza).

- Misura la tua preparazione, avvalendoti degli esercizi facilitati di autovalutazione che trovi nei materiali digitali, sul sito del libro.

**Verifica facilitata di autovalutazione di fine modulo**

## Educazione Digitale

# Bullismo sul web: come mi difendo?

Le reti sociali dei giovani di oggi sono state modificate e ampliate dal ruolo che hanno ormai assunto, nella nostra società, i **social network**. Questi sono siti web che danno la possibilità agli iscritti di creare pagine personali sulle quali "postare", cioè pubblicare opinioni, foto, video, per condividerle con altri utenti che fanno parte della lista dei contatti.
Il bello dei social network è proprio il fatto che essi consentono di interagire con gli amici, senza la necessità di vederli di persona, raccontando le proprie emozioni e scambiandosi informazioni in tempo reale.
L'utilizzo di questi siti web, tuttavia, può avere anche risvolti negativi, perché ognuno di noi può diventare oggetto di attenzioni indesiderate *online*.

**Quali accorgimenti è necessario adottare?**

1. Quando ti iscrivi su un social network usa un nickname (soprannome).
2. Cambia spesso la password e mantieni segrete tutte le informazioni fornite al momento della registrazione.
3. Tieni in un posto sicuro la stampa del tuo format, della tua password e della tua domanda segreta e non farla vedere a nessuno.
4. Creati un'identità alternativa.
5. Non comunicare nome, cognome, indirizzo di casa e scuola che frequenti, telefono di casa o cellulare.
6. Rendi il tuo profilo visibile solo ai tuoi contatti e tieni al riparo da occhi indiscreti immagini e video personali.
7. Se ti piace chattare, scegli una chat con moderatore.

*(Fonte: materiali scaricabili su www.sicurinrete.it, con adattamenti).*

Negli ultimi tempi, sui social network, soprattutto tra gli adolescenti, si è registrato un aumento della tendenza ad adottare comportamenti denigratori verso i propri coetanei che ha dato origine al fenomeno del cosiddetto **cyberbullismo**, progressivamente diffusosi anche nel nostro Paese. Con questo termine s'intende qualsiasi atto di bullismo o di molestia che, in genere, è posto in essere da adolescenti, mediante strumenti elettronici e digitali (Internet, e-mail, telefoni cellulari, messaggistica istantanea), per insultare, impaurire o minacciare un altro adolescente o coetaneo, incapace di difendersi.
La diffusione del fenomeno, testimoniata dai sempre più frequenti fatti di cronaca, ha raggiunto livelli tali da indurre il Parlamento ad approvare la **Legge 29 maggio 2017, n. 71**, recante "**Disposizioni a tutela dei minori per la prevenzione ed il contrasto del fenomeno del cyberbullismo**".

▸ Cyberbullismo

Questo provvedimento si pone l'obiettivo di proteggere ed educare i minori coinvolti, sia nella posizione di vittime sia in quella di responsabili di illeciti, assicurando l'attivazione di determinati interventi, nell'ambito delle istituzioni scolastiche, senza distinzione d'età.
Tra le novità introdotte, figura l'istituzione, presso la presidenza del Consiglio dei ministri, di un **Tavolo tecnico** per il contrasto alle varie forme di cyberbullismo, tenuto a redigere uno specifico piano d'azione che preveda anche la promozione di un ruolo attivo degli studenti e misure di sostegno e rieducative dei minori.
Presso ogni istituto scolastico è prevista anche l'individuazione tra i docenti di un referente che ha il compito di coordinare le varie iniziative di prevenzione e di contrasto, con la collaborazione delle Forze di polizia e delle associazioni presenti sul territorio.

Un uso irresponsabile di Internet lascia tracce difficilmente cancellabili nel tempo. Prima di postare sul web un giudizio su un altro o una foto, chiediti sempre se ti piacerebbe vederli riferiti a te.
È importante sapere, ad esempio, che gli insulti sono anonimi per tutti, ma non per la Polizia postale che, attraverso l'**indirizzo identificativo (IP)** del computer riesce sempre a risalire all'autore del reato.

Il mondo di Internet non è nascosto e al riparo da tutti ed è importante conoscere la gravità e le conseguenze delle proprie azioni. Tutti i comportamenti che sono ricompresi nel fenomeno del cyberbullismo sono già previsti dal codice penale come reato. La seguente tabella ne offre qualche esempio.

| Esempi di illeciti compiuti sul web | REATI corrispondenti previsti dal CODICE PENALE |
|---|---|
| Luca, diciassettenne, dopo essere stato lasciato dalla sua ragazza, scrive un e-mail al suo rivale in amore, contenente espressioni molto volgari e offensive nei suoi confronti. | **Art. 594 c.p. Ingiuria.**<br>Chiunque offende l'onore e il decoro di una persona presente è punito con la reclusione fino a sei mesi o con la multa fino a euro 516.<br>Alla stessa pena soggiace chi commette il fatto mediante comunicazione telegrafica o telefonica, o con scritti o disegni, diretti alla persona offesa.<br>.... |
| Marta, che frequenta il secondo anno delle superiori, posta su un noto social network una serie d'insulti e di giudizi gratuiti e denigratori, indirizzati a una sua coetanea che non le è simpatica. | **Art. 595 c.p. Diffamazione.**<br>Chiunque fuori dei casi indicati nell'articolo precedente, comunicando con più persone, offende l'altrui reputazione, è punito con la reclusione fino a un anno o con la multa fino a euro 1.032.<br>....<br>Se l'offesa è recata **col mezzo della stampa o con qualsiasi altro mezzo di pubblicità**, ovvero in atto pubblico, la pena è della reclusione da sei mesi a tre anni o della multa non inferiore a euro 516.<br>.... |
| Alice, di sedici anni, come pegno d'amore, invia un video e una sua foto osé a Marco, suo coetaneo, con cui è fidanzata. Dopo qualche settimana, la relazione finisce su iniziativa di Alice, e Marco, per ripicca, li mette in Rete. Anche gli amici di Marco che li ricevono sul telefonino, li guardano e li diffondono non sono esenti da responsabilità. | **Art. 600 ter c.p. Pornografia minorile.**<br>Chiunque, al di fuori delle ipotesi di cui al primo e al secondo comma, **con qualsiasi mezzo, anche per via telematica** distribuisce, divulga, diffonde o pubblicizza il materiale pornografico di cui al primo comma, ... è punito con la reclusione da uno a cinque anni e con la multa da euro 2.582 a euro 51.645.<br>Chiunque .... **cede ad altri, anche a titolo gratuito**, materiale pornografico .... è punito con la reclusione fino a tre anni e con la multa da euro 1.549 a euro 5.164.<br>....<br>Salvo che il fatto costituisca più grave reato, **chiunque assista a esibizioni o spettacoli pornografici in cui siano coinvolti minori** di anni diciotto è punito con la reclusione fino a tre anni e con la multa da euro 1.500 a euro 6.000.<br>.... |
| Andrea e Paolo, minorenni, da un po' di tempo hanno preso di mira Mattia, un ragazzo che è stato inserito solo quest'anno nella loro classe. Lo deridono e lo minacciano sia di persona sia su Internet, mediante posta elettronica o sui diversi social network frequentati dai ragazzi della loro età. Tutto ciò fino al punto che Mattia, esasperato, abbandona la scuola, non prima di averli denunciati. | **Art. 612 bis c.p. Atti persecutori.**<br>Salvo che il fatto costituisca più grave reato, è punito con la reclusione da sei mesi a cinque anni chiunque, con condotte reiterate, minaccia o molesta taluno in modo da cagionare un perdurante e grave stato di ansia o di paura ovvero da ingenerare un fondato timore per l'incolumità propria o di un prossimo congiunto o di persone al medesimo legate da relazione affettiva ovvero da costringere lo stesso ad alterare le proprie abitudini di vita.<br>...<br>La pena è aumentata fino alla metà se il fatto è commesso a danno di un minore, di una donna in stato di gravidanza o di una persona con disabilità ... (L. n. 104/1992) ...<br>Il delitto è punito a querela della persona offesa ..... Si procede tuttavia d'ufficio se il fatto è commesso nei confronti di un minore o di una persona con disabilità ....... |

**Di fronte ad atti di cyberbullismo, come bisogna comportarsi?**

1. Cambiare indirizzo di posta elettronica, nickname (soprannome) e non frequentare più i siti o le chat in cui opera il persecutore.
2. Non replicare al cyberbullo: mostrarsi irritati, rispondere a tono o invitarlo a smettere non fa che aumentare il suo interesse.
3. Si può inviare un unico messaggio in cui si dice che i genitori sono stati informati e hanno sporto denuncia alla Polizia.
4. Segnalare il persecutore ai moderatori delle chat o dei forum o ai proprietari di blog e siti Internet.

▶ Noi possiamo aiutarti...

5. Segnalare a un adulto di riferimento (es. genitore, insegnante) i segnali di disagio profondo che vedi in un tuo compagno di classe o in un tuo amico.
6. Provare a fare gruppo, con l'aiuto di un adulto amico o di un insegnante, per contrastare il persecutore e aiutare chi è stato preso di mira.

*(Fonte: www.smontailbullo.it, con adattamenti).*

Può succedere che, nonostante queste strategie, i fatti posti in essere dal cyberbullo siano gravi e prolungati e non accennino a finire.

**Quali sono gli strumenti con i quali è possibile difendersi?**

1. **Richiesta di aiuto.** Esistono esperti che offrono sostegno nei casi di esperienze negative o situazioni di disagio, dipendenti dall'utilizzo della Rete. Essi sono in grado di suggerire le azioni e gli interventi più opportuni per risolvere la situazione di rischio o di disagio. Un servizio di questo tipo ("helpline") è attivo sul sito del progetto "Generazioni connesse" (www.generazioniconnesse.it/helpline), dove puoi trovare la linea di ascolto 1.96.96 (attiva 24 ore su 24 per 365 giorni l'anno) e la chat di Telefono azzurro (http://www.azzurro.it/sostegno) (da lunedì a venerdì, dalle 8.00 alle 22.00 e sabato e domenica, dalle 8.00 alle 20.00).

2. **Richiesta di oscuramento del web.** Il minore vittima di cyberbullismo che abbia compiuto i quattordici anni, ciascun genitore o chi esercita la responsabilità genitoriale sul minore può presentare istanza al gestore del sito Internet o del social media per ottenere l'oscuramento, la rimozione o il blocco dei dati personali diffusi in Rete, da eseguirsi entro 48 ore dalla richiesta. In difetto, l'interessato può rivolgersi al Garante della Privacy che interviene direttamente entro le 48 ore successive (art. 2, L. n. 71/2017).

3. **Ammonimento** (avvertimento verbale) **del Questore.** Questa procedura è applicabile fino a quando non sia proposta querela o denuncia nei confronti di minori di età superiore ai quattordici anni, autori di atti di cyberbullismo ai danni di altri minori, rientranti nei reati di ingiuria (art. 594 c.p.), diffamazione (art. 595 c.p.), minaccia (art. 612 c.p.) o illecito rattamento dei dati (art. 167 Codice Privacy). Il Questore convoca il minore responsabile assieme ad almeno un genitore o ad altra persona esercente la responsabilità genitoriale, ammonendolo al fine di far cessare le azioni lesive della salute, della libertà e dell'equilibrio psicofisico della vittima (art. 7 L. n. 71/2017). Nel caso in cui non abbia l'effetto desiderato, si può procedere con la denuncia.

4. **Denuncia alla Polizia postale o ai Carabinieri.** Per denunciare gli episodi di cui si è stati vittime su Internet, è stato appositamente creato un Commissariato di Polizia di Stato *online*, una sorta di sportello per la sicurezza degli utenti del web, che offre anche solo consigli (www.commissariatodips.it). Consente, inoltre, di presentare denuncia *online* per i reati telematici (dai quattordici anni in su), dando vita ad un procedimento che dovrà essere completato o integrato davanti all'Ufficio di Polizia prescelto.

## Mettiamoci alla prova

**Competenze di base e di cittadinanza:**

- collocare l'esperienza personale in un sistema di regole fondato sul reciproco riconoscimento dei diritti garantiti dalla Costituzione, a tutela delle persone, della collettività e dell'ambiente;
- agire in modo autonomo e responsabile;
- progettare;
- collaborare e partecipare;
- risolvere i problemi.

**Lavoro di gruppo:**

1. Dopo aver letto attentamente quest'approfondimento, la classe si divide in gruppi di lavoro.
2. All'interno di ogni gruppo s'individuano:
   - gli "esperti" che dovranno fornire sostegno a studenti, vittime di "cyberbullismo";
   - gli studenti, che dovranno immaginare di vivere situazioni di disagio, legate al mondo del web.
3. Ciascun gruppo ha venti minuti, per progettare e organizzare i dettagli degli interventi richiesti. Eventuali esperienze negative nell'utilizzo della Rete.
4. A turno, davanti al resto della classe, ogni gruppo simula una situazione di richiesta di aiuto che gli esperti cercano di risolvere, dove ogni alunno è chiamato a interpretare il ruolo assegnato.
5. L'esperienza può essere ripetuta, invertendo i ruoli all'interno di ciascun gruppo.

## Compito di realtà

***Esamino il caso:***

### *Le ragazze del Brunello*

Ecco uno stralcio di una recente intervista rilasciata dall'imprenditrice Donatella Cinelli Colombini*.
"Stavo costruendo tutto da zero. Avevo appena iniziato con la mia azienda fra Montalcino e Trequanda, in Val d'Orcia. Era il 1998. Telefonai alla scuola di enologia di Siena. Dissi che avevo bisogno di un enotecnico. Mi risposero: "Signora, i diplomati vanno prenotati anni prima. Non abbiamo nessuno da mandarle". Non sapevo come fare. Dopo qualche ora mi venne un pensiero e richiamai: "Ma una diplomata, una ragazza, non l'avete?". E loro mi lasciarono di sale: "Una ragazza? Di quelle ne abbiamo finché desidera. Non le vuole nessuno".
L'imprenditrice del vino Donatella Cinelli Colombini, nota produttrice, fra l'altro, del famoso Rosso di Montalcino, guida da diciannove anni, con un organico prevalentemente femminile (trentuno dipendenti, di cui ventitré sono donne), l'impresa agricola Casato Prime Donne di Montalcino e la Fattoria del Colle di Trequanda. Inoltre, è Presidente del Consorzio del Vino d'Orcia e fa parte della Deputazione Generale della Fondazione Monte dei Paschi di Siena.
Oggi, a Montalcino, accanto a "I ragazzi del Brunello", si sta formando anche una nuova generazione di vignaiole "Le ragazze del Brunello" che conducono aziende in questo settore.
In base ai dati del 30 giugno 2017, elaborati dall'Osservatorio per l'imprenditoria femminile di Unioncamere-InfoCamere, il numero d'imprese gestito da donne è aumentato di quasi 10 mila unità, con un incremento dello 0,72%, raggiungendo così 1 milione e 321.862, che rappresenta il 21,8% del totale delle imprese esistenti sul territorio nazionale.
Le donne guidano, tra l'altro, aziende agricole, dirigono ristoranti e alberghi, lavorano nel commercio, fanno parte di società nel settore della moda, costituiscono organizzazioni collettive per la cura e il benessere della persona.

*Fonte: Il Sole 24 ORE del 10 settembre 2017.

***Applico le conoscenze:***

1. In quale categoria d'imprenditore faresti rientrare l'"imprenditrice del vino", protagonista dell'intervista?
2. Pensi di aver compreso il rapporto impresa/azienda"? Prova a descriverlo.
3. Quando si parla di Fondazione a quale tipo di organizzazione collettiva si fa riferimento?
4. Riesci ad individuare nel testo il soggetto che rappresenta l'organo al quale spetta l'esercizio della capacità di agire, in nome e per conto del Consorzio del vino d'Orcia?
5. In che senso si utilizza la parola "società" nel settore moda, riferita alle imprese femminili?

***Sviluppo le competenze e mi confronto:***

Poiché la crescente partecipazione delle donne all'attività d'impresa è un fenomeno che negli ultimi decenni ha interessato tutti i Paesi occidentali, ricerca sul web alcune storie di imprenditrici di successo.
La classe si divide in gruppi e ognuno di essi elabora un questionario, quale traccia per l'intervista che due studenti, nella veste di giornalisti, andranno a formulare alle compagne di classe. Ciascuna di esse dovrà calarsi nel ruolo di una delle imprenditrici della quale si sono raccolte notizie in Rete. Dovranno emergere, in particolare, motivazioni, eventi, situazioni familiari, limiti e punti di forza che hanno caratterizzato la loro avventura imprenditoriale.
Realizzate quindi una sorta di "talk show", nel quale ogni gruppo, a turno, simula l'intervista, finalizzata a condividere con la classe le storie di imprese femminili, ritenute più significative.

***Valuto le competenze:***

| Competenze | A<br>Livello Avanzato | B<br>Livello Intermedio | C<br>Livello Base | D<br>Livello Iniziale |
|---|---|---|---|---|
| • Colloco l'esperienza personale in un sistema di regole fondato sul reciproco riconoscimento dei diritti garantiti dalla Costituzione, a tutela della persona, della collettività e dell'ambiente.<br>• Ricerco informazioni in Rete (competenza digitale).<br>• Imparo ad imparare.<br>• Progetto.<br>• Individuo collegamenti e relazioni.<br>• Acquisisco ed interpreto le informazioni.<br>• Comunico.<br>• Collaboro e partecipo. | **Lavoro eccellente**<br>☐<br>Applico con consapevolezza le conoscenze acquisite alla vita reale; comprendo e valuto informazioni, con buona padronanza del lessico della disciplina, collaborando in modo efficiente. | **Lavoro buono**<br>☐<br>Applico in autonomia le conoscenze acquisite alla vita reale; comprendo e valuto informazioni, con un uso appropriato del lessico della disciplina, collaborando in modo efficace. | **Lavoro adeguato**<br>☐<br>Applico le conoscenze essenziali acquisite alla vita reale; reperisco informazioni di base, utilizzando i termini fondamentali della disciplina e collaborando in modo corretto. | **Lavoro da migliorare**<br>☐<br>Applico alcune conoscenze elementari acquisite alla vita reale, se guidato; fatico a reperire le informazioni di base, con un uso limitato dei termini della disciplina, collaborando in modo passivo. |

# 3 STATO, COSTITUZIONE E RELAZIONI INTERNAZIONALI

**UdA 1**
**Gli elementi costitutivi dello Stato**
→ TERRITORIO → POPOLO → SOVRANITÀ → CITTADINANZA

**UdA 2**
**Lo Stato e le sue forme**
→ STATO DEMOCRATICO → STATO SOCIALE → REPUBBLICA

**UdA 3**
**La Costituzione e i principi fondamentali**
→ COSTITUZIONE → PRINCIPI FONDAMENTALI → DEMOCRAZIA → DIRITTI E LIBERTÀ

**UdA 4**
**I rapporti con gli altri Stati e le istituzioni internazionali**
→ COMUNITÀ INTERNAZIONALE → DIRITTI DEGLI STATI → ONU

**Alla fine di questo percorso didattico, saprai individuare identità, caratteri e ruolo dello Stato italiano.**

**FLIPPED classroom**

### Attività UdA 3

**A casa: lezione**

Leggo e ascolto i materiali digitali:
- La storia degli italiani: l'inno e la bandiera (PowerPoint).
- Statuto Albertino e Costituzione italiana: articoli a confronto (Pdf).
- "Ripassiamo insieme" (Audio).
- "Parole chiave" (Animazione).

**A scuola: sviluppo le competenze**

Rifletto:
- Confronto e dibattito in classe.
- Verifica delle competenze di fine UdA.

Mi metto alla prova:
- Compito di realtà di fine modulo.

### Attività UdA 4

**A casa: lezione**

Leggo e ascolto i materiali digitali:
- Le caratteristiche di alcune delle principali organizzazioni internazionali diverse dall'ONU (PowerPoint).
- Dichiarazione universale dei Diritti Umani (Pdf).
- "Ripassiamo insieme" (Audio).
- "Parole chiave" (Animazione).

**A scuola: sviluppo le competenze**

Rifletto:
- Confronto e dibattito in classe.
- Verifica delle competenze di fine UdA.

Mi metto alla prova:
- Problem solving: analisi del caso (es. n. 6 - UdA 4).

# UdA 1 GLI ELEMENTI COSTITUTIVI DELLO STATO

## 1. Lo Stato e la società

Lo Stato

Lo **Stato** è l'ente sovrano che esercita il potere politico su un determinato territorio, che consiste nell'imporre delle regole e nel farle rispettare per realizzare gli interessi della collettività.

▸ Società

La società

Viceversa, la **società** è un'organizzazione d'individui con interessi generali comuni, dove alcune persone riescono a far prevalere la loro volontà sugli altri.
In un contesto sociale, quando un gruppo di persone è capace di influenzare il comportamento di altri individui, si è in presenza di un potere sociale (es. economico, culturale, ideologico).

**Esempio:** **i mezzi di comunicazione di massa (es. stampa, Internet) possono indurre nuovi bisogni (es. crema antirughe anche per gli uomini) o lanciare nuove mode (es. borsa o scarpe firmate).**

Distinguiamo, allora, due tipi di potere:

Il potere sociale

- il **potere sociale**, che è la capacità di influenzare il comportamento dei soggetti che sono parte di un gruppo, basato, ad esempio, sull'economia, sulla cultura o sulla religione. Non è disciplinato da norme giuridiche e, di conseguenza, non impone la propria volontà con la forza;

Il potere politico

- il **potere politico**, che è la capacità dello Stato di imporre al popolo, stanziato su un determinato territorio, la propria volontà con un sistema di norme giuridiche e con la possibilità di ricorrere all'uso della forza per farle rispettare.

**Esercizio A) per l'apprendimento. Comunica (comprendi).**
**Indica se i seguenti comportamenti rientrano nell'esercizio di un potere sociale (S) o nell'esercizio di un potere politico (P), apponendo una crocetta in corrispondenza della risposta che ritieni esatta.**

1. Durante la Quaresima, i fedeli rispettano certi comportamenti. S P
2. Il Sindaco ordina lo sgombero di un edificio pericolante. S P
3. Un cittadino deve essere presente in Tribunale come testimone. S P
4. Le persone fanno della beneficenza. S P
5. Il proprietario di un appartamento paga le tasse. S P

# 2. Gli elementi costitutivi dello Stato

**Lo Stato**

Per **Stato** s'intende l'ente politico-giuridico che esercita i suoi poteri e la sua autorità (*sovranità*), su un determinato *territorio*, sul quale si sono organizzate persone che godono di diritti e di doveri (*popolo*).

Da questa definizione si ricava che esso è costituito da tre **elementi essenziali** che sono:

- **il territorio;**
- **il popolo;**
- **la sovranità.**

▸ Stato italiano

**Il territorio**

Il **territorio** è l'elemento materiale dello Stato, definito entro confini in cui si applicano le norme giuridiche ed è l'elemento costitutivo anche di tutti gli altri enti territoriali all'interno del nostro Paese (es. i Comuni, le Città metropolitane, le Regioni).
Esso comprende:

- la terraferma, i fiumi e i laghi, che si trovano entro i confini territoriali;
- lo spazio atmosferico che lo sovrasta;
- il sottosuolo come, ad esempio, le miniere, i giacimenti di petrolio o di metano;
- il relativo mare territoriale, ossia le acque fino a dodici miglia dalla costa (circa venti chilometri; oltre si qualificano acque internazionali).

**Trattati:** sono accordi fra due o più Stati per disciplinare materie di interesse comune, di natura economica, sociale o politica (es. il Trattato dell'Unione Europea).
**Convenzioni:** sono strumenti con cui più Stati fissano accordi riguardanti, ad esempio, la difesa dei diritti umani, il trattamento dei prigionieri politici o altre questioni di diritto internazionale (es. la Convenzione europea par la salvaguardia dei diritti dell'uomo o delle libertà fondamentali).

**I confini**

I **confini**, che delimitano il territorio, possono essere naturali (es. una catena di montagne o un fiume) o artificiali, stabiliti cioè da Trattati o Convenzioni tra Stati confinanti. Fanno parte del territorio del nostro Paese anche le navi e gli aerei militari battenti bandiera italiana, ovunque si trovino, e le navi e gli aerei civili quando sono in un luogo o in uno spazio non soggetto alla sovranità di alcuno Stato (**territorio flottante**). In questi casi, a bordo di essi, si applica il diritto italiano.

▸ Confine italiano

**Il popolo**

Il **popolo** è l'elemento personale dello Stato e comprende tutti i cittadini, cioè le persone che hanno la cittadinanza.

**La popolazione**

Viceversa, la **popolazione**, che non è un elemento costitutivo, è formata dall'insieme delle persone (cittadini, stranieri e apolidi), che si trovano in un dato momento sul territorio dello Stato.

**Esempio:** **Harriet, ragazza inglese, anche se ogni estate trascorre le vacanze a Firenze, a casa di un'amica, non fa parte del popolo italiano, bensì della popolazione.**

**Apolide:** è colui che non ha la cittadinanza perché non appartiene a nessuno Stato.

Secondo i dati raccolti dall'Istat, l'Istituto Nazionale di statistica, la popolazione residente in Italia al 1° gennaio 2013, ammontava a 59.685.227 persone, di cui 28.889.597 maschi e 30.795.630 femmine, a fronte dei 57 milioni circa del 2002.

▸ Popolo: tutti i cittadini italiani

**Istat:** è l'istituto nazionale di statistica, con sede a Roma, che opera sotto le dipendenze della Presidenza del Consiglio dei Ministri e compie indagini statistiche di interesse pubblico di natura sociale, demografica ed economico-finanziaria.

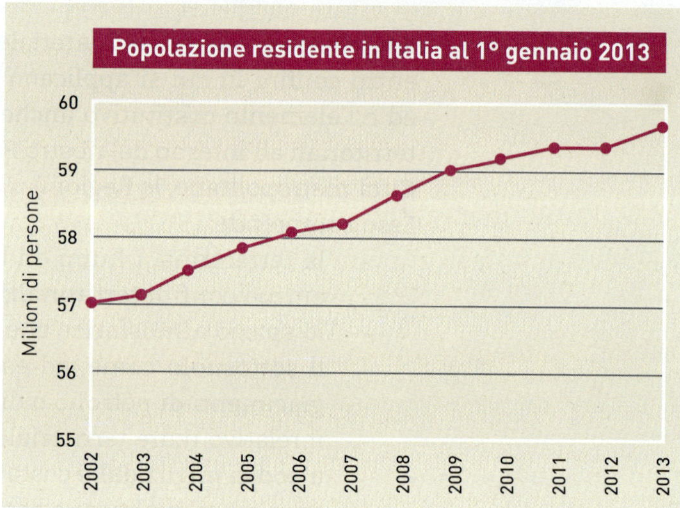


*Fonte: www.istat.it, con adattamenti.*

Il numero degli stranieri residenti in Italia, invece, in dieci anni, è quasi triplicato, perché all'inizio del 2002 ammontava a meno di 1 milione e 400 mila, mentre nel 2012 era di oltre 4 milioni.

*Fonte: www.istat.it – Il nuovo sistema informativo tematico dedicato a "Immigrati e nuovi cittadini", con adattamenti.*

**La sovranità**

La **sovranità**, infine, è l'elemento costitutivo che indica sia il potere dello Stato di stabilire, al suo interno, un proprio ordinamento giuridico e di farlo rispettare, sia la sua indipendenza rispetto a qualsiasi altro Stato. Essa sarà approfondita nel paragrafo successivo.

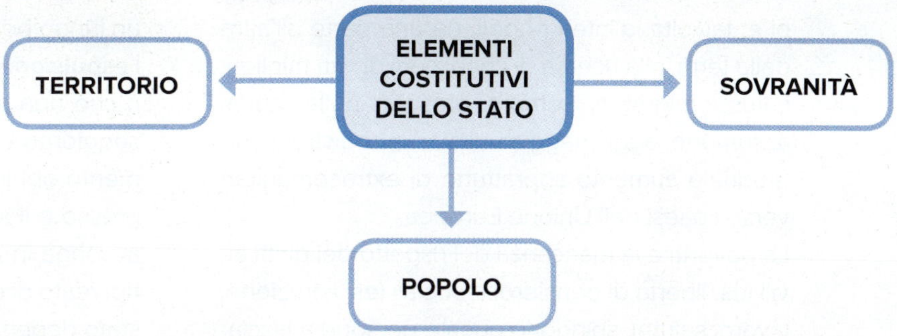


**La Nazione**

La **Nazione**, a differenza dello Stato, è rappresentata da persone che hanno in comune il gruppo etnico-culturale, la lingua, la religione, le tradizioni e i costumi. La nazionalità non sempre coincide con la cittadinanza, poiché ci sono soggetti che sono cittadini di uno Stato, ma si sentono legati a valori e tradizioni di un altro Paese.

**Esempio: Oscar, nato in Inghilterra dove ha vissuto per venticinque anni, abita stabilmente in Italia, è cittadino italiano, ma si sente parte della sua Nazione d'origine.**

## ■ Esercizio B) per l'apprendimento. Impara ad imparare.

**Dopo aver individuato gli errori, riscrivi le frasi correttamente.**

1. La nazionalità coincide con la cittadinanza.

   ..............................................................................................................................

2. Il territorio italiano è costituito solo dalla terraferma, dai fiumi e dai laghi.

   ..............................................................................................................................

3. Il popolo è l'elemento personale dello Stato e la popolazione quello materiale.

   ..............................................................................................................................

## ■ Esercizio C) per l'apprendimento. Risolvi i problemi.

**Analizza il caso e rispondi alle domande proposte.**

La nave da crociera "Iris", battente bandiera italiana, è salpata dal porto di Genova con destinazione Patagonia e Terra del Fuoco. Dopo una settimana di navigazione, in pieno oceano Pacifico, in acque internazionali, sulla nave si tiene una festa in maschera, durante la quale sparisce, dal collo di una ricca signora, una preziosa collana di brillanti. La Polizia di bordo, dopo accurate indagini e perquisizioni, riesce a identificare l'autore del reato. La nave si considera territorio italiano o straniero? Quale legge si applicherà al ladro?

Dentro il **diritto**

## Le regole sull'immigrazione

L'immigrazione è un fenomeno sociale caratterizzato dal costante trasferimento di persone, gruppi e, talvolta, d'interi popoli, da una parte all'altra della terra, alla ricerca di condizioni di vita migliori.
I flussi migratori, sempre presenti nella storia, assumono oggi maggior rilievo e registrano un graduale aumento soprattutto di extracomunitari verso i paesi dell'Unione Europea.
La povertà e la mancanza del rispetto dei diritti civili (es. libertà di pensiero) e sociali (es. istruzione, lavoro, salute), spingono queste persone a lasciare i loro Paesi.
L'ingresso in Italia, attualmente, è regolamentato dalla legge "Bossi-Fini" (L. n. 189/2002) che, in materia d'immigrazione, prevede e disciplina:

- il **visto d'ingresso**, il cui rilascio è indispensabile per entrare nel nostro Stato, che deve essere richiesto dallo straniero alle Autorità Consolari italiane;
- il **permesso di soggiorno**, che è richiesto dallo straniero che intende soggiornare in Italia per più di tre mesi ed è concesso quando è già stato stipulato un contratto di lavoro con il datore di lavoro, che garantisce la durata del soggiorno (es. un anno per lavoro a tempo determinato, nove mesi per lavoro stagionale), la disponibilità di un alloggio e s'impegna a pagare le spese per il suo ritorno nel paese di provenienza;
- il **permesso di soggiorno CE per soggiornanti di lungo periodo**, il cui rilascio è subordinato alla permanenza regolare dello straniero per un lungo periodo (sei anni) in Italia;
- l'**espulsione amministrativa** degli stranieri che non sono in regola con il permesso di soggiorno che è eseguita con l'accompagnamento obbligatorio alla frontiera. Qualora l'ingresso e il soggiorno nel territorio dello Stato avvenga in modo illegale, lo straniero incorre nel reato di clandestinità che, recentemente, è stato depenalizzato (L. n. 67/2014).
- il **ricongiungimento familiare**, che consente al coniuge e ai figli minorenni di ricongiungersi allo straniero regolarmente soggiornante nel nostro Paese;
- l'**accesso ai diritti sociali** che permette allo straniero regolarmente soggiornante in Italia di usufruire dei diritti di protezione sociale (es. diritto all'abitazione, alle cure sanitarie, all'istruzione).

Nell'aprile 2017, è entrata in vigore la L. n. 46/2017, di conversione del decreto legge "Disposizioni urgenti per l'accelerazione dei procedimenti in materia di protezione internazionale, nonché misure per il contrasto dell'immigrazione illegale". Con questa legge si vuole contrastare l'immigrazione illegale, garantendo, tra l'altro, un'accelerazione delle procedure per l'esame dei ricorsi sulle domande d'asilo e uno snellimento delle pratiche per le espulsioni di migranti irregolari.

## 3. L'esercizio della sovranità dello Stato

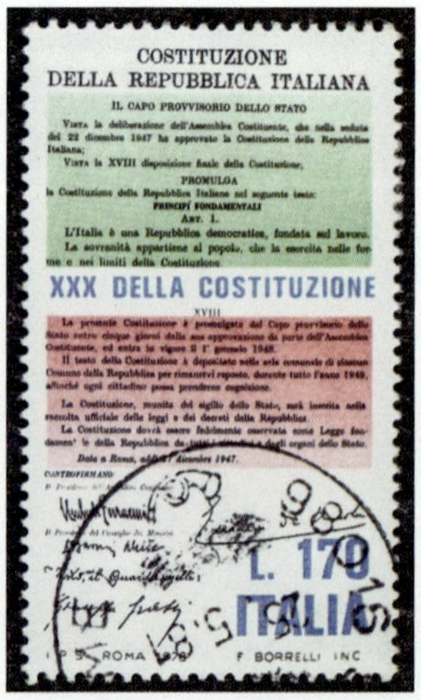


▸ Costituzione italiana: legge fondamentale dello Stato

**La sovranità**

La **sovranità**, come abbiamo visto, è il potere dello Stato di emanare norme giuridiche e di farle rispettare sia all'interno dei propri confini sia nei confronti di qualsiasi altro Stato.

**Gli organi costituzionali**

Nel nostro ordinamento giuridico, lo Stato esercita la sua sovranità principalmente attraverso tre **organi costituzionali** (ossia previsti e regolati dalla Costituzione) che sono il Parlamento, il Governo e la Magistratura (insieme dei giudici) e sono titolari di tre poteri fondamentali:

- il **potere legislativo**, che consiste nell'approvare le leggi (Parlamento);
- il **potere esecutivo**, in forza del quale sono fatte eseguire le leggi (Governo);

- il **potere giudiziario**, in base al quale sono interpretate e applicate le leggi (Magistratura).

**La sovranità popolare**

Questi organi derivano dall'esercizio della **sovranità popolare**, direttamente (i cittadini eleggono i rappresentanti in Parlamento) o indirettamente (i giudici sono soggetti solo alla legge che è approvata dai rappresentanti del popolo).

▸ Palazzo Montecitorio, sede della Camera dei Deputati

**Gli atti di esercizio della sovranità**

Gli **atti di** esercizio della **sovranità** che spettano al popolo possono consistere:

a. nel diritto di voto, attraverso il quale tutti i cittadini, uomini e donne, al compimento di una determinata età, esprimono il loro orientamento politico ed eleggono i membri (deputati e senatori) del Parlamento. Tale organo è l'unico eletto direttamente dal popolo a suffragio universale;

b. nel diritto che ciascun cittadino ha di perseguire interessi politici come, ad esempio, di associarsi in partiti politici, manifestando liberamente il proprio pensiero e riunendosi per finalità politiche.

**A livello nazionale**

A **livello nazionale**, negli ultimi anni il concetto di sovranità dello Stato si è in parte modificato con il riconoscimento agli enti territoriali (Comuni, Province, Città metropolitane, Regioni) di una certa **autonomia**:

- **politica**, in base alla quale tali enti possono dotarsi di un indirizzo politico differente da quello prevalente a livello statale;
- **normativa**, che prevede che tali enti possano emanare norme giuridiche all'interno dei loro territori;
- **amministrativa**, che implica la possibilità di emanare atti amministrativi necessari a realizzare finalità pubbliche;
- **finanziaria**, che comporta che gli enti territoriali abbiamo il potere di disporre di entrate proprie e siano responsabili delle proprie spese.

**Atto amministrativo:** è la manifestazione concreta del potere attribuito dalla legge alla Pubblica Amministrazione, esercitato in posizione di supremazia, al fine di curare i bisogni collettivi.

**A livello internazionale**

A **livello internazionale**, lo Stato può accettare di limitare la sua sovranità quando, in accordo con altri Stati, si prefigge di garantire la pace e la tutela dei diritti umani o di adottare certe politiche economiche o monetarie. Ciò è accaduto, ad esempio, nel 1992, quando l'Italia ha aderito al Trattato di Maastricht, istitutivo dell'Unione Europea (UE).

### ■ Esercizio D) per l'apprendimento. Acquisisci ed interpreta l'informazione.

**Ricerca su quotidiani, riviste o redazioni online, uno o più articoli che riguardino atti di sovranità, posti in essere dallo Stato (es. una sentenza di condanna emanata da un Tribunale o l'approvazione di una legge o di un atto da parte di un organo dello Stato). Riferisci il contenuto ai tuoi compagni di classe, indicando quale potere fondamentale, in quella situazione, ha esercitato lo Stato.**

# 4. La cittadinanza

La cittadinanza

La **cittadinanza** è la condizione giuridica e sociale di chi appartiene a uno Stato, dalla quale deriva il riconoscimento di diritti civili, sociali, economici e politici e altrettanti doveri.

**Esempio:** un cittadino italiano ha il diritto di votare e il dovere di pagare le tasse.

I modi di acquisto

I **modi di acquisto** della cittadinanza e le circostanze in cui si perde, sono disciplinate dalla legge che, nel tempo, ha subito diverse modifiche.

La cittadinanza italiana, ora, si acquista:

- per **nascita**, quando si tratta di figlio, anche adottivo, di padre o madre cittadini italiani, in qualunque luogo egli nasca;

**Esempio:** il figlio di Giovanna e Andrea nasce a Monaco, ma ha la cittadinanza italiana dei suoi genitori;

Italia è parte dell'Unione Europea

- per **diritto di luogo**, quando un soggetto è nato o è stato trovato sul territorio dello Stato e i genitori sono ignoti o apolidi;

**Esempio:** il ritrovamento di un neonato abbandonato ad Assisi davanti alla porta del Convento di Santa Chiara;

- per **matrimonio**, quando una persona straniera o apolide sposa una cittadina o un cittadino italiano, dopo due anni di convivenza e di residenza legale successivi al matrimonio o, se non è residente, dopo tre anni;
- per **residenza in Italia**, in particolari casi previsti dalla legge.

**Esempio:** lo straniero, che ha prestato servizio alle dipendenze dello Stato per almeno cinque anni, può richiedere la cittadinanza come pure lo straniero dopo almeno dieci anni di regolare residenza in Italia.

Cittadino italiano: diritto di voto

Negli ultimi anni, secondo le rilevazioni dell'Istat, le acquisizioni di cittadinanza si sono mantenute elevate e la maggior parte degli italiani si dichiara favorevole a riconoscere la cittadinanza italiana dalla nascita, ai figli d'immigrati nati nel nostro Paese.

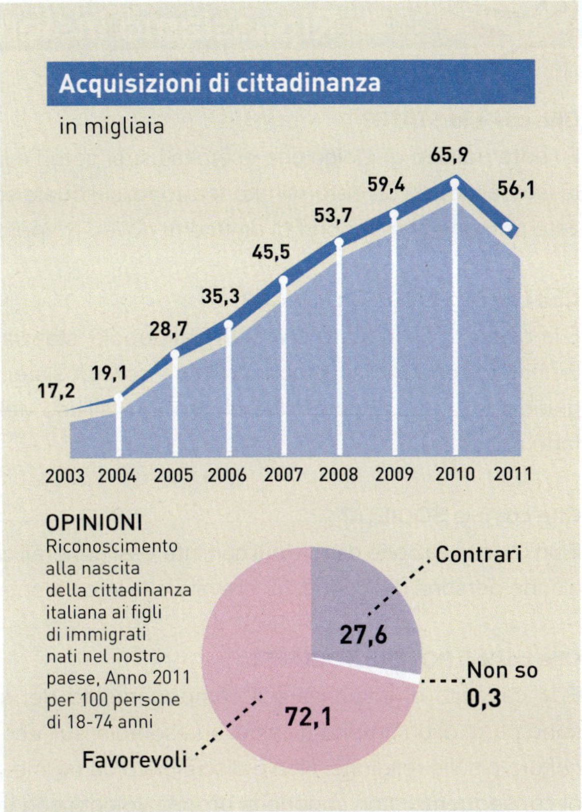


*Fonte: www.istat.it – Il nuovo sistema informativo tematico dedicato a "Immigrati e nuovi cittadini", con adattamenti.*

**La cittadinanza dell'Unione Europea**

Con la nascita dell'Unione Europea (UE), avvenuta con il Trattato di Maastricht del 1992, il cittadino di uno Stato membro ha anche la **cittadinanza dell'Unione Europea** che completa quella nazionale, ma non la sostituisce.

**Unione Europea (UE):** è istituita nel 1992, con la firma del Trattato di Maastricht (Olanda), è un'organizzazione sia economica sia politica, con la quale è stata concepita una nuova struttura sovranazionale che ha inglobato le precedenti organizzazioni europee (Ceca, Cee, Euratom). Gli obiettivi che l'Unione Europea si propone sono principalmente: il mantenimento della pace, la promozione del benessere economico e del progresso sociale.

**Esempio:** **Rosalba, che è cittadina italiana, ha acquisito anche la cittadinanza europea senza perdere quella italiana e può circolare e soggiornare liberamente nel territorio degli Stati membri.**

■ **Esercizio E) per l'apprendimento. Individua collegamenti e relazioni.**
**Cerca l'estraneo, evidenziandolo nel testo.**

1. Modo d'acquisto della cittadinanza, matrimonio, nascita, contratto.
2. Acquisto della cittadinanza europea, perdita della propria cittadinanza, diritto alla libera circolazione, diritto di libero soggiorno.
3. 2002, Unione Europea, Trattato di Maastricht, 1992.
4. Cittadinanza, diritti, solo diritti e nessun dovere, doveri.

Hai capito? Hai dei dubbi?

## Ripassiamo insieme

**Che cos'è lo STATO?**
È l'ente politico-giuridico che esercita i suoi poteri e la sua autorità (sovranità), su un determinato territorio, sul quale sono organizzate persone che godono di diritti e di doveri (popolo),

**Che cos'è il POTERE POLITICO?**
È la capacità dello Stato di imporre al popolo, stanziato su un determinato territorio, la propria volontà con un sistema di norme giuridiche e con la possibilità di ricorrere all'uso della forza per farle rispettare.

**Che cos'è la SOCIETÀ?**
È un'organizzazione d'individui con interessi generali comuni, dove alcune persone riescono a far prevalere la loro volontà sugli altri.

**Che cos'è il POTERE SOCIALE?**
È la capacità di influenzare il comportamento dei soggetti che sono parte di un gruppo, basato, ad esempio, sull'economia, sulla cultura o sulla religione. Non è disciplinato da norme giuridiche e, di conseguenza, non impone la propria volontà con la forza.

**Quali sono gli ELEMENTI COSTITUTIVI DELLO STATO?**
Essi sono:
- il territorio;
- il popolo;
- la sovranità.

**Che cos'è il TERRITORIO?**
È l'elemento materiale dello Stato, definito entro confini in cui si applicano le norme giuridiche. Esso comprende:
- la terraferma, i fiumi e i laghi, che si trovano entro i confini territoriali;
- lo spazio atmosferico che lo sovrasta;
- il sottosuolo, come, ad esempio, le miniere, i giacimenti di petrolio o di metano;
- il relativo mare territoriale.

il relativo mare territoriale, ossia le acque fino a dodici miglia dalla costa (circa venti Kilometri; oltre si qualificano acque internazionali). Fanno parte del territorio italiano anche le navi e gli aerei militari battenti bandiera italiana, ovunque si trovino, e le navi e gli aerei civili quando sono in un luogo o uno spazio non soggetto alla sovranità di alcuno Stato (territorio flottante). In questi casi, a bordo di essi, si applica il diritto italiano.

**Che cos'è il POPOLO?**
Il popolo è l'elemento personale dello Stato e comprende tutti i cittadini, cioè le persone che hanno la cittadinanza.

**Che cos'è la SOVRANITÀ?**
È l'elemento costitutivo che indica sia il potere dello Stato di stabilire, al suo interno, un proprio ordinamento giuridico e di farlo rispettare, sia la sua indipendenza rispetto a qualsiasi altro Stato.

**In che cosa consiste l'ESERCIZIO della SOVRANITÀ DELLO STATO?**
Nel nostro ordinamento giuridico, lo Stato esercita la sua sovranità principalmente attraverso tre organi costituzionali (ossia previsti e regolati dalla Costituzione) che sono il Parlamento, il Governo e la Magistratura (insieme dei giudici) e sono titolari di tre poteri fondamentali:
- il potere legislativo, che consiste nell'approvare le leggi (Parlamento);
- il potere esecutivo, in forza del quale sono fatte eseguire le leggi (Governo);
- il potere giudiziario, in base al quale sono interpretate e applicate le leggi (Magistratura).

**Che cos'è la NAZIONE?**
È rappresentata da persone che hanno in comune il gruppo etnico-culturale, la lingua, la religione, le tradizioni e i costumi.

**Che cos'è la CITTADINANZA?**
È la condizione giuridica e sociale di chi appartiene a uno Stato, dalla quale deriva il riconoscimento di diritti civili, sociali, economici e politici e altrettanti doveri.

**Quali sono i MODI DI ACQUISTO DELLA CITTADINANZA?**
Essi sono:
- per nascita, quando si tratta di figlio, anche adottivo, di padre o madre cittadini italiani, in qualunque luogo egli nasca;
- per diritto di luogo, quando un soggetto è nato o è stato trovato sul territorio dello Stato e i genitori sono ignoti o apolidi;
- per matrimonio, quando una persona straniera o apolide sposa una cittadina o un cittadino italiano, dopo due anni di convivenza e di residenza legale successivi al matrimonio o, se non è residente, dopo tre anni;
- per residenza in Italia, in particolari casi previsti dalla legge.

**Che cos'è la CITTADINANZA EUROPEA?**
È quella che appartiene a tutti i cittadini di Stati membri, facenti parte dell'Unione Europea, nata nel 1992 con il Trattato di Maastricht. Essa completa la cittadinanza nazionale, ma non la sostituisce.

Per una didattica inclusiva:

## Parole chiave

| | |
|---|---|
| **STATO** → | ■ Potere politico |
| **SOCIETÀ** → | ■ Potere sociale |
| **ELEMENTI COSTITUTIVI dello STATO** → | ■ Territorio<br>■ Popolo<br>■ Sovranità |
| **ESERCIZIO della SOVRANITÀ dello STATO** → | ■ Organi costituzionali<br>■ Tre poteri fondamentali |
| **MODI di ACQUISTO della CITTADINANZA** → | ■ Per nascita<br>■ Per diritto di luogo<br>■ Per matrimonio<br>■ Per residenza in Italia |

## CLIL

### The State

The **State** is the sovereign entity exercising the political power on a specific territory, such power consists in imposing rules and ensure compliance with them in order to fulfill the interests of the community. It is formed by the following three basic elements: territory, people and sovereignty.

The **territory** is the material element of the State. It is defined within borders in which legal regulations are applied and it is also the constituent element of all the other territorial entities existing within our country, such as municipalities, provinces, metropolitan cities and regions. The **people** are the personal element of the State and include all the citizens, that is to say, the persons having the citizenship. Last, the **sovereignty** is the constituent element indicating the power of the State to establish an its own legal system and ensure compliance with it as well as its independence against any other State.

The **Nation**, unlike the State, is represented by persons that have ethnic-cultural group, language, religion, traditions, habits and customs in common.

**Exercise. Complete the sentences with the missing words.**

1. Borders that bound the ................. can be natural (a river, a mountain range) or artificial, that is to say, established by ................ among States.
2. The ................. is the legal and social condition of persons belonging to a State, from which ............. and duties arise.

*(rights, agreements, citizenship, territory)*

## Verifica delle competenze

- Livello BASE: ✪ (Punteggio totale: 12)
- Livello INTERMEDIO: ✪✪ (Punteggio totale: 60)
- Livello AVANZATO: ✪✪✪ (Punteggio totale: 28)

### ✪ Esercizio 1). Impara ad imparare.

**Scelta multipla: evidenzia la risposta esatta. Il paragrafo indicato nella parentesi è quello su cui devi riflettere (2 punti per ciascuna scelta corretta).**

**1. Gli elementi essenziali dello Stato sono (Par. n. 2):**
a. il popolo, la popolazione e il territorio
b. il territorio, il popolo e la società
c. il territorio, il popolo e la sovranità
d. la sovranità, il potere politico e il potere sociale

**2. Il popolo di uno Stato comprende (Par. n. 2):**
a. tutte le persone nate sul territorio dello Stato
b. le persone che hanno la cittadinanza dello Stato
c. i cittadini di uno Stato estero
d. tutte le persone che risiedono stabilmente nello Stato

**3. La cittadinanza dell'Unione Europea (Par. n. 4):**
a. esiste da quando esiste l'Europa
b. si sostituisce a quella nazionale
c. spetta a tutte le persone extracomunitarie
d. esiste dal 1992 con la nascita dell'Unione Europea

**4. Sono apolidi (Par. n. 2):**
a. le persone extracomunitarie
b. le persone prive della cittadinanza italiana
c. le persone prive della cittadinanza
d. le persone che non hanno documenti

**5. La sovranità dello Stato consiste (Par. n. 3):**
a. nel potere dello Stato di imporre e far rispettare le proprie leggi
b. nel sottostare ai poteri di un Stato estero
c. nel potere di imporre le proprie leggi anche ad altri Stati
d. nel potere che ha solamente il sovrano di fare le leggi

**6. Rappresenta una limitazione della sovranità dello Stato (Par. n. 3):**
a. l'emanazione di una legge del Parlamento
b. l'ordine di cattura di un pericoloso criminale
c. l'emanazione di un atto amministrativo
d. l'adesione a un Trattato dell'unione Europea che preveda determinati obblighi

**Punti: ..../12**

### ✪✪ Esercizio 2). Individua collegamenti e relazioni.

**Collega ciascun numero alla lettera corrispondente (3 punti per ciascun collegamento esatto).**

1. Unione Europea
2. Sovranità popolare
3. Popolazione
4. Popolo
5. Confine
6. Territorio
7. Nazione
8. Società

a. Insieme di persone di uno stesso gruppo etnico
b. Insieme dei cittadini di uno Stato
c. Potere sociale
d. Diritto di voto
e. Cittadini, stranieri e apolidi
f. Organizzazione sovranazionale
g. Linea che delimita il territorio dello Stato
h. Spazio entro cui lo Stato esercita la sovranità

| 1 | 2 | 3 | 4 | 5 | 6 | 7 | 8 |
|---|---|---|---|---|---|---|---|
| | | | | | | | |

**Punti: ..../24**

■ ✪✪ **Esercizio 3). Acquisisci ed interpreta l'informazione.**

**Indica se le seguenti affermazioni sono vere o false, motivando la risposta (3 punti per ciascuna risposta esatta).**

| | | V | F |
|---|---|---|---|
| 1. | La parola società coincide con la parola Stato<br>Perché ........................................ | ☐ | ☐ |
| 2. | Il popolo è l'elemento materiale dello Stato<br>Perché ........................................ | ☐ | ☐ |
| 3. | I modi di acquisto della cittadinanza sono disciplinati dalla legge<br>Perché ........................................ | ☐ | ☐ |
| 4. | I confini di uno Stato possono essere naturali o artificiali<br>Perché ........................................ | ☐ | ☐ |
| 5. | È apolide chi appartiene ad uno Stato estero<br>Perché ........................................ | ☐ | ☐ |
| 6. | La Costituzione italiana afferma che la sovranità appartiene al popolo<br>Perché ........................................ | ☐ | ☐ |

**Punti: ..../18**

■ ✪✪ **Esercizio 4). Comunica (rappresenta).**

**Completa la mappa concettuale che segue (3 punti per ciascun completamento esatto).**

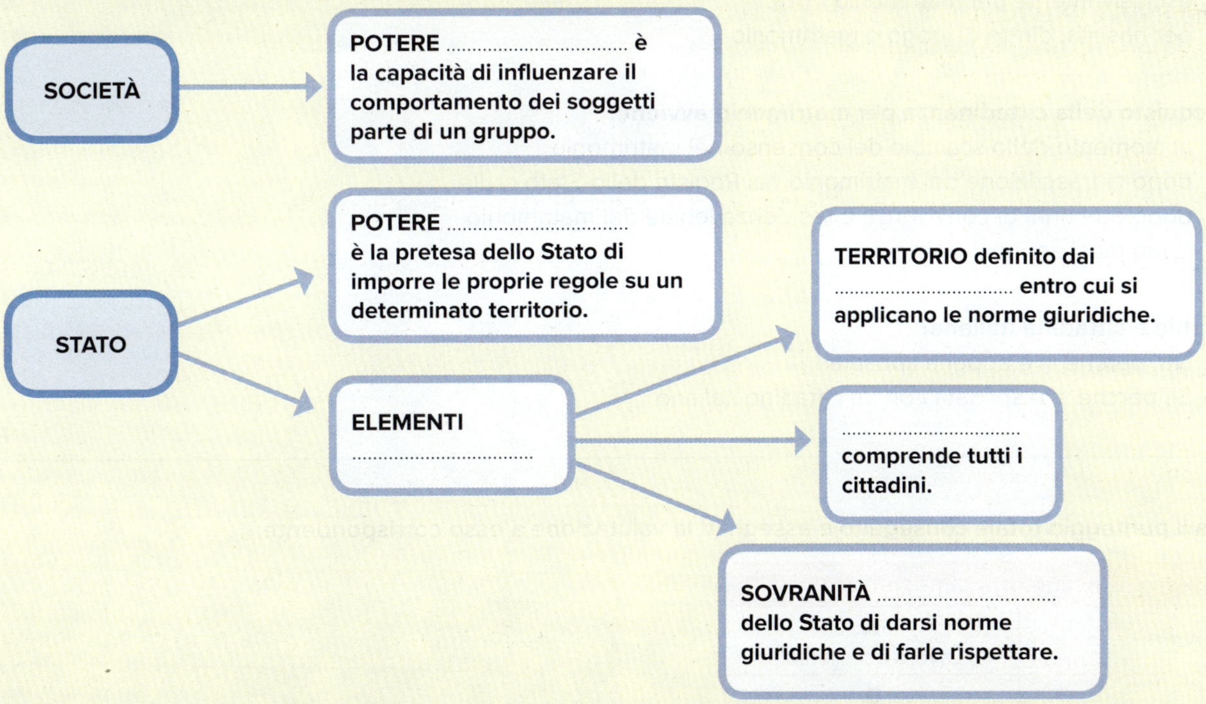


**Punti: ..../18**

■ ✪✪✪ **Esercizio 5). Comunica (comprendi).**

**Rispondi alle seguenti domande (4 punti per ciascuna risposta esatta).**

1. Che differenza c'è tra popolo e popolazione? (Par. n. 1)
2. In quali casi lo Stato può ricorrere alla limitazione della sua sovranità? (Par. n. 4)
3. Quali sono i modi di acquisto della cittadinanza? (Par. n. 3)

**Punti: ..../12**

■ ✪✪✪ **Esercizio 6). Risolvi i problemi.**

**Analizza il caso e rispondi ai quesiti a risposta multipla (4 punti per ogni scelta multipla).**

Guido, brillante manager di un'azienda che opera nel campo della moda, si reca a una sfilata a Parigi, per promuovere i nuovi capi d'abbigliamento destinati alla Primavera/Estate. In quell'occasione, conosce Sophie, giovane modella francese, di cui s'innamora perdutamente. Dopo pochi mesi i due si sposano e si trasferiscono a Milano, città di residenza di Guido. Sophie è già cittadina italiana? Perché?

1. **La cittadinanza italiana è:**
   a. l'insieme dei diritti riconosciuti alla popolazione
   b. la condizione giuridica e sociale di chi appartiene a uno Stato
   c. il complesso dei diritti riservati a tutta la popolazione
   d. un acquisto automatico, all'ingresso nel nostro Paese

2. **La cittadinanza si acquista:**
   a. solo per nascita
   b. dopo un mese dal primo contratto di lavoro
   c. esclusivamente per matrimonio
   d. per nascita, diritto di luogo o matrimonio

3. **L'acquisto della cittadinanza per matrimonio avviene:**
   a. al momento dello scambio del consenso nel matrimonio
   b. dopo la trascrizione del matrimonio nei Registri dello Stato civile
   c. dopo due anni di convivenza e residenza legale dal matrimonio
   d. dopo dieci anni dal matrimonio

4. **Sophie è cittadina italiana?**
   a. No, perché si è appena sposata
   b. Sì, perché si è sposata con un cittadino italiano

**Punti: ..../16**

**Calcola il punteggio totale conseguito e assegnati la valutazione a esso corrispondente:**

| Tabella di autovalutazione | |
|---|---|
| ☐ 100-87 | **A** Lavoro eccellente. |
| ☐ 86-67 | **B.** Lavoro buono. |
| ☐ 66-47 | **C.** Lavoro adeguato. |
| ☐ 46-2 | **D.** Lavoro da migliorare. |

# UdA 2 LO STATO E LE SUE FORME

## 1. Le forme di Stato

Tutti gli Stati hanno come elementi costitutivi comuni il territorio, il popolo e la sovranità, ma si differenziano nella forma di Stato e nella forma di governo.

**La forma di Stato**

L'espressione **forma di Stato** indica l'insieme delle finalità che lo Stato si prefigge e il tipo di rapporto tra Stato e popolo.

Possiamo distinguere le forme di Stato, in base alla ripartizione della sovranità sul territorio, in:

**Lo Stato unitario**

- **Stato unitario:** la sovranità è attribuita interamente allo Stato centrale o, da questo, distribuita ai propri organi periferici, che sono gerarchicamente subordinati allo Stato stesso;

▸ Stati Uniti d'America: Stato federale

**Lo Stato federale**

- **Stato federale:** è uno Stato formato da più Stati membri, nel quale l'esercizio del potere è suddiviso tra lo Stato federale e gli Stati membri (es. Stati Uniti d'America, Germania, Australia);

**Lo Stato regionale**

- **Stato regionale:** rappresenta una forma intermedia tra lo Stato unitario e lo Stato federale, nella quale il territorio è suddiviso in Regioni, che hanno autonomia legislativa, amministrativa, politica, e lo Stato centrale conserva una propria potestà legislativa (es. Italia).

Le forme di Stato, tuttavia, possono essere distinte anche con riferimento alle modalità con le quali, nel corso della storia, i rapporti tra Stato e società, ossia tra governanti e governati, si sono manifestati, dando origine a diversi modelli di forme di Stato.

**Esempio:** **nel 1861, con l'Unificazione, l'Italia era uno Stato liberale, che diventò uno Stato totalitario con l'avvento del fascismo e, in seguito all'emanazione della Costituzione (1948), divenne uno Stato democratico.**

## 2. I modelli di forme di Stato: Stato assoluto, liberale, totalitario e socialista

Tra i primi modelli più significativi di forma di Stato, ricordiamo:

▸ Ritratto di Luigi XIV

**Lo Stato assoluto**

- **Stato assoluto:** è presente nelle monarchie dell'Europa, tra il XV e il XVII secolo, prima della Rivoluzione francese (1789), e in esso il potere è concentrato esclusivamente nelle mani del Re, che detiene sia il potere legislativo sia quello esecutivo e la cui volontà ha valore di legge. Il patrimonio dello Stato coincide con quello del sovrano che non concede ai sudditi alcuna garanzia.

L'espressione "*lo Stato sono io*", che era solito usare il sovrano francese Luigi XIV, conosciuto come il "Re Sole", rende l'idea del significato di potere assoluto, proprio di questo modello di forma di Stato.

**Monarchia:** è forma di governo in cui il potere è nelle mani di una persona, il Re, al quale, in genere, è trasmesso in via ereditaria.

Lo Stato liberale

- **Stato liberale:** si afferma con la Rivoluzione americana (1776) e con quella francese e si diffonde nel XIX secolo, nei maggiori Stati europei. Si caratterizza come uno Stato di diritto, nel quale cioè sia lo Stato sia i singoli individui sono sottoposti alle norme giuridiche.

  In questo modello di forma di Stato troviamo:

  - il **principio di legalità**, secondo il quale ogni atto dei pubblici poteri deve avvenire per mezzo della legge;
  - la **Costituzione**, documento che stabilisce diritti e doveri obbligatori per tutti, tutela le libertà e i diritti degli individui ed è il fondamento di tutti i poteri;
  - il **principio della separazione dei poteri**, teorizzato dal filosofo francese Montesquieu, secondo il quale il potere legislativo spetta al Parlamento, quello esecutivo al Governo e quello giudiziario alla Magistratura;
  - il **principio di libertà individuale**, che riconosce e tutela soprattutto la proprietà privata, la libertà personale, di pensiero, di stampa, di religione, nonché quella economica, affidata esclusivamente ai soggetti privati (lo Stato non partecipa all'attività produttiva);
  - il **principio rappresentativo**, dove l'elezione dei rappresentanti politici avviene attraverso il voto, seppur limitato a determinati ceti sociali (es. borghesia), in possesso di un certo livello culturale.

**Montesquieu:** fu filosofo, giurista, storico e pensatore politico francese che elaborò la teoria politica del principio della separazione (o divisione) dei poteri che prevedeva che le tre funzioni, legislativa, esecutiva e giudiziaria, fossero distribuite tra poteri distinti. Egli riteneva che tale ripartizione costituisse la migliore garanzia per la libertà e la difesa dei diritti dei cittadini.

Lo Stato totalitario

- **Stato totalitario:** si afferma in Europa dal 1920 al 1940 circa, dopo la crisi dello Stato liberale. Rifiuta i caratteri del modello precedente e ripristina alcuni aspetti dello Stato assoluto, attraverso:

  - l'**abolizione delle principali libertà** dei cittadini (es. libertà di pensiero, libertà di riunione e di associazione);
  - la **soppressione del pluralismo politico**, ossia il potere è esercitato da un partito unico che si identifica con lo Stato (es. partito fascista - Stato fascista);
  - la **concentrazione** di parte del **potere legislativo** e di quello **esecutivo** nelle mani di chi esercita il potere politico, ossia il Capo del Governo;
  - l'**eliminazione del principio di legalità** e con ciò dello Stato di diritto.

**Partito politico:** associazione di persone accomunate da una stessa ideologia in tema di gestione dello stato e della società.

Lo Stato fascista, che prevalse in Italia dal 1922 al 1943, è un esempio di Stato totalitario, come pure lo Stato nazionalsocialista che caratterizzò la Germania dal 1933 al 1945.

▸ Muro di Berlino

**Lo Stato socialista**

■ **Stato socialista:** si afferma con la Rivoluzione russa (1917) nell'Unione delle Repubbliche Socialiste Sovietiche (URSS) e poi nei paesi dell'Est europeo, come la Polonia, la Germania orientale, la Cecoslovacchia, l'Ungheria, la Romania, la Bulgaria, l'Albania e si caratterizza per:

- la presenza di un **unico partito** (comunista) che organizza e gestisce tutte le strutture e gli organi statali;
- la **soppressione** della **proprietà privata**;
- l'**abolizione dell'economia di mercato**, con l'introduzione di un'economia collettivista, in cui lo Stato è l'unico proprietario dei mezzi di produzione, effettua le scelte economiche e le impone alle famiglie e alle imprese.

Questo modello di Stato entra in crisi negli anni ottanta e simbolicamente si considera finito con il crollo del Muro che divideva Berlino in due settori (1989).

| FORME DI STATO | QUANDO e DOVE | CARATTERI |
|---|---|---|
| **STATO ASSOLUTO** | È presente, tra il XV e il XVII secolo, prima della Rivoluzione francese, nei maggiori Stati europei. | ▪ Tutti i poteri sono concentrati nelle mani del Re, che s'identifica con lo Stato stesso.<br>▪ Il patrimonio dello Stato coincide con quello del sovrano.<br>▪ Nessuna garanzia ai sudditi. |
| **STATO LIBERALE** | Si afferma con la Rivoluzione americana (1776) e da quella francese (1789), e si diffonde nel XIX secolo, nei maggiori Stati europei. | ▪ Principio di legalità.<br>▪ Costituzione.<br>▪ Principio di separazione dei poteri.<br>▪ Riconoscimento della libertà individuale e della libertà di iniziativa economica privata.<br>▪ Elezione dei rappresentanti politici. |
| **STATO TOTALITARIO** | Dal 1920 al 1940 circa, si afferma in Europa. | ▪ Governa un solo partito.<br>▪ Abolizione delle principali libertà.<br>▪ Gran parte del potere legislativo ed esecutivo è nelle mani del Capo del Governo.<br>▪ Eliminazione del principio di legalità. |
| **STATO SOCIALISTA** | Si afferma con la Rivoluzione russa (1917) sino al 1989, in URSS e nei Paesi dell'est europeo. | ▪ Presenza di un unico partito (comunista).<br>▪ Eliminazione della proprietà privata.<br>▪ Lo Stato è l'unico proprietario dei mezzi di produzione e impone le proprie scelte economiche a famiglie e imprese. |

■ **Esercizio A) per l'apprendimento. Individua collegamenti e relazioni.**

**Cerca l'estraneo, evidenziandolo nel testo.**

1. Stato totalitario, principio di legalità, abolizione delle libertà di espressione, partito unico.
2. Stato liberale, separazione dei poteri, abolizione della proprietà privata, diritto di voto.
3. Stato assoluto, sovrano, nessun diritto ai sudditi, Stato totalitario.
4. Partito unico, Stato socialista, proprietà privata, proprietà pubblica.

# 3. I modelli di forme di Stato: Stato democratico e Stato sociale

I modelli di forma di Stato che caratterizzano maggiormente gli Stati moderni sono:

Lo Stato democratico

- **Stato democratico:** si diffonde dopo la seconda guerra mondiale (1945), in Italia e nella maggior parte degli Stati europei. I principali elementi che caratterizzano lo Stato democratico sono:
  - **sovranità popolare**, ossia il potere del popolo, che la esercita attraverso l'elezione dei suoi rappresentanti;
  - **Costituzione**, che detta i principi giuridici e politici su cui si fonda lo Stato (es. democrazia, cioè potere del popolo);
  - **diritto di voto** come strumento principale di espressione democratica, riconosciuto a tutti i cittadini (suffragio universale);
  - **pluralismo politico**, che prevede che i cittadini possano costituire e aderire a partiti politici;
  - **riconoscimento** e **tutela** delle **libertà fondamentali** e dei **diritti umani**.

**Diritti umani:** comprendono i principali diritti della persona, che vanno dai diritti civili e politici a quelli economici e sociali, fino a ricomprendere i diritti di nuova generazione, come il diritto alla riservatezza nei confronti dei mezzi elettronici o il diritto alla protezione dei bambini dalle insidie di Internet.

**Diritti sociali:** consistono in pretese di prestazioni, da erogarsi da parte degli organi e dei poteri pubblici facenti capo allo Stato, che siano in grado di garantire un minimo indispensabile per vivere dignitosamente (es. diritto alla salute, all'istruzione, al lavoro).

Lo Stato sociale

- **Stato sociale:** è il modello di Stato che si afferma nei primi anni del novecento, dapprima in Inghilterra e nelle socialdemocrazie scandinave e più tardi negli altri Stati europei, compresa l'Italia.
  La concezione di uno Stato sociale (cosiddetto "*Welfare State*" o "*Stato del Benessere*") nasce con l'obiettivo di eliminare le disuguaglianze sociali e di garantire a tutti i cittadini un minimo indispensabile per vivere dignitosamente. Esso si realizza con il riconoscimento e l'affermazione dei **diritti sociali** (salute, istruzione, lavoro, assistenza e previdenza sociale). Lo Stato del Benessere si fonda sul principio di **uguaglianza sostanziale** e sulla creazione di un **sistema di sicurezza sociale** capace di salvaguardare il diritto a una vita civile e decorosa anche quando si è ammalati, disoccupati, vecchi, o comunque in difficoltà. Esso comprende i settori dell'assistenza sociale, della previdenza sociale e dell'assistenza sanitaria.

▸ Diritto sociale: diritto all'istruzione

**Uguaglianza sostanziale:** principio fondamentale della Costituzione (art. 3), in base al quale lo Stato si impegna ad intervenire in ambito economico e sociale per garantire ai cittadini gli stessi diritti e per far sì che tutti siano effettivamente uguali davanti alla legge (uguaglianza formale, art. 3, c. 1, Cost.). Ad esempio, lo Stato garantisce il diritto allo studio anche ai più poveri, mediante borse di studio.

In Italia, lo Stato sociale è stato una delle cause che ha determinato nel corso degli anni ottanta e novanta un'elevata spesa pubblica. Ciò è accaduto perché la maggior parte degli interventi assistenziali erano effettuati "a pioggia", cioè destinati a tutti, indipendentemente da un reale stato di bisogno.

▸ Diritto alla salute

**Esempio: in quegli anni, prima delle riforme, l'assistenza sanitaria gratuita era estesa a tutti i cittadini, senza limiti di reddito; la pensione sociale era riconosciuta anche a chi non aveva mai lavorato; i sussidi in denaro erano elargiti a tutte le famiglie con un certo numero di figli, ricche o povere che fossero.**

Al fine di porre rimedio a tale situazione si sono introdotte radicali riforme del sistema di sicurezza sociale, in materia sanitaria, pensionistica, assistenziale e del lavoro, che, a tutt'oggi, sono in fase di definizione.

La maggior parte degli Stati democratici, in misura maggiore o minore, rientra anche nel modello di forma di Stato sociale.

| FORME DI STATO | QUANDO e DOVE | CARATTERI |
|---|---|---|
| **STATO DEMOCRATICO** | Si diffonde dopo la Seconda Guerra mondiale (1945), in Italia e nella maggior parte degli Stati europei. | ▪ Sovranità popolare.<br>▪ Costituzione.<br>▪ Suffragio universale.<br>▪ Pluralismo politico.<br>▪ Riconoscimento e tutela delle libertà fondamentali e dei diritti umani. |
| **STATO SOCIALE** | Si afferma dai primi anni del Novecento in Inghilterra e nelle socialdemocrazie scandinave e, più tardi, negli altri Stati europei e in Italia. | ▪ Affermazione dei diritti sociali.<br>▪ Principio di uguaglianza sostanziale.<br>▪ Sistema di sicurezza sociale. |

Dentro il **diritto**

## Le riforme dello Stato sociale

Nei primi anni novanta, l'adesione dell'Italia al Trattato di Maastricht, che vide la nascita dell'Unione Europea e pose limiti all'azione economica, finanziaria e monetaria degli Stati membri, unita alla necessità di ridurre il debito pubblico, costrinse il Governo ad attuare radicali riforme del sistema di sicurezza sociale.
Nell'ambito della previdenza sociale fu posticipata l'età della pensione, con un aumento del numero di anni di contributi necessari ed un nuovo sistema di calcolo (contributivo), basato sulla somma dei contributi accantonati durante la vita lavorativa.
Nell'ambito dell'assistenza sociale, fu delineato un nuovo sistema di interventi e servizi sociali e furono introdotti sistemi oggettivi di misurazione delle condizioni di bisogno del cittadino per l'accesso alle prestazioni agevolate (es. introduzione dell'ISEE, indicatore della situazione economica equivalente).
Nell'ambito dell'assistenza sanitaria, il Sistema Sanitario Nazionale subì profondi e radicali mutamenti, finalizzati a ridurre gli sprechi e, conseguentemente, i costi.

■ **Esercizio B) per l'apprendimento. Impara ad imparare.**
**Dopo aver individuato gli errori, riscrivi le frasi correttamente**

1. Lo Stato sociale nasce con l'obiettivo di accentuare le diseguaglianze sociali
..........................................................................................................................
2. Nello Stato democratico il diritto di voto è riconosciuto solo ai cittadini di sesso maschile.
..........................................................................................................................
..........................................................................................................................
3. Lo Stato democratico abolisce la maggior parte delle libertà fondamentali.
..........................................................................................................................
4. Lo Stato sociale è presente in Italia sin dai primi del novecento.
..........................................................................................................................

# 4. Le forme di governo

La **forma di governo** delinea i rapporti che intercorrono tra gli organi fondamentali dello Stato (es. Governo, Parlamento) e le modalità con cui tali organi esercitano il potere politico.

**Esempio:** **l'Italia è una Repubblica la cui forma di governo è parlamentare, perché si fonda su un rapporto di fiducia tra Parlamento e Governo.**

**Le principali forme di governo**

Nel corso della storia, **le principali forme di governo** che si sono succedute, sono:

- la **Monarchia**, nella quale a capo dello Stato c'è un sovrano che, per ereditarietà o per elezione, ricopre tale carica per tutta la durata della vita;
- la **Repubblica**, viceversa, ha come capo dello Stato un Presidente che riveste tale carica per elezione e per una durata limitata prevista dalla Costituzione.

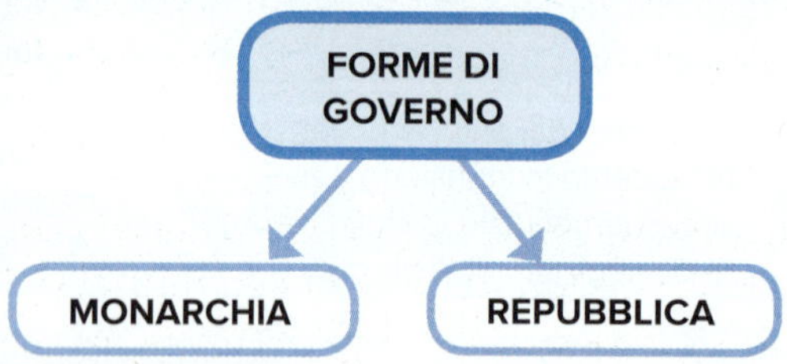

▸ 2 giugno: festa della Repubblica italiana

**La Monarchia**

La **Monarchia** si distingue in:

a. **Monarchia assoluta**, nella quale tutti i poteri sono concentrati nelle mani del Re, come accadeva nelle forme di Stato assoluto, che, in Europa, si sono dissolte con la Rivoluzione francese (1789). Oggi, raramente, si trova una forma di governo simile.

**Esempio:** **essa è presente in Arabia Saudita e nel Brunei (sultanato).**

b. **Monarchia costituzionale**, che è caratterizzata dalla netta separazione dei poteri tra il Re e il Parlamento. Al Re è affidato solamente il potere esecutivo che esercita tramite il Governo, formato dai ministri da lui nominati e revocati, mentre quello legislativo è interamente svolto dal Parlamento. I diritti fondamentali dei cittadini sono riconosciuti nella Costituzione.

**Esempio:** **l'Inghilterra tra il XVII e il primo trentennio del XIX secolo, come forma di governo, adottò una monarchia costituzionale che caratterizzò anche l'Italia dopo lo Statuto Albertino. Oggi lo sono, tra gli altri, il Principato di Monaco, la Giordania, il Marocco.**

c. **Monarchia parlamentare**, che riconosce al Parlamento e al Governo il potere d'indirizzo politico. Quest'ultimo acquista autonomia dal Re e, pur essendo dallo stesso nominato, deve ottenere il consenso favorevole del Parlamento; al sovrano resta principalmente il compito di rappresentare lo Stato.

**Esempio:** **hanno questa forma di governo l'Inghilterra, la Spagna, la Svezia, i Paesi Bassi.**

▸ Regno Unito: Monarchia parlamentare

**La Repubblica**

La **Repubblica** si differenzia in:

a. **Repubblica parlamentare**, nella quale l'organo più importante è il Parlamento, che è l'unico eletto direttamente dal popolo e che, oltre a svolgere la funzione legislativa, partecipa alla formazione degli altri organi costituzionali (es. elegge il Presidente della Repubblica). La specificità di questa forma di governo consiste nel rapporto di "fiducia" che deve necessariamente esistere tra Parlamento e Governo. Il Capo dello Stato è il Presidente della Repubblica che rappresenta l'unità nazionale, non è titolare di alcun potere fondamentale, nomina il Governo e resta in carica per un tempo limitato previsto nella Costituzione.

**"Fiducia":** con tale espressione si intende che il Governo entra in carica solo dopo l'approvazione del suo programma politico da parte del Parlamento. La "fiducia" deve rimanere per tutta la durata del Governo che, in mancanza, è costretto a dimettersi.

▸ Repubblica parlamentare italiana

**Esempio:** la Repubblica parlamentare si è affermata in Europa dopo la seconda guerra mondiale (es. in Italia nel 1948, in Francia nel 1946 e nella Repubblica Federale Tedesca nel 1949).

b. **Repubblica presidenziale**, nella quale il Capo dello Stato (Presidente della Repubblica) è eletto ogni quattro anni direttamente dal popolo, determina l'indirizzo politico ed è il responsabile della funzione esecutiva, che esercita tramite i ministri, da lui stesso nominati. Il potere legislativo è esercitato dal Congresso, eletto dal popolo e formato dalla Camera dei Rappresentanti e dal Senato, presieduto dal Presidente della Repubblica. Il Congresso (potere legislativo) e il Presidente (potere esecutivo), essendo entrambi organi eletti dal popolo, non possono sfiduciarsi a vicenda. Il primo può solo mettere sotto accusa il secondo, attraverso la procedura di "impeachment", per comportamenti illeciti.

**Esempio:** gli Stati Uniti d'America sono espressione tipica di questa forma di governo.

c. **Repubblica semipresidenziale**, che rappresenta una forma di governo intermedia tra la Repubblica presidenziale e quella parlamentare. Al pari di quella presidenziale, il Presidente è eletto direttamente dal popolo e ha il potere di nominare il Capo del Governo, di dirigere la politica estera e le forze armate. Come la Repubblica parlamentare, il Presidente non è responsabile del potere esecutivo, bensì lo è il Capo del Governo, da esso nominato, che risponde al Parlamento e che da questo può essere sfiduciato. In questa forma di governo la separazione tra il potere legislativo e quello esecutivo è meno netta rispetto alla forma presidenziale.

▸ Stati Uniti d'America: Repubblica presidenziale

**Esempio:** essa caratterizza la Francia, dal 1958.

| MONARCHIA | REPUBBLICA |
|---|---|
| ▪ Assoluta (es. Arabia Saudita)<br>▪ Costituzionale (es. Giordania)<br>▪ Parlamentare (es. Inghilterra) | ▪ Parlamentare (es. Italia)<br>▪ Presidenziale (es. Stati Uniti d'America)<br>▪ Semipresidenziale (es. Francia) |

■ **Esercizio C) per l'apprendimento. Acquisisci ed interpreta l'informazione.**
**Ricerca su Internet le forme di governo dei principali Stati europei e commenta per iscritto i risultati della tua indagine, precisando:**

- se prevale la Monarchia o la Repubblica;
- quali tipi di Repubblica e di Monarchia sono più frequenti.

■ **Esercizio D) per l'apprendimento. Comunica (rappresenta).**
**Completa le due mappe concettuali che seguono, avvalendoti dei termini sotto indicati.**

**Repubblica parlamentare:**

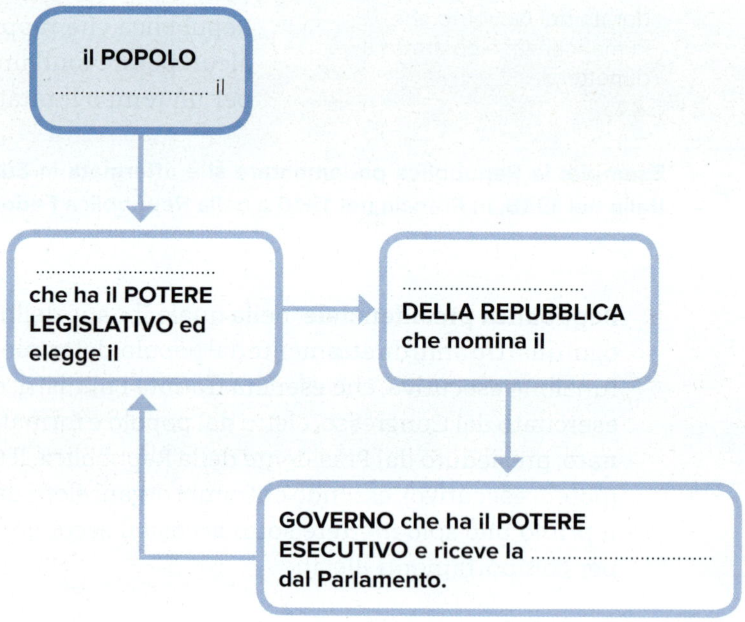


(fiducia, Presidente, Parlamento, elegge)

**Repubblica presidenziale:**

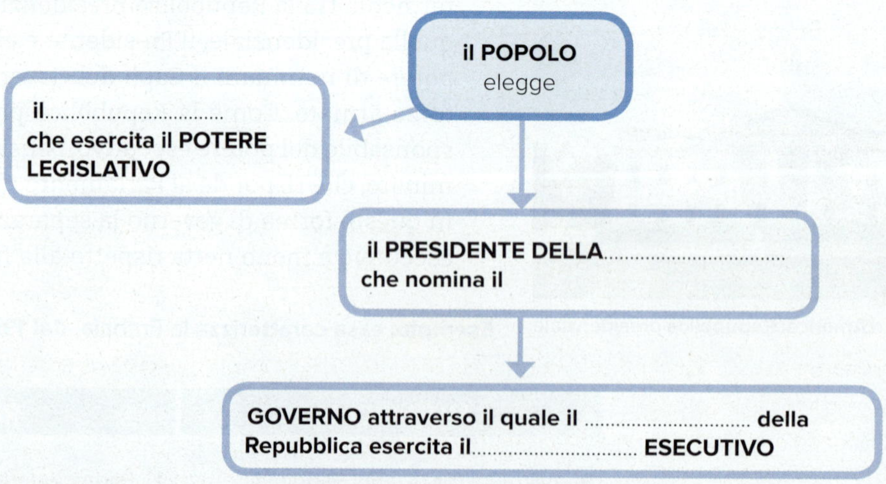


(potere, Repubblica, Congresso, Presidente)

Hai studiato per la verifica? Serve aiuto?

## Ripassiamo insieme

**Che cosa s'intende per FORMA DI STATO?**
Essa indica l'insieme delle finalità che lo Stato si prefigge e il tipo di rapporto tra Stato e popolo.

**Quali sono le PRINCIPALI FORME DI STATO?**
Esse sono: Stato assoluto, Stato liberale, Stato totalitario, Stato socialista, Stato democratico e Stato sociale.

**Che cos'è lo STATO ASSOLUTO?**
È una forma di Stato in cui tutti i poteri sono concentrati nelle mani del Re che non concede alcuna garanzia ai sudditi. Il patrimonio dello Stato coincide con quello del sovrano.

**Che cos'è lo STATO LIBERALE?**
È una forma di Stato che si fonda sul principio di legalità, su una Costituzione, sul principio di separazione dei poteri, sul riconoscimento della libertà individuale e della libertà di iniziativa economica privata, all'interno della quale il popolo elegge i propri rappresentanti politici.

**Che cos'è lo STATO TOTALITARIO?**
È una forma di Stato in cui governa un solo partito e dove sono abolite le principali libertà. In essa è eliminato anche il principio di legalità e gran parte del potere legislativo ed esecutivo è nelle mani del Capo del Governo.

**Che cos'è lo STATO SOCIALISTA?**
È una forma di Stato che vede la presenza di un unico partito e dove lo Stato ha eliminato la proprietà privata ed è l'unico proprietario dei mezzi di produzione.

**Che cos'è lo STATO DEMOCRATICO?**
È una forma di Stato che poggia le basi sulla sovranità del popolo, al quale è riconosciuto il suffragio universale, su una Costituzione, sul pluralismo politico e sul riconoscimento e la tutela delle libertà fondamentali e dei diritti umani.

**Che cos'è lo STATO SOCIALE?**
È una forma di Stato che si realizza col riconoscimento e l'affermazione dei diritti sociali e si fonda sul principio di uguaglianza sostanziale e su un sistema di sicurezza sociale.

**Che cosa s'intende per FORMA DI GOVERNO?**
Essa delinea i rapporti che intercorrono tra gli organi fondamentali dello Stato (es. Governo, Parlamento) e le modalità con cui tali organi esercitano il potere politico.

**Quali sono le PRINCIPALI FORME DI GOVERNO?**
La Monarchia e la Repubblica.

**Che cos'è la MONARCHIA?**
È una forma di governo nella quale a capo dello Stato c'è un sovrano che, per ereditarietà o per elezione, ricopre tale carica per tutta la durata della vita. Si distingue una monarchia:

- assoluta, nella quale tutti i poteri sono concentrati nelle mani del Re;
- costituzionale, nella quale al Re è affidato solo il potere esecutivo che esercita tramite il Governo da lui nominato e revocato, mentre il potere legislativo spetta al Parlamento;
- parlamentare, nella quale al Re spetta il compito di rappresentare lo Stato, mentre il potere di indirizzo politico è affidato al Parlamento e al Governo.

**Che cos'è la REPUBBLICA?**
È una forma di governo nella quale il capo dello Stato è un Presidente che riveste tale carica per elezione e per una durata limitata prevista dalla Costituzione.

**Che cos'è una REPUBBLICA PARLAMENTARE?**
È una forma di governo nella quale l'organo più importante è il Parlamento, che è l'unico eletto direttamente dal popolo. Governo e Parlamento sono legati da un rapporto di "fiducia". Il Capo dello Stato è il Presidente della Repubblica che non è titolare di alcun potere fondamentale e nomina il Governo.

**Che cos'è una REPUBBLICA PRESIDENZIALE?**
È una forma di governo nella quale il Capo dello Stato (Presidente della Repubblica) è eletto ogni quattro anni direttamente dal popolo, determina l'indirizzo politico ed è il responsabile della funzione esecutiva, che esercita tramite i ministri, da lui stesso nominati. Il potere legislativo è esercitato dal Congresso, eletto dal popolo e presieduto dal Presidente stesso. Congresso e Presidente non possono sfiduciarsi a vicenda.

**Che cos'è una REPUBBLICA SEMIPRESIDENZIALE?**
È una forma di governo intermedia tra la Repubblica presidenziale e quella parlamentare. Al pari di quella presidenziale, il Presidente è eletto direttamente dal popolo e ha il potere di nominare il Capo del Governo, di dirigere la politica estera e le forze armate. Come la Repubblica parlamentare, il Presidente non è responsabile del potere esecutivo, bensì lo è il Capo del Governo, da esso nominato, che risponde al Parlamento e che da questo può essere sfiduciato.

**In quale FORMA DI STATO rientra l'ITALIA?**
Rientra nello Stato democratico e nello Stato sociale.

**Quale FORMA DI GOVERNO ha adottato l'ITALIA?**
È una Repubblica parlamentare, dal 2 giugno 1946.

Per una didattica inclusiva:

## Parole chiave

**FORME DI STATO** →
- Stato assoluto
- Stato liberale
- Stato socialista
- Stato democratico
- Stato sociale

**FORME DI GOVERNO** →
- Monarchia
- Repubblica

**MONARCHIA** →
- Assoluta
- Costituzionale
- Parlamentare

**REPUBBLICA** →
- Parlamentare
- Presidenziale
- Semipresidenziale

**ITALIA** →
- Stato democratico e sociale
- Repubblica parlamentare

## Verifica delle competenze

- Livello BASE: ✪ (Punteggio totale: 12)
- Livello INTERMEDIO: ✪✪ (Punteggio totale: 60)
- Livello AVANZATO: ✪✪✪ (Punteggio totale: 28)

### ✪ Esercizio 1). Impara ad imparare.

**Scelta multipla: evidenzia la risposta esatta. Il paragrafo indicato nella parentesi è quello su cui devi riflettere (2 punti per ciascuna scelta corretta).**

**1. È un modello di forma di Stato (Par. n. 2):**
a. lo Stato unitario
b. lo Stato liberale
c. lo Stato regionale
d. lo Stato federale

**2. Lo Stato sociale (Par. n. 3):**
a. coincide con lo Stato socialista
b. tutela tutti i cittadini
c. eroga solo servizi sanitari
d. si fonda sul principio di uguaglianza sostanziale

**3. Non è un carattere dello Stato democratico (Par. n. 3):**
a. la sovranità popolare
b. la tutela dei diritti umani
c. la presenza di un partito unico
d. il riconoscimento delle libertà fondamentali

**4. Non costituisce forma di governo (Par. n. 4):**
a. la Repubblica assoluta
b. la Monarchia costituzionale
c. la Repubblica parlamentare
d. la Monarchia parlamentare

**5. In Europa lo Stato assoluto fu presente fino al (Par. n. 2):**
a. 1689
b. 1789
c. 1879
d. 1889

**6. Nello Stato liberale il diritto di voto era riconosciuto (Par. n. 2):**
a. a tutti i cittadini
b. solamente ai cittadini di sesso maschile
c. ai cittadini sulla base del censo e del livello culturale
d. solamente ad una parte dei cittadini di sesso femminile

**Punti: ..../12**

### ✪✪ Esercizio 2). Individua collegamenti e relazioni.

**Collega ciascun numero alla lettera corrispondente (3 punti per ciascun collegamento esatto).**

1. Repubblica presidenziale
2. Stato liberale
3. Libertà individuale
4. Stato regionale
5. Stato socialista
6. Monarchia parlamentare
7. Stato sociale
8. Repubblica semipresidenziale

a. Stato del Benessere
b. Libertà di pensiero
c. Stati Uniti d'America
d. URSS
e. Divisione dei poteri
f. Francia
g. Italia
h. Inghilterra

| 1 | 2 | 3 | 4 | 5 | 6 | 7 | 8 |
|---|---|---|---|---|---|---|---|
| G | F | A | d | | | | |

**Punti: ..../24**

## ✪✪ Esercizio 3). Acquisisci ed interpreta l'informazione.

**Indica se le seguenti affermazioni sono vere o false, motivando la risposta (3 punti per ciascuna risposta esatta).**

| | | V | F |
|---|---|---|---|
| 1. | Lo Stato federale è formato da più Stati membri<br>Perché ........................................ | ☐ | ☐ |
| 2. | Nella Monarchia costituzionale i poteri sono concentrati nelle mani del Re<br>Perché ........................................ | ☐ | ☐ |
| 3. | I diritti sociali coincidono con i diritti civili e politici<br>Perché ........................................ | ☐ | ☐ |
| 4. | In Italia sono in atto radicali riforme dello Stato sociale<br>Perché ........................................ | ☐ | ☐ |
| 5. | Nelle Repubbliche parlamentari il potere giudiziario è esercitato dal Governo<br>Perché ........................................ | ☐ | ☐ |
| 6. | Il principio della separazione dei poteri è stato introdotto con lo Stato liberale<br>Perché ........................................ | ☐ | ☐ |

**Punti: ..../18**

## ✪✪ Esercizio 4). Comunica (rappresenta).

**Completa la mappa concettuale che segue (3 punti per ciascun completamento esatto).**

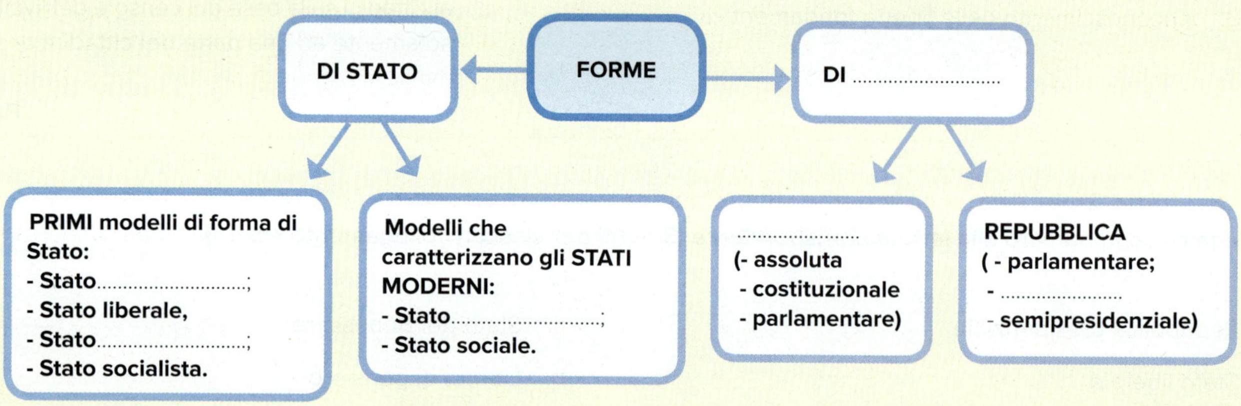


**Punti: ..../18**

## ✪✪✪ Esercizio 5). Comunica (comprendi).

**Rispondi alle seguenti domande (4 punti per ciascuna risposta esatta).**

1. Che differenza c'è tra forma di Stato e forma di Governo? (Par. n. 1 e n. 4)
2. Descrivi i tratti salienti dello Stato democratico. (Par. n. 3)
3. Nella storia, quali sono le principali forme di governo che si sono succedute? (Par. n. 4)

**Punti: ..../12**

■ **✪✪✪ Esercizio 6). Risolvi i problemi.**

**Analizza il caso e rispondi ai quesiti a risposta multipla (4 punti per ogni scelta multipla).**

Kevin è un ragazzo americano che da cinque anni vive stabilmente in Italia con la sua famiglia e frequenta la seconda classe di un Istituto tecnico commerciale.
Durante le lezioni di diritto, apprende che gli Stati Uniti d'America, suo Paese d'origine, e lo Stato italiano hanno una forma di governo simile e che là c'è un Presidente della Repubblica come in Italia. Kevin, rivolgendosi a Mattia, suo compagno di banco, gli dice: "Siamo nati in due Paesi diversi ma che hanno la stessa forma di governo". Mattia non è d'accordo. Chi ha ragione?

1. **L'espressione forma di governo indica:**
   a. gli elementi costitutivi dello Stato
   b. il rapporto tra popolo e territorio
   c. il rapporto tra governanti e governati
   d. il potere della Magistratura

2. **Il Presidente della Repubblica italiana è eletto:**
   a. dal Parlamento
   b. dai cittadini
   c. dalla Magistratura
   d. dal Governo

3. **Il Presidente degli Stati Uniti d'America è eletto:**
   a. dal Congresso
   b. direttamente dal popolo
   c. dal popolo a suffragio limitato
   d. dal Capo del Governo

4. **La forma di Stato americana è la stessa di quella italiana?**
   a. Sì, perché sia gli Stati Uniti d'America sia l'Italia sono una Repubblica
   b. No, perché l'Italia è una Repubblica parlamentare mentre gli Stati Uniti d'America sono una Repubblica presidenziale

**Punti: ..../16**

**Calcola il punteggio totale conseguito e assegnati la valutazione a esso corrispondente:**

| Tabella di autovalutazione | |
|---|---|
| ☐ 100-87 | **A**<br>Lavoro eccellente. |
| ☐ 86-67 | **B.**<br>Lavoro buono. |
| ☐ 66-47 | **C.**<br>Lavoro adeguato. |
| ☐ 46-2 | **D.**<br>Lavoro da migliorare. |

# UdA 3 LA COSTITUZIONE E I PRINCIPI FONDAMENTALI

## 1. L'evoluzione dell'ordinamento italiano: dallo Statuto Albertino alla Costituzione repubblicana

**Regno di Sardegna:** comprendeva i territori statali di proprietà della dinastia dei Savoia, corrispondenti alle attuali Regioni italiane di Sardegna, Liguria, Valle d'Aosta e Piemonte, oltre alla Contea di Nizza e al Ducato di Savoia che oggi appartengono alla Francia.

**La Costituzione**

Quando si parla di **Costituzione** o di Carta costituzionale, s'intende quel documento che contiene i principi e le norme fondamentali su cui si fonda uno Stato.

▸ Carlo Alberto, Re di Sardegna

Per capire fino in fondo il valore della Costituzione italiana e la sua portata innovativa rispetto al passato, è necessario ripercorrere brevemente le fasi della storia istituzionale del nostro Paese.

**Lo Statuto Albertino**

Il 4 marzo 1848, Carlo Alberto, allora Re di Sardegna, concesse ai suoi sudditi lo **Statuto Albertino** (dal nome del sovrano) per arginare i fermenti rivoluzionari dell'epoca, scoppiati in Europa ed estesi in Italia anche al Piemonte.

Esso rappresentò per circa un secolo la legge fondamentale dello Stato italiano e delineò, inizialmente, una monarchia costituzionale, nella quale l'assetto dei tre poteri principali rifletteva il ruolo centrale del re:

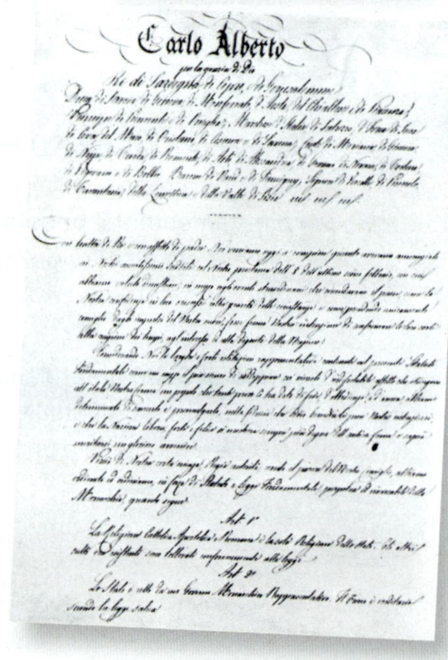
Carlo Alberto

▸ Lo Statuto Albertino

**RE**

**POTERE LEGISLATIVO:** esercitato dal re e condiviso col Parlamento, composto da:
- una Camera elettiva;
- una Camera di nomina regia (Senato).

Il re solo decideva se far entrare in vigore o no una legge approvata.

**POTERE ESECUTIVO:** esercitato dal re mediante la nomina e la revoca dei ministri del Governo.

**POTERE GIUDIZIARIO:** esercitato dal re attraverso la nomina dei giudici che amministravano la giustizia "in suo nome".

**I caratteri dello Statuto**

In un quadro politico in cui prevalevano sostanzialmente i poteri del Re, lo Statuto Albertino si definiva:
- **concesso** (ottriato), cioè emanato dal re e non approvato da un'assemblea rappresentativa dei cittadini;
- **flessibile**, perché poteva essere modificato da una semplice legge del Parlamento;
- **breve**, non perché era formato da 84 articoli, ma in quanto si limitava a prevedere (per pochi) solo alcuni dei diritti e delle libertà fondamentali dei cittadini oltre alle attribuzioni e ai poteri del re, senza indicarne i limiti.

Qualche anno più tardi (1852), i poteri del sovrano furono limitati e si passò a una monarchia parlamentare, nella quale il Governo era responsabile solo di fronte alle Camere e non al re.

**L'unificazione del Regno d'Italia**

Nel 1861 si realizzò l'**unificazione del Regno d'Italia**, a seguito dell'annessione di una serie di territori indipendenti esistenti nella nostra penisola, al Regno di Sardegna, il cui sovrano Vittorio Emanuele II divenne Re d'Italia. Lo Statuto albertino fu esteso a tutto il Paese.

**Il suffragio universale maschile**

Da ricordare, nel 1912, l'estensione del diritto di voto, da parte del Governo Giolitti, a tutti i cittadini di sesso maschile, anche se analfabeti, purché avessero compiuto i trent'anni (**suffragio universale maschile**), esteso poi nel 1919 a tutti coloro che avessero compiuto il 21° anno d'età o avessero prestato servizio nell'esercito mobilitato.

> **Suffragio universale maschile:** estensione del diritto di voto ai soli cittadini di sesso maschile.
> **Suffragio universale:** estensione del diritto di voto a tutti i cittadini, senza limitazioni di sesso, ceto o istruzione.

**Il fascismo**

Nel 1922, in Italia, con la nomina di Mussolini a capo del Governo e l'avvento del **fascismo**, s'instaurò progressivamente un regime autoritario che si protrasse per oltre un ventennio.

Durante questo periodo furono emanate le cosiddette leggi "fascistissime" che ampliarono i poteri del Capo del Governo e limitarono fortemente le libertà fondamentali dei cittadini, sovrapponendosi allo Statuto Albertino, senza mai abrogarlo espressamente.

Nel 1940, l'Italia entrò in guerra a fianco della Germania di Hitler.

**La Liberazione nazionale**

Nel 1943 cadde il regime fascista e nello stesso anno il nostro Paese firmò l'armistizio con gli anglo-americani, sciogliendo in tal modo l'alleanza con i tedeschi, sino alla **Liberazione nazionale** dall'occupazione nazista, avvenuta nel 1945 (di cui si celebra ogni anno la ricorrenza il 25 aprile).

> **Adolf Hitler (1889-1945):** di origine austriaca ma naturalizzato tedesco, fu il capo del Partito Nazionalsocialista Tedesco dei Lavoratori (meglio noto come Partito nazista) e divenne dittatore della Germania, con l'appellativo di Fuhrer, dal 1934 al 1945.

**Il referendum istituzionale**

Il 2 giugno 1946 il popolo italiano fu chiamato a scegliere tra Monarchia e Repubblica attraverso un **referendum istituzionale**, in occasione del quale fu riconosciuto, per la prima volta, il diritto di voto anche alle donne (**suffragio universale**). Vinse di poco la Repubblica con il 54,3% dei voti (12.717.923) contro il 45,7% (10.719.284) ottenuti dalla Monarchia.

**L'Assemblea Costituente**

Contestualmente, i cittadini elessero l'**Assemblea Costituente**, alla quale fu affidato il compito di scrivere e di approvare la nuova Costituzione e di eleggere il capo provvisorio dello Stato (Enrico De Nicola).

> **Referendum istituzionale:** consultazione popolare in cui i cittadini aventi diritto al voto scelgono la forma di Stato e/o di governo.

**La Costituzione della Repubblica Italiana**

Dopo un anno e mezzo circa di lavori preparatori, il 22 dicembre 1947 fu approvata la **Costituzione della Repubblica Italiana** che entrò in vigore il 1° gennaio 1948.

La nuova Carta costituzionale, con una disposizione transitoria e finale, abrogata solo nel 2002 con legge di revisione costituzionale, sancì l'esilio definitivo dell'ultimo Re d'Italia, Umberto II che, dal referendum istituzionale, si era già trasferito in Portogallo.

▶ Repubblica Italiana

| UN SECOLO DI STORIA COSTITUZIONALE ITALIANA | |
|---|---|
| 4 marzo 1848 | Statuto Albertino. |
| 17 marzo 1861 | Unità d'Italia. |
| 1912 | Suffragio universale maschile. |
| 28 ottobre 1922 - 25 luglio 1943 | Regime fascista. |
| 25 aprile 1945 | Liberazione nazionale. |
| 2 giugno 1946 | Referendum istituzionale: suffragio universale, nascita della Repubblica ed elezione dell'Assemblea Costituente. |
| 1° gennaio 1948 | Costituzione della Repubblica Italiana. |

**Esercizio A) per l'apprendimento. Individua collegamenti e relazioni.**

**Colloca i seguenti eventi in ordine cronologico crescente, indicando la lettera nella casella corrispondente all'ordine temporale.**

a. Monarchia parlamentare
b. Approvazione della Costituzione italiana
c. Suffragio universale
d. Monarchia costituzionale
e. Unificazione del Regno d'Italia
f. Liberazione nazionale
g. Entrata in vigore della Costituzione italiana
h. Dittatura di Mussolini

| 1 | 2 | 3 | 4 | 5 | 6 | 7 | 8 |
|---|---|---|---|---|---|---|---|
| | | | | | | | |

**Esercizio B) per l'apprendimento. Impara ad imparare.**

**Immagina di essere un giovane aspirante giornalista che è stato appena scelto dalla redazione di un quotidiano locale per effettuare uno stage. Ti viene chiesto di commentare la tabella sotto riportata, contenente le tappe fondamentali sull'evoluzione del diritto di voto in Italia, con un breve articolo che deve:**

- avere un titolo adeguato;
- illustrare i dati della tabella;
- contenere anche le tue considerazioni personali.

| Anno di riferimento | Chi può votare |
|---|---|
| 1848 | Votano i cittadini maschi con un reddito molto alto (in base al quale fossero tenuti a versare almeno 40 lire annue di imposte) o con un alto grado d'istruzione. |
| 1882 | Votano i cittadini maschi, di almeno 21 anni, con la licenza elementare e con un reddito minimo più basso rispetto al passato. |
| 1912 | Suffragio universale maschile: votano tutti i cittadini maschi, anche se analfabeti, con almeno trent'anni d'età. |
| 1919 | Suffragio universale maschile: esteso a tutti i cittadini maschi che avessero compiuto il 21° anno d'età o comunque avessero prestato servizio nell'esercito mobilitato. |
| 1946 | Suffragio universale: votano, per la prima volta, anche le donne, in occasione del referendum per la scelta tra Monarchia e Repubblica e l'elezione dell'Assemblea Costituente. |
| 1975 | Votano tutti i cittadini, maschi e femmine, che abbiano compiuto i diciotto anni (abbassamento della soglia per il raggiungimento della maggiore età). |

## 2. L'Assemblea Costituente e i caratteri della Costituzione

**L'Assemblea Costituente**

Dopo il referendum istituzionale, l'**Assemblea Costituente**, eletta quale organo rappresentativo del popolo, si mise subito al lavoro per realizzare l'arduo compito che le era stato affidato: elaborare e approvare la nuova carta costituzionale della Repubblica italiana.
Tale assemblea era composta da 556 membri, appartenenti a partiti politici con ideologie molto diverse tra loro, in prevalenza di area cattolica, socialista e comunista, anche se non mancavano esponenti di formazioni politiche minori (es. Partito repubblicano, liberale o d'Azione).

**Composizione dell'Assemblea Costituente:**

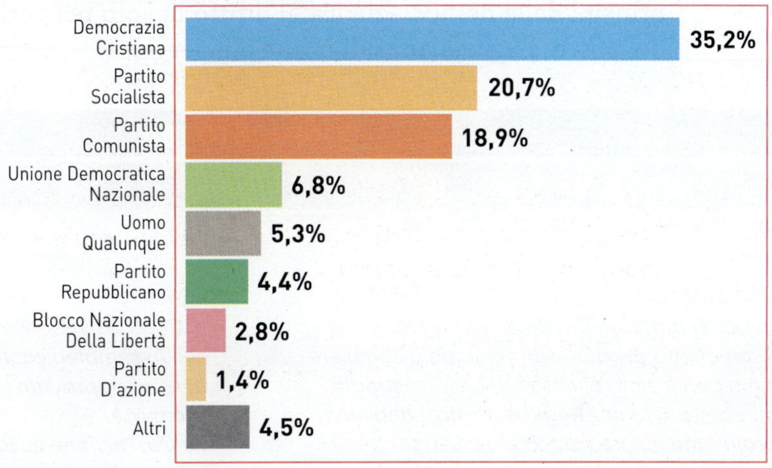


**Commissione dei 75**

Per agevolare i lavori di stesura di un progetto di Costituzione, l'Assemblea Costituente nominò al suo interno una Commissione composta da 75 deputati (cosiddetta **Commissione dei 75**), scelti in modo proporzionale alla consistenza dei partiti rappresentati nella stessa Assemblea.
La Commissione, a sua volta, si suddivise in tre sottocommissioni, ciascuna delle quali si occupò di un diverso argomento: la prima dei "diritti e doveri dei cittadini", la seconda dell'"ordinamento costituzionale della Repubblica" e la terza dei "diritti e doveri economico-sociali".

**1° gennaio 1948 entra in vigore la Costituzione**

Il progetto così elaborato, dopo molti mesi di ampie discussioni e accesi dibattiti, fu approvato dall'intera Assemblea Costituente il 22 dicembre 1947 e il **1° gennaio 1948** entrò in vigore la **Costituzione.**
Essa è definita dalla XVIII Disposizione transitoria e finale, come la "*Legge fondamentale della Repubblica*" che, per comprenderne il significato e il valore, potremmo paragonare al muro portante di un edificio. È al vertice della scala gerarchica delle fonti del diritto e per questo deve essere osservata da tutti i cittadini e dagli organi dello Stato.

**I caratteri fondamentali**

La Costituzione si caratterizza per alcuni **caratteri fondamentali**, secondo i quali è definita:

- **votata** (e non concessa), perché è stata approvata dall'Assemblea Costituente, eletta dal popolo;
- **lunga**, perché riconosce e prevede sia i diritti fondamentali e le libertà dei cittadini, con le relative garanzie, sia i poteri e le funzioni degli organi dello Stato con i loro limiti;

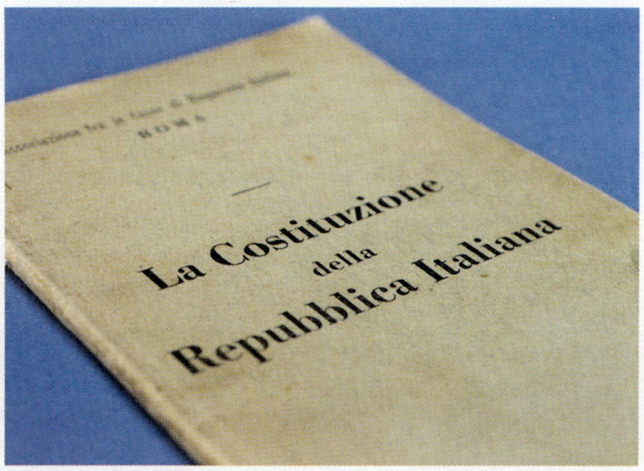

▸ Costituzione italiana

- **rigida**, poiché può essere modificata solo con una legge di revisione costituzionale che è approvata con un particolare procedimento che prevede un doppio passaggio alle Camere, tempi più lunghi di riflessione per i parlamentari e maggioranze più elevate, rispetto alla legge ordinaria;
- **compromissoria,** perché è frutto del compromesso (cioè dell'accordo) tra i rispettivi principi che i membri dell'Assemblea Costituente, nonostante appartenessero a partiti politici con ideologie profondamente diverse tra loro, sono riusciti a trovare;
- **democratica**, in quanto riconosce la sovranità popolare, ossia il potere del popolo di decidere attraverso i rappresentanti eletti in Parlamento, e si ispira in tutte le sue parti ai valori e ai principi della democrazia (es. il diritto di voto per tutti i cittadini, il principio di separazione dei poteri, l'uguaglianza di fronte alla legge).

**CONFRONTO TRA**

| STATUTO ALBERTINO | COSTITUZIONE |
|---|---|
| ▪ 4 marzo 1848 | ▪ 1° gennaio 1948 |
| ▪ CONCESSO (OTTRIATO)<br>*"Carlo Alberto per la grazia di Dio* ***Re*** *di Sardegna, ....con lealtà di Re e con affetto di padre Noi veniamo a compiere quanto avevamo annunziato ai nostri amatissimi* ***sudditi*** *... Perciò, di nostra certa scienza,* ***Regia autorità*** *...abbiamo ordinato ed* ***ordiniamo*** *in forza di Statuto e Legge fondamentale, perpetua ed irrevocabile della* ***Monarchia****, quanto segue...."* | ▪ VOTATA<br>*"Il Capo provvisorio dello Stato, vista la deliberazione dell'****Assemblea costituente****, che nella seduta del 22 dicembre 1948 ha* ***approvato*** *la Costituzione della Repubblica italiana ...*<br>Promulga<br>*La Costituzione della* ***Repubblica Italiana*** *nel seguente testo ...".* |
| ▪ BREVE<br>(pochi diritti, doveri e libertà per i **sudditi**; poteri del Re senza limiti rilevanti). | ▪ LUNGA<br>(tutti i diritti, i doveri e le libertà per i **cittadini**; poteri e limiti agli organi dello Stato). |
| ▪ FLESSIBILE<br>(modificabile con una semplice **legge ordinaria**). | ▪ RIGIDA<br>(modificabile solo con una **legge di revisione costituzionale**). |
| | ▪ COMPROMISSORIA<br>(frutto dell'**accordo** tra i membri dell'Assemblea costituente, così diversi tra loro). |
| | ▪ DEMOCRATICA<br>(riconosce la **sovranità popolare** e si ispira in tutte le sue parti ai valori e ai principi della democrazia). |

**Statuto Albertino e Costituzione Italiana: articoli a confronto**

### Esercizio C) per l'apprendimento. Individua collegamenti e relazioni.

**Cerca l'estraneo, evidenziandolo nel testo.**

1. Statuto Albertino, flessibilità, monarchia, dittatura.
2. Assemblea costituente, 1946, Costituzione, 1848.
3. Costituzione, rigidità, brevità, democrazia.
4. Carlo Alberto, suffragio universale, referendum istituzionale, 1946.
5. Statuto Albertino, breve, compromissorio, concesso.

## 3. La struttura della Costituzione

**I principi fondamentali**

La nostra Carta costituzionale è formata da dodici "***Principi fondamentali***", contenenti i valori e gli obiettivi essenziali dell'ordinamento giuridico, e da due "Parti", a loro volta suddivise in Titoli e Sezioni, per un totale di 139 articoli.

**La Parte I** **La Parte II**

La **Parte I** è dedicata ai "Diritti e doveri dei cittadini", sotto l'aspetto civile, sociale, economico e politico (artt.13-54), mentre la **Parte II** riguarda l'"Ordinamento della Repubblica", ossia l'organizzazione dello Stato e dei suoi organi principali, con le rispettive funzioni (artt. 55-139).

**Le disposizioni transitorie e finali**

Il testo costituzionale si chiude con diciotto **"Disposizioni transitorie e finali"** che dovevano regolare il passaggio dal vecchio al nuovo ordinamento.

L'ordine con cui si succedono questi temi non è casuale, ma riflette la volontà dei membri dell'Assemblea Costituente di fondare l'intero impianto costituzionale sulla **tutela della persona umana e del pluralismo sociale.**

Si va, infatti, dal riconoscimento dell'individuo sia come singolo sia nei rapporti di natura sociale, politica ed economica (Principi fondamentali e Parte I) sino all'organizzazione dello Stato, a partire dal Parlamento, in quanto diretta espressione della sovranità popolare (Parte II).

| | | |
|---|---|---|
| **PRINCIPI FONDAMENTALI** | Sono i valori e i principi giuridici e politici che stanno alla base dello Stato. | (artt. 1-12) |
| **PARTE I** **Diritti e doveri dei cittadini** (*artt. 13-54*) | Contiene i diritti di libertà, i diritti dei cittadini nell'ambito delle formazioni sociali (famiglia, scuola, lavoro), i diritti economici e politici e i doveri fondamentali. | ▪ Titolo I "Rapporti civili"<br>▪ Titolo II "Rapporti etico-sociali"<br>▪ Titolo III "Rapporti economici"<br>▪ Titolo IV "Rapporti politici" |
| **PARTE II** **Ordinamento della Repubblica** (*artt. 55-139*) | Disciplina i principali organi dello Stato, l'assetto dei tre poteri fondamentali (legislativo, esecutivo e giudiziario) e l'organizzazione della Repubblica italiana. | ▪ Titolo I "Il Parlamento"<br>▪ Titolo II "Il Presidente della Repubblica"<br>▪ Titolo III "Il Governo"<br>▪ Titolo IV "La Magistratura"<br>▪ Titolo V "Le Regioni, le Province, i Comuni"<br>▪ Titolo VI "Garanzie costituzionali" |
| **DISPOSIZIONI TRANSITORIE E FINALI** | Sono destinate a regolare il passaggio dalla vecchia alla nuova Costituzione. | (I-XVIII) |

■ **Esercizio D) per l'apprendimento. Acquisisci ed interpreta l'informazione.**

**Consulta il testo della Costituzione in fondo al libro e individua la collocazione, all'interno di essa, dei contenuti proposti, riempendo gli spazi vuoti.**

1. Composizione del Parlamento Parte ....... Titolo ...................
2. Libertà personale Parte ....... Titolo ...................
3. Diritto di voto Parte ....... Titolo ...................
4. Elezione del Presidente della Repubblica Parte ....... Titolo ...................
5. Regioni, Province e Comuni Parte ....... Titolo ...................

# 4. I Principi fondamentali: dall'art. 1 all'art. 4 della Costituzione

Nei primi dodici articoli della Costituzione troviamo un insieme di norme, poste una di seguito all'altra, che costituiscono i **Principi fondamentali**, ossia i valori etici, gli obiettivi essenziali e i principi ispiratori, di natura giuridica e politica, che sono alla base del nostro Stato.

Dentro il **diritto**

## Principi fondamentali

**Art. 1**

L'Italia è una Repubblica democratica, fondata sul lavoro.
La sovranità appartiene al popolo, che la esercita nelle forme e nei limiti della Costituzione.

**Art. 2**

La Repubblica riconosce e garantisce i diritti inviolabili dell'uomo, sia come singolo sia nelle formazioni sociali ove si svolge la sua personalità, e richiede l'adempimento dei doveri inderogabili di solidarietà politica, economica e sociale.

**Art. 3**

Tutti i cittadini hanno pari dignità sociale e sono eguali davanti alla legge, senza distinzione di sesso, di razza, di lingua, di religione, di opinioni politiche, di condizioni personali e sociali.
È compito della Repubblica rimuovere gli ostacoli di ordine economico e sociale, che, limitando di fatto la libertà e l'eguaglianza dei cittadini, impediscono il pieno sviluppo della persona umana e l'effettiva partecipazione di tutti i lavoratori all'organizzazione politica, economica e sociale del Paese.

**Art. 4**

La Repubblica riconosce a tutti i cittadini il diritto al lavoro e promuove le condizioni che rendano effettivo questo diritto.
Ogni cittadino ha il dovere di svolgere, secondo le proprie possibilità e la propria scelta, un'attività o una funzione che concorra al progresso materiale o spirituale della società.

**Art. 5**

La Repubblica, una e indivisibile, riconosce e promuove le autonomie locali; attua nei servizi che dipendono dallo Stato il più ampio decentramento amministrativo; adegua i principi ed i metodi della sua legislazione alle esigenze dell'autonomia e del decentramento.

**Art. 6**

La Repubblica tutela con apposite norme le minoranze linguistiche.

**Art.7**

Lo Stato e la Chiesa cattolica sono, ciascuno nel proprio ordine, indipendenti e sovrani.
I loro rapporti sono regolati dai Patti Lateranensi. Le modificazioni dei Patti accettate dalle due parti, non richiedono procedimento di revisione costituzionale.

**Art. 8**

Tutte le confessioni religiose sono egualmente libere davanti alla legge.
Le confessioni religiose diverse dalla cattolica hanno diritto di organizzarsi secondo i propri statuti, in quanto non contrastino con l'ordinamento giuridico italiano.
I loro rapporti con lo Stato sono regolati per legge sulla base di intese con le relative rappresentanze.

**Art. 9**

La Repubblica promuove lo sviluppo della cultura e la ricerca scientifica e tecnica.
Tutela il paesaggio e il patrimonio storico e artistico della Nazione.

**Art. 10**

L'ordinamento giuridico italiano si conforma alle norme del diritto internazionale generalmente riconosciute.
La condizione giuridica dello straniero è regolata dalla legge in conformità delle norme e dei trattati internazionali.
Lo straniero, al quale sia impedito nel suo paese l'effettivo esercizio delle libertà democratiche garantite dalla Costituzione italiana, ha diritto d'asilo nel territorio della Repubblica secondo le condizioni stabilite dalla legge.
Non è ammessa l'estradizione dello straniero per reati politici.

**Art. 11**

L'Italia ripudia la guerra come strumento di offesa alla libertà degli altri popoli e come mezzo di risoluzione delle controversie internazionali; consente, in condizioni di parità con gli altri Stati, alle limitazioni di sovranità necessarie ad un ordinamento che assicuri la pace e la giustizia fra le Nazioni; promuove e favorisce le organizzazioni internazionali rivolte a tale scopo.

**Art. 12**

La bandiera della Repubblica è il tricolore italiano: verde, bianco e rosso, a tre bande verticali di eguali dimensioni.

**Il principio democratico**

L'art. 1 prevede il **principio democratico**, stabilendo, al primo comma, che l'Italia è una "*Repubblica democratica*" fondata "*sul lavoro*", proprio con l'intento di riconoscerne il valore, in quanto elemento fondamentale da cui dipendono la crescita economica e lo sviluppo sociale del Paese.

▸ Esercizio della sovranità popolare: diritto di voto

Al secondo comma, il medesimo articolo specifica che "*la sovranità appartiene al popolo, che la esercita nelle forme e nei limiti della Costituzione*", ossia mediante gli strumenti di democrazia diretta (es. referendum) e indiretta (es. elezioni politiche per la scelta dei propri rappresentanti in Parlamento).

In uno Stato democratico, nel quale cioè il potere (la sovranità) appartiene al popolo, le decisioni principali sono prese a maggioranza e il voto e la sua uguaglianza sono garantiti a tutti i cittadini ai quali sono riconosciute le libertà fondamentali.

DEMOCRAZIA DIRETTA (es. referendum) ← PRINCIPIO DEMOCRATICO (art. 1 Cost.) → DEMOCRAZIA INDIRETTA (es. elezione dei propri rappresentanti in Parlamento)

**Il principio personalista**

L'art. 2 della Costituzione disciplina il **principio personalista**, in quanto riconosce il valore della centralità della persona umana alla quale sono riconosciuti e garantiti i **diritti inviolabili,** sia nella sua soggettività (es. il diritto all'integrità fisica) sia nelle formazioni sociali dove si svolge la sua personalità (famiglia, scuola, associazioni politiche, religiose, culturali e sportive). Ogni persona ha valore per quello che è, prima ancora che per quello che fa.

▸ Libertà di associazione

**Esempio:** **Pietro ha il diritto di manifestare liberamente il proprio pensiero sia come singolo, quando esce con gli amici, sia quando frequenta il luogo di lavoro, la palestra, il partito politico o il sindacato.**

**Il principio solidarista**

Il termine "inviolabili" significa che tali diritti non possono essere violati, cioè eliminati o limitati da nessuna legge dello Stato. Accanto a questi diritti, il medesimo articolo richiede a ognuno di noi l'adempimento di **doveri inderogabili** (ai quali cioè è impossibile sottrarsi) di solidarietà politica, economica e sociale, sancendo il cosiddetto **principio solidarista.**

**Esempio:** **Gabriele, impiegato di venticinque anni, vota per eleggere i rappresentanti in Parlamento (dovere di solidarietà politica), paga le tasse per avvalersi dei servizi pubblici (dovere di solidarietà economica) e aiuta le persone in difficoltà facendo volontariato presso la Croce Rossa Italiana (dovere di solidarietà sociale).**

DIRITTI INVIOLABILI (principio personalista) ← ART. 2 COST. → DOVERI INDEROGABILI (principio solidarista)

**Il principio di uguaglianza**

Nell'ambito dei principi fondamentali riveste un posto di particolare rilievo il **principio di uguaglianza**, disciplinato dall'art. 3 della Costituzione che stabilisce:

**Il principio di uguaglianza formale**

- il principio di uguaglianza **formale** (primo comma), in base al quale "*tutti i cittadini hanno pari dignità sociale e sono uguali davanti alla legge senza distinzione di sesso, di razza, di lingua, di religione, di opinioni politiche, di condizioni personali e sociali*" e che esclude che le varie distinzioni possano costituire motivo per disparità di trattamento.

▸ Uguali diritti sul lavoro

**Esempio:** la donna lavoratrice ha il diritto di percepire lo stesso stipendio di un uomo lavoratore, a parità di qualità e quantità del lavoro prestato.

**Il principio di uguaglianza sostanziale**

- il principio di uguaglianza **sostanziale** (secondo comma), in base al quale "è compito della Repubblica rimuovere gli ostacoli di ordine economico e sociale, che, limitando di fatto la libertà e l'eguaglianza dei cittadini, impediscono il pieno sviluppo della persona umana ..." e che impone allo Stato di creare le condizioni affinché ogni individuo possa essere effettivamente uguale agli altri.
  In altri termini, l'intervento attivo dello Stato deve garantire un'uguaglianza nelle condizioni di partenza.

**Esempio:** lo Stato garantisce l'istruzione e l'accesso agli studi per gli alunni meritevoli e sprovvisti dei mezzi necessari, attraverso il conferimento di borse di studio; agevola le famiglie numerose con l'erogazione di somme di denaro; favorisce l'inserimento lavorativo (collocamento mirato) dei disabili.

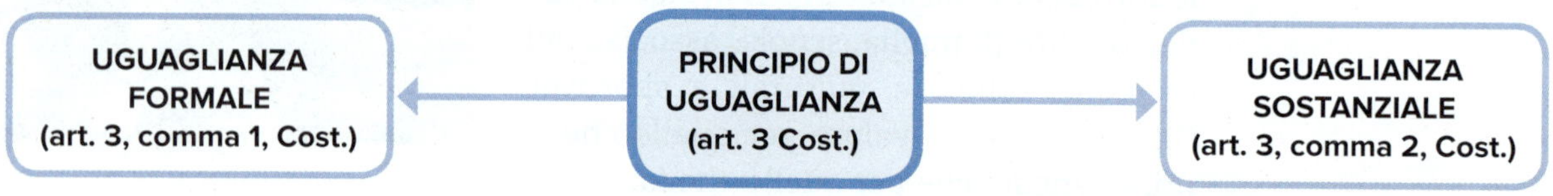


**Il principio lavorista**

L'art. 4 della Costituzione prevede il **principio lavorista**, secondo il quale il lavoro è concepito come:

**Il diritto**

- un **diritto** (primo comma), rispetto al quale lo Stato si assume l'impegno di promuovere le condizioni per renderlo effettivo.

**Esempio:** lo Stato prevede somme di denaro a favore di chi ha perso il lavoro e si trova in una situazione di disoccupazione involontaria o emana provvedimenti per abbassare il costo del lavoro per incentivare i datori di lavoro ad assumere nuovi dipendenti.

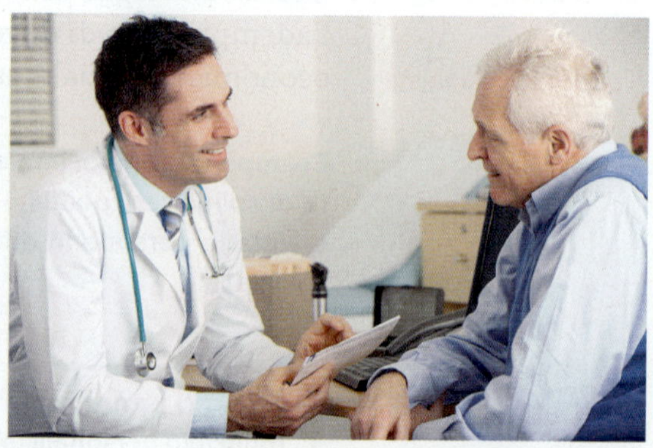

▸ Lavoro come diritto e come dovere

**Il dovere**

- un **dovere** (secondo comma), mediante il quale il cittadino ha la possibilità, secondo le proprie aspirazioni e le proprie capacità professionali, di contribuire al progresso materiale o spirituale della società.

**Esempio:** **un medico, che cura con competenza i malati in ospedale, dà il proprio contributo per la salute e il benessere della collettività; un docente, che insegna con passione la sua materia, contribuisce a formare le nuove generazioni.**

| Lavoro come DIRITTO (art. 4, comma 1, Cost.) | ← PRINCIPIO LAVORISTA → | Lavoro come DOVERE (art. 4, comma 2, Cost.) |
|---|---|---|

## ■ Esercizio E) per l'apprendimento. Comunica (comprendi).

Completa la seguente tabella, inserendo le definizioni corrette e individuando il concetto nascosto nella colonna evidenziata.

| | | | | | | | | | | | | | | | |
|---|---|---|---|---|---|---|---|---|---|---|---|---|---|---|---|
| **1** | | | | S | | | | | | R | | | T | | |
| **2** | | | | | | | | | S | | | B | | | |
| **3** | | | | | N | | | | | N | | | | | |
| **4** | | | | | | A | | | | | | | | | |
| **5** | | | | | | | | | O | | D | | | | |
| **6** | | | | | | | V | | | | | | A | | |
| **7** | | | | | F | | | | | I | | | | | |
| **8** | | | S | | | | | | | | N | | | | |
| **9** | | | | U | | | | | | N | | | | | |
| **10** | | | | | R | | | | L | | | | | | |

1. È il principio individuato dall'art. 2 Cost..
2. Lo era lo Statuto Albertino.
3. Sono tali i principi contenuti nei primi dodici articoli della Costituzione.
4. È tutelato dall'art. 4 Cost..
5. Fu raggiunto dai membri dell'Assemblea costituente.
6. Secondo l'art. 1 Cost. appartiene al popolo.
7. Voto.
8. È la legge fondamentale del nostro Stato.
9. È tutelata dall'art. 3 Cost..
10. Concesse lo Statuto del 1848.

## 5. I Principi fondamentali: dall'art. 5 all'art. 12 della Costituzione

**Il principio autonomista**

L'art. 5 della Costituzione, nell'ambito di una Repubblica "*una e indivisibile*" riconosce e promuove le autonomie locali, ossia tutti gli enti pubblici territoriali distinti dallo Stato (es. Comuni, Città metropolitane, Regioni) che amministrano e governano determinati territori e le persone che vi risiedono (**principio autonomista**).

**Il principio del decentramento**

La Repubblica, inoltre, attua nei servizi che dipendono dallo Stato il più ampio decentramento amministrativo, con cui s'intende uno spostamento e una distribuzione di competenze dagli organi centrali a quelli periferici (**principio del decentramento**).

**Esempio:** il trasferimento di funzioni in materia scolastica, dal Ministero dell'Istruzione, Università e Ricerca alla Direzione scolastica Regionale della Lombardia.

**Il principio della tutela delle minoranze linguistiche**

L'art. 6 della Costituzione contiene il **principio della tutela delle minoranze linguistiche**, come quelle francesi, tedesche o ladine, presenti sul territorio italiano e, in particolare, in alcune Regioni come la Valle d'Aosta e il Trentino Alto Adige.

▸ Tutela delle minoranze linguistiche

La Costituzione riconosce il valore dell'utilizzo della propria lingua, in quanto diretta espressione dell'identità della persona e della sua appartenenza a una certa cultura; tutela le minoranze linguistiche attraverso l'emanazione di apposite norme che conferiscono loro una maggiore autonomia.

**Esempio:** nelle Province autonome di Trento e Bolzano, la lingua tedesca è parificata a quella italiana, insegnata nelle scuole e di uso corrente negli uffici giudiziari, negli ospedali, nella Pubblica Amministrazione e in tutti gli esercizi pubblici.

**Il principio dell'indipendenza e della sovranità dello Stato e della Chiesa**

L'art. 7 della Costituzione prevede il **principio dell'indipendenza e della sovranità dello Stato e della Chiesa**, "*ciascuno nel proprio ordine*".
La particolare rilevanza sociale della Chiesa cattolica, la cui religione è praticata dalla maggioranza del popolo italiano, ha reso necessario agevolarne le relazioni con lo Stato. Per questo motivo, la Costituzione specifica che i rapporti tra Stato e Chiesa sono disciplinati dai Patti Lateranensi, stipulati a Roma nel 1929, ai quali sono state apportate modifiche, accettate da entrambe le parti, con il Concordato del 1984.

**Esempio:** i Patti del '29 hanno riconosciuto gli effetti civili ai matrimoni contratti secondo le norme del diritto canonico, a condizione che l'atto relativo sia trascritto nei Registri dello stato civile, previa pubblicazione nella casa comunale.

**Il principio della libertà religiosa**

Il successivo art. 8 della Costituzione riconosce il **principio della libertà religiosa**, riferito non solo alla Chiesa cattolica, ma anche a tutte le altre confessioni religiose che nel nostro Stato sono "*egualmente libere davanti alla legge*", con il solo limite di rispettare i principi dell'ordinamento giuridico italiano.

**Esempio:** non potrebbe essere ammessa in Italia una religione che incitasse i propri fedeli a non pagare le tasse o a sovvertire l'ordine pubblico.

I rapporti tra lo Stato e le altre confessioni religiose, diverse da quella cattolica, sono regolati da Intese (es. quella stipulata nel 1987 con la Comunità ebraica).

▸ La tutela ambientale è ricompresa nell'art. 9 Cost.

**Il principio della tutela della cultura, della ricerca e del paesaggio**

Nell'art. 9 della Costituzione trova espressione il **principio della tutela della cultura, della ricerca e del paesaggio**.
Tutti questi beni e quelli che, in generale, rappresentano il nostro patrimonio artistico e culturale, sono parte della storia e dell'identità nazionale italiana e come tali sono protetti dallo Stato che ne promuove il godimento, per renderli effettivamente a disposizione di tutti.
Nonostante quest'articolo non contenga alcun riferimento esplicito all'ambiente, la sua tutela si considera ormai ricompresa nell'ambito di quella paesaggistica.

**Il principio internazionalista**

L'art. 10 della Costituzione contiene il **principio internazionalista**, in base al quale l'ordinamento giuridico italiano si adatta e rispetta le norme emanate dalla comunità internazionale, per disciplinare i rapporti tra Stati.
Ciò vale anche per quanto riguarda la condizione giuridica dello straniero, regolata da una legge conforme al diritto internazionale. Agli stranieri è assicurato il **diritto d'asilo,** ossia la possibilità di risiedere nel nostro Stato nell'ipotesi in cui, nel loro Paese d'origine, non possano esercitare le libertà democratiche, riconosciute e garantite dalla prima Parte della nostra Costituzione. Gli stranieri, perseguitati o condannati nel loro Paese per motivi o reati politici (perché, ad esempio, si sono opposti a un regime dittatoriale) e che si trovano in Italia, non sono soggetti a **estradizione,** cioè non possono essere riconsegnati alle autorità dello Stato di appartenenza.

**Il principio del ripudio della guerra**

▸ Lo Stato italiano rifiuta la guerra

L'art. 11 della Costituzione è strettamente legato all'articolo precedente e prevede il **principio del ripudio della guerra,** secondo il quale l'Italia rifiuta la guerra come strumento per risolvere le liti sorte tra Stati.
Proprio per questo, il nostro Paese rinuncia a una parte della sua sovranità per promuovere una cultura della pace e della giustizia fra le Nazioni e quelle organizzazioni internazionali che perseguono questo scopo (es. l'O.N.U.)

**Organizzazione delle Nazioni Unite (O.N.U.):** è un organismo istituito il 26 giugno 1945, alla Conferenza di S. Francisco, da parte di 51 Paesi membri dello Statuto delle Nazioni Unite ("Carta delle Nazioni Unite"), con lo scopo di attuare la cooperazione internazionale in ambito economico e sociale, di favorire la pace nel mondo e la tutela dei diritti umani.

**La bandiera italiana**

I Principi fondamentali si chiudono con l'art. 12 della Costituzione che fissa i colori della **bandiera italiana** (verde, bianco e rosso), segno distintivo dello Stato, che non può essere modificata se non con legge di revisione costituzionale.

Il tricolore è anche il simbolo della Nazione italiana con la sua identità e la collocazione di questo articolo non è casuale.

Ciò risponde, infatti, alla volontà dei membri dell'Assemblea Costituente di inserire, alla fine dei primi dodici articoli che rappresentano i pilastri della Costituzione, una sorta di richiamo all'unità nazionale e a quei principi di libertà, uguaglianza, giustizia e fratellanza che hanno caratterizzato la storia del popolo italiano.

La storia degli italiani: l'inno e la bandiera

**PRINCIPI FONDAMENTALI** →

- **Art. 1:** Principio democratico
- **Art. 2:** Principio personalista e solidarista
- **Art. 3:** Principio di uguaglianza
- **Art. 4:** Principio lavorista
- **Art. 5:** Principio autonomista e del decentramento
- **Art. 6:** Principio della tutela delle minoranze linguistiche
- **Art. 7:** Principio dell'indipendenza e della sovranità dello Stato e della Chiesa
- **Art. 8:** Principio della libertà religiosa
- **Art. 9:** Principio della tutela della cultura, della ricerca e del paesaggio
- **Art. 10:** Principio internazionalista
- **Art. 11:** Principio del ripudio della guerra
- **Art. 12:** La bandiera italiana

## Esercizio F) per l'apprendimento. Acquisisci ed interpreta l'informazione.

**Completa la seguente tabella, indicando in quale principio fondamentale trovano tutela le situazioni indicate.**

| Situazione da tutelare | Principio fondamentale |
|---|---|
| In Italia, Elia può frequentare la Sinagoga con suo figlio Noè e professare la religione ebraica come nel suo paese. | ............................................................ |
| Amin è fuggito dal suo paese per chiedere asilo politico in Italia, perché là gli era negata la libertà di manifestare il suo pensiero. | ............................................................ |
| A Bolzano, gli studenti imparano sia la lingua italiana sia quella tedesca. | ............................................................ |
| I monumenti e le opere d'arte sono protetti, conservati e valorizzati dallo Stato. | ............................................................ |

Hai ripetuto? Sai proprio tutto?

## Ripassiamo insieme

**Che cos'è lo STATUTO ALBERTINO?**
Rappresentò per circa un secolo la legge fondamentale dello Stato italiano e fu emanato il 4 marzo 1848, da Carlo Alberto, allora Re di Sardegna (da cui prese il nome). Si definisce:
- concesso (ottriato), cioè emanato dal re e non approvato da un'assemblea rappresentativa dei cittadini;
- flessibile, perché poteva essere modificato da una semplice legge del Parlamento;
- breve, non perché era formato da 84 articoli, ma in quanto si limitava a prevedere solo alcuni dei diritti e delle libertà fondamentali dei cittadini oltre alle attribuzioni e ai poteri del re, senza indicarne i limiti.

**Quando si realizzò l'UNIFICAZIONE DEL REGNO D'ITALIA?**
Nel 1861, a seguito dell'annessione di una serie di territori indipendenti esistenti nella nostra penisola, al Regno di Sardegna, il cui sovrano Vittorio Emanuele II divenne Re d'Italia.

**Quando nacque la REPUBBLICA ITALIANA?**
Il 2 giugno 1946, con il referendum istituzionale e dopo la Liberazione nazionale del 1945 dall'occupazione nazista, la cui ricorrenza si festeggia il 25 aprile di ogni anno.

**Che cos'è il SUFFRAGIO UNIVERSALE?**
È l'estensione del diritto di voto a tutti i cittadini, sia maschi sia femmine, senza restrizioni di ceto o istruzione. Si ebbe per la prima volta in Italia con il referendum istituzionale del 1946 per la scelta tra Monarchia e Repubblica.

**Che cos'era l'ASSEMBLEA COSTITUENTE?**
Era un'Assemblea eletta dal popolo, contestualmente al referendum istituzionale del 1946, per la scelta tra Monarchia e Repubblica, alla quale fu affidato il compito di scrivere e di approvare la nuova Costituzione e di eleggere il capo provvisorio dello Stato. Essa era composta da 556 membri, appartenenti a partiti politici con ideologie molto diverse tra loro, in prevalenza, di area cattolica, socialista e comunista, anche se non mancavano esponenti di formazioni politiche minori.

**Che cos'è la COSTITUZIONE DELLA REPUBBLICA ITALIANA?**
È la "*Legge fondamentale della Repubblica*" che è stata approvata dall'Assemblea Costituente ed è entrata in vigore il 1° gennaio 1948. Si caratterizza per alcuni caratteri fondamentali, secondo i quali è definita:
- votata (e non concessa), perché è stata approvata dall'Assemblea Costituente, eletta dal popolo;
- lunga, perché riconosce e prevede sia i diritti fondamentali e le libertà dei cittadini con le relative garanzie sia i poteri e le funzioni degli organi dello Stato con i loro limiti;
- rigida, poiché può essere modificata solo con una legge di revisione costituzionale che è approvata con un particolare procedimento che prevede un doppio passaggio alle Camere, tempi più lunghi di riflessione per i parlamentari e maggioranze più elevate, rispetto alla legge ordinaria;
- compromissoria, perché è frutto del compromesso (cioè dell'accordo) tra i rispettivi principi che i membri dell'Assemblea Costituente, nonostante appartenessero a partiti politici con ideologie profondamente diverse tra loro, sono riusciti a trovare;
- democratica, in quanto riconosce la sovranità popolare, ossia il potere del popolo di decidere attraverso i rappresentanti eletti in Parlamento e si ispira in tutte le sue parti ai valori e ai principi della democrazia (es. il diritto di voto per tutti i cittadini, il principio di separazione dei poteri, l'uguaglianza di fronte alla legge).

**Quale è la STRUTTURA DELLA COSTITUZIONE?**
La Costituzione italiana si compone di 139 articoli ed è così ripartita:
- Principi fondamentali (art. 1-12);
- Parte I "Diritti e doveri dei cittadini" (artt. 13-54);
- Parte II "Ordinamento della Repubblica Italiana" (artt. 55-139);
- XVIII Disposizioni transitorie e finali.

L'intero impianto costituzionale si fonda sulla tutela della persona umana e del pluralismo sociale.

**Che cosa sono i PRINCIPI FONDAMENTALI?**
Sono i valori etici, gli obiettivi essenziali e i principi ispiratori, di natura giuridica e politica, che sono alla base del nostro Stato e sono contenuti nei primi dodici articoli della Costituzione.

**Che cosa prevede il PRINCIPIO DEMOCRATICO?**
Stabilisce che la sovranità (cioè il potere di decidere) appartiene al popolo, che la esercita nelle forme e nei limiti della Costituzione (art. 1 Cost.), ossia mediante gli strumenti di democrazia diretta (es. referendum) e indiretta (es. elezioni politiche per la scelta dei propri rappresentanti in Parlamento).

**Che cosa prevede il PRINCIPIO PERSONALISTA E SOLIDARISTA?**
Il primo riconosce il valore della centralità della persona umana alla quale sono riconosciuti e garantiti i diritti inviolabili, sia nella sua soggettività sia nelle formazioni sociali dove si svolge la sua personalità
Il secondo richiede a ognuno di noi l'adempimento di doveri inderogabili (ai quali cioè è impossibile sottrarsi) di solidarietà politica, economica e sociale,
Sono entrambi previsti dall'art. 2 della Costituzione.

**Che cosa prevede il PRINCIPIO DI UGUAGLIANZA?**
È previsto dall'art. 3 Cost. e ha il duplice significato di:
- uguaglianza formale, in base al quale tutti i cittadini hanno pari dignità sociale e sono uguali davanti alla legge, senza alcuna distinzione (art. 3, c.1, Cost.);
- uguaglianza sostanziale, secondo il quale lo Stato si impegna a creare le condizioni affinché ogni individuo possa essere effettivamente uguale agli altri (art. 3, c.2, Cost.).

Per una didattica inclusiva:

## Parole chiave

**STATUTO ALBERTINO** →
- 1848
- Concesso
- Flessibile
- Breve

**NASCITA della REPUBBLICA ITALIANA** →
- Referendum istituzionale
- 2.06.1946
- Suffragio universale

**COSTITUZIONE della REPUBBLICA ITALIANA** →
- Assemblea Costituente
- 1.01.1948

**CARATTERI FONDAMENTALI della COSTITUZIONE** →
- Votata
- Lunga
- Rigida
- Compromissoria
- Democratica

**STRUTTURA della COSTITUZIONE** →
- Principi fondamentali
- Parte I
- Parte II
- Disposizioni transitorie e finali

## Verifica delle competenze

- Livello BASE: ✪ (Punteggio totale: 12)
- Livello INTERMEDIO: ✪✪ (Punteggio totale: 60)
- Livello AVANZATO: ✪✪✪ (Punteggio totale: 28)

### ✪ Esercizio 1). Impara ad imparare.

**Scelta multipla: evidenzia la risposta esatta. Il paragrafo indicato nella parentesi è quello su cui devi riflettere (2 punti per ciascuna scelta corretta).**

**1. La Costituzione è stata approvata (Par. n. 1):**
- a. dal Parlamento
- b. dal Governo
- c. dall'Assemblea costituente
- d. direttamente dai cittadini

**2. Lo Statuto Albertino era (Par. n. 1):**
- a. flessibile, concesso, lungo
- b. concesso, breve, flessibile
- c. concesso, breve, democratico
- d. votato, lungo, concesso

**3. La Costituzione è detta compromissoria perché (Par. n. 2):**
- a. è espressione di una Repubblica
- b. è stata emanata dal sovrano
- c. può essere modificata solo con una legge di revisione costituzionale
- d. è frutto dell'accordo dei membri dell'Assemblea costituente

**4. Suffragio universale significa (Par. n. 1):**
- a. voto esteso ai cittadini di sesso maschile e femminile
- b. voto riservato ai cittadini di sesso maschile
- c. voto riservato solo alle donne
- d. voto previsto per cittadini e stranieri

**5. In base al principio personalista o solidarista dell'art. 2 Cost. (Par. n. 4):**
- a. tutti sono uguali davanti alla legge
- b. sono riconosciuti i diritti inviolabili dell'uomo
- c. la sovranità appartiene al popolo
- d. sono tutelate le minoranze linguistiche

**6. L'art. 4 della Costituzione riconosce (Par. n. 4):**
- a. il dovere di lavorare
- b. il diritto al lavoro
- c. il diritto-dovere di lavorare
- d. la libertà religiosa

**Punti: ..../12**

### ✪✪ Esercizio 2). Individua collegamenti e relazioni.

**Collega ciascun numero alla lettera corrispondente (3 punti per ciascun collegamento esatto).**

1. Costituzione
2. Principio di uguaglianza
3. Statuto Albertino
4. Diritti e doveri dei cittadini
5. Repubblica
6. Unificazione italiana
7. Principio democratico
8. Ordinamento della Repubblica

- a. Art. 3 Cost.
- b. Art. 1 Cost.
- c. Lunga
- d. 1861
- e. Parte II
- f. Referendum istituzionale
- g. Parte I
- h. Breve

| 1 | 2 | 3 | 4 | 5 | 6 | 7 | 8 |
|---|---|---|---|---|---|---|---|
| | C | B | | H | G | | |

**Punti: ..../24**

## ✪✪ Esercizio 3). Acquisisci ed interpreta l'informazione.

**Indica se le seguenti affermazioni sono vere o false, motivando la risposta (3 punti per ciascuna risposta esatta).**

| | V | F |
|---|---|---|
| **1.** La Costituzione italiana fu emanata nel 1946<br>Perché ................................................ | ☐ | ☐ |
| **2.** Lo Statuto Albertino era flessibile<br>Perché ................................................ | ☐ | ☐ |
| **3.** L'art. 2 della Costituzione prevede il principio democratico<br>Perché ................................................ | ☐ | ☐ |
| **4.** L'Italia rifiuta la guerra<br>Perché ................................................ | ☐ | ☐ |
| **5.** La Costituzione è rigida<br>Perché ................................................ | ☐ | ☐ |
| **6.** I principi fondamentali sono gli ultimi dodici articoli della Costituzione<br>Perché ................................................ | ☐ | ☐ |

**Punti: ..../18**

## ✪✪ Esercizio 4). Comunica (rappresenta).

**Completa la mappa concettuale che segue (3 punti per ciascun completamento esatto).**

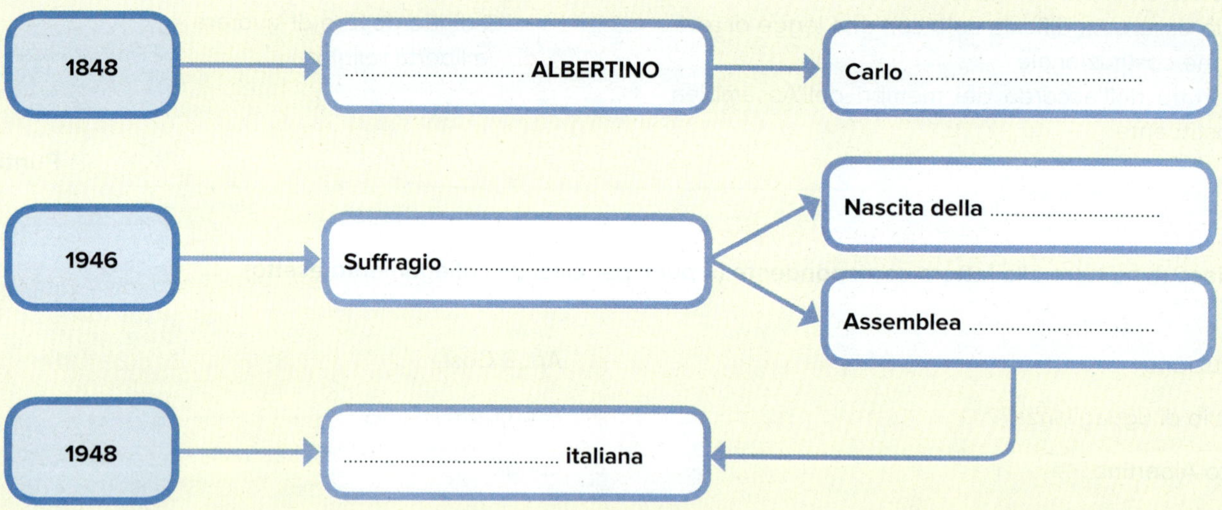


**Punti: ..../18**

## ✪✪✪ Esercizio 5). Comunica (comprendi).

**Rispondi alle seguenti domande (4 punti per ciascuna risposta esatta).**

1. Che cos'era l'Assemblea costituente e quale compito fu ad essa affidato? (Par. n. 2)
2. Quali sono i caratteri della Costituzione italiana? (Par. n. 2)
3. Che cosa sono i principi fondamentali? (Par. n. 4)

**Punti: ..../12**

■ ✪✪✪ **Esercizio 6). Risolvi i problemi.**
**Analizza il caso e rispondi ai quesiti a risposta multipla (4 punti per ogni scelta multipla) .**

Giulio è un ragazzo intelligente e riflessivo che frequenta la prima classe di un Istituto Superiore di secondo grado. Questa mattina la sua insegnante di Diritto ed Economia ha spiegato il principio di uguaglianza, contenuto nell'art. 3 della Costituzione, di cui ricorda la parte che afferma che tutti abbiamo pari dignità sociale e siamo uguali davanti alla legge. Nel pomeriggio, dopo aver fatto i compiti a casa, inizia a sfogliare un quotidiano che sua madre ha dimenticato aperto sul divano del soggiorno e alcuni titoli, relativi a casi sociali, catturano la sua attenzione: "Padre di famiglia disoccupato lancia il suo grido d'aiuto perché non riesce ad arrivare alla fine del mese"; "Anziano solo e malato non è in grado di pagarsi le cure mediche di cui ha bisogno". Turbato, Giulio si chiede: "Come facciamo a essere tutti uguali se c'è chi lavora e chi no? Se c'è chi è ricco e chi è povero? Lo Stato che cosa fa?"

1. **L'art. 3 della Costituzione prevede:**
   a. solo il principio di uguaglianza formale
   b. solo il principio di uguaglianza sostanziale
   c. il principio di uguaglianza formale e sostanziale

2. **In base al principio di uguaglianza sostanziale:**
   a. tutti sono uguali davanti alla legge, senza alcuna distinzione
   b. lo Stato deve creare le condizioni affinché tutti siano effettivamente uguali
   c. sono garantiti solo i diritti sociali e politici
   d. tutti sono uguali davanti alla legge, salvo rare eccezioni

3. **Rappresenta un intervento dello Stato mirato a realizzare l'uguaglianza sostanziale:**
   a. l'abbassamento degli stipendi dei dipendenti pubblici
   b. l'aumento delle tasse
   c. la redistribuzione del reddito a favore dei ceti più ricchi della popolazione
   d. la fornitura gratuita dei libri di testo per gli studenti provenienti da famiglie con reddito basso

4. **Che cosa può fare lo Stato nei casi riportati dal quotidiano che ha letto Giulio?**
   a. erogare la pensione di vecchiaia nel primo caso e fornire cibo e vivande nel secondo
   b. erogare le somme previste per la disoccupazione involontaria nel primo caso e assicurare le cure sanitarie gratuite previste per i più poveri nel secondo

**Punti: ..../16**

**Calcola il punteggio totale conseguito e assegnati la valutazione a esso corrispondente:**

| Tabella di autovalutazione | |
|---|---|
| ☐ 100-87 | A<br>Lavoro eccellente. |
| ☐ 86-67 | B.<br>Lavoro buono. |
| ☐ 66-47 | C.<br>Lavoro adeguato. |
| ☐ 46-2 | D.<br>Lavoro da migliorare. |

# UdA 4 I RAPPORTI CON GLI ALTRI STATI E LE ISTITUZIONI INTERNAZIONALI

## 1. Il diritto internazionale

La comunità internazionale è formata dall'insieme di tutti gli Stati presenti sulla Terra, che intrattengono costantemente importanti relazioni (es. economiche, politiche, militari) e che cercano di cooperare tra loro sia per difendere la pace e la sicurezza internazionale sia per affrontare e risolvere problematiche come, ad esempio, quelle sanitarie e ambientali.

▸ Diritto internazionale

**il diritto internazionale**

Le relazioni che si svolgono tra gli Stati sono disciplinate dal **diritto internazionale**.
Esso è il diritto degli Stati, ossia un sistema di norme e principi giuridici che s'indirizzano a tutte le nazioni. Poiché ogni Stato è sovrano, il diritto internazionale, per essere effettivo, di norma, è prima condiviso tra gli Stati e poi da questi recepito in norme nazionali.
L'ordinamento giuridico internazionale si differenzia da quello interno dei singoli Stati perché regola, prevalentemente, le relazioni condivise tra gli Stati (es. in tema di pace, ambiente, diritti umani) e non disciplina i rapporti tra ogni Stato e i suoi cittadini.

**Esempio: il diritto di voto in Italia è regolato dall'ordinamento giuridico italiano e non dal diritto internazionale.**

**Le fonti**

Le principali **fonti** del diritto internazionale sono:

a. i **trattati internazionali**, che sono accordi presi reciprocamente da due o più Stati per risolvere problemi, disciplinare materie di interesse comune o per istituire organismi internazionali (es. il Trattato di Maastricht, istituivo della Unione europea);

b. le **consuetudini internazionali**, che consistono nel comportamento spontaneo adottato da uno o più Stati, al quale gli altri si uniformano, accettandolo come diritto (es. il mare

▸ Giustizia internazionale

territoriale). Nel nostro ordinamento, le norme consuetudinarie del diritto internazionale fanno parte di quello italiano (art. 10 Cost.);

c. le **sentenze** della **Corte internazionale di giustizia**, decisioni vincolanti, in tema di controversie tra Stati;

d. gli **atti normativi delle organizzazioni internazionali** come, ad esempio, i regolamenti e le direttive dell'Unione europea o le risoluzioni dell'ONU.

**Regolamento e direttiva:** sono atti giuridici di cui le istituzioni europee dispongono per attuare le politiche, ad esempio, economiche, sociali dell'Unione europea. Il regolamento è direttamente applicabile in ciascuno degli Stati membri, mentre la direttiva deve essere recepita dagli Stati membri nel loro diritto interno.

**Risoluzione dell'ONU:** è l'atto giuridico più importante che il Consiglio di sicurezza (organo esecutivo) emana per il mantenimento della pace e della sicurezza internazionale.

Dentro il **diritto**

### Trattato di Maastricht

Nel 1992 è stato firmato a Maastricht (Olanda) dagli allora dodici membri della Comunità Europea (Belgio, Spagna, Portogallo, Gran Bretagna, Francia, Italia, Germania, Lussemburgo, Paesi Bassi, Irlanda, Grecia, Danimarca) il Trattato sull'Unione europea (TUE), cosiddetto "Trattato di Maastricht". È entrato in vigore il 1° novembre del 1993 e, in particolare:

- ha trasformato l'Europa, da Comunità Europea (CE), in Unione Europea (UE);
- ha istituito una politica estera e di sicurezza comune, con la quale si è realizzata una comunità politica, oltre che economica;
- ha fissato i parametri economici per l'ingresso degli Stati aderenti all'Unione europea;
- ha istituito la cittadinanza europea;
- ha realizzato un'Unione economica e monetaria (UEM), mediante la creazione di una moneta unica europea (euro) e una Banca Centrale europea (BCE).

■ **Esercizio A) per l'apprendimento. Comunica (comprendi).**
**Rispondi ai quesiti, utilizzando uno dei suggerimenti indicati nella parentesi.**

1. In quale ambito del diritto si collocano le relazioni fra Stati?
*(Pubblico, costituzionale, internazionale).*
2. Quali sono gli Stati che costituiscono la comunità internazionale?
*(Stati europei, Stati del mondo, Stati nazionali).*
3. Quale atto è fonte del diritto internazionale?
*(Trattato, legge regionale, decreto legge).*
4. Che cosa regola il diritto internazionale?
*(Rapporti tra Stato e cittadino, rapporti tra i cittadini, rapporti tra gli Stati).*

## 2. Le caratteristiche delle organizzazioni internazionali

L'organizzazione internazionale

Per **organizzazione internazionale** s'intende un'unione di Stati che, per assicurare stabilità e cooperazione tra loro, si associano, si danno regole comuni e si avvalgono di organi propri, che perseguono interessi comuni ai tutti i membri.
Le prime forme di collaborazione fra gli Stati si svilupparono in campo economico e tecnico (es.

Unione telegrafica internazionale istituita a Berna nel 1865, la Commissione permanente per il controllo dello zucchero creata nel 1902), e diedero origine alle **prime organizzazioni fra Stati**, caratterizzate da una struttura molto semplificata, con un ristretto numero di aderenti.

La Società delle Nazioni

Dopo il primo conflitto mondiale, con l'istituzione della **Società delle Nazioni** (1920), si ebbe la prima organizzazione politica internazionale con fini generali d'indipendenza politica e territoriale, che, tuttavia, non riuscì mai a coinvolgere tutti gli Stati, a livello mondiale (gli Stati Uniti d'America non ne divennero mai membri). Alla fine della seconda guerra mondiale, la Società delle Nazioni mostrò la sua incapacità nell'assicurare una convivenza pacifica tra gli Stati e nel 1945 fu sciolta e sostituita dall'**Organizzazione delle Nazioni Unite (ONU).**

L'Orgaizzazione delle Nazioni Unite (ONU)

Da allora, il fenomeno della cooperazione internazionale si è notevolmente sviluppato e si sono affermate numerose organizzazioni che si distinguono in base all'area geografica, alle competenze e allo scopo.

▸ ONU a New York

| ORGANIZZAZIONI INTERNAZIONALI | | |
|---|---|---|
| **AREA GEOGRAFICA** | **COMPETENZE** | **SCOPO** |
| ▪ **Organizzazioni mondiali**, formate dagli Stati di tutti i continenti (es. ONU);<br>▪ **Organizzazioni regionali**, aperte alla partecipazione di Stati di una certa area geografica (es. Unione europea, Unione africana, Lega araba). | ▪ **Organizzazioni politiche**, con competenza tendenzialmente generale in ambito politico, militare, economico e sociale (es. ONU, Unione europea);<br>▪ **Organizzazioni settoriali**, con competenza limitata a specifiche materie come, ad esempio, in ambito militare (NATO), sanitario (OMS), finanziario (FMI). | ▪ **Organizzazioni di cooperazione**, di tipo classico, che coordinano le attività tra gli Stati (es. per la sicurezza internazionale);<br>▪ **Organizzazioni di integrazione**, di tipo sovranazionale, che esistono solo in ambito regionale, con lo scopo di favorire l'integrazione tra gli Stati membri (es. Unione europea). |

Le caratteristiche comuni

Le organizzazioni internazionali, nonostante la grande varietà, presentano delle **caratteristiche comuni**, che le qualificano come enti:

- **con una propria personalità giuridica internazionale**, in quanto l'organizzazione è titolare, in modo autonomo, di diritti e di obblighi (es. ha il diritto di concludere autonomamente accordi internazionali, di produrre atti giuridici propri, distinti rispetto a quelli degli Stati membri);
- **dotati di organi propri**, con specifici poteri (es. Assemblea generale, Consiglio di sicurezza);
- **funzionali**, ossia creati per eseguire le funzioni che gli Stati membri hanno loro assegnato;
- **senza un proprio territorio** (enti non territoriali), perché svolgono le loro funzioni in territorio altrui, dove fissano la loro sede (es. l'ONU ha sede a New York);
- **derivati** e non originari, in quanto creati attraverso un atto giuridico (es. trattato) emanato da altri soggetti internazionali.

■ **Esercizio B) per l'apprendimento. Impara ad imparare.**
**Dopo aver individuato gli errori, riscrivi le frasi correttamente.**

1. Le organizzazioni di integrazione sono quelle di tipo mondiale, come, ad esempio, l'ONU.
.......................................................................................................
2. Le organizzazioni internazionali sono enti originari e con un proprio territorio.
.......................................................................................................
3. Le organizzazioni sono enti funzionali, dotati cioè di personalità giuridica propria.
.......................................................................................................
4. L'ONU è stata la prima organizzazione fra Stati a livello europeo.
.......................................................................................................

# 3. L'Organizzazione delle Nazioni Unite

L'organizzazione delle Nazioni Unite (ONU) è la più importante istituzione mondiale, composta, attualmente, da 193 Stati membri. È stata istituita il 24 ottobre del 1945, mediante l'adozione, alla Conferenza di San Francisco, della relativa Carta (o Statuto) che i cinquanta Stati partecipanti approvarono all'unanimità.

**Le competenze**

Le **competenze** dell'ONU, definite nella Carta, sono sostanzialmente generali e sono volte a favorire principalmente:

- il mantenimento della pace e della sicurezza tra le nazioni;
- il rispetto e l'uguaglianza dei diritti umani;
- la cooperazione tra gli Stati nella soluzione dei problemi di carattere economico, sociale e culturale.

▸ Bandiera dell'ONU

**Gli organi principali**

Gli **organi principali**, che compongono la struttura dell'ONU, sono: l'Assemblea generale, il Consiglio di sicurezza, il Segretariato, il Consiglio economico e sociale, la Corte internazionale di giustizia, il Consiglio di amministrazione fiduciaria. A questi si affiancano numerosi **organi sussidiari** che sono istituiti e controllati dagli organi principali come, ad esempio, il Fondo internazionale delle Nazioni Unite per l'infanzia (Unicef), l'Alto commissariato delle Nazioni Unite per i rifugiati (Unhicr).

**L'Assemblea generale**

L'**Assemblea generale** è l'organo collegiale di base, composto dai rappresentanti di tutti gli Stati membri, che tiene le sue riunioni nel "Palazzo di vetro" a New York, sede principale dell'ONU. Le decisioni dell'Assemblea sono prese a maggioranza e ogni membro dispone di un voto. Per le questioni importanti (es. ammissione di Stati membri, pace e sicurezza internazionale) è richiesta una maggioranza costituita dai due terzi dei votanti, mentre per le altre questioni è sufficiente la maggioranza semplice. Le decisioni dell'Assemblea generale sono spesso atti normativi non vincolanti, ossia non sono obbligatori per gli Stati destinatari. Tali atti hanno la forma o di *raccoman-*

*dazioni internazionali*, con le quali si invitano gli Stati a tenere determinati comportamenti o di *dichiarazioni di principi*, che indicano gli orientamenti fondamentali dell'organizzazione (es. Dichiarazione universale dei diritti dell'uomo). L'Assemblea, inoltre, controlla l'attività degli altri organi e approva il bilancio dell'organizzazione.

**Bilancio:** è un documento contabile nel quale vengono registrate le entrate e le spese dell'organizzazione relative a un determinato periodo di tempo, normalmente un anno.

Il Consiglio di sicurezza

Il **Consiglio di sicurezza** è l'organo cui compete il mantenimento della pace e della sicurezza nel mondo. È composto da quindici Stati membri, dei quali cinque permanenti, ossia gli Stati vincitori della seconda guerra mondiale, che sono membri permanenti (Gran Bretagna, Stati Uniti, Cina, Francia e Russia) e i dieci Stati non permanenti, che vengono eletti ogni due anni dall'Assemblea. Le decisioni del Consiglio sono prese a maggioranza qualificata (nove voti su quindici) e ciascun membro permanente dispone del diritto di veto, ossia il diritto di bloccare una decisione con il proprio voto contrario. Qualora gli Stati membri tengano comportamenti di minaccia o di violazione della pace, il Consiglio di sicurezza può prendere delle misure (decisioni) obbligatorie e vincolanti per gli Stati medesimi, che possono comportare sanzioni sia di natura economica (es. embargo) sia di natura militare (es. caschi blu), dirette a ristabilire la pace e la sicurezza internazionale.

**Caschi blu:** è una Forza d'emergenza delle Nazioni Unite, formata dai soldati di pace dell'ONU, creata nel 1956 e composta da circa 46.000 uomini. Il loro intervento non può avere luogo senza il consenso degli Stati in conflitto.

**Embargo:** è un provvedimento d'interruzione delle relazioni economiche (es. relative al grano, al petrolio, alle armi, alle tecnologie nucleari), che il Consiglio di Sicurezza adotta nei confronti di uno Stato membro, colpevole di tenere comportamenti di minaccia o di violazione della pace.

Il Segretariato

Il **Segretariato** è l'organo individuale dell'Organizzazione, al cui vertice c'è il Segretario generale, che è eletto dall'Assemblea, su proposta del Consiglio di sicurezza per un periodo di cinque anni e che esercita funzioni sia amministrative (es. convoca l'Assemblea, pubblica gli accordi e i trattati) sia politiche (es. azioni di mediazione fra Stati, operazioni di mantenimento della pace).

▸ Sede della Corte Internazionale di Giustizia

La Corte internazionale di giustizia

La **Corte internazionale di giustizia** è l'organo giurisdizionale dell'ONU, è composta da quindici giudici di diversa nazionalità e ha sede all'Aia (Olanda). Essa svolge una duplice funzione: consultiva, quando emette pareri su questioni giuridiche, che le vengono sottoposte dal Consiglio di sicurezza o dall'Assemblea generale; contenziosa, quando risolve le controversie tra due o più Stati. L'atto con il quale la Corte esprime il giudizio è la sentenza che è obbligatoria per le parti in lite.

**GLI ORGANI PRINCIPALI DELL'ONU**

| ASSEMBLEA GENERALE | CONSIGLIO DI SICUREZZA | SEGRETARIATO | CORTE INTERNAZIONALE DI GIUSTIZIA |
|---|---|---|---|
| È l'organo collegiale di base, composto dai rappresentanti di tutti gli Stati membri. Prende decisioni fondamentali per l'organizzazione. | È composto da cinque membri permanenti, con diritto di veto, e da dieci non permanenti. Può prendere decisioni vincolanti per gli Stati membri. | È l'organo individuale dell'Organizzazione, al cui vertice c'è il Segretario generale. Esercita funzioni amministrative e politiche. | È l'organo giurisdizionale dell'ONU, è composta da quindici giudici di diversa nazionalità e ha sede all'Aia (Olanda). |

Dentro il **diritto**

### Dichiarazione Universale dei Diritti umani

Dichiarazione Universale dei Diritti Umani

È una delle più importanti dichiarazioni di principio delle Nazioni Unite, proclamata il 10 dicembre 1948 dall'Assemblea generale dell'ONU, che costituisce il testo che dà riconoscimento giuridico, a livello internazionale, ai diritti umani.
Il documento si compone di trenta articoli che riconoscono:

- diritti civili (artt. 1-14);
- diritti della personalità (artt. 15-20);
- diritti politici (art. 21);
- diritti economici, sociali e culturali (artt. 22-27).

Gli ultimi articoli (28-30) prevedono i diritti e i doveri di ciascuno nei confronti della comunità internazionale. La Dichiarazione Universale dei diritti umani, pur non avendo natura obbligatoria, rappresenta tuttora il punto di riferimento essenziale per promuovere e garantire il rispetto dei diritti e delle libertà fondamentali dell'uomo.

■ **Esercizio C) per l'apprendimento. Acquisisci ed interpreta l'informazione.**

**Gli alunni della classe si dividono in tre gruppi. Ogni gruppo deve fare una ricerca e approfondire, attraverso articoli di quotidiani, riviste, libri sia in formato cartaceo sia digitale, siti Internet, uno dei seguenti ambiti riguardanti i diritti dell'uomo e dei popoli:**

1. diritti già riconosciuti e accettati dalla quasi totalità degli Stati (es. eliminazione della discriminazione femminile; eliminazione della tortura; riconoscimento dei diritti dell'infanzia) (GRUPPO N. 1);
2. diritti non ancora del tutto riconosciuti e accettati da tutti gli Stati (es. umanità nel trattamento dei detenuti; lavoro minorile; intolleranza religiosa; scomparsa forzata di cittadini (desaparecidos) (GRUPPO N. 2);
3. tutela della dignità umana non ancora riconosciuta in quei Paesi in via di sviluppo o dove sono presenti conflitti interni (es. genocidio, indipendenza dei popoli colonizzati, progresso e sviluppo sociale) (GRUPPO N. 3).

A ricerca conclusa, ogni gruppo esporrà alla classe il proprio lavoro.

## 4. Le altre organizzazioni internazionali

Le Agenzie specializzate delle Nazioni Unite

Le altre organizzazioni mondiali, collegate mediante accordi internazionali con l'ONU, sono le **Agenzie specializzate delle Nazioni Unite**: istituti che operano in campi specifici (es. sociale, sanità, lavoro, cultura, finanza, commercio) e che sono dotate di una propria personalità giuridica.
Tra le tante Agenzie, si ricordano quelle per l'educazione, la scienza e la cultura (UNESCO); l'Organizzazione mondiale della sanità (OMS o WHO); l'Organizzazione internazionale del lavoro (ILO); l'Organizzazione per l'alimentazione e la cultura (FAO); il Fondo monetario internazionale (FMI); l'Organizzazione internazionale del commercio (WTO); Agenzia internazionale per l'energia atomica (AIEA).

▸ Food and Agriculture Organization

**Le organizzazioni regionali**

Esistono organizzazioni di cooperazione che raggruppano Stati di un continente o di una sua parte e che hanno una competenza limitata a specifiche materie, ossia **le organizzazioni regionali**. Tra queste: l'Unione europea (UE), l'Organizzazione degli Stati americani (OSA) l'Organizzazione per l'unione africana (UA); la Lega degli Stati arabi; l'Organizzazione per la cooperazione e lo sviluppo economico (OCSE).

**L'Organizzazione del Trattato del Nord-atlantico**

Le caratteristiche di alcune delle principali organizzazioni internazionali diverse dall'ONU

Tra le organizzazioni politico-militari, l'**Organizzazione del Trattato del Nord-atlantico** (NATO), la cui sede è Bruxelles, è stata istituita nel 1949 come alleanza militare a carattere difensivo. È stata fondata da dodici Stati, dieci europei (tra i quali l'Italia) e due americani (Canada e Stati Uniti). Nel corso degli anni e con l'allargamento dell'Unione europea, gli Stati membri sono progressivamente aumentati. La NATO, creata originariamente come strumento di difesa dalle aggressioni esterne, ha allargato la sua area e ha previsto che gli Stati membri cooperassero anche in campo economico e politico sia con aiuti militari (es. intervento di truppe armate) sia non militari (es. sviluppo di relazioni politiche e commerciali).

**Le Organizzazioni internazionali non governative**

Le **Organizzazioni internazionali non governative** (OING o ONG), infine, sono associazioni create da privati (e non da Stati) appartenenti a uno o più Paesi, che operano a livello internazionale nel settore della solidarietà sociale (es. in campo umanitario, religioso, sociale, culturale). Si differenziano dalle altre organizzazioni per essere enti senza personalità giuridica internazionale e per rispondere ai bisogni dell'umanità, con attività senza scopo di lucro (*not for profit*). La loro finalità è quella di promuovere e sviluppare progetti di cooperazione con i Paesi in via di sviluppo, tali da incrementare il benessere di coloro che si trovano a vivere in zone meno fortunate del Pianeta. Le ONG svolgono, nel panorama delle relazioni internazionali, un ruolo sempre più rilevante, soprattutto nell'area umanitaria (es. il *Comitato* internazionale della Croce rossa - CICR, i Medici Senza Frontiere), in quella della tutela dei diritti umani (es. Amnesty International) e della protezione dell'ambiente (es. Greenpeace).

▸ Amnesty International

Hai capito? Hai dei dubbi?

## Ripassiamo insieme

**Che cos'è il DIRITTO INTERNAZIONALE?**

È il diritto degli Stati, ossia un sistema di norme e principi giuridici che s'indirizzano a tutte le nazioni e disciplinano le relazioni tra gli Stati. Per essere effettivo, di norma, è prima condiviso tra gli Stati e poi da questi recepito in norme nazionali.

**Quali sono le principali FONTI DEL DIRITTO INTERNAZIONALE?**

Esse sono:

- i trattati internazionali, che sono accordi presi reciprocamente da due o più Stati per risolvere problemi, disciplinare materie di interesse comune o per istituire organismi internazionali;
- le consuetudini internazionali, che consistono nel comportamento spontaneo adottato da uno o più Stati, al quale gli altri si uniformano, accettandolo come diritto;
- le sentenze della Corte internazionale di giustizia, decisioni vincolanti, in tema di controversie tra Stati;
- gli atti normativi delle organizzazioni internazionali (es. le direttive dell'Unione europea).

**Che cos'è un'ORGANIZZAZIONE INTERNAZIONALE?**

È un'unione di Stati che, per assicurare stabilità e cooperazione tra loro, si associano, si danno regole comuni e si avvalgono di organi propri, che perseguono interessi comuni ai tutti i membri.

**Quali sono le PRINCIPALI CARATTERISTICHE delle ORGANIZZAZIONI INTERNAZIONALI?**

Si tratta di enti:

- con una propria personalità giuridica internazionale, in quanto l'organizzazione è titolare, in modo autonomo, di diritti e di obblighi;
- dotati di organi propri, con specifici poteri (es. Assemblea generale);
- funzionali, ossia creati per eseguire le funzioni che gli Stati membri hanno loro assegnato;
- senza un proprio territorio, perché svolgono le loro funzioni in territorio altrui, dove fissano la loro sede;
- derivati e non originari, in quanto creati attraverso un atto giuridico emanato da altri soggetti internazionali.

**Che cos'è l'ORGANIZZAZIONE DELLE NAZIONI UNITE (ONU)?**

L'organizzazione delle Nazioni Unite (ONU) è la più importante istituzione mondiale, composta, attualmente, da 193 Stati membri. È stata istituita il 24 ottobre del 1945, mediante l'adozione, alla Conferenza di San Francisco, della relativa Carta (o Statuto) che i cinquanta Stati partecipanti approvarono all'unanimità. Le principali competenze sono dirette a favorire: il mantenimento della pace e della sicurezza tra le nazioni; il rispetto e l'uguaglianza dei diritti umani; la cooperazione tra gli Stati nella soluzione dei problemi di carattere economico, sociale e culturale.
Gli organi principali sono: l'Assemblea generale, il Consiglio di sicurezza, il Segretariato, la Corte internazionale di giustizia.

Per una didattica inclusiva:

## Parole chiave

**FONTI del DIRITTO INTERNAZIONALE** →

- Trattati internazionali
- Consuetudini internazionali
- Sentenze della Corte internazionale di giustizia
- Atti normativi delle organizzazioni internazionali

**ORGANIZZAZIONI INTERNAZIONALI** →

- Tipologie
- Caratteristiche

**ORGANIZZAZIONI delle NAZIONI UNITE (ONU)** →

- Competenza
- Organi principali
- Organi sussidiari

**ORGANI PRINCIPALI dell'ONU** →

- Assemblea Generale
- Consiglio di sicurezza
- Segretariato
- Corte internazionale di giustizia

**ALTRE ORGANIZZAZIONI INTERNAZIONALI** →

- Agenzie specializzate dell'ONU
- Organizzazioni regionali
- Organizzazione del Trattato del Nord-Atlantico
- Organizzazioni internazionali non governative (ONG)

## Verifica delle competenze

- Livello BASE: ✪ (Punteggio totale: 12)
- Livello INTERMEDIO: ✪✪ (Punteggio totale: 60)
- Livello AVANZATO: ✪✪✪ (Punteggio totale: 28)

### ✪ Esercizio 1). Impara ad imparare.

**Scelta multipla: evidenzia la risposta esatta. Il paragrafo indicato nella parentesi è quello su cui devi riflettere (2 punti per ciascuna scelta corretta).**

1. **Non rientra tra le competenze dell'ONU (Par. n. 3):**
   a. il mantenimento della pace e della sicurezza tra le nazioni
   b. la cooperazione tra gli Stati nella soluzione dei problemi economici, sociali e culturali
   c. il mantenimento della stabilità finanziaria
   d. il rispetto e l'uguaglianza dei diritti umani

2. **L'ONU ha la sede ufficiale a (Par. n. 3):**
   a. Strasburgo
   b. Aia
   c. Bruxelles
   d. New York

3. **Non fa parte delle organizzazioni regionali (Par. n. 2):**
   a. l'Unione europea
   b. l'Organizzazione delle Nazioni Unite
   c. l'Organizzazione per l'Unione africana
   d. l'Organizzazione per la cooperazione e lo sviluppo economico

4. **Le organizzazioni internazionali si distinguono in base allo scopo in organizzazioni (Par. n. 2):**
   a. mondiali, regionali
   b. politiche, settoriali
   c. di cooperazione, di integrazione
   d. mondiali, regionali, settoriali

5. **Non è una caratteristica comune alle organizzazioni internazionali (Par. n. 2):**
   a. la personalità giuridica internazionale
   b. la funzionalità
   c. la non territorialità
   d. la globalizzazione

6. **In quale anno è stata istituita l'Organizzazione delle Nazioni Unite (ONU)? (Par. n. 3):**
   a. 1920
   b. 1902
   c. 1945
   d. 1948

**Punti: ..../12**

### ✪✪ Esercizio 2). Individua collegamenti e relazioni.

**Collega ciascun numero alla lettera corrispondente (3 punti per ciascun collegamento esatto).**

1. Trattato internazionale
2. ONU
3. NATO
4. Consiglio di sicurezza
5. Unione Europea
6. Assemblea generale
7. ONG
8. Trattato di Maastricht

a. Bruxelles
b. Organizzazione regionale
c. Organizzazione di solidarietà sociale
d. Fonte del diritto internazionale
e. Atto istitutivo dell'UE
f. Organo principale dell'ONU
g. Organo esecutivo dell'ONU
h. 1945

| 1 | 2 | 3 | 4 | 5 | 6 | 7 | 8 |
|---|---|---|---|---|---|---|---|
| | | | | | | | |

**Punti: ..../24**

■ ✪✪ **Esercizio 3). Acquisisci ed interpreta l'informazione.**

**Indica se le seguenti affermazioni sono vere o false, motivando la risposta (3 punti per ciascuna risposta esatta).**

| | V | F |
|---|---|---|
| **1.** La Dichiarazione Universale dei diritti umani è una dichiarazione di principi<br>Perché .................................................................. | ☐ | ☐ |
| **2.** L'Italia ha diritto di veto nel Consiglio di sicurezza dell'ONU<br>Perché .................................................................. | ☐ | ☐ |
| **3.** La Corte internazionale di giustizia è l'organo esecutivo dell'ONU<br>Perché .................................................................. | ☐ | ☐ |
| **4.** Il Consiglio di sicurezza dell'ONU ha il compito di favorire la pace nel mondo<br>Perché .................................................................. | ☐ | ☐ |
| **5.** Il diritto internazionale regola i rapporti tra gli Stati<br>Perché .................................................................. | ☐ | ☐ |
| **6.** La FAO è un'Agenzia specializzata dell'ONU<br>Perché .................................................................. | ☐ | ☐ |

**Punti: ..../18**

■ ✪✪ **Esercizio 4). Comunica (rappresenta).**

**Completa la mappa concettuale che segue (3 punti per ciascun completamento esatto).**

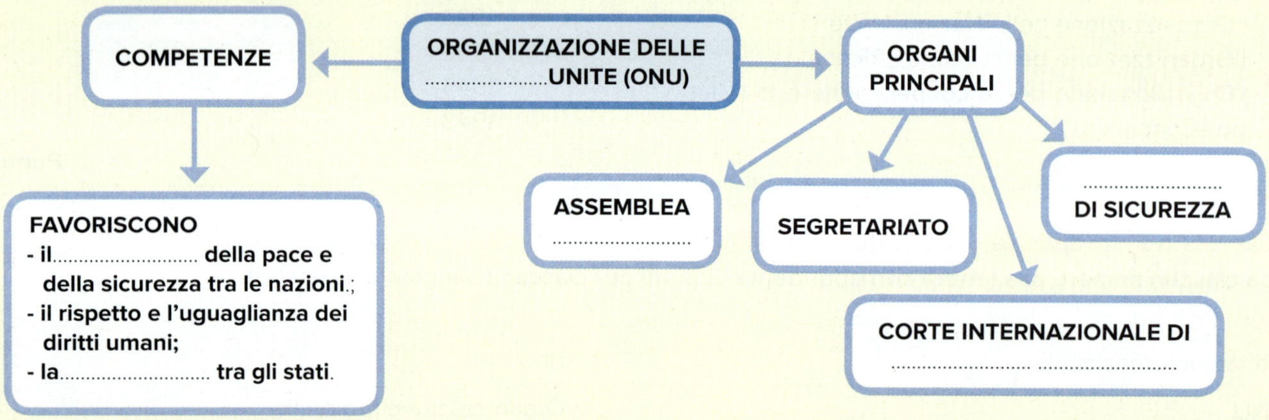


**Punti: ..../18**

■ ✪✪✪ **Esercizio 5). Comunica (comprendi).**

**Rispondi alle seguenti domande (4 punti per ciascuna risposta esatta).**

1. Che cos'è il diritto internazionale? (Par. n. 1)
2. Quali sono le caratteristiche comuni a tutte le organizzazioni internazionali? (Par. n. 2)
3. Indica e spiega gli organi principali che compongono la struttura dell'ONU. (Par. n. 3)

**Punti: ..../12**

■ ✪✪✪ **Esercizio 6). Risolvi i problemi.**

**Analizza il caso e rispondi ai quesiti a risposta multipla (4 punti per ogni scelta multipla).**

Elena è una studentessa di quindici anni, che ha appena letto su un quotidiano del conflitto in atto in Medioriente e apprende che l'associazione di Medici Senza Frontiere lamenta difficoltà nel soccorrere la popolazione, a causa dei bombardamenti. La ragazza ha già sentito parlare di quest'organizzazione, ma vorrebbe saperne di più, anche per promuovere una colletta a scuola e inviare un piccolo contributo. Non si ricorda a quale tipo di organizzazione internazionale appartiene e quali sono le sue caratteristiche. Vuole essere preparata per convincere i compagni di classe e per rispondere alle loro eventuali curiosità. Sapresti aiutarla?

1. **Medici Senza Frontiere è un'organizzazione:**
   a. regionale
   b. politico-militare
   c. economica
   d. non governativa a carattere umanitario

2. **Questo tipo di organizzazione è formato da:**
   a. tutti gli Stati
   b. privati appartenenti a uno o più Stati
   c. privati appartenenti a tutti gli Stati del mondo

3. **L'attività di queste organizzazioni è svolta:**
   a. con uno scopo di lucro
   b. senza scopo di lucro
   c. sia con scopo di lucro sia senza scopo di lucro

4. **A quale livello è esercitata tale attività?**
   a. solo a livello nazionale
   b. a livello internazionale

**Punti: ..../16**

**Calcola il punteggio totale conseguito e assegnati la valutazione a esso corrispondente:**

| Tabella di autovalutazione | |
|---|---|
| ☐ 100-87 | **A**<br>Lavoro eccellente. |
| ☐ 86-67 | **B.**<br>Lavoro buono. |
| ☐ 66-47 | **C.**<br>Lavoro adeguato. |
| ☐ 46-2 | **D.**<br>Lavoro da migliorare. |

**Verifica di autovalutazione di fine modulo**

## Un percorso per tutti

# Stato, Costituzione e relazioni internazionali

Questo è un percorso a tappe che rispetta i tempi e i bisogni di apprendimento di tutti, anche quelli speciali. Uno, due, tre, pronti ... VIA!

**TAPPA N. 1): acquisisci una visione d'insieme.**

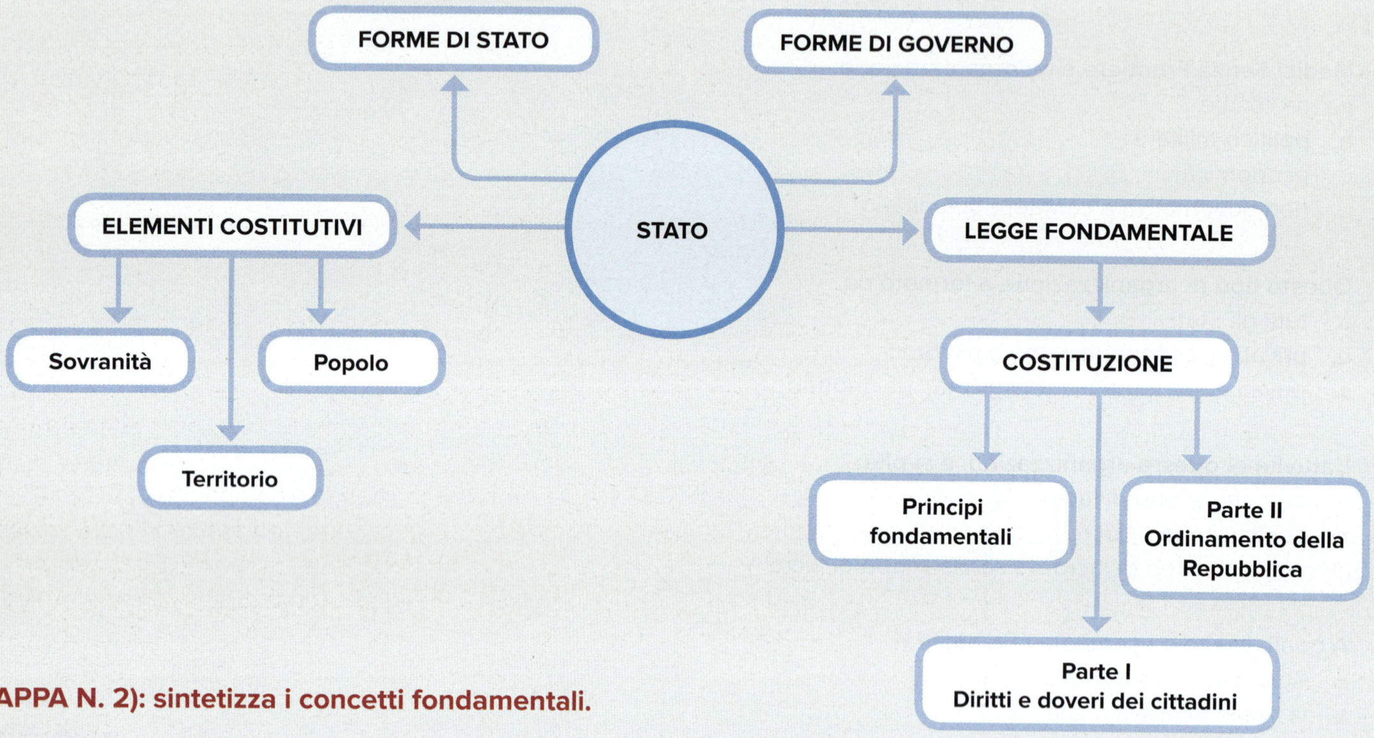


**TAPPA N. 2): sintetizza i concetti fondamentali.**

**STATO**
È l'ente politico-giuridico che esercita i suoi poteri e la sua autorità (sovranità), su un determinato territorio, sul quale sono organizzate persone che godono di diritti e di doveri (popolo).

**ELEMENTI COSTITUTIVI DELLO STATO**
**Territorio:** è l'elemento materiale dello Stato, definito entro confini in cui si applicano le norme giuridiche. Esso comprende:
- la terraferma, i fiumi e i laghi, che si trovano entro i confini territoriali;
- lo spazio atmosferico che lo sovrasta;
- il sottosuolo, come, ad esempio, le miniere, i giacimenti di petrolio o di metano;
- il relativo mare territoriale, ossia le acque fino a dodici miglia dalla costa (circa venti chilometri; oltre si qualificano acque internazionali).

Fanno parte del territorio italiano anche le navi e gli aerei militari battenti bandiera italiana, ovunque si trovino, e le navi e gli aerei civili quando sono in un luogo o in uno spazio non soggetto alla sovranità di alcuno Stato (territorio flottante). In questi casi, a bordo di essi, si applica il diritto italiano.
**Popolo:** è l'elemento personale dello Stato e comprende tutti i cittadini, cioè le persone che hanno la cittadinanza.
**Sovranità:** è l'elemento costitutivo che indica sia il potere dello Stato di stabilire, al suo interno, un proprio ordinamento giuridico e di farlo rispettare, sia la sua indipendenza rispetto a qualsiasi altro Stato.

**FORMA DI STATO**
Indica l'insieme delle finalità che lo Stato si prefigge, e il tipo di rapporto esistente tra Stato e popolo. Le principali forme di Stato sono: Stato assoluto, Stato liberale, Stato totalitario, Stato socialista, Stato democratico e Stato sociale.

**FORMA DI GOVERNO**
Delinea i rapporti che intercorrono tra gli organi fondamentali dello Stato (es. Governo, Parlamento) e le modalità con cui tali organi esercitano il potere politico. Le principali forme di governo sono la Monarchia e la Repubblica.

**ITALIA**
È uno Stato democratico e uno Stato sociale (forma di Stato) ed è una repubblica parlamentare (forma di governo).
**Stato democratico:** poggia le basi sulla sovranità del popolo (al quale è riconosciuto il suffragio universale), su una Costituzione, sul pluralismo politico e sul riconoscimento e la tutela delle libertà fondamentali e dei diritti umani.
**Stato sociale:** si realizza con il riconoscimento e l'affermazione dei diritti sociali e si fonda sul principio di uguaglianza sostanziale e su un sistema di sicurezza sociale.
**Repubblica parlamentare:** in essa l'organo più importante è il Parlamento, che è l'unico eletto direttamente dal popolo. Governo e Parlamento sono legati da un rapporto di "fiducia". Il Capo dello Stato è il Presidente della Repubblica che non è titolare di alcun potere fondamentale e nomina il Governo.

**COSTITUZIONE**
È la "Legge fondamentale della Repubblica" che è stata approvata dall'Assemblea Costituente ed è entrata in vigore il 1° gennaio 1948. Si caratterizza per alcuni caratteri fondamentali, secondo i quali è definita:
- **votata**, perché è stata approvata dall'Assemblea Costituente, eletta dal popolo;
- **lunga**, perché riconosce e prevede sia i diritti fondamentali e le libertà dei cittadini, con le relative garanzie, sia i poteri e le funzioni degli organi dello Stato con i loro limiti;
- **rigida**, poiché può essere modificata solo con una legge di revisione costituzionale che è approvata con un particolare procedimento che prevede un doppio passaggio alle Camere, tempi più lunghi di riflessione per i parlamentari e maggioranze più elevate, rispetto alla legge ordinaria;
- **compromissoria**, perché è frutto del compromesso (accordo) tra i rispettivi principi che i membri dell'Assemblea Costituente, nonostante appartenessero a partiti politici con ideologie profondamente diverse tra loro, sono riusciti a trovare;
- **democratica**, in quanto riconosce la sovranità popolare, ossia il potere del popolo di decidere attraverso i rappresentanti eletti in Parlamento e si ispira in tutte le sue parti ai valori e ai principi della democrazia (es. il diritto di voto per tutti i cittadini).

**PRINCIPI FONDAMENTALI**
Sono i valori etici, gli obiettivi essenziali e i principi ispiratori, di natura giuridica e politica, che sono alla base del nostro Stato e sono contenuti nei primi dodici articoli della Costituzione.

## TAPPA N. 3): mettiti alla prova.

Verifica facilitata di autovalutazione di fine modulo

- Riascolta la sintesi, mediante il supporto audio.
- Verifica se hai compreso:

### Esercizio per l'apprendimento. Comunica (comprendi).

**Rispondi ai quesiti, utilizzando uno dei suggerimenti indicati nella parentesi.**
1. Qual è un elemento costitutivo dello Stato? ..........
   (Popolazione, popolo, nazione).
2. Quale forma di stato è presente in Italia? ..........
   (Totalitaria, socialista, democratica).
3. Chi ha approvato la Costituzione? ..........
   (Parlamento, Assemblea costituente, popolo).
4. Quale forma di governo ha lo Stato italiano? ..........
   (Monarchia, dittatura, repubblica).

- Misura la tua preparazione, avvalendoti degli esercizi facilitati di autovalutazione che trovi nei materiali digitali, sul sito del libro.

## Compito di realtà

***Esamino il caso:***

***"Rifiuta l'anestesista donna. Lei: allora se ne torni a casa"***

Così titolava, in una calda estate italiana, un noto quotidiano *, che riportava la vicenda di una giovane dottoressa, in servizio presso un Ospedale di una città ligure. Ecco quanto è accaduto.
Un anziano signore settantenne, convocato dalla struttura ospedaliera per un intervento chirurgico, dopo mesi di lista d'attesa, quando apprende che l'anestesia gli sarebbe stata somministrata da una dottoressa, chiede alla Direzione di sostituire immediatamente la professionista con "un anestesista qualunque purché maschio".
Il primario e il suo staff non assecondano la sua pretesa.
Di fronte alla loro risolutezza, il paziente, spalleggiato dalla moglie e deciso a non farsi "mettere le mani addosso da una donna", firma la cartella di dimissioni e torna a casa, rinunciando all'operazione e rischiando di vedersi addebitato il costo degli esami inutilmente eseguiti.
Condividi il comportamento del primario che ha tutelato la dignità personale e professionale dell'anestesista donna?
Se ti trovassi di fronte l'anziano signore, saresti in grado di fargli comprendere che i suoi pregiudizi vanno contro la nostra Costituzione, i cui principi fondanti (artt. 2 e 3 Cost.) supportano la scelta della Direzione ospedaliera e i diritti inviolabili della dottoressa?

* Fonte: Corriere della Sera del 20 luglio 2017.

***Applico le conoscenze:***

1. Comprendi il significato dell'espressione "diritti inviolabili"? Prova a spiegarlo.
2. In che senso si parla di "principi fondanti"?
3. All'interno dell'art. 3 Cost., quali parole o frasi riporteresti per supportare i diritti della dottoressa?
4. Se lo Stato interviene nel mercato del lavoro, per correggere le disparità attuate verso le donne lavoratrici, quale principio realizza, contenuto nell'art. 3 Cost.? Perché?
5. Se il primario avesse assecondato la richiesta dell'anziano paziente, che cosa avrebbe potuto fare l'anestesista donna?

***Sviluppo le competenze e mi confronto:***

Nel 1984, il Consiglio dei ministri della Comunità Europea, con specifica raccomandazione recepita dal nostro Stato con Legge n. 125 del 10 aprile 1991, ha istituito le "azioni positive". Esse rappresentano lo strumento operativo diretto a promuovere l'inserimento delle donne nel mercato del lavoro.
Ricerca su Internet esempi concreti di "azioni positive" e condividile con i tuoi compagni. Dopo il dibattito, moderato dall'insegnante, la classe si divide in gruppi per elaborare proposte di nuove azioni positive, da realizzare in ambito lavorativo. A seguire, confrontate i diversi elaborati e scegliete la proposta più originale ed efficace.

***Valuto le competenze:***

| Competenze | A<br>Livello Avanzato | B<br>Livello Intermedio | C<br>Livello Base | D<br>Livello Iniziale |
|---|---|---|---|---|
| • Colloco l'esperienza personale in un sistema di regole fondato sul reciproco riconoscimento dei diritti garantiti dalla Costituzione, a tutela della persona, della collettività e dell'ambiente.<br>• Ricerco informazioni in Rete (competenza digitale)<br>• Imparo ad imparare.<br>• Risolvo problemi.<br>• Individuo collegamenti e relazioni.<br>• Acquisisco ed interpreto le informazioni.<br>• Comunico.<br>• Collaboro e partecipo. | **Lavoro eccellente**<br>☐<br>Applico con consapevolezza le conoscenze acquisite alla vita reale; comprendo e valuto informazioni, con buona padronanza del lessico della disciplina, collaborando in modo efficiente. | **Lavoro buono**<br>☐<br>Applico in autonomia le conoscenze acquisite alla vita reale; comprendo e valuto informazioni, con un uso appropriato del lessico della disciplina, collaborando in modo efficace. | **Lavoro adeguato**<br>☐<br>Applico le conoscenze essenziali acquisite alla vita reale; reperisco informazioni di base, utilizzando i termini fondamentali della disciplina e collaborando in modo corretto. | **Lavoro da migliorare**<br>☐<br>Applico alcune conoscenze elementari acquisite alla vita reale, se guidato; fatico a reperire le informazioni di base, con un uso limitato dei termini della disciplina, collaborando in modo passivo. |

# 4 COSTITUZIONE E CITTADINANZA: LIBERTÀ, DIRITTI E DOVERI

**UdA 1**
I diritti di libertà e i doveri costituzionali
→ DIRITTI UMANI → DIRITTI FONDAMENTALI DELLA PERSONA → LIBERTÀ → DOVERI

**UdA 2**
I diritti della famiglia e i diritti sociali
→ FAMIGLIA → GENITORI E FIGLI → SALUTE → SCUOLA

**UdA 3**
Il diritto al lavoro, i diritti economici e politici
→ LAVORO → PROPRIETÀ → ELEZIONI → VOTO

**Alla fine di questo percorso didattico, sarai consapevole dei diritti e delle libertà fondamentali che la Costituzione della Repubblica italiana ti riconosce in quanto persona e cittadino.**

**Educazione digitale:** Il diritto alla privacy nella società digitale.

**FLIPPED** classroom

### Attività UdA 2

**A casa: lezione**

Leggo e ascolto i materiali digitali:
- La separazione personale e il divorzio a confronto (*PowerPoint*).
- "Ripassiamo insieme" (Audio).
- "Parole chiave" (Animazione).

**A scuola: sviluppo le competenze**

Rifletto:
- Confronto e dibattito in classe.
- Verifica delle competenze di fine unità di apprendimento

Mi metto alla prova:
- Problem solving: analisi del caso (esercizio 6 – UdA 2).

# UdA 1 I DIRITTI DI LIBERTÀ E I DOVERI COSTITUZIONALI

## 1. I diritti e le libertà fondamentali

I diritti umani

Nei documenti degli organismi internazionali, dall'ONU al Parlamento europeo, si definiscono **diritti umani** tutti i diritti e le libertà fondamentali della persona.

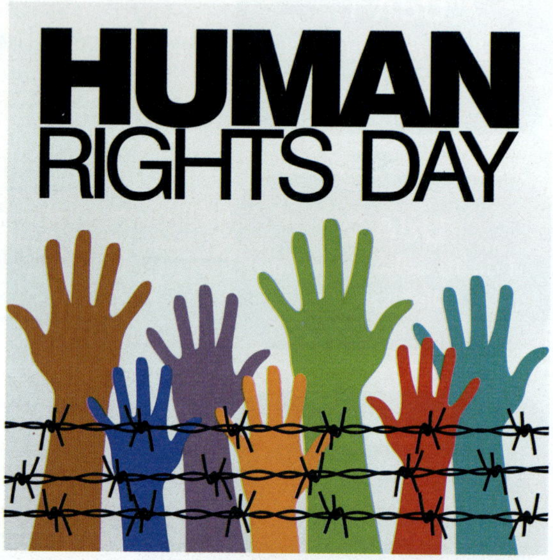


▸ Giornata internazionale dei diritti umani

I diritti fondamentali

La Costituzione italiana dedica la prima Parte ai "Diritti e doveri dei cittadini" (artt. 13-54), nella quale sono contenuti molti dei **diritti** definiti "**fondamentali**", cioè basilari perché sono:

1. **universali**, ossia riconosciuti e garantiti a tutti;
2. **inviolabili**, perché non possono essere toccati, cioè violati e nessuno può esserne privato;
3. **inalienabili,** nel senso che non possono essere venduti;
4. **indisponibili**, ai quali cioè nessuno può rinunciare.

**Esempio:** la libertà personale spetta a tutti indistintamente, non può essere limitata se non nei casi previsti dalla legge (es. recluso in carcere per omicidio) e nessuno può venderla o privarsene.

Tra i diritti fondamentali sono compresi, ad esempio, i diritti civili, politici e sociali che, storicamente, si sono affermati attraverso un lungo processo evolutivo.

**O.N.U.:** è un'organizzazione internazionale, nata il 24.10.1945 a San Francisco, costituita da 193 Stati, che ha come scopo principale quello di promuovere la soluzione pacifica delle controversie internazionali, mantenere la pace e favorire il rispetto dei diritti umani.

▸ Diritto civile: diritti di libertà

I diritti civili

I **diritti civili** sono quelli che sono stati riconosciuti per primi (nel 1660 circa in Inghilterra) e che riguardano le principali libertà riconosciute a ciascun individuo nei confronti dell'autorità statale.

**Esempio:** il diritto a manifestare il proprio pensiero, a circolare o a riunirsi liberamente.

I diritti politici

Poco più tardi si sono affermati i **diritti politici**, che prevedono la partecipazione attiva del cittadino alla vita e all'organizzazione dello Stato.

**Esempio:** il diritto ad associarsi in partiti o in sindacati, il diritto di voto.

**Assistenza sanitaria:** è costituita dall'insieme delle prestazioni sanitarie di prevenzione, cura e riabilitazione garantite dallo Stato a tutti i cittadini, attraverso il Servizio Sanitario Nazionale.
**Previdenza sociale:** è il sistema delle cosiddette assicurazioni sociali obbligatorie (es. INPS), che tutelano dal rischio di perdere la capacità di lavoro (per infortunio, malattia, vecchiaia) i lavoratori che hanno versato i contributi previdenziali per un certo numero di anni.

**I diritti sociali**

L'affermazione dei **diritti sociali** coincide con la formazione dello Stato sociale o Stato del Benessere (inizio del '900) e prevede il riconoscimento di pretese e servizi ritenuti indispensabili, mediante l'intervento dei poteri pubblici ai quali, ad esempio, si chiede di garantire l'assistenza sanitaria o la previdenza sociale.

**Esempio:** il diritto alla salute, al lavoro, all'istruzione.

**I diritti economici**

Nella Costituzione sono previsti, infine, anche i **diritti economici** che si sono affermati in concomitanza con i diritti sociali e che riguardano le risorse disponibili e la distribuzione dei prodotti, come i diritti dei lavoratori, il diritto di proprietà o la libertà di iniziativa economica.

Tra questi ultimi, non tutti sono ritenuti diritti fondamentali in quanto non universali.

**Esempio:** lo Stato agevola l'acquisto della prima casa, ma non può garantirlo a tutti, a causa della mancanza di risorse finanziarie sufficienti per questo tipo di operazione.

Molti dei diritti passati in rassegna possono essere classificati in modo diverso. Ad esempio, il diritto al lavoro può essere considerato ora diritto sociale ora diritto economico, come la libertà di associazione può essere ritenuta un diritto civile o un diritto politico.

La tabella che segue indica come questi diritti siano stati suddivisi e classificati nella Costituzione.

| DIRITTI E LIBERTÀ FONDAMENTALI | ESEMPI | COLLOCAZIONE nella COSTITUZIONE |
|---|---|---|
| DIRITTI CIVILI | ■ Libertà della persona (es. di circolazione, di riunione e associazione);<br>■ Diritto alla difesa. | TITOLO I<br>Rapporti civili |
| DIRITTI SOCIALI | ■ Diritti della famiglia;<br>■ diritto alla salute;<br>■ diritto all'istruzione. | TITOLO II<br>Rapporti etico-sociali |
| DIRITTI ECONOMICI | ■ Diritti dei lavoratori;<br>■ diritto di proprietà;<br>■ diritto alla libera iniziativa economica privata. | TITOLO III<br>Rapporti economici |
| DIRITTI POLITICI | ■ Diritto di voto;<br>■ Diritto di associarsi in partiti politici. | TITOLO IV<br>Rapporti politici |

**I nuovi diritti fondamentali**

Con l'evoluzione della società, sono nati nuovi bisogni e, di conseguenza, **nuovi diritti fondamentali** che necessitano di protezione, al pari di quelli tradizionali di libertà, politici o sociali.

Tra questi sono ricompresi, ad esempio, il diritto all'equilibrio ecologico, alla riservatezza nei confronti dei mezzi elettronici, alla tutela dei bambini dalle insidie di Internet o il diritto ad avere cibi non geneticamente modificati.

Dentro il **diritto**

### Il riconoscimento dei primi diritti a tutti

Nel panorama internazionale ed europeo, i primi contributi significativi, in tema di riconoscimento dei diritti e delle libertà fondamentali dell'uomo, appartengono alla storia inglese e americana.
In Inghilterra, il Parlamento emana, nel 1628, la Petition of Rights, con la quale afferma alcune libertà nei confronti del Re (es. il diritto a un regolare processo) e, nel 1689, il Bill of Rights, primo documento in cui sono espressamente riconosciuti i diritti del popolo inglese.
Nel Nuovo Continente, risale al 1789 la "Dichiarazione di Indipendenza degli Stati Uniti d'America" e al 1781 il Federal "Bill of Rights".
Il documento, però, che, più degli altri, contiene un organico riconoscimento dei primi diritti civili e politici e di libertà è, senza dubbio, la "Dichiarazione dei diritti dell'uomo e del cittadino", approvata in Francia nel 1789. In essa, per la prima volta, sono previste diverse tutele della persona nei confronti dell'autorità statale e del suo apparato repressivo come, ad esempio, il principio di legalità e di irretroattività della legge penale.

**Esercizio A) per l'apprendimento. Comunica (comprendi).**
**Rispondi ai quesiti, utilizzando uno dei suggerimenti indicati nella parentesi.**

1. Quali sono i diritti che sono stati riconosciuti per primi a tutti gli individui? *(diritti sociali, diritti economici, diritti civili).*
2. Quali sono i diritti che si definiscono "universali" e "inalienabili"? *(diritti economici, diritti fondamentali, diritti riservati a pochi).*
3. Nella Costituzione italiana, dove sono contenuti i diritti fondamentali? *(Parte II, Disposizioni transitorie e finali, Parte I).*
4. In quale ambito, all'interno della Costituzione, si colloca il diritto all'istruzione? *(Rapporti politici, Rapporti etico-sociali, Rapporti civili).*

## 2. Le libertà individuali: la libertà personale

**I rapporti civili**

La prima Parte della Costituzione si apre con la disciplina dei "**Rapporti civili**", che contengono gli articoli riguardanti le più importanti libertà sulle quali si fonda ogni moderno Stato democratico (artt. 13-28 Cost.).

**Le libertà individuali**

**Le libertà collettive**

Si distingue tra **libertà individuali**, garantite a ciascun individuo, in quanto essere umano o cittadino (es. libertà di domicilio) e **libertà collettive**, riconosciute al singolo in qualità di membro di una determinata formazione sociale (es. libertà di associazione).

▸ Diritto all'equilibrio ecologico

**LIBERTÀ**

**INDIVIDUALI**
- personale (art. 13);
- di domicilio (art. 14);
- di corrispondenza (art. 15);
- di circolazione e di soggiorno (art. 16);
- libertà religiosa (art. 19);
- libertà di manifestazione del pensiero (art. 21).

**COLLETTIVE:**
- di riunione (art. 17);
- di associazione (art. 18).

La libertà personale

La **libertà personale** (art. 13 Cost.) è la prima ad essere regolata dalla Costituzione, perché è ritenuta il presupposto per l'esercizio di tutti gli altri diritti.
La sua tutela comprende la libertà fisica e morale della persona e il conseguente diritto di ciascuno a non subire coercizioni o pressioni di alcun tipo.
Essa si caratterizza per la sua universalità, perché è garantita a tutti (cittadini e stranieri) e per la sua inviolabilità, in quanto, in generale, non ammette alcuna forma di restrizione come, ad esempio, la detenzione o la perquisizione personale.

▶ Diritto alla libertà personale

Tuttavia, la libertà di ciascuno non può compromettere la libertà altrui ed è per questo motivo che la Costituzione consente **limitazioni** alla libertà personale:

Le limitazioni

1. in presenza di un **atto motivato** dell'**autorità giudiziaria** (es. un magistrato) (riserva di giurisdizione);

**Esempio:** un atto con cui un giudice dispone l'arresto di una persona, a carico della quale ha raccolto prove di colpevolezza;

2. **nei soli casi e modi previsti dalla legge** (riserva di legge);

**Esempio:** una legge del Parlamento prevede espressamente che, se esiste pericolo di fuga, una persona indiziata di un reato debba essere arrestata;

3. in **casi eccezionali di necessità e urgenza**, con un atto provvisorio dell'**autorità di pubblica sicurezza** (es. Polizia) che deve essere convalidato dal giudice entro breve;

**Esempio:** un ragazzo che è trovato in possesso di un'ingente quantità di droga (flagranza di reato) può essere arrestato dalla Polizia anche senza l'autorizzazione del giudice.

**Detenzione:** reclusione in carcere.
**Perquisizione personale:** attività posta in essere dalle forze dell'ordine, con la quale si ricerca su una persona un indizio o una prova relativa ad un reato (es. una grossa quantità di stupefacenti).

**Riserva di giurisdizione:** si ha quando, in una determinata materia, possono decidere e prendere provvedimenti solo determinati soggetti, cioè i giudici.
**Riserva di legge:** si ha quando una determinata materia può essere regolata solo da una legge del Parlamento o da un atto avente forza di legge (es. decreto legge).

Il divieto di tortura

L'art. 13 Cost., infine, sancisce il **divieto di tortura**, punendo qualsiasi violenza fisica (es. percosse) e morale (es. minacce), su chi è già sottoposto a misure restrittive della libertà (es. carcerato). Sta-

La custodia cautelare

▸ Tutela del diritto alla difesa

bilisce, inoltre, i limiti della carcerazione preventiva o **custodia cautelare**, ossia del tempo che un imputato di un reato può trascorrere recluso in carcere, in attesa di essere processato (es. in caso di pericolo d'inquinamento delle prove).

La libertà personale si collega strettamente anche ad altri principi e istituti giuridici, regolati da articoli contenuti all'interno dei "Rapporti civili".

Le libertà giurisdizionali

È il caso delle cosiddette **libertà giurisdizionali**, relative cioè ai rapporti tra giustizia e cittadini, che prevedono, ad esempio, che il diritto alla difesa è inviolabile in ogni stato e grado del processo (art. 24 Cost.) e che ciascuno ha diritto di essere giudicato dal "giudice naturale", cioè stabilito in base alla legge prima che il fatto sia commesso (art. 25 Cost.).
Di questi diritti si parlerà in modo più approfondito nell'ambito della trattazione della seconda parte della Costituzione e, in particolare, a proposito della Magistratura (Modulo n. 5, u.d.a. n. 3).

**Esercizio B) per l'apprendimento. Individua collegamenti e relazioni.**
**Cerca l'estraneo, evidenziandolo nel testo.**

1. Libertà personale, art. 13 Cost., esclusione degli stranieri, inviolabile.
2. Libertà individuali, libertà di riunione, libertà collettive, libertà di associazione.
3. Rapporti etico-sociali, Rapporti civili, libertà personale, universale.
4. Libertà giurisdizionali, diritti dei lavoratori, diritto alla difesa, principio del giudice naturale.

## 3. Le altre libertà individuali

La libertà di domicilio

Come la libertà personale, anche la **libertà di domicilio**, regolata dall'art. 14 Cost., rappresenta un diritto soggettivo riconosciuto a tutti (cittadini, stranieri, apolidi, associazioni).
La nozione di "domicilio" utilizzata dalla Costituzione è molto ampia e comprende non solo l'abitazione e le sue "appartenenze" (giardino, box), ma, ad esempio, anche l'ufficio, l'automobile, la stanza d'albergo, il camper, la roulotte. Questa libertà è da intendersi come:

- diritto di ammettere o escludere dal proprio domicilio un'altra persona;
- diritto alla riservatezza su ciò che si compie all'interno del domicilio.

Possono essere previste limitazioni alla libertà di domicilio solo nei casi e nei modi stabiliti per la tutela della libertà personale. Sono inoltre previste alcune situazioni nelle quali l'interesse del singolo è sacrificato per ragioni d'interesse pubblico.

**Esempio:** è lecito l'accertamento domiciliare per motivi di sanità, come nel caso di malattie infettive, o d'incolumità pubblica (incendio).

**La libertà e la segretezza della corrispondenza**

L'art. 15 stabilisce che la **libertà e la segretezza della corrispondenza** e di ogni altra forma di comunicazione sono inviolabili, nel senso che, in generale, non possono essere soggette a limitazioni e non è lecito conoscerne il contenuto segreto.
La tutela riconosciuta dalla Costituzione si estende a tutti indistintamente e comprende telegrammi, conversazioni telefoniche, posta elettronica, a condizione che si tratti di *mailing list* chiuse o comunicazioni in *chat* tra due soggetti privati.

**Mailing list:** (dall'inglese, letteralmente, "indirizzario"): è un sistema di comunicazione online che permette agli iscritti di scambiare opinioni o informazioni mediante l'invio di e-mail, dirette contemporaneamente ad un elenco di indirizzi di posta elettronica di cui fanno parte gli iscritti stessi.
**Chat:** (dall'inglese, letteralmente, "chiaccherata"): è un sistema che consente a due o più utenti di Internet di scambiarsi messaggi scritti in tempo reale.

**Esempio:** è vietato intercettare le conversazioni telefoniche mediante microspie o quelle telematiche attraverso l'inserimento abusivo in un computer.

Questo tipo di libertà, tuttavia, può essere limitata per atto motivato dal giudice, nei casi previsti dalla legge.

**Esempio:** per motivi di pubblica sicurezza e a fini investigativi, l'autorità giudiziaria può decidere che la corrispondenza di un detenuto in carcere sia aperta e controllata dal direttore.

▸ Libertà e segretezza della corrispondenza

**La libertà di circolazione e di soggiorno**

Ogni cittadino ha la **libertà di circolazione e di soggiorno**, in qualunque parte del territorio nazionale (art. 16 Cost.). Non sono ammesse limitazioni per motivi politici, ma solo per ragioni di sanità e di sicurezza stabiliti dalla legge.

**Esempio:** per evitare il rischio di un'epidemia, può essere limitata la circolazione di una persona che, al ritorno da un Paese tropicale, ha contratto una malattia infettiva molto contagiosa.

Questa libertà prevede anche che il cittadino possa uscire e rientrare nel territorio nazionale, purché sia in possesso di un valido documento di riconoscimento (es. carta d'identità). Tale diritto è esteso ai cittadini degli Stati membri dell'Unione Europea.

**Buon costume:** è costituito dall'insieme dei precetti di natura etico-morale che impongono determinati comportamenti in un certo momento storico.

▸ Libertà religiosa

**Le libertà religiosa**

All'art. 19, la Costituzione riconosce la **libertà religiosa,** sia ai cittadini sia a tutti gli individui che risiedono nel territorio italiano. Essa consiste nel diritto di manifestare o dichiarare la propria fede in qualsiasi forma, di farne propaganda, di praticarne il culto in privato (es. nella propria abitazione) o in pubblico (es. in chiesa), con l'unico limite del buon costume.

**Esempio:** un culto religioso, che prevedesse riti contrari alla pubblica decenza o alla morale sessuale corrente, non potrebbe essere ammesso nel nostro Paese.

Il valore e l'importanza di questa libertà possono essere compresi fino in fondo se si pensa alle guerre, alle stragi, alle discriminazioni, che si sono succedute nella storia tutte le volte che essa è stata negata.

**La libertà di manifestazione del pensiero**

L'art. 21 della Costituzione garantisce a tutti la **libertà di manifestazione del pensiero** "*con la parola, lo scritto e ogni altro mezzo di diffusione*" (radio, televisione, Internet), che include anche il diritto al silenzio, cioè ad astenersi da tale manifestazione (fatti salvi gli obblighi di legge, come la testimonianza in un processo). Questa libertà, negata da tutti i regimi dittatoriali, rappresenta uno dei più importanti diritti fondamentali ed è diretta espressione di ogni governo democratico.

**Censura:** è una forma di controllo esercitata dall'autorità pubblica, volta a verificare che mezzi di informazione o opere del pensiero non contengano elementi contrari alla morale corrente o all'ordine politico e sociale.

Essa si basa sulla libera circolazione delle idee e comprende il diritto di informare e quello dell'individuo di essere informato e di scegliere le fonti e i soggetti da cui ricevere le notizie.

Questo articolo, in particolare, prende in considerazione la stampa (principale mezzo di diffusione del pensiero nel 1948, all'epoca dell'emanazione della Costituzione), prevedendo che essa non possa essere soggetta a controlli preventivi (autorizzazioni o censure).

È ammesso solo il sequestro preventivo, in determinati casi stabiliti dalla legge e con atto motivato del giudice (salvo i casi di necessità e urgenza).

**Sequestro preventivo:** è una misura prevista dal nostro ordinamento che, in generale, va a limitare la libera disponibilità di una cosa, per evitare la commissione di un reato o per non aggravare le sue conseguenze.

**I limiti**

I **limiti** posti all'esercizio di tale libertà sono il buon costume e, in generale, il rispetto della libertà altrui. La libera manifestazione del pensiero, infatti, non può arrecare danno alla reputazione o all'onore delle altre persone.

**Esempio:** **nel nostro ordinamento, chi offende l'onore e il decoro di un'altra persona risponde del reato d'ingiuria, mentre chi offende l'altrui reputazione, comunicando con più persone, è responsabile del reato di diffamazione.**

▶ Libertà di manifestazione del pensiero

Ciò vale anche per le violazioni commesse per via telematica o informatica (es. offesa contenuta in una e-mail inviata al destinatario).

La tutela dell'art. 21 Cost. si estende anche ai mezzi di comunicazione radiotelevisiva, strumenti di per sé idonei anche a condizionare il pensiero e le opinioni. Per questo motivo, il legislatore è intervenuto per regolare la materia con lo scopo di promuovere, a garanzia degli utenti, il pluralismo dell'informazione (evitando, ad esempio, di concentrare nelle mani di un unico proprietario le emittenti private).

**L'Autorità per le garanzie delle comunicazioni (Agcom)**

Nel nostro ordinamento, le funzioni di regolamentazione e vigilanza, nei settori delle telecomunicazioni, audiovisivi ed editoria, sono state affidate all'**Autorità per le garanzie delle comunicazioni** (Agcom).

Dentro il **diritto**

## La tutela della privacy in Italia

Nella Costituzione italiana manca una specifica norma a tutela della riservatezza (privacy). Gli unici riferimenti impliciti si ricavano dalle disposizioni a tutela delle libertà fondamentali, come la libertà di domicilio (art. 14 Cost.) e la segretezza della corrispondenza (art. 15 Cost.).

La prima Legge sulla privacy in Italia è stata approvata solo nel 1996 (L. n. 675/1996), sotto l'impulso del Trattato di Schengen del 1985 e alla Direttiva n. 95/46/CE del 1995. Il primo garantiva la libera circolazione delle persone e delle informazioni solo ai Paesi che avessero adottato idonee misure di protezione, per il trasferimento dei dati personali, e la seconda assicurava la tutela dei diritti e delle libertà fondamentali delle persone fisiche (es. diritto alla vita privata), con l'obbligo di recepimento entro 3 anni.

Nel 2003 è stato approvato il Codice della privacy (D.Lgs. n. 196/2003), che è entrato in vigore il 1° gennaio 2004, abrogando la precedente legge del 1996 e ampliando la tutela del diritto alla protezione dei dati personali. Con esso s'intende la pretesa di un soggetto di esercitare un controllo sui propri dati, comprensivo della possibilità di accesso e di rettifica dei medesimi.

Riguardo ai dati, il Codice della privacy distingue tra:

- dati personali, che sono le informazioni riferibili a qualsiasi persona fisica, anche se formate da suoni o immagini che la identificano, permettendo di differenziarla da tutti gli altri (es. il nome e il cognome, la fotografia, il numero di cellulare);
- dati sensibili, che riguardano la sfera più intima dell'interessato e sono idonei a rivelare, ad esempio, l'origine razziale ed etnica, le convinzioni religiose, l'adesione a partiti politici, lo stato di salute e la vita sessuale.

Questi ultimi dati sono soggetti a una disciplina più rigorosa e possono essere oggetto di trattamento solo con il consenso scritto dell'interessato e con l'autorizzazione preventiva del Garante per la protezione dei dati personali.

Nel maggio 2016, l'**Unione europea** ha approvato il cosiddetto "**Pacchetto protezione dati**", con l'intento di creare un complesso normativo comune a tutti i Paesi membri, in materia di tutela della riservatezza delle persone fisiche e della libera circolazione dei dati personali, cercando di contemperare i loro diritti con le esigenze del mercato. Esso si compone di:

- un **Regolamento europeo** (UE) n. 2016/679, direttamente applicabile in tutti gli Stati dell'Unione europea, dal 25 maggio 2018, affinché il diritto interno possa essere adattato alla nuova disciplina;
- una **Direttiva** 2016/680, in tema di attività di polizia e giustizia, in vigore dal 5 maggio 2016, da recepirsi entro due anni nel diritto interno di tutti i Paesi membri.

Il Regolamento andrà a sostituire il Codice della privacy, entrato in vigore nel 2004.

**Esercizio C) per l'apprendimento. Acquisisci ed interpreta l'informazione.**

**Completa la seguente tabella, scrivendo nell'ambito di quale libertà e di quale articolo della Costituzione rientrano gli esempi descritti.**

| ESEMPI | LIBERTÀ | ARTICOLI |
|---|---|---|
| Il diritto di Elisa di non vedersi aprire, dalla vicina di casa, la corrispondenza che il postino le recapita nella cassetta delle lettere. | Libertà ...................... | Art. ...... Cost. |
| Il diritto di Farouk di manifestare il proprio credo in pubblico. | Libertà ...................... | Art. ...... Cost. |
| Il diritto di Mario, che sta scontando in carcere una pena di cinque anni di reclusione, a non essere minacciato o torturato. | Libertà ...................... | Art. ...... Cost. |
| Il diritto di Francesca di lasciare temporaneamente l'Italia, per andare in vacanza con gli amici negli Stati Uniti d'America. | Libertà ...................... | Art. ...... Cost. |

# 4. Le libertà collettive

Le libertà collettive sono quelle riconosciute al singolo, nell'ambito di determinate formazioni sociali (es. associazioni sportive), che possono essere esercitate solo assieme ad altri soggetti.

**Esempio:** per fare una riunione c'è bisogno della partecipazione di più persone perché nessuno si riunisce da solo.

Questa tipologia di libertà riguarda il diritto di riunione e quello di associazione. Entrambi presuppongono la partecipazione di più soggetti, ma nel primo caso si tratta di un incontro temporaneo di più persone in un determinato luogo, per uno scopo di varia natura (**riunione**), mentre il secondo riguarda un'organizzazione stabile d'individui, costituita per svolgere insieme una certa attività diretta alla realizzazione di uno o più fini (**associazione**).

▸ Libertà di riunione

La libertà di riunione

L'art. 17 della Costituzione disciplina la **libertà di riunione**, riconoscendo a tutti i cittadini "il diritto di riunirsi pacificamente e senza armi".

Si distinguono riunioni:

- in **luogo privato**, alle quali è previsto l'accesso solo a determinate persone (es. abitazione);
- in **luogo aperto al pubblico**, dove per partecipare è necessario essere invitati o pagare un biglietto (es. stadio, cinema, teatro);
- in **luogo pubblico**, nelle quali è ammesso l'accesso di tutti (es. strada, piazza).

Solo in quest'ultimo caso è richiesto un preavviso all'autorità di pubblica sicurezza che può vietare la riunione solo per comprovati motivi di sicurezza o di incolumità pubblica.

**Esempio:** la sfilata in una piazza di uno stilista emergente può essere vietata agli organizzatori, perché coincide con la festa del Santo patrono. Tale evento, infatti, richiamerebbe un numero eccessivo di persone che si sommerebbero alla cittadinanza in festa, impedendo all'autorità di pubblica sicurezza di vigilare e di mantenere l'ordine pubblico.

La libertà di associazione

L'art. 18 della Costituzione garantisce la più ampia **libertà di associazione**, senza necessità di autorizzazione, vietando solo:

- le **associazioni** che perseguono **fini vietati** ai singoli **dalla legge penale** (es. un'associazione a delinquere specializzata in furti di ogni tipo);
- le **associazioni segrete**, perché tenendo nascoste finalità, attività e nomi dei componenti impediscono allo Stato di esercitare su di esse un controllo di liceità;
- le **associazioni** che perseguono, anche indirettamente, **scopi politici con organizzazioni di carattere militare** (es. corpi, reparti o nuclei organizzati gerarchicamente e impiegati in azioni di violenza o di minaccia).

▶ Associazione di piccoli proprietari

Diretta espressione di questo tipo di libertà sono anche la libertà di associazione sindacale (art. 39 Cost.) e la libertà di associarsi in partiti politici (art. 49 Cost.), regolate rispettivamente dalla Costituzione all'interno dei "Rapporti economici" e dei "Rapporti politici", di cui si tratterà in questo modulo, nell'unità di apprendimento n.3

■ **Esercizio D) per l'apprendimento. Comunica (rappresenta).**
**Completa la seguente mappa concettuale.**

**LIBERTÀ DI RIUNIONE (art. ......... Cost.)**

- **IN LUOGO ..................................** **(es. a casa di Marco)**
- **IN LUOGO APERTO AL ..............................** **(es. spettacolo teatrale)**
- **IN LUOGO ..................................** **(es. concerto in una piazza)**

## 5. I doveri dei cittadini

A qualsiasi diritto corrisponde un dovere perché la pretesa, riconosciuta dallo Stato a un soggetto, presuppone il dovere di tutti gli altri di far sì che questa possa essere esercitata.

**Esempio: Emanuele ha un diritto di proprietà sul suo motorino e chiunque ha il dovere di non rubarlo o danneggiarlo; Gianluca, impiegato, ha il diritto nei confronti dello Stato di essere curato, se malato, o di ricevere la pensione, al raggiungimento di una certa età, ma ha anche il dovere di pagare i tributi per contribuire alle spese pubbliche, affinché lo Stato possa continuare a erogare queste prestazioni.**

▶ Dovere di pagare le tasse

I doveri inderogabili

L'art. 2 della Costituzione rappresenta la norma generale che, accanto al riconoscimento dei diritti inviolabili, richiede l'adempimento dei **doveri inderogabili** (ai quali cioè è impossibile sottrarsi) di solidarietà politica, economica e sociale.
L'utilizzo del termine "solidarietà" nel-

la Costituzione non è casuale, poiché con esso s'intende sottolineare il rapporto di condivisione dei medesimi fini e di collaborazione reciproca che lega i membri di una comunità, senza il quale la società stessa è destinata a entrare in crisi.

▸ Dovere di votare

**Il dovere al lavoro**

Il primo tra i doveri previsti dalla Costituzione è il **dovere al lavoro**, indicato nell'art. 4 dei principi fondamentali, che richiede lo svolgimento di un'attività o di una funzione con la quale contribuire al progresso materiale o spirituale della società.

**I doveri sociali**

Nell'ambito dei "Rapporti etico-sociali", nell'art. 30 Cost., è previsto il **dovere dei genitori di mantenere, istruire ed educare i figli.**

**I doveri politici**

All'interno dei "Rapporti politici", all'art. 48 Cost., è regolato il **dovere di votare**, riservato al cittadino per partecipare alla vita politica del Paese e scegliere i propri rappresentanti, al quale fanno seguito:

- il **dovere di difendere la Patria** (art. 52 Cost.), in base al quale il cittadino è tenuto a proteggere l'integrità territoriale e l'indipendenza della Repubblica italiana. Da questo dovere, fino a poco tempo fa, discendeva l'obbligo del servizio militare per i cittadini maschi, sospeso dal 2005 e trasformato in servizio volontario e professionale, esteso anche alle donne;
- il **dovere di pagare i tributi** (somme di denaro) (art. 53 Cost.), imposti dallo Stato, secondo il quale tutti sono tenuti a concorrere alle spese pubbliche (scuola, sanità, sicurezza, trasporti), in base alla loro capacità contributiva, costituita dal livello di reddito di un soggetto. Il sistema tributario è basato su criteri di progressività, nel senso che chi ha un reddito più alto è tenuto a contribuire in misura maggiore rispetto a chi ne ha uno più basso;
- il **dovere di essere fedeli alla Repubblica** (art. 54 Cost.), in base al quale tutti i cittadini devono rispettare le regole della democrazia, ossia i valori e i principi su cui essa si fonda, oltre alle disposizioni costituzionali e alle leggi dello Stato. Coloro che esercitano funzioni pubbliche (es. giudici o altri operatori giuridici, funzionari) hanno anche il dovere di agire "con disciplina ed onore", nel senso che devono mantenere una condotta limpida e trasparente. Tali soggetti, nei casi stabiliti dalla legge (es. il Presidente della Repubblica dopo la sua elezione), devono prestare giuramento, manifestazione solenne della loro devozione allo Stato.

| DOVERI NELLA COSTITUZIONE | |
|---|---|
| Art. 2 Cost. | NORMA GENERALE: richiede l'adempimento dei doveri inderogabili di solidarietà politica, economica e sociale. |
| Art. 4 Cost. | DOVERE di lavorare. |
| Art. 30 Cost. | DOVERE di mantenere, istruire ed educare i figli. |
| Art. 48 Cost. | DOVERE di votare. |
| Art. 52 Cost. | DOVERE di difendere la patria. |
| Art. 53 Cost. | DOVERE di pagare i tributi. |
| Art. 54 Cost. | DOVERE di fedeltà alla Repubblica. |

Dentro il **diritto**

## Che cosa succede a chi non vota?

Un tempo, i cittadini che non andavano a votare per le elezioni del Parlamento erano sanzionati (D.P.R. n. 361 del 30 marzo 1957 – Testo Unico delle leggi elettorali). In particolare, chi si asteneva dal voto doveva darne giustificazione al Sindaco e in mancanza di essa il suo nome era esposto per un mese nell'albo comunale e, per cinque anni, la menzione "non ha votato" era inserita nei certificati di buona condotta (richiesti, ad esempio, in alcuni concorsi pubblici).

Queste sanzioni, oggi, non sono più in vigore, perché la norma del Testo Unico che le prevedeva (art. 115) è stata abrogata nel 1993. Resta che si tratta di un dovere civico, ossia un dovere del cittadino di solidarietà politica, non soggetto, tuttavia, ad alcuna sanzione.

■ **Esercizio E) per l'apprendimento. Agisci in modo autonomo e responsabile.**

**Nel 1998 è stato approvato lo "Statuto delle studentesse e degli studenti della scuola secondaria" (DPR 24 giugno 1998, n. 249), modificato nel 2007 (DPR 21 novembre 2007, n. 235), che definisce regole certe, garantisce i diritti degli studenti e chiede il rispetto di doveri e assunzioni di responsabilità. Dopo aver consultato, a titolo di esempio, il testo reperibile sul sito del libro, prova a elaborare, autonomamente o in gruppo, una "Carta dei diritti e dei doveri", da far valere all'interno della tua classe.**

**Statuto delle studentesse e degli studenti della scuola secondaria**

Hai capito? Hai dei dubbi?

## Ripassiamo insieme

**Che cosa sono i DIRITTI FONDAMENTALI?**
Sono quei diritti che sono:
- universali, ossia riconosciuti e garantiti a tutti;
- inviolabili, perché non possono essere violati e nessuno può esserne privato;
- inalienabili, nel senso che non possono essere venduti;
- indisponibili, ai quali cioè nessuno può rinunciare.

**Quali sono i DIRITTI REGOLATI DALLA PARTE I DELLA COSTITUZIONE?**
Sono molti dei diritti definiti "fondamentali" e in generale si tratta di:
- diritti civili, che sono quelli che sono stati riconosciuti per primi e che riguardano le principali libertà riconosciute a ciascun individuo nei confronti dell'autorità statale;
- diritti politici, che prevedono la partecipazione attiva del cittadino alla vita e all'organizzazione dello Stato;
- diritti sociali che prevedono il riconoscimento di pretese e servizi ritenuti indispensabili, mediante l'intervento dei poteri pubblici;
- diritti economici che riguardano le risorse disponibili e la distribuzione dei prodotti.

**Che cosa s'intende per LIBERTÀ INDIVIDUALI e LIBERTÀ COLLETTIVE?**
- Le libertà individuali sono garantite a ciascun individuo, in quanto essere umano o cittadino (es. libertà di domicilio);
- le libertà collettive sono riconosciute al singolo in qualità di membro di una determinata formazione sociale (es. libertà di associazione).

**Che cos'è la LIBERTÀ PERSONALE?**
È regolata dall'art. 13 Cost. ed è il presupposto per l'esercizio di tutti gli altri diritti. Comprende la libertà fisica e morale della persona e il conseguente diritto di ciascuno a non subire coercizioni o pressioni di alcun tipo. Tuttavia, poiché non può compromettere la libertà altrui, la Costituzione consente limitazioni per atto motivato del giudice e nei soli casi e modi previsti dalla legge, salvo i casi di necessità e urgenza.

**Che cos'è la LIBERTÀ DI DOMICILIO?**
È disciplinata dall'art. 14 Cost. e rappresenta un diritto soggettivo riconosciuto a tutti (cittadini, stranieri, apolidi, associazioni). Essa è da intendersi come:
- diritto di ammettere o escludere dal proprio domicilio un'altra persona;
- diritto alla riservatezza su ciò che si compie all'interno del domicilio.

Sono previste limitazioni alla libertà di domicilio solo nei casi e nei modi stabiliti per la tutela della libertà personale.

**Che cosa s'intende per LIBERTÀ e SEGRETEZZA DELLA CORRISPONDENZA?**
La tutela prevista dall'art. 15 Cost. si estende a tutti e a ogni forma di comunicazione (lettere, telegrammi, conversazioni telefoniche, posta elettronica) che non può essere limitata e di cui non è lecito conoscerne il contenuto segreto. Può essere limitata per atto motivato dal giudice, nei casi previsti dalla legge.

**Che cos'è la LIBERTÀ DI CIRCOLAZIONE E DI SOGGIORNO?**
È regolata dall'art. 16 Cost. ed è prevista per qualunque parte del territorio nazionale. Non sono ammesse limitazioni per ragioni di sanità e di sicurezza stabiliti dalla legge. Questa libertà prevede anche che il cittadino possa uscire e rientrare nel territorio nazionale, purché sia in possesso di un valido documento di riconoscimento. Tale diritto è esteso ai cittadini degli Stati membri dell'Unione Europea.

**Che cos'è la LIBERTÀ RELIGIOSA?**
È garantita dall'art. 19 Cost. sia ai cittadini sia a tutti gli individui che risiedono nel territorio italiano e consiste nel diritto di manifestare o dichiarare la propria fede in qualsiasi forma, di farne propaganda, di praticarne il culto in privato o in pubblico, con l'unico limite del buon costume.

**Che cos'è la LIBERTÀ DI MANIFESTAZIONE DEL PENSIERO?**
È riconosciuta dall'art. 21 Cost. che prevede che tutti possano manifestare liberamente il proprio pensiero con la parola, lo scritto e ogni altro mezzo di diffusione, che include anche il diritto al silenzio, cioè ad astenersi da tale manifestazione. I limiti posti all'esercizio di questa libertà sono il buon costume e, in generale, il rispetto della libertà altrui.

**Com'è regolata la LIBERTÀ DI RIUNIONE?**
È disciplinata dall'art. 17 della Costituzione ed è riconosciuta a tutti i cittadini, a condizione che avvenga in modo pacifico e senza armi. Si distinguono riunioni:
- in luogo privato, alle quali è previsto l'accesso solo a determinate persone (es. abitazione);
- in luogo aperto al pubblico, dove per partecipare è necessario essere invitati o pagare un biglietto (es. stadio, cinema, teatro);
- in luogo pubblico, nelle quali è ammesso l'accesso di tutti (es. strada, piazza).

**Com'è disciplinata la LIBERTÀ DI ASSOCIAZIONE?**
È prevista dall'art. 18 della Costituzione che ne garantisce il più ampio esercizio, senza necessità di autorizzazione, vietando solo:
- le associazioni che perseguono fini vietati ai singoli dalla legge penale;
- le associazioni segrete;
- le associazioni che perseguono, anche indirettamente, scopi politici con organizzazioni di carattere militare.

**Quali sono i principali DOVERI PREVISTI DALLA COSTITUZIONE?**
Essi sono:
- dovere di lavorare (art. 4 Cost.);
- dovere dei genitori di mantenere, istruire ed educare i figli (art. 30 Cost.);
- dovere di votare (art. 48 Cost.);
- dovere di difendere la Patria (art. 52 Cost.);
- dovere di pagare i tributi (art. 53 Cost.);
- dovere di essere fedeli alla Repubblica (art. 54 Cost.).

Per una didattica inclusiva:

## Parole chiave

**DIRITTI E LIBERTÀ FONDAMENTALI** →
- Diritti civili
- Diritti politici
- Diritti sociali
- Diritti economici

**LIBERTÀ FONDAMENTALI** →
- Libertà personale
- Libertà di domicilio
- Libertà di corrispondenza
- Libertà di circolazione e di soggiorno
- Libertà di religione
- Libertà di manifestazione del pensiero

**LIBERTÀ COLLETTIVE** →
- Libertà di riunione
- Libertà di associazione

**DOVERI DEI CITTADINI** →
- Dovere di lavorare
- Dovere di mantenere, istruire, educare i figli
- Dovere di votare
- Dovere di difendere la patria
- Dovere di pagare i tributi
- Dovere di essere fedeli alla Repubblica

## CLIL

### Personal freedom

The first part of the Italian Constitution regulates the basic rights of citizens, including also the **civil rights**, referring to the most important freedoms on which each modern democratic State is based.
The **personal freedom** is the first one to be regulated by the Constitution because it is considered to be the prerequisite for the exercise of all the other rights. It is guaranteed to any person, as human being, citizen or foreigner, and its protection includes the physical and moral freedom of the person. Personal freedom does not admit any form of restriction such as, for instance, detention or body search, even if it cannot compromise in any case others' freedom. It can be limited only if a **judge** states the reasons for his decision and only in cases and modes provided by **law**. The State condemns any physical or moral violence also with regard to persons already subject to measures that limit the freedom, such as convicts.

**Exercise. Complete the sentences with the missing words.**

1. Civil rights, such as the ............ ..............., the freedom of movement or of the thought expression, are those ones that have been acknowledged first by the .......... authority.
2. As personal freedom, also ........... ............... or freedom of domicile are acknowledged to all persons, citizens or ...............

*(religious freedom, foreigners, State, personal freedom)*

# Verifica delle competenze

- Livello BASE: ✪ (Punteggio totale: 12)
- Livello INTERMEDIO: ✪✪ (Punteggio totale: 60)
- Livello AVANZATO: ✪✪✪ (Punteggio totale: 28)

## ✪ Esercizio 1). Impara ad imparare.

**Scelta multipla: evidenzia la risposta esatta. Il paragrafo indicato nella parentesi è quello su cui devi riflettere (2 punti per ciascuna scelta corretta).**

**1.** **È una libertà collettiva (Par. n. 2):**
a. libertà personale
b. libertà di corrispondenza
c. libertà di associazione
d. libertà di circolazione e di soggiorno

**2.** **I diritti fondamentali sono (Par. n. 1):**
a. universali
b. limitabili in qualsiasi momento
c. riservati a pochi
d. diritti a cui si può rinunciare

**3.** **La Costituzione italiana vieta le associazioni (Par. n. 4):**
a. sportive
b. segrete
c. politiche
d. culturali

**4.** **La libertà religiosa è soggetta all'unico limite (Par. n. 3):**
a. della buona fede
b. della cittadinanza
c. del buon costume
d. della diligenza

**5.** **Necessitano del preavviso all'autorità di pubblica sicurezza le riunioni (Par. n. 4):**
a. in luogo privato
b. in luogo pubblico
c. in luogo aperto al pubblico
d. in luogo delimitato da confini

**6.** **Non è un dovere previsto dalla Costituzione (Par. n. 5):**
a. difendere la patria
b. pagare le tasse
c. votare
d. candidarsi alle elezioni

**Punti: ..../12**

## ✪✪ Esercizio 2). Individua collegamenti e relazioni.

**Collega ciascun numero alla lettera corrispondente (3 punti per ciascun collegamento esatto).**

1. Libertà personale
2. Atto motivato
3. Libertà di associazione
4. Diritto di proprietà
5. Preavviso all'autorità
6. Pagare le tasse
7. Diritto di difesa
8. Diritto fondamentale

a. Dovere
b. Diritto a manifestare liberamente il proprio pensiero
c. Riunione in luogo pubblico
d. Libertà collettiva
e. Libertà giurisdizionale
f. Diritto economico
g. Libertà individuale
h. Giudice

| 1 | 2 | 3 | 4 | 5 | 6 | 7 | 8 |
|---|---|---|---|---|---|---|---|
| A | C | D | E | F | G | H | e |

**Punti: ..../24**

## ✪✪ Esercizio 3). Acquisisci ed interpreta l'informazione.

**Indica se le seguenti affermazioni sono vere o false, motivando la risposta (3 punti per ciascuna risposta esatta).**

| | | V | F |
|---|---|---|---|
| **1.** | I "Diritti e doveri dei cittadini" sono contenuti nella Parte II della Costituzione<br>Perché ................................................ | ☐ | ☐ |
| **2.** | La libertà personale non può mai essere limitata<br>Perché ................................................ | ☐ | ☐ |
| **3.** | Il diritto alla salute è un diritto fondamentale<br>Perché ................................................ | ☐ | ☐ |
| **4.** | Tutte le religioni sono ammesse nel nostro Stato, anche se vanno contro la legge<br>Perché ................................................ | ☐ | ☐ |
| **5.** | Tutti i cittadini hanno il dovere di votare<br>Perché ................................................ | ☐ | ☐ |
| **6.** | Il nostro ordinamento giuridico vieta la tortura<br>Perché ................................................ | ☐ | ☐ |

**Punti: ..../18**

## ✪✪ Esercizio 4). Comunica (rappresenta).

**Completa la mappa concettuale che segue (3 punti per ciascun completamento esatto).**

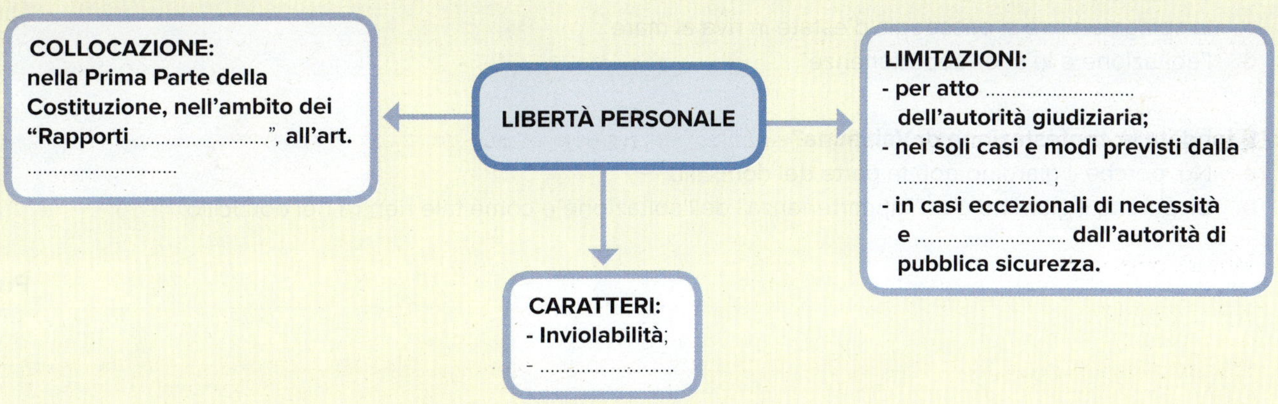


**Punti: ..../18**

## ✪✪✪ Esercizio 5). Comunica (comprendi).

**Rispondi alle seguenti domande (4 punti per ciascuna risposta esatta).**

1. Com'è regolata la libertà personale nella nostra Costituzione? (Par. n. 2)
2. Indica e spiega le libertà collettive. (Par. n. 4)
3. Quali sono i principali doveri dei cittadini? (Par. n. 5)

**Punti: ..../12**

■ ✪✪✪ **Esercizio 6). Risolvi i problemi.**

**Analizza il caso e rispondi ai quesiti a risposta multipla (4 punti per ogni scelta multipla).**

Alberto e Valentina sono stati sposati per cinque anni, durante i quali non hanno avuto figli ma hanno condiviso molti interessi e passioni, tra cui quella per gli animali. Al momento della separazione, Axel, il cane di Valentina, ricevuto in dono dal marito per il primo anniversario di matrimonio, è rimasto con lei nella casa coniugale. Una notte, Alberto si introduce nel giardino dell'abitazione della moglie separata, senza il suo consenso, per rivedere Axel che inizia a saltare e ad abbaiare, svegliando l'intero vicinato. Valentina sorpresa, terribilmente spaventata e furibonda per l'accaduto, chiama la Polizia denunciando l'avvenuta violazione della sua libertà di domicilio, a norma dell'art. 14 della Costituzione. Alberto si giustifica affermando che il fatto illecito contestato non sussiste perché non si tratta dell'abitazione, ma solo del giardino. Chi ha ragione?

1. **Che cosa prevede la tutela dell'art. 14 della Costituzione?**
   a. il diritto di ammettere ma non di escludere un'altra persona dal proprio domicilio
   b. il diritto alla riservatezza su ciò che si compie fuori dal proprio domicilio.
   c. sia il diritto di ammettere sia quello di escludere qualcuno dal proprio domicilio

2. **Che cosa intende proteggere questa norma?**
   a. il diritto a manifestare liberamente il proprio pensiero
   b. la sicurezza e la tranquillità dei luoghi in cui si svolge la propria vita
   c. la libertà di associazione
   d. Il dovere di essere solidali con le persone in difficoltà

3. **Rientra nella nozione di "domicilio":**
   a. solo l'abitazione
   b. una bicicletta
   c. la spiaggia dove si passeggia d'estate in riva al mare
   d. l'abitazione e le sue "appartenenze"

4. **È fondata la contestazione di Valentina?**
   a. No, perché il giardino non fa parte del domicilio
   b. Sì, perché il giardino è un'"appartenenza" dell'abitazione e come tale rientra nel domicilio

**Punti: ..../16**

**Calcola il punteggio totale conseguito e assegnati la valutazione a esso corrispondente:**

| Tabella di autovalutazione | |
|---|---|
| ☐ 100-87 | **A** Lavoro eccellente. |
| ☐ 86-67 | **B.** Lavoro buono. |
| ☐ 66-47 | **C.** Lavoro adeguato. |
| ☐ 46-2 | **D.** Lavoro da migliorare. |

# UdA 2 I DIRITTI DELLA FAMIGLIA E I DIRITTI SOCIALI

## 1. La tutela dei diritti sociali nella Costituzione

I diritti sociali

I **diritti sociali** consistono nella pretesa del cittadino di ricevere determinate prestazioni dallo Stato a lui riconosciute non solo come individuo, ma come persona appartenente a formazioni sociali e dunque membro della comunità sociale (da cui la denominazione di diritti sociali).

▸ Diritto sociale: diritto al lavoro

I "Rapporti etico-sociali"

La maggior parte di questi diritti è regolata nel Titolo II della Parte prima della Costituzione, nell'ambito dei **"Rapporti etico-sociali"**, dove troviamo, in particolare, i diritti della famiglia, il diritto alla salute, il diritto all'istruzione.

La Costituzione italiana si preoccupa di eliminare le disuguaglianze e di garantire i diritti sociali a tutti i cittadini.

**Esempio: lo Stato agevola con misure economiche e altre provvidenze le famiglie numerose; garantisce cure gratuite agli indigenti (poveri); attribuisce per concorso borse di studio o assegni agli studenti capaci e meritevoli, ma privi dei mezzi necessari.**

Gli articoli più importanti che riconoscono tali diritti sono:

- l'art. 2 Cost., che riconosce e garantisce i diritti inviolabili dell'uomo, sia come singolo sia nelle formazioni sociali dove si svolge la sua personalità;
- l'art. 3 Cost., che stabilisce il principio di uguaglianza sia formale sia sostanziale, in base al quale tutti i cittadini sono uguali davanti alla legge e spetta allo Stato creare le condizioni affinché questo diritto diventi effettivo;
- l'art. 29 Cost., che riconosce i diritti della **famiglia** come società naturale;
- l'art. 32 Cost., che garantisce il diritto alla **salute** come fondamentale diritto dell'individuo ed interesse della collettività;
- l'art. 34 Cost., che specifica il diritto allo studio e l'accesso all'**istruzione** per tutti.

▸ Diritti della famiglia

**Esercizio A) per l'apprendimento. Individua collegamenti e relazioni.**
**Cerca l' estraneo, evidenziandolo nel testo.**

1. Diritti sociali, salute, diritti politici, istruzione.
2. Diritti della famiglia, diritto di associazione, diritto alla salute, diritto all'istruzione.
3. Parte prima, Costituzione, Parte seconda, rapporti etico sociali.
4. Art. 29 Cost., art. 34 Cost., art. 32 Cost., art. 13 Cost.

## 2. La famiglia come prima formazione sociale

▸ Famiglia

La **famiglia** è un insieme di persone legate da vincoli di sangue, affetto e collaborazione, e il luogo dove le nuove generazioni apprendono modelli educativi e culturali.
Essa costituisce la prima e più importante formazione sociale in cui le relazioni tra i componenti sono disciplinate dal diritto e, che, secondo la nostra Costituzione, si fonda sul matrimonio.

Afferma, infatti, l'art. 29 della **Costituzione**:
"La Repubblica riconosce i diritti della famiglia come società naturale fondata sul matrimonio.
Il matrimonio è ordinato sull'uguaglianza morale e giuridica dei coniugi, con i limiti stabiliti dalla legge a garanzia dell'unità familiare".

**La famiglia legittima**

La famiglia è, quindi, una "società naturale fondata sul matrimonio", ossia un'organizzazione sociale originaria, preesistente alla nascita dello Stato, basata sul matrimonio e proprio per questo motivo definita **famiglia legittima**.

Fino a poco tempo fa, il formale riconoscimento dei diritti familiari era riservato solo a tale tipologia di famiglia, alla quale lo Stato accorda la propria preferenza, attraverso l'esplicito riconoscimento contenuto nell'articolo 29 Cost..

Le ragioni di questa scelta sono dovute alla certezza e alla stabilità del rapporto giuridico, che ha come conseguenza, per legge, un'identica tutela per tutti i soggetti che la compongono (coniugi), che si assumono reciproci diritti e doveri all'interno del matrimonio e nei confronti dell'intera collettività.

**Esempio: il diritto agli alimenti; il diritto ad ereditare i beni o a percepire una parte della pensione del coniuge defunto; il dovere di fedeltà.**

**Le nuove forme familiari**

Dal 2016, accanto alla famiglia legittima, il legislatore ha introdotto e disciplinato nel nostro ordinamento giuridico (L. n. 76/2016) due **nuove forme familiari**, diverse dal matrimonio:

- l'**unione civile** tra due persone maggiorenni dello stesso sesso;
- la **convivenza di fatto** tra due persone maggiorenni di sesso diverso o dello stesso sesso, unite stabilmente da legami affettivi di coppia o di reciproca assistenza morale e materiale, non vincolate da rapporti di parentela, affinità o adozione, da matrimonio o unione civile.

▸ Convivenza di fatto

**L'unione civile**

L'**unione civile** si costituisce, alla presenza di due testimoni, mediante dichiarazione di fronte all'Ufficiale di stato civile che provvede alla registrazione nell'archivio dello stato civile.
Con questa forma familiare le parti acquistano reciproci diritti e doveri, che coincidono solo in parte con quelli nascenti dal matrimonio.

**Esempio: all'unione civile sono estesi l'obbligo di assistenza morale e materiale, l'obbligo di contribuire ai bisogni comuni, in relazione alle proprie sostanze; al contrario, non è previsto l'obbligo di fedeltà ed è preclusa la possibilità di adozione.**

**La convivenza di fatto**

La **convivenza di fatto** ha inizio con la "stabile convivenza", che risulta dalla dichiarazione anagrafica. Ai conviventi di fatto sono riconosciuti solo alcuni dei diritti spettanti al coniuge.

**Esempio: il diritto reciproco di visita, di assistenza e di accesso alle informazioni personali, in caso di malattia o di ricovero; il diritto di subentrare nel contratto di locazione nella casa di comune residenza; il diritto al risarcimento del danno per morte del convivente di fatto, derivante dal fatto illecito di un terzo.**

### ■ Esercizio B) per l'apprendimento. Impara ad imparare.

**Dopo aver individuato gli errori, riscrivi le frasi correttamente.**

1. Il matrimonio è fondato sulle differenze morali e giuridiche dei coniugi.
   ..................................................
   ..................................................
2. Secondo l'art. 29 della Costituzione, la famiglia è una società naturale non necessariamente fondata sul matrimonio.
   ..................................................
   ..................................................
3. La convivenza di fatto è frutto dell'unione di persone legate da vincoli giuridici.
   ..................................................
   ..................................................

## 3. Il matrimonio e le sue forme

**I diritti e i doveri**

Con il **matrimonio**, due persone di sesso diverso danno vita ad una comunione spirituale e materiale, riconosciuta dall'ordinamento giuridico, assumendosi reciprocamente **diritti e doveri,** che sono contenuti nel codice civile (artt. 143, 144 e 147 c.c.) e che prevedono l'obbligo di:

- **fedeltà** (assenza di relazioni extraconiugali);
- **assistenza morale e materiale** (aiuto patrimoniale e psicologico all'altro coniuge);
- **coabitazione** (convivenza sotto lo stesso tetto, anche se, in realtà, oggi i coniugi possono stabilire residenze separate);
- **collaborazione** (contributo di entrambi i coniugi, secondo le proprie capacità contributive e lavorative, alla gestione della vita familiare);
- **mantenimento, istruzione ed educazione dei figli** (contributo di entrambi i coniugi alla cura e all'istruzione dei figli).

**Atto di matrimonio:** è un documento redatto con particolari formalità, da un ufficiale dello Stato civile (Sindaco) o da un ministro del culto (sacerdote), che contiene la dichiarazione degli sposi di voler costituire una famiglia.

**Le forme di celebrazione**

Le **forme di celebrazione** del matrimonio ammesse nel nostro ordinamento sono:

**Matrimonio concordatario:** è definito tale perché regolato da un accordo tra lo Stato e la Chiesa cattolica, stipulato nel 1929 con la firma dei Patti Lateranensi, in seguito modificati dal Concordato del 1984.

**Diritto canonico:** è l'insieme delle norme prodotte dalla Chiesa cattolica, dirette a regolare la propria attività e i rapporti con i fedeli.

- **matrimonio civile**, celebrato dal Sindaco o da una persona da lui delegata, che è interamente regolato dal codice civile e produce solo effetti civili;
- **matrimonio concordatario**, celebrato da un ministro del culto cattolico (es. sacerdote), che produce effetti oltre che religiosi anche civili, a seguito della trascrizione dell'atto di matrimonio nei registri dello stato civile;
- **matrimonio canonico**, celebrato da un ministro del culto cattolico, che è un atto esclusivamente religioso, disciplinato dal diritto canonico e non ha valore per lo Stato;

▸ Matrimonio civile

▸ Matrimonio canonico

- **matrimonio religioso diverso da quello cattolico** (acattolico), celebrato da un ministro di un culto acattolico (es. l'Unione delle comunità ebraiche, la Chiesa Evangelica Luterana) che è ammesso dallo Stato italiano e produce effetti civili.

**La riforma del diritto di famiglia del 1975**

Fondamento del matrimonio è l'"*uguaglianza morale e giuridica dei coniugi*" (art. 29 Cost.) che è stata attuata solo con la **Riforma del diritto di famiglia del 1975**, che ha modificato il codice civile del 1942, in conformità ai nuovi rivoluzionari principi introdotti dalla Costituzione in materia.

Dentro il **diritto**

### Requisiti per contrarre matrimonio

Essi sono:

- diversità di sesso per gli sposi;
- maggiore età (diciotto anni, salvo eccezioni: es. minore emancipato);
- capacità di intendere e di volere;
- libertà di stato (non può contrarre matrimonio chi è già stato sposato e non ha ancora ottenuto il divorzio).

### Riforma del diritto di famiglia

È stata realizzata con la Legge n. 151 del 19 maggio 1975 che ha rivoluzionato l'assetto dei rapporti familiari, introducendo una serie di novità ispirate ai principi costituzionali, tra cui ricordiamo:

- la completa parificazione dei coniugi: il marito non è più il "capo famiglia" ed entrambi hanno gli stessi diritti e doveri nella conduzione familiare, compresi i relativi oneri patrimoniali in proporzione alle rispettive sostanze;
- la "potestà parentale" (ossia complesso dei diritti e dei doveri, esercitata nei confronti dei figli), riconosciuta ad entrambi i genitori ed esercitata di comune accordo, in sostituzione della precedente "patria potestà", riservata solo al padre;
- il diritto della moglie a conservare il proprio cognome;
- la comunione dei beni (in base alla quale i beni acquistati durante il matrimonio appartengono ad entrambi i coniugi in ugual misura) come regime patrimoniale legale del matrimonio che vige automaticamente, salvo disposizione contraria;
- la fissazione della residenza della famiglia di comune accordo, tenuto conto delle esigenze familiari;
- la sostanziale parificazione tra figli legittimi e figli naturali.

---

■ **Esercizio C) per l'apprendimento. Individua collegamenti e relazioni.**
**Cerca l' estraneo, evidenziandolo nel testo.**

1. Matrimonio civile, effetti religiosi, effetti civili, codice civile.
2. Matrimonio canonico, diritto canonico, sindaco, sacerdote.
3. Forme di matrimonio, concordatario, monoparentale, acattolico.
4. Matrimonio concordatario, matrimonio ebraico, matrimonio civile, convivenza.

---

## 4. La crisi del matrimonio: la separazione personale e il divorzio

▸ Separazione legale

**La separazione personale**

La **separazione personale** si ha quando i due coniugi decidono di interrompere la loro vita in comune, pur rimanendo marito e moglie. Essa si distingue in:

- **separazione legale**, ossia quella prevista dalla legge e che può essere:

- **giudiziale**, che può essere chiesta da uno o entrambi i coniugi nell'ipotesi in cui la convivenza sia diventata intollerabile o rechi grave pregiudizio ai figli ed è dichiarata con sentenza dal Tribunale;
- **consensuale**, quando i coniugi sono d'accordo nell'interrompere la convivenza e presentano un ricorso congiunto al Tribunale che approva la separazione con l'omologazione;

- **separazione di fatto**, quando i coniugi decidono di separarsi senza alcuna formalità, di comune accordo e senza l'intervento del giudice. Tale separazione non produce alcun effetto giuridico.

**Omologazione:** è l'approvazione da parte del Tribunale delle condizioni stabilite nella separazione consensuale, in assenza della quale la stessa non produce effetti. Può essere negata qualora sia in contrasto con l'interesse dei figli.

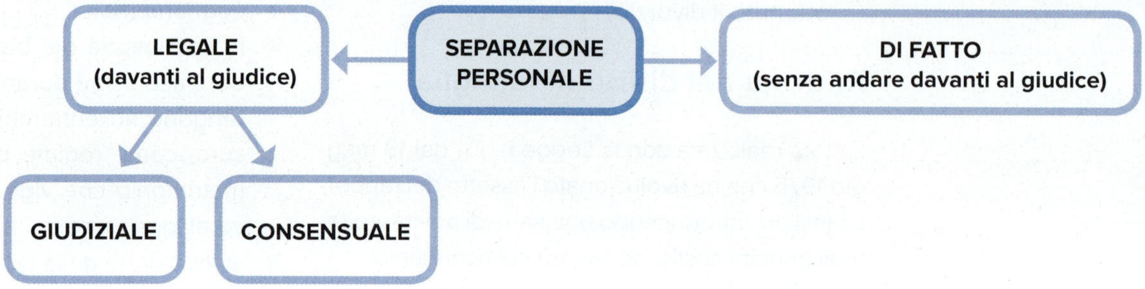


La separazione personale può rappresentare un semplice periodo di riflessione che riconduce i coniugi a una successiva riconciliazione o uno strumento previsto dal diritto per giungere alla definitiva cessazione degli effetti civili del matrimonio (divorzio).

**Il divorzio**

Il **divorzio** si ha quando la comunione spirituale e materiale dei coniugi non può essere mantenuta o ricostituita. Esso produce lo scioglimento del matrimonio civile e la cessazione degli effetti civili del matrimonio concordatario, che continuerà a mantenere i suoi effetti per la Chiesa (rispetto alla quale è necessario ottenere l'annullamento davanti ai Tribunali ecclesiastici).

La separazione personale e il divorzio a confronto

▶ Divorzio

Prima del 1970, anno in cui è stata introdotta la legge sul divorzio, lo scioglimento del matrimonio avveniva solamente con la morte di uno dei due coniugi, perché il vincolo del matrimonio era indissolubile. Oggi, al verificarsi di determinate condizioni stabilite dal legislatore (es. decorso di un certo periodo), è possibile porre fine definitivamente al rapporto coniugale.

**Il divorzio breve**

A partire dal maggio 2015, la cosiddetta legge sul "**Divorzio breve**" ha ridotto i tempi per la domanda di divorzio, fino a quel momento fissati dal legislatore in 3 anni dalla separazione legale. Il periodo minimo di separazione ininterrotta dei coniugi, richiesto oggi per procedere con il divorzio, è di 12 mesi in caso di separazione giudiziale e di 6 mesi in caso di separazione consensuale. Con la sentenza di divorzio marito e moglie non sono più coniugi e possono contrarre un nuovo matrimonio. Per entrambi, tuttavia, rimane l'obbligo di mantenere, istruire ed educare i figli fino a quando non abbiano conquistato l'indipendenza economica, indipendentemente dal raggiungimento della maggiore età.

A differenza del matrimonio, l'unione civile si scioglie direttamente tramite la manifestazione di volontà di volersi separare di una o di entrambe le parti, resa davanti all'Ufficiale dello stato civile. La domanda di divorzio può essere proposta trascorsi tre mesi da tale dichiarazione.

Dentro il **diritto**

## Riforma della procedura di separazione e di divorzio del 2014

Dal 2014 (L. n. 162/2014), i coniugi, in caso di separazione o di divorzio consensuale, possono raggiungere un accordo scritto, senza passare dal giudice, con l'aiuto di un avvocato (convenzione di negoziazione assistita), che ha gli stessi effetti di una sentenza del Tribunale. In alternativa, possono recarsi direttamente dall'Ufficiale dello stato civile del Comune di residenza per sottoscrivere un accordo, senza la presenza di un legale. Questa possibilità è riservata solo a coloro che non hanno figli minori, maggiorenni incapaci o economicamente non autosufficienti ovvero figli portatori di handicap grave.
Entrambe le procedure si applicano anche alle unioni civili.

**Affidamento condiviso.**
All'interno delle condizioni della separazione personale e del divorzio, il giudice decide dell'affidamento dei figli che, ai sensi dell'art. 155, comma 2, c.c., deve essere disposto "*con esclusivo riferimento all'interesse morale e materiale*" della prole.
Dal 2006 (Legge n. 54/2006), la regola generale in materia prevede che sia disposto l'affidamento condiviso, cioè ad entrambi i genitori che continuano ad esercitare la potestà sui figli (oggi "responsabilità genitoriale", dopo la L. n. 154/2013), con la possibilità di decidere disgiuntamente le questioni di minore interesse, con l'obbligo, invece, di concordare quelle di maggiore importanza. Il giudice, tuttavia, può indicare il genitore "collocatario", ossia quello presso il quale i figli vivono abitualmente. L'affidamento esclusivo a uno dei genitori è previsto, eccezionalmente, nei casi in cui il giudice ritenga che l'affidamento anche all'altro sia contrario all'interesse del minore.

■ **Esercizio D) per l'apprendimento. Comunica (comprendi).**
**Completa la seguente tabella, inserendo le definizioni corrette e individuando il concetto nascosto nella colonna evidenziata.**

| | | | | | | | | | | | | | | | | | |
|---|---|---|---|---|---|---|---|---|---|---|---|---|---|---|---|---|---|
| 1 | | | | | F | | | | | | | | | | | | |
| 2 | | | C | | | | F | | | | G | | | | | | |
| 3 | | | | D | | F | | | | | | | | | | | |
| 4 | | | | | N | | | | | | | | | | | | |
| 5 | | | | | | | | | | T | | | | | | | |
| 6 | | | | | | | | | U | | | | | | | | |
| 7 | | | | | | | | | | | E | | | | | | |
| 8 | S | | | | | T | | | | T | | | L | | | | |
| 9 | | | | | | | D | | | | | Z | | | | | |
| 10 | | | | | C | | | | | I | | | | | | | |

1. Ha prodotto nel 1975 il nuovo diritto di famiglia.
2. Il marito lo era prima della riforma.
3. È la separazione senza l'intervento del giudice.
4. È il matrimonio che fu regolato da un accordo tra Stato e Chiesa.
5. È la famiglia fondata sul matrimonio.
6. Costituisce il regime patrimoniale della famiglia.
7. È la separazione legale fatta di comune accordo dai coniugi.
8. È l'espressione con cui l'art. 29 Cost. definisce la famiglia.
9. Scioglie il vincolo matrimoniale.
10. Lo è il matrimonio celebrato da un ministro del culto cattolico.

# 5. I rapporti tra genitori e figli

L'art. 30 della Costituzione stabilisce che "*è dovere e diritto dei genitori, mantenere, istruire ed educare i figli, anche se nati fuori del matrimonio*".

▸ Rapporti genitori e figli

Fino al 2013, nel nostro ordinamento si distinguevano i figli in:

L'istituto dell'adozione

- *legittimi*, nati o adottati da genitori uniti in matrimonio;
- *naturali*, nati da genitori non uniti in matrimonio, la cui posizione giuridica era solo in parte equiparata a quella dei figli legittimi.

La responsabilità genitoriale

Dal 2013 il legislatore (D.Lgs. n. 154/2013) ha previsto che i figli siano tutti uguali con la stessa tutela giuridica, eliminando la precedente distinzione e stabilendo che nel codice civile si parli semplicemente di "**figli**".
Tuttavia, poiché è inevitabile che la nascita possa avvenire dentro o fuori dal matrimonio, qualora sia necessario far riferimento a tale circostanza, ha sostituito i termini "legittimo" e naturale" con le seguenti nuove espressioni:

**Figli adottati:** sono i minori che, trovandosi in stato di abbandono, sono assegnati dal Tribunale ad una famiglia idonea a svolgere il ruolo genitoriale.

"figlio legittimo" → "figlio nato nel matrimonio"

"figlio naturale" → "figlio nato fuori del matrimonio"

Il legislatore, inoltre, ritenendo ormai antiquata l'espressione "potestà genitoriale" l'ha sostituita con quella di "**responsabilità genitoriale**", che è il complesso dei diritti e dei doveri relativi al mantenimento, all'istruzione, all'educazione e alla cura degli interessi patrimoniali della prole. Essa è esercitata di comune accordo, tenendo conto delle capacità, delle inclinazioni naturali e delle aspirazioni dei figli.

▸ Responsabilità genitoriale

I diritti e i doveri dei figli

Il codice civile riconosce una serie di **diritti** a favore dei **figli**, come, ad esempio, quello di essere mantenuto, educato, istruito e assistito moralmente dai genitori o quello di crescere in famiglia, mantenendo rapporti significativi con i parenti.
Ai **figli** è richiesto esclusivamente il **dovere** di rispettare i genitori e di contribuire, in relazione alle proprie capacità, alle proprie sostanze e al proprio reddito, al mantenimento della famiglia finché convivono con essa.

Dentro il **diritto**

### Art. 315-bis. c.c. (1) Diritti e doveri del figlio

Il figlio ha diritto di essere mantenuto, educato, istruito e assistito moralmente dai genitori, nel rispetto delle sue capacità, delle sue inclinazioni naturali e delle sue aspirazioni.

Il figlio ha diritto di crescere in famiglia e di mantenere rapporti significativi con i parenti.

Il figlio minore che abbia compiuto gli anni dodici, e anche di età inferiore ove capace di discernimento, ha diritto di essere ascoltato in tutte le questioni e le procedure che lo riguardano.

Il figlio deve rispettare i genitori e deve contribuire, in relazione alle proprie capacità, alle proprie sostanze e al proprio reddito, al mantenimento della famiglia finché convive con essa.

(1) Articolo aggiunto dall'art. 1, L. 10 dicembre 2012, n. 219.

■ **Esercizio E) per l'apprendimento. Impara ad imparare.**
**Dopo aver individuato gli errori, riscrivi le frasi correttamente.**

1. Il padre deve mantenere, istruire ed educare i figli.
   ..........................................................................
   ..........................................................................
2. Nell'istruire i figli non è necessario tener conto delle loro capacità, inclinazioni naturali e aspirazioni.
   ..........................................................................
   ..........................................................................
3. Attualmente i figli si distinguono in figli legittimi e figli naturali.
   ..........................................................................
   ..........................................................................

## 6. La salute e l'istruzione

**Il diritto fondamentale alla salute**

L'art. 32 della Costituzione considera la **salute** come un "**diritto fondamentale** *dell'individuo ed interesse della collettività*". Essa rappresenta, quindi, sia un diritto individuale (del cittadino), riconosciuto e garantito come diritto "*inviolabile*" ai sensi dell'art. 2 Cost., sia un **diritto sociale** (della collettività).

▸ Tutela della salute

Lo Stato ha l'obbligo di tutelare entrambi questi diritti, garantendo: la salute fisica e psichica della persona; la salubrità dell'ambiente (es. con la tutela dall'inquinamento) e dei luoghi di lavoro (es. con la prescrizione di precise norme igieniche); gli interventi preventivi (es. l'educazione sanitaria o la prevenzione delle malattie professionali); gli interventi riabilitativi di qualsiasi natura (protesi ortopediche o presidi per non vedenti o ipovedenti).

**Il Servizio Sanitario Nazionale (SSN)**

Per attuare concretamente il principio del diritto alla tutela della salute, lo Stato si avvale del **Servizio Sanitario Nazionale** (SSN), istituito con la riforma sanitaria del 1978, che è costituito

**Azienda sanitaria locale (ASL):** è un ente strumentale della Regione, nel cui ambito operano strutture ospedaliere e sanitarie, che erogano ai cittadini i servizi e le prestazioni previste dal Servizio Sanitario Nazionale.

dall'insieme delle funzioni, delle strutture, dei servizi e delle attività rivolte alla promozione, al mantenimento e al recupero della salute fisica e psichica di tutta la popolazione.

▸ Assistenza sanitaria

L'assistenza sanitaria

Sia lo Stato sia le Regioni hanno il compito di organizzare il settore sanitario e di garantire l'**assistenza sanitaria** a tutti i cittadini attraverso una rete di servizi, che fanno capo alle Aziende Sanitarie Locali (ASL).

La scuola

La **scuola** è considerata uno strumento insostituibile per lo sviluppo della personalità.
L'art. 34 della Costituzione la definisce "*aperta a tutti*", nel senso che a ciascuno è riconosciuto il diritto all'istruzione.

L'istruzione obbligatoria

L'organizzazione scolastica statale prevede l'**istruzione obbligatoria** dai **sei** fino ai **sedici anni** d'età. Tuttavia, gli studenti che abbiano compiuto i quindici anni possono assolvere il periodo di formazione obbligatoria attraverso l'alternanza studio e lavoro, con periodi di apprendistato in imprese private ed enti pubblici. L'istruzione inferiore è gratuita.

L'art. 34 della Costituzione aggiunge che "*i capaci ed i meritevoli, anche se privi di mezzi, hanno il diritto di raggiungere i livelli più alti degli studi*" e tal fine lo Stato garantisce fino all'Università, ad esempio, borse di studio, sussidi ed assegni alle famiglie che non hanno le possibilità economiche di far continuare a studiare i figli.

La libertà di insegnamento

L'art. 33 della Costituzione sancisce la **libertà d'insegnamento**, laddove "*l'arte e la scienza sono libere e libero ne è l'insegnamento*", per cui ogni insegnante, nel rispetto dei programmi ministeriali, nell'ambito della sua disciplina, non è soggetto a vincoli di natura politica o religiosa o ideologica.
Attraverso tale libertà, il livello culturale e sociale degli allievi dovrebbe elevarsi sempre di più, favorito dal confronto delle idee e delle tesi diverse.

▸ Libertà di insegnamento

La Repubblica istituisce scuole statali per tutti gli ordini e gradi (scuola pubblica), ma anche "Enti e privati hanno il diritto di costituire scuole e istituti, senza oneri per lo Stato", cioè senza spese aggiuntive (scuola privata).

## Esercizio F) per l'apprendimento. Acquisisci ed interpreta l'informazione.

**La tabella sotto indicata, riportando i dati raccolti dall'Eurydice, rete d'informazione dell'Unione Europea sui sistemi educativi, rappresenta sinteticamente l'inizio e il termine dell'obbligo d'istruzione, nei diversi Stati della medesima Unione. Immagina di essere stato incaricato dal tuo insegnante di illustrare queste informazioni alla classe e, a tal fine, prepara una traccia sul quaderno che possa guidare la tua lezione, evidenziando:**

- l'età media di inizio e di fine dell'obbligo scolastico nei diversi Paesi Europei;
- la posizione dell'Italia rispetto al modello europeo prevalente di obbligo scolastico;
- la tua opinione riguardo alla scelta del sistema educativo italiano ed eventuali proposte di modifica.

| Età di INIZIO e di FINE dell'OBBLIGO SCOLASTICO nei Paesi dell'Unione Europea | | | |
|---|---|---|---|
| Belgio [1] | 6-18 | Lussemburgo | 4-16 |
| Bulgaria | 7-16 | Ungheria | 5-18 |
| Repubblica Ceca | 6-15 | Malta | 5-16 |
| Danimarca | 6-16 | Paesi Bassi | 5-18 |
| Germania [2] | 6-19 | Austria | 6-15 |
| Estonia | 7-16 | Polonia [3] | 6-18 |
| Irlanda | 6-16 | Portogallo | 6-18 |
| Grecia | 5-15 | Romania | 6-16 |
| Spagna | 6-16 | Slovenia | 6-15 |
| Francia | 6-16 | Slovacchia | 6-16 |
| Italia | 6-16 | Finlandia | 7-16 |
| Cipro | 4,5-15 | Svezi | 7-16 |
| Lettonia | 5-16 | Regno Unito | 5-16 |
| Lituania | 7-16 | | |

(1) L'obbligo d'istruzione è a tempo pieno fino ai 15 anni e a tempo parziale fino ai 18 anni.
(2) L'obbligo d'istruzione è a tempo pieno fino ai 16 anni e a tempo parziale fino ai 19 anni.
(3) L'obbligo d'istruzione è a tempo pieno fino ai 16 anni e a tempo parziale fino ai 18 anni.

*Fonte: Eurydice 2012, con adattamenti.*

Hai studiato per la verifica? Serve aiuto?

## Ripassiamo insieme

**Che cosa sono i DIRITTI SOCIALI?**
Consistono nella pretesa del cittadino di ricevere determinate prestazioni dallo Stato a lui riconosciute non solo come individuo, ma come persona appartenente a formazioni sociali e dunque membro della comunità sociale (da cui la denominazione di diritti sociali). La maggior parte di questi diritti è regolata nel Titolo II della Parte prima della Costituzione, nell'ambito dei rapporti etico-sociali, dove troviamo, in particolare, i diritti della famiglia, il diritto alla salute, il diritto all'istruzione.

**Che cos'è la FAMIGLIA LEGITTIMA?**
È formata da un uomo e da una donna, uniti in matrimonio tra loro.

**Quali sono le NUOVE FORME FAMILIARI, diverse dal matrimonio?**
Esse sono:
- l'unione civile tra due persone maggiorenni dello stesso sesso;
- la convivenza di fatto tra due persone maggiorenni di sesso diverso o dello stesso sesso, unite stabilmente da legami affettivi di coppia o di reciproca assistenza morale e materiale, non vincolate da rapporti di parentela, affinità o adozione, da matrimonio o unione civile.

**Che cos'è il MATRIMONIO?**
È l'istituto giuridico col quale due persone di sesso diverso danno vita ad una comunione spirituale e materiale, riconosciuta dall'ordinamento giuridico, assumendosi reciprocamente diritti e doveri.

**Quali sono le possibili FORME DI CELEBRAZIONE DEL MATRIMONIO?**
Esse sono:
- matrimonio civile, celebrato dal Sindaco o da una persona da lui delegata, che è interamente regolato dal codice civile e produce solo effetti civili;
- matrimonio concordatario, celebrato da un ministro del culto cattolico, che produce effetti oltre che religiosi anche civili, a seguito della trascrizione dell'atto di matrimonio nei registri dello stato civile;
- matrimonio canonico, celebrato da un ministro del culto cattolico, che è un atto esclusivamente religioso, disciplinato dal diritto canonico e non ha valore per lo Stato;
- matrimonio religioso diverso da quello cattolico, celebrato da un ministro di un culto acattolico che è ammesso dallo Stato italiano e produce effetti civili.

**Quali sono gli OBBLIGHI RECIPROCI dei coniugi?**
Essi sono:
- fedeltà;
- assistenza morale e materiale;
- coabitazione;
- collaborazione;
- mantenimento, istruzione ed educazione dei figli.

**Che cos'è la SEPARAZIONE PERSONALE?**
Si ha quando i due coniugi decidono di interrompere la loro vita in comune, pur rimanendo marito e moglie. Essa si distingue in:
- separazione legale, ossia quella prevista dalla legge e che, a sua volta, può essere giudiziale o consensuale;
- separazione di fatto, quando i coniugi decidono di separarsi senza alcuna formalità, di comune accordo e senza l'intervento del giudice. Tale separazione non produce alcun effetto giuridico.

**Che cos'è il DIVORZIO?**
Si ha quando la comunione spirituale e materiale dei coniugi non può essere mantenuta o ricostituita. Esso produce lo scioglimento del matrimonio civile e la cessazione degli effetti civili del matrimonio concordatario, che continuerà a mantenere i suoi effetti per la Chiesa.

**Chi sono i FIGLI secondo il codice civile?**
Sono sia i figli nati nel matrimonio sia quelli nati fuori del matrimonio, che sono considerati uguali, e ai quali è riconosciuta la stessa tutela giuridica.

**Che cos'è la RESPONSABILITÀ GENITORIALE?**
È il complesso dei diritti e dei doveri relativi al mantenimento, all'istruzione, all'educazione e alla cura degli interessi patrimoniali della prole. Essa è esercitata di comune accordo, tenendo conto delle capacità, delle inclinazioni naturali e delle aspirazioni dei figli.

**Quali sono i DIRITTI e i DOVERI dei FIGLI nei confronti dei genitori?**
Il codice civile riconosce una serie di diritti a favore dei figli come, ad esempio, quello di essere mantenuto, educato, istruito e assistito moralmente dai genitori o quello di crescere in famiglia, mantenendo rapporti significativi con i parenti.
Ai figli è richiesto esclusivamente il dovere di rispettare i genitori e di contribuire, in relazione alle proprie capacità, alle proprie sostanze e al proprio reddito, al mantenimento della famiglia finché convivono con essa.

**Che cosa s'intende per DIRITTO ALLA SALUTE?**
La Costituzione, all'art. 32, considera la salute come un "diritto fondamentale dell'individuo ed interesse della collettività". Essa rappresenta, quindi, sia un diritto individuale (del cittadino), riconosciuto e garantito come diritto "inviolabile" ai sensi dell'art. 2 Cost., sia un diritto sociale (della collettività).

**Che cosa prevede il DIRITTO ALL'ISTRUZIONE?**
La scuola è considerata uno strumento insostituibile per lo sviluppo della personalità. L'art. 34 della Costituzione la definisce "aperta a tutti", nel senso che a ciascuno è riconosciuto il diritto all'istruzione. L'organizzazione scolastica statale prevede l'istruzione obbligatoria dai sei fino ai sedici anni d'età. Tuttavia, gli studenti che abbiano compiuto i quindici anni possono assolvere il periodo di formazione obbligatoria attraverso l'alternanza studio e lavoro, con periodi di apprendistato in imprese private ed enti pubblici. L'istruzione inferiore è gratuita.

Per una didattica inclusiva:

## Parole chiave

**RAPPORTI ETICO-SOCIALI** → 
- Diritti sociali

**FORME FAMILIARI** → 
- Famiglia legittima
- Unione civile
- Convivenza di fatto

**MATRIMONIO** → 
- Diritti e doveri
- Forme di celebrazione

**CRISI DEL MATRIMONIO** → 
- Separazione personale
- Divorzio

**FIGLI** → 
- Responsabilità genitoriale
- Diritti
- Doveri

**DIRITTO ALLA SALUTE** → 
- Servizio Sanitario Nazionale
- Assistenza sanitaria

**DIRITTO ALL'ISTRUZIONE** → 
- Istruzione obbligatoria
- Libertà d'insegnamento

## Verifica delle competenze

- Livello BASE: ✪ (Punteggio totale: 12)
- Livello INTERMEDIO: ✪✪ (Punteggio totale: 60)
- Livello AVANZATO: ✪✪✪ (Punteggio totale: 28)

### ✪ Esercizio 1). Impara ad imparare.

**Scelta multipla: evidenzia la risposta esatta. Il paragrafo indicato nella parentesi è quello su cui devi riflettere (2 punti per ciascuna scelta corretta).**

**1. La famiglia legittima è quella fondata (Par. n. 2):**
a. sull'aiuto reciproco
b. sul matrimonio
c. sulla convivenza
d. sulla solidarietà

**2. La Riforma del diritto di famiglia risale al (Par. n. 3):**
a. 1970
b. 1960
c. 1950
d. 1975

**3. Gli effetti civili del matrimonio cessano con (Par. n. 4):**
a. la separazione consensuale
b. la sentenza di divorzio
c. la separazione giudiziale
d. la separazione di fatto

**4. Lo Stato garantisce l'istruzione con borse di studio (Par. n. 6):**
a. agli studenti capaci e meritevoli
b. a tutti gli studenti
c. agli studenti capaci e meritevoli se sono privi di mezzi
d. a chiunque ne faccia richiesta

**5. La tutela della salute non comprende (Par. n. 6):**
a. la salute fisica e psichica della persona
b. la protezione della proprietà privata
c. la salubrità dei luoghi di lavoro
d. la salubrità dell'ambiente

**6. Non è un diritto sociale (Par. n. 1):**
a. il diritto alla salute
b. il diritto all'istruzione
c. il diritto di voto
d. il diritto alla famiglia

**Punti: ..../12**

### ✪✪ Esercizio 2). Individua collegamenti e relazioni.

**Collega ciascun numero alla lettera corrispondente (3 punti per ciascun collegamento esatto).**

1. Separazione personale
2. Matrimonio civile
3. Diritto sociale
4. SSN
5. Divorzio
6. Matrimonio
7. Regime patrimoniale legale
8. ASL

a. Famiglia legittima
b. Azienda sanitaria locale
c. Scioglimento del matrimonio
d. Sindaco
e. Crisi matrimoniale
f. Diritto alla salute
g. Servizio Sanitario Nazionale
h. Comunione dei beni

| 1 | 2 | 3 | 4 | 5 | 6 | 7 | 8 |
|---|---|---|---|---|---|---|---|
| | | | | | | | |

**Punti: ..../24**

## ■ ✪✪ Esercizio 3). Acquisisci ed interpreta l'informazione.

**Indica se le seguenti affermazioni sono vere o false, motivando la risposta (3 punti per ciascuna risposta esatta).**

| | V | F |
|---|---|---|
| **1.** La separazione consensuale è frutto di un accordo tra i coniugi<br>Perché ........................................ | ☐ | ☐ |
| **2.** La convivenza di fatto è basata sul matrimonio<br>Perché ........................................ | ☐ | ☐ |
| **3.** La salubrità dell'ambiente non rientra nella tutela della salute<br>Perché ........................................ | ☐ | ☐ |
| **4.** Il divorzio è stato introdotto nel 1970<br>Perché ........................................ | ☐ | ☐ |
| **5.** L'obbligo scolastico in Italia è dai sei ai quattordici anni<br>Perché ........................................ | ☐ | ☐ |
| **6.** I figli si distinguono in legittimi e naturali<br>Perché ........................................ | ☐ | ☐ |

**Punti: ..../18**

## ■ ✪✪ Esercizio 4). Comunica (rappresenta).

**Completa la mappa concettuale che segue (3 punti per ciascun completamento esatto).**

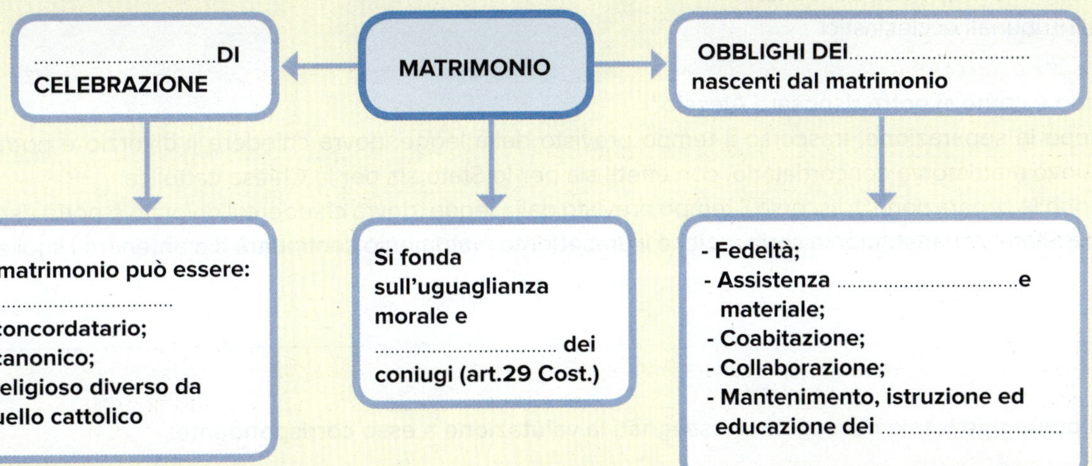


**Punti: ..../18**

## ■ ✪✪✪ Esercizio 5). Comunica (comprendi).

**Rispondi alle seguenti domande (4 punti per ciascuna risposta esatta).**

1. Com'è regolato il diritto all'istruzione nel nostro Stato? (Par. n. 6)
2. Spiega la differenza tra separazione di fatto e separazione legale. (Par. n. 4)
3. Quali sono i diritti e i doveri dei figli nei confronti dei genitori? (Par. n. 5)

**Punti: ..../12**

■ ✪✪✪ **Esercizio 6). Risolvi i problemi.**

**Analizza il caso e rispondi ai quesiti a risposta multipla (4 punti per ogni scelta multipla) .**

Giulia e Alessio, ventenni, si conoscono a casa di amici e per entrambi scatta il classico “colpo di fulmine” che li spinge a sposarsi dopo pochi mesi dal loro primo incontro. Il matrimonio è celebrato, in forma concordataria, nella Chiesa della loro Parrocchia. Dopo un anno, l’unione entra in crisi a causa delle inconciliabili differenze caratteriali che rendono impossibile la convivenza e che costringono i due ragazzi a chiedere, loro malgrado, la separazione. Trascorsi sei mesi, Alessio inizia una nuova relazione con Ilenia e, preso dall’entusiasmo e dall’impulsività della sua giovane età, la chiede in sposa. Al momento della richiesta delle pubblicazioni, il parroco oppone un secco rifiuto. Sapresti spiegare il perché? Quando e come si potrà risposare Alessio?

**1. Il matrimonio concordatario ha effetti:**
- **a.** solo per lo Stato
- **b.** solo per la Chiesa cattolica
- **c.** sia per lo Stato sia per la Chiesa cattolica

**2. La cessazione degli effetti civili del matrimonio è determinata?**
- **a.** dalla separazione personale dei coniugi
- **b.** dal divorzio
- **c.** dalla separazione di fatto dei coniugi
- **d.** dalla Chiesa cattolica

**3. L’annullamento degli effetti religiosi del matrimonio concordatario è stabilito:**
- **a.** dai Tribunali ordinari dello Stato
- **b.** dai Tribunali speciali dello Stato
- **c.** dai Tribunali ecclesiastici

**4. Quando e come si potrà risposare Alessio?**
- **a.** dopo la separazione, trascorso il tempo previsto dalla legge, dovrà chiedere il divorzio e potrà risposarsi con un nuovo matrimonio concordatario, con effetti sia per lo Stato sia per la Chiesa cattolica;
- **b.** dopo la separazione, trascorso il tempo previsto dalla legge, dovrà chiedere il divorzio e potrà risposarsi solo davanti allo Stato, con matrimonio civile, poiché il precedente matrimonio continuerà a mantenere i suoi effetti per la Chiesa.

**Punti: ..../16**

**Calcola il punteggio totale conseguito e assegnati la valutazione a esso corrispondente:**

| Tabella di autovalutazione | |
|---|---|
| ☐ 100-87 | **A** Lavoro eccellente. |
| ☐ 86-67 | **B.** Lavoro buono. |
| ☐ 66-47 | **C.** Lavoro adeguato. |
| ☐ 46-2 | **D.** Lavoro da migliorare. |

# UdA 3 IL DIRITTO AL LAVORO, I DIRITTI ECONOMICI E POLITICI

## 1. Il diritto al lavoro e i diritti economici nella Costituzione

**I rapporti economici**

La Costituzione, nel Titolo III della Parte prima, con la denominazione "**Rapporti economici**", dedica ampio ed espresso riconoscimento ai diritti dei lavoratori (es. retribuzione, libertà sindacale, sciopero) e ai diritti economici in generale (es. libertà d'iniziativa economica, proprietà).

| Disposizioni costituzionali in materia di diritto al lavoro e di diritti economici | |
|---|---|
| Art. 1 Cost. | Pone il lavoro alla base dello Stato e stabilisce che *"L'Italia è una Repubblica democratica fondata sul lavoro"*. |
| Art. 4 Cost. | Sancisce l'impegno esplicito dello Stato di garantire ai cittadini il diritto al lavoro e, conseguentemente, agli stessi è richiesto il dovere di *"svolgere, secondo le proprie possibilità e la propria scelta, un'attività o una funzione che concorra al progresso materiale o spirituale della società"*. |
| Art. 35 Cost. | Attribuisce alla Repubblica il compito di tutelare il lavoro in tutte le sue forme e applicazioni non solo rispetto ai lavoratori che trovano occupazione sul suo territorio, ma anche rispetto a quelli che devono andare a cercarlo e lo trovano all'estero. |
| Artt. 35-40 Cost. | Offrono garanzie prevalentemente ai lavoratori subordinati, con una particolare attenzione al lavoro dei minori e delle donne. |
| Art. 45 Cost. | Contiene disposizioni per la tutela e lo sviluppo di alcune figure di lavoratori autonomi come, ad esempio, l'artigianato. |

**Il lavoro**

Il **lavoro** ha una funzione determinante per la società perché è alla base di ogni sistema economico ed è indice delle condizioni economico-sociali di un Paese.

Con il termine **lavoro** s'intende ogni tipo di prestazione materiale o intellettuale, svolta da una persona allo scopo di produrre beni e servizi in cambio della retribuzione.
In base a come l'attività lavorativa viene svolta, si distingue:

- il lavoro subordinato, prestato alle dipendenze di un datore di lavoro (es. operaio, impiegato);
- il lavoro autonomo, svolto nell'esercizio di una professione autonoma, come quella dell'artigiano (es. idraulico, falegname) o del libero professionista (es. architetto, avvocato).

**Sistema economico:** è l'insieme dei soggetti economici (famiglia, impresa, Stato, resto del mondo) e delle azioni dagli stessi compiute per realizzare l'attività economica, nel rispetto delle regole e sotto l'influenza politica, culturale, religiosa di un determinato momento storico.

**Gli altri diritti economici**

Gli **altri diritti economici**, che riguardano le risorse disponibili, le attività produttive, la distribuzione dei prodotti, concorrono alla formazione della ricchezza di uno Stato.

**Esercizio A) per l'apprendimento. Individua collegamenti e relazioni.**
**Colloca le parole mancanti.**

Il diritto al lavoro è sia un diritto ..................... sia un diritto sociale e la Costituzione gli dedica ampio riconoscimento. Il lavoro è qualsiasi ............... materiale o intellettuale esercitata dall'uomo per la produzione o lo scambio di beni e servizi in cambio di una .................... Lo Stato s'impegna a garantire ai .................. il diritto al lavoro e agli stessi è richiesto il ................. di svolgere, secondo le proprie possibilità e la propria scelta, un'............... o una funzione che concorra al ................. materiale o spirituale della ...............

*(progresso, dovere, prestazione, economico, retribuzione, società, attività, cittadini)*

## 2. I principali diritti dei lavoratori

**Il diritto alla retribuzione**

La Costituzione riconosce il **diritto** del lavoratore ad una **retribuzione** "*proporzionata alla quantità e qualità del suo lavoro e in ogni caso sufficiente ad assicurare a sé e alla famiglia un'esistenza libera e dignitosa*" (art. 36, c. 1, Cost.). Essa rappresenta il trattamento economico che il datore di lavoro corrisponde al lavoratore (stipendio) che deve essere adeguato al tipo, alla durata e alle condizioni del lavoro prestato. La retribuzione, inoltre, deve assicurare al lavoratore e alla sua famiglia i mezzi necessari per avere un tenore di vita decoroso e socialmente adeguato.

▸ Diritto al lavoro

**La libertà sindacale**

L'art. 39 della Costituzione garantisce la **libertà sindacale**, che prevede:

- il diritto di ogni lavoratore di aderire o no a un sindacato;
- il diritto di qualunque persona di costituire un'organizzazione sindacale;
- la libertà dell'organizzazione sindacale di agire per la tutela degli interessi dei lavoratori che l'hanno costituita.

**Esempio: Andrea, operaio metalmeccanico, ha il diritto di creare un sindacato o di iscriversi o no a un'organizzazione sindacale.**

▸ Diritto allo stipendio

**I sindacati**

Per il diritto, i **sindacati** sono associazioni volontarie che rappresentano e promuovono gli interessi dei lavoratori (es. CGIL, CISL, UIL) o dei datori di lavoro (es. Confindustria, Confcommercio), in quanto appartenenti ad una determinata categoria (es. metalmeccanici o industriali).

**Esempio:** **il padre di Gabriele è un imprenditore agricolo che coltiva barbabietole per la produzione di zucchero. La Confagricoltura è l'organizzazione alla quale si può rivolgere per essere tutelato nei suoi diritti d'imprenditore e per ricevere un'adeguata assistenza.**

▸ Manifestazione sindacale

**I contratti collettivi del lavoro**

I sindacati stipulano anche **contratti collettivi di lavoro**, cioè accordi tra le organizzazioni sindacali dei lavoratori e le associazioni dei datori di lavoro, che contengono le regole generali sul trattamento economico (es. retribuzione) e normativo (es. disciplina dell'orario di lavoro) dei lavoratori di un determinato comparto produttivo (es. metalmeccanico, tessile, edile). Essi valgono per tutti coloro che prestano la loro attività lavorativa nel settore per il quale è stato stipulato il contratto, indipendentemente dal fatto che siano iscritti o no al sindacato.

Dopo la Costituzione, la principale fonte legislativa di riferimento in materia di tutela dei lavoratori è lo "**Statuto dei Lavoratori**" (L. n. 300/1970). Esso afferma i principi fondamentali in tema di attività e libertà sindacali nei luoghi di lavoro e la tutela della libertà e dignità dei lavoratori come, ad esempio, il diritto di assemblea sindacale garantito all'interno dei luoghi di lavoro.

**Il diritto di sciopero**

L'art. 40 della Costituzione riconosce espressamente il **diritto di sciopero**, che consiste nell'astensione collettiva dall'attività lavorativa, dichiarata da un'organizzazione sindacale, per la difesa degli interessi dei lavoratori.
Esso fa parte delle libertà fondamentali del cittadino e comporta che:
- il lavoratore che sciopera non possa essere punito né in via disciplinare né con il licenziamento;
- il lavoratore perda solo la retribuzione corrispondente alle ore in cui ha scioperato;
- il datore di lavoro non possa impedire l'esercizio di tale diritto, senza conseguenze giuridiche.

**Lo sciopero nei servizi pubblici essenziali**

Lo **sciopero nei servizi pubblici essenziali**, cioè indispensabili (es. trasporti, sanità, istruzione) è regolato da una normativa particolare (L. n. 146/1990, integrata dalla L. n. 83/2000) che, nell'interesse dei cittadini che usufruiscono di tali servizi, prevede l'obbligo:
- di preavviso di almeno dieci giorni alle amministrazioni, alle imprese erogatrici del servizio o alle autorità competenti;
- di comunicazione, nello stesso termine, della durata e delle modalità dello sciopero;
- di comunicazione dello sciopero, da parte delle amministrazioni e delle imprese erogatrici agli utenti del servizio (es. cittadini), almeno cinque giorni prima;
- di garanzia delle prestazioni minime indispensabili.

▸ Sciopero nei servizi essenziali: sciopero dei treni

**Esempio:** **Claudio, colpito da un attacco di appendicite acuta, in una giornata di sciopero nazionale dei medici ospedalieri, si reca al Pronto Soccorso. Qui deve trovare un chirurgo che lo operi immediatamente.**

Per motivi di sanità o di sicurezza pubblica, l'autorità competente (Prefetto o Presidente del Consiglio dei Ministri) può ordinare la **precettazione**, strumento con il quale lo sciopero può essere rinviato o ridotto nella durata e possono essere adottate misure idonee a garantire i diritti della persona costituzionalmente garantiti (es. salute).

Dentro il **diritto**

## Lo Statuto dei lavoratori

Quando il Parlamento italiano, più di quarant'anni fa, approvò lo "Statuto dei lavoratori", con la L. n. 300/1970, i diritti fondamentali dei lavoratori dipendenti, previsti dalla Costituzione, trovarono completa attuazione. La legge è stata una risposta importante al clima di forte mobilitazione e di richiesta di cambiamento del mercato del lavoro che, fin dagli anni sessanta, si era diffuso in Italia e in Europa.

A tutt'oggi, lo Statuto dei lavoratori costituisce la fonte normativa centrale del sistema di tutela della libertà, della privacy, della salute, della dignità, della libertà e attività sindacale nei luoghi di lavoro.

In particolare, è garantito al lavoratore:

- il diritto di manifestare liberamente il proprio pensiero nei luoghi di lavoro, senza distinzioni di opinioni politiche, sindacali e di religione;
- il divieto da parte del datore di lavoro all'uso di impianti audiovisivi e di altre apparecchiature per finalità di controllo a distanza dell'attività dei lavoratori;
- il divieto da parte del datore di lavoro di effettuare indagini sulle opinioni politiche, religiose o sindacali del lavoratore ai fini dell'assunzione o nel corso dello svolgimento del rapporto di lavoro, nonché il divieto di sottoporre il lavoratore ad accertamenti sanitari se non attraverso i servizi ispettivi degli istituti previdenziali competenti;
- il diritto del lavoratore ad essere adibito alle mansioni per le quali è stato assunto;
- il diritto di costituire associazioni sindacali, di aderirvi e di svolgere attività sindacale a tutti i lavoratori nei luoghi di lavoro;
- la repressione della condotta antisindacale del datore di lavoro.

**Esercizio B) per l'apprendimento. Impara ad imparare.**
**Dopo aver individuato gli errori, riscrivi le frasi correttamente.**

1. Il diritto di sciopero è previsto dall'art. 39 della Costituzione.
..............................................................................................................................
..............................................................................................................................
2. La CGIL, CISL, UIL sono sindacati dei datori di lavoro.
..............................................................................................................................
..............................................................................................................................
3. I contratti collettivi nazionali di lavoro sono stipulati nell'interesse dei soli lavoratori iscritti all'organizzazione sindacale.
..............................................................................................................................
..............................................................................................................................

# 3. I diritti economici

Sempre nell'ambito dei "Rapporti economici", la Costituzione, oltre ai diritti di lavoratori, riconosce altri importanti diritti economici, quali l'iniziativa economica privata o la proprietà pubblica e privata.

**La libertà di iniziativa economica privata**

La **libertà d'iniziativa economica privata** (art. 41 Cost.) prevede che ogni individuo possa iniziare o continuare un'attività economica organizzata per la produzione di beni e servizi.
Tuttavia, tale libertà non può svolgersi "*in contrasto con l'utilità sociale o in modo da arrecare danno alla sicurezza, alla libertà, alla dignità umana*". Per ragioni d'interesse sociale, quindi, lo Stato può emanare leggi che stabiliscano limiti alla libertà d'impresa come, ad esempio, a tutela della salute dei lavoratori e dei cittadini, dell'ambiente, del patrimonio artistico e culturale.

**Esempio:** Sergio, pasticcere, vuole aprire un negozio per vendere al pubblico i suoi prodotti. La legge gli impone, oltre la licenza per il commercio, un'apposita autorizzazione rilasciata dall'autorità sanitaria, a tutela della salute dei cittadini.

Parco pubblico

**Il diritto di proprietà**

Il **diritto di proprietà** è regolato dall'art. 42 della Costituzione che distingue tra:

- **proprietà pubblica** (beni appartenenti allo Stato o ad altri enti pubblici);
- **proprietà privata** (beni appartenenti ai privati).

**I limiti**

La legge determina i modi d'acquisto, di godimento e i **limiti** della proprietà allo scopo d'assicurarne la funzione sociale e di renderla accessibile a tutti. In determinati casi, infatti, la proprietà privata può essere espropriata per finalità d'interesse generale.

**Esempio:** un Comune ha necessità di costruire una piscina a vantaggio di tutti i cittadini e individua come luogo ideale proprio il terreno di cui Lucia è proprietaria. Procede all'espropriazione per pubblica utilità del terreno, in cambio di una somma di denaro quale indennizzo per il bene sottratto. L'interesse individuale è sacrificato a favore di quello collettivo.

**Espropriazione per pubblica utilità:** si ha quando lo Stato o altro ente pubblico (es. Comune, Regione), per realizzare opere di pubblica utilità, sottrae alla persona in tutto o in parte beni di sua proprietà, dietro il pagamento di un indennizzo.

Alla legge è assegnato il compito di stabilire le norme e i limiti relativi alla successione, ossia alla trasmissione della proprietà in caso di morte del titolare, a favore dei propri congiunti (eredi) e i diritti dello Stato sull'eredità (es. l'imposta di successione sul patrimonio destinato agli eredi).

Proprietà privata

**Esercizio C) per l'apprendimento. Individua collegamenti e relazioni.**
**Cerca l'estraneo, evidenziandolo nel testo.**

1. Proprietà pubblica, casa di Marco, proprietà privata, bicicletta di Luigi.
2. Diritti economici, diritto di proprietà, diritto alla salute, libertà d'iniziativa economica.
3. Art. 45 Cost., proprietà, cooperazione, artigianato.
4. Parte seconda, Titolo III, Parte prima, Rapporti economici.

## 4. I diritti politici e la partecipazione politica

In uno Stato democratico, i **diritti politici** consistono nella pretesa del cittadino di partecipare alla vita politica dello Stato (es. diritto di voto) e di rivestire cariche pubbliche (es. il diritto di accesso ai pubblici uffici), nelle forme e nei modi predisposti dall'ordinamento giuridico.

I rapporti politici

La Costituzione, nel Titolo IV della Parte prima, con la denominazione "**Rapporti politici**", regola la maggior parte di questi diritti.

Il diritto di voto

L'art. 48 della Costituzione riconosce e garantisce espressamente il **diritto di voto** a tutti i cittadini, uomini e donne, che abbiano raggiunto la maggiore età (corpo elettorale). Tale diritto rappresenta la forma più alta della sovranità popolare e comprende:

▸ Seggi elettorali

- il **diritto di elettorato attivo**, che prevede la possibilità per i cittadini di partecipare all'elezione degli organi rappresentativi a livello nazionale (es. Parlamento) e a livello locale (es. Sindaco, Consiglio comunale);
- il **diritto di elettorato passivo**, in base al quale i cittadini possono essere eletti e ricoprire cariche pubbliche (es. parlamentare o consigliere comunale).

Le limitazioni

La Costituzione prevede **limitazioni** all'esercizio del diritto di voto.
I cittadini che sono stati condannati a gravi pene detentive (es. ergastolo) e nei casi d'indegnità morale (es. interdizione perpetua dai pubblici uffici) perdono la capacità elettorale attiva e sono esclusi dall'esercizio del diritto di voto.

Con l'introduzione della cosiddetta "Legge Basaglia", per il trattamento delle malattie mentali (L. n. 180/1978), gli incapaci civili (interdetti e inabilitati per infermità di mente), sono stati ammessi a far parte dell'elettorato attivo e, pertanto, possono esercitare il loro diritto di voto.

**I caratteri del diritto di voto**

Il **diritto di voto** è:

- **personale**, ossia il voto va espresso personalmente dall'elettore, il quale non può farsi sostituire, né inviare il voto per iscritto, ad eccezione di quei cittadini italiani residenti all'estero, ai quali è consentito di votare per corrispondenza (L. n. 459/2001). Ad alcune categorie di soggetti con determinate menomazioni (es. cecità, mutilazioni, paralisi), l'esercizio del diritto di voto è consentito con la presenza di un accompagnatore a ciò autorizzato;
- **uguale**, perché ogni voto ha lo stesso valore, nel senso che tutti gli elettori contano allo stesso modo e ciascuno di essi vale un voto;
- **libero**, nel senso che ogni cittadino può scegliere liberamente chi votare senza subire intimidazioni o minacce;
- **segreto**, in quanto ogni elettore ha il diritto di non rivelare le proprie scelte politiche e nel caso in cui la scheda elettorale contenga segni riconducibili all'identità dell'elettore, il voto non è valido.

**Il dovere civico**

L'esercizio del diritto di voto è considerato dalla Costituzione un **dovere civico**, ossia un atto obbligatorio che non è seguito da sanzione, nell'ipotesi in cui il cittadino non vada a votare.

**I tipi di elezioni**

I cittadini sono tenuti a partecipare a diversi **tipi di elezioni**:

- **politiche**, per eleggere i loro rappresentanti in Parlamento;
- **amministrative**, per scegliere gli organi delle autonomie locali, ossia Comuni, Province e Regioni (es. Sindaco o Consiglio regionale);
- **europee**, per eleggere i membri del Parlamento europeo.

Secondo la Costituzione (art. 49), tutti i cittadini hanno la **libertà di associarsi in partiti** per concorrere con metodo democratico a determinare la politica nazionale.

**I partiti politici**

I **partiti politici** sono associazioni volontarie di cittadini che si organizzano per esercitare attività politica, cioè per influenzare le scelte d'interesse collettivo e concorrere alla scelta degli obiettivi che lo Stato si prefigge (es. riduzione delle tasse). Gli elettori, in piena libertà e secondo le loro preferenze, eleggono i candidati del partito prescelto.
L'attività politica consiste nella formulazione dei programmi e nella loro diffusione (es. campagne elettorali, comizi, dibattiti televisivi), che deve avvenire in modo democratico, in piena autonomia e senza controlli da parte dello Stato.

▸ Elezioni europee

**I limiti per i dipendenti pubblici**

Il diritto di associarsi liberamente in partiti incontra dei **limiti** per alcuni **dipendenti pubblici** (es. magistrati, militari di carriera), al fine di garantirne l'indipendenza e l'imparzialità nell'esercizio delle loro funzioni.

Dentro il **diritto**

## Il voto degli italiani all'estero

I cittadini italiani residenti all'estero e regolarmente iscritti all'AIRE (Anagrafe degli Italiani Residenti all'Estero) possono esercitare il diritto di voto per tutte le consultazioni elettorali e referendarie che si svolgono in Italia.

Questo diritto, riconosciuto dalla Costituzione (art. 43), è regolato dalla L. n. 459/2001 "Norme per l'esercizio del diritto di voto dei cittadini italiani residenti all'estero" che prevede la seguente procedura:

- gli elettori residenti all'estero ricevono al proprio domicilio tutta le documentazione necessaria all'esercizio del voto (es. il certificato elettorale, la scheda elettorale, le liste dei candidati);
- ogni elettore esprime il proprio voto sulla scheda, la spedisce in busta chiusa al Consolato competente, che provvederà ad inviarla in Italia;
- per le elezioni politiche (rinnovo del Parlamento), gli elettori stranieri possono eleggere diciotto parlamentari.

Per la prima volta (il 15 giugno del 2003, in occasione di due referendum), i cittadini italiani residenti all'estero hanno avuto la possibilità di esprimere il loro voto, senza la necessità di rientrare in Italia.

- **Esercizio D) per l'apprendimento. Risolvi i problemi.**
  **Analizza il caso e rispondi alle domande proposte.**

Francesco ha quarant'anni, vive e lavora a Berlino come ingegnere. In Italia, suo paese d'origine, si tengono le elezioni politiche per il rinnovo del Parlamento. Ritieni che esista la possibilità di votare per il Parlamento italiano, pur rimanendo a Berlino? In quale modo?

Hai ripetuto? Sai proprio tutto?

## Ripassiamo insieme

**Che cosa disciplina la Costituzione, nell'ambito dei "RAPPORTI ECONOMICI"?**
Essa dedica ampio ed espresso riconoscimento ai diritti dei lavoratori (es. retribuzione, libertà sindacale, sciopero) e ai diritti economici in generale (es. libertà d'iniziativa economica, proprietà).

**Quali sono i PRINCIPALI DIRITTI DEI LAVORATORI previsti dalla COSTITUZIONE?**
Essi sono:
- diritto alla retribuzione (art. 36 Cost.);
- diritto alla libertà sindacale (art. 39 Cost.);
- diritto di sciopero (art. 40 Cost.).

**Che cos'è la RETRIBUZIONE?**
Essa rappresenta il trattamento economico che il datore di lavoro corrisponde al lavoratore (stipendio), che deve essere adeguato al tipo, alla durata e alle condizioni del lavoro prestato e tale da assicurare, a lui e alla sua famiglia, un'esistenza libera e dignitosa.

**Che cos'è la LIBERTÀ SINDACALE?**
Essa consiste:
- nel diritto di ogni lavoratore di aderire o no a un sindacato;
- nel diritto di qualunque persona di costituire un'organizzazione sindacale;
- nella libertà dell'organizzazione sindacale di agire per la tutela degli interessi dei lavoratori che l'hanno costituita.

**Che cosa sono i SINDACATI?**
Sono associazioni volontarie che rappresentano e promuovono gli interessi dei lavoratori (es. CGIL, CISL, UIL) o dei datori di lavoro (es. Confindustria, Confcommercio), in quanto appartenenti ad una determinata categoria (es. metalmeccanici o industriali).

**Che cosa sono i CONTRATTI COLLETTIVI DI LAVORO?**
Sono accordi tra le organizzazioni sindacali dei lavoratori e le associazioni dei datori di lavoro, che contengono le regole generali sul trattamento economico (es. retribuzione) e normativo (es. disciplina dell'orario di lavoro) dei lavoratori di un determinato comparto produttivo (es. metalmeccanico, tessile, edile). Essi valgono per tutti coloro che prestano la loro attività lavorativa nel settore per il quale è stato stipulato il contratto, indipendentemente dal fatto che siano iscritti o no al sindacato.

**Che cos'è il DIRITTO DI SCIOPERO?**
Consiste nell'astensione collettiva dall'attività lavorativa, dichiarata da un'organizzazione sindacale, per la difesa degli interessi dei lavoratori.

**Quali sono le CONSEGUENZE DEL DIRITTO DI SCIOPERO?**
Esso comporta che:
- il lavoratore che sciopera non possa essere punito né in via disciplinare né con il licenziamento;
- il lavoratore perda solo la retribuzione corrispondente alle ore in cui ha scioperato;
- il datore di lavoro non possa impedire l'esercizio di tale diritto, senza conseguenze giuridiche.

**Com'è regolato lo SCIOPERO NEI SERVIZI PUBBLICI ESSENZIALI?**
È regolato da una normativa particolare che, nell'interesse dei cittadini che usufruiscono di tali servizi, prevede l'obbligo:
- di preavviso di almeno dieci giorni alle amministrazioni, alle imprese erogatrici del servizio o alle autorità competenti;
- di comunicazione, nello stesso termine, della durata e delle modalità dello sciopero;
- di comunicazione dello sciopero, da parte delle amministrazioni e delle imprese erogatrici agli utenti del servizio (es. cittadini), almeno cinque giorni prima;
- di garanzia delle prestazioni minime indispensabili.

**Oltre al diritto al lavoro, quali sono I PRINCIPALI DIRITTI ECONOMICI?**
Essi sono:
- il diritto alla libertà d'iniziativa economica privata;
- il diritto di proprietà pubblica e privata.

**Che cosa prevede la Costituzione, nell'ambito dei "RAPPORTI POLITICI"?**
Essa prevede i diritti politici che consistono nella pretesa del cittadino di partecipare alla vita politica dello Stato (es. diritto di voto) e di rivestire cariche pubbliche (es. il diritto di accesso ai pubblici uffici), nelle forme e nei modi predisposti dall'ordinamento giuridico.

**Quali sono i CARATTERI DEL DIRITTO DI VOTO?**
Essi sono:
- personalità, ossia il voto va espresso personalmente dall'elettore, il quale non può farsi sostituire, né inviare il voto per iscritto, ad eccezione di quei cittadini italiani residenti all'estero, ai quali è consentito di votare per corrispondenza;
- uguaglianza, perché ogni voto ha lo stesso valore, nel senso che tutti gli elettori contano allo stesso modo e ciascuno di essi vale un voto;
- libertà, nel senso che ogni cittadino può scegliere liberamente chi votare senza subire intimidazioni o minacce;
- segretezza, in quanto ogni elettore ha il diritto di non rivelare le proprie scelte politiche e nel caso in cui la scheda elettorale contenga segni riconducibili all'identità dell'elettore, il voto non è valido.

**Che cos'è la LIBERTÀ DI ASSOCIARSI IN PARTITI POLITICI?**
Essa consiste nella possibilità di associarsi in partiti politici che sono associazioni volontarie di cittadini che si organizzano per esercitare attività politica, cioè per influenzare le scelte d'interesse collettivo e concorrere alla scelta degli obiettivi che lo Stato si prefigge (es. riduzione delle tasse).

Per una didattica inclusiva:

## Parole chiave

**DIRITTI ECONOMICI** →
- Diritto al lavoro
- Diritto di proprietà
- Libertà d'iniziativa economica

**DIRITTI DEI LAVORATORI** →
- Diritto alla retribuzione
- Libertà sindacale
- Diritto di sciopero

**DIRITTI POLITICI** →
- Diritto di voto
- Diritto di associarsi in partiti politici

**DIRITTO DI VOTO** →
- Elettorato attivo
- Elettorato passivo
- Caratteri del diritto di voto
- Dovere civico

**TIPI DI ELEZIONI** →
- Politiche
- Amministrative
- Europee

## Verifica delle competenze

- Livello BASE: ✪ (Punteggio totale: 12)
- Livello INTERMEDIO: ✪✪ (Punteggio totale: 60)
- Livello AVANZATO: ✪✪✪ (Punteggio totale: 28)

### ✪ Esercizio 1). Impara ad imparare.

**Scelta multipla: evidenzia la risposta esatta. Il paragrafo indicato nella parentesi è quello su cui devi riflettere (2 punti per ciascuna scelta corretta).**

**1. Secondo la nostra Costituzione, il lavoro è (Par. n. 1):**
- a. solo un diritto per ogni cittadino
- b. un dovere civico
- c. un diritto e un dovere per ogni cittadino
- d. un diritto non riconosciuto dalla Costituzione

**2. I diritti sindacali sono previsti (Par. n. 2):**
- a. solo dalla Costituzione
- b. dallo Statuto dei lavoratori
- c. dal Codice Civile
- d. sia dalla Costituzione sia dallo Statuto dei lavoratori

**3. Non è un carattere del voto (Par. n. 4):**
- a. la personalità
- b. la disuguaglianza
- c. la libertà
- d. la segretezza

**4. Il diritto di voto è disciplinato dalla Costituzione all'articolo (Par. n. 4):**
- a. 36
- b. 29
- c. 48
- d. 18

**5. È un diritto del lavoratore (Par. n. 2):**
- a. la giusta retribuzione
- b. fare sciopero anche quando non è stato indetto da un sindacato
- c. andare in palestra durante le ore di lavoro
- d. utilizzare il computer aziendale per scaricare file musicali

**6. È un diritto politico (Par. n. 4):**
- a. la libertà di associarsi in partiti
- b. la libertà d'iniziativa economica privata
- c. il diritto di proprietà
- d. il diritto al lavoro

**Punti: ..../12**

### ✪✪ Esercizio 2). Individua collegamenti e relazioni.

**Collega ciascun numero alla lettera corrispondente (3 punti per ciascun collegamento esatto).**

1. Voto
2. Lavoro
3. Sindacati
4. Contratto di lavoro
5. Retribuzione
6. Diritto di sciopero
7. Proprietà pubblica
8. Associazioni volontarie di cittadini

- a. Art 39 Cost.
- b Partiti politici
- c. Diritto politico
- d. Beni appartenenti allo Stato o agli enti pubblici
- e. Astensione collettiva dal lavoro
- f. Prestazione manuale o intellettuale
- g. Accordo tra il datore di lavoro e il lavoratore
- h. Stipendio

| 1 | 2 | 3 | 4 | 5 | 6 | 7 | 8 |
|---|---|---|---|---|---|---|---|
| | | | | | | | |

**Punti: ..../24**

■ ✪✪ **Esercizio 3). Acquisisci ed interpreta l'informazione.**
**Indica se le seguenti affermazioni sono vere o false, motivando la risposta (3 punti per ciascuna risposta esatta).**

| | | V | F |
|---|---|---|---|
| **1.** | Il lavoro subordinato è svolto nell'esercizio di una professione autonoma | ☐ | ☐ |
| | Perché ........................................ | | |
| **2.** | L'art. 40 Cost. riconosce il diritto alla retribuzione | ☐ | ☐ |
| | Perché ........................................ | | |
| **3.** | Il diritto di sciopero fa parte delle libertà fondamentali del cittadino | ☐ | ☐ |
| | Perché ........................................ | | |
| **4.** | Il diritto al lavoro è anche un diritto economico | ☐ | ☐ |
| | Perché ........................................ | | |
| **5.** | La proprietà privata può essere espropriata | ☐ | ☐ |
| | Perché ........................................ | | |
| **6.** | Con il suffragio universale tutte le persone che si trovano in Italia possono votare | ☐ | ☐ |
| | Perché ........................................ | | |

**Punti: ..../18**

■ ✪✪ **Esercizio 4). Comunica (rappresenta).**
**Completa la mappa concettuale che segue (3 punti per ciascun completamento esatto).**

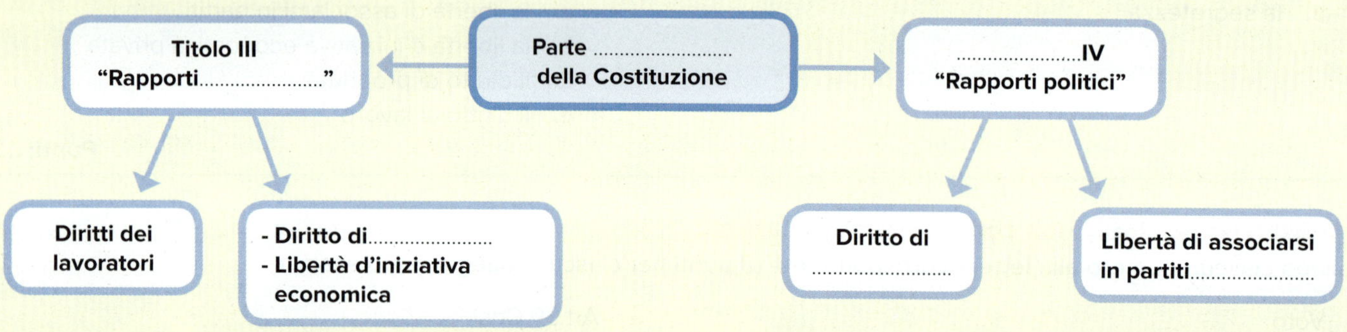


**Punti: ..../18**

■ ✪✪✪ **Esercizio 5). Comunica (comprendi).**
**Rispondi alle seguenti domande (4 punti per ciascuna risposta esatta).**

1. Quali sono i fondamentali diritti dei lavoratori, previsti dalla Costituzione? (Par. n. 2)
2. Quali sono i principali diritti economici, oltre al lavoro? (Par. n. 3)
3. Quali sono i caratteri del diritto di voto? (Par. n. 4)

**Punti: ..../12**

■ **✪✪✪ Esercizio 6). Risolvi i problemi.**

**Analizza il caso e rispondi ai quesiti a risposta multipla (4 punti per ogni scelta multipla) .**

Domenico, ragazzo ventenne, lavora come magazziniere in un'industria che produce ricambi per automobili. A causa della crisi economica, il Direttore del personale annuncia una riduzione del numero dei lavoratori. Il giorno seguente, i sindacati di categoria proclamano a livello nazionale uno sciopero, per la settimana successiva, al quale Domenico decide di aderire. Alla sera, però, il giovane non riesce a prendere sonno perché teme che la sua decisione possa costargli il posto di lavoro. La preoccupazione di Domenico è fondata?

**1. Il diritto di sciopero è riconosciuto:**
- **a.** solo a determinate categorie di lavoratori
- **b.** dall'art. 40 della Costituzione
- **c.** dal codice penale

**2. Lo sciopero, perché sia lecito, deve essere proclamato:**
- **a.** da un gruppo di lavoratori
- **b.** anche da un solo lavoratore
- **c.** dalle organizzazioni sindacali
- **d.** dal datore di lavoro

**3. In caso di sciopero il lavoratore:**
- **a.** perde tutta la retribuzione mensile
- **b.** è punito in via disciplinare
- **c.** è licenziato
- **d.** perde solo la retribuzione per le ore non lavorate

**4. Domenico deve temere per il suo posto di lavoro per lo sciopero cui intende aderire?**
- **a.** Sì, perché può essere licenziato
- **b.** No, perché lo sciopero fa parte delle libertà fondamentali del lavoratore e per questo motivo potrà solo subire una riduzione dello stipendio corrispondente alle ore non lavorate

**Punti: ..../16**

**Calcola il punteggio totale conseguito e assegnati la valutazione a esso corrispondente:**

| Tabella di autovalutazione | |
|---|---|
| ☐ 100-87 | **A**<br>Lavoro eccellente. |
| ☐ 86-67 | **B.**<br>Lavoro buono. |
| ☐ 66-47 | **C.**<br>Lavoro adeguato. |
| ☐ 46-2 | **D.**<br>Lavoro da migliorare. |

**Verifica di autovalutazione di fine modulo**

## Un percorso per tutti

# Costituzione e cittadinanza: libertà, diritti e doveri

Questo è un percorso a tappe che rispetta i tempi e i bisogni di apprendimento di tutti, anche quelli speciali. Uno, due, tre, pronti ... VIA!

**TAPPA N. 1): acquisisci una visione d'insieme.**

**TAPPA N. 2): sintetizza i concetti fondamentali.**

### DIRITTI REGOLATI DALLA PARTE I DELLA COSTITUZIONE

La maggioranza di essi è costituita dai **diritti** definiti "**fondamentali**" perché sono:

- universali, ossia riconosciuti e garantiti a tutti;
- inviolabili, perché non possono essere violati e nessuno può esserne privato;
- inalienabili, nel senso che non possono essere venduti;
- indisponibili, ai quali cioè nessuno può rinunciare.

### DOVERI REGOLATI DALLA PARTE I DELLA COSTITUZIONE

A qualsiasi diritto corrisponde un dovere perché la pretesa riconosciuta dallo Stato ad un soggetto presuppone il dovere di tutti gli altri di far sì che questa possa essere esercitata. L'art. 2 della Costituzione rappresenta la norma generale che, accanto al riconoscimento dei diritti inviolabili, richiede l'adempimento dei **doveri inderogabili** (ai quali cioè è impossibile sottrarsi) di solidarietà politica, economica e sociale. Nella Parte I sono disciplinati molti di questi doveri come, ad esempio, il dovere dei genitori di mantenere, istruire ed educare i figli, il dovere di votare o di pagare i tributi.

### RAPPORTI CIVILI

Sono previsti nel Titolo I della Parte I della Costituzione e regolano i **diritti civili**, che sono quelli che sono stati riconosciuti per primi e che riguardano le principali libertà riconosciute a ciascun individuo, nei confronti dell'autorità statale. Tra queste distinguiamo:

- le **libertà individuali**, garantite a ciascun individuo, in quanto essere umano o cittadino (es. libertà di domicilio);
- le **libertà collettive**, riconosciute al singolo in qualità di membro di una determinata formazione sociale (es. libertà di associazione).

**RAPPORTI ETICO-SOCIALI**

Sono previsti nel Titolo II della Parte I della Costituzione e disciplinano i **diritti sociali** che prevedono il riconoscimento di pretese e servizi ritenuti indispensabili, mediante l'intervento dei poteri pubblici. Tra essi sono compresi:

- i **diritti della famiglia**, che sono, ad esempio, quelli dei coniugi all'interno del matrimonio o dei figli verso i genitori;
- il **diritto alla salute**, che è considerato un diritto fondamentale dell'individuo ed interesse della collettività;
- il **diritto all'istruzione**, che è riconosciuto a tutti e si attua attraverso un'organizzazione scolastica statale che prevede l'istruzione obbligatoria dai sei fino ai sedici anni d'età.

**RAPPORTI ECONOMICI**

Sono previsti nel Titolo III della Parte I della Costituzione e regolano i **diritti economici** che riguardano le risorse disponibili e la distribuzione dei prodotti. In particolare, sono espressamente riconosciuti i diritti dei lavoratori e i diritti economici in generale (es. diritto di proprietà).

Tra i principali diritti dei lavoratori, ricordiamo:

- il **diritto alla retribuzione**, che prevede che il trattamento economico (stipendio) che il datore di lavoro corrisponde al lavoratore sia tale da assicurare al lavoratore e alla sua famiglia i mezzi necessari per avere un tenore di vita dignitoso e socialmente adeguato;
- la **libertà sindacale,** che consiste nel diritto di ogni lavoratore di aderire o no a un sindacato o di costituirne uno nuovo;
- il **diritto di sciopero**, che consiste nell'astensione collettiva dall'attività lavorativa, dichiarata da un'organizzazione sindacale, per la difesa degli interessi dei lavoratori.

**RAPPORTI POLITICI**

Sono previsti nel Titolo IV della Parte I della Costituzione e disciplinano i **diritti politici**, che prevedono la partecipazione attiva del cittadino alla vita e all'organizzazione dello Stato (es. diritto di associarsi in partiti). Tra essi ricordiamo il **diritto di voto** che la Costituzione (art. 48) definisce:

- **personale**, ossia va espresso personalmente dall'elettore, il quale non può farsi sostituire, né inviare il voto per iscritto, ad eccezione di quei cittadini italiani residenti all'estero, ai quali è consentito di votare per corrispondenza;
- **uguale**, perché ogni voto ha lo stesso valore, nel senso che tutti gli elettori contano allo stesso modo e ciascuno di essi vale un voto;
- **libero**, nel senso che ogni cittadino può scegliere liberamente chi votare senza subire intimidazioni o minacce;
- **segreto**, in quanto ogni elettore ha il diritto di non rivelare le proprie scelte politiche.

### TAPPA N. 3): mettiti alla prova.

- Riascolta la sintesi, mediante il supporto audio.
- Verifica se hai compreso:

Verifica facilitata di autovalutazione di fine modulo

- **Esercizio per l'apprendimento. Comunica (comprendi).**
  **Rispondi ai quesiti, utilizzando uno dei suggerimenti indicati nella parentesi.**

1. Come si definiscono i diritti fondamentali? ..........
   *(Violabili, disponibili, universali).*
2. Che cosa riguardano i diritti fondamentali? ..........
   *(politica, famiglia, proprietà).*
3. Qual è un dovere di solidarietà economica? ..........
   *(votare, istruire i figli, pagare le tasse).*
4. Nella Costituzione, dove sono regolati i principali diritti e doveri dei cittadini? ..........
   *(Parte I, disposizioni transitorie e finali, Parte II).*

- Misura la tua preparazione, avvalendoti degli esercizi facilitati di autovalutazione che trovi nei materiali digitali, sul sito del libro.

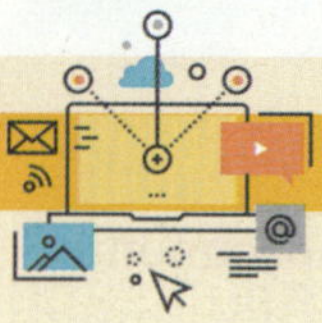

## Educazione Digitale

# Il diritto alla privacy nella società digitale

▸ Privacy online

I confini tra il **mondo reale** e quello **digitale** non esistono più, anche se queste due dimensioni non sono la stessa cosa.

Che cosa significa?

Internet è ormai divenuto uno spazio in cui si svolge una parte sempre più importante della nostra vita e quello che succede *online* si ripercuote anche nella realtà e nelle relazioni con gli altri.

La Rete è un ambiente controverso: rappresenta una straordinaria occasione di libertà e di progresso, cui sarebbe impossibile e ingiusto rinunciare, ma, allo stesso tempo, espone a seri pericoli le nostre libertà, prima tra tutte quella alla riservatezza.

Attraverso l'utilizzo dei più recenti dispositivi elettronici (smartphone, tablet, pc), immettiamo in Internet una serie impressionante di **dati personali** che circolano senza sosta e rivelano a persone sconosciute sentimenti, amicizie, pensieri, gusti e abitudini di ciascuno di noi.

Nel novembre 2013, l'Organizzazione delle Nazioni Unite (O.N.U.) ha approvato una risoluzione in tema di "*Privacy nell'era digitale*", con la quale ha sollecitato gli Stati membri a prevenire la violazione del **diritto umano alla privacy**, affermando la necessità che i diritti trovino un'identica tutela sia nel mondo reale sia in quello virtuale.

Il termine "**privacy**" in italiano coincide con la riservatezza, nel suo significato più ampio, che comprende sia il diritto a mantenere riservati i propri dati personali sia la pretesa dell'interessato di controllarli, con possibilità di accesso, rettifica e cancellazione dei medesimi.

Molti dei social network e dei loro server hanno sede all'estero e, per questo motivo, in caso di violazione della privacy, il più delle volte, è impossibile ricevere tutela in base alla legislazione italiana ed europea.

Nel nostro ordinamento, la L. n. 675 del 1996 ha istituito la figura del **Garante per la protezione dei dati personali**, autorità amministrativa indipendente, con la specifica funzione di garantire la corretta applicazione della normativa in materia.
In seguito, è stato approvato il D.Lgs. n. 196/2003, Testo Unico, noto come **Codice della privacy**, che ha ampliato le norme e le fattispecie regolate, accogliendo, nella sostanza, alcuni significativi interventi del Garante.
Il Codice assicura che siano rispettati i diritti e le libertà fondamentali, tra i quali, in particolare, la riservatezza, l'identità personale e il diritto alla protezione dei dati personali, punendone espressamente, all'art. 167, l'illecito trattamento.

La Corte di giustizia europea, nel maggio 2014, ha emesso una sentenza in cui ha sancito il diritto di chiunque di chiedere al gestore di un motore di ricerca di eliminare ogni link tra i propri dati personali e una pagina web, quando ciò arrechi danno alla privacy.

Nel maggio 2016, l'**Unione europea** ha approvato il cosiddetto "**Pacchetto protezione dati**", con l'intento di creare un complesso normativo comune a tutti i Paesi membri, in materia di tutela della riservatezza delle persone fisiche e della libera circolazione dei dati personali, cercando di contemperare i loro diritti con le esigenze del mercato. Esso si compone di:

- un **Regolamento europeo** (UE) n. 2016/679, direttamente applicabile in tutti gli Stati dell'Unione europea, dal 25 maggio 2018, affinché il diritto interno possa essere adattato alla nuova disciplina;
- una **Direttiva** 2016/680, in tema di attività di polizia e giustizia, in vigore dal 5 maggio 2016, da recepirsi entro due anni nel diritto interno di tutti i Paesi membri.

▸ Regolamento europeo

Il Regolamento assicura una più ampia tutela dei diritti dei cittadini europei, semplificando l'impianto normativo esistente e introducendo nuovi e più efficaci strumenti diretti a responsabilizzare le imprese, tenuto conto dell'evoluzione tecnologica degli ultimi anni. Esso andrà a sostituire il Codice della privacy, entrato in vigore nel 2004.

In tema di protezione dei dati, una delle principali novità introdotte dal Regolamento è il cosiddetto "**diritto all'oblio**", in base al quale l'interessato può ottenere la cancellazione dei propri dati personali, anche online, da parte del titolare del trattamento, in presenza di determinate condizioni espressamente elencate (es. se i dati sono trattati illecitamente).

A questo diritto corrisponde l'obbligo del titolare del trattamento, che ha pubblicato i dati, di comunicare la richiesta di cancellazione a chiunque li stia trattando, per quanto tecnicamente possibile.

Nel mondo virtuale è possibile falsificare informazioni, rubare identità e profili sui social network o, più in generale, violare diritti, con conseguenze ben più gravi e dannose di un qualsiasi furto di una borsetta o di una rubrica telefonica.

Innanzitutto, bisogna stare attenti a **non violare il diritto alla privacy altrui.**

▸ Sicurezza dei dati

La legge vale anche sul web, che non è una zona franca. Tutto ciò che facciamo su Internet diventa parte integrante delle nostre vite che ne saranno condizionate per sempre.

I reati o gli illeciti commessi in Rete sono gli stessi del mondo reale e a essi si applicano le norme previste dal nostro ordinamento giuridico.

Occorre un esempio?

Se una studentessa posta su un social network una foto, rubata da una galleria d'immagini di un sito Internet, che ritrae una famosa modella, e si spaccia per lei, risponderà del reato di sostituzione di persona, previsto dall'art. 494 del codice penale che prevede la reclusione in carcere fino a un anno.

Ne occorre un altro?

Chiunque pubblica o divulga, con qualsiasi mezzo (Internet compreso) notizie o immagini idonee a permettere l'identificazione di un minore, senza l'autorizzazione dei genitori o di chi ne fa le veci, commette un illecito. La necessità del consenso vale per qualsiasi persona e quindi anche nel caso in cui si voglia pubblicare la foto di un amico maggiorenne. La legislazione applicabile in materia è quella che regola la pubblicazione di immagini altrui (art. 96 della Legge n. 633/1941, sul diritto d'autore) e la tutela della privacy (D.Lgs. n. 196/2003).

Detto questo, se hai deciso che non puoi fare a meno di uno smartphone o, in generale, di un collegamento a Internet, devi chiederti:

**Come posso proteggere la mia privacy online?**

A questo scopo, è intervenuto il **Garante per la protezione dei dati personali** che nel maggio 2014 ha elaborato una guida "Social Privacy – Come tutelarsi nell'era dei social network", nella quale propone una serie di consigli e soluzioni per tutti gli utenti della Rete, per aumentarne la consapevolezza.
In particolare, il Garante offre un vademecum per imparare a difendere la propria riservatezza nel mondo digitale. Ecco i "**10 consigli per non rimanere intrappolati**":

1. **Pensarci bene, pensarci prima**
di pubblicare i tuoi dati personali online. Ogni informazione immessa in Rete può riaffiorare, attraverso i motori di ricerca, dopo anni.

2. **Non sentirti troppo sicuro,**
perché non esistono messaggi che si autodistruggono con assoluta certezza e foto o video possono finire nelle mani di persone sconosciute e malintenzionate.

3. **Rispetta gli altri**
e non pubblicare foto o informazioni su altre persone, senza il loro consenso (magari "taggandone" i volti), perché rischieresti sanzioni penali.

4. **Serra la porta della tua rete e del tuo smartphone,**
tenendo sempre aggiornato l'antivirus, utilizzando login e password diversi per ogni sito web o casella di posta elettronica, crea pseudonimi differenti per ogni rete cui partecipi e non inserire informazioni personali nel nickname.

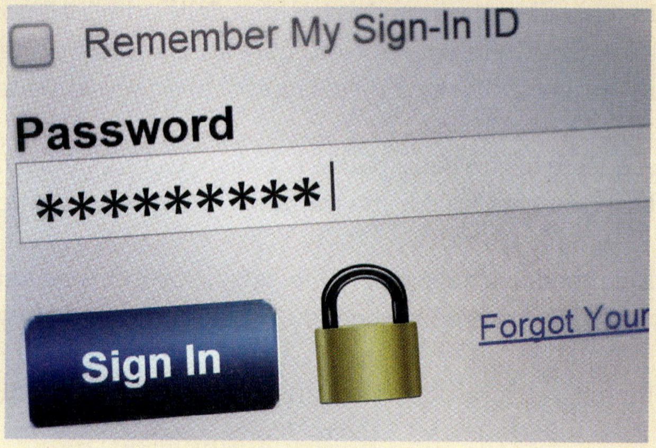

▸ Password

5. **Attenzione all'identità,**
perché chi si presenta come un adolescente potrebbe essere un adulto e viceversa.

6. **Occhio ai cavilli**
e cerca nei siti sotto "privacy" o "privacy policy", informazioni circa l'utilizzo che viene fatto dei tuoi dati, controllando anche le frequenti modifiche apportate unilateralmente dai gestori dei siti. Leggi bene il contratto e le condizioni d'uso.

7. **Anonimato, ma non per offendere,**
nel senso che puoi pubblicare messaggi sotto pseudonimo o in forma anonima, se credi sia necessario per proteggere la tua identità, ma non per offendere gli altri. Hai libertà di parola, non d'insulto.

8. **Fatti trovare solo dagli amici,**
disattivando le funzioni di geolocalizzazione presenti sulle "app" dei social network o sugli altri strumenti elettronici (es. smartphone).

9. **Segnala l'abuso e chiedi aiuto,**
vale a dire, se tu o un tuo amico siete vittime di comportamenti anomali e fastidiosi, non aspettare che la situazione degeneri ulteriormente e chiedi aiuto alle persone di tua fiducia o alle autorità competenti.

**10. Più social privacy, meno app e spam,**
nel senso che devi controllare i livelli di privacy del tuo profilo e limitare al massimo la disponibilità di informazioni, soprattutto per ciò che riguarda la reperibilità dei dati da parte dei motori di ricerca.

*(Fonte: www.garanteprivacy.it, con adattamenti).*

## Mettiamoci alla prova

**Competenze di base e di cittadinanza:**

- collocare l'esperienza personale in un sistema di regole fondato sul reciproco riconoscimento dei diritti garantiti dalla Costituzione, a tutela della persone, della collettività e dell'ambiente;
- agire in modo autonomo e responsabile;
- progettare;
- collaborare e partecipare;
- risolvere i problemi.
- acquisire ed interpretare l'informazione.

**Lavoro di gruppo:**

1. La classe si divide in gruppi di lavoro.
2. Ogni gruppo legge e analizza attentamente il seguente caso:

   Alberto e Margherita, genitori di Pietro che frequenta la prima classe della scuola primaria, in prossimità del Natale, assistono, in qualità di spettatori, alla recita scolastica organizzata dalle maestre e dagli alunni. Alberto, emozionato, documenta ogni scena con una macchina fotografica e con una videocamera. Le immagini ritraggono non solo Pietro ma anche tutti i suoi compagni che si cimentano nell'insolito ruolo di attori. Il giorno seguente, Alberto non si limita a mostrare le foto e il video ai nonni e agli zii, ma decide di pubblicarli sul suo profilo di un noto social network. Dopo una settimana riceve la telefonata di un genitore di una compagna di classe del figlio, ritratta assieme a lui, che afferma di non aver gradito l'iniziativa della pubblicazione della quale non era stato preventivamente informato. Per questo motivo, incaricherà il suo avvocato di fiducia di promuovere una causa davanti al Tribunale, per violazione di un diritto umano fondamentale.

   a. Quale diritto è stato violato e perché?
   b. Sarebbe stata sufficiente la preventiva informazione per non incorrere in alcuna responsabilità?
   c. Che cosa avrebbe dovuto fare Alberto?

3. Dopo una breve discussione, i membri di ciascun gruppo rispondono per iscritto ai quesiti proposti e riferiscono alla classe.
4. Si apre il dibattito per valutare insieme le risposte e individuare la soluzione conforme alla normativa vigente.

## Compito di realtà

***Esamino il testo:***

### *Messaggio di fine anno del Presidente della Repubblica Sergio Mattarella*

Palazzo del Quirinale 31/12/2017

Care concittadine e cari concittadini, un saluto cordiale e un grande augurio. A tutti coloro che sono in Italia e agli italiani che si trovano all'estero.

Tra poco, inizierà il 2018.

Settant'anni fa, nello stesso momento, entrava in vigore la Costituzione della Repubblica, con il suo patrimonio, di valori, di principi, di regole, che costituiscono la nostra casa comune, secondo la definizione di uno dei padri costituenti.

Su questi valori, principi e regole si fonda, e si svolge, la nostra vita democratica. Al suo vertice, si colloca la sovranità popolare che si esprime, anzitutto, nelle libere elezioni.

Come sapete ho firmato il decreto che conclude questa legislatura del Parlamento e, il 4 marzo prossimo, voteremo per eleggere le nuove Camere. (...)

Mi auguro un'ampia partecipazione al voto e che nessuno rinunzi al diritto di concorrere a decidere le sorti del nostro Paese.

Ho fiducia nella partecipazione dei giovani nati nel 1999 che voteranno per la prima volta.

Questo mi induce a condividere con voi una riflessione.

Nell'anno che si apre ricorderemo il centenario della vittoria nella Grande guerra e la fine delle immani sofferenze provocate da quel conflitto.

In questi mesi di un secolo fa i diciottenni di allora - i ragazzi del '99 - vennero mandati in guerra, nelle trincee.

Molti vi morirono.

Oggi i nostri diciottenni vanno al voto, protagonisti della vita democratica.

Propongo questa riflessione perché, talvolta, corriamo il rischio di dimenticare che, a differenza delle generazioni che ci hanno preceduto, viviamo nel più lungo periodo di pace del nostro Paese e dell'Europa. (...)

Abbiamo di fronte, oggi, difficoltà che vanno sempre tenute ben presenti. Ma non dobbiamo smarrire la consapevolezza di quel che abbiamo conquistato: la pace, la libertà, la democrazia, i diritti.

Non sono condizioni scontate, né acquisite una volta per tutte. Vanno difese, con grande attenzione, non dimenticando mai i sacrifici che sono stati necessari per conseguirle. (...)

* Fonte: sito web del Quirinale.

***Applico le conoscenze:***

1. In che senso nel testo si usa l'espressione "casa comune"?
2. Riesci a comprendere perché la "sovranità popolare" "si esprime, anzitutto, nelle libere elezioni"? Prova a spiegarlo.
3. Sei in grado di individuare di quale tipo di elezioni parla il Presidente della Repubblica, nel suo discorso?
4. Identifica l'articolo della Costituzione che garantisce espressamente il diritto di voto e il nome del "Titolo", nel quale è inserito.
5. Condividi le riflessioni del Capo dello Stato, riguardo all'importanza della partecipazione al voto dei giovani? Motiva la tua risposta.

***Sviluppo le competenze e mi confronto:***

La classe si divide in gruppi e, immaginando di aver ricevuto l'incarico di realizzare, per conto della Presidenza della Repubblica, un manifesto pubblicitario che convinca i giovani sull'importanza del loro voto, ne progetta lo "slogan" (o motto), le immagini e i contenuti. Segue la fase della realizzazione e la votazione collettiva del cartellone più significativo ed efficace, da appendere a scuola.

***Valuto le competenze:***

| Competenze | A<br>Livello Avanzato | B<br>Livello Intermedio | C<br>Livello Base | D<br>Livello Iniziale |
|---|---|---|---|---|
| • Colloco l'esperienza personale in un sistema di regole fondato sul reciproco riconoscimento dei diritti garantiti dalla Costituzione, a tutela della persona, della collettività e dell'ambiente.<br>• Imparo ad imparare.<br>• Individuo collegamenti e relazioni.<br>• Acquisisco ed interpreto le informazioni.<br>• Comunico.<br>• Progetto.<br>• Collaboro e partecipo. | **Lavoro eccellente**<br>☐<br>Applico con consapevolezza le conoscenze acquisite alla vita reale; valuto informazioni e progetto, con buona padronanza del lessico della disciplina, collaborando in modo efficiente. | **Lavoro buono**<br>☐<br>Applico in autonomia le conoscenze acquisite alla vita reale; comprendo e valuto informazioni, con un uso appropriato del lessico della disciplina, collaborando in modo efficace. | **Lavoro adeguato**<br>☐<br>Applico le conoscenze essenziali acquisite alla vita reale; reperisco informazioni di base, utilizzando i termini fondamentali della disciplina e collaborando in modo corretto. | **Lavoro da migliorare**<br>☐<br>Applico alcune conoscenze elementari acquisite alla vita reale, se guidato; fatico a reperire le informazioni di base, con un uso limitato dei termini della disciplina, collaborando in modo passivo. |

# 5 L'ORGANIZZAZIONE DELLO STATO ITALIANO

**UdA 1** Il Parlamento e la funzione legislativa → CAMERA DEI DEPUTATI → SENATO DELLA REPUBBLICA → BICAMERALISMO PERFETTO → APPROVAZIONE DELLA LEGGE

**UdA 2** Il Governo e la funzione esecutiva → PRESIDENTE DEL CONSIGLIO DEI MINISTRI → MINISTRI → CONSIGLIO DEI MINISTRI → REALIZZAZIONE DEI FINI DELLO STATO

**UdA 3** La Magistratura e la funzione giurisdizionale → GIUDICI → PROCESSO → SENTENZA → AMMINISTRAZIONE DELLA GIUSTIZIA

**UdA 4** Il Presidente della Repubblica e la Corte costituzionale → CAPO DELLO STATO → GARANTE DELLA COSTITUZIONE → CORTE COSTITUZIONALE → LEGITTIMITÀ COSTITUZIONALE DELLE NORME GIURIDICHE

**Alla fine di questo percorso didattico, saprai individuare gli organi tra i quali sono distribuiti i poteri e le funzioni fondamentali dello Stato italiano.**

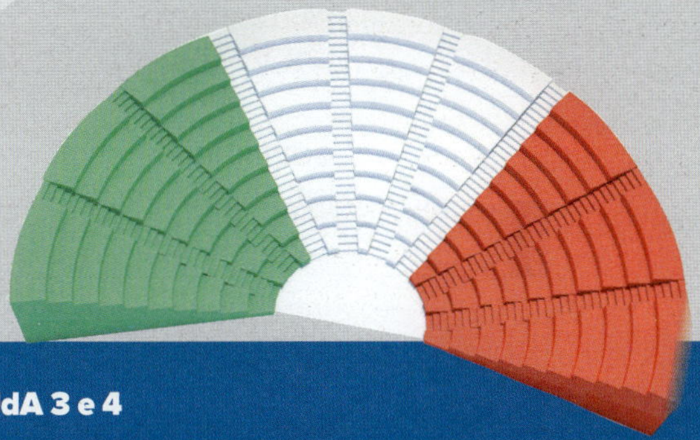

**FLIPPED classroom**

**Attività UdA 1 e 2**

- **A casa: lezione**

Leggo e ascolto i materiali digitali:
- Le riforme istituzionali (*PowerPoint*).
- I luoghi degli organi costituzionali (*PowerPoint*).
- Esempio di testo di legge di revisione costituzionale (Pdf).
- Esempio di testo di legge delega (Pdf).
- Testo della formula di promulgazione della legge (Pdf)
- Esempio di testo di decreto legge (Pdf).
- "Ripassiamo insieme" (Audio) UdA 1 e 2.
- "Parole chiave" (Animazione).

- **A scuola: sviluppo le competenze**

Rifletto:
- Confronto e dibattito in classe.
- Verifica delle competenze di fine UdA 1 e 2.

Mi metto alla prova:
- Compito di realtà di fine modulo.

**Attività UdA 3 e 4**

- **A casa: lezione**

Leggo e ascolto i materiali digitali:
- I tipi di giudici nel dettaglio (*PowerPoint*).
- I Presidenti della Repubblica italiana (Pdf).
- Esempio di sentenza (Pdf).
- "Ripassiamo insieme" (Audio) UdA 3 e 4.
- "Parole chiave" (Animazione).

- **A scuola: sviluppo le competenze**

Rifletto:
- Confronto e dibattito in classe.
- Verifica delle competenze di fine UdA 3 e 4.

Mi metto alla prova:
- Problem solving: analisi del caso (esercizio 6 – UdA 3 e 4).
- Compito di realtà di fine modulo.

# UdA 1 IL PARLAMENTO E LA FUNZIONE LEGISLATIVA

## 1. L'ordinamento dello Stato e gli organi costituzionali

L'Ordinamento della Repubblica

Nella seconda Parte della Costituzione è regolato l'"**Ordinamento della Repubblica**", costituito dall'insieme degli organi e dei poteri, tra i quali sono distribuite le funzioni dello Stato.

Gli organi costituzionali

In particolare, si definiscono **organi costituzionali** quelli che sono previsti e disciplinati dalla Costituzione e che partecipano all'individuazione dei fini d'interesse generale che lo Stato è chiamato a perseguire come, ad esempio, il mantenimento dell'ordine pubblico o la garanzia ai cittadini dell'assistenza sanitaria, della giustizia e dell'istruzione.

▸ Bandiera della Presidenza della Repubblica Italiana e dell'Unione Europea

| ORGANI COSTITUZIONALI | |
|---|---|
| **PARLAMENTO** (artt. 55-82 Cost.) | È l'unico organo eletto direttamente dal popolo e ha il compito di approvare le leggi. Assieme al Governo, sceglie i fini pubblici e gli obiettivi da realizzare nell'interesse della collettività. |
| **GOVERNO** (artt. 92-100 Cost.) | Ha il compito di dare attuazione alle leggi attraverso la Pubblica Amministrazione (complesso di organi e uffici), per realizzare in concreto le finalità pubbliche. In determinati casi, può approvare atti aventi forza di legge. |
| **MAGISTRATURA** (artt. 101-113 Cost.) | Interpreta e applica la legge al caso concreto, accertando le violazioni del diritto e applicando le relative sanzioni. |
| **PRESIDENTE DELLA REPUBBLICA** (artt. 83-91 Cost.) | È il Capo dello Stato che rappresenta l'unità nazionale ed è il garante della Costituzione. |
| **CORTE COSTITUZIONALE** (artt. 134-137 Cost.) | Giudica se le leggi e gli atti aventi forza di legge sono conformi alla Costituzione. Risolve i conflitti tra gli organi dello Stato. |

Le tre funzioni fondamentali

Lo Stato manifesta la sua autorità attraverso l'esercizio di **tre funzioni fondamentali**:

- **funzione legislativa**, con la quale approva la legge al fine di regolare la società e individuare i fini pubblici da raggiungere;
- **funzione esecutiva**, mediante la quale dà attuazione ai suddetti fini, nel rispetto della legge;
- **funzione giurisdizionale**, con la quale applica la legge, accertando i comportamenti ad essa contrari e infliggendo le sanzioni corrispondenti.

Il principio della separazione dei poteri

L'ordinamento italiano è organizzato secondo il **principio della separazione dei poteri**, teorizzato nel 1748 dal filosofo francese Montesquieu, che prevede che le tre funzioni fondamentali dello Stato siano attribuite a poteri autonomi e distinti, affinché ciascuno di essi possa limitare ed equilibrare gli altri, a garanzia della libertà e dei diritti dei cittadini.

È così che anche nel nostro Stato abbiamo tre poteri fondamentali di cui sono titolari tre organi differenti:

**POTERE LEGISLATIVO** → **PARLAMENTO**

**POTERE ESECUTIVO** → **GOVERNO**

**POTERE GIUDIZIARIO** → **MAGISTRATURA**

In realtà, nel nostro ordinamento, il principio teorizzato da Montesquieu è stato profondamente trasformato rispetto alle origini, nel senso che la separazione dei poteri non è più così netta. Accade, ad esempio, che la funzione legislativa, solitamente attribuita al Parlamento, in determinati casi previsti dalla Costituzione, possa essere svolta anche dal Governo, con l'emanazione di atti che hanno lo stesso valore della legge. Allo stesso modo, la funzione giurisdizionale, che di norma spetta alla Magistratura, può essere esercitata anche dal Parlamento nell'ipotesi in cui si debba mettere in stato d'accusa il Presidente della Repubblica, per i reati di alto tradimento o di attentato alla Costituzione. La funzione esecutiva, infine, di competenza del Governo, può essere svolta dai giudici (ad es. quando emanano atti materialmente amministrativi, come la nomina di un tutore) o dal Parlamento (ad es. quando recluta i propri dipendenti).

▶ **Guardia di fronte al Palazzo del Quirinale**

■ **Esercizio A) per l'apprendimento. Comunica (comprendi).**

**Scrivi, nello spazio a lato della funzione o attività descritta, l'organo costituzionale competente ad esercitarla.**

1. Attua le leggi ........................
2. Applica le sanzioni ........................
3. Garantisce il rispetto della Costituzione ........................
4. Approva le leggi ........................
5. Approva atti aventi forza di legge ........................
6. Giudica chi non osserva la legge dello Stato ........................
7. Rappresenta l'unità nazionale ........................
8. Giudica se una legge è conforme alla Costituzione ........................
9. È a capo della Pubblica Amministrazione ........................
10. Assieme al Governo stabilisce i fini e gli obiettivi dello Stato ........................

I luoghi degli organi costituzionali

## 2. La struttura e la composizione del Parlamento

L'Italia è una Repubblica parlamentare in cui il Parlamento ha un ruolo centrale, perché è organo rappresentativo della volontà del popolo che attraverso l'elezione dei suoi componenti (parlamentari) partecipa all'esercizio del potere statale (sovranità popolare).

Il Parlamento è un organo complesso perché è costituito da due organi collegiali (formati cioè da più membri) che sono:

- la Camera dei deputati;
- il Senato della Repubblica.

▸ Palazzo Montecitorio, sede della Camera dei Deputati

**Il bicameralismo perfetto**

A tali organi sono attribuiti i medesimi poteri e per questo motivo si parla di **bicameralismo perfetto**, che consente al Parlamento di riflettere meglio sulle decisioni da assumere ma richiede più tempo per la formazione delle leggi che, come vedremo, devono essere approvate nello stesso identico testo da entrambe le Camere.

Pur avendo le stesse funzioni e gli stessi compiti, i due rami del Parlamento si differenziano per la composizione e per le caratteristiche dei loro membri.

**La Camera dei deputati**

La **Camera dei deputati** è formata da seicentotrenta deputati, eletti a suffragio universale diretto dai cittadini che hanno raggiunto la maggiore età, cioè hanno compiuto i diciotto anni. Possono essere eletti deputati tutti i cittadini che abbiano almeno venticinque anni. Tale organo del Parlamento ha sede a Roma, a Palazzo Montecitorio.

▸ Palazzo Madama, sede del Senato

**Il Senato della Repubblica**

Il **Senato della Repubblica** si compone di trecentoquindici senatori, eletti a base regionale con suffragio universale diretto dai cittadini che hanno superato i venticinque anni d'età, più i senatori a vita che devono essere in tutto cinque e sono nominati dal Presidente della Repubblica. Sono eleggibili a senatori i cittadini che hanno compiuto i quarant'anni. Il Senato ha sede a Roma, a Palazzo Madama.

**Elezione del Senato a base regionale:** significa che ad ogni Regione è attribuito un certo numero di senatori in relazione alla popolazione, che, comunque, non devono essere meno di sette, salvo il Molise che ne ha due e la Valle d'Aosta che ne ha uno.

**I senatori a vita**

Sono **senatori a vita**:

- di diritto, salvo rinuncia, coloro che sono stati Presidente della Repubblica;
- i cittadini che hanno onorato la Patria per altissimi meriti di natura sociale, scientifica, artistica e letteraria.

| | Numero dei componenti | Elettorato Attivo | Elettorato Passivo | Sede |
|---|---|---|---|---|
| CAMERA DEI DEPUTATI | 630 deputati | 18 anni | 25 anni | Palazzo Montecitorio |
| SENATO DELLA REPUBBLICA | 315 senatori + 5 senatori a vita | 25 anni | 40 anni | Palazzo Madama |

**La legislatura**

La Camera dei deputati e il Senato della Repubblica sono eletti per cinque anni e tale durata, definita **legislatura**, non può essere prorogata se non per legge e solo in caso di guerra.
Tale periodo può essere anche inferiore, in caso di scioglimento anticipato delle Camere, disposto dal Presidente della Repubblica (ad esempio per l'impossibilità di avere in Parlamento una maggioranza in grado di governare).

**Il sistema elettorale**

Si definisce **sistema elettorale** l'insieme delle norme giuridiche che disciplinano le operazioni di voto e di distribuzione dei seggi. Si distinguono due tipi fondamentali di sistemi elettorali:

- quello **proporzionale**, in cui i seggi sono attribuiti in proporzione ai voti ricevuti da ciascuna lista politica;
- quello **maggioritario**, secondo il quale i seggi di un collegio elettorale (cioè di una determinata parte di territorio – circoscrizione elettorale) sono assegnati ai candidati che hanno ottenuto il maggior numero di voti.

Questi sistemi elettorali sono caratterizzati da aspetti positivi e negativi. Si ritiene, in genere, che i sistemi proporzionali offrano una maggiore democraticità a svantaggio della stabilità politica, mentre quelli maggioritari garantiscano più governabilità, a scapito di una scarsa rappresentatività delle minoranze politiche.
Spesso, nella realtà dei diversi Stati, sono stati adottati sistemi elettorali contenenti elementi propri sia di un sistema sia dell'altro.

**Il Rosatellum**

In Italia, l'elezione della Camera dei deputati e del Senato della Repubblica è disciplinata dalla legge approvata nel novembre del 2017, nota semplicemente come **"Rosatellum"** (dal nome del deputato relatore, Ettore Rosato).
A differenza delle precedenti leggi elettorali, le nuove disposizioni normative prevedono un **sistema elettorale** omogeneo per le due Camere, **misto** tra proporzionale e maggioritario.

Dentro il **diritto**

## La nuova legge elettorale

La **Legge 3 novembre 2017, n. 165**, nota come "**Rosatellum**", nata per essere applicata per la prima volta alle elezioni politiche del 4 marzo 2018, ha sostituito la precedente legge elettorale, cosiddetta "Italicum" (L. n. 52/2015), che disciplinava l'elezione della Camera dei deputati, e la Legge Calderoli (L. n. 270/2005), dichiarata parzialmente incostituzionale nel 2014 dalla Corte Costituzionale, in vigore per il Senato della Repubblica.
Il "Rosatellum" regola l'elezione del Parlamento con un sistema elettorale misto:

- il **sistema maggioritario** determina l'assegnazione del 37% circa dei seggi (232 alla Camera dei deputati e 116 al Senato della Repubblica);
- il **sistema proporzionale** determina l'assegnazione del 63% circa dei seggi, dei quali il 61% votati dagli italiani residenti in Italia (386 alla Camera dei deputati e 193 al Senato della Repubblica) e il 2% (12 deputati e 6 senatori), con il voto degli italiani residenti all'estero.

Il territorio nazionale, secondo la nuova legge elettorale, è suddiviso in 20 circoscrizioni per il Senato della Repubblica (una per Regione) e 28 per la Camera dei deputati. Ciascuna circoscrizione è a sua volta suddivisa in collegi uninominali con formula maggioritaria ed in collegi plurinominali con metodo proporzionale.
Identiche **soglie di sbarramento** sono previste per i due rami del Parlamento. I partiti e le singole liste che vogliono accedere in Parlamento devono ottenere almeno il 3% dei voti validi su base nazionale, sia alla Camera sia al Senato. Per le coalizioni la soglia di sbarramento sale al 10%.
Sono previste **quote di genere** e i partiti devono equilibrare la presenza di candidati uomini e di candidate donne: nessuno dei due generi può essere rappresentato in misura superiore al 60%.
Il voto si esprime su una **scheda elettorale unica** per la quota maggioritaria e proporzionale, senza voto disgiunto. Pertanto, l'elettore non può votare contemporaneamente un candidato nel collegio uninominale e una lista a lui non collegata nella parte proporzionale.

Le riforme istituzionali

**Esercizio B) per l'apprendimento. Individua collegamenti e relazioni.**

**Cerca l'estraneo, evidenziandolo nel testo.**

1. Senatori a vita, ex Presidenti della Repubblica, cittadini illustri con meriti in campo scientifico, elezione a suffragio universale diretto da parte dei cittadini.
2. Camera dei deputati, Palazzo Madama, elettorato attivo a diciotto anni, suffragio universale diretto.
3. Poteri diversi, bicameralismo perfetto, Camera dei deputati, Senato della Repubblica.
4. Durata delle Camere, legislatura, divieto di scioglimento anticipato, proroga in caso di guerra.

## 3. Il funzionamento e l'organizzazione delle Camere

▸ Presidente della Repubblica Italiana, eletto dal Parlamento

Le sedute

Di norma, le **sedute** in Parlamento sono **pubbliche**, nel senso che i lavori dell'Assemblea sono resi noti sotto forma di resoconti sommari su Internet o mediante trasmissione televisiva diretta e il pubblico può assistere ai lavori dalle tribune. È prevista anche la possibilità che le Camere si riuniscano in seduta segreta. L'attività parlamentare procede secondo una precisa tabella di marcia che prevede un ordine del giorno, un programma e un calendario di ciascuna seduta.

Il Parlamento in seduta comune

Di solito, le due Camere lavorano separatamente, ciascuna nella propria sede, e, nei soli casi stabiliti dalla Costituzione, si riuniscono insieme a Palazzo Montecitorio e costituiscono il **Parlamento in seduta comune**. Ciò accade per:

- l'elezione del Presidente della Repubblica (art. 83, c.1, Cost.);
- il giuramento di fedeltà alla Repubblica e di osservanza della Costituzione da parte del Presidente della Repubblica (art. 91 Cost.);
- la messa in stato d'accusa del Presidente della Repubblica per alto tradimento o attentato alla Costituzione (art. 90 Cost.);
- l'elezione di un terzo dei componenti il Consiglio superiore della Magistratura (art. 104, c. 4, Cost.);
- l'elezione di cinque giudici della Corte costituzionale (art. 135, c. 1, Cost.).

**Consiglio superiore della Magistratura:** è l'organo di autogoverno della Magistratura, composto da ventisette membri e presieduto dal Presidente della Repubblica. Si occupa di tutto ciò che riguarda i giudici come, ad esempio, la carriera, i trasferimenti, le sanzioni o le promozioni.

Gli organi interni

Entrambe le Camere sono dotate di autonomia organizzativa, in forza della quale adottano **regolamenti** che disciplinano l'attività dei loro **organi interni**. Tra questi i più importanti sono:

Il presidente di assemblea

- il **presidente di assemblea**, che rappresenta la Camera di riferimento e garantisce il normale svolgimento dei lavori (es. mantiene l'ordine, modera la discussione, annuncia il risultato di voto) e l'**ufficio di presidenza**, composto da più soggetti (vicepresidenti, segretari, questori) che collabora con il presidente e gestisce la struttura amministrativa delle Camere;

I gruppi parlamentari

- i **gruppi parlamentari**, nei quali si devono organizzare i deputati e i senatori presenti in Parlamento. Per costituire un gruppo è richiesto un numero minimo di parlamentari che sono venti alla Camera dei deputati e dieci al Senato. Chi non s'iscrive a un gruppo è inserito d'ufficio nel cosiddetto gruppo "misto";

Le commissioni permanenti

- le **commissioni permanenti**, che hanno specifiche competenze in determinate materie e intervengono sempre nel procedimento di formazione della legge.

**Esempio: sarà la Commissione giustizia a esaminare un progetto di legge riguardante la riduzione della durata della carcerazione preventiva.**

Il numero dei parlamentari di ciascun partito, presenti in Commissione, deve rispecchiare proporzionalmente quello ottenuto in Parlamento, a seguito delle votazioni politiche.

**Esempio: se un partito detiene il 15% di seggi al Senato, i suoi membri dovranno essere presenti in commissione nella stessa percentuale.**

Le Commissioni bicamerali

All'occorrenza, possono essere costituite anche **Commissioni bicamerali** (formate da membri di entrambe le Camere) per svolgere, ad esempio, attività di controllo, che possono essere temporanee (con durata limitata) o permanenti (es. la Commissione di vigilanza dei servizi radiotelevisivi).

Le Commissioni speciali

Tra le Commissioni si ricordano anche le **Commissioni speciali**, che possono essere istituite al solo scopo di indagare su temi sociali o politici (es. la Commissione d'inchiesta sul fenomeno delle mafie e delle altre associazioni criminali).

▸ L'aula di Montecitorio

Dentro il **diritto**

## Come si vota in Parlamento

Secondo l'art. 64 Cost., affinché le deliberazioni (cioè le decisioni) di ciascuna Camera siano valide è necessario:

- il numero legale, cioè la presenza della maggioranza dei loro componenti;
- la maggioranza semplice, ossia l'approvazione della maggioranza dei presenti in aula.

In determinati casi la Costituzione può richiedere maggioranze diverse come:

- la maggioranza assoluta, cioè la maggioranza dei componenti di ciascuna Camera (e non solo dei presenti) (es. per eleggere il Presidente della Repubblica dopo la terza votazione);
- la maggioranza qualificata, ossia superiore alla precedente (es. per eleggere il Presidente della Repubblica entro le prime tre votazioni).

Di solito, le decisioni delle Camere sono prese con voto palese (cioè pubblico, non segreto). Tuttavia, si può ricorrere anche al voto segreto, su richiesta di un certo numero di parlamentari e in determinati casi come, ad esempio, nelle votazioni riguardanti le persone.

■ **Esercizio C) per l'apprendimento. Comunica (rappresenta).**
**Completa la seguente mappa concettuale.**

**PARLAMENTO IN SEDUTA COMUNE si riunisce per**

- Elezione del ................................ della Repubblica
- Elezione di ............... giudici della Corte costituzionale
- ................................ del Presidente della Repubblica
- Messa in stato d'accusa del Presidente della Repubblica per ..................... e attentato alla ........................
- Elezione di un ............... dei componenti del Consiglio ............... della Magistratura

## 4. I parlamentari

Nel nostro Stato, per essere eletti in Parlamento non sono necessari requisiti particolari (laurea o altro), ma basta essere cittadini italiani e aver raggiunto l'età minima richiesta.

**I parlamentari**

I **parlamentari**, al momento della loro proclamazione (se eletti) o della loro nomina (se nominati, come, ad esempio, i senatori a vita) acquistano uno ***status***, cioè una condizione che prevede una serie di diritti e di doveri spettanti a ciascuno di essi.

**Le garanzie**

La Costituzione, a tutela dell'indipendenza dello *status* di parlamentare, nell'esercizio delle funzioni istituzionali, stabilisce una serie di **garanzie** o prerogative. Esse sono giustificate dal ruolo di rappresentante del popolo che ciascun membro del Parlamento è chiamato a svolgere.

**Il divieto di mandato imperativo**

Innanzitutto, è previsto il cosiddetto **divieto di mandato imperativo**, nel senso che i parlamentari, poiché rappresentano la Nazione, esercitano le loro funzioni senza vincolo (cioè obbligo) di mandato (incarico). In altri termini non sono tenuti a soddisfare gli interessi particolari dei cittadini che li hanno votati, ma devono perseguire obiettivi politici generali. In questo modo, si è cercato di svincolare i parlamentari da qualsiasi rapporto di dipendenza con i propri elettori, affinché possano agire in piena autonomia nell'interesse della collettività.

▸ Parlamentari dibattono in aula

**Esempio:** **Alberto, giovane candidato, durante la campagna elettorale aveva promesso agli elettori che si sarebbe adoperato per ridurre le tasse. Una volta eletto, visto il bilancio in perdita dello Stato, si fa promotore di una proposta di legge per introdurre nuovi tributi. Ciononostante, Alberto non può essere chiamato a rispondere per non aver mantenuto le promesse e non subisce alcuna conseguenza durante il suo mandato politico. Probabilmente, non riceverà una seconda volta il voto di chi è rimasto deluso.**

Le immunità

I membri delle Camere godono anche di altre prerogative che prendono il nome di **immunità** e tra le quali distinguiamo:

L'insindacabilità

- l'**insindacabilità**, che prevede che i parlamentari non possano essere chiamati a rispondere per le opinioni espresse e i voti dati, nell'esercizio delle loro funzioni. Di conseguenza, non incorrono in alcun tipo di responsabilità penale, civile, amministrativa o disciplinare;

L'immunità penale

- l'**immunità penale**, secondo la quale è prevista un'apposita autorizzazione della Camera di appartenenza per sottoporre i parlamentari a qualsiasi provvedimento che comporti una restrizione della libertà personale come, ad esempio, perquisizione personale o domiciliare o arresto, salvo il caso di flagranza di reato (cioè quando "si è colti sul fatto"). Fino al 1993, doveva richiedersi la suddetta autorizzazione anche solo per dare inizio a un procedimento penale, nei confronti di un parlamentare, ma poiché spesso si abusava di tale istituto per sottrarre i membri delle Camere alla giustizia, si è ritenuto opportuno eliminarlo.

L'indennità

I parlamentari, infine, ricevono un'**indennità** (somma in denaro), la cui misura è stabilita dalla legge, al fine di consentire l'accesso alle cariche pubbliche anche a chi si trova in condizioni economiche svantaggiate.

| GARANZIE A TUTELA DEI PARLAMENTARI | |
|---|---|
| **DIVIETO DI MANDATO IMPERATIVO** (art. 67 Cost.) | Non hanno alcun vincolo di mandato nei confronti degli elettori. |
| **INSINDACABILITÀ** (art. 68, c. 1, Cost.) | Non sono responsabili per le opinioni espresse e i voti dati, nell'esercizio delle loro funzioni. |
| **IMMUNITÀ PENALE** (art. 68, c. 2 e 3, Cost.) | È necessaria l'autorizzazione della Camera a cui appartengono per sottoporli a provvedimenti restrittivi della libertà personale. |
| **INDENNITÀ** (art. 69 Cost.) | Percepiscono una somma di denaro per l'attività svolta, prevista dalla legge. |

**Esercizio D) per l'apprendimento. Acquisisci ed interpreta l'informazione.**

**Ricerca sul sito della Camera dei deputati (www.camera.it) e su quello del Senato della Repubblica (www.senato.it) i dettagli del trattamento economico riservato ai deputati e ai senatori (importo netto e indennità accessorie come diaria, rimborsi spese, assegni di fine mandato). Riferisci in classe le informazioni e confrontale con quelle reperite dai tuoi compagni, commentando insieme a loro i dati raccolti.**

## 5. Le funzioni del Parlamento

▸ Approvazione della legge

**La funzione legislativa**

La **funzione** più importante esercitata dal Parlamento è quella **legislativa**, attuata mediante l'approvazione delle leggi ordinarie e delle leggi costituzionali e di revisione costituzionale, della quale si tratterà nel paragrafo successivo.

**La funzione d'indirizzo politico**

Alle Camere spetta anche la **funzione d'indirizzo politico**, posta in essere attraverso atti di varia natura come:

- le **mozioni di fiducia o di sfiducia**, con le quali il Parlamento rispettivamente approva o disapprova il programma politico del Governo e il suo operato;
- le **leggi di indirizzo politico**, con le quali il Parlamento partecipa all'individuazione dei fini e degli obiettivi d'interesse generale perseguiti dallo Stato (es. leggi di approvazione del bilancio o leggi di ratifica di trattati internazionali).

**La funzione di controllo**

Al Parlamento compete, inoltre, una **funzione di controllo** sul Governo che si manifesta con:

- **interrogazioni**, che sono domande scritte che un parlamentare può rivolgere al Governo su un determinato avvenimento, per sapere se tale organo ne è al corrente, se dispone di ulteriori informazioni o ha già preso provvedimenti in merito. Per tale strumento non sussiste un diritto di replica da parte del parlamentare;
- **interpellanze**, che sono domande motivate formulate per iscritto da un parlamentare al Governo e che richiedono una risposta motivata, al fine di conoscere le ragioni della posizione assunta dal medesimo organo in relazione ad una questione di particolare importanza. In questo caso, il parlamentare può dichiarare se è soddisfatto della risposta oppure no.

**La funzione elettiva**

Nell'ambito della **funzione elettiva** che gli compete, il Parlamento, riunito in seduta comune, elegge il Presidente della Repubblica, un terzo dei membri del Consiglio superiore della Magistratura e cinque giudici della Corte costituzionale.

**La funzione giurisdizionale**

Tale organo, nella medesima composizione, esercita, eccezionalmente, anche la **funzione giurisdizionale**, attraverso la messa in stato d'accusa del Presidente della Repubblica per i reati di alto tradimento e di attentato alla Costituzione e la concessione dell'amnistia e dell'indulto.

> **Amnistia:** è un provvedimento emanato dallo Stato, di cui beneficia una pluralità di soggetti, in forza del quale viene estinto il reato (e non è applicata la pena).
> **Indulto:** è un un provvedimento emanato dallo Stato, di cui beneficia una pluralità di soggetti, col quale viene estinta la pena (cioè è condonata a chi è già stata inflitta).

**La funzione ispettiva**

Il Parlamento, infine, svolge una **funzione ispettiva** quando istituisce commissioni d'inchiesta su materie di pubblico interesse (es. mafia, stragi, condizione giovanile), che procedono alle indagini e agli esami con gli stessi poteri e le stesse limitazioni dell'autorità giudiziaria (es. possono richiedere l'esibizione di documenti o sentire testimoni). Tali commissioni possono essere monocamerali o bicamerali e sono costituite in modo da rispecchiare la proporzione dei vari gruppi.

▸ Funzione ispettiva

| LE FUNZIONI DEL PARLAMENTO | |
|---|---|
| **FUNZIONE LEGISLATIVA** | Approvazione delle leggi ordinarie e delle leggi costituzionali e di revisione costituzionale. |
| **FUNZIONE DI INDIRIZZO POLITICO** | Emanazione di atti (mozioni di fiducia e di sfiducia o di leggi d'indirizzo politico), con i quali partecipa all'individuazione dei fini e degli obiettivi d'interesse pubblico. |
| **FUNZIONE DI CONTROLLO** | Formulazione di interrogazioni e interpellanze per controllare l'operato del Governo. |
| **FUNZIONE ELETTIVA** | Elezione del Presidente della Repubblica, di un terzo dei componenti del Csm e di cinque giudici della Corte costituzionale. |
| **FUNZIONE GIURISDIZIONALE** | Messa in stato d'accusa del Presidente della Repubblica e concessione dell'amnistia e dell'indulto. |
| **FUNZIONE ISPETTIVA** | Istituzione di commissioni d'inchiesta. |

■ **Esercizio E) per l'apprendimento. Risolvi i problemi.**
**Analizza il caso e rispondi alle domande proposte.**

Un ministro, facente parte del Governo e nominato da pochi mesi, si trova ad affrontare una spinosa questione di corruzione nell'ambito degli uffici che appartengono al ministero di sua competenza. La complessità e la risonanza mediatica della vicenda non gli consentono una gestione serena ed efficace. Il Parlamento è costretto a intervenire: quale funzione andrà a esercitare? Di quali strumenti potrà avvalersi?

## 6. Il procedimento di formazione della legge

Secondo la Costituzione, "*la funzione legislativa è esercitata collettivamente dalle due Camere*" (art. 70) e dal principio del bicameralismo perfetto consegue che il progetto o disegno di legge deve essere approvato nello stesso **identico testo** da entrambi i rami del Parlamento.

**L'approvazione di un identico testo**

Ciò significa che qualsiasi modifica comporta il ritorno alla Camera che lo aveva esaminato per prima, senza alcuna possibilità di porre fine a tali passaggi prima che il testo sia approvato nell'identica formulazione. La trasmissione del testo da una Camera all'altra si definisce "**navetta**" (dal francese, "*navette*" che indica la spola del telaio).

**La "navetta"**

Quando finalmente lo stesso testo di legge è approvato da entrambe le Camere passa al Presidente della Repubblica per la promulgazione e subito dopo viene pubblicato sulla Gazzetta Ufficiale, entrando in vigore, di norma, dopo quindici giorni.

**Le quattro fasi del procedimento legislativo**

Pertanto, il **procedimento legislativo** di formazione della legge ordinaria, detto anche *iter* (in latino, viaggio, percorso) legislativo, si compone di **quattro fasi fondamentali** qui di seguito descritte.

**L'iniziativa**

1. **Fase dell'iniziativa.**

L'iniziativa legislativa consiste nella possibilità di formulare un progetto di legge, redatto in articoli e accompagnato da una relazione illustrativa, da sottoporre all'approvazione delle Camere del Parlamento. La Costituzione riserva tale facoltà solo a determinati soggetti che sono:

a. il **Governo**, le cui iniziative legislative prendono il nome di "disegni di legge" e sono deliberate dal Consiglio dei ministri, su autorizzazione del Presidente della Repubblica;
b. **ciascun parlamentare**, che può presentare proposte di legge alla Camera cui appartiene, individualmente o assieme ad altri;
c. **50.000 elettori**, che sottoscrivono un progetto di legge e le cui firme autenticate sono verificate dalla Camera alla quale è presentato;
d. **ciascun Consiglio regionale**;
e. il **Consiglio Nazionale dell'Economia e del Lavoro** (CNEL), nelle materie di sua competenza.

I parlamentari possono presentare progetti di legge solo alla Camera cui appartengono, mentre gli altri soggetti sono liberi di scegliere.
In genere, i disegni di legge del Governo sono quelli che hanno più probabilità di essere approvati, poiché tale organo può contare sulla maggioranza in Parlamento che lo sostiene e al quale lo lega il rapporto fiduciario. Il suo apparato organizzativo, inoltre, garantisce una competenza tecnica e professionale che favorisce un'adeguata stesura del testo legislativo.

La discussione e l'approvazione

2. **Fase della discussione e dell'approvazione.**
I procedimenti fondamentali per l'approvazione da parte delle Camere dello stesso identico testo di legge sono:

- **procedimento ordinario**, nel quale il progetto o disegno di legge è affidato da una delle due Camere ad una Commissione permanente, competente per materia, definita **Commissione in sede referente**, affinché lo esamini e relazioni all'assemblea. Segue la discussione e l'approvazione, articolo per articolo, con votazione finale dell'intera Camera e la trasmissione all'altra del progetto di legge;

▸ Esame di un disegno di legge

- **procedimento decentrato**, nel quale il progetto o disegno di legge è trasmesso da una delle due Camere ad una **Commissione in sede deliberante** (cioè che decide), affinché lo approvi direttamente, senza passare dall'intera assemblea, per poi inviarlo all'altra Camera. Ciò al fine di rendere più veloce il lavoro dei parlamentari.

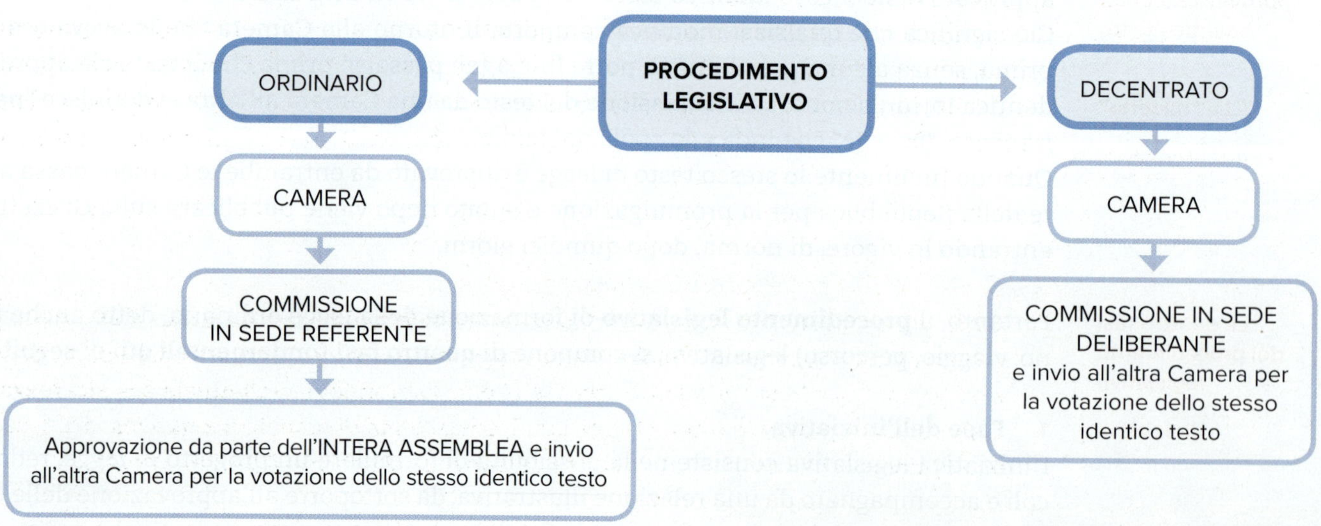

Dopo l'esame e la votazione da parte della prima Camera, il progetto di legge trasmesso all'altra può essere approvato anche con un procedimento diverso da quello adottato dalla prima.

Il procedimento ordinario deve essere obbligatoriamente seguito per l'approvazione dei disegni di legge in materia costituzionale ed elettorale, per le leggi delega al Governo e per quelle che autorizzano trattati internazionali o che approvano bilanci e consuntivi (art. 72, c. 4, Cost.).
È previsto anche un procedimento abbreviato, con riduzione a metà dei termini stabiliti dai regolamenti parlamentari, per la presentazione delle relazioni da parte delle Commissioni, per i disegni di legge ritenuti urgenti.
Più raramente, si ricorre a un **procedimento** misto o **in sede redigente**, nel quale l'assemblea affida alla Commissione l'approvazione dei singoli articoli, riservando a sé la votazione finale.

Entro un mese dalla sua approvazione, nello stesso identico testo da entrambi i rami del Parlamento, la legge è inviata al Presidente della Repubblica per la fase successiva.

La promulgazione

**3. Fase della promulgazione.**
Il Presidente della Repubblica provvede alla promulgazione attraverso un atto che ha la forma del decreto, ordina la pubblicazione della legge che contiene la formula esecutiva "*è fatto obbligo a chiunque spetti di osservarla e di farla osservare come legge dello Stato*".
Il Capo dello Stato, tuttavia, prima della promulgazione, è tenuto a eseguire un **controllo sulla legittimità costituzionale della legge**, cioè deve dire se rispetta o no la Costituzione.
In difetto di conformità, il Presidente della Repubblica può rifiutare la promulgazione, rinviando la legge alle Camere (cosiddetto **veto sospensivo**), con un messaggio motivato. Se queste la approvano nuovamente, anche senza apportare le modifiche richieste, il Capo dello Stato è obbligato a promulgarla. I casi più frequenti di rifiuto si sono verificati per mancanza di copertura finanziaria, nel senso che non c'erano le risorse necessarie per sostenere le spese previste dalla legge esaminata. (art. 81 Cost.).

▸ Veto sospensivo

La pubblicazione

**4. Fase della pubblicazione.**
Subito dopo la promulgazione, la legge è pubblicata sulla Gazzetta Ufficiale ed entra in vigore decorsi 15 giorni ("*vacatio legis*") dalla pubblicazione, salvo che sia indicato un termine diverso.
Questa fase risponde all'intento di far conoscere a tutti il contenuto della legge che, da questo momento in poi, diviene obbligatoria e si presume conosciuta da tutti (non è ammessa l'ignoranza).

Testo della formula di promulgazione della legge

■ **Esercizio F) per l'apprendimento. Progetta.**
**Consultandoti con i tuoi compagni di classe, anche in gruppo, prova a stendere un progetto di legge che abbia l'obiettivo di regolare la navigazione in Internet, per garantire i diritti dei cittadini sul web, evitare gli abusi e tutelare l'accesso ai dati, la proprietà intellettuale e la sicurezza personale. Elabora le tue proposte e scrivile per punti, sotto forma di articoli di legge (es. art. 1. cancellazione obbligatoria dai social network dei dati personali di chi chiude il proprio profilo... ).**

■ **Esercizio G) per l'apprendimento. Comunica (rappresenta).**
**Completa la seguente mappa concettuale, utilizzando i termini sotto indicati.**

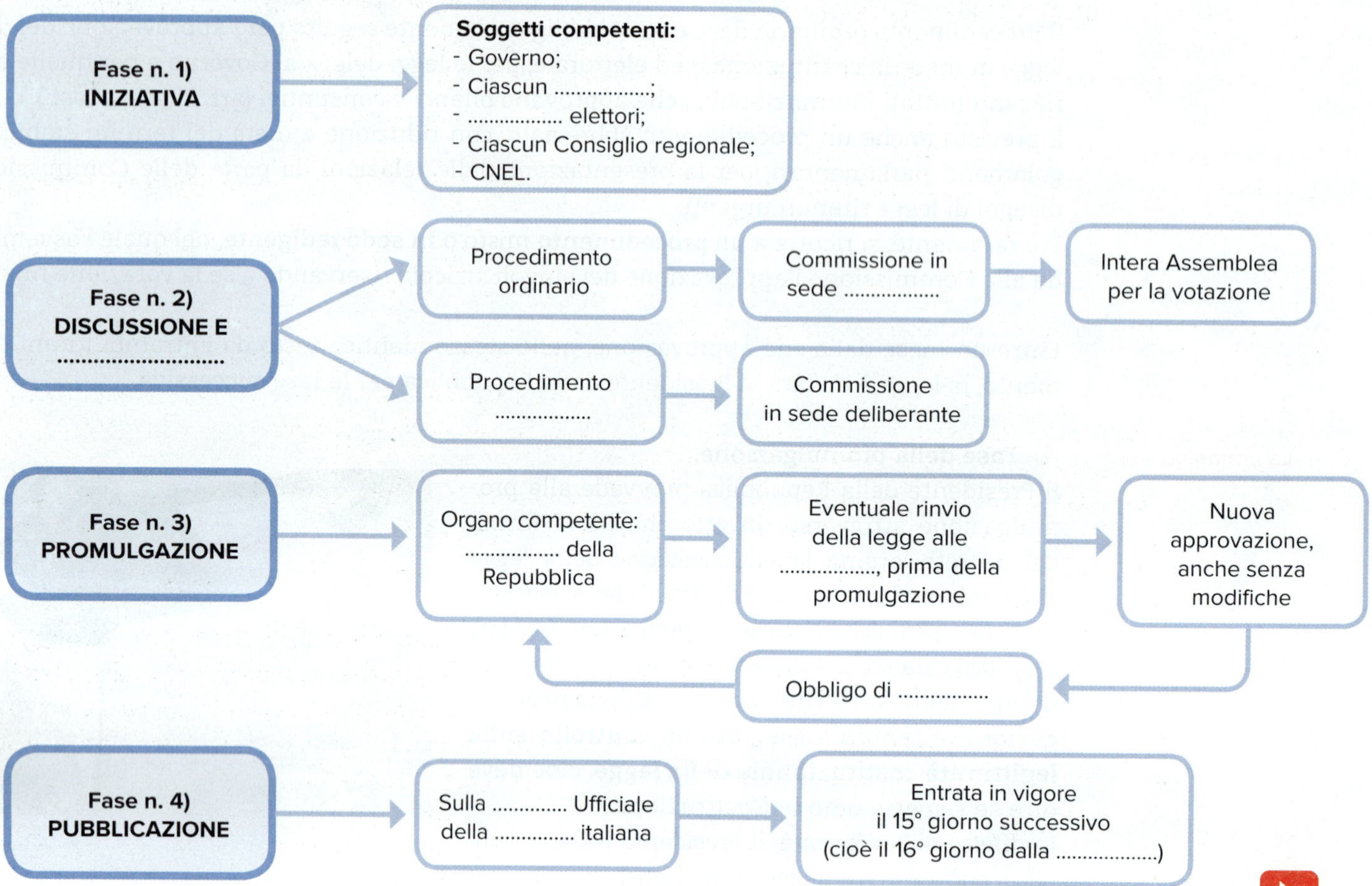


*(Gazzetta, Camere, referente, Presidente, 50.000, Repubblica, approvazione, parlamentare, pubblicazione, decentrato, promulgazione).*

**Esempio di testo di legge di revisione costituzionale**

Dentro il **diritto**

## Il procedimento di formazione della legge costituzionale e della legge di revisione costituzionale

Il procedimento ad esse relativo si compone delle stesse fasi di quello della legge ordinaria, anche se richiede una doppia approvazione del progetto di legge da parte delle Camere e maggioranze più elevate.
I motivi di queste differenze dipendono dalla rigidità della Costituzione, posta a garanzia dei diritti inviolabili dei cittadini, che richiede una maggiore riflessione dei parlamentari sulle eventuali modifiche da realizzare. In particolare, le leggi sono adottate con due successive deliberazioni (votazioni) con un intervallo tra la prima e la seconda non inferiore a tre mesi, con una maggioranza assoluta richiesta nella seconda votazione (50% + 1 dei membri di ciascuna Camera).
Dopo che il progetto di legge è stato approvato, è pubblicato sulla Gazzetta Ufficiale, ma non si trasforma in legge, perché entro tre mesi dalla pubblicazione, può essere richiesto un referendum (consultazione) popolare da determinati soggetti previsti dalla Costituzione (500.000 elettori, un quinto dei membri di ciascuna Camera, cinque Consigli regionali). Il progetto di legge si considera definitivamente approvato e si trasforma in legge se:

- ha ottenuto la maggioranza dei voti validi nel referendum;
- non è stato richiesto il referendum dai soggetti abilitati o è stata raggiunta la maggioranza qualificata dei due terzi nella seconda votazione, in presenza della quale non si può procedere a tale richiesta.

Hai capito? Hai dei dubbi?

## Ripassiamo insieme

**Che cos'è l'ORDINAMENTO DELLA REPUBBLICA?**
Esso è l'insieme degli organi e dei poteri, tra i quali sono distribuite le funzioni dello Stato.

**Che cosa sono gli ORGANI COSTITUZIONALI?**
Sono gli organi previsti e disciplinati dalla Costituzione che partecipano all'individuazione dei fini d'interesse generale che lo Stato è chiamato a perseguire.

**Quali sono le FUNZIONI FONDAMENTALI esercitate dallo Stato?**
Esse sono:

- funzione legislativa, con la quale approva la legge al fine di regolare la società e individuare i fini pubblici da raggiungere;
- funzione esecutiva, mediante la quale dà attuazione ai suddetti fini, nel rispetto della legge;
- funzione giurisdizionale, con la quale applica la legge, accertando i comportamenti ad essa contrari e infliggendo le sanzioni corrispondenti.

**Che cosa prevede il PRINCIPIO DELLA SEPARAZIONE DEI POTERI?**
Teorizzato nel 1748 dal filosofo francese Montesquieu, prevede che le tre funzioni fondamentali dello Stato siano attribuite a poteri autonomi e distinti, affinché ciascuno di essi possa limitare ed equilibrare gli altri, a garanzia della libertà e dei diritti dei cittadini. Secondo tale principio, nel nostro Stato, il Parlamento è titolare del potere legislativo, il Governo del potere esecutivo e la Magistratura del potere giudiziario.

**Qual è la COMPOSIZIONE DEL PARLAMENTO?**
Il Parlamento è un organo complesso perché è costituito da due organi collegiali (formati cioè da più membri) che sono:

- la Camera dei deputati, formata da seicentotrenta deputati;
- il Senato della Repubblica, costituito da trecentoquindici senatori, oltre ai senatori a vita.

**Che cos'è il BICAMERALISMO PERFETTO?**
È un principio in base al quale le due Camere del Parlamento esercitano i medesimi poteri. Esso consente di riflettere meglio sulle decisioni da assumere ma richiede più tempo per la formazione delle leggi che, come vedremo, devono essere approvate nello stesso identico testo da entrambe le Camere.

**Che cos'è la LEGISLATURA?**
È la durata delle Camere del Parlamento che, salvo proroga o scioglimento anticipato, è di cinque anni.

**Che cos'è il PARLAMENTO IN SEDUTA COMUNE?**
Esso è costituito dalle due Camere del Parlamento che si riuniscono insieme con i loro membri, nei soli casi stabiliti dalla Costituzione (ad es. per eleggere il Presidente della Repubblica).

**Quali sono le GARANZIE a tutela dell'indipendenza DEI PARLAMENTARI?**
Esse sono: divieto di mandato imperativo; insindacabilità; immunità penale; indennità.

**Quali sono le PRINCIPALI FUNZIONI DEL PARLAMENTO?**
Si tratta della funzione: legislativa; di indirizzo politico; di controllo; elettiva; giurisdizionale; ispettiva.

**Quali sono le FASI del PROCEDIMENTO DI FORMAZIONE DELLA LEGGE?**
Esse sono:

1. INIZIATIVA:
   consiste nella possibilità di formulare un progetto di legge, redatto in articoli e accompagnato da una relazione illustrativa, da sottoporre all'approvazione delle Camere del Parlamento. La Costituzione riserva tale facoltà solo a determinati soggetti che sono:
   - il Governo;
   - ciascun parlamentare;
   - 50.000 elettori;
   - Ciascun Consiglio regionale,
   - Il CNEL.
2. DISCUSSIONE E APPROVAZIONE:
   prevede due tipi di procedimenti:
   - ordinario, che stabilisce la nomina di una Commissione in sede referente e l'approvazione da parte dell'intera assemblea del progetto di legge che poi passa all'altra Camera;
   - decentrato, nel quale è nominata una Commissione in sede deliberante che provvede direttamente all'approvazione del progetto di legge, senza passare dall'intera assemblea e poi lo trasmette all'altra Camera.

   Il progetto diventa legge quando è stato approvato da entrambe le Camere nella stessa identica formulazione.
3. PROMULGAZIONE:
   avviene entro un mese dall'approvazione della legge, da parte del Presidente della Repubblica, il quale prima controlla la legittimità costituzionale della legge, cioè la sua conformità alla Costituzione.
4. PUBBLICAZIONE:
   la legge è pubblicata sulla Gazzetta Ufficiale ed entra in vigore decorsi 15 giorni ("*vacatio legis*") dalla pubblicazione, salvo che sia indicato un termine diverso.

Per una didattica inclusiva:

## Parole chiave

**ORGANI COSTITUZIONALI** →

- Parlamento
- Governo
- Magistratura
- Presidente della Repubblica
- Corte costituzionale

**PRINCIPIO DELLA SEPARAZIONE DEI POTERI** →

- Potere legislativo → Parlamento
- Potere esecutivo → Governo
- Potere giudiziario → Magistratura

**PARLAMENTO** →

- Camera dei deputati
- Senato della Repubblica
- Bicameralismo perfetto

**FUNZIONI DEL PARLAMENTO** →

- Funzione legislativa
- Funzione di indirizzo politico
- Funzione di controllo
- Funzione elettiva
- Funzione giurisdizionale
- Funzione ispettiva

**FORMAZIONE DELLA LEGGE** →

- Iniziativa
- Discussione e approvazione
- Promulgazione
- Pubblicazione

## Verifica delle competenze

- Livello BASE: ✪ (Punteggio totale: 12)
- Livello INTERMEDIO: ✪✪ (Punteggio totale: 60)
- Livello AVANZATO: ✪✪✪ (Punteggio totale: 28)

### ✪ Esercizio 1). Impara ad imparare.

**Scelta multipla: evidenzia la risposta esatta. Il paragrafo indicato nella parentesi è quello su cui devi riflettere (2 punti per ciascuna scelta corretta).**

1. **Il Parlamento è un organo costituzionale perché (Par. n. 1):**
   a. approva le leggi
   b. è eletto direttamente dal popolo
   c. è individuato e regolato dalla Costituzione
   d. ha una funzione di controllo sul Governo

2. **Ha sede a Palazzo Madama (Par. n. 2):**
   a. il Senato della Repubblica
   b. la Camera dei deputati
   c. il Parlamento in seduta comune
   d. il Presidente della Camera dei deputati

3. **L'immunità penale prevede che i parlamentari (Par. n. 4):**
   a. non abbiano alcun obbligo verso gli elettori
   b. possano essere sottoposti a provvedimenti restrittivi della libertà personale solo dopo l'autorizzazione della Camera di appartenenza
   c. ricevano una somma di denaro come compenso per l'attività svolta
   d. non siano responsabili delle opinioni espresse e dei voti dati, nell'esercizio delle loro funzioni

4. **Il Parlamento si riunisce in seduta comune (Par. n. 3):**
   a. per approvare una legge ordinaria
   b. per esercitare il controllo sul Parlamento
   c. per approvare una legge costituzionale
   d. per eleggere cinque giudici della Corte costituzionale

5. **Quando il Parlamento dà un voto di fiducia al Governo esercita la funzione (Par. n. 5):**
   a. legislativa
   b. ispettiva
   c. di controllo
   d. d'indirizzo politico

6. **Nel procedimento legislativo, è la fase di competenza del Presidente della Repubblica (Par. n. 6):**
   a. iniziativa
   b. discussione e l'approvazione
   c. promulgazione
   d. pubblicazione

**Punti: ..../12**

### ✪✪ Esercizio 2). Individua collegamenti e relazioni.

**Collega ciascun numero alla lettera corrispondente (3 punti per ciascun collegamento esatto).**

1. Bicameralismo perfetto
2. Senato della Repubblica
3. Gazzetta Ufficiale
4. Camera dei deputati
5. Iniziativa di legge
6. Presidente della Repubblica
7. Legislatura
8. Divieto di mandato imperativo

a. Immunità parlamentare
b. Promulgazione
c. Durata delle Camere
d. Governo
e. Camere con uguali poteri
f. Palazzo Madama
g. Pubblicazione
h. Montecitorio

| 1 | 2 | 3 | 4 | 5 | 6 | 7 | 8 |
|---|---|---|---|---|---|---|---|
| | | | | | | | |

**Punti: ..../24**

## ✪✪ Esercizio 3). Acquisisci ed interpreta l'informazione.

**Indica se le seguenti affermazioni sono vere o false, motivando la risposta (3 punti per ciascuna risposta esatta).**

| | V | F |
|---|---|---|
| **1.** Il principio della separazione dei poteri è applicato anche nel nostro Stato<br>Perché ........................................................................................ | ☐ | ☐ |
| **2.** Per candidarsi al Senato della Repubblica bisogna avere diciotto anni<br>Perché ........................................................................................ | ☐ | ☐ |
| **3.** Il Governo è un organo costituzionale<br>Perché ........................................................................................ | ☐ | ☐ |
| **4.** Il Parlamento esercita solo la funzione legislativa<br>Perché ........................................................................................ | ☐ | ☐ |
| **5.** L'iniziativa di legge spetta solo a ciascun parlamentare<br>Perché ........................................................................................ | ☐ | ☐ |
| **6.** Il Parlamento in seduta comune è formato da entrambe le Camere<br>Perché ........................................................................................ | ☐ | ☐ |

**Punti: ..../18**

## ✪✪ Esercizio 4). Comunica (rappresenta).

**Completa la mappa concettuale che segue (3 punti per ciascun completamento esatto).**

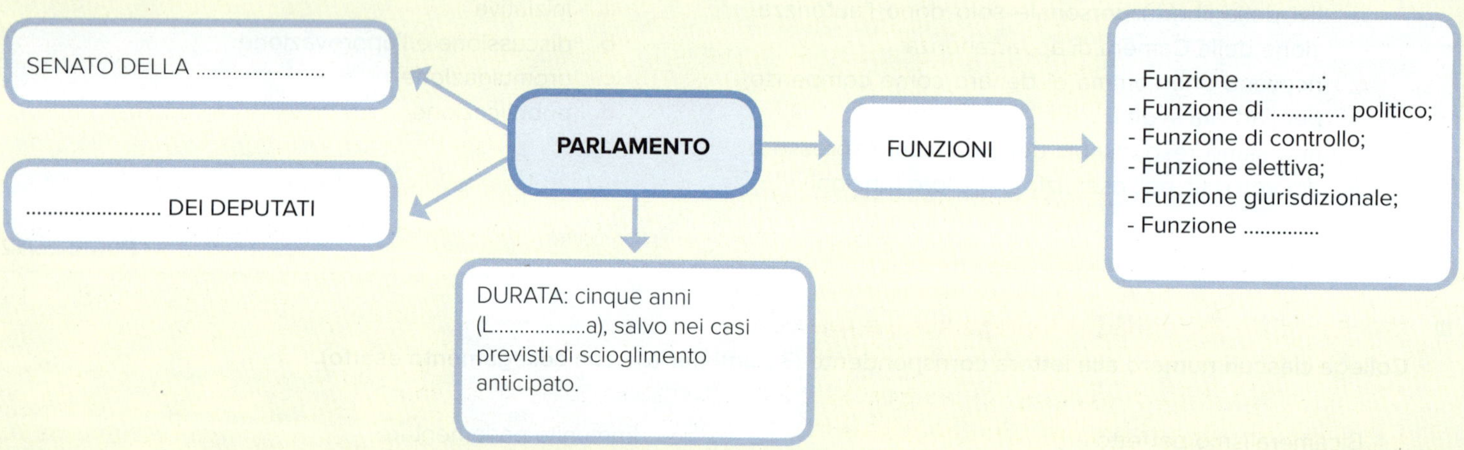


**Punti: ..../18**

## ✪✪✪ Esercizio 5). Comunica (comprendi).

**Rispondi alle seguenti domande (4 punti per ciascuna risposta esatta).**

1. Indica le principali differenze tra le due Camere del Parlamento. (Par. n. 2)
2. Spiega le garanzie poste a tutela dell'indipendenza dei parlamentari. (Par. n. 4)
3. Descrivi il procedimento di formazione della legge del Parlamento. (Par. n. 6)

**Punti: ..../12**

■ ✪✪✪ **Esercizio 6). Risolvi i problemi.**

**Analizza il caso e rispondi ai quesiti a risposta multipla (4 punti per ogni scelta multipla) .**

Alessandro, giovane intraprendente, ha appena compiuto diciotto anni e intende partecipare attivamente alla vita politica del Paese. Per questo motivo, decide d'iscriversi alla sezione locale di un partito che sembra rispecchiare i suoi ideali. Dopo due mesi d'intensa attività, in previsione delle nuove elezioni politiche, si propone come candidato per il Senato della Repubblica, anche perché pensa di rimanervi tutta la vita. Il segretario del suo partito oppone un secco rifiuto, di fronte al quale Alessandro, molto deluso e amareggiato, dichiara che si limiterà a votare la Camera in cui aveva sognato di essere eletto. Perché il segretario del partito ha rifiutato la candidatura del ragazzo? Per lui sarà possibile almeno andare a votare per eleggere i membri del Senato?

**1. Per essere eletti senatori bisogna avere:**
- a. 18 anni
- b. 25 anni
- c. 40 anni
- d. 50 anni

**2. I senatori a vita:**
- a. sono eletti dal popolo
- b. sono nominati dal Governo
- c. sono nominati dal Presidente della Repubblica per meriti di natura sociale, scientifica, artistica e letteraria

**3. Possono eleggere i senatori coloro che hanno compiuto:**
- a. 35 anni
- b. 25 anni
- c. 40 anni
- d. 18 anni

**4. Che cosa potrà fare Alessandro:**
- a. non potrà candidarsi in Parlamento, né andare a votare
- b. potrà eleggere solo i membri della Camera dei deputati, poiché per diventare senatore è necessario avere 40 anni e per eleggere il Senato bisogna avere 25 anni.

**Punti: ..../16**

**Calcola il punteggio totale conseguito e assegnati la valutazione a esso corrispondente:**

| Tabella di autovalutazione | |
|---|---|
| ☐ 100-87 | **A** Lavoro eccellente. |
| ☐ 86-67 | **B.** Lavoro buono. |
| ☐ 66-47 | **C.** Lavoro adeguato. |
| ☐ 46-2 | **D.** Lavoro da migliorare. |

# UdA 2 IL GOVERNO E LA FUNZIONE ESECUTIVA

## 1. La composizione e l'organizzazione del Governo

**Il Governo**

Il **Governo** è l'organo costituzionale al quale è affidato l'esercizio del potere esecutivo e che condivide con il Parlamento l'attività d'indirizzo politico. È a capo dell'organizzazione amministrativa dello Stato e ha sede a Roma, a Palazzo Chigi.

▸ Palazzo Chigi: sede del Governo

**Un organo complesso**

Si tratta di un **organo complesso**, in quanto è costituito da più organi che sono:

1. il Presidente del Consiglio dei ministri;
2. i ministri;
3. il Consiglio dei ministri.

**Il Presidente del Consiglio dei ministri**

Il **Presidente del Consiglio dei ministri** ha un potere direttivo della politica generale del Governo, di cui è responsabile, e promuove e coordina l'attività dei ministri.

I luoghi degli organi costituzionali

**Esempio:** controfirma gli atti deliberati dal Consiglio dei ministri; pone la questione di fiducia al Parlamento (per verificare l'approvazione del programma politico del Governo); concorda con i ministri le loro dichiarazioni pubbliche che possano impegnare la politica generale del Governo.

Il Presidente del Consiglio dei ministri presiede il Consiglio dei ministri, è nominato dal Presidente della Repubblica e, per svolgere le sue funzioni, si avvale della **Presidenza del Consiglio dei ministri**, costituita da un insieme di uffici.

**I ministri**

I **ministri** partecipano alla funzione d'indirizzo politico, in quanto membri del Consiglio dei ministri e sono nominati dal Presidente della Repubblica, su proposta del Presidente del Consiglio dei ministri. Ogni ministro, in genere, è a capo di un **ministero** (o dicastero), che è formato da un insieme di organi e uffici, gerarchicamente organizzati, che si occupano di un determinato settore della Pubblica Amministrazione (es. Ministero della Giustizia, Ministero dell'Istruzione, Università e Ricerca, Ministero del Lavoro e delle Politiche sociali).

**Pubblica Amministrazione:** è formata dal complesso degli organi e degli uffici cui è affidata la funzione amministrativa, che consiste nella realizzazione delle finalità dello Stato, definite in sede politica e legislativa.

**Esempio:** i ministri svolgono funzioni amministrative di stimolo e di controllo, nell'ambito dei ministeri di competenza; tengono i rapporti con gli altri ministeri e con il Presidente del Consiglio dei ministri.

▸ Ministro con portafoglio: ministro dell'interno

Il numero dei ministri non è fisso e non è detto che corrisponda al numero dei ministeri.

Le riforme istituzionali

In situazioni particolari, infatti, lo stesso **ministro** può reggere provvisoriamente ("***ad interim***") più ministeri, per dimissioni, ad esempio, del titolare di un altro ministero.

In altri casi, possono essere nominati i cosiddetti **ministri senza portafoglio** ai quali sono affidate specifiche funzioni, senza essere a capo di un ministero (es. ministro per gli Affari regionali o il ministro per le Riforme costituzionali e i Rapporti con il Parlamento).

**Il Consiglio dei ministri**

Il **Consiglio dei ministri** è un organo collegiale, formato dal Presidente del Consiglio dei ministri e dai ministri. Ad esso spettano le più importanti competenze del Governo, in quanto assume tutte le decisioni riguardanti la funzione d'indirizzo politico, sia a livello nazionale sia a livello internazionale.

**Esempio:** **il Consiglio dei ministri approva i disegni di legge e tutti gli atti normativi del Governo e risolve i conflitti di competenza tra ministri.**

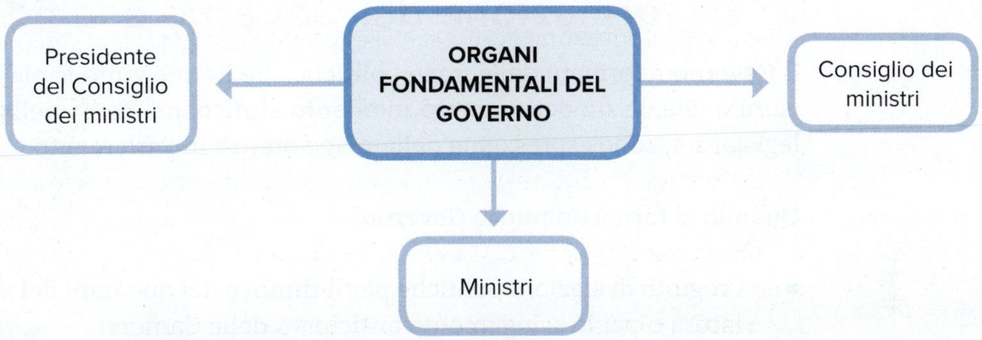


Accanto a questi organi fondamentali che compongono il Governo e sono individuati dalla Costituzione (art. 92 Cost.), sono presenti altri organismi governativi previsti dalla legge (L. n. 400/1988, modificata dalla L. n. 81/2001) che sono descritti nella tabella che segue.

| GLI ALTRI ORGANI PREVISTI DALLA LEGGE | |
|---|---|
| **VICEPRESIDENTI DEL CONSIGLIO DEI MINISTRI** | Possono essere nominati tali uno o più ministri, con funzioni di collaborazione e di supplenza, in caso di assenza o d'impedimento del titolare. |
| **SOTTOSEGRETARI** | Collaborano con il Presidente del Consiglio o con i singoli ministri e svolgono i compiti a essi delegati. |
| **VICEMINISTRI** | Sono scelti tra i sottosegretari, in misura non superiore a dieci, e ricevono deleghe relative a un'intera area di competenza di un ministero, conferita dal ministro competente. Possono essere invitati a partecipare alle sedute del Consiglio dei ministri, senza diritto di voto, per riferire sulla materia a loro delegata. |
| **COMITATI INTERMINISTERIALI** | Sono composti da più ministri, con funzioni di coordinamento in settori fondamentali dell'attività di governo. |
| **CONSIGLIO DI GABINETTO** | Collabora con il Presidente del Consiglio dei ministri, è composto da più ministri da lui designati e si occupa di questioni particolarmente importanti e delicate. |
| **COMMISSARI STRAORDINARI** | Possono essere nominati per attuare obiettivi specifici riguardanti programmi o indirizzi governativi o per coordinare temporaneamente, dal punto di vista operativo, le diverse amministrazioni statali. |

Dal 2009, la legge ha ridotto a tredici il numero totale dei ministeri (prima erano quattordici) e ha fissato a sessantatré il numero complessivo dei componenti del Governo a qualsiasi titolo (cioè sia quelli previsti dalla Costituzione sia quelli individuati dalla legge).

**Esercizio A) per l'apprendimento. Comunica (rappresenta).**
Vai sul sito del Governo (www.governo.it) e realizza uno schema o una tabella che evidenzi la denominazione e il sito web di ciascun ministero, con indicazione delle competenze e del ministro titolare. Distingui anche tra ministri con portafoglio e ministri senza portafoglio. Per l'individuazione delle competenze puoi far riferimento ai siti relativi a ogni singolo ministero. Relaziona alla classe e confrontati con i tuoi compagni.

## 2. La formazione del Governo e la fiducia

Il Governo è formato dalle forze politiche che hanno vinto le elezioni o che, in un determinato momento storico, nel corso della legislatura, sono espressione della maggioranza in Parlamento.

**Legislatura:** è la durata delle Camere che, salvo il caso di scioglimento anticipato, è di cinque anni.

Le formazione del Governo

Quando si forma un nuovo **Governo**?

- A seguito di elezioni politiche per il rinnovo dei due rami del Parlamento, per la fine della legislatura o per lo scioglimento anticipato delle Camere;
- per le dimissioni del precedente Governo.

La Costituzione non prevede nel dettaglio come si costituisce un nuovo esecutivo, ma contiene solo norme isolate che riguardano la nomina del Presidente del Consiglio dei ministri e i ministri (art. 92 Cost.), il giuramento (art. 93 Cost.) e la fiducia (art. 94 Cost.).
Pertanto, nella prassi, la formazione del Governo avviene attraverso un procedimento complesso, che si articola in quattro **fasi fondamentali.**

Le fasi fondamentali

Le Consultazioni

**1. Fase delle consultazioni.**
In questa fase preparatoria, il **Presidente della Repubblica** dà inizio alle **consultazioni** che consistono in una serie di colloqui con i vari esponenti politici che hanno rivestito o rivestono le più alte cariche dello Stato (es. Presidenti delle Camere, ex Presidenti della Repubblica). Tali consultazioni hanno l'obiettivo di individuare il futuro Presidente del Consiglio, cui affidare l'incarico di formare un nuovo Governo, il quale sia in grado di ottenere il consenso della maggioranza in Parlamento. Spesso, negli ultimi anni, è accaduto che la personalità prescelta coincidesse con il candidato individuato dalla coalizione, cioè dall'insieme dei partiti che condividono uno stesso programma politico e che si alleano per vincere le elezioni, dando vita ai cosiddetti "**governi di coalizione**".

▸ Gli ex Presidenti della Repubblica: Giorgio Napolitano

Non è necessario che l'incaricato sia un parlamentare, potendo essere semplicemente una personalità di spicco del mondo politico ed economico, di comprovata esperienza e competenza professionale. Si parla in tal caso di un "**governo tecnico**".

Il conferimento dell'incarico

**2. Conferimento dell'incarico.**

Esaurite le consultazioni, il Presidente della Repubblica conferisce verbalmente l'**incarico** di formare il Governo alla persona prescelta, dandone comunicazione attraverso i mass media (es. stampa, televisione). L'incaricato, solitamente, accetta con riserva e dopo brevi consultazioni, con le quali verifica se ha il sostegno della maggioranza in Parlamento, riferisce al Capo dello Stato e **scioglie la riserva**:

- in senso positivo, quando accetta l'incarico; in tal caso si procede con la fase successiva;
- in senso negativo, quando rifiuta l'incarico; in tal caso il procedimento ricomincia da capo, con nuove consultazioni del Presidente della Repubblica, fino a quando non si riesce a costituire un nuovo Governo. Se ciò non è possibile, si andrà a elezioni anticipate.

La nomina

**3. Nomina.**

Nell'ipotesi in cui l'incaricato abbia sciolto positivamente la riserva, il Presidente della Repubblica, con decreto, procede alla sua nomina in veste di Presidente del Consiglio dei ministri e, su proposta dello stesso, alla nomina dei ministri. A questo punto, il Governo precedente, rimasto in carica sino alla formazione del nuovo esecutivo, può dimettersi.

▸ Presidenza del Consiglio dei ministri

Il giuramento e la fiducia

**4. Giuramento e fiducia.**

Immediatamente dopo la nomina, il Presidente del Consiglio dei ministri e i ministri prestano il **giuramento** di fedeltà alla Repubblica, davanti al Presidente della Repubblica, secondo la formula di rito. Da questo momento il Governo entra in carica e i suoi componenti iniziano ad esercitare le loro funzioni. Quest'organo, entro dieci giorni dalla sua formazione, deve presentarsi davanti a ciascuna Camera separatamente per ottenere la **mozione di fiducia**, che deve essere motivata e votata con voto palese (non segreto) per appello nominale (chiamata a uno a uno), per responsabilizzare i singoli parlamentari nei confronti dell'elettorato e dei cittadini.

Essa consiste in un documento con cui la maggioranza del Parlamento approva il programma di governo del nuovo esecutivo, che contiene gli obiettivi e i progetti che esso intende realizzare nell'interesse generale.

▸ Giuramento dei ministri

La crisi di Governo

Il Governo **dura in carica** finché ha la fiducia di entrambe le Camere.
Questo rapporto fiduciario con il Parlamento deve rimanere per tutta la legislatura. In caso contrario, si apre una **crisi di Governo**, che si distingue in:

La crisi parlamentare

- **crisi parlamentare**, che può essere dovuta alla presentazione di una **mozione di sfiducia**, firmata da almeno un decimo dei componenti di una Camera che non sostiene più il programma dell'esecutivo e che, se approvata dalla maggioranza del Parlamento, determina la caduta del Governo e l'inizio di una crisi che si risolve con la formazione di un nuovo Governo o con elezioni anticipate. Questo tipo di crisi si determina anche nel caso in cui il Governo decida di porre la cosiddetta "**questione di fiducia**" su un atto necessario ad attuare il suo indirizzo politico (es. un disegno di legge), richiedendone l'approvazione parlamentare, in assenza della quale si considera venuta meno la fiducia, con conseguenti dimissioni del Governo;

La crisi extraparlamentare

- **crisi extraparlamentare**, quando non dipende da un voto di sfiducia del Parlamento, ma è originata dalle dimissioni spontanee del Governo, ad esempio, per dissidi interni a esso, impedimento del Presidente del Consiglio dei ministri o alterazione degli equilibri politici, nell'ambito della coalizione di governo.

Le crisi parlamentari sono state casi isolati nell'esperienza politica del nostro Paese e si sono verificate solo in rare occasioni, mentre sono state più frequenti quelle extraparlamentari, sfociate nelle dimissioni anticipate del Governo.

Dentro il **diritto**

## La formula di rito

Il giuramento del Presidente del Consiglio dei ministri e dei ministri richiama il dovere di fedeltà alla Repubblica, cui sono tenuti tutti i cittadini e, in particolare, coloro che esercitano funzioni pubbliche, da svolgersi con disciplina e onore, ai sensi dell'art. 54 della Costituzione.

La formula rituale, prevista dall'art. 1, comma 3, L. n. 400/88, è la seguente:
*"Giuro di essere fedele alla Repubblica, di osservarne lealmente la Costituzione e le leggi e di esercitare le mie funzioni nell'interesse esclusivo della nazione".*

**Esercizio B) per l'apprendimento. Individua collegamenti e relazioni.**
**Riscrivi l'ordine corretto di ciascuna sequenza, relativa alla formazione del Governo.**

a. 1. Nomina dei ministri; 2. fiducia del Parlamento; 3. consultazione del Presidente della Repubblica; 4. accettazione con riserva del Presidente incaricato.
..............................................................................................................

b. 1. Proposta di nomina dei ministri; 2. scioglimento della riserva da parte dell'incaricato; 3. consultazione degli ex Presidenti della Repubblica; 4. nomina dei ministri.
..............................................................................................................

c. 1. Rinuncia al compito di formare il Governo da parte dell'incaricato; 2. entrata in carica del Governo; 3. giuramento dei ministri; 4. nuove consultazioni del Presidente della Repubblica.
..............................................................................................................

■ **Esercizio C) per l'apprendimento. Comunica (rappresenta).**
**Completa la seguente mappa concettuale, utilizzando i termini sotto indicati.**

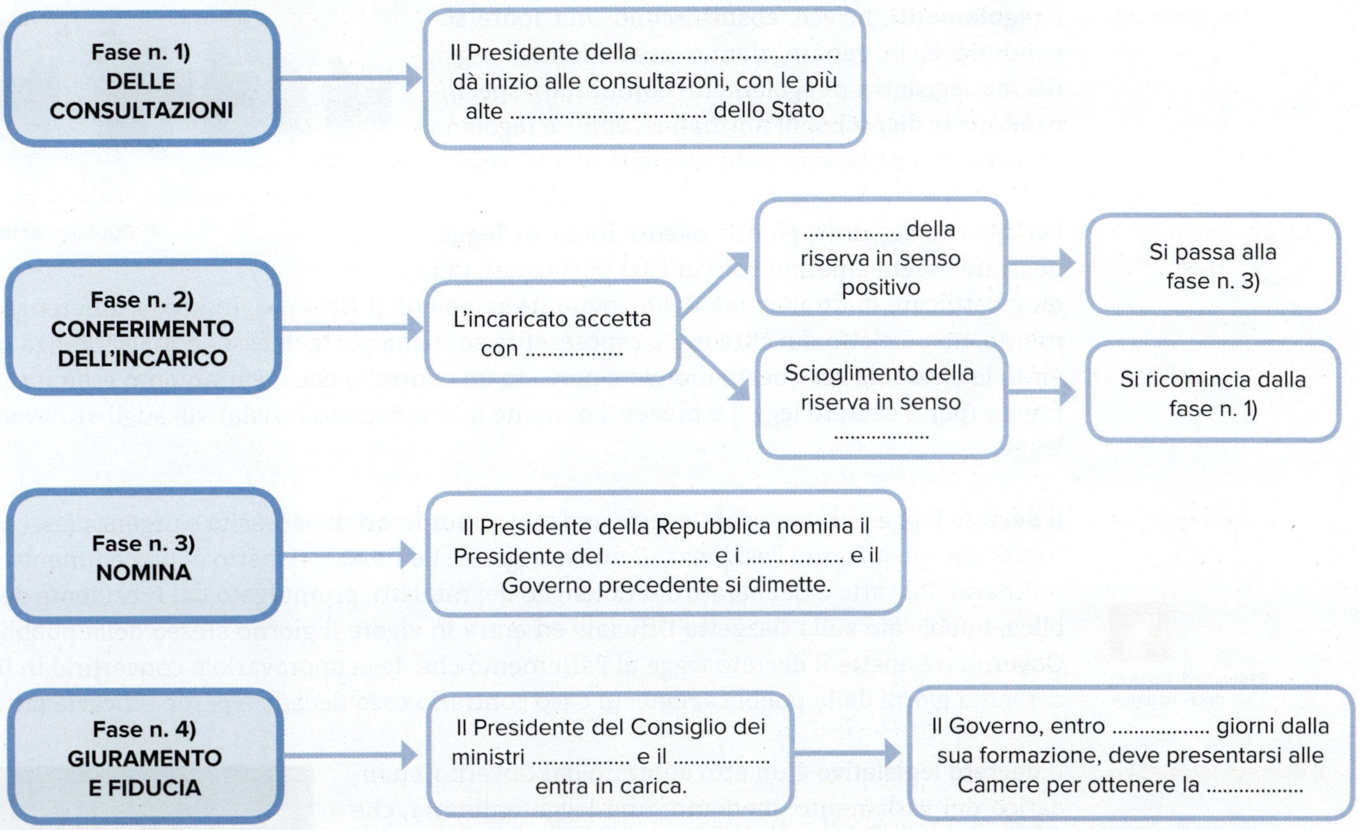


*(ministri, negativo, Governo, dieci, Consiglio, riserva, fiducia, cariche, scioglimento, giurano, Repubblica.).*

## 3. Le funzioni del Governo

Il ruolo del Governo prevede l'esercizio di una pluralità di funzioni, qui di seguito indicate.

**La funzione d'indirizzo politico**

La **funzione d'indirizzo politico** si traduce nell'individuazione e nel perseguimento degli obiettivi di politica generale, descritti, con gli strumenti finanziari indispensabili per attuarli, nella dichiarazione programmatica del Governo, sulla quale è richiesta la fiducia alle Camere. Tale funzione è esercitata sia attraverso l'azione amministrativa sia mediante la partecipazione alla funzione legislativa, con la presentazione, ad esempio, di disegni di legge o con l'emanazione di regolamenti.

**La funzione esecutiva o amministrativa**

La **funzione esecutiva o amministrativa** consiste nella realizzazione delle finalità dello Stato, definite in sede politica e legislativa, per assicurare il soddisfacimento dei bisogni collettivi attraverso l'erogazione dei servizi pubblici (es. istruzione, sanità, trasporti, ordine pubblico). In quest'ambito il Governo dirige l'organizzazione amministrativa, avvalendosi degli organi e degli uffici della Pubblica Amministrazione.

**La funzione normativa**

La funzione **normativa** si caratterizza per l'emanazione di regolamenti e di atti aventi forza di legge (decreti legge e decreti legislativi), così denominati perché hanno lo stesso valore della legge ordinaria. Essa, infatti, nell'ambito della gerarchia delle fonti, è collocata accanto ad essi tra le fonti primarie.

▸ Pubblica amministrazione

**I regolamenti**

I **regolamenti**, invece, costituiscono una fonte secondaria e, in genere, danno esecuzione a leggi, decreti legislativi o regolamenti comunitari, specificandone le disposizioni normative, oppure regolano materie non espressamente riservate alla legge.

**Gli atti aventi forza di legge**

Per quanto riguarda gli atti **aventi forza di legge**, possono essere emanati solo in casi particolari, tali da giustificare la limitazione della sovranità popolare. Il Governo, infatti, a differenza del Parlamento, non è eletto dai cittadini e rappresenta solo una parte di essi (la maggioranza cioè che ha vinto le elezioni). Per questo motivo è previsto un controllo che il Parlamento esercita successivamente (per il decreto legge) e preventivamente (per il decreto legislativo) sugli atti aventi forza di legge.

**Il decreto legge**

Esempio di testo di decreto legge

Il **decreto legge** è emesso dal Governo nei casi straordinari di necessità e urgenza (es. calamità naturali) che giustificano l'esigenza di una maggiore speditezza, rispetto al procedimento legislativo ordinario. Tale atto è deliberato dal Consiglio dei ministri, promulgato dal Presidente della Repubblica, pubblicato sulla Gazzetta Ufficiale ed entra in vigore il giorno stesso della pubblicazione. Il Governo trasmette il decreto legge al Parlamento che deve approvarlo e convertirlo in legge entro sessanta giorni dalla pubblicazione. In caso contrario esso decade e perde efficacia (art. 77 Cost.).

**Il decreto legislativo**

Esempio di testo di legge delega

Il **decreto legislativo** è un atto adottato dal Governo, su incarico del Parlamento, mediante una legge ordinaria, che prende il nome di **legge delega**. Ciò avviene quando sia necessario regolare materie particolarmente complesse o che richiedono specifiche competenze tecniche (es. la riforma sanitaria del 1978). La legge delega deve contenere i principi e i criteri direttivi cui l'esecutivo deve attenersi, con definizione dell'oggetto e dei tempi di attuazione (art. 76 Cost.). Il Consiglio dei ministri è l'organo che discute e approva il decreto legislativo che è promulgato dal Presidente della Repubblica e pubblicato sulla Gazzetta Ufficiale. Esso entra in vigore, come la legge ordinaria, decorsi quindici giorni dalla pubblicazione.

▸ Decreti legislativi: riforma dei codici

| ATTI AVENTI FORZA DI LEGGE | CASI DI EMANAZIONE | ENTRATA IN VIGORE | CONTROLLO DEL PARLAMENTO |
|---|---|---|---|
| **DECRETO LEGGE (D.L.)** | Nei casi straordinari di necessità e urgenza. | Immediatamente dopo la pubblicazione sulla Gazzetta Ufficiale. | SUCCESSIVO: il Parlamento, entro 60 giorni dalla pubblicazione, deve convertirlo in legge, a pena di decadenza. |
| **DECRETO LEGISLATIVO (D.Lgs.)** | Per materie tecniche e particolarmente complesse. | Decorsi 15 giorni dalla pubblicazione sulla Gazzetta Ufficiale. | PREVENTIVO: il Parlamento approva una legge delega, contenente principi, criteri, tempi e oggetto, ai quali il Governo si deve attenere. |

**Esercizio D) per l'apprendimento. Comunica (comprendi).**
**Scrivi, nello spazio a lato dell'attività descritta, la funzione ad essa corrispondente esercitata dal Governo.**

1. Emette decreti legge. ....................
2. Dirige la Pubblica Amministrazione. ....................
3. Individua gli obiettivi da realizzare nell'interesse della collettività. ....................
4. Approva i regolamenti. ....................
5. Emana direttive per indirizzare l'azione amministrativa. ....................
6. Dà attuazione ai fini pubblici ....................

## 4. La responsabilità del Governo e dei ministri

**La responsabilità del Governo**

Il **Governo**, in forza del rapporto fiduciario, ha una **responsabilità politica**, per il suo operato, verso il Parlamento e, più in generale, nei confronti dell'opinione pubblica.

**Le responsabilità dei ministri**

Per quanto riguarda i ministri, quando agiscono **nell'esercizio delle loro funzioni**, hanno una:

- **responsabilità politica**, in base alla quale i membri del Governo sono responsabili collegialmente (insieme) degli atti del Consiglio dei ministri e individualmente dei propri atti e di quelli del Presidente della Repubblica che hanno controfirmato.
  Questo tipo di responsabilità può essere sanzionata con la **mozione di sfiducia individuale** (di rara applicazione nella nostra Repubblica), rivolta cioè al singolo ministro che ha il dovere di dimettersi dall'ufficio e, se non lo fa, è rimosso dall'incarico;
- **responsabilità civile**, nel senso che, come tutti gli altri funzionari e dipendenti pubblici, i ministri sono direttamente responsabili degli atti compiuti in violazione di diritti e, di conseguenza, dei danni che hanno causato allo Stato o a terzi (art. 28 Cost.);
- **responsabilità penale**, secondo la quale i ministri, anche se cessati dalla carica, sono giudicati dal giudice ordinario per i reati commessi, previa autorizzazione del Parlamento (art. 96 Cost.).

Quando **agiscono come privati**, hanno una responsabilità, civile e penale, come quella di ogni altro cittadino.

▸ Responsabilità penale dei ministri

# 5. La Pubblica Amministrazione

La Pubblica Amministrazione

La **Pubblica Amministrazione** (abbreviata in P.A.) è costituita dall'insieme degli organi (es. i Sindaci) e degli uffici (es. sezione del Ministero dell'Istruzione, Università e Ricerca che si occupa dei professori universitari) cui è affidata la funzione amministrativa.
L'**attività amministrativa**, esercitata dagli organi della Pubblica Amministrazione, è regolata da alcuni **principi costituzionali** (art. 97 Cost.) che sono:

Il principio di legalità

- **Principio di legalità**, secondo il quale la Pubblica Amministrazione può esercitare solo i poteri che le sono stati conferiti espressamente dalla legge. Essa determina quali e quanti uffici devono essere costituiti, quali sono le rispettive sfere di competenza, le attribuzioni, le responsabilità proprie dei funzionari che vi sono preposti o addetti (*riserva di legge*).

**Riserva di legge:** quando la disciplina di una determinata materia deve essere regolata solo da una legge del Parlamento o da un altro atto avente forza di legge, senza l'intervento di fonti secondarie (regolamenti).

Il principio di buon andamento

- **Principio di buon andamento**, in base al quale l'attività amministrativa deve basarsi su tre criteri fondamentali di:
  - **Efficacia**, ossia l'attitudine a raggiungere un determinato risultato nel rispetto degli obiettivi prefissati.

    **Esempio:** l'aumento del numero di corse dei trasporti pubblici, in determinate fasce orarie.

  - **Efficienza**, ossia la capacità di ottenere un determinato obiettivo nel minor tempo possibile e con il minor sacrificio degli interessi dei cittadini.

    **Esempio:** garantire la rapidità degli appuntamenti per visite mediche specialistiche, presso strutture sanitarie pubbliche o convenzionate.

  - **Economicità**, che indica l'ottimizzazione dei risultati con il minor dispendio di risorse a disposizione.

    **Esempio:** non acquistare forniture di medicinali, non strettamente necessari al regolare funzionamento di un ospedale.

Il principio di imparzialità

- **Principio di imparzialità**, che impone alla Pubblica Amministrazione di agire senza operare discriminazioni nei confronti dei soggetti coinvolti. In altre parole, significa riservare un trattamento uniforme rispetto a situazioni analoghe, senza favoritismi o atteggiamenti di disfavore.

**Esempio:** nell'ambito di un concorso pubblico due candidati che sostengono prove con risultati equivalenti hanno diritto ad avere la stessa valutazione.

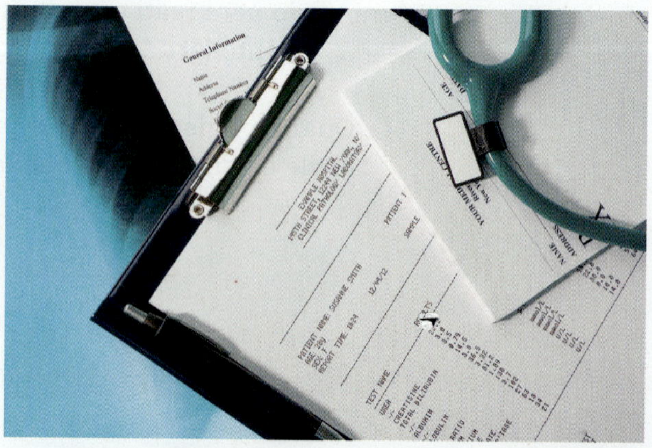

▸ Accesso agli atti

**Il principio di trasparenza**

Un altro principio strettamente collegato a quello di imparzialità è il **principio di trasparenza**, introdotto da una legge del 1990, che prevede il diritto di ogni individuo di accedere agli atti e ai documenti amministrativi che lo riguardano (c.d. *diritto di accesso*), nonché di partecipare all'attività amministrativa nei modi stabiliti dalla legge, nel rispetto della riservatezza e del segreto professionale.

**Esempio:** **il diritto di un paziente di estrarre copia della propria cartella clinica, al momento delle dimissioni dalla struttura sanitaria, nella quale è stato ricoverato.**

Dentro il **diritto**

## La trasparenza dei pubblici uffici

La L. n. 69/2009 ha introdotto disposizioni specifiche in materia di trasparenza sugli uffici pubblici, prevedendo che i cittadini abbiano la possibilità di assumere informazioni a essi relativi, attraverso i siti Internet di tutte le pubbliche amministrazioni. È possibile, ad esempio, conoscere curriculum vitae, retribuzione, recapiti istituzionali dei dirigenti pubblici o i tassi di assenza e di presenza del personale, al fine di conoscere i costi della gestione amministrativa e di controllarne l'operato e l'efficienza.

Con il D.Lgs. n. 33/2013 sul "Riordino della disciplina riguardante gli obblighi di pubblicità, trasparenza e diffusione di informazioni da parte delle pubbliche amministrazioni", prende vita il nuovo **Testo Unico per la trasparenza nelle pubbliche amministrazioni**, con l'obiettivo di rendere accessibile a tutti i cittadini le informazioni sull'organizzazione, sull'attività e sull'utilizzo delle risorse della pubbliche amministrazioni. Tra le novità, è stato introdotto l'istituto dell'**Accesso civico**, ossia il diritto di ogni cittadino, di accedere direttamente ai siti della pubblica amministrazione e di richiedere al responsabile amministrativo, obbligato alla trasparenza, documenti, informazioni o dati, che non siano stati pubblicati.

■ **Esercizio E) per l'apprendimento. Individua collegamenti e relazioni.**

**Cerca l' estraneo, evidenziandolo nel testo.**

1. Principio di imparzialità, legge ordinaria, art. 97 della Costituzione, assenza di discriminazioni.
2. Efficacia, efficienza, Costituzione, principio di trasparenza.
3. Riserva di legge, principio di trasparenza, principio di legalità, Costituzione.

Hai studiato per la verifica? Serve aiuto?

## Ripassiamo insieme

**Che cos'è il GOVERNO?**
È l'organo costituzionale al quale è affidato l'esercizio del potere esecutivo e che condivide con il Parlamento l'attività d'indirizzo politico. È a capo dell'organizzazione amministrativa dello Stato e ha sede a Roma, a Palazzo Chigi.

**Quali sono gli ORGANI del GOVERNO?**
Gli organi fondamentali sono previsti dall'art. 92 della Costituzione:
1. Presidente del Consiglio dei ministri;
2. ministri;
3. Consiglio dei ministri.

Accanto ad essi sono previsti altri organi individuati e regolati dalla legge che sono:
- Vicepresidenti del Consiglio dei ministri;
- Sottosegretari;
- Viceministri;
- Comitati interministeriali;
- Consiglio di Gabinetto;
- Commissari straordinari.

**Che cosa sono i MINISTERI?**
Sono formati da un insieme di organi e uffici, gerarchicamente organizzati, che si occupano di un determinato settore della Pubblica Amministrazione (es. Ministero dell'Istruzione, Università e Ricerca). A capo di ciascuno di essi è posto un ministro.

**Come avviene la FORMAZIONE del GOVERNO?**
Essa avviene attraverso un procedimento complesso, che si articola in quattro fasi fondamentali:
1. consultazioni, da parte del Presidente della Repubblica delle più alte cariche dello Stato;
2. conferimento dell'incarico, che, in genere, la persona designata accetta con riserva per poter svolgere, a sua volta, brevi consultazioni, finalizzate alla verifica del sostegno della maggioranza in Parlamento. Se l'incaricato scioglie la riserva positivamente si passa alla fase successiva, altrimenti si ritorna alla prima;
3. nomina, da parte del Presidente della Repubblica del Presidente del Consiglio dei ministri e dei ministri;
4. giuramento del Presidente del Consiglio dei ministri e dei ministri, davanti al Presidente della Repubblica, e presentazione del Governo, entro dieci giorni dalla sua formazione, dinnanzi a ciascuna Camera separatamente, per ottenere la *fiducia*.

**Quali sono le PRINCIPALI FUNZIONI del GOVERNO?**
Esse sono:
- la funzione d'indirizzo politico, che consiste nell'individuazione e nel perseguimento degli obiettivi di politica generale;
- la funzione esecutiva o amministrativa, che si attua mediante la realizzazione delle finalità dello Stato, definite in sede politica e legislativa;
- la funzione normativa, che prevede l'emanazione di atti aventi forza di legge e di regolamenti.

**Che cosa sono i REGOLAMENTI del Governo?**
Costituiscono una fonte secondaria e, in genere, danno esecuzione a leggi, decreti legislativi o regolamenti comunitari, specificandone le disposizioni normative, oppure regolano materie non espressamente riservate alla legge.

**Che cosa sono gli ATTI AVENTI FORZA DI LEGGE?**
Sono atti emanati dal Governo che hanno lo stesso valore della legge ordinaria. Si tratta di fonti primarie e sono:
- i decreti legge, emanati nei casi straordinari di necessità e urgenza, che devono essere convertiti in legge dal Parlamento, entro sessanta giorni dalla pubblicazione, a pena di decadenza;
- i decreti legislativi, adottati su incarico del Parlamento, mediante una legge ordinaria, che prende il nome di legge delega.

**Quali tipi di RESPONSABILITÀ hanno i MINISTRI?**
Quando agiscono nell'esercizio delle loro funzioni, essi hanno una:
- responsabilità politica, per i propri atti e per quelli del Presidente della Repubblica che hanno controfirmato;
- responsabilità civile, nel senso che sono direttamente responsabili degli atti compiuti in violazione di diritti e, di conseguenza, dei danni che hanno causato allo Stato o a terzi;
- responsabilità penale, secondo la quale, per i reati commessi, sono giudicati dal giudice ordinario, previa autorizzazione del Parlamento.

Quando agiscono come privati, hanno una responsabilità, civile e penale, come quella di ogni altro cittadino.

**Che cos'è la PUBBLICA AMMINISTRAZIONE?**
È costituita dall'insieme degli organi (es. i Sindaci) e degli uffici (es. sezione del Ministero dell'Istruzione, Università e Ricerca che si occupa dei professori universitari) cui è affidata la funzione amministrativa. Essa consiste nella realizzazione delle finalità dello Stato, definite in sede politica e legislativa, per assicurare il soddisfacimento dei bisogni collettivi attraverso l'erogazione dei servizi pubblici (es. istruzione, sanità, trasporti, ordine pubblico).

**Quali sono i PRINCIPI che regolano l'ATTIVITÀ della PUBBLICA AMMINISTRAZIONE?**
Essi sono:
- il principio di legalità: la Pubblica Amministrazione può esercitare solo i poteri conferiti dalla legge;
- il principio del buon andamento: l'attività amministrativa deve essere efficace, efficiente e svolta con criteri di economicità;
- il principio d'imparzialità: la Pubblica Amministrazione deve agire senza discriminazioni;
- il principio di trasparenza: ogni individuo ha un diritto di accesso agli atti e ai documenti amministrativi che lo riguardano.

Per una didattica inclusiva:

## Parole chiave

**GOVERNO**
- Presidente del Consiglio dei ministri
- Ministri
- Consiglio dei ministri

**FORMAZIONE DEL GOVERNO**
- Consultazioni
- Conferimento dell'incarico
- Nomina
- Giuramento e fiducia

**FUNZIONI DEL GOVERNO**
- Funzione di indirizzo politico
- Funzione esecutiva o amministrativa
- Funzione normativa

**RESPONSABILITÀ DEI MINISTRI**
- Politica
- Civile
- Amministrativa

**PRINCIPI FONDAMENTALI DELL'ATTIVITÀ AMMINISTRATIVA**
- Legalità
- Buon andamento
- Imparzialità
- Trasparenza

# Verifica delle competenze

- Livello BASE: ✪ (Punteggio totale: 12)
- Livello INTERMEDIO: ✪✪ (Punteggio totale: 60)
- Livello AVANZATO: ✪✪✪ (Punteggio totale: 28)

## ✪ Esercizio 1). Impara ad imparare.

**Scelta multipla: evidenzia la risposta esatta. Il paragrafo indicato nella parentesi è quello su cui devi riflettere (2 punti per ciascuna scelta corretta).**

**1. È un organo del Governo previsto dalla legge (Par. n. 1):**
a. il Presidente del Consiglio dei ministri
b. il Viceministro
c. il ministro
d. il Consiglio dei ministri

**2. Dà inizio al procedimento di formazione del Governo (Par. n. 2):**
a. il Parlamento
b. la Corte costituzionale
c. il Presidente della Repubblica
d. la Magistratura

**3. È espressione della funzione d'indirizzo politico (Par. n. 3):**
a. l'emanazione di un decreto legge
b. l'emanazione di un decreto legislativo
c. la direzione della Pubblica Amministrazione
d. la presentazione di un disegno di legge

**4. I ministri, nell'esercizio delle loro funzioni, hanno una responsabilità (Par. n. 4):**
a. esclusivamente politica e amministrativa
b. circoscritta all'ambito civile e politico
c. politica, civile e penale
d. limitata, in sede politica

**5. Regola l'attività della Pubblica Amministrazione, ma non è previsto dalla Costituzione (Par. n.5):**
a. il principio di trasparenza
b. il principio d'imparzialità
c. il principio del buon andamento
d. il principio di legalità

**6. Può causare le dimissioni del Governo (Par. n. 2):**
a. la mozione di fiducia
b. la mozione di sfiducia
c. l'approvazione di entrambe le Camere
d. la votazione della maggioranza del Parlamento

**Punti: ..../12**

## ✪✪ Esercizio 2). Individua collegamenti e relazioni.

**Collega ciascun numero alla lettera corrispondente (3 punti per ciascun collegamento esatto).**

1. Presidente del Consiglio dei ministri
2. Organi del Governo previsti dalla legge
3. Atti aventi forza di legge
4. Crisi parlamentare
5. Consultazioni
6. Collaboratori dei ministri
7. Fiducia
8. Crisi extraparlamentare

a. Sottosegretari
b. Dimissioni del Presidente del Consiglio dei ministri
c. Approvazione del Parlamento
d. Inizio formazione del Governo
e. Nomina del Presidente della Repubblica
f. Decreti legge e decreti legislativi
g. Mozione di sfiducia
h. Ministri

| 1 | 2 | 3 | 4 | 5 | 6 | 7 | 8 |
|---|---|---|---|---|---|---|---|
| | | | | | | | |

**Punti: ..../24**

## ■ ✪✪ Esercizio 3). Acquisisci ed interpreta l'informazione.

**Indica se le seguenti affermazioni sono vere o false, motivando la risposta (3 punti per ciascuna risposta esatta).**

| | V | F |
|---|---|---|
| **1.** Il Governo è titolare del potere esecutivo<br>Perché ........................................ | ☐ | ☐ |
| **2.** I ministri sono nominati in numero fisso<br>Perché ........................................ | ☐ | ☐ |
| **3.** Il Governo resta in carica sempre cinque anni<br>Perché ........................................ | ☐ | ☐ |
| **4.** Il Consiglio dei ministri è previsto dalla Costituzione<br>Perché ........................................ | ☐ | ☐ |
| **5.** I ministri non hanno alcun tipo di responsabilità<br>Perché ........................................ | ☐ | ☐ |
| **6.** Il Governo dirige la Pubblica Amministrazione<br>Perché ........................................ | ☐ | ☐ |

**Punti: ..../18**

## ■ ✪✪ Esercizio 4). Comunica (rappresenta).

**Completa la mappa concettuale che segue (3 punti per ciascun completamento esatto).**

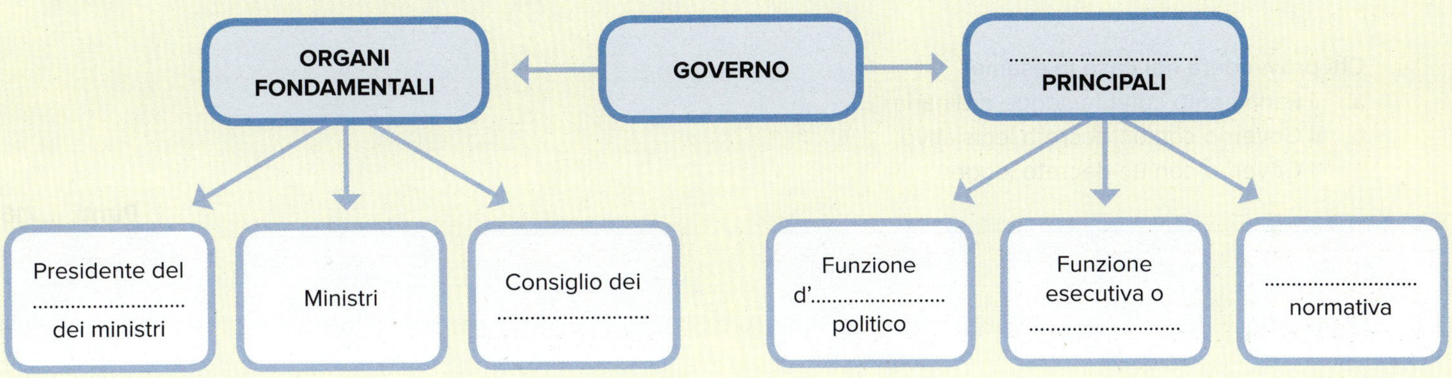


**Punti: ..../18**

## ■ ✪✪✪ Esercizio 5). Comunica (comprendi).

**Rispondi alle seguenti domande (4 punti per ciascuna risposta esatta).**

1. Indica e spiega gli organi fondamentali del Governo. (Par. n. 1)
2. Illustra il procedimento di formazione del Governo. (Par. n. 2)
3. Spiega la responsabilità dei ministri. (Par. n. 4)

**Punti: ..../12**

**✪✪✪ Esercizio 6). Risolvi i problemi.**

**Analizza il caso e rispondi ai quesiti a risposta multipla (4 punti per ogni scelta multipla).**

Una Regione italiana, all'improvviso, è colpita da un terremoto di media intensità, che causa molti danni. È necessario provvedere immediatamente a organizzare le operazioni di soccorso, stanziando i fondi necessari per aiutare la popolazione, duramente provata da questa calamità naturale. Secondo la tua opinione, quale organo provvederà? Con quale tipo di provvedimento?

**1. Il Parlamento è competente a emanare:**
- **a.** i decreti legge
- **b.** i decreti legislativi
- **c.** le leggi ordinarie
- **d.** sia le leggi ordinarie sia gli atti aventi forza di legge

**2. Il Governo esercita la funzione legislativa attraverso l'emissione di:**
- **a.** leggi ordinarie e costituzionali
- **b.** atti aventi forza di legge

**3. Il decreto legge è approvato:**
- **a.** dal Presidente della Repubblica
- **b.** dal Consiglio dei ministri, in casi straordinari di necessità e urgenza
- **c.** dai ministri
- **d.** dal Governo su delega del Parlamento

**4. Chi provvederà nel caso in esame?**
- **a.** il Parlamento con una legge ordinaria
- **b.** il Governo con un decreto legislativo
- **c.** il Governo con un decreto legge

**Punti: ..../16**

**Calcola il punteggio totale conseguito e assegnati la valutazione a esso corrispondente:**

| Tabella di autovalutazione | |
|---|---|
| ☐ 100-87 | **A** Lavoro eccellente. |
| ☐ 86-67 | **B.** Lavoro buono. |
| ☐ 66-47 | **C.** Lavoro adeguato. |
| ☐ 46-2 | **D.** Lavoro da migliorare. |

# UdA 3 LA MAGISTRATURA E LA FUNZIONE GIURISDIZIONALE

## 1. La funzione giurisdizionale

La **funzione giurisdizionale** (dal latino *ius dicere*, cioè dire, applicare il diritto) è la terza funzione fondamentale esercitata dallo Stato, assieme alla funzione legislativa e a quella esecutiva. Essa consiste nell'attività diretta ad applicare la norma giuridica (di per sé astratta), al caso concreto dedotto in giudizio.

**Astrattezza della norma giuridica:** in base a questa caratteristica, la norma giuridica prevede un caso ipotetico e non un caso concreto. Spetta al giudice interpretarla e capire se si può applicare alla fattispecie specifica.

La Magistratura

Nel nostro ordinamento questa funzione è esercitata, solitamente, dalla **Magistratura**, composta da organi denominati giudici o magistrati, che operano in varie sedi su tutto il territorio nazionale.
Essi sono magistrati ordinari perché la Costituzione vieta l'istituzione sia di giudici straordinari (cioè previsti dopo il verificarsi di un fatto) sia di giudici speciali (che hanno giurisdizione solo in determinate materie), salvo qualche eccezione.

▸ Funzione giurisdizionale

**Esempio:** la Corte dei Conti è uno dei pochi giudici speciali, previsti dalla Costituzione (art. 103) che ha giurisdizione nelle materie di contabilità pubblica e nelle altre materie specificate dalla legge.

Il processo

L'esercizio dell'attività dei magistrati dà origine a un **processo**, ossia un procedimento, formato da diverse fasi in sequenza, dirette all'emanazione di un provvedimento finale (**sentenza**) che, in modo autoritativo, individua le regole da applicare infliggendo, eventualmente, le relative sanzioni.

■ **Esercizio A) per l'apprendimento. Individua collegamenti e relazioni.**
**Cerca l'estraneo, evidenziandolo nel testo.**

1. Definizione finale del processo, sentenza, giudice, Governo.
2. Funzione giurisdizionale, funzione economica, funzione legislativa, funzione esecutiva.
3. Magistratura, giudici, parlamentari, magistrati.

Le riforme istituzionali

## 2. Le garanzie di indipendenza dei giudici

Le garanzie fondamentali

L'indipendenza e l'autonomia della Magistratura, da ogni altro potere, sono sancite dalla Costituzione (art. 104) che non si limita a riconoscerle, ma per esse predispone una serie di **garanzie fondamentali**, contenute in diverse disposizioni.

Innanzitutto, i giudici sono **soggetti soltanto** alla **legge** e nessun altro potere può imporre la propria volontà su di loro, con l'effetto di influenzarne il giudizio.

▸ I giudici sono soggetti solo alla legge

**L'assenza di gerarchia**

L'organizzazione della Magistratura si caratterizza per l'**assenza di gerarchia** e i giudici, a differenza di quanto accade nel pubblico impiego, non sono subordinati ad alcuna autorità di grado superiore. Essi si distinguono tra loro solo per la diversità di funzioni, cioè dei compiti loro affidati.

**Nomina per concorso pubblico**

I magistrati sono nominati per **concorso pubblico** che, in genere, offre garanzia di oggettività dei criteri di selezione, a vantaggio del merito e della preparazione tecnica, e protegge la loro indipendenza e imparzialità, costituendo l'unica modalità d'ingresso in Magistratura.

**L'inamovibilità**

I giudici, inoltre, sono **inamovibili**, in quanto possono essere sospesi dal servizio o assegnati ad altre sedi o funzioni solo su decisione del Consiglio superiore della Magistratura o con il loro consenso.

**La limitazione all'iscrizione ai partiti politici**

La Costituzione e la legge **limitano** il diritto dei giudici di **iscriversi a partiti politici**, per evitare che siano condizionati nell'esercizio delle loro funzioni o compromettano la loro immagine professionale.

| GARANZIE DI INDIPENDENZA DEI GIUDICI | NORME COSTITUZIONALI |
|---|---|
| Esclusiva soggezione dei giudici alla legge | Art. 101, c. 2, Cost. |
| Assenza di gerarchia | Art. 107, c. 3, Cost. |
| Nomina per concorso pubblico | Art. 106 Cost. |
| Inamovibilità | Art. 107, c. 1, Cost. |
| Limitazione all'iscrizione a partiti politici | Art. 98, c. 3, Cost. + L. n. 150/2005 |

Dentro il **diritto**

## Come si diventa magistrati?

Il concorso pubblico per uditori giudiziari (cioè i vincitori di concorso nella fase del tirocinio prima di essere assegnati a una sede) è bandito, in genere, dal Ministero di Giustizia, con cadenza annuale per i posti vacanti.

Per accedere a tale selezione, dopo la laurea specialistica in giurisprudenza, è necessario frequentare un corso presso una delle scuole di specializzazione per le professioni legali, della durata di due anni. In alternativa, possono partecipare al concorso anche i laureati in giurisprudenza che, pur non avendo frequentato tali scuole, appartengono a determinate categorie, individuate dalla legge (es. i docenti universitari in materie giuridiche e gli avvocati, non incorsi in sanzioni disciplinari, i dipendenti della P.A., con laurea in giurisprudenza e almeno cinque anni di anzianità, i laureati che hanno conseguito il dottorato di ricerca in materie giuridiche). Non si può partecipare alla selezione, dopo che si è stati dichiarati non idonei per tre volte.

Una volta superato il concorso, il neo-magistrato è tenuto a svolgere un tirocinio di diciotto mesi, durante il quale deve frequentare corsi di approfondimento teorico-pratici presso la scuola superiore della Magistratura e sessioni presso uffici giudiziari. Al superamento del tirocinio, fa seguito la delibera del Consiglio superiore della Magistratura di conferimento delle funzioni giudiziarie.

■ **Esercizio B) per l'apprendimento. Comunica (comprendi).**
**Completa la seguente tabella, inserendo le definizioni corrette e individuando il concetto nascosto nella colonna evidenziata.**

| | | | | | | | | | | | | | | | |
|---|---|---|---|---|---|---|---|---|---|---|---|---|---|---|---|
| 1 | | | | | | | | | | S | | | A | | |
| 2 | | | | | | | T | | | | | | | | |
| 3 | | | O | | | | | | Z | | | | | | |
| 4 | | C | | | C | | | | | | | | | | |
| 5 | | | | | | E | | | | N | | | | | |
| 6 | | | A | | | | Z | | | | | | | | |
| 7 | | | | | F | | | | | | | E | | | |
| 8 | | | N | | | | | | B | | L | | | | |
| 9 | | | | | | E | | | | | H | | | | |

1. Giudici.
2. L'iscrizione a essi è limitata per i giudici.
3. È la legge fondamentale della Repubblica italiana.
4. È pubblico quello che assume i magistrati.
5. La emette il giudice.
6. La Costituzione predispone quelle fondamentali per garantire l'autonomia e l'indipendenza dei giudici.
7. È giurisdizionale quella esercitata dalla Magistratura.
8. Lo sono i giudici, perché non possono essere trasferiti senza il loro consenso.
9. È assente nella Magistratura.

## 3. Il Consiglio superiore della Magistratura

▸ C. S. M.

**L'organo di autogoverno**

Completa l'insieme delle garanzie di autonomia e d'indipendenza dei magistrati la previsione costituzionale di un **organo di autogoverno** dei giudici: il **Consiglio superiore della Magistratura,** denominato, in via abbreviata, **C.S.M.**. Esso è un organo autonomo e indipendente da ogni altro potere e la sua istituzione corrisponde all'esigenza di sottrarre i magistrati alle ingerenze del potere politico e amministrativo che potrebbero minarne l'imparzialità.

**I membri**

Tale organo si compone di ventisette **membri**, dei quali tre sono **di diritto** (il Presidente della Repubblica, il primo Presidente e il Procuratore Generale della corte di Cassazione) e ventiquattro **elettivi**, nominati per quattro anni e non immediatamente rieleggibili.
I membri sono eletti per un terzo dal Parlamento in seduta comune, tra professori ordinari di università in materie giuridiche e avvocati con almeno quindici anni di esercizio, e per i due terzi dalla Magistratura tra gli appartenenti all'ordine giudiziario.

**Le competenze**

Il Consiglio superiore della Magistratura è presieduto dal Presidente della Repubblica e le **competenze**, attribuite dalla Costituzione, sono relative alla carriera dei giudici, vale a dire:
- assunzioni;
- assegnazioni e trasferimenti;
- promozioni;
- provvedimenti disciplinari nei confronti dei magistrati.

Al Ministero della Giustizia spetta solo l'organizzazione e il funzionamento dei servizi relativi alla giustizia.

■ **Esercizio C) per l'apprendimento. Comunica (rappresenta).**
**Completa la seguente mappa concettuale.**

**C.S.M.**
**( .................. SUPERIORE DELLA MAGISTRATURA)**

Membri di diritto:
- ........... della Repubblica;
- il primo Presidente e il ................ Generale della Corte di ..................

Membri elettivi:
- un terzo tra i professori ordinari di materie .............. e avvocati con ..... anni di esercizio;
- due terzi tra gli appartenenti all'ordine .................

Competenze:
- ..................
- assegnazioni e trasferimenti
- promozioni
- provvedimenti ............. nei confronti dei magistrati

## 4. I principi costituzionali sull'attività dei giudici

**La giurisdizione**

L'attività dei magistrati, detta **giurisdizione**, è molto complessa anche perché va ad incidere sui diritti e le libertà dei cittadini. Per questo motivo, la Costituzione detta una serie di principi che costituiscono un sistema di garanzia, a tutela di un processo "giusto", nel quale i **giudici** sono tenuti a essere **soggetti** "terzi", cioè **imparziali** e al di sopra delle parti.

**Il diritto di azione**

**Il diritto alla difesa**

L'art. 24 della Costituzione sancisce il **diritto di azione**, in base al quale tutti possono agire in giudizio, cioè promuovere una causa davanti ad un giudice in Tribunale, per far valere i propri diritti. Questo articolo stabilisce anche l'inviolabilità del **diritto alla difesa**, in ogni stato e grado del processo, nel senso che tutti, per qualsiasi violazione, hanno diritto a un giudice e a un processo.

**Esempio:** anche la persona che si è macchiata di un reato gravissimo, nel momento in cui è arrestata perché ritenuta colpevole, avrà da subito accanto a sé un avvocato nominato d'ufficio, in assenza di quello di fiducia.

**Il gratuito patrocinio**

Alle persone che si trovano in condizioni economiche svantaggiate è garantita l'ammissione al "**gratuito patrocinio**", ossia la possibilità di beneficiare dell'intervento professionale di un avvocato, il cui compenso è a carico dello Stato.

**Il principio del giudice naturale**

Il **principio del giudice naturale** rappresenta una delle più importanti garanzie in tema di imparzialità degli organi giurisdizionali. Con esso si stabilisce che il giudice di un processo sia scelto prima dell'insorgere di una lite giudiziaria (controversia), sulla base di criteri generali di competenza, fissati dalle norme giuridiche che regolano il processo.

**Esempio:** il codice di procedura penale determina quale sia il giudice competente a decidere, tenendo conto, ad esempio, del luogo in cui è stato commesso il reato, della materia, dell'età dell'autore: il Tribunale di Mantova si occuperà dei reati commessi nella sua circoscrizione; il Tribunale dei minorenni giudicherà chi non ha ancora raggiunto i diciotto anni.

▶ Diritto alla difesa: avvocati

**I principi costituzionali del giusto processo**

Gli altri **principi costituzionali**, riguardanti la giurisdizione, sono quelli **del** cosiddetto **"giusto processo"**, contenuti nell'art. 111 della Costituzione, che comprendono:

- Il **principio del contraddittorio** tra le parti, in base al quale esse sono poste sullo stesso piano, in condizione di parità, davanti ad un giudice, terzo o imparziale.

**Esempio:** **nell'ambito di un processo, se una parte sostiene una determinata versione dei fatti, l'altra ha il diritto di replicare e di eccepire elementi di prova contrari.**

- Il principio di una **ragionevole durata** del **processo**.
- Le **garanzie**, **nel processo penale**, per la persona accusata di un reato come, ad esempio, il diritto a essere informata in via riservata dei motivi su cui si basa l'accusa e il diritto ad avere il tempo di preparare la difesa.
- L'**obbligo di motivazione** di tutti i **provvedimenti giurisdizionali**, cioè dei giudici, che devono indicare i motivi di fatto e di diritto che hanno condotto al loro convincimento.

▸ Processo

**I principi del doppio grado di giurisdizione**

È previsto, infine, il **principio del doppio grado di giurisdizione**, secondo il quale le parti hanno la possibilità di far riesaminare (appellare) la decisione finale (sentenza) del primo giudice (di primo grado) in un processo, a un nuovo giudice (di secondo grado), diverso dal precedente. È ammesso un eventuale nuovo riesame davanti ad un altro giudice (di terzo grado) per violazione di legge, cioè per motivi di diritto e non di fatto (ossia per i fatti del giudizio). Si definisce principio del "doppio" grado, perché dà la possibilità di appellare due volte.

▸ Corte di Cassazione a Roma

**Esempio:** **Andrea è stato condannato in primo grado dal Tribunale, per un reato che in realtà non ha commesso. Tramite il suo avvocato, ha impugnato la sentenza davanti alla Corte d'Appello, giudice di secondo grado che, purtroppo, ha riconfermato la prima decisione. Andrea non si dà per vinto e ricorre davanti alla Corte di Cassazione, giudice di terzo grado, che, finalmente, lo assolve, dichiarando la sua totale estraneità ai fatti.**

**La sentenza definitiva**

La **sentenza** diventa **definitiva**, cioè passa in giudicato, quando non è stata impugnata nei termini previsti dalla legge (non è obbligatorio farlo) o nell'ipotesi in cui siano stati percorsi tutti i tre gradi del giudizio.

Esempio di sentenza

| PRINCIPI COSTITUZIONALI SULLA GIURISDIZIONE | |
|---|---|
| **Diritto di AZIONE** (art. 24, c.1, Cost.) | Tutti possono agire in giudizio per far valere i propri diritti. |
| **Diritto di DIFESA** (art. 24, c.2, Cost.) | Tutti possono difendersi in ogni stato e grado del processo. |
| **Principio del GIUDICE NATURALE** (art. 25 Cost.) | È il giudice competente, predeterminato dalla legge. |
| **Principi del "GIUSTO PROCESSO"** (art. 111 Cost.) | Principio del contraddittorio, di una ragionevole durata del processo, di determinate garanzie nel giudizio penale; obbligo di motivazione di tutti i provvedimenti dei giudici. |
| **Principio del DOPPIO GRADO DI GIURISDIZIONE** | Alla fine del primo processo, le parti possono chiedere il riesame del loro caso davanti ad un giudice di secondo grado e, in caso di esito negativo, dinnanzi ad un giudice di terzo grado. |

■ **Esercizio D) per l'apprendimento. Acquisisci ed interpreta l'informazione.**
**Completa la seguente tabella, scrivendo in quale principio costituzionale, che tutela l'attività dei giudici, rientrano le situazioni descritte.**

| SITUAZIONI | PRINCIPI COSTITUZIONALI |
|---|---|
| La pretesa di un soggetto di essere informato sui fatti che stanno alla base di un'accusa, formulata da un giudice nei suoi confronti. | ........................................ |
| Il diritto dell'autore di un reato di essere giudicato dal giudice che è stato ritenuto competente dalla legge, prima che si verificasse il fatto. | ........................................ |
| La possibilità per una persona di poter leggere le ragioni che hanno spinto il giudice ad emettere una sentenza di condanna. | ........................................ |
| La richiesta di risarcimento dei danni subiti per le infiltrazioni di umidità, dovute a un difetto di costruzione di una casa appena acquistata. | ........................................ |
| La possibilità di provare, in un processo in cui si è parte, che le prove della controparte sono false. | ........................................ |

## 5. L'organizzazione giudiziaria: i giudici e i processi

L'attività giurisdizionale, detta anche **giurisdizione**, è esercitata dai giudici attraverso quel particolare procedimento che è definito processo (paragrafo n. 1).

La giurisdizione in base ai settori in cui opera e ai tipi di controversia si distingue in:

- giurisdizione civile;
- giurisdizione penale;
- giurisdizione amministrativa.

▸ Processo civile

**La giurisdizione civile**

La **giurisdizione civile** ha ad oggetto le controversie, cioè le liti giudiziarie, tra privati o tra privati e Stato, quando quest'ultimo si spoglia della sua sovranità e agisce in una posizione di parità.

**Esempio:** **un Comune, nella persona del Sindaco, prende in locazione (affitto) un appartamento di un privato, per adibirlo a ufficio amministrativo, stipulando un normale contratto, che prevede il pagamento di un canone (somma di denaro) mensile.**

**Il processo civile**

Nell'ambito del **processo civile**, chi esercita per primo l'azione attraverso un avvocato, davanti al giudice competente, è denominato **attore**, il quale, cita (cioè chiama in giudizio) un altro soggetto, definito **convenuto**, instaurando una causa, che si concluderà con una sentenza.

**Causa:** è un procedimento giudiziario pendente avanti a un organo giudiziario (es. Tribunale).

**La giurisdizione penale**

La **giurisdizione penale** si occupa di accertare i reati (violazioni di norme penali) che sono puniti con una pena pecuniaria (in denaro) o detentiva.

▸ Processo penale

**Esempio:** chi ruba (reato di furto) è punito con la reclusione in carcere.

**Il processo penale**

Il **processo penale**, prende il via su iniziativa del **Pubblico Ministero** (P.M., in forma abbreviata) che costituisce l'accusa e rappresenta lo Stato, il quale, secondo la Costituzione (art. 112), ha l'obbligo di esercitare l'azione penale, o su denuncia o querela della parte lesa, cioè offesa dal reato (es. chi ha subito il furto). La persona accusata di essere responsabile dell'illecito penale, si definisce **imputato**. La fase iniziale prende il nome di istruttoria in cui opera, accanto al Pubblico Ministero, il Giudice delle indagini preliminari (G.I.P.). A conclusione delle indagini, condotte dalla Polizia giudiziaria, il P.M. può archiviare il caso o rinviare a giudizio l'imputato che subirà un processo, all'esito del quale sarà assolto o condannato con sentenza. Può partecipare al processo anche la **parte civile** o parte offesa dal reato che può costituirsi in giudizio per chiedere il risarcimento dei danni, prodotti dalla violazione della norma penale.

**La giurisdizione amministrativa**

La **giurisdizione amministrativa** tutela i privati, dall'azione della Pubblica Amministrazione, nel caso in cui essa violi situazioni giuridiche soggettive, nell'esercizio del suo potere.

**Esempio:** chi partecipa a un concorso pubblico e ritiene che nello svolgimento delle prove siano state violate delle norme di legge o i criteri fondamentali cui deve ispirarsi l'azione amministrativa, come il principio d'imparzialità, può agire per far annullare l'atto illegittimo emesso dalla P.A..

**Il processo amministrativo**

**L'Amministrazione resistente**

Il **processo amministrativo,** con il quale è impugnato un provvedimento amministrativo illegittimo davanti al giudice competente, si apre con il ricorso del destinatario dell'atto che promuove il giudizio (**ricorrente)**. Le altre parti necessarie di questo procedimento sono **l'Amministrazione resistente**, che ha emanato il provvedimento, e i **controinteressati**, ossia coloro che hanno interesse alla conservazione dell'atto impugnato dal ricorrente.
A differenza di quello civile, il processo amministrativo è documentale poiché si basa sulla documentazione prodotta dalle parti, a conferma delle proprie domande, e che termina con l'emanazione della sentenza del giudice.

▸ Processo amministrativo

| TIPI DI PROCESSI | ESEMPI DI CONTROVERSIE | PARTI |
|---|---|---|
| CIVILE | Riconoscimento di un figlio, risarcimento danni per un sinistro stradale, liti condominiali, inadempimento di un contratto, richiesta di mantenimento della moglie separata, divorzio. | ▪ Attore<br>▪ Convenuto |
| PENALE | Furto, rapina, omicidio, sequestro di persona, ingiuria, diffamazione, corruzione, truffa. | ▪ P.M.<br>▪ Imputato<br>▪ Parte civile |
| AMMINISTRATIVO | Richiesta di annullamento dell'atto di espropriazione per pubblica utilità di un bene di un privato da parte della P.A. o di quello relativo all'esclusione dalla graduatoria di un concorso. | ▪ Ricorrente<br>▪ Amministrazione resistente<br>▪ Controinteressato |

Dentro il **diritto**

## Il processo telematico

A decorrere dal 30 giugno 2014, è entrato in vigore il processo civile telematico, progressivamente introdotto con diversi interventi normativi a partire da circa un decennio.
Esso prevede che tutte le attività solitamente realizzate in forma cartacea (es. deposito degli atti e dei documenti, consultazione del fascicolo, pagamento del contributo unificato previsto dalla legge nei diversi procedimenti) siano svolte in via telematica, mediante strumenti informatici. Tale processo risponde a un'esigenza di ottenere una maggiore efficienza dell'intero apparato organizzativo, con una maggiore produttività, a supporto della funzione giurisdizionale (es. riduzione dei tempi delle procedure e delle file in Cancelleria). Ad esempio, in caso si debba procedere con la richiesta d'ingiunzione di pagamento (decreto ingiuntivo), essa è inviata dall'avvocato al Tribunale tramite Posta elettronica certificata (PEC), dove la Cancelleria lo inoltra al giudice il quale esamina il ricorso ed emana il relativo provvedimento che è ritrasmesso allo studio legale per via telematica. L'intenzione del legislatore è quella di estendere progressivamente il processo telematico, anche al processo amministrativo e penale.

## Mediazione civile e commerciale

È un procedimento di composizione stragiudiziale (che non si svolge davanti a un giudice) delle controversie civili e commerciali, che è stato ripristinato dalla Legge n. 98 del 2013 come condizione di procedibilità della domanda giudiziale, in determinati materie in cui, in genere, le cause tendono a prolungarsi (es. condominio, successioni ereditarie, diritti reali, affitto di aziende), proprio per ridurre i tempi della giustizia e la mole di cause da decidere per i magistrati.

Tale attività è esercitata da un mediatore che è un professionista (es. gli avvocati iscritti all'albo sono mediatori di diritto), al di sopra delle parti, che tenta di convincere le parti a trovare un accordo amichevole per la composizione della lite, evitando così di promuovere un contenzioso davanti ad un organo giudiziario.

**La competenza dei giudici**

La **competenza** dei **giudici** si determina in conformità a diversi criteri, ossia per valore, per materia e per territorio.

**Esempio:** **nel processo civile: il Giudice di Pace è competente per le cause di valore fino a Euro 5.000,00 (competenza per valore); nelle cause relative allo stato e alle capacità delle persone, è competente in via esclusiva il Tribunale (competenza per materia); se devo citare in causa un soggetto al quale chiedere il risarcimento dei danni, individuo il giudice competente del luogo di residenza del convenuto (competenza per territorio).**

▸ Tribunale di Milano

**I gradi di giurisdizione**

I giudici sono organizzati anche in base ai diversi **gradi di giurisdizione** (primo, secondo e terzo), che permettono al cittadino, se insoddisfatto della sentenza, di vederla riesaminata sia in secondo sia in terzo grado, mediante l'inizio di un nuovo processo, davanti a giudici diversi per caratteristiche e territorio (principio del doppio grado di giurisdizione).

I tipi di giudici nel dettaglio

**TIPI DI GIUDICI**

| GRADI del processo | Processo CIVILE | Processo PENALE | Processo AMMINISTRATIVO |
|---|---|---|---|
| 1° GRADO | ▪ Giudice di pace<br>▪ Tribunale | ▪ Giudice di pace<br>▪ Tribunale<br>▪ Corte d'Assise | ▪ Tribunale amministrativo regionale (T.A.R) |
| 2° GRADO | ▪ Corte d'Appello | ▪ Corte d'Appello<br>▪ Corte d'Assise d'Appello | ▪ Consiglio di Stato |
| 3° GRADO | ▪ Corte di Cassazione | ▪ Corte di Cassazione | ▪ Corte di Cassazione (solo in caso di difetto di giurisdizione). |

Dentro il **diritto**

### La negoziazione assistita

Dal 2014, al fine di ridurre le cause civili pendenti, alla mediazione si affianca il nuovo istituto della negoziazione assistita, introdotto dal D.L. n. 132/2014, convertito nella L. n. 162/2014. Esso prevede la possibilità che le parti in lite sottoscrivano un accordo (convenzione di negoziazione), tramite l'assistenza degli avvocati, per risolvere il conflitto tra loro in via amichevole e fuori dalle aule dei Tribunali. È prevista una procedura di negoziazione facoltativa o volontaria (es. in tema di famiglia) e obbligatoria (es. in tema di risarcimento del danno da circolazione di veicoli e natanti).

■ **Esercizio E) per l'apprendimento. Agisci in modo autonomo e responsabile.**
**All'interno della classe, scegliete e assegnatevi il ruolo che vorreste avere in un processo penale. Individuate il P.M., la parte civile, gli avvocati dell'accusa, l'imputato, gli avvocati della difesa, i testimoni di entrambe le parti e i giudici che dovranno emettere la sentenza. Immaginate che il protagonista della vicenda (imputato), residente in un piccolo paese dove si conoscono tutti, temendo di aver preso una multa, abbia insultato pesantemente su un noto social network la Polizia Municipale, che si era appostata per controllare la velocità degli automobilisti. Chi ha letto ha riferito ed è accaduto che la voce si sia sparsa, facendo il giro del paese e giungendo anche alle orecchie dei destinatari che hanno subito denunciato il fatto, facilmente riconducibile all'imputato che aveva firmato il suo "post", con nome, cognome e fotografia. Provate a studiare il caso, calandovi ognuno nel proprio ruolo, e a simulare in classe il processo penale nei confronti dell'imputato.**

## 6. La responsabilità dei giudici

I magistrati, come tutti gli altri funzionari e dipendenti pubblici, sono responsabili per gli eventuali errori commessi, nell'esercizio della funzione giurisdizionale.

Il giudice può incorrere in:

La responsabilità civile

- **responsabilità civile**: quando arreca un danno a un altro soggetto per effetto di un suo comportamento o provvedimento emesso con dolo o colpa grave o per rifiuto, omissione, ritardo nel compimento di un atto dovuto (diniego di giustizia);

La responsabilità penale

- **responsabilità penale**: nell'ipotesi in cui, ad esempio, un giudice si lascia corrompere, commettendo un reato, e accetta denaro per favorire una parte, all'interno di un processo;

La responsabilità disciplinare

- **responsabilità disciplinare**: quando il giudice viola le regole di comportamento che stabiliscono i doveri del suo ufficio (es. si iscrive a un partito politico, la cui attività condiziona l'esercizio della sua funzione o ne compromette l'immagine di magistrato).

**Dolo:** è la precisa intenzione o volontà di commettere un determinato atto.
**Colpa grave:** indica la carenza dei livelli minimi di diligenza, prudenza o perizia.

Hai ripetuto? Sai proprio tutto?

## Ripassiamo insieme

**Che cos'è la FUNZIONE GIURISDIZIONALE?**
Essa consiste nell'attività diretta ad applicare la norma giuridica (di per sé astratta), al caso concreto dedotto in giudizio.

**Che cos'è la MAGISTRATURA?**
È l'insieme dei magistrati o giudici che esercitano la funzione giurisdizionale e operano in varie sedi su tutto il territorio nazionale.

**Che cos'è il PROCESSO?**
È un procedimento, formato da diverse fasi in sequenza, dirette all'emanazione di un provvedimento finale che, in modo autoritativo, individua le regole da applicare infliggendo, eventualmente, le relative sanzioni.

**Che cos'è una SENTENZA?**
È la decisione finale di un processo, emanata da un giudice.

**Quali sono le GARANZIE DI INDIPENDENZA dei GIUDICI?**
Esse sono:
- esclusiva soggezione dei giudici alle legge: nessun altro potere può imporre la propria volontà su di loro;
- assenza di gerarchia nella Magistratura: i giudici si distinguono solo per la diversità di funzioni;
- nomina per concorso pubblico: per garantire la preparazione tecnica e professionale dei giudici e la loro imparzialità;
- inamovibilità: i giudici possono essere sospesi dal servizio o trasferiti solo con il loro consenso o per decisione del C.S.M.;
- limitazione all'iscrizione a partiti politici per i giudici: per evitare che possano essere condizionati nell'esercizio delle loro funzioni.

**Che cos'è il CONSIGLIO SUPERIORE DELLA MAGISTRATURA?**
È un organo di autogoverno della Magistratura, autonomo e indipendente da ogni altro potere. Si compone di ventisette membri, di cui tre di diritto e ventiquattro elettivi. È presieduto dal Presidente della Repubblica e si occupa di tutto ciò che riguarda la carriera dei magistrati: assunzioni, assegnazioni, trasferimenti, promozioni e provvedimenti disciplinari nei confronti dei magistrati.

**Quali sono i PRINCIPI COSTITUZIONALI che tutelano l'ATTIVITÀ dei GIUDICI?**
- Diritto di azione: tutti possono agire in giudizio per far valere i propri diritti.
- Diritto di difesa: tutti possono difendersi in ogni stato e grado del processo.
- Principio del giudice naturale: il giudice competente è quello predeterminato dalla legge.
- Principi del "giusto processo": contraddittorio, ragionevole durata del processo, determinate garanzie nel giudizio penale; obbligo di motivazione di tutti i provvedimenti dei giudici.
- Principio del doppio grado di giurisdizione: alla fine del primo processo, le parti possono chiedere il riesame del loro caso davanti ad un giudice di secondo grado e, in caso di esito negativo, anche dinnanzi ad un giudice di terzo grado.

**Quando una SENTENZA si considera DEFINITIVA?**
È definitiva, cioè passa in giudicato, quando non è stata impugnata nei termini previsti dalla legge o nell'ipotesi in cui siano stati percorsi tutti i tre gradi del giudizio.

**Quali TIPI di RESPONSABILITÀ hanno i giudici?**
I magistrati, nell'esercizio delle loro funzioni, hanno una:
- responsabilità civile: quando arrecano un danno ad un altro soggetto e, pertanto, sono tenuti a risarcirlo;
- responsabilità penale: nell'ipotesi in cui commettano un reato (es. corruzione);
- responsabilità disciplinare: quando il giudice viola le regole di comportamento che stabiliscono i doveri del suo ufficio.

**Com'è suddivisa la GIURISDIZIONE?**
Esiste:
- una giurisdizione civile che ha ad oggetto le controversie, cioè le liti giudiziarie, tra privati o tra privati e Stato, quando quest'ultimo si spoglia della sua sovranità e agisce in una posizione di parità;
- una giurisdizione penale che si occupa di accertare i reati (violazioni di norme penali) che sono punite con una pena pecuniaria (in denaro) o detentiva;
- una giurisdizione amministrativa che tutela i privati, dall'azione della Pubblica Amministrazione, nel caso in cui essa violi situazioni giuridiche soggettive, nell'esercizio del suo potere.

**Come sono organizzati i GIUDICI?**
I giudici sono organizzati anche in base ai diversi gradi di giurisdizione (primo, secondo e terzo), che permettono al cittadino, se insoddisfatto della sentenza, di vederla riesaminata sia in secondo sia in terzo grado, mediante l'inizio di un nuovo processo, davanti a giudici diversi per caratteristiche e territorio.

Per una didattica inclusiva:

## Parole chiave

**MAGISTRATURA** →
- Funzione giurisdizionale
- Processo
- Sentenza

**GARANZIE FONDAMENTALI PER I GIUDICI** →
- Indipendenza
- Assenza di gerarchia
- Nomina per concorso pubblico
- Inamovibilità

**CONSIGLIO SUPERIORE DELLA MAGISTRATURA** →
- Membri
- Competenza

**PRINCIPI COSTITUZIONALI SULL'ATTIVITÀ DEI GIUDICI** →
- Diritto di azione
- Diritto di difesa
- Principio del giudice naturale
- Principio del giusto processo
- Principio del doppio grado di giurisdizione

**GIURISDIZIONE** →
- Processo civile
- Processo penale
- Processo amministrativo

**RESPONSABILITÀ DEI GIUDICI** →
- Civile
- Penale
- Amministrativa

## Verifica delle competenze

- Livello BASE: ✪ (Punteggio totale: 12)
- Livello INTERMEDIO: ✪✪ (Punteggio totale: 60)
- Livello AVANZATO: ✪✪✪ (Punteggio totale: 28)

### ✪ Esercizio 1). Impara ad imparare.

**Scelta multipla: evidenzia la risposta esatta. Il paragrafo indicato nella parentesi è quello su cui devi riflettere (2 punti per ciascuna scelta corretta).**

**1. Si diventa magistrati (Par. n. 2):**
a. con una selezione privata
b. con la laurea in giurisprudenza
c. con la laurea in economia
d. con un concorso pubblico

**2. I magistrati sono (Par. n. 2):**
a. inattaccabili
b. inamovibili
c. immuni da qualsiasi tipo di responsabilità
d. organizzati secondo una gerarchia

**3. È l'organo di autogoverno della Magistratura (Par. n. 3):**
a. il C.N.E.L.
b. il C.S.M.
c. la P.A.
d. il Presidente della Repubblica

**4. Una sentenza di un giudice può essere appellata in forza del principio (Par. n. 4):**
a. del doppio grado di giurisdizione
b. del giudice naturale
c. del contraddittorio
d. della ragionevole durata del processo

**5. Dario è arrestato perché è accusato di furto. Egli subirà un processo (Par. n. 5):**
a. civile
b. amministrativo
c. penale
d. disciplinare

**6. Il diritto di difesa garantisce (Par. n. 4):**
a. la possibilità di farsi giustizia da sé
b. il diritto di far pagare allo Stato la parcella del proprio avvocato
c. il diritto di scegliere il giudice da cui essere giudicati
d. il diritto di difendersi in ogni stato e grado del processo

**Punti: ..../12**

### ✪✪ Esercizio 2). Individua collegamenti e relazioni.

**Collega ciascun numero alla lettera corrispondente (3 punti per ciascun collegamento esatto).**

1. Divorzio
2. Magistrati
3. Giudice naturale
4. Rapina
5. Decisione finale di un processo
6. Lite giudiziaria
7. Ingiusta bocciatura a un concorso pubblico
8. Diritto di azione

a. Sentenza
b. Processo penale
c. Possibilità di agire in giudizio
d. Controversia
e. Processo amministrativo
f. Giudice competente per legge
g. Giudici
h. Processo civile

| 1 | 2 | 3 | 4 | 5 | 6 | 7 | 8 |
|---|---|---|---|---|---|---|---|
| | | | | | | | |

**Punti: ..../24**

■ ✪✪ **Esercizio 3). Acquisisci ed interpreta l'informazione.**

**Indica se le seguenti affermazioni sono vere o false, motivando la risposta (3 punti per ciascuna risposta esatta).**

| | | V | F |
|---|---|---|---|
| **1.** | I giudici sono soggetti soltanto alla Costituzione<br>Perché ............................................................ | ☐ | ☐ |
| **2.** | La Corte di Cassazione è un giudice di terzo grado<br>Perché ............................................................ | ☐ | ☐ |
| **3.** | Tutti hanno diritto al gratuito patrocinio<br>Perché ............................................................ | ☐ | ☐ |
| **4.** | La giurisdizione è l'attività dei giudici<br>Perché ............................................................ | ☐ | ☐ |
| **5.** | I giudici hanno solo una responsabilità disciplinare<br>Perché ............................................................ | ☐ | ☐ |
| **6.** | Il Consiglio superiore della Magistratura è presieduto dal Presidente della Repubblica<br>Perché ............................................................ | ☐ | ☐ |

**Punti: ..../18**

■ ✪✪ **Esercizio 4). Comunica (rappresenta).**

**Completa la mappa concettuale che segue (3 punti per ciascun completamento esatto).**

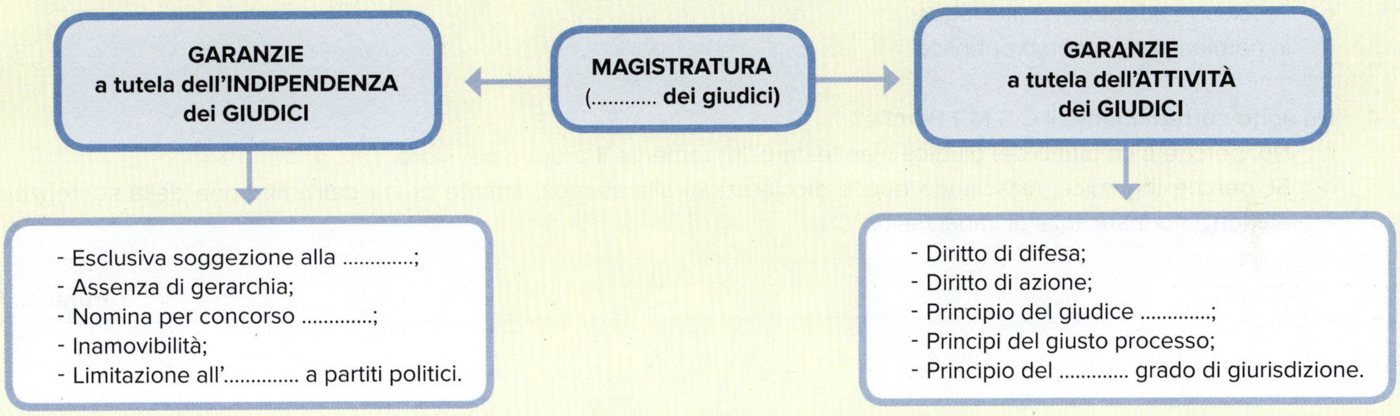


**Punti: ..../18**

■ ✪✪✪ **Esercizio 5). Comunica (comprendi).**

**Rispondi alle seguenti domande (4 punti per ciascuna risposta esatta).**

1. Quali sono le garanzie a tutela dell'indipendenza dei magistrati? (Par. n. 2)
2. Descrivi i diversi tipi di processi. (Par. n. 5)
3. Quali sono i principi costituzionali dell'attività dei giudici? (Par. n. 4)

**Punti: ..../12**

**✪✪✪ Esercizio 6). Risolvi i problemi.**

**Analizza il caso e rispondi ai quesiti a risposta multipla (4 punti per ogni scelta multipla).**

Una città di provincia è travolta da uno scandalo che vede coinvolti alcuni imprenditori accusati di aver provocato gravi danni ambientali, con l'esercizio incauto e sconsiderato della loro attività economica. Uno dei giudici del Tribunale, ancora prima della conclusione del processo penale, rilascia alcune dichiarazioni alla stampa locale in cui esprime giudizi negativi sulle strategie difensive degli avvocati degli imputati e sulla condotta processuale dei medesimi. Il Consiglio superiore della Magistratura dispone il trasferimento d'ufficio del magistrato. Secondo te è lecito il provvedimento del C.S.M.? Quale motivazione può averlo provocato?

1. **I giudici, nell'esercizio delle loro funzioni, devono essere:**
   a. infallibili
   b. irresponsabili
   c. imparziali
   d. influenzabili

2. **Imparzialità significa che i giudici sono:**
   a. schierati a favore di una delle parti
   b. al di sopra delle parti

3. **Non costituisce una garanzia della loro imparzialità:**
   a. la laurea in giurisprudenza
   b. l'inamovibilità
   c. l'esclusiva soggezione alla legge
   d. la nomina per concorso pubblico

4. **Ha agito correttamente il C.S.M.? Perché?**
   a. No, perché è un diritto del giudice manifestare liberamente il proprio pensiero
   b. Sì, perché il giudice, rilasciando quelle dichiarazioni alla stampa, ancora prima dell'emissione della sentenza, ha evidenziato mancanza di imparzialità

**Punti: ..../16**

**Calcola il punteggio totale conseguito e assegnati la valutazione a esso corrispondente:**

| Tabella di autovalutazione | |
|---|---|
| ☐ 100-87 | **A** Lavoro eccellente. |
| ☐ 86-67 | **B.** Lavoro buono. |
| ☐ 66-47 | **C.** Lavoro adeguato. |
| ☐ 46-2 | **D.** Lavoro da migliorare. |

# UdA 4 IL PRESIDENTE DELLA REPUBBLICA E LA CORTE COSTITUZIONALE

## 1. Il ruolo del Presidente della Repubblica nel nostro ordinamento

▸ Presidente della Repubblica Sergio Mattarella

La posizione del Presidente della Repubblica è disciplinata nel Titolo II della seconda Parte della Costituzione, tra il Parlamento e il Governo.

**Il Capo dello Stato**

Egli è il "***Capo dello Stato*** *e rappresenta l'unità nazionale*" (art. 87 Cost.). È la carica istituzionale più alta del nostro Paese, anche se la sua posizione non è di supremazia rispetto agli altri organi costituzionali.
Il Presidente della Repubblica, nei confronti degli altri poteri costituzionali (legislativo, esecutivo, giudiziario), si pone semplicemente come un organo al di sopra delle parti.

**Il ruolo**

Egli non svolge funzioni attive nella determinazione e nell'attuazione dell'indirizzo politico del Paese (riservato al Parlamento e al Governo), ma esercita un **ruolo** di garanzia e di custodia della Costituzione, vigila e agevola i rapporti reciproci fra i diversi organi costituzionali, al fine di assicurare un buon equilibrio al sistema istituzionale.

Nel complesso, il Presidente della Repubblica è un organo che può essere definito come:

- **monocratico**, cioè costituito da una sola persona;
- **indipendente**, ossia senza vincoli di subordinazione rispetto agli altri organi costituzionali;
- **imparziale**, in quanto il suo compito fondamentale è quello di operare al di sopra delle parti e non fa parte dell'esecutivo;
- **apolitico**, in quanto non è espressione di alcuna forza politica e le funzioni che svolge sono tutte elencate dalla Costituzione.

**I benefici economici**

Al fine di garantire la necessaria indipendenza e autonomia del Presidente della Repubblica, la Costituzione prevede il riconoscimento di **benefici economici**, nell'esercizio delle sue funzioni, (art. 84):

- un assegno come corrispettivo per le sue prestazioni;
- l'uso di un complesso di beni immobili di proprietà del patrimonio dello Stato (il Palazzo del Quirinale, la villa Rosebery a Napoli e le tenute di Castelporziano e di Capocotta vicino a Roma).

I luoghi degli organi costituzionali

▸ Palazzo del Quirinale

**La residenza ufficiale**

La **residenza ufficiale** del Presidente della Repubblica è il Palazzo del Quirinale, situato sull'omonimo Colle di Roma, anche se non tutti i Presidenti scelgono di abitarvi e lo utilizzano, per lo più, come luogo di lavoro. È frequente l'uso dell'espressione "il Quirinale" per alludere al Presidente e al suo ufficio di Presidenza.

Dentro il **diritto**

### Il Palazzo del Quirinale

Il Palazzo del Quirinale sorge su uno dei sette colli (il Quirinale) su cui fu fondata Roma.
La costruzione dell'edificio fu iniziata nel 1583 dal Papa Gregorio XIII che scelse questo luogo come residenza estiva sia per la posizione elevata e la particolare salubrità sia per la vicinanza ai Palazzi vaticani.
Il Palazzo del Quirinale fu utilizzato, come residenza estiva papale, dall'inizio del Seicento sino al 1809, quando le truppe dell'esercito napoleonico occuparono Roma, catturarono il Papa (Pio VII) e lo esiliarono in Francia. Il Quirinale fu scelto come residenza dell'Imperatore Napoleone che, a questo scopo, fece modificare e ampliare molte stanze, anche se non vi abitò. Con la caduta dell'impero napoleonico, nel 1814 il Papa rientrò a Roma, si riprese il Quirinale e fece rimuovere le tracce precedenti.
Tale Palazzo, nel 1870, con l'annessione di Roma al Regno d'Italia, divenne residenza ufficiale della famiglia reale dei Savoia (Vittorio Emanuele II di Savoia) fino al 2 giugno 1946, quando il popolo italiano fu chiamato a scegliere con il referendum istituzionale la Repubblica come forma di Stato e di Governo.
Dal 1947, il Palazzo del Quirinale ospita il Presidente della Repubblica e rappresenta uno dei più importanti Palazzi di Roma Capitale, sia come simbolo dello Stato italiano sia come luogo artistico.

**Esercizio A) per l'apprendimento. Impara ad imparare.**
**Dopo aver individuato gli errori, riscrivi le frasi correttamente.**

1. Il Presidente della Repubblica Italiana è a capo di una Repubblica presidenziale.
......................................................................
2. Il Capo dello Stato rappresenta la maggioranza politica del Paese.
......................................................................
3. La posizione del Presidente è quella di essere parte integrante del potere legislativo ed esecutivo.
......................................................................
4. Il Palazzo del Quirinale è sempre il luogo di residenza del Presidente e della sua famiglia.
......................................................................

## 2. L'elezione e la durata del mandato presidenziale

I requisiti

I **requisiti** per essere eletti Presidente della Repubblica sono:
- la cittadinanza italiana;
- un'età minima di cinquant'anni;
- il godimento dei diritti civili e politici.

Le riforme istituzionali

La carica di Capo dello Stato può essere assunta sia da un uomo sia da una donna, anche se nella storia della Repubblica Italiana non si è mai verificato.

▸ Elezioni in Parlamento

**L'elezione**

Il Presidente della Repubblica è eletto dal **Parlamento in seduta comune** (cioè Camera e Senato riuniti), con la partecipazione di tre delegati per ogni Regione (uno solo per la Valle d'Aosta), eletti da ciascun Consiglio regionale, in rappresentanza di tutti gli italiani.

L'**elezione** avviene a scrutinio segreto e nelle prime tre votazioni si deve raggiungere una maggioranza qualificata dei due terzi dei componenti, in modo da consentire la scelta di un candidato realmente rappresentativo dell'intero Parlamento; dalla quarta votazione in poi è sufficiente la maggioranza assoluta.

**Il giuramento di fedeltà**

Una volta eletto, il Presidente entra in carica dopo aver prestato **giuramento di fedeltà** alla Repubblica e alla Costituzione, davanti al Parlamento in seduta comune.

**La durata del mandato presidenziale**

La **durata del mandato presidenziale** è di sette anni, al cui termine il Capo dello Stato diventa di diritto senatore a vita o può essere nuovamente rieletto (com'è accaduto nel 2013 con il Presidente Giorgio Napolitano). Tale periodo di tempo è più lungo, rispetto a quello del Parlamento e del Governo (cinque anni), poiché risponde all'esigenza di garantire una continuità istituzionale tra l'inizio e la fine della legislatura, mediante l'esercizio delle funzioni pubbliche da parte del Presidente della Repubblica.

**Semestre bianco:** coincide con gli ultimi sei mesi del mandato del Presidente della Repubblica, durante i quali le Camere non possono essere sciolte anticipatamente, a meno che tale periodo non coincida con la fine della legislatura. Si vuole evitare che il Presidente della Repubblica possa esercitare eventuali pressioni sulle Camere per favorire la sua rielezione, con la minaccia di scioglierle prima della naturale scadenza.

**L' incompatibilità**

La Costituzione prevede la totale e assoluta **incompatibilità** della carica di Presidente della Repubblica con qualsiasi altra mansione (es. impieghi pubblici o privati, attività professionali, commerciali o industriali).
Qualora il Capo dello Stato sia impossibilitato ad adempiere le proprie funzioni (es. per malattia, viaggi all'estero), è sostituito dal Presidente del Senato, che assume il ruolo di supplente. Ciò avviene anche per morte, dimissioni o cessazione della carica (es. condanna da parte della Corte costituzionale per alto tradimento o attentato alla Costituzione), ma in questo caso il Presidente della Camera dei Deputati, entro quindici giorni, deve indire l'elezione del nuovo Capo dello Stato.

## ■ Esercizio B) per l'apprendimento. Risolvi i problemi.

**Analizza il caso e rispondi alle domande proposte.**

Mohamed, di nazionalità tunisina, sostiene che il padre di cinquant'anni, con la cittadinanza francese e quindi europea, possa candidarsi come Presidente della Repubblica italiana alle prossime elezioni e che il popolo lo voterà. Andrea, suo compagno di classe lo smentisce, dicendogli che non conosce le leggi italiane. Chi dei due ha ragione? Quali sono i requisiti per candidarsi a Presidente della Repubblica nel nostro Stato? In che modo viene scelto e da chi è votato il Capo dello Stato?

## ■ Esercizio C) per l'apprendimento. Acquisisci e interpreta l'informazione.

I Presidenti della Repubblica Italiana

**Vai sul sito del libro e, nell'approfondimento relativo ai Presidenti della Repubblica italiana, raccogli le seguenti informazioni:**

1. Chi è stato il primo Presidente della Repubblica?
2. Chi è stato il più giovane Presidente della Repubblica?
3. Qual è il Presidente che è stato riconfermato nella sua carica?
4. Quale fu l'unico Presidente della Repubblica che, nel suo mandato, non nominò senatori a vita?

## 3. Le funzioni del Presidente della Repubblica

Il Presidente della Repubblica, come garante della Costituzione e del corretto funzionamento di tutto il sistema istituzionale, svolge importanti funzioni di vigilanza, di collegamento e di equilibrio nei confronti dei tre poteri fondamentali.

| ATTRIBUZIONI DEL PRESIDENTE DELLA REPUBBLICA RISPETTO ALLE TRE FUNZIONI FONDAMENTALI | |
|---|---|
| **FUNZIONE LEGISLATIVA** | Il Presidente della Repubblica:<br>▪ invia messaggi alle Camere, con l'intento di richiamare l'attenzione del Parlamento su questioni di necessità collettive (es. i problemi della giustizia o le riforme istituzionali);<br>▪ scioglie una o entrambe le Camere, alla scadenza della legislatura (5 anni) o anticipatamente (in caso di irrisolvibile crisi di Governo), dopo aver sentito il parere dei rispettivi Presidenti, tranne che negli ultimi sei mesi del suo mandato (semestre bianco);<br>▪ indice le elezioni delle nuove Camere e ne fissa la prima riunione;<br>▪ autorizza la presentazione alle Camere dei disegni di legge d'iniziativa del Governo;<br>▪ promulga le leggi ed emana i decreti aventi valore di legge, cui segue la pubblicazione sulla Gazzetta Ufficiale;<br>▪ indice i referendum nei casi previsti dalla Costituzione;<br>▪ nomina 5 senatori a vita scelti tra i cittadini che si sono distinti per altissimi meriti in campo sociale, scientifico, artistico e letterario. |
| **FUNZIONE ESECUTIVA** | ▪ nomina il Presidente del Consiglio dei ministri e, su proposta di questo, i ministri che insieme costituiranno il Consiglio dei ministri;<br>▪ nomina i funzionari dello Stato (es. Presidente del Consiglio di Stato);<br>▪ ratifica i Trattati internazionali (es. Trattato ONU);<br>▪ dichiara lo stato di guerra, previa deliberazione dello stesso da parte delle Camere; comanda le forze armate e presiede il Consiglio supremo di difesa. |
| **FUNZIONE GIURISDIZIONALE** | ▪ presiede il Consiglio superiore della Magistratura (C.S.M.);<br>▪ concede la grazia (cioè la riduzione in tutto o in parte della pena inflitta), su richiesta del condannato, sentito il parere del Ministro della Giustizia; commuta le pene. |

**Testo della formula di promulgazione della legge**

Dentro il **diritto**

### Il potere di grazia

La Costituzione prevede, tra le prerogative del Presidente della Repubblica, quella di concedere la grazia e di commutare le pene (art. 87, comma 11). Si tratta di provvedimenti di clemenza, già presenti negli ordinamenti giuridici precedenti, che si riferiscono a persone singole e consistono nel condono totale o nella trasformazione della pena inflitta (es. la reclusione temporanea al posto dell'ergastolo, la multa anziché la reclusione). La domanda di grazia, sottoscritta dal condannato o da un suo prossimo congiunto (es. coniuge, figlio), dal convivente, dal tutore o dal curatore, oppure da un avvocato è diretta al Presidente della Repubblica e va presentata al Ministro della Giustizia.

Quest'ultimo, prima di esprimere il proprio parere (favorevole o contrario), acquisisce tutti gli elementi di giudizio o le opportune informazioni (es. la posizione giuridica del condannato, il perdono delle persone danneggiate dal reato, la buona condotta del detenuto). Al Presidente della Repubblica compete, tuttavia, la decisione finale, in quanto è l'unico titolare del potere di grazia, come ha stabilito la Corte Costituzionale (sent. n. 200/2006).

■ **Esercizio D) per l'apprendimento. Individua collegamenti e relazioni.**
**Cerca l'estraneo, evidenziandolo nel testo.**

1. Funzione esecutiva, Parlamento, nomina dei ministri, Presidente della Repubblica.
2. Governo, funzione giurisdizionale, Capo dello Stato, grazia.
3. Promulgazione delle leggi, Magistratura, funzione legislativa, Presidente della Repubblica.
4. Funzione giurisdizionale, dichiarazione dello stato di guerra, grazia, commutazione delle pene.

## 4. La responsabilità del Presidente della Repubblica

**Il principio della irresponsabilità politica**

L'art. 90 della Costituzione sancisce il **principio** della **irresponsabilità politica** del Presidente della Repubblica, per tutti gli atti compiuti nell'esercizio delle sue funzioni e stabilisce che egli non può essere chiamato a rispondere del proprio operato, tranne nei casi di alto tradimento o attentato alla Costituzione.
L'irresponsabilità del Presidente della Repubblica è confermata dall'art. 89 della Costituzione, in base al quale "*nessun atto del Presidente della Repubblica è valido se non è controfirmato dai ministri proponenti, che ne assumono la responsabilità*".

▸ Controfirma di un ministro sugli atti del Presidente della Repubblica

Gli atti sottoposti alla firma del Presidente, cosiddetti **decreti presidenziali**, provengono prevalentemente dal Governo, che è l'organo che s'impegna politicamente davanti alle Camere e che, di conseguenza, deve assumersene la responsabilità. Oltre a ciò, vi è l'esigenza costituzionale di non coinvolgere la figura presidenziale in atti che potrebbero intaccare il suo ruolo d'imparzialità e d'indipendenza.

**La responsabilità penale**

Sotto il **profilo penale**, il Presidente della Repubblica è responsabile, nell'esercizio delle sue funzioni, per i **reati**, cosiddetti **presidenziali**, di **alto tradimento** e di **attentato alla Costituzione**.

**Esempio:** spionaggio militare o politico diretti a favorire potenze straniere a danno dell'unità del nostro Stato (alto tradimento); colpo di Stato, diretto a sovvertire l'ordine costituzionale (attentato alla Costituzione).

In questi casi il Capo dello Stato è posto in stato d'accusa dal Parlamento in seduta comune ed è giudicato dalla Corte Costituzionale. La sentenza di condanna lo obbliga a dimettersi dalla carica. Nel nostro ordinamento nessun Presidente è mai stato ritenuto responsabile di tali reati.

Per le azioni compiute al di fuori delle sue funzioni, invece, il Capo dello Stato è responsabile al pari di qualsiasi altro cittadino.

**Esercizio E) per l'apprendimento. Risolvi i problemi.**
**Analizza il caso e rispondi alle domande proposte**

Claudio partecipa a un concorso pubblico per essere assunto come impiegato amministrativo. Tra le prove da sostenere c'è anche quella di diritto, che ha ad oggetto la risoluzione del seguente caso ipotetico: "Immagina che il Presidente della Repubblica abbia comunicato importanti segreti militari al Capo di Stato di un Paese straniero e ciò abbia determinato una situazione di pericolo per l'unità del nostro Paese. Com'è qualificato questo comportamento dalla Costituzione? Da quale organo potrebbe essere giudicato e con quali conseguenze?".
Claudio è in seria difficoltà perché non ricorda questa parte di diritto costituzionale. Sei in grado di aiutarlo, rispondendo alle domande?

## 5. Il ruolo della Corte costituzionale e la sua composizione

▸ Palazzo della Consulta sede della Corte Costituzionale

**La Corte costituzionale**

Il Titolo VI della Parte II della Costituzione, denominato "**Garanzie costituzionali**" contiene gli articoli che disciplinano la **Corte costituzionale**. Essa è un organo composto da giudici particolari, il cui compito fondamentale è quello di giudicare "*sulle controversie relative alla legittimità costituzionale delle leggi e degli atti, aventi forza di legge, dello Stato e delle Regioni*" (art. 134 Cost.).
In altre parole, la Corte costituzionale è un organo posto a garanzia del dettato costituzionale, poiché verifica che gli atti normativi sopra indicati non siano in contrasto con i principi fondamentali della Costituzione, che sono alla base del nostro Stato. In caso contrario, essi sono dichiarati costituzionalmente illegittimi ed eliminati in tutto o in parte dal nostro ordinamento giuridico.

**Esempio:** in una causa di lavoro, può essere sollevata una questione di legittimità costituzionale, per contrasto con il principio di uguaglianza dell'art. 3 Cost., di una legge che preveda che la lavoratrice debba essere retribuita in misura minore, rispetto al lavoratore, a parità di qualità e quantità del lavoro prestato. In tal caso la Corte costituzionale provvederà a dichiararne l'illegittimità.

La presenza della Corte costituzionale si giustifica con il fatto che la nostra Costituzione è rigida (nel senso che può essere modificata solo con una legge di revisione costituzionale), è posta al vertice della gerarchia delle fonti e, pertanto, deve essere rispettata da tutte le altre norme giuridiche.

▸ Giudici della Corte costituzionale

**La composizione**

La **composizione** della Corte costituzionale è complessa perché comprende quindici giudici, di cui:
- cinque nominati dal Presidente della Repubblica;
- cinque eletti dal Parlamento in seduta comune;
- cinque eletti dalle supreme magistrature ordinarie (Corte di cassazione) e amministrative (Consiglio di Stato, Corte dei conti).

Nelle ipotesi di giudizio di accusa contro il Presidente della Repubblica, la composizione della Corte si allarga e si aggiungono altri sedici membri scelti, a sorte, da un elenco di cittadini aventi un'età non inferiore ai quarant'anni e in possesso dei diritti civili e politici.

La durata dell'incarico

I giudici costituzionali restano in carica per **nove anni** e non possono essere rieletti; il loro incarico è incompatibile con qualsiasi altra attività, compresa quella politica.

La Corte costituzionale, che ha sede a Roma presso il **Palazzo della Consulta**, è stata istituita nel 1955. È frequente l'uso dell'appellativo di "Consulta" per indicare i giudici della Corte e il loro Ufficio.

Dentro il **diritto**

### Il Palazzo della Consulta

Il Palazzo fu commissionato nel 1735 dal Papa Clemente XII, che lo utilizzò come sede della Sacra Congregazione della Consulta, da cui il Palazzo trasse il nome. Esso sorge a Roma sul colle del Quirinale, vicino all'omonima Piazza.
Nel periodo napoleonico il Palazzo ospitò la Prefettura e in seguito fu sede del Governo della seconda Repubblica Romana. Con l'annessione di Roma all'Italia (1870), il Palazzo della Consulta, per la sua vicinanza al Palazzo del Quirinale, fu adibito a residenza dei principi ereditari Umberto e Margherita di Savoia; rivelatosi poco adatto a tale scopo, il Palazzo diventò, in seguito, sede di vari Ministeri. Dal 1955, vi risiede ufficialmente la Corte costituzionale, che nel 1956 tenne la sua prima udienza pubblica, presieduta dal Capo provvisorio dello Stato, Enrico De Nicola, che fu il primo Presidente della Repubblica.

■ **Esercizio F) per l'apprendimento. Individua collegamenti e relazioni.**
**Colloca le parole mancanti.**

Alla Corte costituzionale è attribuito il ..................... sulle controversie relative alla legittimità costituzionale delle .................... e degli atti aventi .............. di legge dello Stato e delle Regioni; sull'ammissibilità dei referendum ...............; sui conflitti di attribuzione fra i ............... dello Stato e su quelli fra Stato e le .................; sulle ............... promosse contro il Presidente della Repubblica.

*(poteri, accuse, leggi, Regioni, giudizio, abrogativi, forza)*

## 6. Il giudizio di legittimità costituzionale

Il giudizio di legittimità costituzionale

La Corte costituzionale, attraverso il **giudizio di legittimità costituzionale**, giudica le leggi dello Stato e delle Regioni e gli atti aventi forza di legge (decreti legge e decreti legislativi), ponendoli a confronto con la Costituzione, per valutarne la conformità ad essa.

▸ Giudizio di Legittimità Costituzionale

Per accedere a tale giudizio sulle leggi sono previste due diverse modalità.

**Il giudizio in via principale**

Il **giudizio in via principale** o ricorso diretto, si ha quando sia lo Stato sia le Regioni possono impugnare una legge statale, un atto avente forza di legge o una legge regionale, ritenuti in contrasto con la Costituzione o altra legge costituzionale.

**Esempio:** se la Regione Lombardia emanasse una legge che introducesse un nuovo sistema elettorale, lo Stato potrebbe rivolgersi alla Corte costituzionale, affinché ne dichiarasse l'incostituzionalità, perché in contrasto con la Costituzione, che assegna al medesimo tale competenza (art. 117).

**Il giudizio in via incidentale**

Il **giudizio in via incidentale** o ricorso incidentale, si verifica quando, durante un processo (es. civile, penale, amministrativo), il giudice, di propria iniziativa o su richiesta delle parti, solleva la questione di legittimità rispetto all'atto normativo o a una sua disposizione da applicare. Se tale questione è rilevante per la decisione della causa e l'eccezione non è chiaramente infondata, il giudice sospende il processo e trasmette gli atti alla Corte costituzionale. Quest'ultima risponderà mediante una **sentenza**, che potrà essere:

**La sentenza di accoglimento**

- di **accoglimento**, se dichiara la norma illegittima, perché in contrasto con la Costituzione, e la elimina, in tutto o in parte, dall'ordinamento giuridico;

**La sentenza di rigetto**

- di **rigetto**, se dichiara la norma conforme alla Costituzione e la mantiene in vigore.

**Esercizio G) per l'apprendimento. Impara ad imparare.**
**Dopo aver individuato gli errori, riscrivi le frasi correttamente.**

1. Con il giudizio di legittimità costituzionale, la Corte giudica sull'ammissibilità dei referendum abrogativi.
......................................................................................................................................................
2. Il giudizio in via principale può essere attivato dallo Stato, dalle Regioni e dai singoli cittadini.
......................................................................................................................................................
3. Il giudizio in via incidentale non sospende il processo, se la questione è rilevante.
......................................................................................................................................................

## 7. Le altre funzioni della Corte costituzionale

Oltre al controllo di legittimità costituzionale sulle leggi dello Stato e delle Regioni e sugli atti aventi forza di legge, la Corte costituzionale svolge anche **altre funzioni,** in quanto:

- giudica sui conflitti di attribuzione tra i poteri dello Stato, tra Stato e Regioni e tra Regioni;
- giudica sull'ammissibilità dei referendum abrogativi;
- giudica il Presidente della Repubblica, nell'ipotesi di alto tradimento e attentato alla Costituzione.

▸ Funzione Giudicante della Corte Costituzionale

Secondo il principio della separazione dei poteri, le tre funzioni fondamentali dello Stato sono assegnate a organi autonomi e distinti, affinché ciascuno di essi possa limitare ed equilibrare gli altri, a garanzia della libertà e dei diritti dei cittadini. Il rispetto delle attribuzioni, cioè delle competenze che spettano ai vari organi e dei poteri dello Stato, è indispensabile per il corretto funzionamento del sistema istituzionale.

**I conflitti di attribuzione**

Quando sorgono dei **conflitti di attribuzione** tra i poteri dello Stato o tra lo Stato e le Regioni o tra le Regioni, il giudice competente a risolverli è la Corte costituzionale. Essa decide con **sentenza** e dichiara a chi spetta l'esercizio del potere in quella determinata materia.

**Esempio: il Governo emette un atto normativo che, secondo il Parlamento, non gli spetterebbe. Quest'ultimo si rivolge alla Corte costituzionale, affinché risolva il conflitto di attribuzione e stabilisca quale sia, in questa circostanza, il ruolo costituzionale del Governo e del Parlamento.**

**Il giudizio sull'ammissibilità delle richieste di referendum abrogativo**

Alla Corte costituzionale è anche affidato il compito di esprimere un **giudizio sull'ammissibilità delle richieste di referendum abrogativo**, che è un istituto di democrazia diretta, col quale i cittadini esprimono con una votazione (barrando un "sì" o un "no"), la loro volontà circa la cessazione o meno dell'efficacia di una legge.

▸ Referendum abrogativo

Con questo giudizio, la Corte decide con sentenza, quali richieste di referendum ammettere e quali non ammettere, perché contrarie a quanto disposto dall'art. 75 della Costituzione. Secondo questo articolo sono **inammissibili** i **referendum** in materia di:

- le **leggi tributarie**, ossia quelle che istituiscono tasse e imposte a carico dei cittadini;
- le **leggi di bilancio**, con le quali il Parlamento approva le entrate e le spese statali (es. bilancio annuale);
- le **leggi di amnistia** e **di indulto**;
- le **leggi di autorizzazione alla ratifica dei trattati internazionali**, in quanto gli accordi conclusi tra più Stati, per entrare in vigore, devono essere approvati dal Parlamento.

**Tassa:** è un prelievo forzato, richiesto dallo Stato o da un ente pubblico territoriale, nel momento in cui si usufruisce di un determinato servizio pubblico (es. tassa scolastica);
**Imposta:** è una quota di reddito dovuta dai contribuenti allo Stato o a un ente pubblico, utilizzata per finanziare l'organizzazione statale o i servizi pubblici.

**Il il giudizio sulla responsabilità del Presidente della Repubblica**

Spetta, infine, alla Corte costituzionale il **giudizio sulla responsabilità del Presidente della Repubblica**, nei casi di **alto tradimento** e **attentato alla Costituzione**.

In questa circostanza, il Capo dello Stato è messo in stato d'accusa dal Parlamento in seduta comune, a maggioranza assoluta dei suoi componenti e giudicato dalla **Corte costituzionale** in composizione allargata, ossia integrata da 16 membri.
La sentenza emessa dalla Corte può essere di assoluzione o di condanna; in quest'ultimo caso le **sanzioni** possono prevedere: sanzioni penali con pene fino all'ergastolo; la decadenza dalla carica o la perdita della carica a senatore a vita; l'interdizione dai pubblici uffici e il risarcimento dei danni.
Nella storia della Repubblica italiana non è mai accaduto che il Capo dello Stato sia stato sottoposto a giudizio di fronte alla Corte costituzionale per reati presidenziali.

Dentro il **diritto**

## Come si svolge un referendum abrogativo?

Il procedimento del referendum è disciplinato da una legge che è entrata in vigore solamente nel 1970, diversi anni dopo l'entrata in vigore delle Costituzione. Il primo referendum è stato effettuato nel 1974 e il quesito riguardava la legge sul divorzio.
La richiesta di referendum può essere presentata o da 500.000 elettori o da cinque Consigli regionali. Nel primo caso (quello più utilizzato), si costituisce il Comitato dei promotori del referendum, formato da almeno dieci cittadini, che raccoglie le loro firme su appositi fogli vidimati.
La Corte di Cassazione, che ha sede a Roma, attraverso l'Ufficio centrale per il Referendum, verifica la regolarità delle firme e accerta che siano state autenticate da un notaio o da altro pubblico ufficiale (es. segretario comunale).
Il giudizio sull'ammissibilità del referendum spetta alla Corte costituzionale, che si pronuncia con sentenza.
Se la Corte ammette il referendum, è il Presidente della Repubblica che lo indice e che ne fissa la data della votazione (una domenica compresa tra il 15 aprile e il 15 giugno). Ad essa partecipano gli elettori che hanno compiuto i diciotto anni.
Il cittadino esprime direttamente il suo volere su un determinato quesito. L'elettore che vuole cancellare la norma, voterà "sì" all'abrogazione e, viceversa, chi desidera mantenerla in vigore voterà "no". La votazione è valida solamente se si reca alle urne almeno la metà più uno degli elettori (cosiddetto quorum).
Se il referendum è valido e ottiene la maggioranza dei voti validi, il Presidente della Repubblica dichiara l'esito della votazione. L'abrogazione della legge decorre dal giorno successivo alla sua pubblicazione sulla Gazzetta Ufficiale.

■ **Esercizio H) per l'apprendimento. Individua collegamenti e relazioni.**
**Cerca l' estraneo, evidenziandolo nel testo.**

1. Sentenza di accoglimento, Corte costituzionale, conferma della legge, eliminazione della legge.
2. Questione di legittimità costituzionale infondata, sentenza di rigetto, sentenza di accoglimento, giudici della Corte costituzionale.
3. Referendum abrogativo, leggi tributarie, articolo 75 Cost., Corte costituzionale.
4. Stato, Regioni, conflitti di attribuzione, cittadini.
5. Giudizio in via incidentale, iniziativa delle parti del processo, giudice, giudizio in via principale.

Hai capito? Hai dei dubbi?

## Ripassiamo insieme

**Quale RUOLO ha il PRESIDENTE della REPUBBLICA?**

È il Capo dello Stato e rappresenta l'unità nazionale. È la carica istituzionale più alta del nostro Paese, anche se la sua posizione non è di supremazia rispetto agli altri organi costituzionali. Ha un ruolo di garanzia e di custodia della Costituzione, vigila e agevola i rapporti reciproci fra i diversi organi costituzionali, al fine di assicurare un buon equilibrio al sistema istituzionale.

**Quali sono i REQUISITI per essere eletti PRESIDENTE DELLA REPUBBLICA?**

Essi sono:

- la cittadinanza italiana;
- un'età minima di cinquant'anni;
- il godimento dei diritti civili e politici.

**COME e da CHI è ELETTO il PRESIDENTE DELLA REPUBBLICA?**

È eletto dal Parlamento in seduta comune (cioè Camera e Senato riuniti), con la partecipazione di tre delegati per ogni Regione (uno solo per la Valle d'Aosta), eletti da ciascun Consiglio regionale, in rappresentanza di tutti gli italiani. L'elezione avviene a scrutinio segreto e nelle prime tre votazioni si deve raggiungere una maggioranza qualificata dei due terzi dei componenti, in modo da consentire la scelta di un candidato realmente rappresentativo dell'intero Parlamento; dalla quarta votazione in poi è sufficiente la maggioranza assoluta.

**QUANTO DURA il MANDATO PRESIDENZIALE?**

Il mandato presidenziale è di sette anni, al cui termine il Presidente diventa di diritto senatore a vita o può essere nuovamente rieletto.

**QUALI SONO LE FUNZIONI DEL PRESIDENTE DELLA REPUBBLICA?**

Egli svolge importanti funzioni di vigilanza, di collegamento e di equilibrio nei confronti dei tre poteri fondamentali. Ha determinate attribuzioni nei confronti di ciascuna funzione fondamentale:

- rispetto alla funzione legislativa: invia messaggi alle Camere, promulga le leggi, nomina 5 senatori a vita;
- rispetto alla funzione esecutiva: nomina il Presidente del Consiglio dei ministri e i ministri, comanda le forze armate;
- rispetto alla funzione giurisdizionale: concede la grazia e commuta le pene.

**COM'È RESPONSABILE IL PRESIDENTE DELLA REPUBBLICA?**

È irresponsabile politicamente per tutti gli atti compiuti nell'esercizio delle sue funzioni, che devono essere controfirmati dai ministri proponenti che se ne assumono la responsabilità. È responsabile penalmente, nell'esercizio delle sue funzioni, per i reati, cosiddetti presidenziali, di alto tradimento e di attentato alla Costituzione.

Per le azioni compiute al di fuori delle sue funzioni, invece, il Capo dello Stato è responsabile al pari di qualsiasi altro cittadino.

**Che cos'è la CORTE COSTITUZIONALE?**

Essa è un organo composto da giudici particolari, il cui compito fondamentale è quello di giudicare "sulle controversie relative alla legittimità costituzionale delle leggi e degli atti, aventi forza di legge, dello Stato e delle Regioni".

**Qual è il RUOLO della CORTE COSTITUZIONALE?**

Essa è un organo posto a garanzia del dettato costituzionale, poiché verifica che determinati atti normativi (leggi, atti aventi forza di legge dello Stato e delle Regioni) non siano in contrasto con i principi fondamentali della Costituzione, che sono alla base del nostro Stato. In caso contrario, essi sono dichiarati costituzionalmente illegittimi ed eliminati dal nostro ordinamento giuridico.

**Qual è la COMPOSIZIONE della CORTE COSTITUZIONALE?**

Comprende quindici giudici, di cui:

- cinque nominati dal Presidente della Repubblica;
- cinque eletti dal Parlamento in seduta comune;
- cinque eletti dalle supreme magistrature ordinarie (Corte di cassazione) e amministrative (Consiglio di Stato, Corte dei conti).

**QUANTO TEMPO restano in carica i GIUDICI della CORTE COSTITUZIONALE?**

I giudici costituzionali restano in carica per nove anni e non possono essere rieletti; il loro incarico è incompatibile con qualsiasi altra attività, compresa quella politica.

**Che cos'è il GIUDIZIO DI LEGITTIMITÀ COSTITUZIONALE?**

Attraverso di esso, la Corte costituzionale giudica le leggi dello Stato e delle Regioni e gli atti aventi forza di legge (decreti legge e decreti legislativi), ponendoli a confronto con la Costituzione, per valutarne la conformità a essa. Per accedere a tale giudizio sulle leggi sono previste due diverse modalità:

- il giudizio in via principale o ricorso diretto (da parte dello Stato o delle Regioni);
- il giudizio in via incidentale o ricorso incidentale, (da parte del giudice, di propria iniziativa o su richiesta delle parti).

La risposta della Corte avverrà mediante una sentenza, che potrà essere:

- di accoglimento, se dichiara la norma illegittima, perché in contrasto con la Costituzione, e la elimina, in tutto o in parte, dall'ordinamento giuridico;
- di rigetto, se dichiara la norma conforme alla Costituzione e la mantiene in vigore.

**Quali sono le altre FUNZIONI svolte dalla CORTE COSTITUZIONALE?**

Esse sono:

- giudizio sui conflitti di attribuzione tra i poteri dello Stato, tra Stato e Regioni e tra Regioni;
- giudizio sull'ammissibilità dei referendum abrogativi;
- giudizio sul Presidente della Repubblica, nell'ipotesi di alto tradimento e attentato alla Costituzione.

Per una didattica inclusiva:

## Parole chiave

- **PRESIDENTE DELLA REPUBBLICA** →
  - Ruolo
  - Requisiti
  - Durata del mandato
  - Elezione
- **FUNZIONI DEL PRESIDENTE DELLA REPUBBLICA** →
  - Funzione di vigilanza e di collegamento verso i 3 poteri
  - Attribuzioni rispetto ai 3 poteri
- **CORTE COSTITUZIONALE** →
  - Composizione
  - Durata dell'incarico
- **GIUDIZIO DI LEGITTIMITÀ COSTITUZIONALE** →
  - In via principale
  - In via incidentale
- **FUNZIONI DELLA CORTE COSTITUZIONALE** →
  - Giudizio di legittimità costituzionale
  - Giudizio sui conflitti di attribuzione
  - Giudizio sull'ammissibilità dei referendum abrogativi
  - Giudizio sulla responsabilità del Presidente della Repubblica

CLIL

### The Head of State

The **President of the Republic** is the Head of State and he/she represents the national unit. He/she is not elected by the citizens but by the Parliament in joint session. His/her mandate last seven years and it is the most important institutional office in our country. Nevertheless, with respect to the other constitutional powers (legislative, executive and judicial), he/she simply puts himself as an authority above parties.
The President of the Republic plays a role of guarantee and guardian of the **Constitution**, monitors and facilitates the mutual relationships among different constitutional authorities in order to ensure a good balance to the institutional system. He/she does not play any active role in determining and implementing the political trend of the country because this is a task of the Parliament and the Government. The office of the Head of State can be undertaken both by a man or a woman and the requirements necessary to be elected are: the Italian citizenship, a minimum age of fifty years and the enjoyment of the civil and political rights.

**Exercise. Complete the sentences with the missing words.**

1. The Head of State takes up the office after having taken an oath of loyalty to the Republic and the ...................., before the ..................... in joint session.
2. The official .................. of the ................................. is the Quirinal Palace, located on the homonymous hill of Rome.

*(residence, Parliament, President of the Republic, Constitution)*

## Verifica delle competenze

- Livello BASE: ✪ (Punteggio totale: 12)
- Livello INTERMEDIO: ✪✪ (Punteggio totale: 60)
- Livello AVANZATO: ✪✪✪ (Punteggio totale: 28)

### ✪ Esercizio 1). Impara ad imparare.

**Scelta multipla: evidenzia la risposta esatta. Il paragrafo indicato nella parentesi è quello su cui devi riflettere (2 punti per ciascuna scelta corretta).**

**1. Nel nostro ordinamento il Presidente della Repubblica è a capo (Par. n. 1):**
- a. del potere legislativo
- b. dello Stato
- c. del potere giudiziario
- d. del potere esecutivo

**2. La durata del mandato presidenziale è di (Par. n. 2):**
- a. sette anni ed è rinnovabile
- b. cinque anni
- c. sette anni non rinnovabile
- d. dieci anni

**3. Non è un requisito per essere eletto Presidente della Repubblica (Par. n. 2):**
- a. l'età
- b. la cittadinanza
- c. il godimento dei diritti civili e politici
- d. la condizione economica

**4. La Corte costituzionale è un organo con funzioni (Par. n. 7):**
- a. legislative
- b. di garanzia
- c. di contabilità
- d. esecutive

**5. Il referendum è dichiarato inammissibile per le leggi (Par. n. 7):**
- a. ordinarie
- b. costituzionali
- c. regionali
- d. tributarie

**6. Il giudizio di legittimità costituzionale riguarda (Par. n. 6):**
- a. solo le leggi e gli atti aventi forza di legge dello Stato
- b. solo le leggi e gli atti aventi forza di legge delle Regioni
- c. le leggi e gli atti aventi forza di legge dello Stato e delle Regioni
- d. le leggi sia scritte sia non scritte

**Punti: ..../12**

### ✪✪ Esercizio 2). Individua collegamenti e relazioni.

**Collega ciascun numero alla lettera corrispondente (3 punti per ciascun collegamento esatto).**

1. Corte costituzionale
2. Grazia
3. Palazzo della Consulta
4. CSM
5. Alto tradimento e attentato alla Costituzione
6. Sette anni
7. Sede del Presidente della Repubblica
8. Supplente del Capo dello Stato

- a. Durata del mandato presidenziale
- b. Presidente del Senato
- c. Consiglio superiore della Magistratura
- d. Reati presidenziali
- e. Organo di garanzia
- f. Quirinale
- g. Atto di clemenza
- h. Sede della Corte costituzionale

| 1 | 2 | 3 | 4 | 5 | 6 | 7 | 8 |
|---|---|---|---|---|---|---|---|
| | | | | | | | |

**Punti: ..../24**

## ✪✪ Esercizio 3). Acquisisci ed interpreta l'informazione.

**Indica se le seguenti affermazioni sono vere o false, motivando la risposta (3 punti per ciascuna risposta esatta).**

| | V | F |
|---|---|---|
| **1.** La norma giudicata incostituzionale perde efficacia ma resta in vigore<br>Perché ........................................ | ☐ | ☐ |
| **2.** I giudici della Corte costituzionale restano in carica 10 anni<br>Perché ........................................ | ☐ | ☐ |
| **3.** Il Presidente della Repubblica è eletto dal popolo<br>Perché ........................................ | ☐ | ☐ |
| **4.** La Corte costituzionale giudica l'ammissibilità dei referendum<br>Perché ........................................ | ☐ | ☐ |
| **5.** Le leggi sono promulgate dal Presidente della Repubblica<br>Perché ........................................ | ☐ | ☐ |
| **6.** Il Presidente della Repubblica è sempre responsabile per gli atti da lui controfirmati<br>Perché ........................................ | ☐ | ☐ |

**Punti: ..../18**

## ✪✪ Esercizio 4). Comunica (rappresenta).

**Completa la mappa concettuale che segue (3 punti per ciascun completamento esatto).**

**PRESIDENTE DELLA REPUBBLICA**

RUOLO:
- Rappresenta l'unità nazionale.
- È il garante della ....................
- Agevola i rapporti tra i diversi ........ costituzionali.

REQUISITI:
- cittadinanza .........;
- età minima di cinquant'anni;
- godimento dei diritti civili e politici.

ELEZIONE:
- da parte del Parlamento in seduta .............. più tre delegati per ogni Regione (uno per la Valle d'Aosta).

DURATA DEL MANDATO:
- ........... anni ed è rieleggibile.

FUNZIONI:
- ha determinate attribuzioni nei confronti di ciascuna funzione fondamentale (legislativa, ........... e giurisdizionale).

**Punti: ..../18**

## ✪✪✪ Esercizio 5). Comunica (comprendi).

**Rispondi alle seguenti domande (4 punti per ciascuna risposta esatta).**

1. Quale ruolo esercita il Presidente della Repubblica nel nostro ordinamento? (Par. n. 1)
2. Quali sono le attribuzioni più importanti del Presidente della Repubblica rispetto alle tre funzioni fondamentali dello Stato? (Par. n. 3)
3. Spiega il giudizio di legittimità costituzionale, svolto dalla Corte costituzionale. (Par. n. 6)

**Punti: ..../12**

■ ✪✪✪ **Esercizio 6). Risolvi i problemi.**

**Analizza il caso e rispondi ai quesiti a risposta multipla (4 punti per ogni scelta multipla) .**

Mattia è stato condannato a una pena di vent'anni di reclusione, della quale deve ancora scontare solo pochissimi anni. Durante la lunga permanenza in carcere, egli ha preso consapevolezza dei propri errori, ha mantenuto una buona condotta, si è dimostrato collaborativo, impegnandosi nei progetti penitenziali di recupero e d'inserimento sociale. Per questo, ha maturato la decisione di richiedere il provvedimento di grazia. Secondo te, Mattia ha speranze di ottenerla? Chi è l'organo competente a concederla?

1. **Di quale funzione è tipica la concessione della grazia?**
   - a. della funzione legislativa
   - b. della funzione esecutiva
   - c. della funzione giurisdizionale

2. **La grazia è un provvedimento con il quale:**
   - a. si estingue il reato e la pena cui è sottoposto il colpevole
   - b. si concede la riduzione in tutto o in parte della pena

3. **Questo provvedimento è concesso:**
   - a. se richiesto dall'interessato
   - b. se il condannato è innocente
   - c. se accettato dal Parlamento
   - d. se deciso dal giudice

4. **In questo caso, la grazia può essere concessa? Da chi?**
   - a. no, da nessuno
   - b. sì, dalla Corte costituzionale
   - c. sì, dal Presidente della Repubblica, sentito il parere del Ministro della Giustizia

**Punti: ..../16**

**Calcola il punteggio totale conseguito e assegnati la valutazione a esso corrispondente:**

| Tabella di autovalutazione | |
|---|---|
| ☐ 100-87 | **A** Lavoro eccellente. |
| ☐ 86-67 | **B.** Lavoro buono. |
| ☐ 66-47 | **C.** Lavoro adeguato. |
| ☐ 46-2 | **D.** Lavoro da migliorare. |

**Verifica di autovalutazione di fine modulo**

## Un percorso per tutti

# L'organizzazione dello Stato italiano

Questo è un percorso a tappe che rispetta i tempi e i bisogni di apprendimento di tutti, anche quelli speciali. Uno, due, tre, pronti ... VIA!

**TAPPA N. 1): acquisisci una visione d'insieme.**

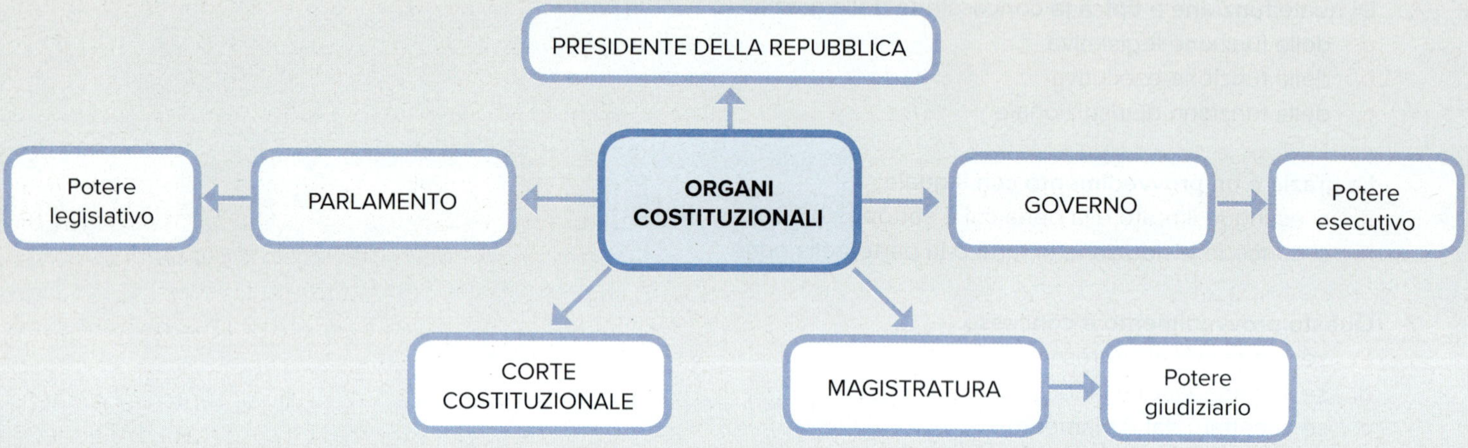


**TAPPA N. 2): sintetizza i concetti fondamentali.**

**I TRE POTERI FONDAMENTALI DELLO STATO**
**Potere legislativo:** consiste nell'approvare le leggi (Parlamento).
**Potere esecutivo**: in forza del quale sono fatte eseguire le leggi (Governo).
**Potere giudiziario**: in base al quale sono interpretate e applicate le leggi (Magistratura)

**PARLAMENTO**
**Ruolo:** è organo rappresentativo della volontà del popolo.
**Composizione**: è costituito dalla Camera dei deputati (seicentotrenta deputati) e dal Senato della Repubblica (trecentoquindici senatori, oltre ai senatori a vita).
**Elezione**: è eletto dai cittadini italiani, a suffragio universale.
**Durata**: è di cinque anni (legislatura), salvo proroga o scioglimento anticipato.
**Funzioni fondamentali**: funzione legislativa (approvazione delle leggi ordinarie, costituzionali e di revisione costituzionale); funzione di indirizzo politico (emanazione di atti come mozioni di fiducia e di sfiducia o di leggi d'indirizzo politico, con i quali partecipa all'individuazione dei fini e degli obiettivi d'interesse pubblico); funzione di controllo (formulazione di interrogazioni e interpellanze per controllare l'operato del Governo).
**Sede**: a Roma, a Palazzo Montecitorio la Camera dei deputati e a Palazzo Madama il Senato della Repubblica.

**GOVERNO**
**Ruolo:** è l'organo costituzionale cui è affidato l'esercizio del potere esecutivo e che condivide con il Parlamento l'attività d'indirizzo politico. È a capo dell'organizzazione amministrativa dello Stato.
**Composizione**: è formato dal Presidente del Consiglio dei ministri, dai ministri e dal Consiglio dei ministri.
**Nomina**: il Presidente della Repubblica nomina il Presidente del Consiglio dei ministri e, su proposta di questo, i ministri.
**Durata**: dura in carica finché ha la fiducia di entrambe le Camere e per massimo cinque anni.
**Funzioni**: la funzione d'indirizzo politico (individuazione e perseguimento degli obiettivi di politica generale); la funzione esecutiva o amministrativa (realizzazione delle finalità dello Stato, definite in sede politica e legislativa); la funzione normativa (emanazione di atti aventi forza di legge e di regolamenti).
**Sede**: a Roma, a Palazzo Chigi.

**MAGISTRATURA**

**Ruolo**: esercita un'attività complessa, detta giurisdizione, che va a incidere sui diritti dei cittadini.
**Composizione**: è formata dall'insieme dei magistrati o giudici che operano in varie sedi su tutto il territorio nazionale.
**Nomina**: per concorso pubblico.
**Funzioni**: esercita la funzione giurisdizionale che consiste nell'attività diretta ad applicare la norma giuridica (di per sé astratta), al caso concreto dedotto in giudizio, infliggendo eventuali sanzioni.

**PRESIDENTE DELLA REPUBBLICA**

**Ruolo:** è il Capo dello Stato e rappresenta l'unità nazionale. Ha un ruolo di garanzia e di custodia della Costituzione, vigila e agevola i rapporti reciproci fra i diversi organi costituzionali, al fine di assicurare un buon equilibrio al sistema istituzionale.
**Requisiti**: la cittadinanza italiana; un'età minima di cinquant'anni; il godimento dei diritti civili e politici.
**Elezione**: è eletto dal Parlamento in seduta comune (cioè Camera e Senato riuniti), con tre delegati per ogni Regione (uno solo per la Valle d'Aosta), eletti da ciascun Consiglio regionale.
**Durata**: dura in carica sette anni e può essere rieletto.
**Funzioni**: non è titolare di alcun potere, anche se ha specifiche attribuzioni nei confronti di ciascuna funzione fondamentale: promulga le leggi (funzione legislativa), nomina il Presidente del Consiglio dei ministri e i ministri (funzione esecutiva), concede la grazia (funzione giurisdizionale).
**Sede**: a Roma, al Palazzo del Quirinale.

**CORTE COSTITUZIONALE**

**Ruolo**: è un organo posto a garanzia del dettato costituzionale, poiché verifica che determinati atti normativi (leggi, atti aventi forza di legge dello Stato e delle Regioni) non siano in contrasto con i principi fondamentali della Costituzione, che sono alla base del nostro Stato.
**Composizione**: è composta di quindici giudici.
**Elezione**: dei quindici giudici, cinque sono nominati dal Presidente della Repubblica, cinque sono eletti dal Parlamento in seduta comune e cinque sono eletti dalle supreme magistrature ordinarie (Corte di cassazione) e amministrative (Consiglio di Stato, Corte dei conti).
**Durata**: i giudici costituzionali restano in carica per nove anni e non possono essere rieletti.
**Funzioni**: oltre al controllo di legittimità costituzionale, svolge anche altre funzioni: giudica sui conflitti di attribuzione tra i poteri dello Stato, tra Stato e Regioni e tra Regioni; giudica sull'ammissibilità dei referendum abrogativi; giudica il Presidente della Repubblica, in caso di alto tradimento e attentato alla Costituzione.
**Sede**: a Roma, a Palazzo della Consulta.

**TAPPA N. 3): mettiti alla prova.**

- Riascolta la sintesi, mediante il supporto audio.
- Verifica se hai compreso:

- **Esercizio per l'apprendimento. Comunica (comprendi).**
  **Rispondi ai quesiti, utilizzando uno dei suggerimenti indicati nella parentesi.**

Verifica facilitata di autovalutazione di fine modulo

1. Come si definisce il potere di far eseguire le leggi? ..................................................
   (Legislativo, esecutivo, giudiziario).
2. Chi elegge il Parlamento? ..................................................
   (Governo, Corte costituzionale, popolo).
3. Qual è un requisito per essere eletti Presidente della Repubblica? ..................................................
   (Sesso maschile, età minima di trent'anni, cittadinanza italiana).
4. Chi applica le norme e infligge sanzioni? ..................................................
   (Parlamento, Magistratura, Governo).

- Misura la tua preparazione, avvalendoti degli esercizi facilitati di autovalutazione che trovi nei materiali digitali, sul sito del libro.

## Compito di realtà

**Esamino il testo:**

### *Come si diventa senatori a vita?*

Secondo l'art. 59 della Costituzione, è senatore di diritto e a vita, salvo rinunzia, chi è stato Presidente della Repubblica. In base al secondo comma del medesimo articolo, possono essere nominati senatori a vita anche i cittadini che si sono distinti per "altissimi meriti nel campo sociale, scientifico, artistico e letterario".
Il 19 gennaio 2018, il Presidente della Repubblica, Sergio Mattarella, con decreto controfirmato dal Presidente del Consiglio dei Ministri, ha nominato senatrice a vita la dottoressa Liliana Segre, "per aver illustrato la Patria con altissimi meriti nel campo sociale".
Dopo aver appreso della nomina, il Presidente del Senato della Repubblica ha definito questo giorno come uno dei momenti "più alti della Legislatura" e si è detto "onorato di dare il benvenuto (...) ad una donna che ha insegnato a tutti noi a non cedere all'indifferenza, trasmettendo a generazioni di italiani il ricordo vivo e terribile di una esperienza vissuta in prima persona come reduce della Shoah".*
Sopravvissuta ad Auschwitz, dove fu deportata ancora bambina, Liliana Segre fu liberata dai sovietici il 30 aprile del 1945 e nell'agosto dello stesso anno rientrò a Milano, la sua città. Dopo anni di silenzio, nel 1990 ha iniziato a trasmettere la sua testimonianza nelle scuole, incontrando studenti e insegnanti. Proprio in una di queste occasioni ha dichiarato: "Spero che almeno uno di quelli che hanno ascoltato oggi questi ricordi di vita vissuta (...) li imprima nella sua memoria e li trasmetta ad altri, perché quando nessuna delle nostre voci si alzerà a dire 'io mi ricordo', ci sia qualcuno che abbia raccolto questo messaggio di vita e faccia sì che sei milioni di persone non siano morte invano per la sola colpa di essere nate."**
Oltre a Giorgio Napolitano, Presidente emerito della Repubblica, tra i senatori di nomina più recente ricordiamo: Elena Cattaneo, neurobiologa, Carlo Rubbia, fisico delle particelle elementari, nominati per meriti in campo scientifico; Claudio Abbado, direttore d'orchestra (deceduto nel 2014), Renzo Piano, architetto, nominati per meriti in campo artistico; Mario Monti, nominato per meriti in campo sociale e scientifico.

**Applico le conoscenze:**

1. Nell'ambito di quale delle tre funzioni fondamentali dello Stato faresti rientrare la nomina dei senatori a vita, da parte del Presidente della Repubblica?
2. Sei in grado di spiegare il motivo per cui il decreto di nomina, da parte del Presidente della Repubblica, è stato controfirmato dal Presidente del Consiglio dei Ministri?
3. Sapresti individuare il concetto di Legislatura?
4. Dalla lettura del brano, riesci a identificare gli "altissimi meriti in campo sociale", riconosciuti alla senatrice a vita, dottoressa Liliana Segre?
5. In quale Parte, Titolo e Sezione della Costituzione collocheresti l'art. 59, citato nel testo?

**Sviluppo le competenze e mi confronto:**

Ricerca sul sito del Senato e sul web i senatori a vita nominati dai Presidenti della Repubblica, dall'entrata in vigore della Costituzione sino ai giorni nostri. Stendi quindi una breve relazione che evidenzi:

1. il nome dei senatori a vita e la professione esercitata;
2. il numero delle senatrici a vita e dei senatori a vita;
3. la tipologia più ricorrente degli "altissimi meriti" che hanno supportato la loro nomina;
4. il nome del Presidente della Repubblica che li ha nominati.

Riferisci ai tuoi compagni di classe e commentate insieme i dati e le informazioni raccolte.

* *Fonte: comunicato stampa del Presidente del Senato Pietro Grasso, sul sito del Senato.*

** *Fonte: da "Liliana Segre, l'abisso di Auschwitz e la rinascita" di Massimo Lomonaco sul sito dell'ANSA, Agenzia di informazione multimediale, del 22 gennaio 2018.*

**Valuto le competenze:**

| Competenze | A<br>Livello Avanzato | B<br>Livello Intermedio | C<br>Livello Base | D<br>Livello Iniziale |
|---|---|---|---|---|
| • Colloco l'esperienza personale in un sistema di regole fondato sul reciproco riconoscimento dei diritti garantiti dalla Costituzione, a tutela della persona, della collettività e dell'ambiente.<br>• Ricerco informazioni in Rete (competenza digitale).<br>• Imparo ad imparare.<br>• Individuo collegamenti e relazioni.<br>• Acquisisco ed interpreto le informazioni.<br>• Comunico.<br>• Collaboro e partecipo. | **Lavoro eccellente**<br>☐<br>Applico con consapevolezza le conoscenze acquisite alla vita reale; comprendo e valuto informazioni, con buona padronanza del lessico della disciplina, collaborando in modo efficiente. | **Lavoro buono**<br>☐<br>Applico in autonomia le conoscenze acquisite alla vita reale; comprendo e valuto informazioni, con un uso appropriato del lessico della disciplina, collaborando in modo efficace. | **Lavoro adeguato**<br>☐<br>Applico le conoscenze essenziali acquisite alla vita reale; reperisco informazioni di base, utilizzando i termini fondamentali della disciplina e collaborando in modo corretto. | **Lavoro da migliorare**<br>☐<br>Applico alcune conoscenze elementari acquisite alla vita reale, se guidato; fatico a reperire le informazioni di base, con un uso limitato dei termini della disciplina, collaborando in modo passivo. |

# 6 LE ISTITUZIONI LOCALI ED EUROPEE

**UdA 1**
**Le autonomie locali e l'Unione Europea**

→ RESTO DEL MONDO → SCAMBI INTERNAZIONALI → IMPORTAZIONI ED ESPORTAZIONI → GLOBALIZZAZIONE

PRODOTTO INTERNO LORDO → CRESCITA ECONOMICA → SVILUPPO ECONOMICO → SVILUPPO SOSTENIBILE

**Alla fine di questo percorso didattico, saprai riconoscere il ruolo svolto dagli enti territoriali accanto allo Stato e comprenderai il valore dell'Unione europea, sotto il profilo politico ed economico.**

**FLIPPED classroom**

**A casa: lezione**

Leggo e ascolto i materiali digitali:
- I simboli dell'Unione europea (*PowerPoint*).
- Le politiche dell'Unione europea (*PowerPoint*).
- La Carta dei diritti fondamentali dell'Unione europea (Pdf).
- "Ripassiamo insieme" (Audio).
- "Parole chiave" (Animazione).

**A scuola: sviluppo le competenze**

Rifletto:
- Confronto e dibattito in classe.
- Verifica delle competenze di fine unità di apprendimento.

Mi metto alla prova:
- Compito di realtà di fine modulo.

# UdA 1 LE AUTONOMIE LOCALI E L'UNIONE EUROPEA

## 1. Le autonomie locali

L'Italia è uno Stato unitario regionale, in cui la sovranità è attribuita sia allo Stato centrale sia alle Regioni e agli enti locali (Comuni, Province, Città metropolitane).

▸ Repubblica Italiana e autonomie locali

**Art. 5 Cost.**

La Costituzione, all'art. 5 Cost., afferma che la "*Repubblica, una e indivisibile, riconosce e promuove le autonomie locali; attua nei servizi che dipendono dallo Stato il più ampio decentramento amministrativo; adegua i principi e i metodi della sua legislazione alle esigenze dell'autonomia e del decentramento*".

**Le autonomie locali**

Quest'articolo riconosce sia l'unitarietà dello Stato italiano sia le **autonomie locali**, ossia tutti gli enti pubblici territoriali, distinti dallo Stato (Comuni, Province, Città metropolitane e Regioni) che amministrano e governano determinati territori e le persone che vi risiedono (**principio autonomista**).

La Repubblica attua nei servizi che dipendono dallo Stato il più ampio decentramento amministrativo, vale a dire uno spostamento e una distribuzione di competenze dagli organi centrali a quelli periferici (**principio del decentramento**).

**Esempio:** **il trasferimento di funzioni in materia scolastica dal Ministero dell'Istruzione, Università e Ricerca alla Direzione scolastica Regionale dell'Emilia Romagna**

**La Riforma costituzionale del 2001**

La Costituzione dedica il **Titolo V**, Parte seconda, alle Regioni e agli enti locali che sono stati sostanzialmente modificati dalla **Riforma costituzionale del 2001**, in applicazione del principio di sussidiarietà che ne ha valorizzato il ruolo, in quanto più rispondenti ai bisogni dei cittadini.

Gli enti territoriali, secondo i principi fissati dalla Costituzione, godono di una serie di autonomie, attraverso le quali esercitano, accanto allo Stato, le funzioni pubbliche, a vantaggio della collettività.

> **Principio di sussidiarietà:** È un principio regolatore dei rapporti tra sistema politico e società civile, in base al quale un'istituzione o una comunità di grado superiore (es. Stato) non deve mai sostituirsi a un'istituzione o a una comunità di grado inferiore (es. Comune) purché questa sia idonea a gestire e a realizzare problematiche e obiettivi.

**L'autonomia politica**

L'**autonomia politica** è la possibilità di dotarsi di un indirizzo politico differente da quello prevalente a livello statale, purché non sia in contrasto con l'art. 5 Cost. che sancisce l'unità e l'indivisibilità della Repubblica.
Ciò comporta che, a livello locale, siano svolte autonome elezioni amministrative, in occasione delle quali sono eletti gli organi che compongono gli enti territoriali. Di conseguenza può accadere che, ad esempio, in una Regione, risulti vittorioso alle elezioni uno schieramento politico che non corrisponde a quello che, a livello statale, sta al Governo.

**L'autonomia normativa**

L'**autonomia normativa** prevede la possibilità di emanare leggi (per le Regioni) o regolamenti (per Comuni, Province e Città metropolitane).

**L'autonomia statutaria**

L'**autonomia statutaria** prevede che gli enti territoriali possano adottare un proprio Statuto, atto con il quale disciplinano la forma di governo e fissano i principi fondamentali di organizzazione e di funzionamento.

**L'autonomia amministrativa**

L'**autonomia amministrativa** degli enti territoriali implica la possibilità di emanare atti amministrativi necessari al perseguimento di quelle finalità prefissate nel programma politico del governo locale. In base alla legge di riforma del 2001, il Comune ha il primo posto nell'esercizio dell'attività amministrativa in ogni settore.

**L'autonomia finanziaria**

L'**autonomia finanziaria** consente che gli enti territoriali abbiano il potere di applicare e disporre di entrate proprie e che siano responsabili delle proprie spese (art. 119 Cost.).

■ **Esercizio A) per l'apprendimento. Individua collegamenti e relazioni.**
**Cerca il termine estraneo, evidenziandolo nel testo.**

1. Autonomia politica, autonomia finanziaria, elezioni amministrative, scelta degli organi degli enti territoriali.
2. Atti amministrativi dell'amministrazione locale, funzione giurisdizionale, finalità del governo locale, autonomia amministrativa.
3. Imposte locali, autonomia finanziaria, autonomia politica, tasse locali.

## 2. Gli enti pubblici territoriali

Gli enti pubblici territoriali, così denominati perché il territorio ne rappresenta l'elemento costitutivo essenziale, sono:

- **Comuni** (es. Comune di Modena, di Pisa, di Palermo);
- **Province** (es. Provincia di Napoli, di Brescia, di Cuneo);
- **Città metropolitane** (es. Città metropolitana di Roma, Milano, Firenze, Bari, Torino, Venezia, Genova, Bologna, Napoli);
- **Regioni** (es. Emilia Romagna, Puglia, Sicilia, Trentino Alto Adige, Marche).

▸ Comune di Modena

**Il Comune**

Il **Comune**, di origine molto antica, è l'ente locale che è più vicino al cittadino, cura gli interessi e promuove lo sviluppo della propria comunità, di cui ha la diretta rappresentanza.

La Costituzione gli riserva una **competenza amministrativa generale**, attribuendogli funzioni amministrative proprie, in aggiunta a quelle che gli conferiscono le leggi statali e regionali (art. 118 Cost.).

▶ Sala del consiglio comunale di Bologna

**Gli organi istituzionali**

Gli **organi istituzionali** dell'organizzazione di governo del Comune sono:

- il **Sindaco,** che è eletto a suffragio universale e diretto dai cittadini residenti nel Comune e rappresenta e coordina l'ente locale. È Ufficiale di Governo e in tale veste esercita funzioni statali a lui delegate (es. stato civile, anagrafe, pubblica sicurezza).
- il **Consiglio comunale**, che ha autonomia funzionale e organizzativa ed è l'organo normativo (regolamenti) e deliberativo (atti amministrativi) del Comune e di indirizzo e controllo politico e amministrativo e, come tale, è competente a emanare specifici atti, come, ad esempio, lo Statuto comunale;
- la **Giunta comunale**, che è formata dal Sindaco, che la presiede, e dagli assessori da lui nominati e revocati dall'incarico. È organo esecutivo, soggetto al controllo politico del Consiglio comunale.

**La Provincia**

La **Provincia** è un ente territoriale di livello intermedio tra Regione e Comune, che comprende il territorio di più Comuni, di cui promuove e coordina lo sviluppo.

Dal 2000, la Provincia ha subito una serie di trasformazioni, che ne hanno modificato il ruolo e l'organizzazione.

**Le Legge Delrio**

Attualmente la normativa che disciplina le Province è la cosiddetta "**Legge Delrio**" del 2014 (dal nome del Ministro proponente), in base alla quale le Province sono concepite come **enti di vasta area** che svolgono funzioni fondamentali, riguardanti specifici settori.

**Esempio:** **pianificazione dei servizi di trasporto, valorizzazione dell'ambiente, programmazione della rete scolastica e gestione dell'edilizia scolastica.**

**Gli organi della Provincia**

Gli **organi** della Provincia, che in base alla nuova disciplina sono eletti dagli organi dei Comuni, sono:

- il **Presidente della Provincia**, organo che rappresenta e coordina l'ente locale ed è eletto, ogni quattro anni, dai Sindaci e dai Consiglieri dei Comuni della Provincia. Convoca e presiede il Consiglio provinciale e l'Assemblea dei Sindaci;
- il **Consiglio provinciale**, organo di indirizzo e di controllo dell'ente, è eletto, ogni due anni, dai Sindaci e dai consiglieri comunali dei Comuni della Provincia;
- l'**Assemblea dei Sindaci**, formata dai Sindaci dei Comuni che fanno parte della Provincia e ha poteri propositivi, consultivi e di controllo.

**La Città metropolitana**

La **Città metropolitana** è stata riconosciuta dalla Costituzione (art. 114) con la riforma del 2001. Essa è equiparata agli altri enti territoriali, con le medesime autonomie.

È stata a lungo disciplinata in via transitoria, ma solo la "**Legge Delrio**" ha provveduto alla formale **istituzione delle Città metropolitane** di Roma, Torino, Milano, Venezia, Genova, Bologna, Firenze, Bari, Napoli e Reggio Calabria.

▸ Città metropolitana di Milano

Esse sono definite **enti di vasta area**, ai quali sono attribuite specifiche finalità istituzionali.

**Gli organi della Città metropolitana**

Gli **organi** della Città metropolitana sono:

- il **Sindaco metropolitano**, che è di diritto il Sindaco del Comune capoluogo, può nominare un vicesindaco ed è responsabile dell'amministrazione dell'ente;
- il **Consiglio metropolitano**, che è composto dal Sindaco metropolitano e da consiglieri eletti tra i Sindaci e i consiglieri comunali dei Comuni, ricompresi nel territorio della Città metropolitana;
- la **Conferenza metropolitana**, formata dal Sindaco metropolitano e dai Sindaci dei Comuni facenti parte della Città metropolitana, ha poteri propositivi e consultivi.

La Città metropolitana svolge, oltre alle **funzioni** riconosciute alle Province, specifiche funzioni istituzionali proprie (es. promozione e gestione integrata dei servizi).

**Roma Capitale**

**Roma Capitale** è un ente territoriale speciale i cui confini corrispondono a quelli del Comune di Roma. È entro in vigore nel 2010 e il suo ordinamento prevede una speciale autonomia finanziaria, statutaria e amministrativa. Oltre alle funzioni comunali, ne esercita altre, riguardanti, ad esempio, il concorso alla valorizzazione dei beni storici e artistici o dell'edilizia pubblica e privata.

▸ Roma Capitale

Tale istituzione rispecchia il dettato costituzionale, che recita "*Roma è la capitale della Repubblica. La legge dello Stato disciplina il suo ordinamento*" (art. 114 Cost.).

■ **Esercizio B) per l'apprendimento. Comunica (comprendi).**
**Rispondi ai quesiti, utilizzando uno dei suggerimenti indicati nella parentesi.**

a. Nella Costituzione, dov'è contenuto il principio autonomista? ........................................................
*(Parte II, Principi fondamentali, Titolo V).*

b. Che cos'è la Provincia? ........................................................
*(Ente territoriale, Ente territoriale speciale, Ente di vasta area).*

c. Chi sono coloro che eleggono il Sindaco di una determinata città? ........................................................
*(tutti i cittadini italiani, i cittadini residenti in quel Comune, tutti i cittadini europei).*

d. Quale organo non appartiene alla Provincia? ........................................................
*(Consiglio provinciale, Presidente della Provincia, Giunta).*

## 3. La Regione

Nel nostro ordinamento, secondo la Costituzione, le Regioni si suddividono in due categorie:

- **Regioni a Statuto ordinario** (in totale quindici, disciplinate dalle norme del Titolo V della Parte Seconda della Costituzione);
- **Regioni a Statuto speciale** (in totale cinque, disciplinate da norme speciali contenute in leggi costituzionali).

▸ Valle d'Aosta: Regione a Statuto Speciale

**Le Regioni a Statuto speciale**

Le **Regioni a Statuto speciale** sono cinque: la Valle d'Aosta/Vallée d'Aoste, il Trentino-Alto Adige/Sudtirol, il Friuli-Venezia Giulia, la Sicilia e la Sardegna. Il Friuli-Venezia Giulia fu costituito nel 1963, dopo essere stato a lungo separato dall'Italia. Le altre quattro Regioni a Statuto speciale nacquero contestualmente alla Costituzione.

**Le Regioni a Statuto ordinario**

Le **Regioni a Statuto ordinario** furono concretamente costituite solo nel 1970 e cominciarono a funzionare nel 1972. A queste, secondo quanto prevede l'art. 116 Cost., può essere attribuita con legge dello Stato, su iniziativa della Regione interessata, una maggiore autonomia nelle materie in tema di giurisdizione e norme processuali, norme generali sull'istruzione, tutela dell'ambiente, dell'ecosistema e dei beni culturali.

**Lo Statuto**

Lo **Statuto** di ciascuna Regione è l'atto che determina la forma di governo e i principi fondamentali di organizzazione e di funzionamento.
La Costituzione prevede che gli **Statuti ordinari** siano adottati dal Consiglio regionale e gli **Statuti speciali** siano approvati mediante legge costituzionale, emanata dal Parlamento. Di conseguen-

za, sono equiparati a norme di rango costituzionale e, per la loro modifica, occorre il procedimento di revisione costituzionale.

▸ Palazzo del Consiglio regionale della Puglia

**La potestà legislativa**

Per quanto riguarda la **potestà legislativa** delle Regioni, esse hanno una **competenza generale**, attribuita dal nuovo ordinamento che ha riformato completamente il testo dell'articolo 117 della Costituzione. Allo Stato resta una competenza legislativa esclusiva solo in determinate materie, individuate dalla Costituzione (es. politica estera, tutela ambientale, legislazione elettorale).

**La potestà regolamentare e amministrativa**

Le Regioni hanno **potestà regolamentare**, cioè possono emanare regolamenti, ed esercitano **funzioni amministrative** a esse conferite *"per assicurare l'esercizio unitario"*, sulla base dei principi fissati dalla Costituzione (es. funzioni di indirizzo, di programmazione e di controllo).

**Gli organi fondamentali**

Gli **organi fondamentali** della Regione sono:

- il **Presidente della Regione (o della Giunta regionale)** rappresenta la Regione, ne promulga le leggi e viene eletto direttamente dai cittadini residenti. Dirige, inoltre, le funzioni amministrative delegate dallo Stato alle Regioni e dirige la politica della Giunta e ne è responsabile.
- il **Consiglio regionale**, che è l'organo rappresentativo della collettività regionale ed è eletto direttamente dai cittadini ogni cinque anni. Detiene la funzione legislativa in quanto approva e modifica le leggi regionali e lo Statuto regionale (nelle Regioni a Statuto ordinario) e può formulare proposte di legge al Parlamento, in materia di interesse regionale. Il Consiglio esercita anche una funzione elettiva poiché elegge il Presidente, i componenti della Giunta regionale e individua i rappresentanti regionali che partecipano all'elezione del Capo dello Stato;
- la **Giunta regionale** è l'organo esecutivo della Regione e ha composizione collegiale. È formata da assessori che hanno la responsabilità di singoli settori amministrativi (es. urbanistica, sanità e istruzione);

■ **Esercizio C) per l'apprendimento. Acquisisci ed interpreta l'informazione.**

**All'interno della classe, ciascun alunno sceglie una Regione (in modo che siano prese in considerazione tutte quelle previste dalla Costituzione) e assume il compito di fare una ricerca sul sito ad essa relativo (es. www.regione.emilia-romagna.it), per cercare il testo dello Statuto e individuare quali sono i principi e gli obiettivi fondamentali, in esso contenuti. A ricerca conclusa, ogni studente riferisce in classe le informazioni e le confronta con quelle reperite dai compagni, commentando insieme a loro i dati raccolti.**

■ **Esercizio D) per l'apprendimento. Comunica (rappresenta).**

**Completa la seguente tabella.**

| ENTI PUBBLICI TERRITORIALI | ORGANO RAPPRESENTATIVO | ORGANO DELIBERATIVO |
|---|---|---|
| Comune | ........................................................... | Consiglio comunale |
| Provincia | Presidente della................................ | ..........................................Provinciale |
| Città metropolitana | Sindaco................................................ | .....................................metropolitano |
| Regione | ..................................della Regione | Consiglio............................................. |

## 4. Le tappe fondamentali del processo d'integrazione europea

La creazione dell'Unione europea è frutto di un processo lento e graduale che si è sviluppato nell'arco di oltre mezzo secolo.

▸ Unione europea

**La CECA** Le origini risalgono al Trattato istitutivo della **CECA** (Comunità europea del carbone e dell'acciaio), firmato a Parigi il 18 aprile 1951 ed entrato in vigore l'anno successivo. Fu così realizzata, per la prima volta, un'organizzazione internazionale alla quale gli Stati aderenti, detti anche **Stati fondatori** (Francia, Germania, Italia, Belgio, Paesi Bassi e Lussemburgo), cedettero parte della loro sovranità, limitatamente a un determinato settore (carbo-siderurgico).

I medesimi Stati, nel 1957, firmarono a **Roma** altri due **Trattati** (entrati in vigore nel 1958):

- **La CEE** il Trattato istitutivo **CEE** (Comunità economica europea), con l'obiettivo di creare un mercato comune europeo per favorire il libero scambio tra i Paesi membri e adottare una stessa tariffa doganale, nei confronti degli Stati terzi (non facenti parte della Comunità);
- **L'EURATOM** il Trattato istitutivo **EURATOM** (Comunità europea per l'energia atomica), che promuoveva una politica comune in tema di utilizzo pacifico dell'energia nucleare.

**Trattato:** è un accordo, stipulato a livello internazionale, tra due o più Stati con il quale si regolano i rapporti che intercorrono tra loro, in determinati settori, con reciproca assunzione di diritti e obblighi.

Il processo d'integrazione europea proseguì con l'adesione alla Comunità di Danimarca, Gran Bretagna e Irlanda (1973), Grecia (1981), Spagna e Portogallo (1986).

**L'Atto unico europeo** Nel 1986, fu firmato l'**Atto unico europeo**, col quale si realizzò una prima significativa modifica dei Trattati istitutivi delle tre Comunità già esistenti, al fine di abbattere, all'interno dei Paesi membri, tutte le barriere di natura fisica, tecnica o fiscale, per creare un **unico mercato interno** che garantisse la libera circolazione delle merci, delle persone, dei servizi e dei capitali.

**Esempio: barriere fisiche: limiti alla mobilità lavorativa; barriere di natura tecnica: norme giuridiche differenti; barriere fiscali: imposte diverse.**

Sino ad oggi, il mercato unico ha portato la riduzione del prezzo di molti prodotti e servizi (es. tariffe telefoniche e aree), una maggiore possibilità di scelta per i consumatori e quasi tre milioni di nuovi posti di lavoro.

> **Accordi di Shengen:** furono sottoscritti, inizialmente, il 14.06.1985, da Paesi Bassi, Belgio, Lussemburgo, Francia e Germania, per eliminare i controlli delle persone alle frontiere e garantire la libera circolazione dei cittadini. Tali accordi sono stati progressivamente estesi ad altri Stati membri della UE (es. Spagna, Portogallo, Grecia, Austria, Svezia) tra i quali anche l'Italia nel 1990, e a Paesi terzi (es. Islanda e Norvegia), fino a giungere al Trattato di Amsterdam del '97.

**Il Trattato di Maastricht**

Il 7 febbraio 1992 fu firmato a **Maastricht** (Paesi Bassi) il **Trattato sull'Unione europea** (TUE), entrato in vigore nel 1993, che istituì **l'Unione europea (UE)**, con l'intento di creare una comunità di Stati di natura non solo economica, ma anche politica e monetaria.
Da questo momento in poi, la CEE divenne semplicemente CE (Comunità europea).
L'**unione politica** fu raggiunta con l'adozione d'indirizzi politici comuni e quella **monetaria** con l'adozione di una moneta unica europea (euro), entrata definitivamente in circolazione dall'inizio del 2002.

**Il trattato di Amsterdam**

Con il **Trattato di Amsterdam**, firmato nel 1997 ed entrato in vigore nel 1999, fu rafforzata la cooperazione tra i Paesi membri in diversi settori della comunità (es. problematiche occupazionali e sicurezza) e furono recepiti gli Accordi di Schengen del 1985, in materia di libera circolazione delle persone.

Dal 1° gennaio 1995, gli Stati aderenti all'Unione europea passarono a quindici, con l'adesione di Austria, Finlandia e Svezia.

**Il trattato di Nizza**

Nel 2001, fu firmato il **Trattato di Nizza**, entrato in vigore nel 2003, che rese più efficace il funzionamento delle istituzioni comunitarie (introducendo, ad esempio, procedure decisionali più snelle), per consentire l'ingresso di nuovi Stati membri.

Dal 2004, con il Trattato di Atene, aderirono all'Unione europea dieci nuovi Stati (Cipro, Estonia, Lettonia, Lituania, Malta, Polonia, Repubblica Ceca, Slovacchia, Slovenia e Ungheria), seguiti da Bulgaria e Romania (2007) e, infine, Croazia (2013), per un totale di **ventotto Paesi membri**.

Dopo il fallimento del progetto di approvare una Costituzione europea, per la mancata ratifica da parte di tutti gli Stati membri (Francia e Paesi Bassi si dichiararono contrari), il **Trattato di Lisbona** del 2007, entrato in vigore nel 2009, modificò i vecchi Trattati istitutivi.

> **Ratifica:** consiste nel riconoscimento, all'interno dei singoli Stati, di un accordo precedentemente firmato a livello internazionale. In Italia, ciò avviene attraverso un atto del Presidente della Repubblica che, in determinati casi, deve essere autorizzato con legge del Parlamento.

In particolare, questo Trattato:

**La Carta dei Diritti Fondamentali dell'Unione europea**

- conferì forza giuridica vincolante (per tutti gli Stati membri) alla Carta dei diritti fondamentali dell'Unione europea, proclamata a Nizza nel 2001;
- riformò il quadro istituzionale, ampliando il ruolo della partecipazione dei cittadini e dei Parlamenti nazionali nella vita democratica dell'Unione europea;
- sostituì e assorbì la Comunità europea (CE) nell'Unione europea (UE).

Oggi, l'opera d'integrazione europea è ancora in corso perché si fonda su un processo continuo e permanente che non esclude l'ingresso di nuovi Stati, a condizione che abbiano i requisiti previsti dai Trattati istitutivi (es. la Turchia e l'Islanda sono tra i nuovi possibili candidati).

**Allargamento dell'Unione europea: da 6 a 28 Paesi**

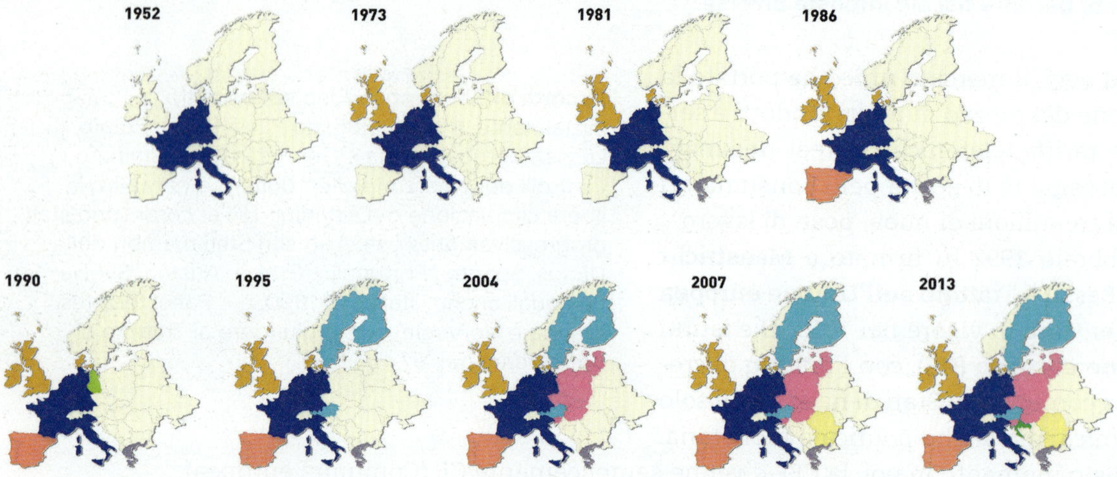


**Stati membri dell'Unione europea:** Francia, Germania, Italia, Belgio, Paesi Bassi e Lussemburgo (1952), Danimarca, Gran Bretagna e Irlanda (1973), Grecia (1981), Spagna e Portogallo (1986), Austria, Finlandia e Svezia (1995), Cipro, Estonia, Lettonia, Lituania, Malta, Polonia, Repubblica Ceca, Slovacchia, Slovenia e Ungheria (2004), Bulgaria e Romania (2007), Croazia (2013).

*Fonte: L'UE: schede informative – I fondamenti dell'Unione (europa.eu), con adattamenti.*

La "Brexit"

Il Regno Unito, costituito dalla Gran Bretagna (Inghilterra, Galles e Scozia) e dall'Irlanda del Nord, con il referendum consultivo del 23 giugno 2016, ha votato per l'uscita dall'Unione europea, la cosiddetta "**Brexit**", espressione che deriva dall'unione delle parole inglesi "Britain" (Regno Unito) ed "exit" (uscita).
Tale decisione non ha effetti immediati, perché è necessario seguire il percorso formale prestabilito, fino al termine del quale il Regno Unito rimarrà membro dell'Unione europea.

▸ Brexit

Come avviene l'**uscita** di uno Stato membro dall'Unione europea?

Il Trattato di Lisbona

Il meccanismo di recesso volontario e unilaterale è definito nel **Trattato di Lisbona** (art. 50), che prevede l'attivazione di un percorso che inizia dalla richiesta formale al Consiglio europeo a cura dello Stato membro, con un termine di due anni per negoziare l'uscita dall'Unione europea.

Qualsiasi Stato uscito dall'Unione può chiedere di rientrarvi, presentando una nuova domanda di adesione.

■ **Esercizio E) per l'apprendimento. Comunica (rappresenta).**
Completa la seguente mappa concettuale.

## 5. I caratteri dell'Unione europea

Che cos'è oggi l'**Unione europea**?

▸ Unione politica e monetaria

Unione politica ed economica

Essa è un'**unione politica ed economica**, di carattere sovranazionale, che si basa su grandi ideali di pace, libertà, stabilità e prosperità. Si tratta anche di un'unione di diritto perché è fondata su trattati approvati da tutti i ventotto Paesi membri, diciannove dei quali utilizzano come moneta comune l'Euro. Tutti questi Stati, appartenenti al continente europeo, hanno scelto di cedere parte della loro sovranità a istituzioni da loro create.

Il ruolo dell'Unione europea

Quale **ruolo** svolge l'Unione europea?

L'Unione europea è dunque un soggetto politico e istituzionale, dotata di personalità giuridica unica, che svolge un ruolo fondamentale nelle politiche dei singoli Stati e nella vita dei cittadini. I Paesi membri, infatti, hanno ad essa delegato la potestà di emanare provvedimenti normativi in diversi ambiti, con una competenza esclusiva (ad es. in materia di politica monetaria o commerciale) o concorrente con i singoli Stati (ad es. in tema di mercato interno, ambiente, protezione dei consumatori e trasporti).

I simboli dell'Unione Europea

**Esempio: la Banca centrale europea determina la quantità di moneta in circolazione; il Parlamento europeo ha definito norme più severe in materia di sicurezza ed etichettatura di prodotti; ha emanato misure per limitare gli effetti del riscaldamento climatico nel mondo, con la riduzione delle emissioni di gas a effetto serra dell'industria, delle centrali elettriche e delle automobili.**

**Effetto serra:** fenomeno climatico-atmosferico dovuto all'accumulo di notevoli quantità di gas nell'atmosfera (es. anidride carbonica, metano, vapore acqueo) che ostacolano la fuoriuscita del calore proveniente dalla superficie terrestre, provocando il surriscaldamento globale del pianeta.

I finanziamenti

Da dove vengono i **finanziamenti** dell'Unione europea?

Essa si finanzia, sostanzialmente, con i contributi degli Stati membri, versati in proporzione alla loro ricchezza nazionale. L'Unione dispone, inoltre, di risorse proprie che derivano dalla riscossione di imposte e diritti doganali dovuti alle frontiere esterne dell'Unione, su determinati beni importati da Paesi terzi.

Dentro il **diritto**

### Gli obiettivi del 2020

I cinque obiettivi che l'Unione europea si è riproposta di raggiungere entro il 2020 sono:

- **Occupazione:** 75% dei cittadini tra i 20 e i 64 anni occupati;
- **Ricerca e innovazione:** 3% del PIL (Prodotto interno lordo) della UE investito nella ricerca;
- **Cambiamenti climatici/energia:** emissioni di gas effetto serra ridotte del 20% rispetto al 1990; 20% di energia da fonti rinnovabili; 20% di aumento dell'efficienza energetica;
- **Istruzione:** tassi di abbandono scolastico inferiori al 10%; 40% dei cittadini tra i 30 e i 34 anni con istruzione superiore;
- **Povertà:** 20 milioni di persone in meno a rischio di povertà e di esclusione sociale.

*Fonte: L'UE: schede informative – I fondamenti dell'Unione (europa.eu), con adattamenti.*

**La cittadinanza europea**

La popolazione della UE, nel 2012, ammontava a circa 508 milioni di abitanti. All'interno dell'Unione tutti i cittadini hanno la **cittadinanza europea** che si aggiunge a quella nazionale, senza sostituirla, e fa acquisire, in particolare, il diritto:

- di circolare e di soggiornare liberamente sul territorio degli Stati membri;
- di eleggere i membri del Parlamento europeo e di candidarsi alle elezioni europee e a quelle comunali nei Paesi membri in cui si ha la residenza, alle stesse condizioni dei cittadini di quegli Stati;
- di beneficiare della protezione diplomatica e consolare mediante, ad esempio, le Ambasciate di qualsiasi Stato dell'Unione se in un Paese terzo non esiste la rappresentanza dello Stato di appartenenza, membro dell'Unione.

▸ Cittadinanza europea

**L'Unione europea: i 28 Stati membri e i Paesi candidati**

Paesi membri dell'Unione europea

Paesi candidati

*Fonte: L'UE: schede informative – I fondamenti dell'Unione (europa.eu), con adattamenti.*

■ **Esercizio F) per l'apprendimento. Acquisisci ed interpreta l'informazione.**
**Ogni anno più di quattrocentomila giovani hanno la possibilità di studiare, di svolgere una parte degli studi o di effettuare stage o tirocini presso aziende, in uno degli Stati membri della UE. Ricerca su Internet e, in particolare, sul sito ufficiale dell'Unione europea (europa.eu) i programmi o progetti specifici a tal fine istituiti (es. Comenius, Leonardo Da Vinci, Erasmus, ecc.). Descrivili in modo approfondito sul tuo quaderno e riferisci in classe, confrontandoti con i tuoi compagni e l'insegnante, per valutare vantaggi e opportunità di una scelta di questo tipo.**

## 6. Gli organi dell'Unione europea

**Gli organi**

Dopo il Trattato di Lisbona, l'Unione europea dispone di una serie d'**istituzioni o organi**, chiamati a promuovere i valori e gli interessi dei suoi cittadini e degli Stati membri e a garantire la coerenza e l'efficacia delle politiche e delle azioni.
In questo sistema istituzionale non c'è una rigorosa separazione dei poteri, perché le tre funzioni fondamentali (legislativa, esecutiva e giurisdizionale) sono esercitate da più organi.

**Esempio:** **la funzione legislativa è espressamente riservata sia al Parlamento europeo sia al Consiglio, organi entrambi dell'Unione europea.**

Gli organi principali dell'Unione europea sono qui di seguito descritti.

**Il Parlamento europeo**

Il **Parlamento europeo** ha tre sedi che sono Strasburgo in Francia, per le sessioni plenarie, Bruxelles in Belgio per le riunioni delle commissioni e quelle plenarie, e Lussemburgo, Capitale dell'omonimo Stato, dove c'è il Segretariato generale. È l'**organo legislativo** dell'Unione ed è l'unico a essere eletto direttamente dai cittadini degli Stati membri.
Sin dal 1979, ogni cinque anni, si svolgono le elezioni per scegliere 751 parlamentari, di cui 750 deputati e un Presidente. Da quella data i diversi Trattati che si sono succeduti hanno progressivamente esteso le competenze del Parlamento che esercita:
una **funzione legislativa** (per la formazione degli atti giudiziari) e di bilancio (per l'approvazione dell'assetto finanziario dell'Unione), assieme al Consiglio; una **funzione di controllo** giuridico e politico della Commissione.

▸ Parlamento a Strasburgo

**Il Consiglio**

Il **Consiglio** ha sede a Bruxelles (Belgio) e rappresenta i singoli Stati membri, perché si compone dei ministri dei governi di ciascun Paese dell'Unione europea. È **organo decisionale** dell'Unione, assieme al Parlamento europeo con cui condivide la funzione legislativa e di bilancio. Dal 2009 la Presidenza del Consiglio è affidata, a rotazione, a un gruppo di tre Stati, per un periodo di diciotto mesi. All'interno di ogni gruppo, ogni Stato esercita a turno, per sei mesi, la Presidenza, con il compito di rappresentare l'Unione europea all'estero, di presiedere le riunioni del Consiglio e di garantirne la continuità dei lavori.

▸ Assemblea plenaria a Bruxelles del Parlamento europeo

**La commissione europea**

La **Commissione europea** si riunisce a Bruxelles dove ha sede ed è l'**organo esecutivo** dell'Unione europea. È costituita da un gruppo di commissari, uno per ogni Stato dell'Unione europea. Essa promuove l'interesse generale dell'Unione ed è l'unico organo che può presentare al Parlamento europeo e al Consiglio proposte di nuovi atti legislativi; attua le politiche comuni, dà esecuzione al bilancio e controlla l'effettiva applicazione della legislazione europea negli Stati membri.

▸ Commissione europea a Bruxelles

**Il Consiglio europeo**

Il **Consiglio europeo**, dopo il Trattato di Lisbona, è considerato a tutti gli effetti un organo istituzionale dell'Unione. Ha sede a Bruxelles ed è formato dalle più alte cariche degli Stati membri (es. Capi di Stato o di governo), dal Presidente della Commissione europea e dall'Alto rappresentante per gli affari esteri e la politica di sicurezza. Esso non ha competenza legislativa, ma ha solo una **funzione di indirizzo politico**, diretta a individuare gli obiettivi e le priorità delle politiche dell'Unione.

**La Corte di Giustizia dell'Unione europea**

La **Corte di giustizia dell'Unione europea** ha sede a Lussemburgo ed è formata da un giudice per ogni Stato dell'Unione europea. Essa ha il compito di interpretare il diritto dell'Unione e di garantire l'effettiva applicazione dei Trattati e della legislazione europea.

▸ Corte di Giustizia dell'Unione Europea in Lussemburgo

| Organi principali dell'Unione europea e loro sedi | Funzioni |
|---|---|
| **PARLAMENTO EUROPEO** (Strasburgo – Francia, Bruxelles – Belgio, Lussemburgo - Lussemburgo) | Funzione legislativa e di bilancio |
| **CONSIGLIO** (Bruxelles – Belgio) | Funzione legislativa e di bilancio |
| **COMMISSIONE EUROPEA** (Bruxelles – Belgio) | Funzione esecutiva |
| **CONSIGLIO EUROPEO** (Bruxelles – Belgio) | Funzione di indirizzo politico |
| **CORTE DI GIUSTIZIA DELL'UNIONE EUROPEA** (Lussemburgo – Granducato di Lussemburgo) | Funzione giurisdizionale |

**La Corte dei Conti europea**

**La BCE**

Oltre alle istituzioni sopra esaminate, sono previsti anche altri organismi, tra i quali ricordiamo la **Corte dei Conti europea**, che è organo di controllo della correttezza, legalità del bilancio e della gestione finanziaria dell'Unione, e la **Banca centrale europea (BCE)** che autorizza l'emissione dell'Euro e ha come obiettivo principale quello di mantenere la stabilità dei prezzi.

Le politiche dell'Unione europea

■ **Esercizio G) per l'apprendimento. Individua collegamenti e relazioni.**

Collega ciascun numero alla lettera corrispondente.

1. Parlamento europeo
2. Commissione europea
3. Consiglio europeo
4. Corte di giustizia dell'Unione europea
5. Banca centrale europea
6. Corte dei Conti europea

a. Funzione di indirizzo politico
b. Funzione giurisdizionale
c. Controllo finanziario
d. Emissione di moneta
e. Funzione esecutiva
f. Funzione legislativa e di bilancio

| 1 | 2 | 3 | 4 | 5 | 6 |
|---|---|---|---|---|---|
| | | | | | |

# 7. Le fonti e gli atti dell'Unione europea

Le norme che disciplinano il diritto dell'Unione europea si classificano in:

**Le fonti di primo grado**
- **fonti di primo grado**, costituite dai Trattati istitutivi (ossia quelli che hanno dato vita alle prime Comunità europee) e dalle loro modifiche;

**Le fonti di secondo grado**
- **fonti di secondo grado**, subordinate alle prime e rappresentate dagli atti normativi adottati dagli organi dell'Unione europea, nell'esercizio delle loro funzioni.

| LE FONTI DEL DIRITTO DELL'UNIONE EUROPEA | | |
|---|---|---|
| **FONTI DI PRIMO GRADO** | ▪ Trattati istitutivi (es. Trattato CEE) e loro modifiche (es. Trattato di Maastricht); | |
| **FONTI DI SECONDO GRADO** | ▪ Regolamenti<br>▪ Direttive<br>▪ Decisioni | Atti vincolanti |
| | ▪ Raccomandazioni<br>▪ Pareri | Atti non vincolanti |

**I Regolamenti**

I **Regolamenti** sono atti a carattere generale (destinati, ad esempio, a tutti gli Stati), obbligatori in tutte le loro parti e direttamente applicabili in ogni Stato membro. Ciò significa che non è necessario approvare un provvedimento specifico per renderli efficaci all'interno degli ordinamenti giuridici dei singoli Paesi.

**Le Direttive**

Le **Direttive** sono destinate agli Stati membri per i quali sono vincolanti (obbligatori) solo riguardo al risultato da raggiungere, con libertà di scelta delle forme e dei mezzi da utilizzare.

**Le Decisioni**

Le **Decisioni** sono atti vincolanti in tutti i loro elementi, destinati a singoli soggetti (es. uno Stato).

**Le Raccomandazioni e i Pareri**

Le **Raccomandazioni** e i **Pareri**, infine, sono atti non vincolanti (non obbligatori) che, in genere, hanno la funzione di suggerire determinati comportamenti alle varie istituzioni dell'Unione europea.

■ **Esercizio H) per l'apprendimento. Comunica (comprendi).**

**Completa la seguente tabella, inserendo le definizioni corrette e individuando il concetto nascosto nella colonna evidenziata.**

| | | | | | | | | | | | | | | | |
|---|---|---|---|---|---|---|---|---|---|---|---|---|---|---|---|
| 1 | | | | | G | | | | | | | | | | |
| 2 | | | A | A | | | | | | | | | | | |
| 3 | | | | | | | | | | R | | | | | |
| 4 | | | | | | | C | | | | | | | | |
| 5 | | | | | | A | | | | | | | | | |
| 6 | | | | | F | | | | | | | | | | |
| 7 | | | | | | N | | | | | I | | | | |
| 8 | | | | | | | | | | | | | T | T | |
| 9 | R | | | | L | | | | | | | | | | |

1. Nella gerarchia delle fonti, è ciò che definisce l'ordine d'importanza.
2. È il luogo in cui fu firmato il Trattato istitutivo dell'Unione europea (UE)
3. Atti non vincolanti dell'Unione europea.
4. Banca centrale europea.
5. Accordo internazionale tra due o più Stati.
6. Atto da cui ha origine il diritto.
7. È organo dell'Unione europea.
8. È il numero degli Stati membri dell'Unione europea.
9. Atti vincolanti dell'Unione europea, a carattere generale.

Hai capito? Hai dei dubbi?

## Ripassiamo insieme

**Che cosa sono le AUTONOMIE LOCALI?**
Sono tutti gli enti pubblici territoriali, distinti dallo Stato che amministrano e governano determinati territori e le persone che vi risiedono e che godono di determinate autonomie.

**Che cosa sono gli ENTI PUBBLICI TERRITORIALI?**
Sono enti così denominati perché il territorio ne rappresenta l'elemento costitutivo essenziale e sono: Comuni, Province, Città metropolitane e Regioni.

**Quali sono le AUTONOMIE di cui godono gli enti pubblici territoriali?**
Esse sono: autonomia politica (possibilità di svolgere autonome elezioni amministrative in occasione delle quali sono eletti gli organi istituzionali); autonomia normativa (possibilità di emanare leggi, per le Regioni, o regolamenti (per Comuni, Province e Città metropolitane); autonomia statutaria (possibilità di adottare un proprio Statuto); autonomia amministrativa (possibilità di emanare atti amministrativi); autonomia finanziaria (potere di applicare e disporre di entrate proprie).

**Che cos'è il PRINCIPIO DEL DECENTRAMENTO?**
È un principio che prevede uno spostamento e una distribuzione di competenze dagli organi centrali a quelli periferici.

**Che cos'è il COMUNE?**
È l'ente locale più vicino al cittadino, che cura gli interessi e promuove lo sviluppo della propria comunità, di cui ha la diretta rappresentanza. I suoi organi fondamentali sono: il Sindaco (organo rappresentativo), il Consiglio comunale (organo deliberativo), la giunta comunale (organo esecutivo).

**Che cos'è la PROVINCIA?**
La Provincia è un ente territoriale di livello intermedio tra Regione e Comune, comprende il territorio di più Comuni, di cui promuove e coordina lo sviluppo. I suoi organi fondamentali sono: il Presidente della Provincia (organo rappresentativo), il Consiglio provinciale (organo deliberativo), l'Assemblea dei Sindaci.

**Che cos'è la CITTÀ METROPOLITANA?**
La Città metropolitana è stata riconosciuta dalla Costituzione (art. 114) con la riforma del 2001. Essa è equiparata agli altri enti territoriali, con le medesime autonomie. I suoi organi fondamentali sono: il Sindaco metropolitano (organo rappresentativo), il Consiglio metropolitano (organo deliberativo), la Conferenza metropolitana.

**Che cos'è la REGIONE?**
È un ente pubblico territoriale che si suddivide in due categorie:
- Regioni a Statuto ordinario (in totale quindici, disciplinate dalla Costituzione);
- Regioni a Statuto speciale (in totale cinque, disciplinate da leggi costituzionali).

I suoi organi fondamentali sono: il Presidente della Regione (organo rappresentativo), il Consiglio regionale (organo deliberativo); la giunta regionale (organo esecutivo).

**Che cosa s'intende per PROCESSO D'INTEGRAZIONE EUROPEA?**
È un processo lento e graduale che si è sviluppato nell'arco di oltre mezzo secolo, attraverso il quale la maggior parte degli Stati del continente europeo ha progressivamente aderito all'Unione europea.

**Quando nacque l'UNIONE EUROPEA?**
Essa fu ufficialmente istituita con il Trattato di Maastricht, firmato nel 1992, con l'intento di creare una comunità di Stati di natura non solo economica, ma anche politica e monetaria.

**Quali NOVITÀ introdusse il TRATTATO DI LISBONA?**
Questo Trattato, entrato in vigore nel 2009, in particolare:
- conferì forza giuridica vincolante alla Carta dei diritti fondamentali dell'Unione europea;
- riformò il quadro istituzionale, ampliando il ruolo della partecipazione dei cittadini e dei Parlamenti nazionali nella vita democratica dell'Unione europea;
- sostituì e assorbì la Comunità europea (CE) nell'Unione europea (UE).

**Che cos'è l'UNIONE EUROPEA?**
È un'unione politica ed economica, di carattere sovranazionale, che si basa su grandi ideali di pace, libertà, stabilità e prosperità. Si tratta anche di un'unione di diritto perché è fondata su trattati approvati da tutti i ventotto Paesi membri, diciannove dei quali utilizzano come moneta comune l'Euro.

**Quali sono le caratteristiche della CITTADINANZA EUROPEA?**
Essa si aggiunge a quella nazionale, senza sostituirla, e fa acquisire, in particolare, il diritto:
- di circolare e di soggiornare liberamente sul territorio degli Stati membri;
- di eleggere i membri del Parlamento europeo e di candidarsi alle elezioni europee e a quelle comunali nei Paesi membri in cui si ha la residenza, alle stesse condizioni dei cittadini di quegli Stati;
- di beneficiare della protezione diplomatica e consolare di qualsiasi Stato dell'Unione se in un Paese terzo non esiste la rappresentanza dello Stato di appartenenza, membro dell'Unione.

**Quali sono gli ORGANI PRINCIPALI dell'Unione europea?**
Essi sono: Parlamento europeo (organo legislativo); Consiglio (organo decisionale); Commissione europea (organo esecutivo); Consiglio europeo (organo di indirizzo politico); Corte di giustizia dell'Unione europea (organo giurisdizionale).

**Quali sono i principali ATTI dell'UNIONE EUROPEA?**
Essi sono: Regolamenti, Direttive e Decisioni (atti vincolanti); Raccomandazioni e pareri (atti non vincolanti).

Per una didattica inclusiva:

## Parole chiave

**ENTI PUBBLICI TERRITORIALI** →
- Comuni
- Province
- Città metropolitane
- Regioni

**AUTONOMIA di REGIONI ed ENTI LOCALI** →
- Autonomia politica
- Autonomia normativa
- Autonomia statutaria
- Autonomia amministrativa
- Autonomia finanziaria

**ORGANI degli ENTI PUBBLICI TERRITORIALI** →
- Organo rappresentativo
- Organo deliberativo
- Organo esecutivo

**UNIONE EUROPEA** →
- Nascita
- Ruolo
- Finanziamenti
- Cittadinanza europea

**ORGANI PRINCIPALI dell'UNIONE EUROPEA** →
- Parlamento europeo
- Consiglio
- Commissione europea
- Consiglio europeo
- Corte di giustizia dell'Unione europea

## CLIL

### The European Union

The creation of the **European Union** arises from a slow and gradual process that developed over more than half a century. It is a political and economic union, of supranational nature, based on great ideals of peace, freedom, stability and prosperity. It is also a union of law because it is based on treaties ratified by all the Member States, nineteen of whom use **Euro** as common currency. All these States, belonging to the European continent, chose to transfer part of their sovereignty to institutions created by themselves. Therefore the European Union is a political and institutional entity, with a unique legal status, playing a key role in policies of single Member States and in citizens lives.
Within the Union, all the citizens have the **European citizenship** to be added to the national one, without replacing that one, and it enable them to acquire, for instance, the right to freely move and stay on the Member States territory, to elect the members of the European Parliament and to run for European elections.

**Exercise. Complete the sentences with the missing words.**

1. The .......................... is the legislative authority of the European Union and it is the only one to be directly elected by the ............... of the Member States.
2. The Maastricht .................... of 1992 created the ......................, with the purpose to create a political, economic and monetary union.

*(European Union, citizens, Treaty, European Parliament)*

## Verifica delle competenze

- Livello BASE: ✪ (Punteggio totale: 12)
- Livello INTERMEDIO: ✪✪ (Punteggio totale: 60)
- Livello AVANZATO: ✪✪✪ (Punteggio totale: 28)

### ✪ Esercizio 1). Impara ad imparare.

**Scelta multipla: evidenzia la risposta esatta. Il paragrafo indicato nella parentesi è quello su cui devi riflettere (2 punti per ciascuna scelta corretta).**

**1. Non fa parte delle autonomie locali (Par. n. 1):**
a. la Città metropolitana
b. il Comune
c. lo Stato
d. la Regione

**2. La riforma costituzionale del 2001 ha modificato (Par. n. 1):**
a. i principi fondamentali della Costituzione
b. il Titolo V della Costituzione
c. il sistema di elezione dei parlamentari
d. l'elezione del Presidente della Repubblica

**3. La Valle d'Aosta è una (Par. n. 3):**
a. Città metropolitana
b. Regione a Statuto ordinario
c. Provincia a Statuto speciale
d. Regione a Statuto speciale

**4. Ha segnato la nascita dell'Unione europea (UE) (Par. n. 4):**
a. Trattato di Lisbona
b. Atto unico europeo
c. Trattato di Maastricht
d. Trattato di Nizza

**5. Gli Stati fondatori dell'Unione europea furono (Par. n. 4):**
a. Francia e Germania
b. Scandinavia, Italia, Francia, Germania, Paesi Bassi
c. Francia, Germania, Italia, Belgio, Paesi Bassi e Lussemburgo
d. Croazia, Italia, Francia Germania, Paesi Bassi, Belgio

**6. Dal 1979 è eletto da tutti i cittadini dell'Unione europea (Par. n. 6):**
a. il Consiglio
b. il Consiglio europeo
c. il Presidente del Consiglio europeo
d. il Parlamento europeo

**Punti: ..../12**

### ✪✪ Esercizio 2). Individua collegamenti e relazioni.

**Collega ciascun numero alla lettera corrispondente (3 punti per ciascun collegamento esatto).**

1. Ente pubblico territoriale
2. Nascita Unione europea
3. Commissione europea
4. Autonomia finanziaria
5. 2009
6. Regione
7. Parlamento europeo
8. Organo esecutivo del Comune

a. Potestà regolamentare
b. Funzione esecutiva
c. Città metropolitana
d. Funzione legislativa
e. Giunta comunale
f. Tasse locali
g. Trattato di Maastricht
h. Trattato di Lisbona

| 1 | 2 | 3 | 4 | 5 | 6 | 7 | 8 |
|---|---|---|---|---|---|---|---|
| | | | | | | | |

**Punti: ..../24**

■ ✪✪ **Esercizio 3). Acquisisci ed interpreta l'informazione.**
**Indica se le seguenti affermazioni sono vere o false, motivando la risposta (3 punti per ciascuna risposta esatta).**

| | V | F |
|---|---|---|
| 1. L'Italia non è uno Stato unitario<br>Perché ........................................ | ☐ | ☐ |
| 2. Le Regioni italiane hanno autonomia politica<br>Perché ........................................ | ☐ | ☐ |
| 3. I Comuni sono degli enti territoriali<br>Perché ........................................ | ☐ | ☐ |
| 4. L'Unione europea è un'unione politica ed economica<br>Perché ........................................ | ☐ | ☐ |
| 5. L'Unione monetaria comprende tutti i Paesi dell'Unione europea<br>Perché ........................................ | ☐ | ☐ |
| 6. Tutti i cittadini degli Stati membri della UE godono della cittadinanza europea<br>Perché ........................................ | ☐ | ☐ |

**Punti: ..../18**

■ ✪✪ **Esercizio 4). Comunica (rappresenta).**
**Completa la mappa concettuale che segue (3 punti per ciascun completamento esatto).**

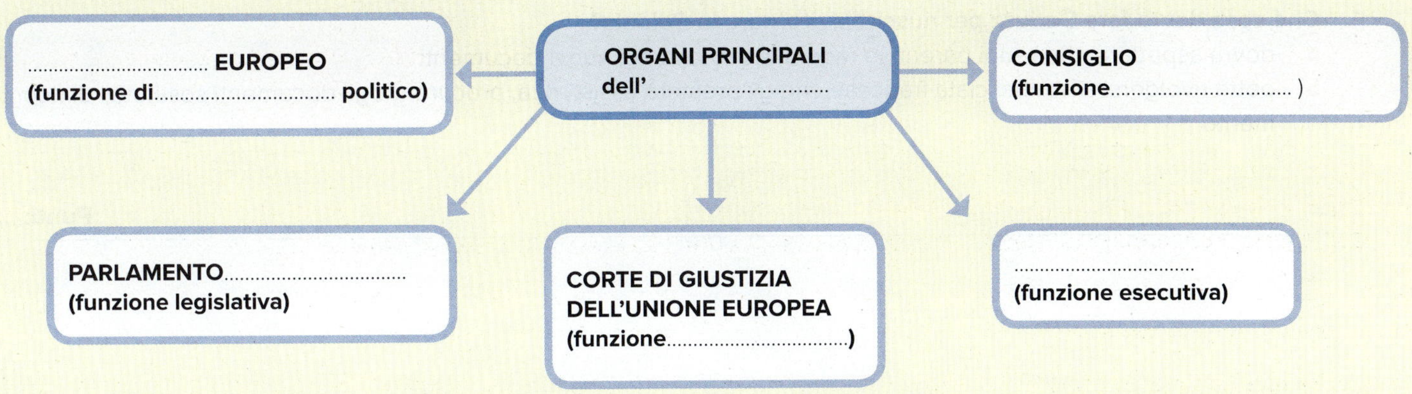


**Punti: ..../18**

■ ✪✪✪ **Esercizio 5). Comunica (comprendi).**
**Rispondi alle seguenti domande (4 punti per ciascuna risposta esatta).**

1. Quali sono le autonomie di cui godono gli enti territoriali? (Par. n. 1)
2. Indica le tappe fondamentali del processo d'integrazione europea. (Par. n. 4)
3. Che cos'è la cittadinanza europea e quali diritti conferisce? (Par. n. 5)

**Punti: ..../12**

## ✪✪✪ Esercizio 6). Risolvi i problemi.

**Analizza il caso e rispondi ai quesiti a risposta multipla (4 punti per ogni scelta multipla).**

Dariusz, giovane polacco, organizza insieme ad alcuni compagni di Università, un avventuroso viaggio itinerante in un Paese africano. Durante un tragitto in autobus, subisce il furto del passaporto. Disperato, il ragazzo cerca di reperire l'indirizzo e il numero di telefono dell'Ambasciata polacca per chieder aiuto e assistenza, ma apprende con disappunto che in quel Paese si trova solo l'Ambasciata francese. A chi potrà rivolgersi Dariusz per avere nuovi documenti di riconoscimento?

**1. La Polonia è membro dell'Unione europea?**

**a.** No
**b.** Sì

**2. La cittadinanza europea:**

**a.** spetta di diritto a tutti i cittadini degli Stati membri
**b.** sostituisce quella nazionale
**c.** è sottoposta a un termine di validità
**d.** scade dopo cinque anni

**3. Essere cittadino europeo comporta:**

**a.** il diritto a pagare meno tasse
**b.** l'obbligo di residenza in uno Stato europeo
**c.** il diritto ad essere assistiti dall'Ambasciata di qualsiasi Stato dell'Unione se, in un Paese terzo, non esiste la rappresentanza dello Stato di appartenenza

**4. Che cosa dovrà fare Dariusz per riuscire a ritornare in Polonia?**

**a.** dovrà aspettare che i suoi parenti lo raggiungano con dei nuovi documenti
**b.** potrà rivolgersi all'Ambasciata francese che gli presterà assistenza, procurandogli documenti sostitutivi di riconoscimento

**Punti: ..../16**

**Calcola il punteggio totale conseguito e assegnati la valutazione a esso corrispondente:**

| Tabella di autovalutazione | |
|---|---|
| ☐ 100-87 | **A** Lavoro eccellente. |
| ☐ 86-67 | **B.** Lavoro buono. |
| ☐ 66-47 | **C.** Lavoro adeguato. |
| ☐ 46-2 | **D.** Lavoro da migliorare. |

**Verifica di autovalutazione di fine modulo**

## Un percorso per tutti

# Le istituzioni locali ed europee

Questo è un percorso a tappe che rispetta i tempi e i bisogni di apprendimento di tutti, anche quelli speciali. Uno, due, tre, pronti ... VIA!

**TAPPA N. 1): acquisisci una visione d'insieme.**

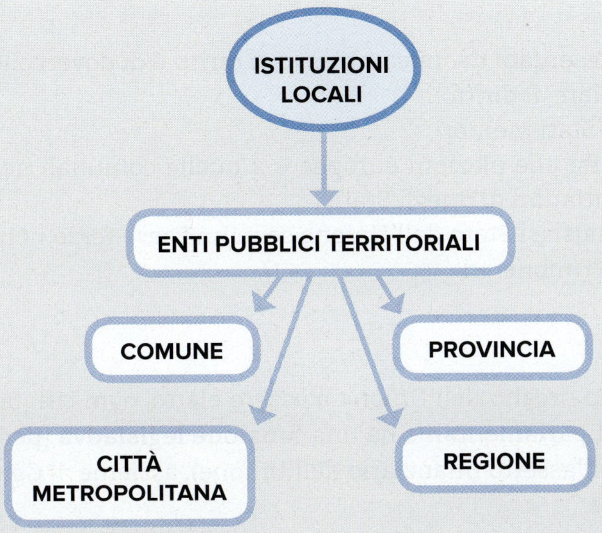


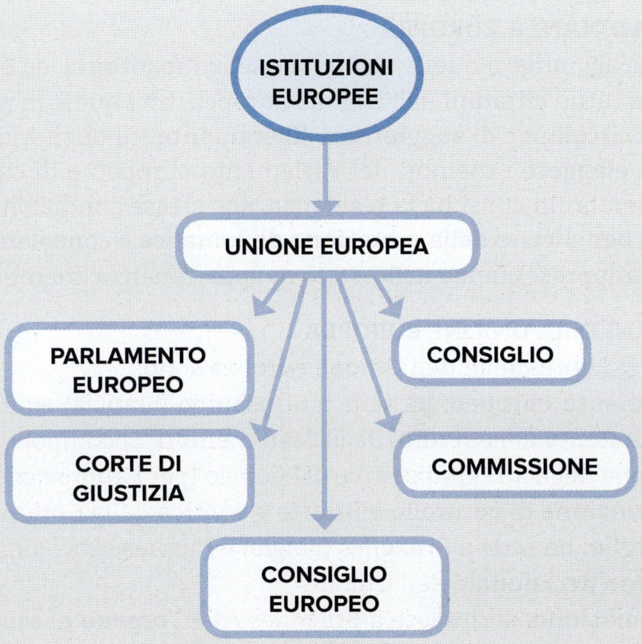


**TAPPA N. 2): sintetizza i concetti fondamentali.**

**ENTI PUBBLICI TERRITORIALI**

**Definizione:** sono così denominati perché il territorio ne rappresenta l'elemento costitutivo essenziale. Sono gli enti distinti dallo Stato, costituiti da Comuni, Province, Città metropolitane e Regioni che amministrano e governano determinati territori e le persone che vi risiedono e che godono di determinate autonomie, per le quali sono definiti anche "autonomie locali".

**Comune:** è l'ente locale più vicino al cittadino, che cura gli interessi e promuove lo sviluppo della propria comunità, di cui ha la diretta rappresentanza. I suoi organi fondamentali sono: il Consiglio comunale (organo deliberativo), la giunta comunale (organo esecutivo) e il Sindaco (organo rappresentativo).

**Provincia:** è un ente territoriale di livello intermedio tra Regione e Comune, comprende il territorio di più Comuni, di cui promuove e coordina lo sviluppo. I suoi organi fondamentali sono: il Consiglio provinciale (organo deliberativo) e il Presidente della Provincia (organo rappresentativo).

**Città metropolitana:** è stata riconosciuta dalla Costituzione con la riforma del 2001. I suoi organi fondamentali sono: il Consiglio metropolitano (organo deliberativo) e il Sindaco metropolitano (organo rappresentativo).

**Regione:** è un ente pubblico territoriale che si suddivide in due categorie: Regioni a Statuto ordinario (quindici, disciplinate dalla Costituzione); Regioni a Statuto speciale (cinque, disciplinate da leggi costituzionali). I suoi organi fondamentali sono: il Consiglio regionale (organo deliberativo), la giunta regionale (organo esecutivo) e il Presidente della Regione (organo rappresentativo).

**UNIONE EUROPEA (UE)**

**Nascita:** essa risale ufficialmente al Trattato di Maastricht (Olanda), firmato nel 1992, con l'intento di creare una comunità di Stati di natura non solo economica, ma anche politica e monetaria.

**Caratteristiche:** è un'**unione politica ed economica**, di carattere sovranazionale, che si basa su grandi ideali di pace, libertà, stabilità e prosperità. Si tratta anche di un'**unione di diritto** perché è fondata su trattati approvati da tutti i ventotto Paesi membri, diciannove dei quali utilizzano come moneta comune l'Euro e costituiscono l'**unione monetaria europea**.

**Ruolo**: l'Unione europea è un soggetto politico e istituzionale, dotata di personalità giuridica unica, che svolge un ruolo fondamentale nelle politiche dei singoli Stati e nella vita dei cittadini.
**Finanziamenti**: l'Unione europea si finanzia, sostanzialmente, con i contributi degli Stati membri, versati in proporzione alla loro ricchezza nazionale. Essa dispone, inoltre, di risorse proprie che derivano dalla riscossione di imposte e diritti doganali.
**Origini dell'Unione europea e Stati membri:** Francia, Germania, Italia, Belgio, Paesi Bassi e Lussemburgo (1952), Danimarca, Gran Bretagna e Irlanda (1973), Grecia (1981), Spagna e Portogallo (1986), Austria, Finlandia e Svezia (1995), Cipro, Estonia, Lettonia, Lituania, Malta, Polonia, Repubblica Ceca, Slovacchia, Slovenia e Ungheria (2004), Bulgaria e Romania (2007), Croazia (2013).

**CITTADINANZA EUROPEA**
Essa si aggiunge a quella nazionale, senza sostituirla, ed è rappresentata da un complesso di diritti e di doveri che spettano a tutti i cittadini dell'Unione europea, tra i quali, in particolare, il diritto:
- di **circolare** e di **soggiornare liberamente** sul territorio degli Stati membri;
- di **eleggere** i membri del Parlamento europeo e di candidarsi alle elezioni europee e a quelle comunali nei Paesi membri in cui si ha la residenza, alle stesse condizioni dei cittadini di quegli Stati;
- di **beneficiare della protezione diplomatica e consolare** di qualsiasi Stato dell'Unione se in un Paese terzo non esiste la rappresentanza dello Stato di appartenenza, membro dell'Unione.

**ORGANI DELL'UNIONE EUROPEA**
Gli organi principali dell'Unione europea sono:
**Parlamento europeo**: ha sede a Strasburgo (Francia) ed è l'unico organo dell'Unione a essere eletto, ogni cinque anni, direttamente dai cittadini degli Stati membri. Si compone di 751 parlamentari e ha una **funzione legislativa** (per la formazione degli atti giudiziari) e di bilancio (per l'approvazione dell'assetto finanziario dell'Unione), assieme al Consiglio; una **funzione di controllo** giuridico e politico della Commissione.
**Consiglio:** ha sede a Bruxelles (Belgio) e rappresenta i singoli Stati membri, perché si compone dei ministri nazionali. È l'**organo decisionale** dell'Unione.
**Commissione:** si riunisce a Bruxelles ed è l'**organo esecutivo** dell'Unione europea. Essa promuove l'interesse generale dell'Unione, attua le politiche comuni e dà esecuzione al bilancio.
**Consiglio europeo**: si riunisce a Bruxelles ed è formato dalle più alte cariche degli Stati membri (es. Capi di Stato o di governo). Esso ha solo una **funzione d'indirizzo politico**, diretta a individuare gli obiettivi e le priorità delle politiche dell'Unione.
La **Corte di giustizia dell'Unione europea** ha sede a Lussemburgo ed è formata da un numero di giudici pari agli Stati membri. Essa ha il compito di interpretare il diritto dell'Unione e di garantire l'effettiva applicazione dei Trattati e della legislazione europea.

## TAPPA N. 3): mettiti alla prova.
Riascolta la sintesi, mediante il supporto audio. Verifica se hai compreso:

- **Esercizio per l'apprendimento. Comunica (comprendi).**
  **Rispondi ai quesiti, utilizzando uno dei suggerimenti indicati nella parentesi.**

1. Quale natura ha l'Unione europea? ..............................
(Politica, economica, monetaria).
2. Dove fu firmato il Trattato che istituì l'Unione europea? ..............................
(Roma, Parigi, Maastricht).
3. Quale Stato non fa parte dell'Unione europea? ..............................
(Islanda, Italia, Germania).
4. Quale organo dell'Unione europea esercita il potere esecutivo? ..............................
(Consiglio, Commissione, Parlamento europeo).

- Misura la tua preparazione, avvalendoti degli esercizi facilitati di autovalutazione che trovi nei materiali digitali, sul sito del libro.

Verifica facilitata di autovalutazione di fine modulo

## Compito di realtà

***Esamino il testo:***

### *Il 60° anniversario dei Trattati di Roma*

"Oggi, 60 anni fa, cominciava una marcia. Un semplice atto di cittadinanza per rendersi autori di storia di progresso, dopo essere stati vittime di una guerra senza precedenti.
Da allora, abbiamo fatto passi da gigante. 60 anni fa libertà, uguaglianza e democrazia erano un lusso per pochi – solo dodici Nazioni potevano chiamarsi democratiche. Oggi, quella europea è la più grande Unione di democrazie nel mondo. 60 anni fa, troppe donne europee avevano a malapena guadagnato il diritto di voto. Oggi, le laureate europee sono più numerose dei laureati e le donne europee sono le più libere nel mondo. Oggi siamo doppiamente più abbienti di quanto non fossimo 60 anni fa.
60 anni fa, a marciare, erano solo sei Paesi. Oggi siamo **500 milioni di europei**.
Dunque, abbiamo già l'Europa che vogliamo? La maggior parte di noi pensa di no, quando guarda alle sfide del presente. L'Europa è il continente più equo al mondo, ma rimangono **121 milioni di europei a rischio di povertà** – nonostante 130 milioni ne siano usciti nello scorso decennio. Sette su dieci giovani dell'Europa centrale e dell'Est sostengono l'Unione. In Italia, secondo una rilevazione Doxa, oltre tre connazionali su quattro sono favorevoli alle istituzioni Ue (il 76% del totale intervistati), con un picco dell'87% tra i 18-34enni. Il dato è persino migliorare di quello rilevato sempre da Doxa nel 1950 (71%).
Intanto il terrorismo non molla la presa. Uno Stato membro ha deciso di lasciarci.
Eppure, oggi, abbiamo una scelta. La maggior parte di noi continua a credere che una vita con e nell'Unione Europea sia meglio dello scenario contrario, specialmente mentre Cina e India crescono ridimensionando il peso individuale di ogni europeo. Abbiamo costruito il **più duraturo esempio di pace nella storia dell'umanità** dopo essere stati autori della guerra più cruenta. Abbiamo reso l'inimmaginabile possibile in passato. Lo possiamo rifare.
Ma da dove partire?
Oggi è un buon giorno per farlo. Il Natale dell'Unione europea – così potremmo chiamare le celebrazioni dei 60 anni dei Trattati di Roma, che si tengono oggi – è un'occasione unica di **imprenditorialità civica e politica**. I nostri leader discutono il Libro bianco della Commissione europea su "Il futuro dell'Europa", che è molto più di una serie di scenari che delineano come l'Unione potrebbe evolversi nel futuro prossimo: è il certificato di nascita di un'Europa (di 27 membri) che si vuole rinnovare.
Noi – da cittadini – possiamo cogliere l'invito a partecipare a questo momento creativo. L'Europa che sarà non è altro che il frutto delle decisioni e delle responsabilità che ci prenderemo da europei. **È tempo di decidere chi vogliamo essere**. Un semplice atto di cittadinanza è il modo migliore per cominciare. Oggi io non marcio semplicemente per l'Europa, ma con gli europei. Perché la storia del progresso è aperta, e avanza al ritmo dei nostri passi. La marcia continua. Uniamoci." *

* Fonte: sito web di "Alley Oop Il Sole 24 Ore", "60 anni di Ue: semplici atti di cittadinanza", articolo di Leonardo Quattrucci del 25 Marzo 2017.

***Applico le conoscenze:***

1. Sapresti individuare i sei Paesi, di cui si parla nel testo, che diedero avvio al percorso per la creazione dell'Unione europea?
2. Riesci a comprendere perché "60 anni fa libertà, uguaglianza e democrazia erano un lusso per pochi"? Prova a spiegarlo.
3. In che senso i Trattati di Roma sono considerati atti fondanti dell'Unione europea?
4. Quando il testo riferisce "Uno Stato membro ha deciso di lasciarci", a chi e a che cosa fa riferimento?
5. Saresti in grado di spiegare il concetto di "cittadinanza europea"?

***Sviluppo le competenze e mi confronto:***

Il "Portale europeo per i giovani" offre informazioni e diverse opportunità per i ragazzi che vivono, studiano o lavorano in Europa. Queste notizie, disponibili in ventotto lingue, sono organizzate per temi, come, ad esempio, volontariato, lavoro, apprendimento, cultura e creatività o inclusione sociale.
La classe si divida in gruppi a ciascuno dei quali sia assegnato uno di questi temi. Ogni membro ricerchi in Internet, sul Portale indicato, le informazioni e le occasioni che ritenga più interessanti. A ricerca ultimata, ogni alunno riferisca all'interno del gruppo di appartenenza, tenuto a rielaborare i dati e a produrre un breve elaborato cartaceo o multimediale, da condividere con il resto della classe.

***Valuto le competenze:***

| Competenze | A<br>Livello Avanzato | B<br>Livello Intermedio | C<br>Livello Base | D<br>Livello Iniziale |
|---|---|---|---|---|
| • Colloco l'esperienza personale in un sistema di regole fondato sul reciproco riconoscimento dei diritti garantiti dalla Costituzione, a tutela della persona, della collettività e dell'ambiente.<br>• Ricerco informazioni in Rete (competenza digitale).<br>• Imparo ad imparare.<br>• Individuo collegamenti e relazioni.<br>• Acquisisco ed interpreto le informazioni.<br>• Comunico.<br>• Collaboro e partecipo. | **Lavoro eccellente**<br>☐<br>Applico con consapevolezza le conoscenze acquisite alla vita reale; comprendo e valuto informazioni, con buona padronanza del lessico della disciplina, collaborando in modo efficiente. | **Lavoro buono**<br>☐<br>Applico in autonomia le conoscenze acquisite alla vita reale; comprendo e valuto informazioni, con un uso appropriato del lessico della disciplina, collaborando in modo efficace. | **Lavoro adeguato**<br>☐<br>Applico le conoscenze essenziali acquisite alla vita reale; reperisco informazioni di base, utilizzando i termini fondamentali della disciplina e collaborando in modo corretto. | **Lavoro da migliorare**<br>☐<br>Applico alcune conoscenze elementari acquisite alla vita reale, se guidato; fatico a reperire le informazioni di base, con un uso limitato dei termini della disciplina, collaborando in modo passivo. |

# 1 L'ECONOMIA E IL SISTEMA ECONOMICO

**UdA 1**
**I fondamenti dell'attività economica** → RISORSE → BISOGNI → BENI → ATTIVITÀ ECONOMICA

**UdA 2**
**I sistemi economici** → SOGGETTI ECONOMICI → RELAZIONI → DENARO BENI SERVIZI → SISTEMA ECONOMICO

**Alla fine di questo percorso didattico, sarai in grado di comprendere il fine dell'economia e il funzionamento di un sistema economico.**

**FLIPPED classroom**

## A casa: lezione

Leggo e ascolto i materiali digitali:
- Gli economisti di riferimento dei principali sistemi economici (*PowerPoint*).
- "Ripassiamo insieme" (Audio).
- "Parole chiave" (Animazione).

## A scuola: sviluppo le competenze

Rifletto:
- Confronto e dibattito in classe.
- Verifica delle competenze di fine unità di apprendimento 2.

Mi metto alla prova:
- Compito di realtà.

# UdA 1 I FONDAMENTI DELL'ATTIVITÀ ECONOMICA

## 1. La scienza economica

Sin dalle origini del genere umano, gli individui hanno avvertito la necessità di soddisfare determinate esigenze legate, in particolare, alla sopravvivenza, mediante i mezzi ritenuti indispensabili per condurre un'esistenza dignitosa (es. cibo, vestiti, abitazione).

▸ Attività economica: produzione di biscotti

**La scarsità delle risorse**

Le persone umane o le organizzazioni devono misurarsi ogni giorno con la difficoltà di soddisfare i bisogni, di per sé illimitati, a causa della **scarsità** delle **risorse** disponibili.

In una famiglia, i soldi guadagnati con l'attività lavorativa non sempre bastano per potersi permettere tutti i consumi desiderati quali, ad esempio, le vacanze, le attività sportive e ricreative per i figli, il televisore di ultima generazione. Così pure in un'impresa, le risorse finanziarie possono non essere sufficienti per tutti gli investimenti programmati, come il rinnovo dei macchinari e delle attrezzature o l'acquisto del terreno su cui costruire un nuovo capannone, destinato alla produzione. Anche lo Stato, per soddisfare i bisogni collettivi, avvertiti cioè da una molteplicità di persone (es. istruzione), deve sostenere ingenti spese, alle quali non sempre corrispondono sufficienti entrate.

**L'attività economica**

Pertanto, quando non è possibile disporre di adeguate risorse, ogni operatore è costretto a compiere delle scelte tra le diverse alternative, per valutare, ad esempio, a quali esigenze dare la priorità. L'**attività economica** consiste proprio nell'attività diretta a creare o a procurare le cose di cui l'uomo ha necessità, per soddisfare i propri bisogni attraverso un sacrificio economico.

**L'economia**

L'**economia** è la scienza che ha ad oggetto lo studio delle attività umane finalizzate a soddisfare i bisogni, impiegando le risorse disponibili, attraverso la produzione, lo scambio, la distribuzione o il consumo di cose.

Dentro l'**economia**

### Microeconomia e macroeconomia

L'economia, in genere, si distingue in microeconomia e macroeconomia.
Quando si analizzano i comportamenti e le decisioni del singolo (es. produttore) si è nell'ambito della **microeconomia**. Un esempio può essere costituito dall'analisi delle scelte del consumatore, rispetto ai consumi o ai risparmi, per poi desumerne delle regole generali.

Tutte le volte, invece, che l'economia studia il comportamento di comunità organizzate (es. famiglie, imprese, Stato), osservando i fenomeni economici nel loro complesso, prende il nome di **macroeconomia**. È il caso dell'analisi del livello generale dei prezzi, della ricchezza nazionale, dei debiti e dei crediti complessivi derivanti dalle importazioni e dalle esportazioni.

L'economia politica

Quando l'economia studia i comportamenti e le relazioni nell'ambito dell'attività economica, prendendo in considerazione l'individuo sia come singolo, sia come membro di una collettività, si definisce **economia politica**.

**Economia politica:** è un'espressione che deriva da alcune parole greche come "*òikos*" (casa), "*nòmos*" (legge) e "*pòlis*" (Stato, città) e che, letteralmente, ha il significato di "*legge della casa e dello Stato*".

Dentro l'**economia**

## La rappresentazione grafica in economia

Per facilitare la comprensione e l'apprendimento dei meccanismi economici, si ricorre molto spesso all'utilizzo di grafici. Essi consistono in rappresentazioni che consentono di visualizzare l'andamento di un fenomeno economico o di una funzione, che descrive la relazione esistente tra due grandezze.

Tra gli strumenti utilizzati vi è il **diagramma cartesiano**, costituito da due rette che s'intersecano tra loro in un punto (origine) di valore pari a zero. In genere, si misura sull'asse delle ascisse (x, retta orizzontale) una variabile (es. quantità domandata di un bene) e sull'asse delle ordinate (y, retta verticale) un'altra variabile (es. il prezzo di un bene).

Una frequente modalità di rappresentazione è costituita dall'**istogramma**, formato da figure geometriche (es. rettangoli), proporzionali alle grandezze da visualizzare.

Un altro strumento grafico molto efficace è l'**areogramma o diagramma a torta**, che rappresenta le diverse grandezze considerate come parti di un tutto, tanto più grandi quanto più esteso è il fenomeno o l'elemento preso in considerazione.

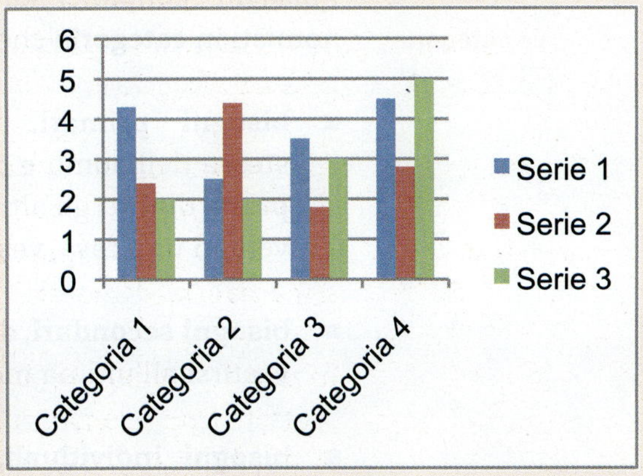


▸ Istogramma

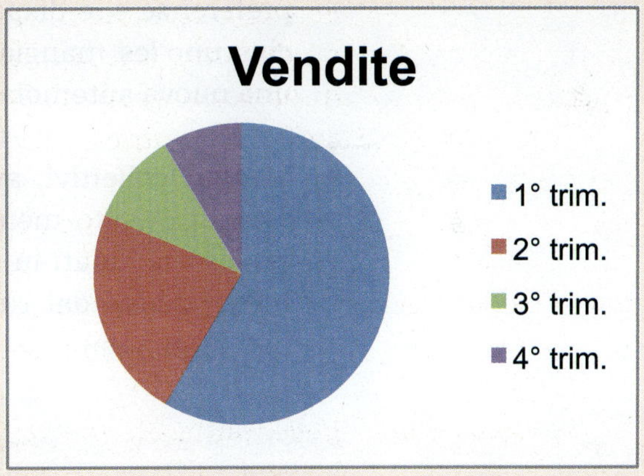


▸ Aerogramma

# 2. I bisogni

I bisogni delle famiglie

Per studiare e comprendere i fenomeni economici e il loro funzionamento, occorre partire dall'analisi dei **bisogni**. Ogni giorno gli individui, singoli o associati, avvertono una molteplicità di bisogni che si manifestano sotto forma di desideri o di urgenti necessità di fare o di avere qualcosa. In teoria, tutti i bisogni possono essere soddisfatti, a condizione che si disponga dei mezzi utili a questo scopo.

**Esempio: Elisa, mentre passeggia nel centro storico della sua città, avverte il bisogno di mangiare, entra in un bar e si compra un panino con il prosciutto cotto.**

In realtà, non tutti i bisogni possono essere appagati attraverso beni o servizi. In questi casi essi sono esclusi dall'oggetto di studio dell'economia.

**Esempio: Lorenzo desidera che la sua compagna di banco s'innamori di lui e che piova nel fine settimana, per invitarla al cinema.**

**Il bisogno economico**

Si definisce **bisogno economico** lo stato d'insoddisfazione avvertito da un individuo che può essere colmato attraverso un bene idoneo e raggiungibile.

**Le categorie**

I bisogni economici sono classificati dagli economisti in **categorie** che, precisamente, sono:

▸ Bisogno primario: vivere in una casa

- **bisogni primari**, riguardanti l'esistenza stessa dell'uomo e come tali da soddisfarsi prima di tutti gli altri (es. bere, mangiare, vivere in una casa, vestirsi);
- **bisogni secondari**, diretti a migliorare le condizioni di vita ma dei quali si può fare a meno (es. vestirsi all'ultima moda, andare al cinema o in vacanza);
- **bisogni individuali**, relativi a una singola persona che sono soddisfatti secondo le preferenze e le disponibilità economiche di ciascuno (es. mangiare una pizza, comprarsi una nuova automobile);
- **bisogni collettivi**, avvertiti da ogni individuo, in quanto membro di una collettività (es. essere curati in ospedale dal medico di turno o bere dal rubinetto acqua pulita e non inquinata).

▸ Bisogno collettivo: spostarsi in metropolitana

**Esercizio A) per l'apprendimento. Comunica (comprendi).**

**Indica a fianco dei seguenti bisogni se si tratta di un bisogno primario (P) o secondario (S).**

1. Inviare messaggi con il cellulare P S
2. Ascoltare musica P S
3. Bere acqua P S
4. "Postare" una foto su Internet P S
5. Assumere farmaci salva vita P S
6. Andare in vacanza P S
7. Frequentare gli amici P S
8. Mangiare P S
9. Andare al cinema P S
10. Curarsi P S

■ **Esercizio B) per l'apprendimento. Acquisisci ed interpreta l'informazione.**

**Dopo aver osservato le immagini, rispondi alle domande riferendoti a ciascuno dei bisogni raffigurati.**

1. I bisogni rappresentati sono individuali o collettivi?
2. Perché?

▶ **Avere strade illuminate di notte**

▶ **Suonare la chitarra**

## 3. Le caratteristiche dei bisogni economici

I bisogni avvertiti dall'uomo sono tanti, diversi tra loro e in continua evoluzione per il mutare degli stili di vita e dei valori etici prevalenti, ma ciononostante presentano alcune fondamentali **caratteristiche comuni**:

L'illimitatezza

- **Illimitatezza**: i bisogni non finiscono mai ed è impossibile indicarne la quantità precisa. La sfera dei bisogni si amplia in continuazione per l'influenza della pubblicità, del progresso, dell'evoluzione dei costumi della società che, insieme, fanno nascere nuove esigenze.

**Esempio: oggi gli studenti, con lo sviluppo e la diffusione dell'editoria digitale e dei libri elettronici (e-book), hanno maggiore necessità di un tablet, piuttosto che di un computer.**

La variabilità

- **Variabilità**: i bisogni mutano nel corso del tempo.

**Esempio: Andrea a due anni gira per casa su un triciclo, a sette va in bicicletta, a quindici si sposta da un luogo all'altro in motorino e a diciotto si fa regalare un'automobile.**

La saziabilità

- **Saziabilità**: i bisogni possono essere soddisfatti e la loro intensità diminuisce man mano che sono saziati.

**Esempio: Giulio, studente di prima in un Istituto Tecnico, durante l'intervallo, in attesa di pranzare dopo qualche ora, acquista un pacchetto di cracker al distributore automatico, per placare un po' la fame.**

La soggettività

- **Soggettività**: i bisogni variano da persona a persona e, per uno stesso individuo, in relazione ai tempi e ai luoghi.

**Esempio: chi sta in spiaggia in estate ha bisogno di una bibita fresca per dissetarsi, mentre chi va in alta montagna, in inverno, ha necessità di un thè caldo per scaldarsi.**

La risorgenza

- **Risorgenza**: i bisogni, dopo essere stati soddisfatti, tendono a ripresentarsi.

**Esempio:** di solito Mattia fa colazione alle otto appena sveglio, alle tredici ha l'esigenza di pranzare e, nonostante faccia merenda a metà pomeriggio, alle venti cena con appetito.

**Esercizio C) per l'apprendimento. Comunica (rappresenta).**
Completa la seguente mappa concettuale.

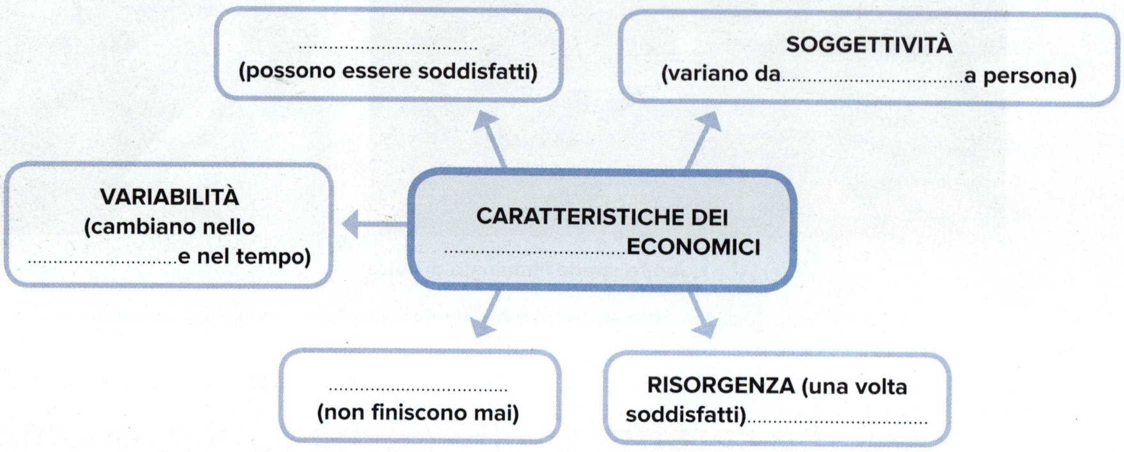


## 4. I beni e i servizi

I mezzi attraverso i quali è possibile soddisfare i bisogni possono essere:

▸ Servizio: consulenza contabile

I beni

- **beni**, ossia tutte le cose disponibili per l'uomo, materiali (es. un quaderno) o immateriali (es. un diritto d'autore su una canzone), che sono utilizzate per appagare uno stato d'insoddisfazione;

I servizi

- **servizi**, cioè le prestazioni umane fornite agli individui e alla collettività.

**Esempio:** l'attività di un istruttore di nuoto in piscina o la consulenza contabile resa a favore di una società da parte di un commercialista.

▸ Beni economici: autovetture

I beni economici

I **beni economici** sono quelli a disposizione dell'uomo che, per essere utilizzati, richiedono un sacrificio o un impegno valutabile in termini economici.

I requisiti fondamentali

In particolare, un bene per definirsi economico deve avere tre **requisiti fondamentali**:

- **limitatezza**, nel senso che il bene deve risultare scarsamente disponibile in natura e la sua acquisizione richiede un costo;

**Esempio:** nel nostro Paese le coltivazioni di pomodori sono abbondanti e diffuse, anche se in quantità limitata, e se ne voglio acquistare un Kilogrammo devo pagarne il prezzo;

- **utilità**, perché il bene deve essere idoneo a soddisfare un determinato bisogno dell'uomo;

**Esempio:** uno scooter risponde alla necessità di spostarsi più velocemente da un luogo a un altro;

- **reperibilità**, poiché il bene deve essere accessibile all'uomo.

**Esempio:** il gas che viene estratto dal sottosuolo a una profondità ragionevole è un bene economico, a differenza dei giacimenti minerari presenti in un pianeta ancora inesplorato dall'uomo.

▸ Bene libero: acqua del mare

I beni non economici o liberi

Un **bene** si definisce **non economico o libero** quando, pur soddisfacendo un bisogno, è a disposizione di tutti in quantità illimitata. Anche se offerto gratuitamente, è richiesto in misura inferiore alla quantità disponibile (es. l'aria, la luce solare, l'acqua del mare).

■ **Esercizio D) per l'apprendimento. Comunica (comprendi).**

**Completa la seguente tabella, inserendo le definizioni corrette e individuando il concetto nascosto nella colonna evidenziata.**

| | | | | | | | | | | | | | | | | |
|---|---|---|---|---|---|---|---|---|---|---|---|---|---|---|---|---|
| **1** | | | | | | | | | | | | Z | | | | |
| **2** | | | | | | | | | | N | | | | | | |
| **3** | | | | | | E | | | | | | | | | | |
| **4** | | I | | | R | | | | | | | | | | | |
| **5** | | | | | | | | | L | | | | T | | | |
| **6** | | | | | | | I | | | | A | | | | | |
| **7** | | | | | L | | | | | | | | | | | |
| **8** | | | | | | I | | | | | | | | | | |

1. Prestazioni umane.
2. Lo sono i beni che possono essere oggetto di scambio.
3. Lo è il bisogno di navigare in Internet.
4. Si dicono tali i bisogni che si ripresentano nel tempo.
5. Sono i bisogni avvertiti da un'intera collettività.
6. È un requisito dei beni economici.
7. Lo sono i bisogni perché non hanno mai fine.
8. Sono i bisogni da cui dipende la nostra stessa esistenza.

# 5. La classificazione dei beni economici

Il termine bene economico può ricomprendere numerose classificazioni, tra le quali:

I beni durevoli e non durevoli

- **beni durevoli**, che possono essere utilizzati più volte per soddisfare un bisogno e si mantengono nel tempo e **beni non durevoli**, che finiscono nel momento in cui sono utilizzati per la prima volta.

**Esempio:** un paio di pantaloni, una matita, un telefono sono beni durevoli; un cioccolatino, una focaccia, una torta sono beni non durevoli;

▶ Beni strumentali: ingredienti per torta

I beni di consumo e strumentali

- **beni di consumo**, che sono utilizzati da soli per la soddisfazione dei bisogni, senza necessità di alcuna trasformazione, e **beni strumentali**, che servono per produrre altri beni. È opportuno precisare che un bene può essere ritenuto di consumo o strumentale, in base all'uso che se ne fa.

**Esempio:** il pane, una poltrona, un maglione sono beni di consumo; il forno per cuocere il pane, il tessuto per rivestire la poltrona o la lana per realizzare il maglione sono beni strumentali; una barretta di cioccolato fondente è un bene di consumo se è acquistato per essere mangiato, ma è un bene strumentale se è impiegato per preparare una torta;

I beni complementari e surrogati

- **beni complementari**, che sono quelli che soddisfano meglio un bisogno se sono utilizzati insieme ad altri beni e **beni succedanei**, detti anche **surrogati**, che sono quelli che possono sostituire altri beni nella soddisfazione di un bisogno, anche se sono di qualità inferiore.

**Esempio:** l'automobile e la benzina, il tostapane e il pane da toast, il computer e la chiavetta Usb sono beni complementari; il burro e la margarina, l'olio di semi e l'olio d'oliva, una custodia in pelle e una custodia in plastica per il tablet sono beni succedanei.

- **Esercizio E) per l'apprendimento. Impara ad imparare.**
Scrivi sul quaderno cinque esempi di beni complementari e cinque esempi di beni succedanei.

- **Esercizio F) per l'apprendimento. Acquisisci ed interpreta l'informazione.**
Indica con una crocetta a quali categorie di beni economici appartengono quelli indicati nella prima colonna a sinistra, tenendo presente che un bene può rientrare in più di una tipologia.

| Beni | Durevoli | Non durevoli | Di consumo | Strumentali | Succedanei | Complementari |
|---|---|---|---|---|---|---|
| Zucchero | | | | | | |
| iPod | | | | | | |
| Impastatrice | | | | | | |
| Armadio | | | | | | |
| Olio d'oliva | | | | | | |
| Spaghetti | | | | | | |
| Libro | | | | | | |

Hai capito? Hai dei dubbi?

## Ripassiamo insieme

**Che cos'è l'ATTIVITÀ ECONOMICA?**
L'attività economica consiste nell'attività diretta a creare o a procurare le cose di cui l'uomo ha necessità, per soddisfare i propri bisogni attraverso un sacrificio economico.

**Che cos'è l'ECONOMIA?**
È la scienza che ha ad oggetto lo studio delle attività umane finalizzate a soddisfare i bisogni, impiegando le risorse disponibili, attraverso la produzione, lo scambio, la distribuzione o il consumo di cose.

**Che cos'è l'ECONOMIA POLITICA?**
Si definisce tale l'economia che studia i comportamenti e le relazioni nell'ambito dell'attività economica, prendendo in considerazione l'individuo sia come singolo, sia come membro di una collettività.

**Che cos'è un BISOGNO ECONOMICO?**
È uno stato d'insoddisfazione avvertito da un individuo che può essere colmato attraverso un bene idoneo e raggiungibile (bene economico).

**Quali sono le diverse CATEGORIE in cui si classificano i BISOGNI?**
Esistono:
- bisogni primari, riguardanti l'esistenza stessa dell'uomo e come tali da soddisfarsi prima di tutti gli altri;
- bisogni secondari, diretti a migliorare le condizioni di vita ma dei quali si può fare a meno;
- bisogni individuali, relativi a una singola persona che sono soddisfatti secondo le preferenze e le disponibilità economiche di ciascuno;
- bisogni collettivi, avvertiti da ogni individuo, in quanto membro di una collettività.

**Quali sono le CARATTERISTICHE dei BISOGNI?**
Esse sono:
- illimitatezza, perché i bisogni non finiscono mai ed è impossibile indicarne la quantità precisa;
- variabilità, nel senso che i bisogni mutano nel corso del tempo;
- saziabilità, poiché i bisogni possono essere soddisfatti e la loro intensità diminuisce man mano che sono saziati;
- soggettività, perché i bisogni variano da persona a persona e, per uno stesso individuo, in relazione ai tempi e ai luoghi.
- risorgenza, in quanto i bisogni, dopo essere stati soddisfatti, tendono a ripresentarsi.

**Che cos'è un BENE ECONOMICO?**
È quel bene a disposizione dell'uomo che, per essere utilizzato, richiede un sacrificio o un impegno valutabile in termini economici. In particolare, esso è:
- limitato, nel senso che è scarsamente disponibile in natura e la sua acquisizione richiede un costo;
- utile, perché è idoneo a soddisfare un determinato bisogno dell'uomo;
- reperibile, poiché è accessibile all'uomo.

**Quali sono le diverse TIPOLOGIE di BENI ECONOMICI?**
Essi si classificano in:
- beni durevoli, che possono essere utilizzati più volte per soddisfare un bisogno e beni non durevoli, che finiscono nel momento in cui sono utilizzati per la prima volta;
- beni di consumo, che sono utilizzati da soli per la soddisfazione dei bisogni e beni strumentali, che servono per produrre altri beni;
- beni complementari, che sono quelli che soddisfano meglio un bisogno se sono utilizzati insieme ad altri beni e beni succedanei, detti anche surrogati, che sono quelli che possono sostituire altri beni nella soddisfazione di un bisogno.

**Che cos'è un BENE NON ECONOMICO o BENE LIBERO?**
Si definisce tale il bene che, pur soddisfacendo un bisogno, è a disposizione di tutti in quantità illimitata (es. l'aria).

**Che cos'è un SERVIZIO?**
È una prestazione umana fornita agli individui e alla collettività (es. consulenza contabile di un commercialista).

Per una didattica inclusiva:

## Parole chiave

**ECONOMIA** →
- Attività economica
- Economia politica

**CATEGORIE di BISOGNI ECONOMICI** →
- Beni primari
- Beni secondari
- Beni individuali
- Beni collettivi

**CARATTERISTICHE dei BISOGNI ECONOMICI** →
- Illimitatezza
- Variabilità
- Saziabilità
- Soggettività
- Risorgenza

**REQUISITI dei BENI ECONOMICI** →
- Limitatezza
- Utilità
- Reperibilità

**TIPI di BENI ECONOMICI** →
- Beni durevoli e non durevoli
- Beni di consumo e beni strumentali
- Beni complementari e beni succedanei o surrogati

## ■ Verifica delle competenze

- ■ Livello BASE: ✪ (Punteggio totale: 12)
- ■ Livello INTERMEDIO: ✪✪ (Punteggio totale: 60)
- ■ Livello AVANZATO: ✪✪✪ (Punteggio totale: 28)

### ■ ✪ Esercizio 1). Impara ad imparare.

**Scelta multipla: evidenzia la risposta esatta. Il paragrafo indicato nella parentesi è quello su cui devi riflettere (2 punti per ciascuna scelta corretta).**

**1. È un bisogno economico (Par. n. 2):**
- a. avere fame
- b. desiderare l'affetto di un genitore
- c. desiderare il bel tempo nel weekend
- d. desiderare di vincere una gara di sci

**2. È un bene durevole (Par. n. 5):**
- e. un gelato
- a. una mela
- b. un banco
- c. una pizza

**3. È un bene libero (Par. n. 4):**
- a. un albero
- b. l'aria
- c. un aquilone
- d. una mongolfiera

**4. I bisogni, poiché si ripresentano, una volta soddisfatti, si dicono (Par. n. 3):**
- a. soggettivi
- b. saziabili
- c. illimitati
- d. risorgenti

**5. È un bisogno primario (Par. n. 2):**
- a. andare al concerto di un gruppo rock
- b. uscire con gli amici
- c. mangiare e bere
- d. frequentare un social network

**6. È un bisogno collettivo (Par. n. 2):**
- a. fare acquisti il sabato pomeriggio
- b. bere un caffè
- c. giocare una partita di pallavolo
- d. godere dell'illuminazione nelle strade

**Punti: ..../12**

### ■ ✪✪ Esercizio 2). Individua collegamenti e relazioni.

**Collega ciascun numero alla lettera corrispondente (3 punti per ciascun collegamento esatto).**

1. Insalata
2. Beni economici
3. Bisogni
4. Caffè
5. Giustizia
6. Bene di consumo
7. Bene libero
8. Tablet/carica batteria

- a. Bisogno collettivo
- b. Beni complementari
- c. Frutta
- d. Luce solare
- e. Bene non durevole
- f. Illimitati
- g. Bene succedaneo
- h. Limitati

| 1 | 2 | 3 | 4 | 5 | 6 | 7 | 8 |
|---|---|---|---|---|---|---|---|
| | | | | | | | |

**Punti: ..../24**

## ✪✪ Esercizio 3). Acquisisci ed interpreta l'informazione.

**Indica se le seguenti affermazioni sono vere o false, motivando la risposta (3 punti per ciascuna risposta esatta).**

| | V | F |
|---|---|---|
| 1. Un biscotto è un bene durevole<br>Perché .................................................................................. | ☐ | ☐ |
| 2. Una poltrona è un bene non durevole<br>Perché .................................................................................. | ☐ | ☐ |
| 3. I bisogni sono soggettivi<br>Perché .................................................................................. | ☐ | ☐ |
| 4. I beni economici sono utili<br>Perché .................................................................................. | ☐ | ☐ |
| 5. I bisogni possono essere individuali e collettivi<br>Perché .................................................................................. | ☐ | ☐ |
| 6. L'assistenza a un anziano è un servizio<br>Perché .................................................................................. | ☐ | ☐ |

**Punti: ..../18**

## ✪✪ Esercizio 4). Comunica (rappresenta).

**Completa la mappa concettuale che segue (3 punti per ciascun completamento esatto).**

**BISOGNI**

**TIPI di BISOGNI:**
- Primari;
- ............................ ;
- Collettivi;
- Individuali.

**CARATTERISTICHE:**
- ............................ ;
- Variabilità;
- Saziabilità;
- ............................ ;
- Risorgenza.

**BENI ECONOMICI**

**REQUISITI dei BENI ECONOMICI:**
- Limitatezza;
- ............................ ;
- Reperibilità.

**TIPI di BENI ECONOMICI:**
- Durevoli;
- Non durevoli;
- Di............................ ;
- Strumentali;
- Succedanei;
- ............................

**Punti: ..../18**

## ✪✪✪ Esercizio 5). Comunica (comprendi).

**Rispondi alle seguenti domande (4 punti per ciascuna risposta esatta).**

1. Che cos'è un bisogno economico e quali sono le sue caratteristiche? (Par. n. 2 e 3)
2. Descrivi i requisiti che un bene deve avere per definirsi economico. (Par. n. 4)
3. Che differenza c'è tra beni e servizi? (Par. n. 4)

**Punti: ..../12**

■ ✪✪✪ **Esercizio 6). Risolvi i problemi.**

**Analizza il caso e rispondi ai quesiti a risposta multipla (4 punti per ogni scelta multipla).**

Isabella vuole festeggiare il suo compleanno con un gruppetto di amici nella tavernetta sotto casa e, perciò, chiede alla mamma di cucinare una torta di cioccolato, dichiarandosi disponibile ad aiutarla. Durante la preparazione dell'impasto, la madre si accorge di aver finito il burro e la farina di mais e chiede alla figlia di andare subito ad acquistarli nella piccola bottega vicino a casa, comoda anche se, in genere, poco fornita. Quando Isabella è già in strada, la mamma, dalla finestra, le raccomanda di scegliere un bene succedaneo, nel caso in cui il burro fosse finito e un altro bene strumentale, qualora non ci fosse più farina di mais. Appena entrata nel negozio, scopre che, purtroppo, gli ingredienti di cui ha bisogno sono ultimati. Che cosa potrà acquistare Isabella, per accontentare la mamma e ultimare la torta di cioccolato?

1. **Come devono essere i beni per dirsi economici?**
   a. Utili, illimitati, reperibili
   b. Limitati, utili, variabili
   c. Limitati, utili, reperibili
   d. Soggettivi, illimitati, saziabili

2. **Un esempio di due beni succedanei è:**
   a. benzina e automobile
   b. cellulare e scheda telefonica
   c. lettore cd e cd
   d. orzo e caffè

3. **I beni strumentali sono quelli che:**
   a. devono essere utilizzati insieme per soddisfare un bisogno
   b. sono sostituibili tra loro
   c. servono per produrre altri beni
   d. sono acquistati per essere consumati

4. **Per finire la torta, Isabella potrà acquistare:**
   a. il lievito come bene surrogato del burro e un chilogrammo di noci come bene strumentale
   b. la margarina come bene surrogato del burro e la farina di grano come bene strumentale

**Punti: ..../16**

**Calcola il punteggio totale conseguito e assegnati la valutazione a esso corrispondente:**

| Tabella di autovalutazione | |
|---|---|
| ☐ 100-87 | **A** Lavoro eccellente. |
| ☐ 86-67 | **B.** Lavoro buono. |
| ☐ 66-47 | **C.** Lavoro adeguato. |
| ☐ 46-2 | **D.** Lavoro da migliorare. |

# UdA 2 I SISTEMI ECONOMICI

## 1. Il sistema economico

Il sistema economico

Il **sistema economico** è costituito dai soggetti economici e dall'insieme delle relazioni che s'instaurano tra loro. Ognuno di essi compie determinate azioni e assume una serie di decisioni i cui risultati vanno a influenzare quelle degli altri.

**Esempio: i consumatori dimostrano di gradire i generi alimentari acquistati in un supermercato, che guadagna sulle numerose vendite dei prodotti e che si può quindi permettere di assumere nuovi dipendenti, ai quali corrispondere uno stipendio.**

L'operare dei singoli soggetti economici può essere condizionato anche da vari meccanismi di natura socio-culturale, giuridica, politica o tecnologica.

**Esempio: l'influenza delle mode e della pubblicità può orientare le scelte dei consumatori verso settori di mercato improbabili, fino a poco tempo fa, come quello delle creme antirughe destinate ad un pubblico maschile; la decisione del Governo di prevedere detrazioni fiscali, per la ristrutturazione delle abitazioni, può indurre le famiglie ad anticipare interventi che avevano deciso di rimandare, con la conseguenza di risollevare, almeno in parte, un mercato edilizio in crisi.**

I soggetti economici

I **soggetti economici** sono i protagonisti delle principali attività economiche e possono rivestire, secondo le circostanze, il ruolo di consumatori e/o acquirenti o quello di produttori e/o venditori.

**Esempio: Luca, all'inizio dell'anno scolastico, compra il libro di Diritto ed Economia, adottato nella sua scuola, e lo rivende, alla fine del biennio, alla fidanzata di un suo amico.**

Il sistema economico aperto

Il **sistema economico** di uno Stato che opera anche con altri Paesi esteri, con i quali instaura rapporti commerciali (es. importazioni/esportazioni), si definisce **aperto**, in contrapposizione a quello che non ha alcuna relazione di scambio con gli altri Stati (chiuso). Tutti i moderni sistemi economici appartengono alla prima categoria.

In un sistema economico aperto, in genere, i soggetti od operatori economici si classificano in:

- famiglie;
- imprese;
- Stato;
- resto del mondo.

▸ Soggetti economici: consumatori

**Esercizio A) per l'apprendimento. Individua collegamenti e relazioni.**

**Cerca l'estraneo, evidenziandolo nel testo.**

1. Sistema economico chiuso, Stato, resto del mondo, famiglie.
2. Soggetti economici, relazioni economiche, sistema economico, relazioni non economiche.
3. Importazioni, sistema economico chiuso, esportazioni, sistema economico aperto.
4. Consumatori, famiglie, acquirenti, produttori.

## 2. I soggetti economici

**I soggetti od operatori economici**

Ogni sistema economico è rappresentato da categorie ben definite di **soggetti od operatori economici** che interagiscono tra loro, attraverso una serie di azioni e reazioni.

**Esempio:** le imprese producono beni e servizi che offrono sul mercato e che sono acquistati dalle famiglie, dietro il versamento di un prezzo.

**Le famiglie**

Dal punto di vista economico, le **famiglie** possono essere rappresentate sia da singoli individui (es. un single) sia da un insieme di persone (es. un nucleo familiare formato da genitori e figli). Esse, mediante l'**attività lavorativa** che prestano a favore delle imprese, percepiscono uno stipendio che costituisce la loro fonte principale di reddito (flusso di denaro).
Le famiglie utilizzano parte di queste risorse monetarie per acquistare i beni e i servizi necessari a soddisfare i loro bisogni. La parte di reddito che non impiegano nei **consumi** è accantonata per i bisogni futuri e costituisce il **risparmio**.

**Le imprese**

Le **imprese** sono organizzazioni di persone e di beni che hanno come scopo principale l'attività di produzione di beni e servizi, al fine di trarre un profitto, cioè un guadagno. **Produrre** significa creare nuova ricchezza, trasformando le materie prime in prodotti finiti.

**Esempio:** un'impresa utilizza lana e canapa (materie prime) per lavorarle e trasformarle (produzione) in vestiti (prodotti finiti).

▸ Resto del mondo

I beni e i servizi prodotti sono venduti ai consumatori, che li utilizzano direttamente, o ad altri imprenditori che li impiegano per produrre altri beni.

**Lo Stato**

Lo **Stato**, assieme agli altri enti pubblici (es. Comuni), offre ai cittadini **beni e servizi diretti a soddisfare i bisogni collettivi** (es. sanità, scuola, giustizia). Per assolvere questa importante funzione, acquista materie prime (es. gas) e prodotti (es. letti per gli ospedali) dalle imprese, offre lavoro alle famiglie e si procura entrate (es. tasse o imposte) per sostenere le spese pubbliche.

**Tasse:** prelievi di denaro attuati dallo Stato nei confronti del cittadino che usufruisce di un determinato servizio, di cui si avvantaggia direttamente (es. smaltimento dei rifiuti, passo carraio, frequenza di una scuola pubblica).
**Imposte:** prelievi di denaro attuati dallo Stato per coprire le spese dei servizi pubblici, di cui tutti i cittadini indistintamente usufruiscono (es. sanità, l'istruzione, giustizia).

**Il resto del mondo**

Il **resto del mondo** comprende tutti gli operatori economici stranieri, appartenenti ad altri Stati, che intrattengono scambi di beni e servizi con il nostro Paese.

**Esempio:** lo Stato italiano acquista all'estero i beni di cui non dispone o che possiede in misura limitata, come il caffè o il petrolio (importazioni), e vende i prodotti che sono richiesti dagli altri Paesi, come la pasta, i vestiti d'alta moda, le automobili di lusso (esportazioni).

## 3. Il circuito economico

Nell'ambito del sistema economico, le relazioni che intercorrono tra i soggetti economici possono essere rappresentati attraverso due tipi di cosiddetti **circuiti economici**, che indicano, rispettivamente, i flussi (cioè i passaggi) di denaro (circuito monetario) e quelli di beni e servizi (circuito reale).

**Il circuito reale**

Nel **circuito reale** (da *res*, che in latino significa cosa), le famiglie forniscono il lavoro alle imprese che offrono sul mercato i beni e i servizi prodotti (es. mobili, generi alimentari). Anche lo Stato si avvale dell'attività lavorativa delle famiglie e garantisce alle stesse e alle imprese beni e servizi pubblici (es. l'illuminazione delle strade). Il nostro Paese, infine, ha relazioni di natura commerciale con gli altri Stati, attraverso lo scambio reciproco di merci e servizi.

**Circuito reale** (beni e servizi)

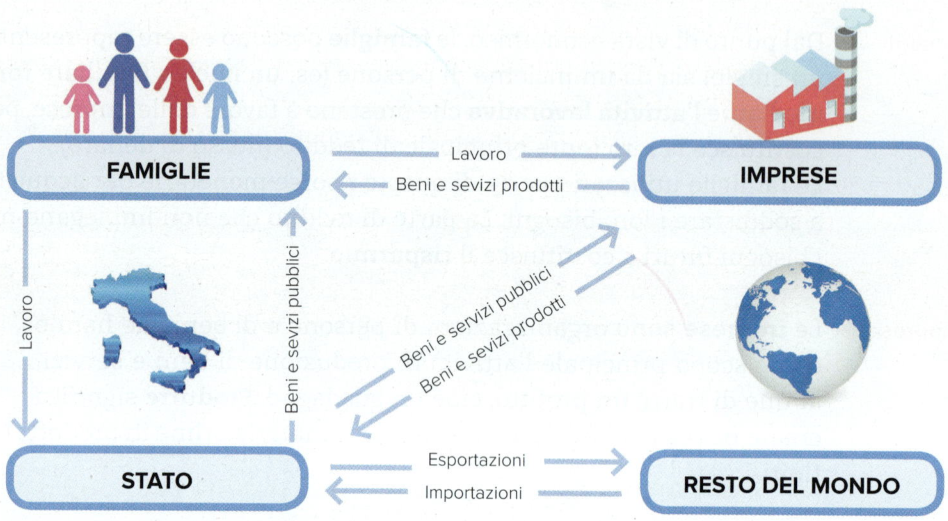


**Il circuito monetario**

Nel **circuito monetario**, le famiglie acquistano dalle imprese i beni e i servizi prodotti pagando il prezzo richiesto, mentre le imprese danno uno stipendio alle famiglie, in cambio del lavoro da loro prestato. Anche lo Stato retribuisce l'attività lavorativa delle famiglie (es. medici ospedalieri o carabinieri), corrisponde interessi per il denaro ricevuto in prestito dagli altri soggetti economici e preleva imposte e tasse per finanziare la spesa pubblica. Acquista, inoltre, i beni e i servizi prodotti dalle imprese, elargisce loro sussidi e incentivi (di sostegno all'economia) e paga il prezzo delle merci importate dal resto del mondo. Non sono da dimenticare, infine, i prestiti internazionali tra Stati e i relativi interessi corrisposti.

**Circuito monetario** (denaro)

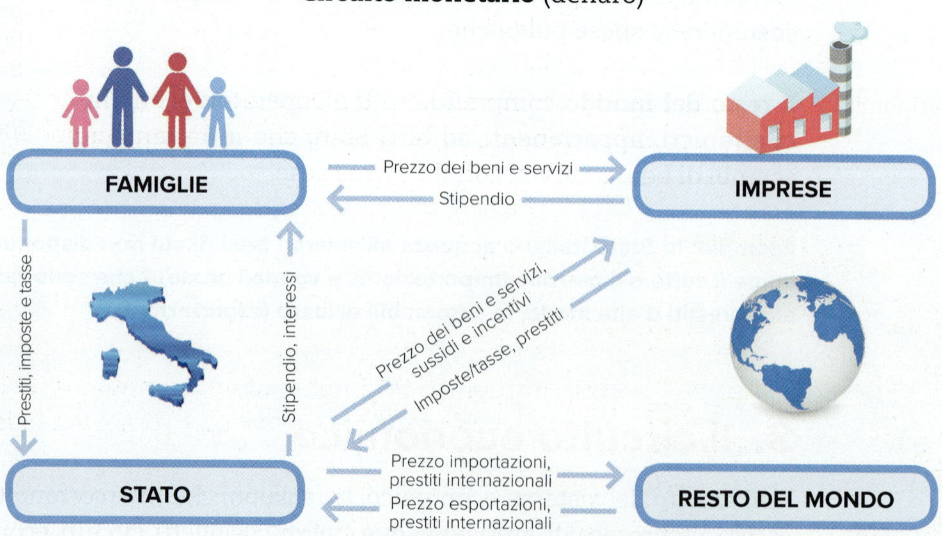

■ **Esercizio B) per l'apprendimento. Acquisisci ed interpreta l'informazione.**
**Indica in quale circuito sopra esaminato inseriresti le seguenti attività esercitate dai soggetti economici, indicando il numero corrispondente nella tabella sottostante.**

1. Riscossione delle imposte da parte dello Stato.
2. Pagamenti degli stipendi ai lavoratori, da parte delle imprese.
3. Costruzione e offerta di un appartamento ad uso abitativo.
4. Versamento di una tassa dovuta allo Stato.
5. Erogazione del servizio di trasporto pubblico da parte dello Stato.
6. Produzione di abbigliamento per ragazzi da parte di un'impresa del settore.
7. Pagamento del prezzo di vendita di generi alimentari.
8. Esportazione di pasta e vino da parte dello Stato italiano.

| CIRCUITO REALE | CIRCUITO MONETARIO |
| --- | --- |
| N. ...........<br>N. ...........<br>N. ...........<br>N. ........... | N. ...........<br>N. ...........<br>N. ...........<br>N. ........... |

## 4. I principali sistemi economici

Per organizzare nel migliore dei modi l'attività produttiva, gli economisti, assieme ai politici e ai governanti, sono da sempre alla ricerca di teorie e di metodi efficaci per individuare le regole dell'attività economica, definire i ruoli e le competenze dei soggetti economici e rispondere ad alcuni **interrogativi fondamentali**, qui di seguito esaminati.

Gli interrogativi fondamentali

**Che cosa produrre?** L'imprenditore deve individuare i beni e i servizi da offrire sul mercato e da destinare ai consumatori, anche attraverso una preventiva analisi dei bisogni, realizzata con ricerche di mercato mirate.

**Esempio:** un'impresa dovrà valutare se specializzarsi nell'arredamento moderno e di design o in quello più classico, valutando quale quota di mercato offre più possibilità di successo per quantità domandata di beni e numero di imprese.

**Come produrre?** L'imprenditore è tenuto a decidere come organizzare la produzione, programmando e coordinando sia gli elementi personali (es. manodopera) sia quelli materiali (es. macchinari o tecniche produttive).

▸ Designer per ideare prodotti

**Esempio:** un imprenditore che produce pasta dovrà scegliere se affidarsi a una squadra di operatori specializzati che impastano manualmente o se acquistare nuovi impianti tecnologicamente avanzati che realizzano direttamente il prodotto finito.

**Per chi produrre?** L'imprenditore è tenuto a stabilire a quali soggetti destinare la sua produzione di beni e servizi prodotti e in quale misura.

**Esempio:** un imprenditore che crea e produce abbigliamento sportivo, se vorrà vendere i suoi prodotti, tra cui jeans strappati, dovrà necessariamente rivolgersi a un pubblico di giovani consumatori, indirizzando le campagne pubblicitarie in quella direzione.

Nel corso della storia, in base al tipo di organizzazione giuridico-politica in cui gli Stati si sono trovati a operare e al modo con cui essi hanno risposto a questi fondamentali interrogativi, si sono susseguiti diversi sistemi economici, scaturiti da altrettante scuole di pensiero (es. il sistema liberista fu teorizzato dalla scuola classica).

**I tre principali sistemi economici moderni**

Con la Rivoluzione industriale della seconda metà del '700 e i successivi cambiamenti storico-economici, nascono e si sviluppano i tre **principali sistemi economici moderni**:

- liberista;
- collettivista;
- a economia mista.

**Gli economisti di riferimento dei principali sistemi economici**

■ **Esercizio C) per l'apprendimento. Comunica (rappresenta).**
**Completa la seguente mappa concettuale.**

## 5. Il sistema liberista

**Il sistema liberista**

Il **sistema liberista** si fonda sulla piena libertà riservata ai privati dallo Stato, il quale non interviene in ambito economico, limitandosi a garantire ai cittadini i servizi pubblici essenziali come, ad esempio, la giustizia o l'ordine pubblico.

**La scuola classica**

Tale sistema economico, teorizzato dalla **scuola classica**, si afferma in Inghilterra durante la rivoluzione industriale e si diffonde fino ai primi anni del Novecento, in quasi tutti i Paesi occidentali. Negli anni Trenta, esso è in parte abbandonato, a seguito della grave crisi economica del 1929. Le caratteristiche di questo sistema economico si possono ricercare nei principi elaborati da **Adam Smith**, economista scozzese tra i principali esponenti della scuola classica.

**Adam Smith**

**Crisi economica del 1929:** è detta anche grande crisi perché fu la più estesa del XX secolo e coincise con il crollo della Borsa di Wall Street. Ebbe inizio negli Stati Uniti d'America e si diffuse in gran parte dell'Europa. Essa fu determinata da una diminuzione generalizzata della domanda e della produzione e da un forte rallentamento del commercio internazionale. Di fronte a ciò, le imprese furono costrette a licenziare, con notevoli ripercussioni sui salari dei lavoratori e, di conseguenza, sui consumi.

**Adam Smith:** (1723-1790): fu economista e filosofo scozzese, fondatore della scuola classica, le cui principali teorie economiche sono esposte nell'opera "*Indagine sulla natura e le cause della ricchezza delle nazioni*" del 1776.

Secondo gli economisti di questa corrente di pensiero economico, nel sistema liberista, le forze del mercato (domanda e offerta) sono in equilibrio automatico tra loro: tutta la produzione offerta dalle imprese corrisponde esattamente alla quantità di beni e servizi richiesta e venduta ai consumatori, al prezzo che le libere contrattazioni determinano. Il mercato sembra funzionare in modo autonomo, senza regole o interventi da parte dello Stato, come guidato da una sorta di "mano invisibile" che va a correggere gli eventuali squilibri produttivi tra quanto offerto dalle imprese e quanto domandato dai consumatori.

▸ Adam Smith

I caratteri fondamentali

I **caratteri fondamentali** del sistema liberista sono:

- **libertà d'iniziativa economica**, secondo la quale ciascun imprenditore è libero di intraprendere qualsiasi attività economica, di decidere come e quanto produrre, di fare scelte e di utilizzare differenti strategie produttive, al fine di massimizzare i propri profitti;
- **libero scambio di beni e di capitali**, sia a livello nazionale sia a livello internazionale, senza barriere o dazi doganali, in modo tale da consentire a uno Stato di esportare i beni prodotti a bassi costi e importare quelli la cui produzione interna risulterebbe troppo onerosa;

▸ Libero scambio

- **proprietà privata dei mezzi di produzione** (es. impianti, capannoni, capitali) che appartengono solamente ai privati (capitalisti), che si contrappongono ai lavoratori salariati, considerati risorse umane privi di beni, con retribuzioni molto basse e senza alcuna tutela sociale (es. malattia, infortunio);
- **astensione dello Stato dall'attività produttiva**, poiché i suoi compiti sono circoscritti alla difesa dei confini del territorio, per garantire l'ordine pubblico, amministrare la giustizia e agevolare gli scambi commerciali, attraverso la realizzazione delle infrastrutture (es. porti, strade, ponti);
- **libero mercato**, nel quale i prezzi dei beni e dei servizi sono determinati dalle libere contrattazioni tra chi domanda i prodotti (es. consumatore) e chi li offre (es. imprenditore).

I limiti del sistema liberista

Si tratta di un modello economico che, nella sua realizzazione pratica, ha dimostrato diversi **limiti**, tra i quali:

- la **ricerca del massimo profitto** ed il conseguente **disinteresse verso i soggetti più deboli** che hanno generato gravi ingiustizie sociali. Si pensi alla condizione dei lavoratori, che, pur di sopravvivere, erano costretti ad accettare salari bassissimi, per un numero esagerato di ore lavorative, e a vivere in ambienti angusti e malsani;
- l'**infondatezza delle teorie economiche liberiste**, che individuavano nel mercato un equilibrio automatico tra domanda e offerta, immune da qualsiasi rischio di insuccesso, smentite dalla grande crisi economica del 1929. Essa, infatti, dimostrò come fosse necessario l'intervento dello Stato, per prevenire e controllare gli squilibri del mercato.

**Esercizio D) per l'apprendimento. Comunica (comprendi).**
**Rispondi ai quesiti, utilizzando uno dei suggerimenti indicati nella parentesi.**

1. Chi fu l'economista che teorizzò il sistema liberista? ....................
*(Marx, Smith, Keynes).*
2. Che cosa può generare la ricerca del massimo profitto? ....................
*(Ingiustizie sociali, solidarietà sociale, protezione dei soggetti deboli).*
3. Qual è il ruolo dello Stato nel sistema liberista? ....................
*(Interventista, astensionista, decisionista).*
4. Secondo i classici, com'erano la domanda e l'offerta nel sistema liberista? ....................
*(In equilibrio automatico, molto diverse tra loro per quantità, in uno stato di squilibrio).*

## 6. Il sistema collettivista

Karl Marx: (1818 - 1883): fu filosofo ed economista tedesco, dal cui pensiero scaturì la corrente socio-politica del "marxismo", teorizzata nella sua opera principale "*Il Capitale*", pubblicata nel 1867. In tale opera Marx criticò esplicitamente le teorie della scuola classica.

**Il sistema collettivista**

Il **sistema collettivista** si basa sul totale controllo dell'economia da parte dello Stato che è l'unico operatore economico, proprietario dei mezzi di produzione e, pertanto, in grado di pianificare ogni attività economica sulla base delle risorse disponibili.

**Karl Marx**

Questo sistema economico, ispirato alle teorie dell'economista **Karl Marx**, si afferma nei Paesi dell'Europa orientale nel corso del XIX secolo e, in particolare, nell'ex Unione sovietica dalla Rivoluzione del 1917 in poi. Esso costituisce una reazione ai fenomeni di sfruttamento dei lavoratori nelle fabbriche cui erano giunti i capitalisti, detentori dei mezzi finanziari e tecnici necessari alle imprese, nell'ambito del sistema economico liberista.

▸ Karl Marx

**Gli aspetti fondamentali**

Il sistema collettivista si caratterizza per i seguenti **aspetti fondamentali**:

- **abolizione della proprietà privata**, riservata ai soli beni di consumo, con lo scopo di eliminare la distinzione tra classi sociali e ricondurre tutti i cittadini all'interno di un'unica categoria sociale di lavoratori che hanno diritto a una retribuzione;
- **eliminazione dell'iniziativa economica privata,** poiché le scelte economiche fondamentali sono effettuate dallo Stato;
- **proprietà pubblica dei mezzi di produzione**, concentrati nelle mani dello Stato;
- **pianificazione della produzione**, nel senso che le decisioni sui consumi, sui prezzi, sugli investimenti, sulla produzione, sono prese in anticipo dallo Stato, che le impone agli altri soggetti economici (imprese e famiglie).

**I limiti del sistema collettivista**

I principali **limiti** del collettivismo sono:

- l'**eccessiva limitazione delle libertà individuali**, che finisce per disincentivare i lavoratori obbligati a percepire la stessa retribuzione, qualunque sia il loro impegno e la loro capacità, con gravi ripercussioni sulla qualità dei prodotti e sui loro tempi di realizzazione;
- la **mancanza di libera iniziativa economica** per le imprese, che, essendo pubbliche e vincolate alla pianificazione statale, in assenza di concorrenza, non sono sufficientemente incentivate ad aumentare il livello di produzione, con gravi effetti negativi sfociati in profonde e inevitabili crisi economiche.

Il sistema collettivista ha trovato piena realizzazione nel corso del XX secolo ed è stato applicato, anche se con caratteristiche diverse, nei Paesi dell'Est europeo (es. URSS - Unione delle Repubbliche Socialiste Sovietiche, Cina, Cuba), fino al 1989, anno in cui è stato abbattuto il Muro di Berlino. Quest'avvenimento segna, simbolicamente, la fine di tale sistema economico.

Attualmente, il modello collettivista è stato abbandonato, in parte, sia dai Paesi dell'Est europeo, con il loro ingresso nell'Unione europea (es. Polonia, Ungheria, Romania, Repubblica Ceca), sia dai Paesi asiatici (es. Cina, Vietnam), dove tale sistema ha subito profonde trasformazioni.

Dentro l'**economia**

### Il muro di Berlino

Prima della costruzione del muro di Berlino, la Germania era divisa in due parti: la Germania Est, DDR (Deutsche Demokratische Republik – Repubblica democratica tedesca) di influenza sovietica e la Germania Ovest, BRD ( Bundesrepublik Deutschland – Repubblica federale della Germania) di influenza statunitense.
La parte Ovest, grazie agli aiuti americani e al sistema economico adottato, raggiunse un considerevole sviluppo, che garantì alla popolazione buone condizioni di vita. Al contrario, la parte Est, in cui esisteva un'economia pianificata di tipo collettivista, non godeva della medesima situazione.
Per impedire la libera circolazione delle persone tra Berlino Ovest e il territorio della Germania Est, sempre più spesso abbandonata da migliaia di cittadini desiderosi di cercare condizioni economiche e lavorative più vantaggiose, il Governo della Germania dell'Est, il 13 agosto 1961, fece costruire il cosiddetto "Muro di Berlino". Si trattava di una barriera invalicabile, che divise in due la città e costituì, per ventotto anni, la linea di confine europea tra la zona d'influenza statunitense e quella sovietica.
Il 9 novembre del 1989 il Muro di Berlino fu abbattuto, poiché il Governo tedesco orientale decretò l'apertura delle frontiere con la Repubblica federale della Germania. Tal evento segnò, simbolicamente, la fine del sistema collettivista, dando il via alla riunificazione tedesca.

**Esercizio E) per l'apprendimento. Individua collegamenti e relazioni.**
**Cerca l'estraneo, evidenziandolo nel testo.**

1. Sistema collettivista, libertà economica, Stato unico operatore, impresa pubblica.
2. Limiti del sistema collettivista, mancanza d'iniziativa economica, vantaggi del sistema collettivista, limitazione delle libertà individuali.
3. Pianificazione, libertà d'iniziativa economica, impresa pubblica, abolizione della proprietà privata.
4. Massimizzazione del profitto, sistema collettivista, parità di retribuzione, proprietà pubblica.

## 7. Il sistema a economia mista

▸ John Maynard Keynes

**Il sistema a economia mista**

Il **sistema a economia mista** nasce con l'intento di superare i punti deboli evidenziati sia dal sistema liberista sia da quello collettivista, garantendo il rispetto dei diritti fondamentali dell'uomo, tra cui la libera iniziativa economica, e la giustizia sociale. In ambito economico, prevede la partecipazione dello Stato accanto ai privati.

Tale sistema si sviluppa dapprima negli Stati Uniti e in Gran Bretagna per poi estendersi, dopo la seconda guerra mondiale, anche negli altri Paesi dell'Europa occidentale, compresa l'Italia.

**John Maynard Keynes**

Lo studioso di riferimento, considerato il padre dell'economia moderna, è l'economista inglese **John Maynard Keynes**, le cui teorie hanno ispirato la politica del "New Deal" dell'allora Presidente degli Stati Uniti d'America, Franklin Delano Roosevelt, impegnato a risollevare il suo Paese dalla grave crisi economica degli anni Trenta.
Tale crisi si estese in breve a tutto il mondo occidentale, evidenziando i limiti del sistema liberista e, in particolare, come le forze spontanee del mercato, da sole, non fossero sufficienti a garantire l'equilibrio e la stabilità del sistema. Si avvertì dunque la necessità di proposte economiche nuove, capaci di risanare il sistema produttivo nel suo complesso: dalla produzione all'occupazione e ai consumi.

**John Maynard Keynes:** (1883 -1946): fu un economista inglese, considerato uno dei maggiori esponenti della scienza economica del XX secolo. Nella sua opera principale "*Teoria generale dell'occupazione, dell'interesse e della moneta*", pubblicata nel 1936, sostenne la necessità dell'intervento dello Stato nell'economia, soprattutto nei periodi di crisi.

**I caratteri fondamentali**

I **caratteri fondamentali** del sistema a economia mista sono:

- **proprietà pubblica e privata dei mezzi di produzione**, perché sono presenti sul mercato sia imprese pubbliche sia imprese private. Quelle pubbliche, ovvero in mano allo Stato o agli enti pubblici (es. Regione, Comune), producono direttamente beni e servizi pubblici (es. trasporti, energia) per soddisfare bisogni, nell'interesse della collettività. Le imprese private, di proprietà di soggetti privati, hanno libertà d'iniziativa economica nel rispetto delle regole imposte dallo Stato, che vigila sul regolare funzionamento dell'attività privata e del sistema economico nel suo complesso;

- **intervento attivo dello Stato in economia**, che consente al sistema economico di svilupparsi in modo regolare. Lo Stato non si limita più a garantire il rispetto delle leggi e a svolgere funzioni amministrative, ma diventa soggetto attivo

**"New Deal":** dall'inglese, letteralmente, significa "Nuovo corso" e rappresenta il programma di politica interna, attuato dal Presidente americano F.D. Roosevelt, con l'intento di riformare l'intero sistema economico, mediante l'applicazione delle nuove teorie Keynesiane.

**"Stato sociale":** (o *Welfare State* - Stato del Benessere): è il modello di Stato che si afferma nei primi anni del Novecento, dapprima in Inghilterra e nelle socialdemocrazie scandinave e più tardi negli Stati europei, compresa l'Italia. Esso nasce con l'obiettivo di eliminare le diseguaglianze nella società e, pertanto, si realizza con l'affermazione e il riconoscimento dei diritti sociali (salute, istruzione, lavoro e previdenza sociale).

dell'economia. Esso combatte la disoccupazione e la crisi economica per assicurare migliori condizioni di vita ai cittadini (es. istruzione) e ai soggetti più deboli (es. assistenza agli invalidi), trasformandosi in uno "Stato sociale";

- **determinazione del prezzo** dei beni e dei servizi sia da parte del **mercato** sia **da parte dello Stato**. Di norma i prezzi sono determinati dal mercato, attraverso la libera contrattazione della domanda dei consumatori e dell'offerta dei produttori. Tuttavia, per le attività e i servizi considerati essenziali per la collettività (es. trasporto), lo Stato stabilisce prezzi, che, di solito, sono inferiori a quelli di mercato, per consentire alla maggior parte della popolazione di accedervi;

- **redistribuzione dei redditi**, mediante una politica attuata dallo Stato, al fine di creare le condizioni per eliminare le disparità sociali. Lo strumento utilizzato è il prelievo fiscale attraverso cui si tolgono risorse (denaro) a chi ne possiede per redistribuirle, sotto forma di servizi (es. assistenza sanitaria) e prestazioni economiche (es. assegno sociale), concessi gratuitamente o quasi, ai meno abbienti.

**Prelievo fiscale:** è il complesso delle entrate, costituite dalle imposte, tasse e contributi, versate dai cittadini allo Stato.

**I limiti del sistema a economia mista**

Questo sistema economico, tuttavia, non è privo di **limiti** che, in particolare, sono:

- l'**aumento** costante **della spesa pubblica**, che lo Stato deve sopportare per rimettere in moto la produzione, combattere la disoccupazione (es. costruzioni di opere pubbliche) e finanziare il sistema della sicurezza o protezione sociale (es. assistenza, previdenza, sanità);

- la **crescita del debito pubblico**, che si ha quando le spese pubbliche aumentano, senza la necessaria copertura, dando luogo al disavanzo tra le entrate (es. tasse e imposte) e le uscite. Il disavanzo è una situazione contabile negativa per lo Stato, che è costretto, in mancanza di liquidità, a chiedere prestiti alle banche o ai privati e alle imprese, accollandosi i relativi interessi sul capitale prestato;

▸ Crescita del debito pubblico

- la **presenza di un numero eccessivo di imprese pubbliche**, che per lo Stato rappresentano una ulteriore voce di spesa, poiché i costi della produzione di beni e servizi pubblici (es. materie prime) raramente sono coperti con i prezzi praticati, che, in genere, sono inferiori a quelli di mercato, nell'interesse della collettività.

**La privatizzazione**

Nel nostro Paese, per ovviare a questi inconvenienti, dai primi anni Novanta, è stato avviato un processo di **privatizzazione** delle imprese pubbliche, con il quale lo Stato è receduto da interi settori della vita economico-sociale, mediante la trasformazione di un gran numero di enti pubblici in soggetti privati (es. ENEL, Ente Nazionale per l'Energia Elettrica).

Nello stesso periodo, per entrare a far parte dell'Unione europea, nel rispetto dei parametri richiesti (es. contenimento della spesa), sono stati riformati tutti i settori tipici dello Stato sociale (es. riforma delle pensioni, della sanità e dell'assistenza sociale).

| SISTEMI ECONOMICI | CARATTERISTICHE | LIMITI |
|---|---|---|
| SISTEMA LIBERISTA (XIX secolo – inizi XX secolo) | ▪ Libertà d'iniziativa economica.<br>▪ Libero scambio.<br>▪ Proprietà privata dei mezzi di produzione.<br>▪ Astensione dello Stato dall'attività produttiva.<br>▪ Libero mercato. | ▪ Ricerca del massimo profitto e conseguente disinteresse verso i soggetti più deboli.<br>▪ Infondatezza delle teorie economiche liberiste. |
| SISTEMA COLLETTIVISTA (XX secolo) | ▪ Abolizione della proprietà privata.<br>▪ Eliminazione dell'iniziativa economica privata.<br>▪ Proprietà pubblica dei mezzi di produzione.<br>▪ Pianificazione della produzione. | ▪ Eccessiva limitazione delle libertà individuali.<br>▪ Mancanza di libertà d'iniziativa economica. |
| SISTEMA A ECONOMIA MISTA (XX secolo) | ▪ Proprietà pubblica e privata dei mezzi di produzione.<br>▪ Intervento attivo dello Stato in economia.<br>▪ Determinazione del prezzo da parte del mercato e dello Stato.<br>▪ Redistribuzione del reddito, mediante una politica economica statale. | ▪ Aumento della spesa pubblica.<br>▪ Crescita del debito pubblico.<br>▪ Presenza di un numero eccessivo di imprese pubbliche, ulteriore voce di spesa per lo Stato. |

**Esercizio F) per l'apprendimento. Comunica (comprendi).**

**Indica se le seguenti situazioni caratterizzano il sistema economico liberista (L), collettivista (C) o quello a economia mista (M), apponendo una crocetta in corrispondenza della risposta che ritieni esatta.**

1. Lo Stato interviene in ambito economico. **L C M**
2. Lo Stato pianifica l'economia. **L C M**
3. I mezzi di produzione sono esclusivamente di proprietà dei privati. **L C M**
4. Lo Stato garantisce l'ordine pubblico e non interviene in economia. **L C M**
5. I mezzi di produzione sono di proprietà dello Stato e dei privati. **L C M**

Hai capito? Hai dei dubbi?

## Ripassiamo insieme

**Che cos'è un SISTEMA ECONOMICO?**
Esso è costituito dai soggetti economici e dall'insieme delle relazioni che s'instaurano tra loro.

**Chi sono i SOGGETTI OD OPERATORI ECONOMICI?**
Sono i protagonisti delle principali attività economiche e possono rivestire, secondo le circostanze, il ruolo di consumatori e/o acquirenti o quello di produttori e/o venditori. Ognuno di essi compie determinate azioni e assume una serie di decisioni i cui risultati vanno a influenzare quelle degli altri. Si classificano in:
- famiglie;
- imprese;
- Stato;
- resto del mondo.

**Quali sono le RELAZIONI che intercorrono tra i SOGGETTI ECONOMICI?**
Nell'ambito del sistema economico, le relazioni che intercorrono tra i soggetti economici possono essere rappresentati attraverso due tipi di cosiddetti circuiti economici, che differiscono per l'oggetto e sono costituiti dal:
- circuito monetario, che evidenzia i flussi, cioè i passaggi, di denaro;
- circuito reale, che considera i flussi reali, relativi a beni e servizi.

**Quali sono i PRINCIPALI SISTEMI ECONOMICI MODERNI?**
Essi si sono sviluppati con la Rivoluzione industriale della seconda metà del '700 e i successivi cambiamenti storico-economici e sono:
- sistema liberista;
- sistema collettivista;
- sistema a economia mista.

**Quali sono le caratteristiche del SISTEMA ECONOMICO LIBERISTA?**
Il sistema liberista si fonda sulla piena libertà riservata ai privati dallo Stato, il quale non interviene in ambito economico, limitandosi a garantire ai cittadini i servizi pubblici essenziali (es. giustizia). Le sue caratteristiche principali sono:
- libertà d'iniziativa economica;
- libero scambio;
- proprietà privata dei mezzi di produzione;
- astensione dello Stato dall'attività produttiva;
- libero mercato.

**Quali sono i LIMITI del SISTEMA ECONOMICO LIBERISTA?**
Essi sono:
- la ricerca del massimo profitto ed il conseguente disinteresse verso i soggetti più deboli che hanno generato gravi ingiustizie sociali;
- l'infondatezza delle teorie economiche liberiste, che individuavano nel mercato un equilibrio automatico tra domanda e offerta, immune da qualsiasi rischio di insuccesso, smentite dalla grande crisi economica del 1929.

**Quali sono le caratteristiche del SISTEMA ECONOMICO COLLETTIVISTA?**
Il sistema collettivista si basa sul totale controllo dell'economia da parte dello Stato che è l'unico operatore economico, proprietario dei mezzi di produzione e, pertanto, in grado di pianificare ogni attività economica sulla base delle risorse disponibili. Le sue caratteristiche principali sono:
- abolizione della proprietà privata;
- eliminazione dell'iniziativa economica privata;
- proprietà pubblica dei mezzi di produzione;
- pianificazione della produzione.

**Quali sono i LIMITI del SISTEMA ECONOMICO COLLETTIVISTA?**
Essi sono:
- l'eccessiva limitazione delle libertà individuali, che disincentiva i lavoratori obbligati a percepire la stessa retribuzione, qualunque sia il loro impegno e la loro capacità;
- la mancanza di libera iniziativa economica per le imprese, che, essendo pubbliche e vincolate alla pianificazione statale, in assenza di concorrenza, non sono sufficientemente incentivate ad aumentare il livello di produzione.

**Quali sono le caratteristiche del SISTEMA ECONOMICO A ECONOMIA MISTA?**
Il sistema a economia mista nasce con l'intento di superare i punti deboli evidenziati sia dal sistema liberista sia da quello collettivista, garantendo il rispetto dei diritti fondamentali dell'uomo, tra cui la libera iniziativa economica, e la giustizia sociale. In ambito economico, prevede la partecipazione dello Stato accanto ai privati. Le sue caratteristiche principali sono:
- proprietà pubblica e privata dei mezzi di produzione;
- intervento attivo dello Stato in economia;
- determinazione del prezzo da parte del mercato e dello Stato;
- redistribuzione del reddito, mediante una politica economica statale.

**Quali sono i LIMITI del SISTEMA ECONOMICO A ECONOMIA MISTA?**
Essi sono:
- l'aumento costante della spesa pubblica, che lo Stato deve sopportare per rimettere in moto la produzione, combattere la disoccupazione e finanziare il sistema della sicurezza o protezione sociale;
- la crescita del debito pubblico, che si ha quando le spese pubbliche aumentano, senza la necessaria copertura, dando luogo al disavanzo tra le entrate e le uscite;
- un numero eccessivo di imprese pubbliche che praticano prezzi inferiori a quelli di mercato, nell'interesse della collettività, e costituiscono una spesa aggiuntiva per lo Stato.

Per una didattica inclusiva:

## Parole chiave

**SISTEMA ECONOMICO** →
- Soggetti economici
- Relazioni economiche →
  - Circuito reale
  - Circuito monetario

**PRINCIPALI SISTEMI ECONOMICI** →
- Sistema liberista
- Sistema collettivista
- Sistema a economia mista

**SISTEMA ECONOMICO LIBERISTA** →
- Economista di riferimento: Adam Smith
- Caratteri fondamentali
- Limiti

**SISTEMA ECONOMICO COLLETTIVISTA** →
- Economista di riferimento: Karl Marx
- Caratteri fondamentali
- Limiti

**SISTEMA ECONOMICO A ECONOMIA MISTA** →
- Economista di riferimento: John Maynard Keynes
- Caratteri fondamentali
- Limiti

## CLIL

### The economic system

The **economic system** is made up of economic subjects and the relationships between them. The decisions and actions taken by each subject impact on those of the other subjects.

**Economic subjects** are the actors in economic activities and can be consumers, workers, producers or sellers. Their activities are influenced by factors such as fashion, advertising, laws and political decisions. Families or **households** buy goods and services produced by firms and pay the charges for these, and firms provide households with salaries in return for work carried out. The **State** levies duties and taxes to finance public spending and provide public services such as health, education and justice. Lastly, Italy has a commercial relationship with the **rest of the world**, trading goods and services reciprocally

**Exercise. Complete the sentences with the missing words.**

1. The main activity of ............ is production of goods and services in order to make ............
2. Relationships between ................ ................ can be based on money or on goods and ............

*(services, profit, economic subjects, firms)*

## Verifica delle competenze

- Livello BASE: ✪ (Punteggio totale: 12)
- Livello INTERMEDIO: ✪✪ (Punteggio totale: 60)
- Livello AVANZATO: ✪✪✪ (Punteggio totale: 28)

### ✪ Esercizio 1). Impara ad imparare.

**Scelta multipla: evidenzia la risposta esatta. Il paragrafo indicato nella parentesi è quello su cui devi riflettere (2 punti per ciascuna scelta corretta).**

**1. In quale soggetto economico rientra Luca, giovane single di trent'anni? (Par. n. 2):**
- a. impresa
- b. Stato
- c. famiglia
- d. resto del mondo

**2. Un sistema economico è (Par. n. 1):**
- a. l'economia, considerata nel suo insieme
- b. l'insieme dei soggetti economici e delle loro relazioni
- c. l'insieme dei soggetti economici
- d. l'insieme dei soggetti dell'economia e del diritto

**3. L'erogazione del servizio pubblico di assistenza sanitaria in un ospedale rientra (Par. n. 3):**
- a. nel circuito monetario
- b. sia nel circuito monetario sia nel circuito reale
- c. in nessun circuito
- d. nel circuito reale

**4. Il sistema liberista, in ambito economico (Par. n. 5):**
- a. promuove l'intervento dello Stato
- b. esclude ogni intervento statale
- c. esclude un equilibrio automatico tra domanda e offerta di beni
- d. privilegia le imprese pubbliche

**5. Il sistema collettivista abolisce (Par. n. 6):**
- a. la proprietà privata
- b. la proprietà pubblica
- c. la pianificazione statale
- d. la concentrazione dei mezzi produttivi nello Stato

**6. Il sistema a economia mista prevede (Par. n. 7):**
- a. la proprietà esclusivamente privata dei mezzi di produzione
- b. solo l'iniziativa economica pubblica
- c. l'intervento dello Stato e l'iniziativa economica privata
- d. l'esclusione dello Stato dall'economia

**Punti: ..../12**

### ✪✪ Esercizio 2). Individua collegamenti e relazioni.

**Collega ciascun numero alla lettera corrispondente (3 punti per ciascun collegamento esatto).**

1. Produzione di mobili d'arredo
2. Denaro
3. Stato
4. Equilibrio automatico del mercato
5. Soggetti economici
6. Intervento dello Stato
7. Circuito reale
8. Resto del mondo

- a. Famiglie, imprese, Stato, Resto del mondo
- b. Beni e servizi
- c. Stati diversi dall'Italia
- d. Sistema a economia mista
- e. Circuito monetario
- f. Prelievo di imposte e tasse
- g. Imprese
- h. Sistema liberista

| 1 | 2 | 3 | 4 | 5 | 6 | 7 | 8 |
|---|---|---|---|---|---|---|---|
| | | | | | | | |

**Punti: ..../24**

■ ✪✪ **Esercizio 3). Acquisisci ed interpreta l'informazione.**

**Indica se le seguenti affermazioni sono vere o false, motivando la risposta (3 punti per ciascuna risposta esatta).**

| | | V | F |
|---|---|---|---|
| **1.** | Il nostro sistema economico è chiuso | ☐ | ☐ |
| | Perché ........................................ | | |
| **2.** | La produzione e l'offerta di scarpe sul mercato rientrano nel circuito reale | ☐ | ☐ |
| | Perché ........................................ | | |
| **3.** | I soggetti economici non hanno relazioni tra loro | ☐ | ☐ |
| | Perché ........................................ | | |
| **4.** | Spendere il proprio denaro per acquistare beni di consumo è un'attività monetaria | ☐ | ☐ |
| | Perché ........................................ | | |
| **5.** | Le teorie economiche del sistema liberista sono tuttora valide | ☐ | ☐ |
| | Perché ........................................ | | |
| **6.** | Nel sistema a economia mista producono Stato e imprese private | ☐ | ☐ |
| | Perché ........................................ | | |

**Punti: ..../18**

■ ✪✪ **Esercizio 4). Comunica (rappresenta).**

**Completa la mappa concettuale che segue (3 punti per ciascun completamento esatto).**

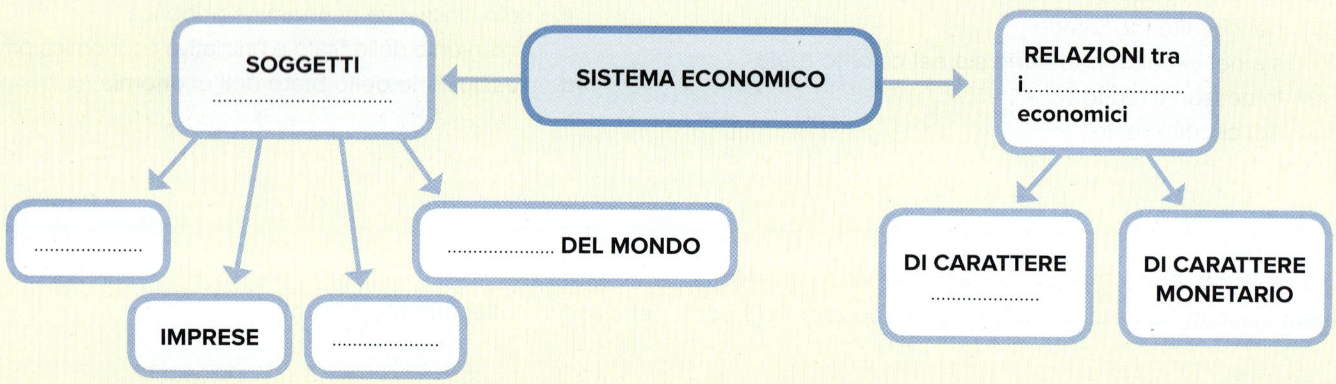


**Punti: ..../18**

■ ✪✪✪ **Esercizio 5). Comunica (comprendi).**

**Rispondi alle seguenti domande (4 punti per ciascuna risposta esatta).**

1. Che cosa s'intende per sistema economico? (Par. n. 1)
2. Spiega le relazioni intercorrenti tra i soggetti economici. (Par. n. 3)
3. Descrivi i principali sistemi economici. (Par. n. 5,6,7)

**Punti: ..../12**

## ■ ✪✪✪ Esercizio 6). Risolvi i problemi.

**Analizza il caso e rispondi ai quesiti a risposta multipla (4 punti per ogni scelta multipla).**

Riccardo e Agnese sono sposati da dieci anni e hanno due figli, Sara di otto anni e Giulio di quattro. Il marito svolge un'attività indipendente dalla quale ricava un importo di circa tremila euro al mese, mentre la moglie lavora part-time come dipendente, percependo uno stipendio di mille euro. Se Riccardo e Agnese impiegano parte del loro denaro per acquistare dalle imprese beni e servizi necessari alla loro famiglia e pagano imposte e tasse allo Stato, quali relazioni di carattere reale avranno con i medesimi soggetti economici?

**1. Le attività tipiche delle famiglie sono:**
- a. produzione, consumo e investimento
- b. consumo e risparmio
- c. erogazione di servizi pubblici
- d. produzione e commercializzazione di prodotti

**2. Le relazioni di carattere reale sono quelle che hanno ad oggetto:**
- a. denaro
- b. denaro e beni o servizi
- c. è sottoposta a un termine di validità
- d. beni e servizi

**3. Le relazioni che, nel caso in esame, Riccardo e Agnese hanno intrattenuto con imprese e Stato hanno carattere:**
- a. monetario
- b. reale

**4. Quali relazioni di carattere reale avranno Riccardo e Agnese con imprese e Stato?**
- a. La commercializzazione di prodotti da parte delle imprese e il pagamento delle importazioni da parte dello Stato
- b. La produzione e l'offerta di beni e servizi da parte delle imprese e l'erogazione di beni e servizi pubblici (es. scuola dell'infanzia per Giulio e scuola elementare per Sara), da parte dello Stato

**Punti: ..../16**

**Calcola il punteggio totale conseguito e assegnati la valutazione a esso corrispondente:**

| Tabella di autovalutazione | |
|---|---|
| ☐ 100-87 | **A** Lavoro eccellente. |
| ☐ 86-67 | **B.** Lavoro buono. |
| ☐ 66-47 | **C.** Lavoro adeguato. |
| ☐ 46-2 | **D.** Lavoro da migliorare. |

**Verifica di autovalutazione di fine modulo**

## Un percorso per tutti

# L'economia e il sistema economico

Questo è un percorso a tappe che rispetta i tempi e i bisogni di apprendimento di tutti, anche quelli speciali. Uno, due, tre, pronti ... VIA!

**TAPPA N. 1): acquisisci una visione d'insieme.**

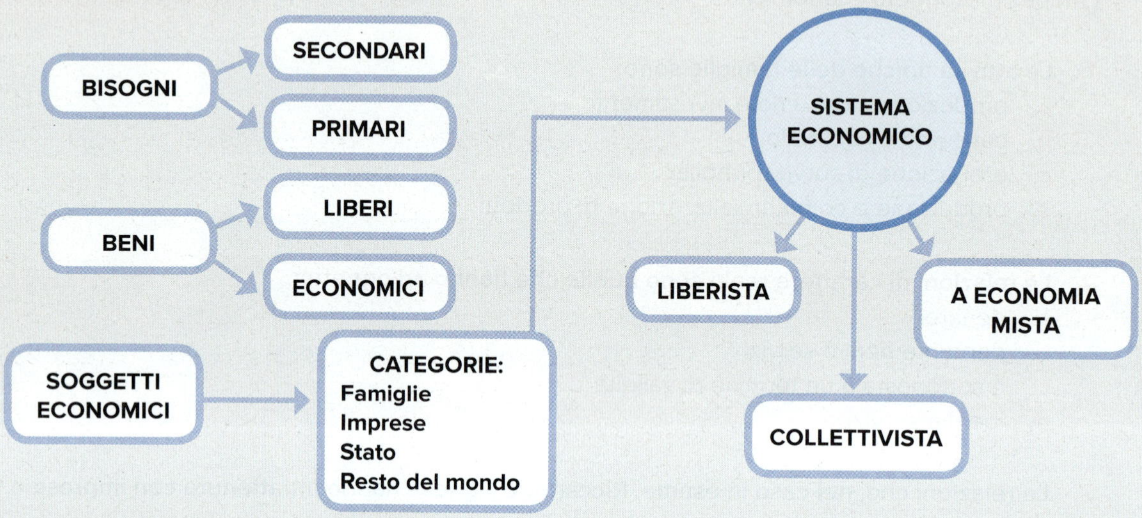


**TAPPA N. 2): sintetizza i concetti fondamentali.**

**ECONOMIA**
È la scienza che ha ad oggetto lo studio delle attività umane finalizzate a soddisfare i bisogni, impiegando le risorse disponibili.

**BISOGNI ECONOMICI**
**Definizione:** il bisogno economico è uno stato d'insoddisfazione avvertito da un individuo che può essere colmato attraverso un bene idoneo e raggiungibile (bene economico) o un servizio (prestazione umana).
**Categorie:** i bisogni si classificano, principalmente, in: bisogni primari, riguardanti l'esistenza stessa dell'uomo e come tali da soddisfarsi prima di tutti gli altri (bere); bisogni secondari, diretti a migliorare le condizioni di vita ma dei quali si può fare a meno (es. andare al cinema).
**Caratteristiche:** i bisogni sono: illimitati, perché non finiscono mai; variabili, poiché mutano nel tempo; saziabili, poiché possono essere soddisfatti; soggettivi, perché variano da persona a persona; risorgenti, perché, una volta soddisfatti, tendono a ripresentarsi.

**BENI ECONOMICI**
**Definizione:** sono quelli a disposizione dell'uomo che per essere utilizzati richiedono un sacrificio o di un impegno valutabile in termini economici. I beni liberi (non economici) sono quelli che, pur soddisfacendo un bisogno, sono a disposizione di tutti in quantità illimitata (es. aria).
**Requisiti:** per essere economico un bene deve essere: limitato, nel senso che deve risultare scarsamente disponibile in natura; utile, perché deve essere idoneo a soddisfare un determinato bisogno dell'uomo; reperibile, poiché deve essere accessibile all'uomo.

**SOGGETTI ECONOMICI**
**Definizione:** sono i protagonisti delle principali attività economiche, che compiono determinate azioni e assumono una serie di decisioni i cui risultati vanno a influenzare quelle degli altri.

**Categorie:** si classificano in: famiglie, imprese, Stato e resto del mondo.
**Famiglie**: sono rappresentate sia da singoli individui (es. single) sia da un insieme di persone (es. nucleo familiare). Esse prestano la propria attività lavorativa a favore delle imprese e consumano.
**Imprese:** sono organizzazioni di persone e di beni che hanno come scopo principale l'attività di produzione di beni e servizi, al fine di trarre un profitto, cioè un guadagno.
**Stato:** offre ai cittadini beni e servizi diretti a soddisfare i bisogni collettivi (es. sanità). A tal fine, acquista materie prime e prodotti dalle imprese, offre lavoro alle famiglie e preleva tasse e imposte.
**Resto del mondo**: comprende tutti gli operatori economici stranieri, appartenenti ad altri Stati, che attuano scambi di beni e servizi con il nostro Paese.

**SISTEMA ECONOMICO**
**Definizione:** È l'insieme dei soggetti economici e delle relazioni che s'instaurano tra loro.
**Circuiti economici**: sono la rappresentazione delle relazioni dei soggetti economici e possono essere di due tipi: **circuito monetario**, che evidenzia i flussi, cioè i passaggi, di denaro; **circuito reale**, che considera i flussi reali, relativi a beni e servizi.
**Tipi:** sistema liberista; sistema collettivista; sistema a economia mista.

**SISTEMA LIBERISTA**
**Definizione:** il sistema liberista si fonda sulla piena libertà riservata ai privati dallo Stato, il quale non interviene in ambito economico, limitandosi a garantire ai cittadini i servizi pubblici essenziali.
**Caratteristiche:** libertà d'iniziativa economica; libero scambio; proprietà privata dei mezzi di produzione; astensione dello Stato dall'attività produttiva; libero mercato.

**SISTEMA COLLETTIVISTA**
**Definizione:** il sistema collettivista si basa sul totale controllo dell'economia da parte dello Stato che è l'unico operatore economico, proprietario dei mezzi di produzione, che pianifica ogni attività economica sulla base delle risorse disponibili.
**Caratteristiche**: abolizione della proprietà privata; eliminazione dell'iniziativa economica privata; proprietà pubblica dei mezzi di produzione; pianificazione della produzione.

**SISTEMA A ECONOMIA MISTA**
**Definizione:** il sistema a economia mista nasce con l'intento di superare i punti deboli evidenziati sia dal sistema liberista sia da quello collettivista, garantendo il rispetto dei diritti fondamentali dell'uomo. In ambito economico, prevede la partecipazione dello Stato accanto ai privati.
**Caratteristiche:** proprietà pubblica e privata dei mezzi di produzione; intervento attivo dello Stato in economia; determinazione del prezzo da parte del mercato e dello Stato, redistribuzione del reddito, mediante una politica economica statale.

**TAPPA N. 3): mettiti alla prova.**

- Riascolta la sintesi, mediante il supporto audio. Verifica se hai compreso.

Verifica facilitata di autovalutazione di fine modulo

- **Esercizio per l'apprendimento. Comunica (comprendi).**
  **Rispondi ai quesiti, utilizzando uno dei suggerimenti indicati nella parentesi.**
  1. Qual è una caratteristica dei bisogni? ..........
     (Limitatezza, illimitatezza, accessibilità).
  2. Qual è un servizio? ..........
     (attività di rammendo di una sarta, macchina da cucire, necessità di un vestito nuovo).
  3. Qual è un bene economico? ..........
     (aria, petrolio, energia solare).
  4. In quale sistema economico lo Stato interviene in economia accanto ai privati? ..........
     (Liberista, collettivista, a economia mista).

- Misura la tua preparazione, avvalendoti degli esercizi facilitati di autovalutazione che trovi nei materiali digitali, sul sito del libro.

## Compito di realtà

***Esamino il testo:***

### *"Crisi del '29, lezione memorabile"*

Un noto quotidiano economico-finanziario del maggio 2011 riportava:
"Nell'autunno del 2008, quando l'attività economica volse bruscamente al peggio, sulla bocca di tutti c'era la Grande depressione degli anni Trenta. Si temeva che l'inciampo dell'economia si trasformasse in prostrazione, che domanda e produzione sarebbero rimasti a terra, che la disoccupazione potesse dilagare, che i miasmi della sfiducia, viaggiando sui venti veloci dell'informazione globale, avrebbero contagiato Paesi vicini e lontani, in una triste riedizione di quel terribile decennio dell'anteguerra.
Ma non è successo. (...) Ci è andata bene? L'abbiamo scampata per caso o per calcolo? Per capirci qualcosa andiamo a vedere quegli indici di Borsa – il Down Jones, in quel Paese, l'America, dove originò sia la crisi del '29 che la Grande recessione recente – che hanno scandito, allora e oggi, i tempi del ciclo.
I Governi hanno resistito alle sirene del protezionismo e gli scambi, crollati nel 2009 con la recessione, hanno oggi di nuovo ampiamente superato i livelli pre-crisi. Insomma, molti dubitano che la storia sia maestra di vita, ma nel nostro caso possiamo dire di aver veramente imparato la lezione della Grande depressione." *
Per risanare il sistema economico nel suo complesso, i Presidenti degli Stati Uniti d'America di quegli anni, da Franklin Delano Roosevelt a Barak Obama, s'ispirarono alle teorie economiche di John Maynard Keynes.

* Fonte: Il Sole 24 ORE del 16 maggio 2011.

***Applico le conoscenze:***

1. Comprendi il concetto di sistema economico? Spiegalo.
2. In quale tipologia di sistema economico faresti rientrare quello che originò la Grande depressione degli anni Trenta?
3. Prova a identificare i limiti di quel sistema economico, evidenziati dalla stessa crisi del '29.
4. Sei in grado di riconoscere il sistema economico, cui si riferiscono le teorie di Keynes?
5. Riesci a individuare alcuni interventi attuati in questo sistema economico, per superare i punti deboli di quello precedente?

***Sviluppo le competenze e mi confronto:***

La crisi del '29 e a quella del 2008, nate negli Stati Uniti d'America, si propagarono rapidamente in gran parte dell'Europa. Ricerca in biblioteca o su Internet le cause e le conseguenze di tali crisi in ambito economico, indicando le politiche di supporto adottate dai governi dei Paesi coinvolti.
Dopo esservi divisi in gruppi, riferisci ai tuoi compagni di classe e insieme provate a individuare analogie e differenze tra le due crisi economiche, realizzando uno schema di sintesi o una mappa concettuale. A ciò fate seguire un breve dibattito di confronto e di restituzione del lavoro svolto dai diversi gruppi.

***Valuto le competenze:***

| Competenze | A Livello Avanzato | B Livello Intermedio | C Livello Base | D Livello Iniziale |
|---|---|---|---|---|
| • Riconosco le caratteristiche essenziali del sistema socio-economico per orientarmi nel tessuto produttivo del mio territorio.<br>• Ricerco informazioni in Rete (competenza digitale).<br>• Imparo ad imparare.<br>• Individuo collegamenti e relazioni.<br>• Acquisisco ed interpreto le informazioni.<br>• Comunico.<br>• Collaboro e partecipo. | **Lavoro eccellente**<br>☐<br>Applico con consapevolezza le conoscenze acquisite alla vita reale; comprendo e valuto informazioni, con buona padronanza del lessico della disciplina, collaborando in modo efficiente. | **Lavoro buono**<br>☐<br>Applico in autonomia le conoscenze acquisite alla vita reale; comprendo e valuto informazioni, con un uso appropriato del lessico della disciplina, collaborando in modo efficace. | **Lavoro adeguato**<br>☐<br>Applico le conoscenze essenziali acquisite alla vita reale; reperisco informazioni di base, utilizzando i termini fondamentali della disciplina e collaborando in modo corretto. | **Lavoro da migliorare**<br>☐<br>Applico alcune conoscenze elementari acquisite alla vita reale, se guidato; fatico a reperire le informazioni di base, con un uso limitato dei termini della disciplina, collaborando in modo passivo. |

# 2 I SOGGETTI ECONOMICI

| | | | | |
|---|---|---|---|---|
| **UdA 1** Le famiglie e le loro attività economiche | FAMIGLIE | CONSUMO | BENI | RISPARMIO |
| **UdA 2** Le imprese e gli enti non profit | IMPRESE | FATTORI PRODUTTIVI | COSTI DI PRODUZIONE | ORGANIZZAZIONI DEL TERZO SETTORE |
| **UdA 3** Lo Stato e la Pubblica Amministrazione | STATO | ENTRATE PUBBLICHE | SPESA PUBBLICA | POLITICHE ECONOMICHE |

**Alla fine di questo percorso didattico, sarai in grado di individuare il ruolo e le caratteristiche delle principali attività economiche di famiglie, imprese e Stato.**

**FLIPPED classroom**

### A casa: lezione

Leggo e ascolto i materiali digitali:
- L'organizzazione aziendale (*PowerPoint*)
- La startup (PowerPoint)
- La green economy (*PowerPoint*).
- "Ripassiamo insieme" UdA 2 (Audio).
- "Parole chiave" UdA 2 (Animazione).

### A scuola: sviluppo le competenze

Rifletto:
- Confronto e dibattito in classe.
- Verifica delle competenze di fine unità di apprendimento 2.

Mi metto alla prova:
- Compito di realtà di fine modulo.

# UdA 1 LE FAMIGLIE E LE LORO ATTIVITÀ ECONOMICHE

## 1. La famiglia come operatore economico

Famiglie, imprese, Stato e resto del mondo sono le quattro categorie di operatori del sistema economico.

**La famiglia**

L'operatore o soggetto economico **famiglia** è un centro d'interessi che domanda determinati beni e servizi alle imprese e partecipa, con la forza lavoro, all'attività produttiva e alla formazione della ricchezza nazionale.

**Le attività economiche**

In economia, il termine "famiglia" si riferisce sia alla famiglia in senso giuridico ( marito, moglie ed eventuali figli) sia agli individui che vivono da soli o in gruppo (es. comunità, caserma) e che svolgono **attività economiche** come il lavoro, il consumo, il risparmio, l'investimento.

Le famiglie per domandare i beni e i servizi, con i quali soddisfare i loro bisogni primari e secondari, devono disporre dei mezzi economici necessari al loro acquisto, ossia percepire un reddito o essere titolari di un patrimonio.

**Il reddito**

Il **reddito** è un flusso monetario (ricchezza dinamica), percepito periodicamente dalle famiglie, ed è costituito, principalmente, dalla retribuzione quale corrispettivo per il lavoro manuale (salario) o intellettuale (stipendio), svolto alle dipendenze di un datore di lavoro.

▶ Reddito: ricchezza dinamica

Le famiglie possono percepire altri redditi, oltre a quelli da lavoro dipendente, quali:

- il **profitto**, ossia l'utile (ricavi meno costi) derivante dall'esercizio di un'attività economica (es. impresa che produce piastrelle);
- la **remunerazione da lavoro autonomo** di tipo manuale (es. idraulico) o quella spettante alle prestazioni di tipo intellettuale (es. avvocati, architetti);
- l'**interesse**, ossia il rendimento che spetta a chi presta una somma di denaro (es. l'interesse che la banca paga ai risparmiatori);
- la **rendita**, ossia il reddito che spetta al proprietario di beni immobili dati, ad esempio, in locazione (canone d'affitto);
- le **pensioni** erogate dallo Stato (es. pensione di vecchiaia o d'invalidità).

**Il patrimonio**

Il **patrimonio**, invece, corrisponde al valore complessivo dei beni mobili (es. gioiello, quadro di valore) e immobili (es. terreni, fabbricati) che le famiglie possiedono in un certo momento.

▶ Patrimonio immobiliare

Esso è considerato una forma di ricchezza statica, che difficilmente si modifica in tempi brevi, come accade, invece, per il reddito.

La ricchezza

In economia, il concetto di **ricchezza** si riferisce al complesso di beni di cui un soggetto può disporre e comprende sia il reddito (ricchezza dinamica) sia il patrimonio (ricchezza statica).

| | |
|---|---|
| **REDDITO** | ■ Profitto<br>■ Remunerazione da lavoro (stipendio o salario)<br>■ Interesse<br>■ Rendita da immobili<br>■ Pensioni |
| **PATRIMONIO** | ■ Valore complessivo dei beni mobili e immobili |
| **RICCHEZZA** | ■ Reddito + Patrimonio |

■ **Esercizio A) per l'apprendimento. Risolvi i problemi.**
**Analizza il caso e rispondi alle domande proposte.**

Alessandro, studente di quindici anni, come tutte le mattine prima di andare a scuola, esce a fare una passeggiata con il suo cane, nel parco pubblico adiacente alla casa in cui abita. Passando davanti a una panchina, ascolta casualmente la conversazione tra due signore anziane che, parlando del marito di una loro conoscente, lo definiscono molto ricco perché ha uno stipendio di quasi 5.000 euro al mese. Il ragazzo rimane perplesso al riguardo e non è convinto dell'esattezza delle affermazioni delle due signore. I suoi dubbi sono fondati? Di che cosa fa parte lo stipendio? Esso coincide con il concetto di ricchezza? Rispondi a queste domande.

## 2. Il consumo

Il **consumo** è la parte di reddito che le famiglie utilizzano per acquistare beni o richiedere servizi necessari a soddisfare i loro bisogni primari e secondari.

▸ Consumo di beni alimentari

**Esempio:** Francesca frequenta la facoltà di Giurisprudenza e, per acquistare i libri universitari, utilizza parte del reddito della famiglia.

La propensione al consumo

L'**ammontare del reddito** determina la **propensione al consumo**, ossia la quantità di denaro che una famiglia assegna al consumo. In generale, quando l'ammontare del reddito aumenta, crescono i consumi. La relazione tra il reddito e il consumo si rappresenta con la funzione:

$$C = f(Y)$$

dove C sta per consumo e Y indica il reddito.
Da essa risulta che tra consumo e reddito esiste un rapporto direttamente proporzionale, perché il consumo è funzione del reddito e al suo aumentare aumenta anche il consumo.

**I fattori che influenzano i consumi**

I consumi delle famiglie non dipendono solo dal reddito, ma anche da altri **fattori**, quali:

- il **livello generale dei prezzi**, la cui crescita porta la famiglia a ridurre il consumo di beni e servizi e viceversa;
- l'**età dei compratori** e la **diversificazione dei bisogni** (es. l'anziano richiede servizi assistenziali diversi da quelli dei minori);
- l'**influenza della pubblicità**, che genera nel consumatore la necessità di acquistare beni e richiedere servizi secondari (es. auto di lusso, abiti griffati, cure estetiche) come se fossero indispensabili alla sua esistenza (consumismo).

**Il "paniere" Istat**

Per conoscere il consumo abituale delle famiglie italiane e determinare in base a questo l'indice del costo della vita, l'**Istat** (Istituto nazionale di statistica) si avvale del cosiddetto "**paniere**" dei consumi, composto da beni e servizi, che rispecchia la spesa di una famiglia media.
Per ciascun prodotto si rilevano i prezzi (minimi, medi e massimi), secondo le diverse fasce di consumo e delle aree territoriali.

> **ISTAT:** è l'Istituto nazionale di statistica, con sede a Roma, che opera alle dipendenze della Presidenza del Consiglio dei Ministri e compie indagini statistiche d'interesse pubblico di natura sociale, demografica ed economico-finanziaria.

Ogni anno i consumi cambiano e, di conseguenza, l'Istat aggiorna il paniere, aggiungendo i prodotti che hanno visto aumentare le loro vendite ed eliminando quelli che stanno ormai scomparendo dai negozi. Nel 2018, sono stati 1.489 i beni presi in considerazione dall'Istituto nazionale di statistica che, per la stima dell'inflazione, ha utilizzato come nuova fonte di dati i prezzi registrati alle casse di ipermercati e supermercati, mediante scannerizzazione dei codici a barre. Ecco che cos'è cambiato, in generale, rispetto all'anno precedente:

**PANIERE ISTAT 2018**

**DENTRO**

- Avocado
- Mango
- Vini liquorosi
- Lavasciuga
- Robot aspirapolvere

**FUORI**

- Telefonia pubblica (cabine telefoniche)
- Canone Rai
- Mp4

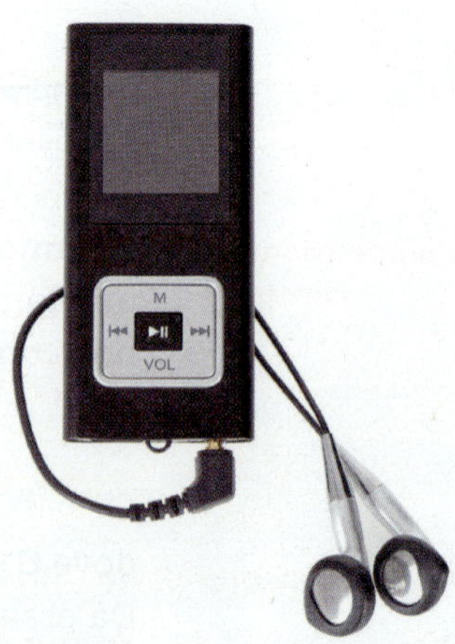

Dentro l'**economia**

## Il consumismo

Il consumismo è un fenomeno economico-sociale tipico dei Paesi ricchi, che indica un modello di comportamento diretto sempre a nuovi e maggiori acquisti di beni e servizi.
Tale comportamento è influenzato soprattutto da:

- **pubblicità**, utilizzata dai produttori per indurre i consumatori all'acquisto di un certo bene, convincendoli delle qualità esclusive del prodotto, anche se spesso non è così;
- **stereotipi sociali**, ossia le forme di giudizio con cui vengono etichettate le persone o i gruppi di persone (es. possedere un certo modello di computer equivale a essere una persona facoltosa; frequentare un corso di musica vuol dire avere eccellenti doti musicali);
- attribuzione di **status symbol**, ossia di classe sociale agiata, per i possessori di certi beni o per i fruitori di determinati servizi, indipendentemente dal loro valore intrinseco (es. sedute in un centro estetico di lampade abbronzanti);
- tendenza ad aumentare i **bisogni secondari** per incentivare la vendita di prodotti.

Esistono normative a livello sia europeo sia nazionale, che tutelano i diritti dei consumatori e degli utenti.
La normativa europea risale al 1973, anno in cui è stata approvata la *Carta europea di protezione dei consumatori*, che stabilisce i diritti fondamentali dei consumatori (es. diritto a una corretta informazione, al risarcimento del danno per pubblicità ingannevole, alla sicurezza).
In Italia, solo nel 1998, sono stati riconosciuti i diritti individuali e collettivi dei consumatori e degli utenti. Contemporaneamente, si sono formate numerose associazioni di consumatori (es. Codacons, Federconsumatori, Adiconsum), che offrono servizi d'informazione o di consulenza e che possono agire in giudizio per la tutela degli interessi collettivi dei consumatori.

■ **Esercizio B) per l'apprendimento. Impara ad imparare.**
**Dopo aver individuato gli errori, riscrivi le frasi correttamente.**

1. La propensione al consumo della famiglia aumenta all'aumentare dei prezzi dei beni e diminuisce quando questi diminuiscono.
..........................................................................................
2. Gli acquisti della famiglia dipendono unicamente dal suo reddito.
..........................................................................................
3. La pubblicità non condiziona i consumi, perché il messaggio pubblicitario non aiuta a fare scelte.
..........................................................................................

# 3. Il risparmio

▸ Risparmio

Il **risparmio** è la parte di reddito che le famiglie non impiegano nell'acquisto di beni e servizi, ma che accantonano per soddisfare consumi futuri.

Si può definire con la seguente relazione:

$$R = Y - C$$

dove R sta per risparmio, Y indica il reddito e C il consumo.

La propensione al risparmio degli italiani

**Esempio:** **Luca deve riparare il tetto della sua casa e ogni mese risparmia una parte del suo stipendio per pagare i lavori necessari alla riparazione.**

**La propensione al risparmio**

Si definisce **propensione al risparmio** il rapporto tra reddito risparmiato e reddito disponibile. In genere, più è alto è il reddito, più è elevata la quantità di denaro riservata al risparmio.

**I fattori che influenzano il risparmio**

I motivi che inducono le famiglie ad accantonare somme di denaro dipendono da diversi **fattori** che, in particolare, sono:

- le **condizioni economiche**, che inducono le famiglie a risparmiare di più o di meno;

**Esempio:** quando una famiglia possiede un reddito molto basso, appena sufficiente a soddisfare i bisogni primari, il risparmio è inesistente; man mano che il reddito aumenta, anche la propensione al risparmio aumenta.

- le **assicurazioni di tipo previdenziale**, con le quali le famiglie possono far fronte a spese impreviste o garantirsi un reddito futuro, oltre a quello offerto dal sistema pensionistico, al momento della cessazione dell'attività lavorativa (per vecchiaia), in caso di infortunio o malattia;

**Esempio:** Andrea ha un reddito mensile di 2.000 euro, di cui una buona parte è utilizzata per le spese quotidiane, e il rimanente è risparmiato per pagare un'assicurazione complementare a quella statale, che gli garantisca un'adeguata esistenza per la vecchiaia e per le eventuali malattie a essa collegate.

- la **pianificazione di acquisti importanti** come, ad esempio, un appartamento, un'automobile, un'opera d'arte o la garanzia per i figli di un'istruzione universitaria, un master, per una migliore qualità di vita;

**Esempio:** Anna ogni anno risparmia una parte del proprio reddito, perché ha deciso di acquistare un nuovo appartamento; Maria vuole che il figlio frequenti l'università e risparmia ogni anno una parte del suo reddito, per mantenerlo agli studi.

- i **rendimenti** del denaro risparmiato (tassi d'interesse), che sono corrisposti alle famiglie, quando il medesimo è conservato in depositi bancari o in titoli finanziari emessi dallo Stato (es. Buoni Ordinari del Tesoro-BOT) e dalle imprese (es. azioni, obbligazioni); tanto più alti sono questi rendimenti, maggiore è la propensione delle famiglie a collocare il risparmio in questo modo.

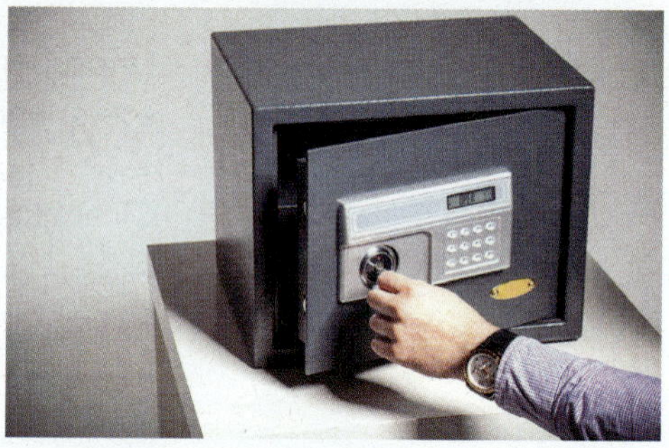

▶ Tesoreggiamento: risparmio infruttifero

**Esempio:** Nicola, nel corso dell'anno, ha risparmiato una discreta somma, che deposita in banca in un fondo comune d'investimento, dove, a determinate condizioni, gli assicurano un certo rendimento. Se avesse tenuto il denaro in cassaforte (tesoreggiamento), il risparmio sarebbe stato infruttifero (senza rendimento).

| FATTORI DA CUI DIPENDONO | |
|---|---|
| **CONSUMO** | **RISPARMIO** |
| ▪ Reddito.<br>▪ Livello generale dei prezzi.<br>▪ Età dei compratori e diversificazione dei bisogni.<br>▪ Influenza della pubblicità. | ▪ Condizioni economiche (reddito).<br>▪ Assicurazioni di tipo previdenziale.<br>▪ Pianificazione di acquisti importanti.<br>▪ Rendimenti. |

Dentro l'**economia**

## Il sistema pensionistico

È un meccanismo in base al quale le cosiddette assicurazioni sociali obbligatorie (es. INPS - Istituto Nazionale della Previdenza Sociale) corrispondono periodicamente una somma di denaro (es. pensione), allo scopo di tutelare il lavoratore e i familiari a suo carico (es. moglie, figli), al momento della cessazione dell'attività lavorativa (per vecchiaia) e in caso di perdita della capacità di lavoro (per infortunio o malattia). Alla costituzione della predetta somma concorrono gli stessi lavoratori, con il versamento dei relativi contributi previdenziali per un determinato numero di anni. Queste assicurazioni sociali attuano obbligatoriamente una forma di previdenza del lavoratore e rappresentano il cosiddetto risparmio forzato, cioè il denaro (contributi) che il lavoratore è costretto dalle leggi dello Stato a risparmiare. Il nostro Stato prevede tre importanti tipi di pensione:

- di vecchiaia, che richiede una determinata età anagrafica (es. 66 anni per gli uomini e 62 per le donne, che dal 2022 sarà 67 anni sia per le donne sia per gli uomini);
- di inabilità, che spetta a colui che si trova nell'impossibilità di svolgere qualsiasi attività di lavoro, a causa della totale perdita della capacità lavorativa;
- ai superstiti, che è corrisposta ai familiari (es. moglie, figli) alla morte del pensionato o, a determinante condizioni, a quella del lavoratore.

■ **Esercizio C) per l'apprendimento. Comunica (comprendi).**
**Rispondi ai quesiti, utilizzando uno dei suggerimenti indicati nella parentesi.**

1. Come si definisce il reddito accantonato e non consumato? ..........
*(Consumo, risparmio, investimento).*
2. Che cosa rappresenta per la famiglia il tasso d'interesse sui depositi bancari? ..........
*(rendimento, perdita, spesa).*
3. Quali sono i bisogni che sono soddisfatti quando il reddito è minimo? ..........
*(bisogni primari, bisogni superflui, bisogni secondari).*

# 4. L'investimento

L'investimento

Si ha **investimento** quando il risparmio delle famiglie è impiegato, in cambio di un interesse, per finanziare l'attività produttiva delle imprese o dello Stato (es. acquisto di macchinari o impianti).

▶ Investimento finanziario

**Banche:** sono delle istituzioni che svolgono il ruolo d'intermediazione tra coloro che risparmiano denaro (es. famiglia) e coloro che lo richiedono per soddisfare i loro bisogni (es. impresa).

I risparmiatori, attraverso le banche, investono il loro denaro in strumenti finanziari come titoli di Stato, azioni e obbligazioni (investimento finanziario).

La propensione all'investimento

La **propensione** delle famiglie **all'investimento** dipende dal tasso d'interesse che più aumenta, maggiore è l'investimento.

**Esempio:** Giorgia ha raggiunto l'età della pensione e l'INPS (Istituto Nazionale della Previdenza Sociale) le ha liquidato la somma di 35.000 euro per il TFR (trattamento di fine rapporto di lavoro). Ha chiesto informazioni al direttore della sua banca e ha deciso di investire la somma in obbligazioni, che le assicurano un rendimento fisso.

**Trattamento di fine rapporto (TFR):** al termine di qualunque rapporto di lavoro, il lavoratore ha diritto di ottenere una somma di denaro denominata TFR. Esso è l'importo monetario, trattenuto dalla retribuzione del lavoratore ed accantonato annualmente dal datore di lavoro. Il TFR sarà corrisposto al dipendente, al momento della cessazione del lavoro tramite l'INPS.

Quali sono le **forme di investimento** più diffuse?

I depositi bancari

I **depositi bancari**.
Essi sono lo strumento col quale le banche raccolgono, presso i risparmiatori, i mezzi monetari necessari per svolgere le loro attività, dietro pagamento di interessi. Esistono due forme di deposito, quello a risparmio, con cui la banca rilascia al cliente un documento (libretto di risparmio) che attesta sia il versamento sia l'entità degli interessi; quello in conto corrente, con cui il cliente, dopo aver depositato il proprio denaro su un conto identificato da un determinato numero, lo può utilizzare per effettuare pagamenti o prelievi.

▸ Depositi bancari

I titoli pubblici

**I titoli pubblici**.
Essi sono documenti emessi dallo Stato e dagli enti pubblici territoriali (es. Regione, Comune) che rappresentano un credito per quei risparmiatori che li hanno acquistati e che hanno diritto, alla scadenza del titolo, al rimborso della somma e al pagamento di un interesse annuo stabilito. Lo Stato e gli enti pubblici emettono titoli come, ad esempio, i Buoni Ordinari del Tesoro BOT), i Certificati di credito del Tesoro (CCT), i Buoni del Tesoro pluriennali (BTP), per finanziare l'attività della pubblica Amministrazione (debito pubblico).

Le azioni

**Le azioni**.
Esse sono titoli (cioè documenti) rappresentativi della partecipazione dei soci in una società per azioni e attribuiscono la qualità di socio e i diritti a essa collegati, cioè diritti patrimoniali (es. partecipazione ai dividendi) e i diritti amministrativi (es. diritto di voto). Le azioni sono titoli a reddito variabile perché, di anno in anno, l'utile della società cambia e non è sempre uguale.

**Utile:** è costituito dal profitto (ossia i Ricavi meno i Costi) derivante dall'esercizio di un'attività economica.
**Dividendi:** sono la parte degli utili realizzata dalla società, che spetta ai soci.

Le obbligazioni

**Le obbligazioni**.
Esse sono titoli che rappresentano un debito di una società, contratto verso chi le ha dato un prestito. I loro titolari (cosiddetti obbligazionisti) non diventano soci, bensì creditori. Le obbligazioni sono titoli a reddito fisso: i risparmiatori che li hanno acquistati, alla scadenza del titolo, hanno diritto al rimborso della somma e al pagamento dell'interesse annuo prestabilito.

I fondi comuni di investimento

I **fondi comuni di investimento.**
Essi sono gestiti da un Istituto d'intermediazione finanziaria che, di solito, investe il capitale monetario risparmiato dalla famiglia in azioni, obbligazioni e titoli di Stato. Il principio fondamentale

su cui si basa il fondo comune è quello della diversificazione, secondo il quale, investendo in un certo numero di titoli, tra loro diversi, l'eventuale diminuzione del valore di uno può essere compensata dall'aumento di valore degli altri. Esistono vari **tipi di fondi**:

- **azionari**, che investono principalmente in azioni, i cui rendimenti sono variabili e soggetti ai rischi del mercato;
- **obbligazionari**, che investono prevalentemente in obbligazioni e titoli di Stato, che comportano un rischio ridotto, ma rendimenti poco elevati;
- **bilanciati**, che investono in azioni e in obbligazioni.

**Le polizze assicurative sulla vita**

Le **polizze assicurative sulla vita**.
Esse sono delle forme contrattuali, in cui la compagnia di assicurazione, che periodicamente riceve dal risparmiatore una certa somma di denaro (cosiddetto premio) si obbliga a pagargli un dato importo (capitale) o un versamento periodico (rendita vitalizia), al compiersi di un evento attinente alla vita umana (es. morte di una persona).

▸ **Polizza assicurativa sulla vita**

## Esercizio D) per l'apprendimento. Comunica (comprendi).

**Completa la seguente tabella, inserendo le definizioni corrette e individuando il concetto nascosto nella colonna evidenziata.**

| | | | | | | | | | | | | | | | | | | |
|---|---|---|---|---|---|---|---|---|---|---|---|---|---|---|---|---|---|---|
| **1** | | | | | | M | | | | | | | | | | | | |
| **2** | | | | | | | | | | D | | | | | | | | |
| **3** | | | D | | | | N | | | | | | | | | | | |
| **4** | | | | I | | | | | | | | | | | | | | |
| **5** | | | | | | | Z | | | | | | | | | | | |
| **6** | | | | | | | | | | | M | | N | | | | | |
| **7** | | | | | T | | | | | | | U | | | | | | |

1. Uno dei quattro operatori economici.
2. Reddito da beni immobili.
3. Costituisce la richiesta di beni e servizi.
4. Retribuzione da lavoro intellettuale.
5. Sono titoli rappresentativi della partecipazione dei soci in una società.
6. Ricchezza statica.
7. Sono documenti emessi dallo Stato che rappresentano un credito per i risparmiatori.

Hai capito? Hai dei dubbi?

## Ripassiamo insieme

**Che cosa s'intende per FAMIGLIA?**

Essa è un centro d'interessi che domanda determinati beni e servizi alle imprese e partecipa, con la forza lavoro, all'attività produttiva e alla formazione della ricchezza nazionale. In economia, il termine "famiglia" si riferisce sia alla famiglia in senso giuridico (marito, moglie ed eventuali figli) sia agli individui che vivono da soli o in gruppo.

**Quali sono le PRINCIPALI ATTIVITÀ ECONOMICHE svolte dalle famiglie?**

Esse sono: il lavoro, il consumo, il risparmio, l'investimento.

**Che cos'è il REDDITO?**

È un flusso monetario (ricchezza dinamica), percepito periodicamente dalle famiglie, ed è costituito, principalmente, dalla retribuzione quale corrispettivo per il lavoro manuale (salario) o intellettuale (stipendio), svolto alle dipendenze di un datore di lavoro.

**Che cos'è il PATRIMONIO?**

Corrisponde al valore complessivo dei beni mobili (es. gioiello) e immobili (es. terreno) che le famiglie possiedono in un certo momento. È considerato una forma di ricchezza statica, che difficilmente si modifica in tempi brevi come accade, invece, per il reddito.

**Che cos'è la RICCHEZZA?**

Si riferisce al complesso di beni di cui un soggetto può disporre e, pertanto, comprende sia il reddito (ricchezza dinamica) sia il patrimonio (ricchezza statica).

**Che cos'è il CONSUMO?**

È la parte di reddito che le famiglie utilizzano per acquistare beni o richiedere servizi necessari a soddisfare i loro bisogni primari e secondari. La propensione al consumo, cioè la quantità di reddito che una famiglia assegna al consumo, cresce all'aumentare del reddito.

**Che cos'è il RISPARMIO?**

È la parte di reddito che le famiglie non impiegano nell'acquisto di beni e servizi, ma che accantonano per soddisfare consumi futuri. Più alto è il reddito e più elevata è la quantità di denaro riservata al risparmio (propensione al risparmio).

**Che cos'è l'INVESTIMENTO?**

È il risparmio delle famiglie impiegato, in cambio di un interesse, per finanziare l'attività produttiva delle imprese o dello Stato (es. acquisto di macchinari o impianti). La propensione delle famiglie all'investimento dipende dal tasso d'interesse che più aumenta, maggiore è l'investimento.

Per una didattica inclusiva:

## Parole chiave

**FAMIGLIA** →
- Attività economiche
- Reddito
- Patrimonio
- Ricchezza

**FATTORI da cui dipende il CONSUMO** →
- Reddito
- Livello generale dei prezzi
- Età dei compratori e diversificazione dei bisogni
- Influenza della pubblicità

**FATTORI da cui dipende il RISPARMIO** →
- Reddito
- Assicurazioni di tipo previdenziale
- Pianificazione di acquisti importanti
- Rendimenti

**FORME DI INVESTIMENTO** →
- Depositi bancari e titoli pubblici
- Azioni e obbligazioni
- Fondi comuni di investimento
- Polizze assicurative sulla vita

## CLIL

### The household as an economic subject

In English the term "**family**" is used to refer to the legal entity consisting of husband, wife and any children, while the term "**household**" refers to groups such as communities, barracks or families which carry out any **economic activity** including work, consumption, saving and investment.
Household demand for goods and services to meet primary and secondary needs entails an income or owning property. **Income** is a flow of money (dynamic wealth) received regularly by households and consists mainly of payment for manual or intellectual labour from an employer. **Property** means the overall value of movable property, such as jewellery and paintings, and real estate, such as land and buildings, owned by households. Income can alter over the short term, whereas property is static wealth and is unlikely to alter

**Exercise. Complete the sentences with the missing words.**

1. Households usually earn a ..............., and may earn other ........... from interest on investments or for land and buildings rented out.
2. In economics, ................. is the overall goods a subject is endowed with and includes income as well as ................

*(income, wealth, salary, property)*

## Verifica delle competenze

- Livello BASE: ✪ (Punteggio totale: 12)
- Livello INTERMEDIO: ✪✪ (Punteggio totale: 60)
- Livello AVANZATO: ✪✪✪ (Punteggio totale: 28)

### ✪ Esercizio 1). Impara ad imparare.

**Scelta multipla: evidenzia la risposta esatta. Il paragrafo indicato nella parentesi è quello su cui devi riflettere (2 punti per ciascuna scelta corretta).**

**1. L'operatore economico famiglia è costituito da (Par. n. 1):**
- a. imprese e associazioni
- b. organi dello Stato
- c. uno o più individui che vivono soli o in gruppi e svolgono attività economica
- d. le persone che sono tra loro parenti

**2. È considerato reddito della famiglia (Par. n. 1):**
- a. un appartamento
- b. lo stipendio
- c. il valore del patrimonio
- d. l'automobile di famiglia

**3. I fattori che influenzano i consumi sono (Par. n. 2):**
- a. solo il livello dei prezzi e il reddito
- b. le entrate e le uscite dello Stato
- c. esclusivamente la pubblicità
- d. il reddito, il livello dei prezzi, i bisogni, la pubblicità e l'età

**4. Il risparmio produce un rendimento, quando è (Par. n. 3):**
- a. tenuto in cassaforte
- b. utilizzato per i consumi
- c. depositato in banca
- d. speso per andare a teatro

**5. Le polizze assicurative sulla vita sono una forma di (Par. n. 4):**
- a. consumo
- b. investimento
- c. profitto
- d. tributo

**6. L'investimento è (Par. n. 4):**
- a. l'utilizzo del risparmio a fini produttivi
- b. il reddito destinato al consumo
- c. la parte di reddito destinata al risparmio
- d. il rapporto tra reddito e consumo

**Punti: ..../12**

### ✪✪ Esercizio 2). Individua collegamenti e relazioni.

**Collega ciascun numero alla lettera corrispondente (3 punti per ciascun collegamento esatto).**

1. Retribuzione
2. Consumo
3. Reddito
4. Investimento
5. Famiglia
6. Interesse
7. Attività economiche
8. Patrimonio

- a. Reddito speso per acquistare beni e servizi
- b. Operatore economico
- c. Acquisto di titoli pubblici
- d. Lavoro, consumo, risparmio, investimento
- e. Rendimento del denaro investito
- f. Ricchezza statica
- g. Lavoro manuale o intellettuale
- h. Stipendio, salario, profitto, rendita

| 1 | 2 | 3 | 4 | 5 | 6 | 7 | 8 |
|---|---|---|---|---|---|---|---|
| | | | | | | | |

**Punti: ..../24**

■ **✪✪ Esercizio 3). Acquisisci ed interpreta l'informazione.**

**Indica se le seguenti affermazioni sono vere o false, motivando la risposta (3 punti per ciascuna risposta esatta).**

| | | V | F |
|---|---|---|---|
| **1.** | La famiglia economica coincide con la famiglia giuridica<br>Perché ........................................ | ☐ | ☐ |
| **2.** | Il proprietario di beni immobili percepisce una rendita<br>Perché ........................................ | ☐ | ☐ |
| **3.** | I fondi obbligazionari sono rischiosi quanto quelli azionari<br>Perché ........................................ | ☐ | ☐ |
| **4.** | L'aumento del livello dei prezzi fa aumentare i consumi<br>Perché ........................................ | ☐ | ☐ |
| **5.** | Il profitto è una forma di reddito<br>Perché ........................................ | ☐ | ☐ |
| **6.** | I titoli pubblici non sono una forma di investimento<br>Perché ........................................ | ☐ | ☐ |

**Punti: ..../18**

■ **✪✪ Esercizio 4). Comunica (rappresenta).**

**Completa la mappa concettuale che segue (3 punti per ciascun completamento esatto).**

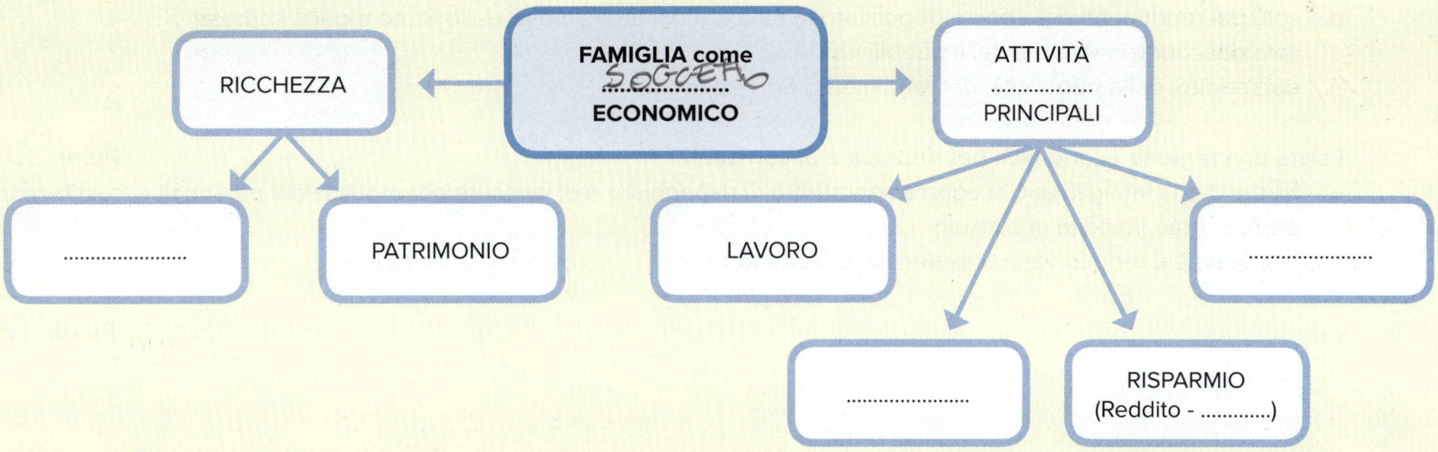


**Punti: ..../18**

■ **✪✪✪ Esercizio 5). Comunica (comprendi).**

**Rispondi alle seguenti domande (4 punti per ciascuna risposta esatta).**

1. Quale è il ruolo dell'operatore economico famiglia? (Par. n. 1)
2. Quali sono i principali fattori che influenzano il risparmio? (Par. n. 3)
3. Quali sono le forme di investimento più diffuse? (Par. n. 4)

**Punti: ..../12**

■ ✪✪✪ **Esercizio 6). Risolvi i problemi.**

**Analizza il caso e rispondi ai quesiti a risposta multipla (4 punti per ogni scelta multipla).**

Luca e Irene frequentano la prima classe di un Istituto tecnico commerciale e, durante la lezione di economia, apprendono che l'ammontare dei redditi dell'operatore economico famiglia determina la propensione sia al consumo sia al risparmio. La famiglia di Luca percepisce un reddito mensile di 2.000 euro, mentre quella di Irene ne percepisce 5.000. I ragazzi si frequentano anche al di fuori della scuola e spesso passano insieme il loro tempo libero, andando al cinema o nei locali alla moda. Luca vede che, a volte, Irene rinuncia a questo tipo di consumi e, conoscendo le buone condizioni economiche della sua famiglia, si pone una serie di interrogativi: vuoi aiutarlo a trovare una risposta?

**1. Il reddito della famiglia di Irene da dove può derivare?**
 a. unicamente da retribuzione da lavoro
 b. solo da rendita e interessi
 c. stipendio, rendita, interessi

**2. Cosa fa normalmente una famiglia se aumenta il proprio reddito?**
 a. diminuisce la propensione al risparmio
 b. diminuiscono fortemente i consumi
 c. aumenta la propensione al risparmio
 d. aumenta costantemente l'attività lavorativa

**3. Da quali fattori è influenzato il risparmio di un individuo?**
 a. esclusivamente dal reddito
 b. solo dai rendimenti del denaro depositato in banca o dai titoli emessi dallo Stato e dalle imprese
 c. solo dai condizionamenti della pubblicità
 d. dal reddito, dalla pubblicità, dal rendimento del risparmio

**4. Esiste una ragione economica per rinunciare ai consumi?**
 a. Si, perché la famiglia può scegliere soprattutto di risparmiare e di investire per motivazioni personali e, così facendo però, sottrae liquidità ai consumi.
 b. No, perché il reddito va in prevalenza consumato.

**Punti: ..../16**

**Calcola il punteggio totale conseguito e assegnati la valutazione a esso corrispondente:**

| Tabella di autovalutazione | |
|---|---|
| ☐ 100-87 | **A**<br>Lavoro eccellente. |
| ☐ 86-67 | **B.**<br>Lavoro buono. |
| ☐ 66-47 | **C.**<br>Lavoro adeguato. |
| ☐ 46-2 | **D.**<br>Lavoro da migliorare. |

# UdA 2 LE IMPRESE E GLI ENTI NON PROFIT

## 1. L'operatore economico impresa

Le **imprese** sono organizzazioni di persone e di beni che hanno come scopo principale l'attività di produzione di beni e servizi, al fine di trarre un profitto, cioè un guadagno.

La produzione

L'attività di **produzione** consiste nel creare nuova ricchezza, trasformando le materie prime in prodotti finiti o trasferendo nel tempo e nello spazio uno stesso prodotto.

**Esempio:** un'impresa utilizza lana e canapa (materie prime) per lavorarle e trasformarle (produzione) in vestiti (prodotti finiti); un grossista acquista i vestiti dal produttore e li vende al dettagliante (negoziante) che li rivende al consumatore finale.

Rientra, quindi, nell'ambito della produzione, anche l'attività di commercio svolta da un'impresa che aumenta il valore del bene, trasferendolo quando e dove il consumatore ne ha necessità.

**Esempio:** le banane sono trasferite dal Paese produttore in cui abbondano (e dove, per questo motivo, valgono poco) nel nostro Stato, nel quale non è possibile coltivarle e, pertanto, acquistano di valore.

I settori produttivi

I **settori produttivi**, ai quali si riconduce l'attività delle imprese, si distinguono in base alla tipologia dei beni e servizi prodotti in:

- **settore primario**, che comprende tutte le attività produttive di specie vegetali o animali che soddisfano soprattutto i bisogni primari dell'uomo, come l'agricoltura (l'attività diretta a ottenere i prodotti della terra), la selvicoltura (la coltivazione del bosco al fine di ricavarne legname), l'allevamento di animali (es. da carne, da lavoro, da sport);
- **settore secondario**, che include l'attività industriale (es. impresa che produce prodotti alimentari), l'attività commerciale (es. impresa di commercio all'ingrosso o commercio al minuto) e che è così definito anche perché va a soddisfare i bisogni di secondaria importanza dei soggetti;
- **settore terziario**, che riguarda la produzione di servizi, come quelli bancari, assicurativi, di trasporto o quelli che sono ausiliari agli altri settori produttivi (es. imprese di agenzie o di marketing). Questo settore è particolarmente sviluppato nei Paesi con un buon livello di benessere economico;
- **settore terziario avanzato o quaternario**, che eroga servizi nell'ambito dell'informatica, della ricerca, delle telecomunicazioni e delle nuove tecnologie e che costituisce lo sviluppo del settore terziario.

▸ Settore primario: allevamento bovini

▸ Settore secondario: pastificio

▸ Settore terziario: servizi informatici

Dentro l'**economia**

## L'imprenditore e l'impresa

L'imprenditore è definito dall'art. 2082 del c.c. come colui che "*esercita professionalmente un'attività economica organizzata al fine della produzione o dello scambio di beni o di servizi*".
Da ciò si desume che l'**impresa** è l'attività economica esercitata dall'imprenditore.
Quali sono i requisiti necessari per l'acquisto della qualità dell'imprenditore?

- L'esercizio di un'attività economica, produttiva di beni e servizi.
- La professionalità, intesa come l'esercizio abituale e non occasionale dell'attività economica.
- L'economicità, ossia il modo con cui l'attività è svolta, che, nel lungo periodo, deve portare a coprire i costi della produzione con i ricavi.
- L'organizzazione, ossia complesso di tutti quegli atti di programmazione e di coordinamento sia di elementi personali sia di elementi materiali.

Nell'ambito della categoria generale di imprenditore, la normativa distingue in base:

- all'*oggetto* dell'impresa: imprenditore agricolo (es. chi alleva animali) e imprenditore commerciale (es. l' industriale);
- alla *dimensione* dell'impresa: piccolo imprenditore (es. artigiano) e imprenditore medio-grande;
- alla *natura* del soggetto che esercita l'impresa: impresa privata e pubblica, a seconda che l'attività di impresa sia svolta da privati o dallo Stato e dagli enti pubblici (es. Regione).

La startup

- **Esercizio A) per l'apprendimento. Comunica (rappresenta).**

**Completa la mappa concettuale che segue.**

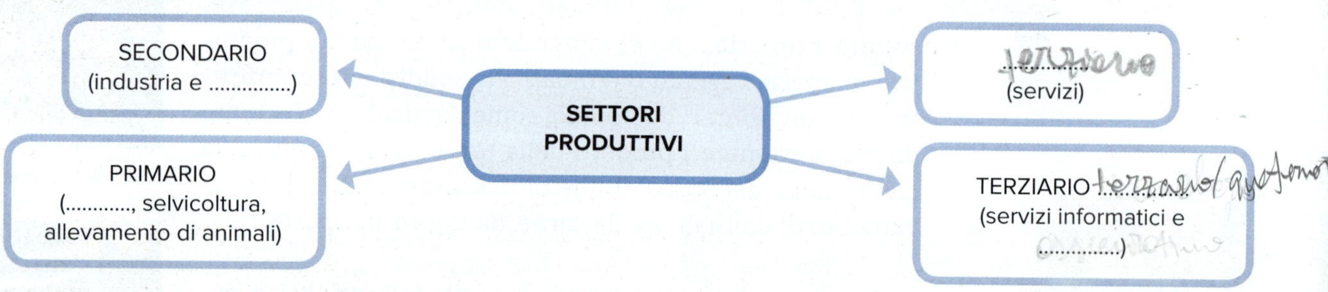


## 2. I fattori produttivi e la loro remunerazione

**Input e output**

I beni e i servizi che noi utilizziamo sono il risultato di un processo produttivo al quale concorrono diversi elementi o fattori (**input**). Alcuni sono indispensabili e presenti in tutte le attività produttive, altri lo sono in misura minore, ma insieme contribuiscono alla realizzazione del prodotto o servizio finale (**output**).

**Input:** parola inglese che letteralmente vuol dire "messo dentro". Si tratta di materie prime o semilavorati che vengono immessi nel processo produttivo, che termina con il prodotto o servizio finale.
**Output:** letteralmente, in inglese, è il "messo fuori", ossia il prodotto o servizio finale.

**I fattori produttivi**

Gli elementi necessari all'attività d'impresa, sono i cosiddetti **fattori produttivi**, ossia:

- **natura** (o terra), intesa come l'insieme delle risorse che non derivano dall'attività dell'uomo che comprende, oltre al terreno e ai suoi derivati (es. i minerali, il legname), anche le energie naturali (es. il sole, l'acqua, il vento). La remunerazione, cioè il prezzo che deve essere pagato per il fattore natura, è la **rendita**;

▸ Risorse naturali

- **lavoro**, inteso come l'attività manuale o intellettuale che i lavoratori prestano a favore delle imprese in cambio di un reddito (es. **stipendio, salario**). Una parte di esso è utilizzata per acquistare i beni e servizi necessari a soddisfare i loro bisogni e un'altra parte può essere accantonata per i bisogni futuri (risparmio);
- **capitale**, con cui si indica l'insieme dei macchinari, delle attrezzature e degli immobili prodotti dall'uomo e utilizzati nel processo produttivo. Si distingue il **capitale circolante**, dato dai beni che si esauriscono in un solo ciclo produttivo e sono inglobati nel prodotto (es. materie prime, energia elettrica), dal **capitale fisso**, costituito dai beni utilizzabili in più cicli produttivi (es. macchinari, computer). Il prezzo del fattore capitale è l'**interesse**, cioè il rendimento che spetta a chi presta una somma di denaro per finanziare l'attività produttiva delle imprese;

**Salario:** (o retribuzione oraria): è la retribuzione del lavoratore per una prestazione di tipo manuale, commisurata al numero di ore lavorate (es. quella dell'operaio).
**Stipendio:** (o retribuzione mensile): è la retribuzione del lavoratore per una prestazione di tipo intellettuale, stabilita in una misura fissa mensile (es. impiegato).

▸ Capitale fisso: macchinario agricolo

L'organizzazione aziendale

- **organizzazione imprenditoriale**, intesa come il complesso di tutte le attività di programmazione e di coordinamento sia di elementi personali (es. lavoro) sia di elementi materiali (es. macchinari), che l'imprenditore compie nel processo produttivo con la trasformazione dei fattori produttivi (input) in un prodotto finale (output). La remunerazione del fattore organizzazione è il **profitto**, che trova giustificazione nell'attività organizzata dell'imprenditore e nel rischio d'impresa. Esso è dato dai ricavi meno i costi (Profitto = Ricavi – Costi). Il **ricavo** è il risultato in termini monetari della vendita dei beni prodotti, mentre il **costo** è il sacrificio economico sopportato dall'imprenditore nell'attività d'impresa (es. per l'acquisto di materie prime).

**Rischio d'impresa:** l'attività economica espone l'imprenditore al rischio economico di perdere la ricchezza utilizzata (es. capitale). Ciò accade quando i ricavi derivanti dalla produzione non bastano a coprire i costi di produzione (es. materie prime, stipendi).

| FATTORI PRODUTTIVI | | REMUNERAZIONE DEI FATTORI PRODUTTIVI |
|---|---|---|
| NATURA (o terra) | → | RENDITA |
| LAVORO | → | SALARIO O STIPENDIO |
| CAPITALE | → | INTERESSE |
| ORGANIZZAZIONE | → | PROFITTO |

Dentro l'**economia**

### La remunerazione del fattore lavoro: salario/stipendio

La retribuzione è il corrispettivo che spetta al lavoratore per la prestazione lavorativa resa. Essa può essere determinata in relazione al tempo della prestazione lavorativa: viene definito un tanto al mese, alla settimana, al giorno, all'ora. In tale ipotesi si rileva la differenza tra salario e stipendio, infatti:

- il **salario** o retribuzione oraria, è tipico del lavoro operaio ed è stabilito dal numero di ore lavorate;
- lo **stipendio** o retribuzione mensile, è stabilito da una misura fissa mensile comprensiva anche dei giorni di riposo ed è proprio del lavoro impiegatizio.

È fondamentale distinguere:

- il **salario nominale** o monetario, che è uguale al valore nominale della retribuzione (la cifra indicata nella busta paga);
- il **salario reale**, che rappresenta la quantità di beni che si possono acquistare con il salario nominale (valore reale della moneta).

Per adeguare la retribuzione al costo della vita, un tempo, esisteva l'indennità di contingenza che serviva ad adeguare, in modo automatico, il salario nominale al salario reale. Questo automatismo (cosiddetta "scala mobile") comportava un periodico bilanciamento del livello retributivo alle variazioni dei prezzi di quei particolari beni formanti il cosiddetto "paniere". A metà degli anni Settanta tale meccanismo ha subito varie modifiche, per poi essere definitivamente abbandonato nel 1992.Oggi l'adeguamento delle retribuzioni al costo della vita è effettuato unicamente in sede di rinnovo del contratto collettivo di lavoro.

**Esercizio B) per l'apprendimento. Comunica (comprendi).**
**Indica in quale fattore produttivo rientrano i seguenti elementi, apponendo una crocetta in corrispondenza della risposta che ritieni esatta (N=natura; L=lavoro; C=capitale; O=organizzazione).**

| | | | | | |
|---|---|---|---|---|---|
| 1. | La prestazione di un'impiegata amministrativa. | N | L | C | O |
| 2. | I macchinari utilizzati dall'imprenditore. | N | L | C | O |
| 3. | L'energia elettrica usata per far funzionare gli impianti. | N | L | C | O |
| 4. | Il terreno su cui coltivare le viti per produrre vino. | N | L | C | O |
| 5. | L'organizzazione del personale occupato. | N | L | C | O |

## 3. I costi di produzione

Impiegare i vari fattori della produzione comporta per l'imprenditore una serie di spese (costi): i salari e gli stipendi per il lavoro, le eventuali rendite pagate ai proprietari dei capannoni e dei terreni (es. affitto), gli interessi per l'utilizzo del capitale finanziario.

**Il costo di produzione**

Si chiama **costo di produzione** l'insieme dei sacrifici economici sostenuti dall'imprenditore nella sua attività, diretta a produrre una determinata quantità di beni.

▸ Calcolo dei costi

Si distinguono costi fissi e costi variabili.

**I costi fissi**

I **costi fissi** sono quelli il cui ammontare non muta al variare della quantità prodotta.

**Esempio: il costo di un macchinario acquistato dall'imprenditore rimane invariato sia che egli produca 100 pezzi di un determinato prodotto sia nel caso in cui ne produca 1.000.000.**

È ovvio che ciò vale nel **breve periodo**, inteso come lasso di tempo nel quale i fattori produttivi non possono essere variati. Nel **lungo periodo**, che è l'intervallo di tempo necessario per modificare i fattori produttivi impiegati, anche i costi fissi diventeranno variabili.

**Esempio: qualora l'imprenditore volesse aumentare la produzione oltre la capacità massima del macchinario (1.000.000 di pezzi), egli dovrebbe acquistarne un altro e quindi aumentare il costo di questo fattore.**

I costi variabili

I **costi variabili** sono quelli il cui ammontare cambia al variare della quantità prodotta.

**Esempio: il costo del cuoio utilizzato da un'impresa per realizzare calzature varia in base al numero delle scarpe prodotte: se la produzione è 0 il costo variabile è 0.**

Il costo totale

Il **costo totale** di un determinato bene o servizio è dato dalla somma dei costi variabili e dei costi fissi.

Possiamo rappresentare graficamente l'andamento dei costi esaminati.

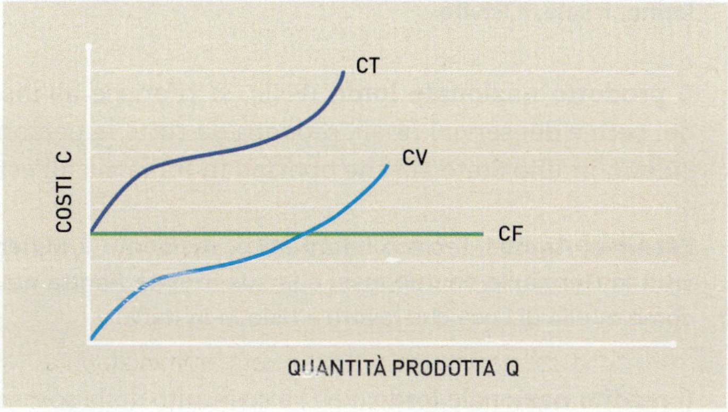


Sull'asse delle ascisse è riportata la quantità prodotta (Q) e sull'asse delle ordinate sono indicati i costi (C). Il costo fisso, poiché non varia al variare della produzione, è rappresentato da una retta parallela all'asse delle ascisse (che non parte dall'origine ma da un punto sull'asse delle ordinate perché, anche se la produzione è nulla, i costi fissi devono comunque essere sostenuti). Il costo variabile (che parte dall'origine, cioè 0, perché a produzione nulla anche i costi variabili non esistono) corrisponde a una curva che cresce all'aumentare della produzione. Il costo totale deriva dalla somma dei costi variabili e dei costi fissi.

■ **Esercizio C) per l'apprendimento. Comunica (comprendi).**

**Rispondi ai quesiti, utilizzando uno dei suggerimenti indicati nella parentesi.**

1. Da chi sono sostenuti i costi di produzione?
*(dai lavoratori; dall'imprenditore; sia dai lavoratori sia dall'imprenditore).*
2. Un costo variabile a che cosa può riferirsi?
*(a un macchinario, allo stipendio dei lavoratori, alle materie prime).*
3. Che cosa comprende il costo totale?
*(solo i costi fissi, costi fissi e variabili, solo i costi variabili).*
4. Un costo fisso a che cosa può riferirsi?
*(a un computer, alle materie prime, all'energia elettrica)*

## 4. La ricchezza nazionale

▸ Ricchezza nazionale

La **ricchezza nazionale** è data dal volume di beni e servizi, che gli operatori economici, in un dato periodo, producono per soddisfare i bisogni della collettività. Essa rappresenta il grado di benessere di un Paese.

**Il prodotto interno lordo (PIL)**

La ricchezza nazionale s'identifica con il **prodotto interno lordo** (PIL), che è costituito da tutti i beni e i servizi prodotti, di norma nell'arco di un anno, all'interno dello Stato e disponibili sul mercato per soddisfare la domanda finale di consumo delle famiglie e delle imprese. Nel calcolo del PIL si considerano solamente i beni e i servizi finali e non quelli intermedi (es. materie prime), che concorrono al prodotto finale.

**Esempio:** **Maria compra dal fornaio un filone di pane (bene finale), che è stato prodotto impiegando beni intermedi, come la farina, il sale, il lievito.**

**Beni finali e intermedi:** La distinzione tra questi due beni è essenziale nella contabilità nazionale, che tiene i conti dell'economia di uno Stato, perché serve a non contare due volte lo stesso bene quando si calcola il PIL. Sono beni finali quelli che si vendono al consumatore finale, mentre sono intermedi quelli che sono venduti a chi li utilizza per produrre altri beni.

**Il prodotto nazionale lordo (PNL)**

Il **prodotto nazionale lordo** (PNL), si riferisce all'insieme dei beni e dei servizi finali, prodotti da tutte le persone residenti in uno Stato sia che operino in Italia sia all'estero.

**Esempio:** **Andrea, tecnico informatico, residente a Matera, lavora in Germania da due mesi e la sua attività rientra nel PNL, come quella di Luca che lavora e risiede in Italia.**

**Il reddito nazionale lordo (RNL)**

Il **reddito nazionale lordo** (RNL) è costituito dalla somma dei redditi percepiti in un anno dagli operatori economici residenti in un determinato Paese. Esso esprime la remunerazione dei fattori produttivi impiegati: redditi dei lavoratori (salari, stipendi); redditi percepiti dai proprietari di case o terreni (rendita); redditi da capitali (interessi); redditi percepiti dagli imprenditori per il fattore organizzazione (profitto).

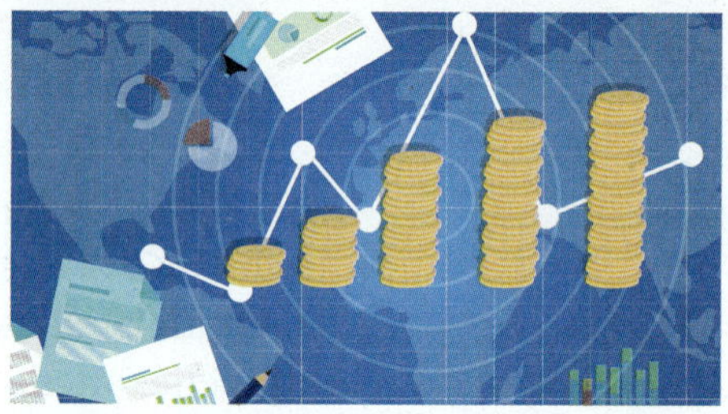
▸ Reddito Nazionale Lordo (RNL)

**Il reddito pro capite**

Il **reddito pro capite** (per testa), indica il rapporto fra il reddito nazionale lordo e il numero di abitanti di un Paese e determina la quota che le persone hanno a disposizione per i consumi e i risparmi. È usato, soprattutto, per confrontare le condizioni economico-sociali tra Paesi e per distinguere i Paesi ricchi da quelli poveri.

### Esercizio D) per l'apprendimento. Risolvi i problemi.

**Analizza il caso e rispondi alle domande proposte.**

Franz, giovane programmatore tedesco lavora a Milano, anche se ha mantenuto la sua residenza a Monaco di Baviera. Durante una pausa, si concede un caffè al bar posto proprio di fronte alla società di computer, nella quale presta la sua attività. Qui incontra Luigi, signore di mezza età che, nell'ambito di una discussione sulla situazione economica italiana, afferma che la prestazione lavorativa di Franz non rientra nel prodotto interno lordo (PIL), bensì nel prodotto nazionale lordo (PNL). Il ragazzo vorrebbe replicare ma, rendendosi conto che il tempo previsto per la pausa è scaduto, torna al suo lavoro. Sapresti farlo tu, al posto di Franz? Il signor Luigi ha ragione? Perché?

# 5. Il Terzo settore e le organizzazioni non profit

Il **terzo settore** è formato da soggetti privati che svolgono attività di solidarietà sociale nei settori dei servizi alla persona (es. assistenza, sanità, istruzione), le cui prestazioni non hanno finalità lucrative (cioè di guadagno) e costituiscono quel sistema che gli economisti definiscono "**non profit**".

**Il "non profit"**

Con tale espressione (di derivazione americana, "*not for profit*", tradotta in italiano "senza scopo di lucro") si fa riferimento ai motivi di natura ideale o altruistica (es. culturale), e non di mero profitto, dei fondatori o promotori delle organizzazioni stesse.

▶ Organizzazioni non profit

**Esempio:** appartiene al terzo settore un'associazione che coltiva e vende noci al prezzo di mercato, al fine di devolvere gli utili per aiutare minori in difficoltà.

L'associazionismo volontario, le cooperative sociali, le organizzazioni non lucrative di utilità sociale (Onlus) sono esempi di questo fenomeno.

La green economy

**Esempio:** rientra nell'ambito del non profit l'attività di una cooperativa sociale che gestisce una Casa di riposo per anziani o svolge attività di giardinaggio diretta a favorire l'inserimento lavorativo di persone svantaggiate (es. soggetti in trattamento psichiatrico, alcolisti, tossicodipendenti).

L'attività del terzo settore, negli ultimi anni, si è estesa anche a nuovi ambiti produttivi come la *green economy*, il turismo e la promozione culturale.

**Green economy:** Modello di sistema economico nel quale l'impatto sull'ambiente è contenuto entro limiti accettabili. Esso promuove l'impiego di energie alternative (es. l'eolico o il solare), affiancate o in sostituzione di quelle tradizionali, per ridurre l'inquinamento e il consumo di energie.

Il non profit, sviluppatosi in Italia tra la fine degli anni ottanta e gli anni novanta, rappresenta una valida opportunità di **occupazione** qualificata per un numero crescente di giovani e riscuote fiducia e consenso sociale, tanto che la politica e le istituzioni sono propense a dare sempre più spazio a tale settore. Questo pluralismo di soggetti giuridici privati collettivi, che accresce la varietà dei servizi sociali, trova il suo fondamento nell'art. 2 della Costituzione.

**Esempio:** l'art. 2 Cost. enuncia il principio solidarista ("dovere di solidarietà sociale": ognuno di noi è tenuto ad aiutare i soggetti più deboli) e pluralista ("formazioni sociali": associazioni, gruppi sociali, famiglia), in cui i "diritti inviolabili dell'uomo" (vita, integrità fisica o morale, riservatezza, libertà) devono essere garantiti.

Le organizzazioni del terzo settore operano nel "mercato", ma non ne fanno parte perché hanno una finalità che non è quella del guadagno, bensì di natura sociale.

**Mercato:** è il luogo in cui avvengono le trattative fra i soggetti che domandano beni e servizi e i soggetti che li offrono a un determinato prezzo o valore di mercato.

**L'impresa sociale**

Nel 2006, fa il suo ingresso nel nostro ordinamento l'**impresa sociale**, caratterizzata da due specifici elementi che sono:

- quello **imprenditoriale**, con la presenza di un'organizzazione imprenditoriale diretta alla produzione di beni e servizi svolta in modo continuativo e con gli strumenti dell'attività d'impresa;
- quello **sociale**, per cui le attività di produzione ed erogazione di servizi sono dirette al perseguimento di interessi collettivi e di utilità sociale.

**I settori di utilità sociale**

Si considerano **settori di utilità sociale**, ad esempio, gli ambiti dell'assistenza sociale, sanitaria, della tutela dell'ambiente e dell'ecosistema, del turismo sociale, della valorizzazione del patrimonio culturale o della formazione universitaria e post-universitaria.

▸ Assistenza sanitaria

Si tratta di soggetti imprenditoriali nuovi che operano con regolarità e continuità nel mercato e per questo simili alle società commerciali, ma che non hanno come fine il perseguimento del profitto e quindi sono simili a fondazioni e associazioni.

**Esempio:** **possono acquisire la qualifica di imprese sociali le organizzazioni che svolgono attività di impresa, al fine dell'inserimento lavorativo di soggetti disabili.**

L'impresa sociale costituisce una novità di grande importanza sul piano istituzionale, perché consente alle organizzazioni non profit di svolgere attività economica imprenditoriale, pur mantenendo quelle caratteristiche che la distinguono dall'impresa commerciale.

**La riforma del Terzo settore, dell'impresa sociale**

Nel 2016, è stata approvata dal Parlamento la **riforma del Terzo settore**, dell'**impresa sociale** e della disciplina del servizio civile universale (L. n. 106/2016), che è stata realizzata dal Governo l'anno successivo, con una serie di decreti attuativi.
Quest'intervento legislativo, che introduce un quadro normativo applicabile a tutto il comparto del terzo settore, prevede, in particolare, la revisione della normativa dell'impresa sociale e l'aumento delle categorie di lavoratori svantaggiati che possono essere nella medesima occupati.

Dentro l'**economia**

## Le organizzazioni del Terzo settore

Le principali organizzazioni che operano nel sociale con impegno solidaristico e che appartengono al Terzo settore sono:
**Organizzazioni non governative (ONG)** (L. n. 49/1987): sono organizzazioni di diritto privato con scopi non lucrativi, riconosciute dal Ministero degli Esteri.
**Organizzazioni di volontariato (ODV)** (L. n. 266/1991): sono organizzazioni che svolgono un'attività senza scopo di lucro diretto o indiretto, con finalità solidaristiche, che si avvalgono delle prestazioni personali, rese in modo gratuito e volontario dai propri aderenti.
**Cooperative sociali** (L. n. 381/1991): sono definite imprese tipiche del terzo settore e nascono con lo scopo di soddisfare i bisogni collettivi di una comunità locale e non solamente quelli dei soci proprietari.
**Organizzazioni non lucrative di utilità sociale (ONLUS)** (D.Lgs. n. 460/1997): sono associazioni, comitati, fondazioni, società cooperative e altri enti di carattere privato, con o senza personalità giuridica, che esercitano attività in uno dei settori previsti dalla legge di riferimento (es. assistenza sociale e socio-sanitaria, beneficenza).
**Associazioni di promozione sociale (APS)** (L. n. 383/2000): sono associazioni, movimenti, gruppi che svolgono un'attività sociale rivolta ai soci o a terzi, senza finalità lucrative.
**Istituti di patronato e di assistenza sociale** (D.Lgs. n. 152/2001): sono persone giuridiche di diritto privato, costituite in confederazioni o associazioni nazionali di lavoratori, la cui finalità è di prestare servizi di utilità pubblica, quali l'assistenza e la tutela dei diritti dei lavoratori.
**Istituzioni pubbliche di assistenza e beneficenza (IPAB)** (L. n. 207/2001), trasformate in persone giuridiche di diritto privato (associazioni o fondazioni): realizzano direttamente servizi di pubblica utilità senza fine di lucro.
**Imprese sociali** (D.Lgs. n. 155/2006): sono organizzazioni private che, senza finalità lucrative, esercitano in via stabile e principale un'attività economica diretta alla produzione e allo scambio di beni e servizi di utilità sociale in quei settori di attività indicati in modo specifico dalla legge (es. assistenza sociale).

■ **Esercizio E) per l'apprendimento. Individua collegamenti e relazioni.**
**Cerca l'estraneo, evidenziandolo nel testo.**

1. Terzo settore, non profit, scopo di lucro, Onlus.
2. Impresa sociale, utilità sociale, interessi collettivi, profitto.
3. Settore non profit, società commerciale, cooperativa sociale, servizi alla persona.
4. Commercio internazionale, assistenza sociale, tutela dell'ambiente, settori di utilità sociale.

Hai studiato per la verifica? Serve aiuto?

## Ripassiamo insieme

**Che cosa sono le IMPRESE?**
Sono organizzazioni di persone e di beni che hanno come scopo principale l'attività di produzione di beni e servizi, al fine di trarre un profitto, cioè un guadagno.

**Che cos'è la PRODUZIONE?**
È l'attività diretta a creare nuova ricchezza, trasformando le materie prime in prodotti finiti o trasferendo nel tempo e nello spazio uno stesso prodotto.

**Quali sono i SETTORI PRODUTTIVI?**
I settori, ai quali si riconduce l'attività delle imprese, si distinguono in base alla tipologia dei beni e servizi prodotti in:

- settore primario (agricoltura, selvicoltura, allevamento di animali);
- settore secondario (industria e commercio);
- settore terziario (servizi, come quelli bancari, assicurativi, di trasporto);
- settore terziario avanzato o quaternario (servizi nell'ambito dell'informatica o delle telecomunicazioni).

**Quali sono i FATTORI PRODUTTIVI e qual è la loro REMUNERAZIONE?**
**Essi rappresentano gli elementi necessari all'attività d'impresa e sono:**

- natura (insieme delle risorse che non derivano dall'attività dell'uomo, come il terreno, e le energie naturali). La sua remunerazione, cioè il prezzo che deve essere pagato per tale fattore, è la rendita;
- lavoro (attività manuale o intellettuale prestata dai lavoratori a favore delle imprese). La sua remunerazione è il salario o stipendio;
- capitale (insieme dei macchinari, delle attrezzature e degli immobili prodotti dall'uomo);
- organizzazione (complesso di tutte le attività di programmazione e di coordinamento di elementi personali e materiali, da parte dell'imprenditore nel processo produttivo). La sua remunerazione è il profitto.

**Che cosa sono i COSTI DI PRODUZIONE?**
Sono i sacrifici economici sostenuti dall'imprenditore nella sua attività, diretta a produrre una determinata quantità di beni. Si distinguono costi fissi, il cui ammontare non muta al variare della quantità prodotta, e costi variabili, il cui importo cambia al variare della quantità prodotta.

**Che cos'è il PRODOTTO INTERNO LORDO (PIL)?**
È costituito da tutti i beni e i servizi prodotti, di norma nell'arco di un anno, all'interno dello Stato e disponibili sul mercato per soddisfare la domanda finale di consumo delle famiglie e delle imprese.

**Che cos'è il PRODOTTO NAZIONALE LORDO (PNL)?**
È l'insieme dei beni e dei servizi finali, prodotti da tutte le persone residenti in uno Stato sia che operino in Italia sia all'estero.

**Che cos'è il REDDITO NAZIONALE LORDO (RNL)?**
È costituito dalla somma dei redditi percepiti in un anno dagli operatori economici residenti in un determinato Paese.

**Che cos'è il REDDITO PRO CAPITE?**
Esso indica il rapporto fra il reddito nazionale lordo e il numero di abitanti di un Paese e determina la quota che le persone hanno a disposizione per i consumi e i risparmi.

**Che cos'è il TERZO SETTORE?**
È formato da soggetti privati che svolgono attività di solidarietà sociale nei settori dei servizi alla persona (es. assistenza, sanità, istruzione), le cui prestazioni non hanno finalità lucrative (cioè di guadagno) e costituiscono quel sistema che gli economisti definiscono "non profit".

**Che cos'è l'IMPRESA SOCIALE?**
È caratterizzata da due specifici elementi che sono:

- quello imprenditoriale, con la presenza di un'organizzazione imprenditoriale diretta alla produzione di beni e servizi svolta in modo continuativo e con gli strumenti dell'attività d'impresa;
- quello sociale, per cui le attività di produzione ed erogazione di servizi sono dirette al perseguimento di interessi collettivi e di utilità sociale.

Non ha come fine il perseguimento del profitto.

Per una didattica inclusiva:

## Parole chiave

**IMPRESA** → 
- Produzione

**SETTORI PRODUTTIVI** →
- Primario
- Secondario
- Terziario
- Terziario avanzato o quaternario

**FATTORI PRODUTTIVI** →
- Natura
- Lavoro
- Capitale
- Organizzazione

**COSTI di PRODUZIONE** →
- Costi fissi
- Costi variabili
- Costo totale

**RICCHEZZA NAZIONALE** →
- Prodotto Interno Lordo (PIL)

**TERZO SETTORE** →
- Organizzazioni non profit
- Impresa sociale

## Verifica delle competenze

- Livello BASE: ✪ (Punteggio totale: 12)
- Livello INTERMEDIO: ✪✪ (Punteggio totale: 60)
- Livello AVANZATO: ✪✪✪ (Punteggio totale: 28)

### ✪ Esercizio 1). Impara ad imparare.

**Scelta multipla: evidenzia la risposta esatta. Il paragrafo indicato nella parentesi è quello su cui devi riflettere (2 punti per ciascuna scelta corretta).**

**1. Rientra nel settore terziario avanzato l'attività (Par. n. 1):**
- a. industriale
- b. agricola
- c. commerciale
- d. informatica

**2. Il capitale può essere (Par. n. 2):**
- a. solo fisso
- b. fisso e circolante
- c. patrimoniale
- d. solo circolante

**3. È un costo variabile quello riferito (Par. n. 3):**
- a. alle materie prime
- b. all'affitto dei locali dell'azienda
- c. agli stipendi dei dipendenti
- d. ai macchinari utilizzati nel processo produttivo

**4. Sono fattori della produzione (Par. n. 2):**
- a. organizzazione, capitale, ricchezza, lavoro
- b. terra, lavoro, reddito, capitale
- c. terra, lavoro, capitale, organizzazione
- d. terra, patrimonio, capitale, organizzazione

**5. Il reddito nazionale lordo (RNL) è (Par. n. 4):**
- a. la somma delle remunerazioni dei fattori della produzione
- b. il flusso dei beni e servizi finali prodotti
- c. il prodotto interno lordo
- d. la somma dei redditi percepiti in un anno dalle persone residenti in un Paese

**6. L'interesse è la remunerazione del fattore produttivo (Par. n. 2):**
- a. organizzazione
- b. lavoro
- c. natura
- d. capitale

**Punti: ..../12**

### ✪✪ Esercizio 2). Individua collegamenti e relazioni.

**Collega ciascun numero alla lettera corrispondente (3 punti per ciascun collegamento esatto).**

1. Reddito nazionale lordo
2. Costi variabili
3. Costi di produzione
4. Stipendio
5. Rendita
6. Settore secondario
7. Produzione
8. Terzo settore

- a. Natura
- b. Creazione di nuova ricchezza
- c. RNL
- d. Organizzazione di volontariato
- e. Lavoro
- f. Attività industriale
- g. Materie prime
- h. Insieme delle spese sostenute dall'impresa

| 1 | 2 | 3 | 4 | 5 | 6 | 7 | 8 |
|---|---|---|---|---|---|---|---|
| | | | | | | | |

**Punti: ..../24**

■ ✪✪ **Esercizio 3). Acquisisci ed interpreta l'informazione.**

**Indica se le seguenti affermazioni sono vere o false, motivando la risposta (3 punti per ciascuna risposta esatta).**

| | V | F |
|---|---|---|
| **1.** I fattori della produzione sono sempre di proprietà dello Stato<br>Perché ........................................ | ☐ | ☐ |
| **2.** Le materie prime fanno parte del capitale circolante<br>Perché ........................................ | ☐ | ☐ |
| **3.** I costi di produzione sono solamente fissi<br>Perché ........................................ | ☐ | ☐ |
| **4.** L'attività di volontariato è tipica delle società commerciali<br>Perché ........................................ | ☐ | ☐ |
| **5.** L'impresa sociale fa parte del terzo settore<br>Perché ........................................ | ☐ | ☐ |
| **6.** L'imprenditore organizza i fattori della produzione<br>Perché ........................................ | ☐ | ☐ |

**Punti: ..../18**

■ ✪✪ **Esercizio 4). Comunica (rappresenta).**

**Completa la mappa concettuale che segue (3 punti per ciascun completamento esatto).**

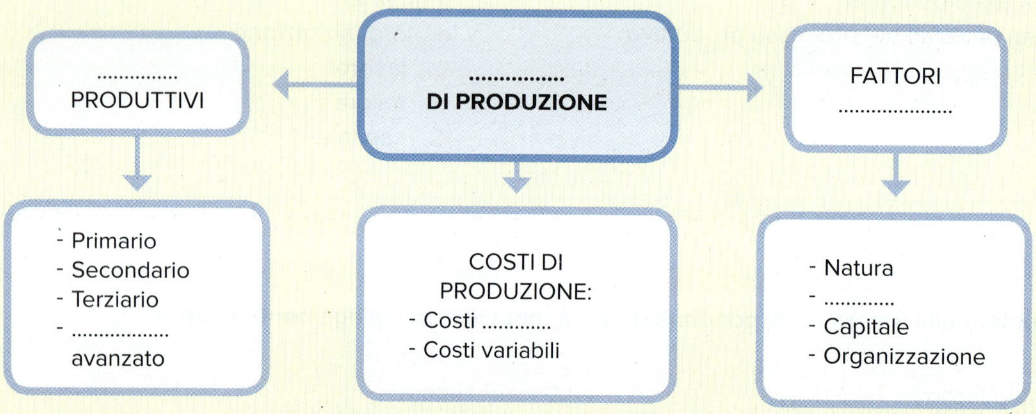


**Punti: ..../18**

■ ✪✪✪ **Esercizio 5). Comunica (comprendi).**

**Rispondi alle seguenti domande (4 punti per ciascuna risposta esatta).**

1. Descrivi i fattori della produzione e la loro remunerazione. (Par. n. 2)
2. Che cosa sono i costi di produzione e come si classificano? (Par. n. 3)
3. Che cosa sono le organizzazioni non profit? (Par. n. 5)

**Punti: ..../12**

■ ✪✪✪ **Esercizio 6). Risolvi i problemi.**

**Analizza il caso e rispondi ai quesiti a risposta multipla (4 punti per ogni scelta multipla).**

Gabriele, giovane imprenditore, esercita la sua attività sia in Italia sia all'estero, nel settore metalmeccanico. A seguito della crisi economica il suo fatturato e, di conseguenza la sua produzione, subiscono una notevole flessione, proprio nel momento in cui aveva deciso di fare un nuovo investimento, stipulando un mutuo con la banca, per acquistare un altro capannone adiacente alla sede principale, da destinare a magazzino. Le trattative per la firma del contratto sono già in corso, ma prima di concludere in modo definitivo, Gabriele chiede una consulenza al suo commercialista. Il professionista sconsiglia il giovane imprenditore di procedere all'acquisto, poiché si tratta di un nuovo costo fisso. Sapresti spiegare le motivazioni che hanno indotto il commercialista a dare un parere di questo tipo?

1. **I costi di produzione sono:**
   a. le spese sopportate dai fornitori dall'imprenditore
   b. i sacrifici economici sostenuti dall'imprenditore nell'attività produttiva
   c. gli oneri economici che gravano sui lavoratori

2. **I costi variabili:**
   a. cambiano al variare della quantità prodotta
   b. non mutano al variare della quantità prodotta
   c. sono i costi totali

3. **Sono costi fissi:**
   a. le materie prime
   b. l'energia elettrica e il gas
   c. gli affitti o le rate di un mutuo

4. **Perché Gabriele non ha convenienza ad acquistare un nuovo capannone?**
   a. Perché si tratta di un costo che cambia al variare della produzione
   b. Perché l'imprenditore si troverebbe a sostenere un costo che non muterebbe, nonostante la diminuzione della quantità prodotta e che risulterebbe, per questa ragione, molto gravoso

**Punti: ..../16**

**Calcola il punteggio totale conseguito e assegnati la valutazione a esso corrispondente:**

| Tabella di autovalutazione | |
|---|---|
| ☐ 100-87 | A<br>Lavoro eccellente. |
| ☐ 86-67 | B.<br>Lavoro buono. |
| ☐ 66-47 | C.<br>Lavoro adeguato. |
| ☐ 46-2 | D.<br>Lavoro da migliorare. |

# UdA 3 LO STATO E LA PUBBLICA AMMINISTRAZIONE

## 1. L'operatore economico Stato

Lo Stato, secondo il diritto, è un'organizzazione socio-politica che, attraverso la sovranità, regola tutti i settori della vita sociale (es. cultura, sanità, lavoro).

**Sovranità:** esercizio del potere politico, ossia la capacità dello Stato di imporre al popolo la propria volontà con un sistema di norme giuridiche e con la possibilità di ricorrere all'uso della forza per farle rispettare.

**L'operatore economico Stato**

In economia, l'**operatore economico Stato** è l'insieme dei soggetti pubblici amministrativi (es. Governo, enti previdenziali), che forniscono alla collettività servizi pubblici (es. istruzione, sanità) e intervengono nell'attività produttiva (sistema economico misto), per operare una ridistribuzione del reddito e della ricchezza del Paese, garantendo il benessere collettivo e l'equità sociale (Stato sociale).

Funzione amministrativa

**La Pubblica Amministrazione**

In altri termini, sono i soggetti che, nel complesso, costituiscono la **Pubblica Amministrazione**, cui è affidata la funzione amministrativa che consiste nella realizzazione delle finalità dello Stato, definite in sede politica e legislativa (es. dal Parlamento).

Quando lo Stato opera nel sistema economico, può assumere la veste di:

**Il soggetto pubblico**

- **Stato come soggetto pubblico**, che agisce in posizione di supremazia rispetto ai cittadini e che produce servizi pubblici non destinabili alla vendita ma diretti a soddisfare bisogni collettivi (es. giustizia). La produzione dei servizi avviene mediante l'utilizzo del lavoro dei pubblici dipendenti e con l'impiego dei beni e i servizi acquistati presso le imprese private;

**Esempio:** **un asilo nido comunale che eroga il servizio di assistenza per l'infanzia.**

**Il soggetto privato**

- **Stato come soggetto privato**, quando lo Stato svolge un'attività produttiva di beni e servizi con economicità, in modo da ricavarne un utile (profitto), al pari di un imprenditore.

**L'economicità:** è il modo con cui l'attività è svolta, ossia il metodo economico teso a coprire, nel lungo periodo, i costi della produzione (es. salario dell'operaio o il prezzo che paga l'imprenditore per l'acquisto delle materie prime) con i ricavi (ciò che si percepisce in termini monetari dalla vendita dei beni prodotti).

**Esempio:** **un'impresa pubblica, in cui il prezzo dei beni è tale da consentire di coprire almeno i costi di produzione o di conseguire un utile.**

Dentro l'**economia**

### I soggetti che formano la Pubblica Amministrazione

Gli organi e gli uffici dell'**Amministrazione centrale** fanno capo al Governo, che dirige l'organizzazione amministrativa, in particolare i Ministeri (es. Ministero dell'Interno, della Salute).
In ambito territoriale, sono le **Amministrazioni locali**, in particolare i Governi locali di Comuni, Province, Città metropolitane e Regioni (enti pubblici territoriali) che, in base alla loro autonomia, fissano il programma politico locale e provvedono ad erogare i servizi pubblici locali.
Gli **Enti di previdenza e di assistenza** come INPS (Istituto Nazionale della Previdenza Sociale) e INAIL (Istituto Nazionale per l'Assicurazione contro gli Infortuni sul Lavoro) sono soggetti della Pubblica Amministrazione. La loro attività principale consiste nell'erogare prestazioni sociali (es. pensione di vecchiaia, pensione di inabilità, assegno di invalidità).

■ **Esercizio A) per l'apprendimento. Individua collegamenti e relazioni.**
**Cerca l'estraneo, evidenziandolo nel testo.**

1. Stato, sovranità, potere politico, soggetto privato.
2. Operatore economico, Parlamento, famiglia, Stato.
3. Soggetto privato, Pubblica Amministrazione, Stato, soggetto pubblico.
4. Istruzione, impresa, servizio pubblico, bisogno collettivo.

## 2. Le entrate dello Stato

Lo **Stato,** come gli altri operatori, compie le **attività economiche** di produzione, scambio, consumo e investimento, e opera nel circuito economico offrendo beni e servizi pubblici, in cambio di tributi e prezzi.
Dopo aver individuato i bisogni collettivi, lo Stato ha necessità di trovare i mezzi economici (entrate) da impiegare (spese) per la produzione dei servizi pubblici.

**Esempio: lo Stato deve rinnovare l'edilizia scolastica dell'intero territorio e, per raggiungere lo scopo, preleva ricchezza (tributi) ai cittadini per finanziare la costruzione delle scuole.**

**Le entrate pubbliche**

Le **entrate pubbliche** sono formate dal denaro che entra nelle casse dello Stato e degli enti pubblici per finanziare le loro attività economiche e istituzionali. In base alla fonte da cui provengono, si possono classificare in:

- **entrate originarie o extratributarie**, che lo Stato e gli enti pubblici si procurano direttamente sfruttando il loro patrimonio (es. vendita di un immobile) o gestendo l'attività economica di imprese pubbliche (es. erogazione di servizi sanitari). La vendita di un bene o di un servizio, in questo caso, avviene in cambio di un prezzo, come nelle operazioni economiche dei privati e le entrate originarie prendono il nome di *prezzi*;

▶ Entrate tributarie: Agenzia delle Entrate

- **entrate derivate o tributarie**, che provengono dal reddito e dal patrimonio dei cittadini attraverso il prelievo di imposte, tasse e contributi (tributi).

▶ Servizio pubblico indivisibile: ordine pubblico

**Le imposte**

Le **imposte** sono prelievi di denaro che lo Stato o gli enti pubblici attuano nei confronti delle famiglie e delle imprese per finanziare i servizi pubblici indivisibili o generali (es. giustizia, ordine pubblico, difesa), ossia utilizzabili da tutti i cittadini indistintamente.

Pertanto, tutti coloro che possiedono una ricchezza (reddito, patrimonio) sono tenuti a pagare le imposte, anche se non hanno usufruito di alcun servizio pubblico.

**Esempio:** tutti avvertono il bisogno di assistenza sanitaria e lo Stato cerca di soddisfarlo con il Servizio Sanitario Nazionale. Il cittadino che è ricoverato e curato per un mese in una struttura sanitaria pubblica paga le stesse imposte di chi non è mai stato in un ospedale perché è sempre stato in salute.

**Le tasse**

Le **tasse** sono tributi pagati da coloro che richiedono un servizio pubblico divisibile, ossia quello che lo Stato o gli enti pubblici rilasciano solo su richiesta e a vantaggio del singolo cittadino.

**Esempio:** solo chi s'iscrive all'Università paga una tassa; solo chi possiede un'automobile versa la tassa di circolazione (bollo).

Va precisato che l'importo della tassa versata non è sufficiente a coprire l'intero costo di produzione del servizio richiesto perché, se lo fosse, per l'utente il tributo sarebbe troppo elevato e il servizio pubblico accessibile solamente a poche persone. La differenza, pertanto, è colmata da altre entrate tributarie (es. imposte).

**I contributi**

I **contributi** sono somme di denaro che lo Stato e gli enti pubblici richiedono a determinati soggetti che beneficiano di un dato servizio pubblico come, ad esempio, quelli di urbanizzazione ( es. strade, canali, acqua, gas) oppure quelli previdenziali a carico dei datori di lavoro e dei lavoratori per il servizio di previdenza per la vecchiaia (es. pensione) e per l'assistenza (es. assegno sociale).

Dentro l'**economia**

## Il reddito

Il reddito è il flusso di ricchezza (es. moneta) ricevuto, in un dato periodo (es. mese, anno), dai soggetti economici (es. famiglia, impresa, Stato), come compenso per la loro attività economica. In base alla fonte da cui provengono, si hanno principalmente:

- redditi di lavoro, che derivano da prestazioni di lavoro dipendente (stipendio, salario) o dall'esercizio di arti o professioni;
- redditi d'impresa, che derivano dall'esercizio come attività industriali, commerciali, assicurative (profitto);
- redditi di capitali, che provengono dall'impiego di denaro (es. interessi);
- reddito nazionale, che rappresenta la somma dei redditi delle persone fisiche e giuridiche dello Stato, in un determinato periodo;
- reddito pro-capite (per testa), che indica il rapporto fra il reddito nazionale e il numero di abitanti di un Paese. È usato, soprattutto, per confrontare le condizioni economico-sociali tra Paesi e per distinguere i Paesi ricchi da quelli poveri.

## 3. La spesa pubblica e il bilancio

**La spesa pubblica**

La **spesa pubblica** è data dal complesso dei mezzi finanziari che lo Stato e gli enti pubblici impiegano per garantire beni e servizi pubblici necessari alla collettività.
Diverse sono le componenti che determinano il livello della spesa pubblica: il ruolo di operatore economico assegnato allo Stato, che gli consente di intervenire con mezzi finanziari per influenzare l'andamento generale dell'economia o l'ammontare del debito pubblico, a causa del quale lo Stato deve trovare i mezzi monetari necessari per finanziarlo.

**La classificazione delle spese pubbliche**

Le spese dello Stato sono classificate, da un punto di vista economico, in:

- **spese correnti**, che servono a finanziare l'attività della Pubblica Amministrazione come, ad esempio, gli stipendi dei pubblici dipendenti, la manutenzione ordinaria degli edifici pubblici, le pensioni;
- **spese in conto capitale**, che sono utilizzate per gli investimenti pubblici (es. ospedali, scuole, aeroporti) e i contributi per gli investimenti delle imprese.

▸ Spese correnti: stipendio dell'insegnante

▸ Spesa in conto capitale: aeroporto

Attualmente, la spesa pubblica ha raggiunto livelli molto elevati, in quanto, nel corso del tempo, la Pubblica Amministrazione ha assunto impegni sempre maggiori e ha cercato di soddisfare il più alto numero di bisogni pubblici.

**Le principali spese pubbliche**

Le **principali spese pubbliche** sono quelle dirette a finanziare:

- i **consumi collettivi**, ossia le spese per i servizi a beneficio dell'intera collettività e che solo lo Stato può offrire (giustizia, difesa) o per la creazione, ad esempio, di ponti, strade, porti (infrastrutture), destinati allo sviluppo economico dell'intero Paese;
- le **prestazioni sociali**, ossia le spese riguardanti la previdenza, l'assistenza sociale, l'edilizia popolare, la sanità, l'istruzione;
- gli **interessi passivi** per finanziare il debito che lo Stato è tenuto a pagare quando emette titoli pubblici (es. Bot, Cct). Questi sono acquistati dai risparmiatori (es. famiglia, impresa) dietro pagamento degli interessi (cosiddetti passivi) che per lo Stato sono un costo.

**Il bilancio dello Stato**

Il **bilancio dello Stato** è un documento giuridico contabile redatto, secondo criteri stabiliti dalla legge, dal Ministero dell'Economia e delle Finanze e approvato dal Parlamento. In esso devono essere elencate tutte le entrate e le spese dello Stato, che si sono verificate nell'anno finanziario (anno solare), e si distingue in:

- **bilancio preventivo**, che riporta le entrate e le spese che si presumono di riscuotere o di effettuare in un anno;
- **bilancio consuntivo** o rendiconto, in cui sono registrate le somme effettivamente spese e quelle effettivamente entrate nell'anno finanziario.

Il bilancio rappresenta per il Governo uno strumento di politica economica, col quale individuare le risorse finanziarie per realizzare le finalità dello Stato definite in sede politica e legislativa.

**La legge di stabilità**

Tuttavia, le misure che il governo intende adottare, per realizzare i suoi obiettivi, devono essere conformi alla **legge di stabilità**, che è approvata ogni anno dal Parlamento e che definisce, ad esempio, il tetto massimo dei prestiti o le eventuali riduzioni di spesa. Attualmente, i conti dello Stato registrano un disavanzo, ossia le uscite superano le entrate e il bilancio in tal caso si trova in *deficit*.

**Legge di stabilità:** è stata introdotta nel 2009 e ha sostituito la legge finanziaria. Viene approvata ogni anno dal Parlamento e definisce, in linea di massima: l'ammontare dei prestiti che lo Stato può chiedere; le eventuali modifiche del sistema tributario; le modalità di eventuali riduzioni della spesa pubblica.

**Il "Fondo salva Stati"**

In seguito alla crisi economica e finanziaria che ha colpito buona parte dei Paesi dell'Unione europea, nel 2012 è stato istituito il Meccanismo europeo di stabilità, cosiddetto "**Fondo salva Stati**", allo scopo di fornire aiuti finanziari (es. prestiti) agli Stati membri in difficoltà economica e finanziaria, purché gli stessi adottino una rigorosa politica economica.

**Il pareggio di bilancio**

Contemporaneamente, è stato siglato un accordo sulla stabilità, che, entrato in vigore nel 2013, impone il cosiddetto **pareggio di bilancio** (equivalenza tra uscite ed entrate). Tutti gli Stati dell'Unione europea hanno aderito all'accordo, tranne il Regno Unito e la Repubblica Ceca.

▸ Pareggio di bilancio

| OPERATORE ECONOMICO STATO | | |
|---|---|---|
| **ATTIVITÀ ECONOMICHE** | **ENTRATE** | **SPESE** |
| Lo Stato compie attività economiche di:<br>▪ produzione<br>▪ scambio<br>▪ consumo<br>▪ investimento<br>Per l'esercizio di queste attività, lo Stato ha bisogno di trovare i mezzi economici (entrate) da impiegare (spese). | Le entrate dello Stato si classificano in:<br>▪ entrate originarie o extratributarie (es. gestione imprese pubbliche);<br>▪ entrate derivate o tributarie (es. prelievo di imposte e tasse). | Le spese dello Stato si distinguono in:<br>▪ spese correnti (es. stipendi dei pubblici dipendenti);<br>▪ spese in conto capitale (es. investimenti pubblici: strade, scuole, ospedali). |

■ **Esercizio B) per l'apprendimento. Comunica (comprendi).**

**Rispondi ai quesiti, utilizzando uno dei suggerimenti indicati nella parentesi.**

1. Quali sono le entrate originarie o extratributarie? ............................................ *(Imposte, prezzi, contributi).*
2. Che cosa va a finanziare la spesa pubblica? ............................................ *(Consumi privati, edilizia civile, prestazioni sociali).*
3. Quali servizi pubblici finanziano le imposte? ............................................ *(Divisibili, consumabili, indivisibili).*
4. Da chi è approvato il bilancio dello Stato? ............................................ *(Parlamento, Governo, Presidente della Repubblica).*

## 4. Le politiche economiche dello Stato

In un sistema economico misto, come quello del nostro Paese, l'intervento dello Stato nell'attività economica è fondamentale.

**La politica economica**

Esso si manifesta attraverso le azioni di **politica economica**, che riguardano gli interventi pubblici nei processi di produzione, distribuzione, consumo e crescita economica, a sostegno degli interessi generali tanto della produzione (es. sviluppo economico equilibrato, piena occupazione) quanto quelli della politica e della società (es. risanamento del debito pubblico, ridistribuzione del reddito e della ricchezza).

Gli **strumenti principali**, di cui si avvale la politica economica per le sue finalità, sono:

**Pressione fiscale:** è data dal rapporto tra l'ammontare dei tributi (imposte, tasse, contributi) prelevati in un anno ai cittadini e l'ammontare della ricchezza nazionale (reddito, patrimonio).

La politica fiscale e di bilancio

- la **politica fiscale** e di **bilancio**, che il Governo utilizza per influenzare l'economia del Paese, intervenendo con manovre delle entrate (tributi) e delle spese. Essa può essere:
  - **restrittiva**, quando si aumentano i tributi e si riduce la spesa pubblica, con conseguente diminuzione del reddito pro-capite, che comporta l'abbattimento della domanda di beni e servizi, mantenendo l'inflazione bassa;
  - **espansiva**, quando si diminuiscono i tributi e si aumenta la spesa pubblica, con effetti opposti rispetto alla situazione precedente (aumento della domanda di beni ma crescita dell'inflazione). La politica restrittiva è collegata all'innalzamento del debito pubblico e al fatto che lo Stato deve incrementare l'insieme delle proprie entrate (pressione fiscale), per far fronte agli oneri della spesa pubblica;

La politica dei redditi

- la **politica dei redditi**, con la quale lo Stato persegue, soprattutto, l'obiettivo di stabilire un legame tra i redditi di lavoro e la produttività, in modo che l'incremento dei salari sia conseguenza di un effettivo aumento della produzione. L'aumento generalizzato dei salari può costringere i produttori, che vogliono mantenere invariato il loro profitto (guadagno), ad aumentare i prezzi di vendita dei beni, generando inflazione. Gli interventi dello Stato (Governo) avvengono in accordo con le cosiddette parti sociali (sindacati dei lavoratori e dei datori di lavoro), essendo la politica dei redditi strettamente collegata alle politiche del lavoro e al sostegno del sistema produttivo;

**Inflazione:** aumento generalizzato dei prezzi. Le spiegazioni più frequenti che vengono date a questo fenomeno economico sono: eccesso di domanda di beni e servizi richiesti rispetto all'offerta (inflazione da domanda); aumento dei costi, che i produttori scaricano sui prezzi (inflazione da costi).

La politica monetaria

- la **politica monetaria**, che comprende l'insieme degli interventi adottati dalle autorità monetarie (es. Ministro del Tesoro, Banca d'Italia) per regolare l'offerta di moneta, il credito e i tassi di cambio, con la finalità, ad esempio, di mantenere stabile il potere d'acquisto della moneta e di incentivare il credito.
  Con l'introduzione dell'euro, le funzioni di politica monetaria degli Stati dell'Eurozona, tra cui l'Italia, sono gestite dalla Banca centrale europea (BCE) e dal Sistema europeo di banche centrali (SEBC), che determinano sia la quantità di moneta in circolazione sia gli obiettivi e le scelte in materia, comuni ai Paesi membri.

▸ Sede della BCE

Nel corso del tempo, l'attività economica non mantiene sempre lo stesso ritmo e a periodi di abbondanza, in cui la produzione aumenta, succedono periodi di recessione (crisi economica), con un forte calo della produzione.

I cicli economici

Il susseguirsi di questi periodi o fasi, che periodicamente interessano l'attività economica, sono denominati **cicli economici**. In ciascuno di essi sono presenti due fasi principali:

- **espansione**, in cui la produzione è in continuo aumento, le imprese domandano alle famiglie nuova forza lavoro, il reddito e i consumi delle persone fisiche e giuridiche aumentano; lo Stato registra maggiori entrate e ha la possibilità di aumentare l'offerta di servizi pubblici;

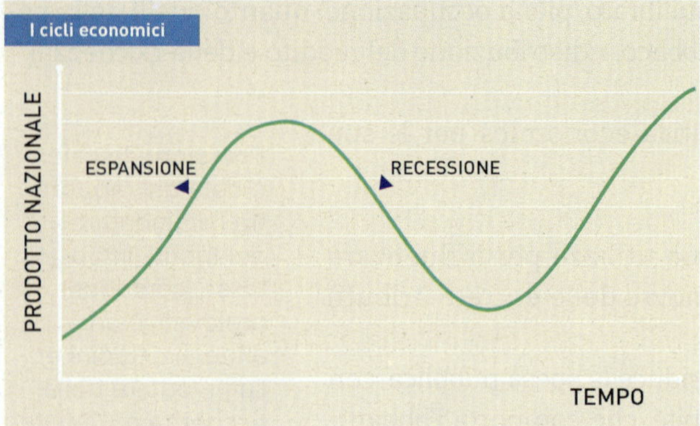


- **recessione**, che costituisce il culmine di un'iniziale fase di crisi, in cui il volume della produzione via via diminuisce e con esso l'occupazione, il reddito e i consumi; anche lo Stato vede diminuire le sue entrate e, per finanziare la sua attività, ricorre all'indebitamento pubblico. Alla fine, a tale fase seguirà la ripresa che condurrà a una nuova espansione.

Lo Stato, come obiettivo di politica economica, cerca di ridurre la durata delle fasi del ciclo economico e di evitare che il passaggio, da un'economia in espansione e di pieno impiego a un'economia in fase di rallentamento, avvenga con forti e prolungate crisi.

**La politica anticiclica**

Con la **politica anticiclica**, lo Stato interviene:

- nelle fasi di recessione, con una **politica espansiva**, che prevede, ad esempio, una diminuzione dei tributi e un aumento della spesa pubblica per finanziare la costruzione di opere pubbliche;
- nelle fasi di espansione, con una **politica restrittiva**, che consiste, ad esempio, in un incremento dei tributi, per pagare i debiti assunti nella fase depressiva, in una diminuzione della spesa pubblica e in un rallentamento dell'attività economica pubblica.

| STRUMENTI DI POLITICA ECONOMICA | OBIETTIVI PERSEGUITI |
|---|---|
| POLITICA FISCALE E DI BILANCIO | Combattere l'inflazione, attraverso un aumento di tributi e una diminuzione della spesa pubblica o aumentare la domanda di beni, con una diminuzione dei tributi e un aumento della spesa pubblica. |
| POLITICA DEI REDDITI | Agire sui redditi, in modo che l'incremento dei salari sia conseguenza di un effettivo aumento della produzione (per evitare un aumento esagerato dei prezzi), mediante l'accordo con le parti sociali (sindacati). |
| POLITICA MONETARIA | Mantenere stabile il potere d'acquisto della moneta e incentivare il credito, regolando l'offerta di moneta e i tassi di cambio. |

Dentro l'**economia**

## La Banca Centrale Europea (BCE)

È una delle istituzioni dell'Unione europea, fondata a Francoforte (Germania) nel 1998. È gestita da un Comitato esecutivo (sei membri) e da un Consiglio direttivo, del quale fanno parte, oltre i membri del Comitato, i governatori delle banche centrali dei Paesi dell'Unione monetaria. I suoi compiti principali sono:

- autorizzare l'emissione di banconote da comunicare alle singole banche nazionali;
- vigilare sulla stabilità dei prezzi nell'area dell'euro;
- fissare i tassi di riferimento (TUR) e controllare la quantità di moneta in circolazione nell'area euro.

## Il Sistema europeo di banche centrali (SEBC).

È un organismo composto dalla BCE e dalle Banche centrali dei Paesi dell'Unione monetaria, addetto alla sorveglianza e alla gestione del sistema dei pagamenti europei.
Il suo obiettivo principale è il mantenimento della stabilità dei prezzi al fine di preservare il valore dell'euro e consentire un regolare sviluppo dell'attività economica generale dell'Unione europea.

**Esercizio C) per l'apprendimento. Individua collegamenti e relazioni..**

**Cerca l'estraneo, evidenziandolo nel testo.**

1. Politica fiscale espansiva, aumento dei tributi, aumento della spesa pubblica, aumento della domanda di beni e servizi.
2. Ciclo economico, recessione, politiche anticicliche restrittive, crisi economica.
3. Politica sindacale, politica dei redditi, politica fiscale, politica economica.

Hai ripetuto? Sai proprio tutto?

## Ripassiamo insieme

**Chi è l'OPERATORE ECONOMICO STATO?**
In economia, è l'insieme dei soggetti pubblici amministrativi, che forniscono alla collettività servizi pubblici e intervengono nell'attività produttiva, per operare una ridistribuzione del reddito e della ricchezza del Paese, garantendo il benessere collettivo e l'equità sociale. In altri termini, sono i soggetti che, nel complesso, costituiscono la Pubblica Amministrazione.

**Quali sono le ATTIVITÀ ECONOMICHE svolte dallo STATO?**
Come gli altri operatori, compie le attività economiche di produzione, scambio, consumo e investimento, e opera nel circuito economico offrendo beni e servizi pubblici, in cambio di tributi e prezzi.

**Quali sono le ENTRATE DELLO STATO?**
Esse sono rappresentate dal denaro che entra nelle casse dello Stato e degli enti pubblici per finanziare le loro attività economiche e istituzionali. Si classificano in:

- entrate originarie o extratributarie, che lo Stato e gli enti pubblici si procurano direttamente sfruttando il loro patrimonio o gestendo l'attività economica di imprese pubbliche;
- entrate derivate o tributarie, che provengono dal reddito e dal patrimonio dei cittadini attraverso il prelievo di tributi (es. tasse).

**Che cosa s'intende per SPESA PUBBLICA?**
È data dal complesso dei mezzi finanziari che lo Stato e gli enti pubblici impiegano per garantire beni e servizi pubblici necessari alla collettività.

**Come si classificano le SPESE DELLO STATO?**
Si distinguono:

- spese correnti, che servono a finanziare l'attività della Pubblica Amministrazione;
- spese in conto capitale, che sono utilizzate per gli investimenti pubblici e i contributi per gli investimenti delle imprese.

**Che cos'è il BILANCIO DELLO STATO?**
È un documento giuridico contabile redatto, secondo criteri stabiliti dalla legge, dal Ministero dell'Economia e delle Finanze e approvato dal Parlamento. In esso devono essere elencate tutte le entrate e le spese dello Stato, che si sono verificate nell'anno finanziario (anno solare), e si distingue in bilancio preventivo e bilancio consuntivo o rendiconto.

**Che cos'è la POLITICA ECONOMICA DELLO STATO?**
È l'insieme delle azioni attuate dall'operatore economico Stato che riguardano gli interventi pubblici nei processi di produzione, distribuzione, consumo e crescita economica, a sostegno degli interessi generali della produzione o della politica e della società.

Per una didattica inclusiva:

## Parole chiave

**OPERATORE ECONOMICO STATO** →
- Stato come soggetto privato
- Stato come soggetto pubblico

**ATTIVITÀ ECONOMICA dello STATO** →
- Produzione
- Scambio
- Consumo
- Investimento

**ENTRATE PUBBLICHE** →
- Entrate originarie o extratributarie
- Entrate tributarie o derivate

**SPESE PUBBLICHE** →
- Spese correnti
- Spese in conto capitale

**BILANCIO dello STATO** →
- Bilancio preventivo
- Bilancio consuntivo

**POLITICHE ECONOMICHE dello STATO** →
- Politica fiscale e di bilancio
- Politica dei redditi
- Politica monetaria
- Politica anticiclica

## Verifica delle competenze

- Livello BASE: ✪ (Punteggio totale: 12)
- Livello INTERMEDIO: ✪✪ (Punteggio totale: 60)
- Livello AVANZATO: ✪✪✪ (Punteggio totale: 28)

### ✪ Esercizio 1). Impara ad imparare.

**Scelta multipla: evidenzia la risposta esatta. Il paragrafo indicato nella parentesi è quello su cui devi riflettere (2 punti per ciascuna scelta corretta).**

1. **Lo Stato come operatore economico (Par. n. 1):**
   a. interviene nell'attività produttiva
   b. esercita il potere legislativo
   c. esercita il potere giudiziario
   d. si limita a garantire l'ordine pubblico

2. **Le tasse sono i tributi dovuti dal cittadino allo Stato per ottenere (Par. n. 2):**
   a. un servizio pubblico indivisibile
   b. un servizio pubblico divisibile
   c. servizi sia divisibili sia indivisibili
   d. servizi indivisibili degli enti pubblici

3. **I tributi si suddividono in (Par. n. 2):**
   a. imposte, tasse e contributi
   b. contributi e tasse
   c. imposte e contributi
   d. contributi previdenziali, imposte

4. **L'andamento economico dello Stato può essere (Par. n. 4):**
   a. sempre uguale nel tempo
   b. in continua espansione
   c. caratterizzato da periodi di espansione e periodi di recessione economica
   d. in continua recessione

5. **Le spese dello Stato sono classificate in (Par. n. 3):**
   a. imposte, tasse e contributi
   b. spese in acquisti e in vendite
   c. spese ordinarie e spese straordinarie
   d. spese correnti e in conto capitale

6. **Il bilancio dello Stato può essere (Par. n. 3):**
   a. solo preventivo
   b. preventivo o consuntivo
   c. consuntivo ma non preventivo
   d. solo consuntivo

**Punti: ..../12**

### ✪✪ Esercizio 2). Individua collegamenti e relazioni.

**Collega ciascun numero alla lettera corrispondente (3 punti per ciascun collegamento esatto).**

1. Spese correnti
2. Contributi
3. Servizi pubblici indivisibili
4. Bilancio dello Stato
5. Prezzi
6. Imposta
7. Pareggio di bilancio
8. Operatore economico Stato

a. Giustizia, ordine pubblico, difesa
b. Documento giuridico contabile
c. Stipendi dei pubblici dipendenti
d. Servizio pubblico indivisibile
e. Prestazioni sociali
f. Equivalenza tra uscite ed entrate
g. Soggetti pubblici amministrativi
h. Entrate originarie o extratributarie

| 1 | 2 | 3 | 4 | 5 | 6 | 7 | 8 |
|---|---|---|---|---|---|---|---|
| | | | | | | | |

**Punti: ..../24**

■ ✪✪ **Esercizio 3). Acquisisci ed interpreta l'informazione.**
**Indica se le seguenti affermazioni sono vere o false, motivando la risposta (3 punti per ciascuna risposta esatta).**

| | V | F |
|---|---|---|
| **1.** Lo Stato non è un operatore economico<br>Perché ........................................ | ☐ | ☐ |
| **2.** Lo Stato offre beni e servizi pubblici in cambio di tributi e prezzi<br>Perché ........................................ | ☐ | ☐ |
| **3.** I tributi non sono entrate derivate<br>Perché ........................................ | ☐ | ☐ |
| **4.** La spesa pubblica è estranea alla formazione del debito pubblico<br>Perché ........................................ | ☐ | ☐ |
| **5.** La politica economica riguarda gli interventi pubblici nell'attività produttiva<br>Perché ........................................ | ☐ | ☐ |
| **6.** I cicli economici prevedono l'alternanza di fasi economiche positive e negative<br>Perché ........................................ | ☐ | ☐ |

**Punti: ..../18**

■ ✪✪ **Esercizio 4). Comunica (rappresenta).**
**Completa la mappa concettuale che segue (3 punti per ciascun completamento esatto).**

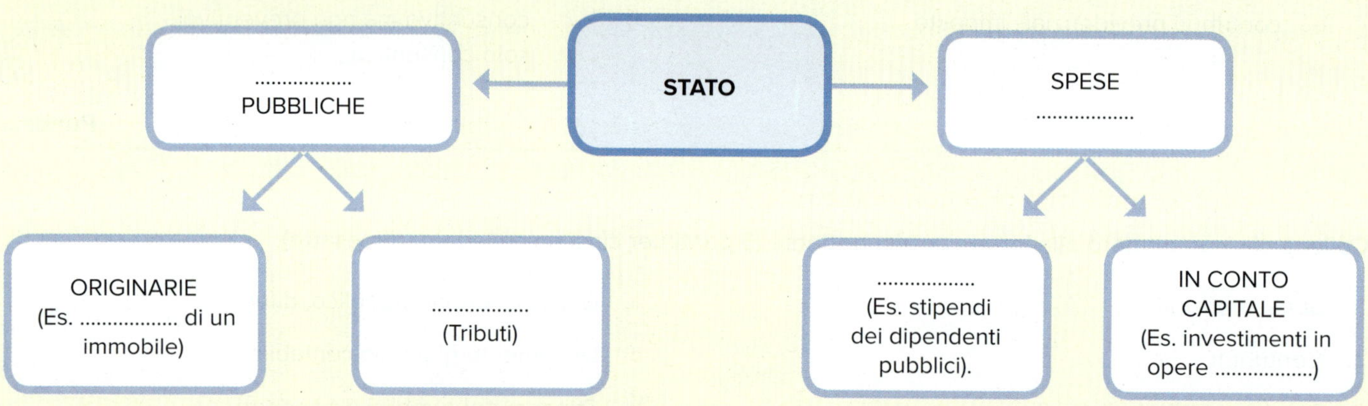


**Punti: ..../18**

■ ✪✪✪ **Esercizio 5). Comunica (comprendi).**
**Rispondi alle seguenti domande (4 punti per ciascuna risposta esatta).**

1. Quali sono le principali entrate dello Stato? (Par. n. 2)
2. Che tipo di documento è il bilancio dello Stato e a che cosa serve? (Par. n. 3)
3. Spiega le principali politiche economiche dello Stato. (Par. n. 4)

**Punti: ..../12**

■ ✪✪✪ **Esercizio 6). Risolvi i problemi.**

**Analizza il caso e rispondi ai quesiti a risposta multipla (4 punti per ogni scelta multipla).**

Ludovica vuole tenersi aggiornata sull'andamento economico del suo Paese e ogni giorno controlla le pagine economiche dei vari quotidiani e, mettendoli a confronto, nota che la maggior parte di essi riporta commenti negativi sulla situazione finanziaria di diversi Paesi europei, tra cui l'Italia. In particolare, legge che il Governo italiano, per fronteggiare la crisi, pensa di mettere in atto una serie d'interventi a sostegno della ripresa.
Ludovica si chiede in quali modi lo Stato possa agire per far ripartire i processi produttivi, per porre fine alla crisi.

1. **Che cos'è la politica economica dello Stato?**
   a. È il complesso degli interventi pubblici aventi ad oggetto denaro
   b. è l'insieme degli interventi pubblici a sostegno della produzione economica e della società
   c. è la politica attuata dallo Stato per accrescere i suoi profitti

2. **Quale può essere uno strumento con cui lo Stato interviene?**
   a. La politica recessiva
   b. la politica antieconomica
   c. la politica fiscale

3. **Una situazione di crisi economica, in quale fase rientra?**
   a. In una fase di recessione
   b. in una fase di espansione

4. **In questo caso, come potrà intervenire lo Stato?**
   a. Mediante una politica restrittiva, aumentando imposte e tasse e diminuendo la spesa pubblica
   b. attraverso una politica espansiva, diminuendo i tributi e finanziando la costruzione di opere pubbliche

**Punti: ..../16**

**Calcola il punteggio totale conseguito e assegnati la valutazione a esso corrispondente:**

| Tabella di autovalutazione | |
|---|---|
| ☐ 100-87 | **A** Lavoro eccellente. |
| ☐ 86-67 | **B.** Lavoro buono. |
| ☐ 66-47 | **C.** Lavoro adeguato. |
| ☐ 46-2 | **D.** Lavoro da migliorare. |

**Verifica di autovalutazione di fine modulo**

## Un percorso per tutti

# I SOGGETTI ECONOMICI

Questo è un percorso a tappe che rispetta i tempi e i bisogni di apprendimento di tutti, anche quelli speciali. Uno, due, tre, pronti ... VIA!

**TAPPA N. 1): acquisisci una visione d'insieme.**

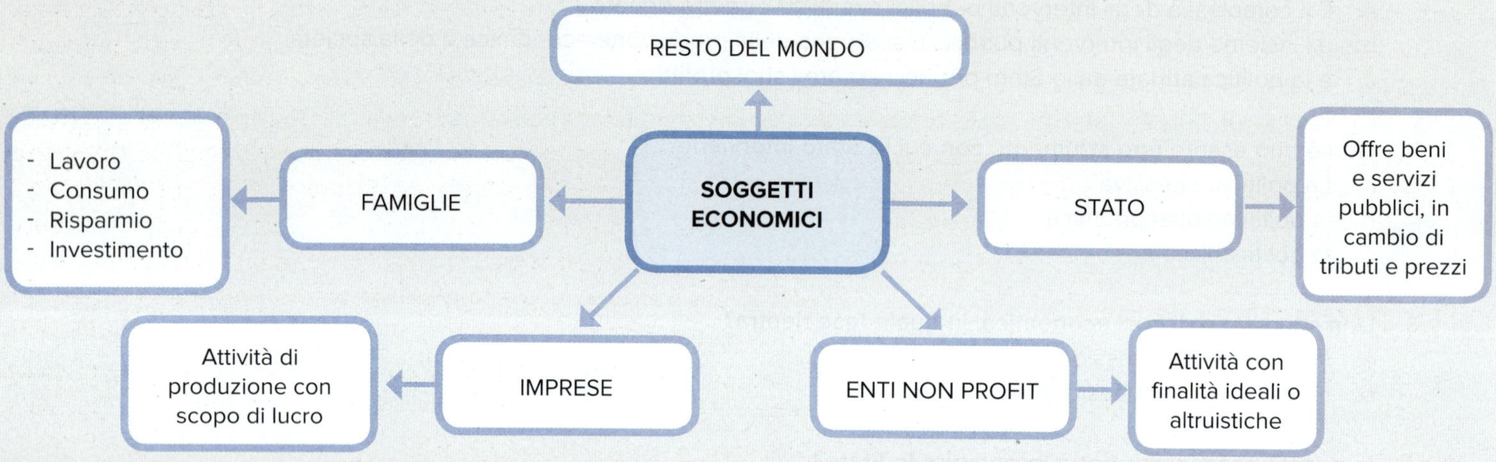


**TAPPA N. 2): sintetizza i concetti fondamentali.**

**FAMIGLIE**

**Definizione**: è un centro d'interessi che domanda determinati beni e servizi alle imprese e partecipa, con la forza lavoro, all'attività produttiva e alla formazione della ricchezza nazionale. In economia, il termine "famiglia" si riferisce sia alla famiglia in senso giuridico (marito, moglie ed eventuali figli) sia agli individui che vivono da soli o in gruppo.

**Attività principali**: esse sono il lavoro, il consumo, il risparmio, l'investimento.

**Lavoro**: è qualsiasi tipo di prestazione manuale o intellettuale che un soggetto mette a disposizione della produzione, in cambio di una retribuzione.

**Consumo**: è la parte di reddito che le famiglie utilizzano per acquistare beni o richiedere servizi necessari a soddisfare i loro bisogni primari e secondari.

**Risparmio**: è la parte di reddito che le famiglie non impiegano nell'acquisto di beni e servizi, ma che accantonano per soddisfare consumi futuri.

**Investimento**: è il risparmio delle famiglie impiegato, in cambio di un interesse, per finanziare l'attività produttiva delle imprese o dello Stato (es. acquisto di macchinari o impianti).

**IMPRESE**

**Definizione**: sono organizzazioni di persone e di beni che hanno come scopo principale l'attività di produzione di beni e servizi, al fine di trarre un profitto, cioè un guadagno.

**Attività di produzione**: è l'attività diretta a creare nuova ricchezza, trasformando le materie prime in prodotti finiti o trasferendo nel tempo e nello spazio uno stesso prodotto.

**Settori produttivi**: ad essi si riconduce l'attività delle imprese e si distinguono in base alla tipologia dei beni e servizi **prodotti in**:

- settore **primario** (agricoltura, selvicoltura, allevamento di animali);
- settore **secondario** (industria e commercio);
- settore **terziario** (servizi, come quelli bancari, assicurativi, di trasporto);
- settore **terziario avanzato** o **quaternario** (servizi nell'ambito dell'informatica o delle telecomunicazioni).

**Fattori produttivi**: rappresentano gli elementi necessari all'attività d'impresa e sono:

- **natura** (insieme delle risorse che non derivano dall'attività dell'uomo, come il terreno, e le energie naturali);

- **lavoro** (attività manuale o intellettuale prestata dai lavoratori a favore delle imprese);
- **capitale** (insieme dei macchinari, delle attrezzature e degli immobili prodotti dall'uomo);
- **organizzazione** (complesso di tutte le attività di programmazione e di coordinamento di elementi personali e materiali, da parte dell'imprenditore nel processo produttivo).

**Remunerazione**: per essa s'intende il prezzo che deve essere pagato per i fattori produttivi ed è costituita: dalla **rendita** (per la natura), dallo **stipendio/salario** (per il lavoro), dall'**interesse** (per il capitale) e dal **profitto** (per l'organizzazione).

**Costi di produzione**: sono i sacrifici economici sostenuti dall'imprenditore nella sua attività, diretta a produrre una determinata quantità di beni. Si distinguono **costi fissi**, il cui ammontare non muta al variare della quantità prodotta, e **costi variabili**, il cui importo cambia al variare della quantità prodotta.

**ENTI NON PROFIT**

**Definizione**: è formato da soggetti privati che svolgono attività di solidarietà sociale nei settori dei servizi alla persona (es. assistenza, sanità, istruzione), le cui prestazioni non hanno finalità lucrative (cioè di guadagno) e costituiscono quel sistema che gli economisti definiscono "non profit" (es. associazioni di volontariato, cooperative sociali, Onlus).

**STATO**

**Definizione**: è l'insieme dei soggetti pubblici amministrativi, che forniscono alla collettività servizi pubblici e intervengono nell'attività produttiva, per operare una ridistribuzione del reddito e della ricchezza del Paese, garantendo il benessere collettivo e l'equità sociale. In altri termini, sono i soggetti che, nel complesso, costituiscono la **Pubblica Amministrazione**.

**Principali attività economiche**: produzione, scambio, consumo e investimento. Lo Stato opera nel circuito economico offrendo beni e servizi pubblici, in cambio di tributi e prezzi.

**Entrate**: sono rappresentate dal denaro che entra nelle casse dello Stato e degli enti pubblici per finanziare le loro attività economiche e istituzionali. Si classificano in: **entrate originarie** o **extratributarie**, che lo Stato e gli enti pubblici si procurano direttamente sfruttando il loro patrimonio o gestendo l'attività economica di imprese pubbliche; **entrate derivate o tributarie**, che provengono dal reddito e dal patrimonio dei cittadini attraverso il prelievo di tributi (es. tasse).

**Spese**: sono costituite dai mezzi finanziari impiegati dallo Stato per garantire i beni e i servizi pubblici necessari alla collettività e si distinguono in: **spese correnti** (che servono a finanziare l'attività della Pubblica Amministrazione); **spese in conto capitale** (utilizzate per gli investimenti pubblici e i contributi per gli investimenti delle imprese).

**TAPPA N. 3): mettiti alla prova.**

- Riascolta la sintesi, mediante il supporto audio.
- Verifica se hai compreso:

**Esercizio per l'apprendimento. Comunica (comprendi).**

**Rispondi ai quesiti, utilizzando uno dei suggerimenti indicati nella parentesi.**

a. Che cosa incide sul consumo? ........................
(Reddito, rendimento, investimento).

b. In quale settore produttivo rientra il commercio? ..............................
(Primario, secondario, terziario avanzato).

c. Qual è un esempio di soggetto del terzo settore o settore non profit? .......................
(società commerciale, impresa industriale, cooperativa sociale).

d. Che cosa rappresenta una spesa per lo Stato? ....................
(Imposta, costruzione di una nuova rete autostradale, tassa).

Verifica facilitata di autovalutazione di fine modulo

- Misura la tua preparazione, avvalendoti degli esercizi facilitati di autovalutazione che trovi nei materiali digitali, sul sito del libro.

## Compito di realtà

**Esamino il testo:**

### *"Quei 26 ragazzi dell'inchiostro di sambuco"**

Nelle campagne di una volta, era normale fare l'inchiostro con le bacche di sambuco, tradizione che, nel tempo, è andata persa e recuperata, in parte, a Rieti, dagli allievi della quarta F dell'Istituto magistrale Elena Principessa di Napoli.
I 26 ragazzi, coordinati da un docente dell'istituto, hanno partecipato al programma di educazione imprenditoriale "Impresa in Azione", inserito tra le esperienze di "Alternanza Scuola-Lavoro". La classe ha dato vita ad una vera mini-impresa (denominata Writink) con una struttura manageriale (l'Amministratore Delegato è una ragazza della classe), finanziata da un'organizzazione del terzo settore (Fondazione Varrone).
Il progetto imprenditoriale ha previsto un "accordo con la Tassoni, quella della cedrata, per realizzare con quell'inchiostro una penna ecosostenibile da mettere in confezione-regalo con una bottiglietta di bevanda, fatta coi fiori della stessa bacca".
La Writink ha già spedito all'azienda italiana "Cedral Tassoni s.p.a." la sua prima produzione.
Che cosa ne pensi? Ti piacerebbe metterti alla prova?

**Fonte: Corriere della Sera del 26 settembre 2017 – supplemento "Buone Notizie".*

**Applico le conoscenze:**

1. Sei in grado di spiegare il significato di "Impresa", quale operatore economico?
2. In che senso si utilizza l'espressione "organizzazione del terzo settore", riferita alla "Fondazione Varrone"?
3. Quali potrebbero essere i motivi che hanno indotto questa Fondazione a finanziare il progetto?
4. In quale settore produttivo faresti rientrare l'attività imprenditoriale della "Cedral Tassoni s.p.a."?
5. Sapresti individuare il fattore produttivo nel quale rientra l'inchiostro utilizzato dagli studenti?

**Sviluppo le competenze e mi confronto:**

"Startup" è un termine inglese che significa "avvio" e sta ad indicare la fase iniziale di una nuova impresa. Si tratta, in sostanza, di un'attività d'impresa che nasce per la prima volta, dando attuazione pratica ad un'idea innovativa che non era mai stata realizzata da nessuno con le stesse modalità.
C'è chi ha prodotto tessuti sostenibili, ricavandoli dalla trasformazione degli scarti di agrumi (Orange Fiber) o chi ha creato una stampante che realizza su pareti di diversa grandezza qualsiasi tipo di immagine digitale (Bclever).
Assieme ai tuoi compagni, dividendovi in gruppi, prova a pensare ad un progetto che possa rientrare nell'ambito di una startup.
A tal fine, stendi una bozza di piano operativo che evidenzi settore di attività, descrizione sintetica del prodotto o del servizio, modalità, risorse e materiali da utilizzare per realizzarlo.

**Valuto le competenze:**

| Competenze | A<br>Livello Avanzato | B<br>Livello Intermedio | C<br>Livello Base | D<br>Livello Iniziale |
|---|---|---|---|---|
| • Riconosco le caratteristiche essenziali del sistema socio economico per orientarmi nel tessuto produttivo del mio territorio.<br>• Imparo ad imparare.<br>• Individuo collegamenti e relazioni.<br>• Acquisisco ed interpreto le informazioni.<br>• Comunico.<br>• Progetto.<br>• Collaboro e partecipo. | **Lavoro eccellente**<br>☐<br>Applico con consapevolezza le conoscenze acquisite alla vita reale; valuto informazioni e progetto, con buona padronanza del lessico della disciplina, collaborando in modo efficiente. | **Lavoro buono**<br>☐<br>Applico in autonomia le conoscenze acquisite alla vita reale; comprendo informazioni e progetto, con un uso appropriato del lessico della disciplina, collaborando in modo efficace. | **Lavoro adeguato**<br>☐<br>Applico le conoscenze essenziali acquisite alla vita reale; reperisco informazioni di base, utilizzando i termini fondamentali della disciplina e collaborando in modo corretto. | **Lavoro da migliorare**<br>☐<br>Applico alcune conoscenze elementari acquisite alla vita reale, se guidato; fatico a reperire le informazioni di base, con un uso limitato dei termini della disciplina, collaborando in modo passivo. |

# 3 LE REGOLE DEL MERCATO E LE SUE FORME

**UdA 1**
**Il funzionamento del mercato**
→ COMPRATORI E VENDITORI → BENI E SERVIZI → PREZZO → MERCATO

**UdA 2**
**Le forme di mercato**
→ CONCORRENZA PERFETTA → CONCORRENZA IMPERFETTA → MONOPOLIO → OLIGOPOLIO

**Alla fine di questo percorso didattico, saprai riconoscere i protagonisti del mercato e i fattori che influenzano la domanda e l'offerta di beni e servizi.**

**FLIPPED classroom**

### A casa: lezione

Leggo e ascolto i materiali digitali:
- Il commercio elettronico (e-commerce) (*PowerPoint*).
- La normativa a tutela dei diritti del consumatore (Pdf).
- "Ripassiamo insieme" (Audio).
- "Parole chiave" (Animazione).

### A scuola: sviluppo le competenze

Rifletto:
- Confronto e dibattito in classe.
- Verifica delle competenze di fine unità di apprendimento.

Mi metto alla prova:
- Compito di realtà di fine modulo.

# UdA 1 IL FUNZIONAMENTO DEL MERCATO

## 1. Il mercato e le contrattazioni

In tutti i sistemi economici, sin dalle origini, una delle attività principali è sempre stata costituita dallo scambio di beni. Ciò presuppone che i soggetti che domandano beni (consumatori) e i soggetti che li offrono (produttori) si incontrino per condurre le loro trattative e accordarsi sul corrispettivo.

Il mercato

Si definisce **mercato** l'insieme delle contrattazioni di beni e servizi fra coloro che acquistano un determinato bene e coloro che lo vendono, a un determinato prezzo o valore di mercato.

**Esempio:** Alice deve comprare delle mele, va al supermercato e ne acquista un chilogrammo. Il valore di mercato delle mele è il prezzo o quantità di moneta che Alice paga alla cassa.

Gli elementi fondamentali del mercato

Gli **elementi fondamentali** di ogni mercato sono:

- i **soggetti**, ossia i compratori che domandano i beni di consumo e i venditori che li offrono;
- i **beni o servizi**, cioè le merci e le prestazioni, oggetto dello scambio;
- il **prezzo**, ossia la quantità di moneta che il compratore è disposto a cedere in cambio della merce o del servizio e che costituisce il prezzo di mercato del bene o del servizio.

Con l'espressione "mercato" non si indica necessariamente un luogo particolare, in cui i richiedenti di un certo bene possono incontrare gli offerenti dello stesso bene. Solo in alcuni casi, gli scambi avvengono in luoghi specifici con determinate caratteristiche tecniche e organizzative, come nell'ipotesi della Borsa valori, dove sono negoziati titoli come le azioni e le obbligazioni.

**Borsa valori:** è un mercato organizzato dove si vendono e si acquistano, principalmente, azioni e obbligazioni.
**Azioni:** sono titoli, cioè documenti, rappresentativi della partecipazione dei soci in una società per azioni. Attribuiscono la qualità di socio, diritti patrimoniali (dividendi) e diritti amministrativi (voto).
**Obbligazioni:** sono titoli, cioè documenti, che rappresentano un debito di una società, contratto verso chi le ha fornito un prestito. Il risparmiatore che le acquista, alla scadenza, riceve il rimborso della somma prestata e un interesse prestabilito.

I luoghi di mercato

Ai mercati possono corrispondere **luoghi fisicamente individuati** dal punto di vista geografico, che hanno dimensioni diverse, in base alle quali distinguiamo:

- un **mercato locale**, quando si riferisce ad una zona ben precisa e limitata (es. il mercato del pesce del quartiere);
- un **mercato nazionale**, quando le contrattazioni si effettuano su tutto il territorio dello Stato (es. il mercato ortofrutticolo italiano);
- un **mercato internazionale**, quando gli scambi coinvolgono più Stati (es. mercato agroalimentare con operatori economici nazionali e stranieri).

▶ Mercato locale

**Il commercio elettronico**

Anche nel nostro Paese, agli inizi degli anni Novanta, è nato un nuovo mercato basato sul **commercio elettronico** (in inglese *e-commerce*, ossia electronic commerce), nel quale le attività dirette allo scambio di beni e di servizi (transazioni) avvengono senza la presenza fisica di venditori e compratori, attraverso siti Internet dedicati.

Il commercio elettronico

In realtà, questo nuovo modo di fare commercio ha rivoluzionato le modalità di vendita e di acquisto dei prodotti a livello mondiale, introducendo nuove regole di comunicazione in **luoghi** di contrattazione **virtuali**.

**Titoli di Stato:** sono titoli, cioè documenti, emessi dallo Stato, che rappresentano un credito per quei risparmiatori che li hanno acquistati e che hanno diritto, alla scadenza, al rimborso del capitale, oltre ad un interesse pattuito (es. Buoni ordinari del Tesoro – BOT).

**Le tipologie di mercato**

Esistono, inoltre, diverse **tipologie di mercato** che, secondo i beni e i servizi oggetto di scambio, si classificano come:

▸ Comercio elettronico

- **mercato del lavoro**, che mette in contatto le persone che cercano lavoro (lavoratori) e le imprese che sono disponibili ad assumere (datori di lavoro);
- **mercato monetario**, nel quale s'incontrano la domanda (richiesta di denaro da parte di famiglie e imprese) e l'offerta di moneta (denaro che le banche nazionali e la Banca centrale europea mettono a disposizione dei richiedenti);
- **mercato finanziario**, che riguarda le contrattazioni di strumenti finanziari come titoli di Stato, azioni, obbligazioni;
- **mercato merceologico**, che riguarda i cosiddetti settori merceologici (es. alimentare, abbigliamento, edilizia, ecologia, meccanica);
- **mercato immobiliare**, che si riferisce allo scambio tra venditori e compratori di beni immobili (es. terreni, appartamenti, case).

■ **Esercizio A) per l'apprendimento. Comunica (rappresenta).**

Completa la seguente mappa concettuale.

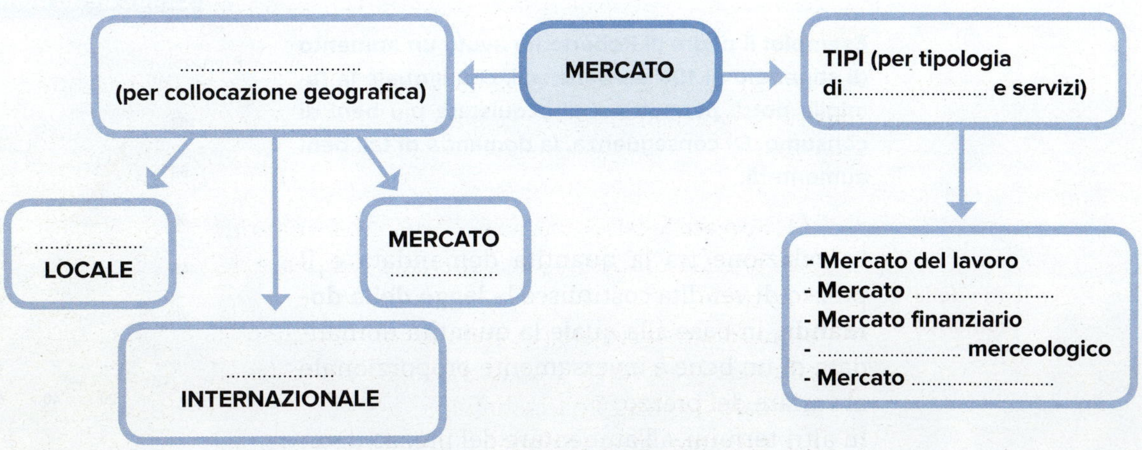

## 2. La domanda di beni e servizi

La domanda

La **domanda** è la quantità di un determinato prodotto o servizio che è richiesta dal singolo consumatore (domanda individuale) o da tutti i consumatori (domanda collettiva), in un determinato momento e a un certo prezzo.

▸ Domanda collettiva

**Esempio:** la quantità di generi alimentari che Martina acquista tutti i giorni per la famiglia è la domanda del singolo consumatore, mentre la quantità di generi alimentari acquistata quotidianamente dalle famiglie italiane rappresenta la domanda collettiva di quei beni.

I fattori condizionananti

I consumatori, nella scelta dei beni da acquistare, sono condizionati da diversi **fattori**:

- **economici**, come il prezzo del bene, la quantità di moneta a disposizione (reddito), il prezzo dei beni complementari (es. zucchero/caffè) e succedanei (es. burro/margarina);
- **soggettivi** o di preferenza, che sono strettamente collegati alla persona e non sempre quantificabili (es. gusti, moda, pubblicità, età).

Il prezzo

Il **prezzo** del bene o servizio è sicuramente il fattore che incide di più sulla domanda, assieme al reddito. Quando il prezzo di un bene aumenta, la quantità domandata diminuisce, mentre se il prezzo cala, la domanda aumenta.

**Esempio:** se il prezzo delle scarpe di tendenza aumenta, gli adolescenti disposti all'acquisto, presumibilmente, diminuiscono e si orientano verso articoli di moda meno costosi; se il prezzo scende ci sono più adolescenti disposti ad acquistarle.

Il reddito

Il **reddito** è un altro elemento che influenza la domanda di beni e servizi. Quando la disponibilità economica aumenta, migliora la capacità di spesa e si verifica un aumento dei consumi. Pertanto, all'aumentare del reddito corrisponde un aumento della domanda di beni e servizi. Viceversa, la diminuzione del reddito comporta un calo della capacità di acquisto.

**Esempio:** il padre di Roberto ha avuto un aumento di stipendio di 100 euro mensili, con il quale la famiglia potrà permettersi di acquistare più beni di consumo. Di conseguenza, la domanda di tali beni aumenterà.

La legge della domanda

La relazione tra la quantità domandata e il prezzo di vendita costituisce la **legge della domanda**, in base alla quale la quantità domandata di un bene è inversamente proporzionale al variare del prezzo.
In altri termini, all'aumentare del prezzo di un bene la sua domanda diminuisce mentre, se il prezzo cala, la sua domanda aumenta.

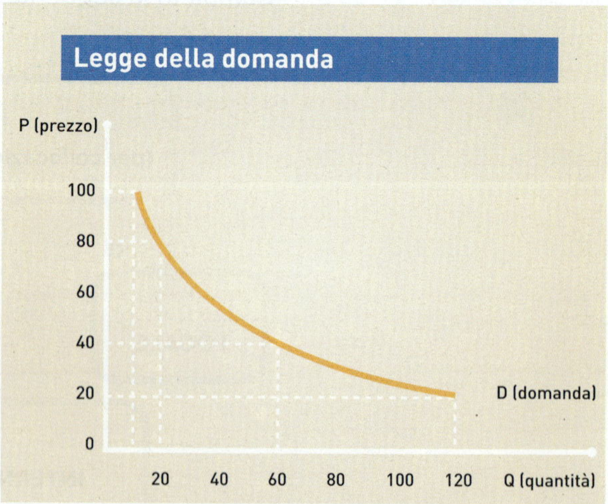


▸ Nel grafico, se il prezzo del bene è pari a 80, la quantità domandata è 20; se il prezzo diminuisce a 20, la quantità domandata aumenta a 120.

La rappresentazione grafica della legge della domanda evidenzia una curva che decresce da sinistra verso destra, perché a prezzi più alti, indicati sull'asse delle ordinate (P), corrispondono quantità di beni domandate più basse, poste sull'asse delle ascisse (Q) e viceversa.

Le variazioni della domanda, rispetto al variare del prezzo, non hanno lo stesso andamento per tutti i tipi di beni. Occorre distinguere:

**I beni a domanda rigida**

- **Beni a domanda rigida**, che sono quelli di prima necessità (es. generi alimentari), per i quali un aumento o una diminuzione del prezzo non incide in modo rilevante sulla quantità domandata, poiché i consumatori non ne possono fare a meno. Anche la domanda di beni di lusso (es. gioielli, auto di grossa cilindrata) segue lo stesso andamento, anche se con motivazioni diverse. Tali beni sono rivolti a una fascia ristretta di consumatori che hanno redditi e stile di vita elevati, per i quali questi beni sono spesso uno *status symbol* e pertanto acquistati, nonostante l'aumento dei prezzi.

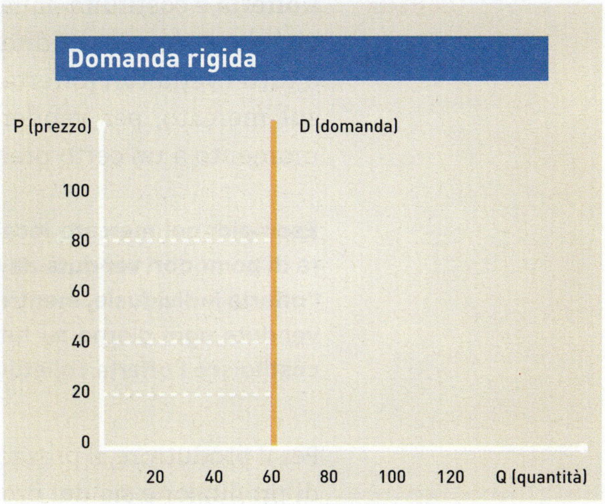


▶ Nel grafico, se il prezzo del bene è pari a 20, la quantità domandata è 60, ma resta uguale anche se il prezzo aumenta a 40 o a 80.

**Esempio:** l'aumento del prezzo del pane non fa diminuire sensibilmente la quantità domandata; l'aumento del prezzo di un'automobile di lusso non scoraggia il famoso attore dall'acquistarla.

La rappresentazione grafica della domanda rigida consiste in una retta parallela all'asse delle ordinate (P), che evidenzia come, al variare del prezzo, la quantità domandata di beni o servizi resta identica.

**I beni a domanda elastica**

- **Beni a domanda elastica**, che sono quelli che soddisfano bisogni secondari (es. abbigliamento, spettacoli, cosmetici), che risentono notevolmente delle variazioni del prezzo di mercato, per cui anche un modesto cambiamento di prezzo determina subito un sensibile mutamento della domanda.

**Esempio:** l'aumento del prezzo delle camicie, che non sono beni indispensabili, farà diminuire in modo sensibile la loro domanda, perché i consumatori decideranno di non acquistarle per orientarsi, ad esempio, su magliette, in alternativa.

### ■ Esercizio B) per l'apprendimento. Comunica (comprendi).

**Indica a fianco dei seguenti beni se si tratta di un bene a domanda rigida (R) o a domanda elastica (E).**

| | | | | | |
|---|---|---|---|---|---|
| 1. | Diamanti | R E | 6. | Scuderia di cavalli | R E |
| 2. | Villa | R E | 7. | Biglietto per un concerto | R E |
| 3. | Profumo | R E | 8. | Tablet | R E |
| 4. | Vestiti | R E | 9. | Yacht | R E |
| 5. | Gelato | R E | 10. | Pane | R E |

# 3. L'offerta e la formazione del prezzo di equilibrio di mercato

**L'offerta**

L'**offerta** è costituita dalla quantità di beni e servizi che il singolo venditore (offerta individuale) o tutti i venditori (offerta collettiva) immettono sul mercato, per venderla in un determinato momento a un certo prezzo.

**Esempio: nel mercato locale, la quantità giornaliera di pomodori venduta da un ortolano rappresenta l'offerta individuale, mentre la quantità di pomodori venduta ogni giorno su tutto il territorio nazionale costituisce l'offerta collettiva.**

▸ Offerta individuale

Per il produttore, il prezzo di vendita del bene rappresenta il ricavo, che è comprensivo sia dei costi di produzione sia del profitto. Pertanto, l'imprenditore, prima di offrire i suoi prodotti, deve valutare quanto costa produrli per poi venderli quando il loro prezzo di mercato è tale da assicurargli un guadagno.

**Esempio: se un produttore è disposto a vendere un certo bene a 35 euro e il prezzo di mercato del bene è solo di 30 euro, non gli conviene offrirlo; viceversa, se il prezzo di mercato è di 38 euro, al produttore conviene vendere tutta la merce.**

**I fattori condizionanti**

I **fattori** che influenzano l'offerta sono:

- **Prezzo di mercato** del bene. L'offerta di un bene aumenta tutte le volte che il suo prezzo aumenta. I produttori, con l'aumentare del prezzo, sono invogliati, per i maggiori profitti, a produrre di più e, di conseguenza, la quantità offerta aumenta; viceversa, se il prezzo è basso, non hanno convenienza a produrre e la quantità offerta diminuisce.
- **Prezzo degli altri beni.** Se aumenta il prezzo di un bene succedaneo (es. orzo), il venditore avrà interesse a produrre questo bene, anziché quello principale (es. caffè). Se cresce il prezzo di un bene complementare (es. zucchero/caffè) aumenta la produzione sia del complementare (es. zucchero) sia del bene principale (es. caffè).
- **Costi di produzione**. La variazione (aumento o diminuzione) dei prezzi dei fattori produttivi provoca ripercussioni sulla quantità offerta. Con l'aumento, ad esempio, dei prezzi delle materie prime, aumentano anche i costi di produzione e, qualora il prezzo di vendita rimanga invariato, il produttore vede calare il suo profitto ed è costretto a diminuire la produzione e l'offerta di beni. Se, invece, i costi di produzione calano, l'imprenditore aumenta la quantità offerta di beni perché ha più possibilità di guadagno.

**Costo:** sacrificio economico sopportato dal produttore per la produzione (es. lo stipendio dei lavoratori dipendenti, prezzo per l'acquisto delle materie prime).
**Ricavo**: è il risultato in termini monetari della vendita dei beni prodotti.
**Profitto:** è la differenza tra ricavi e costi (ricavi - costi = profitto).

**La legge del'offerta**

La relazione tra la quantità offerta e il prezzo di vendita costituisce la **legge dell'offerta**, secondo la quale, l'offerta di un bene o di un servizio varia in modo direttamente proporzionale al variare del prezzo. In altre parole, tanto il prezzo di mercato aumenta, quanto la quantità dei beni offerti aumenta e viceversa.
Tale andamento può essere rappresentato graficamente attraverso una curva che cresce da sinistra verso destra, perché a prezzi più alti, indicati sull'asse delle ordinate (P), corrispondono quantità di beni domandate più alte, poste sull'asse delle ascisse (Q).

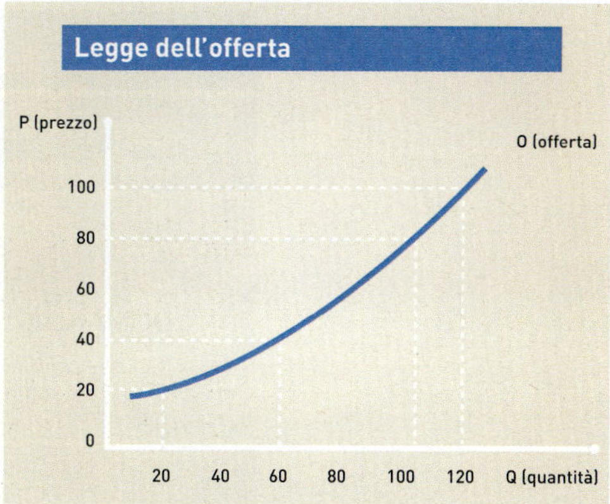


▶ **Nel grafico, se il prezzo del bene è pari a 40, la quantità offerta è 60; se il prezzo aumenta a 100, la quantità offerta aumenta a 120.**

Abbiamo osservato che, nel mercato, sia la domanda sia l'offerta sono strettamente influenzate dal prezzo, valore del bene tradotto in moneta. In genere, i consumatori di fronte a prezzi di mercato elevati, rinunciano facilmente alla domanda dei beni; viceversa, i produttori offrono i loro prodotti al prezzo più alto possibile.

Il mercato, per funzionare, deve stabilire un prezzo, in modo da equilibrare le ragioni sia della domanda sia dell'offerta, ossia soddisfare le esigenze dei richiedenti e degli offerenti.

**Il prezzo di equilibrio del mercato**

Il punto d'accordo è definito dagli economisti **prezzo di equilibrio del mercato**, in corrispondenza del quale la quantità offerta e quella domandata si eguagliano, ossia tutta la merce offerta a quel prezzo è venduta.
Il prezzo di equilibrio del mercato è dato dal punto d'incontro tra la curva della domanda e quella dell'offerta e può essere rappresentato attraverso la loro sovrapposizione su un grafico cartesiano.

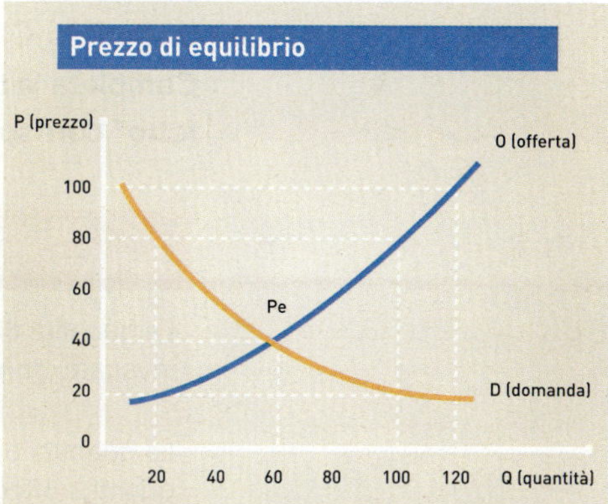


▶ **Nel grafico, le due curve si intersecano in un punto (Pe - Prezzo di equilibrio), in cui il prezzo del bene è pari a 40 e sia la quantità domandata sia la quantità offerta sono pari a 60 e quindi sono uguali.**

Dentro l'**economia**

## La pubblicità

La pubblicità è una forma di comunicazione e uno strumento di vendita molto utilizzato dai produttori per convincere i consumatori all'acquisto di un certo bene o servizio.
Sotto l'aspetto esclusivamente commerciale, la pubblicità va considerata come parte integrante del processo produttivo e le imprese che intendono pubblicizzare i loro prodotti devono pianificare:

- il budget pubblicitario, ossia il programma di spesa relativo al settore comunicazione (cosiddetto investimento pubblicitario);
- il target dei consumatori, ossia le caratteristiche del potenziale cliente (es. adolescente, sportivo, anziano), al quale è rivolto il messaggio pubblicitario e che rappresenta il mercato da conquistare;
- i canali di comunicazione o mass media (es. televisione, radio, Internet, giornali, riviste).

Il nostro ordinamento giuridico garantisce la libertà d'iniziativa economica e, di conseguenza, la libertà di concorrenza, purché non contrarie alla correttezza professionale. La legge vieta la pubblicità menzognera, ossia la falsa attribuzione di qualità o pregi ai propri prodotti e la pubblicità ingannevole, diretta a influenzare il giudizio dei consumatori, mediante la denigrazione dei prodotti del concorrente.

| CONFRONTO TRA DOMANDA E OFFERTA | | | |
|---|---|---|---|
| **Oggetto del confronto** | **Definizione** | **Legge** | **Fattori CONDIZIONANTI** |
| DOMANDA | Quantità di beni o servizi richiesta dai consumatori, in un determinato momento e a un certo prezzo. | La domanda di un bene diminuisce all'aumentare del prezzo, mentre aumenta se il prezzo cala (relazione inversamente proporzionale). | ▪ Fattori economici (prezzo del bene; reddito);<br>▪ Fattori soggettivi (gusti, moda, pubblicità, età). |
| OFFERTA | Quantità di beni e servizi che i venditori immettono sul mercato per venderla, in un determinato momento e a un certo prezzo. | L'offerta di un bene aumenta all'aumentare del prezzo e diminuisce se il prezzo cala (relazione direttamente proporzionale). | ▪ Prezzo di mercato;<br>▪ Prezzo degli altri beni;<br>▪ Costi di produzione. |

▪ **Esercizio C) per l'apprendimento. Individua collegamenti e relazioni.**

**Completa la tabella indicando a fianco di ogni situazione descritta, che configura una "causa", l'"effetto" corrispondente che essa produce, avvalendoti delle parole sotto indicate nella parentesi.**

| CAUSA | EFFETTO |
|---|---|
| La quantità di beni domandata dai compratori rimane invariata, nonostante le variazioni del prezzo. | .............................. |
| La quantità domandata di un bene è uguale alla quantità offerta dello stesso bene. | .............................. |
| Aumenta il prezzo del bene complementare. | .............................. |
| La quantità di beni domandata dai compratori varia al variare del prezzo. | .............................. |
| Variano i prezzi dei fattori produttivi. | .............................. |

*(variazione dell'offerta; equilibrio di mercato; aumento della produzione del bene complementare e del bene principale; domanda elastica; domanda rigida).*

Hai capito? Hai dei dubbi?

## Ripassiamo insieme

**Che cos'è il MERCATO?**
È l'insieme delle contrattazioni di beni e servizi fra coloro che acquistano un determinato bene e coloro che lo vendono, a un determinato prezzo o valore di mercato.

**Quali sono gli ELEMENTI FONDAMENTALI di ogni MERCATO?**
Essi sono:
- i soggetti, ossia i compratori che domandano i beni di consumo e i venditori che li offrono;
- i beni o servizi, cioè le merci e le prestazioni, oggetto dello scambio;
- il prezzo, ossia la quantità di moneta che il compratore è disposto a cedere in cambio della merce o del servizio e che costituisce il prezzo di mercato del bene o del servizio.

**Che cos'è la DOMANDA?**
È la quantità di un determinato prodotto o servizio che è richiesta dal singolo consumatore (domanda individuale) o da tutti i consumatori (domanda collettiva), in un determinato momento e a un certo prezzo. Essa può essere influenzata da fattori:
- economici, come il prezzo del bene, la quantità di moneta a disposizione (reddito), il prezzo dei beni complementari (es. zucchero/caffè) e succedanei (es. burro/margarina);
- soggettivi o di preferenza, che sono strettamente collegati alla persona e non sempre quantificabili (es. gusti, moda, pubblicità, età).

**Che cosa prevede la LEGGE della DOMANDA?**
È la relazione tra la quantità domandata e il prezzo di vendita, in base alla quale la quantità domandata di un bene è inversamente proporzionale al variare del prezzo. In altri termini, all'aumentare del prezzo di un bene la sua domanda diminuisce mentre, se il prezzo cala, la sua domanda aumenta.

**Che cos'è l'OFFERTA?**
È costituita dalla quantità di beni e servizi che il singolo venditore (offerta individuale) o tutti i venditori (offerta collettiva) immettono sul mercato, per venderla in un determinato momento e a un certo prezzo. Essa può essere influenzata da fattori come il prezzo di mercato, il prezzo degli altri beni o i costi di produzione.

**Che cosa prevede la LEGGE dell'OFFERTA?**
È la relazione tra la quantità offerta e il prezzo di vendita, secondo la quale, l'offerta di un bene o di un servizio varia in modo direttamente proporzionale al variare del prezzo. In altre parole, tanto il prezzo di mercato aumenta, quanto la quantità dei beni offerti aumenta e viceversa.

**Che cosa s'intende per PREZZO DI EQUILIBRIO?**
È definito dagli economisti come il punto di equilibrio del mercato, in corrispondenza del quale la quantità offerta e quella domandata si eguagliano, ossia tutta la merce offerta a quel prezzo è venduta.

Per una didattica inclusiva:

## Parole chiave

**MERCATO** →
- Elementi fondamentali
- Luoghi
- Tipologia di mercato

**DOMANDA** →
- Legge della domanda
- Domanda rigida
- Domanda elastica

**FATTORI che condizionano la DOMANDA** →
- Economici
- Soggettivi

**OFFERTA** →
- Legge dell'offerta

**FATTORI CHE influenzano l'OFFERTA** →
- Prezzo di mercato
- Prezzo degli altri beni
- Costi di produzione

**PREZZO di EQUILIBRIO del MERCATO** →
- Domanda
- Offerta

## Verifica delle competenze

- Livello BASE: ✪ (Punteggio totale: 12)
- Livello INTERMEDIO: ✪✪ (Punteggio totale: 60)
- Livello AVANZATO: ✪✪✪ (Punteggio totale: 28)

### ✪ Esercizio 1). Impara ad imparare.

**Scelta multipla: evidenzia la risposta esatta. Il paragrafo indicato nella parentesi è quello su cui devi riflettere (2 punti per ciascuna scelta corretta).**

**1. Il mercato è (Par. n. 1):**
- a. solamente un luogo fisico presente in ogni quartiere
- b. inesistente
- c. l'insieme delle contrattazioni tra gli acquirenti e i venditori
- d. l'insieme di tutte le merci

**2. Le merci e le prestazioni sono (Par. n. 1):**
- a. i soggetti del mercato
- b. il prezzo dello scambio
- c. il valore di mercato
- d. l'oggetto del mercato

**3. La quantità domandata di un bene è (Par. n. 2):**
- a. direttamente proporzionale al prezzo
- b. l'unica legge della domanda
- c. inversamente proporzionale al prezzo
- d. indipendente al variare del prezzo

**4. Il pane è un bene a domanda (Par. n. 2):**
- a. elastica
- b. rigida
- c. ascendente
- d. discendente

**5. La quantità offerta di un bene è (Par. n. 3):**
- a. direttamente proporzionale al prezzo di mercato
- b. inversamente proporzionale al prezzo di mercato
- c. inversamente proporzionale al reddito dei consumatori
- d. direttamente proporzionale al costo di produzione

**6. L'offerta di beni e servizi è la quantità (Par. n. 3):**
- a. domandata dallo Stato
- b. richiesta dai consumatori
- c. giacente nei magazzini dei produttori
- d. offerta dai produttori

**Punti: ..../12**

### ✪✪ Esercizio 2). Individua collegamenti e relazioni.

**Collega ciascun numero alla lettera corrispondente (3 punti per ciascun collegamento esatto).**

1. Valore di mercato di un bene
2. Relazione tra domanda e prezzo di mercato
3. Compratori, venditori, prezzo
4. Beni a domanda rigida
5. Punto d'incontro tra domanda e offerta
6. Beni a domanda elastica
7. Relazione tra offerta e prezzo di mercato
8. E-commerce

- a. Legge dell'offerta
- b. Prezzo di equilibrio del mercato
- c. Beni secondari
- d. Legge della domanda
- e. Bene non durevole
- f. Commercio elettronico
- g. Prezzo
- h. Beni primari e di lusso

| 1 | 2 | 3 | 4 | 5 | 6 | 7 | 8 |
|---|---|---|---|---|---|---|---|
| | | | | | | | |

**Punti: ..../24**

■ ✪✪ **Esercizio 3). Acquisisci ed interpreta l'informazione.**

**Indica se le seguenti affermazioni sono vere o false, motivando la risposta (3 punti per ciascuna risposta esatta).**

| | V | F |
|---|---|---|
| **1.** Nel mercato sono sempre presenti tre elementi fondamentali<br>Perché ........................................ | ☐ | ☐ |
| **2.** La domanda è elastica con riferimento ai beni primari e beni di lusso<br>Perché ........................................ | ☐ | ☐ |
| **3.** Generalmente, se il prezzo aumenta la domanda diminuisce<br>Perché ........................................ | ☐ | ☐ |
| **4.** I fattori economici condizionano la domanda di un bene o di un servizio<br>Perché ........................................ | ☐ | ☐ |
| **5.** La legge dell'offerta stabilisce il prezzo di equilibrio del mercato<br>Perché ........................................ | ☐ | ☐ |
| **6.** Se aumentano i costi di produzione diminuisce l'offerta<br>Perché ........................................ | ☐ | ☐ |

**Punti: ..../18**

■ ✪✪ **Esercizio 4). Comunica (rappresenta).**

**Completa la mappa concettuale che segue (3 punti per ciascun completamento esatto).**

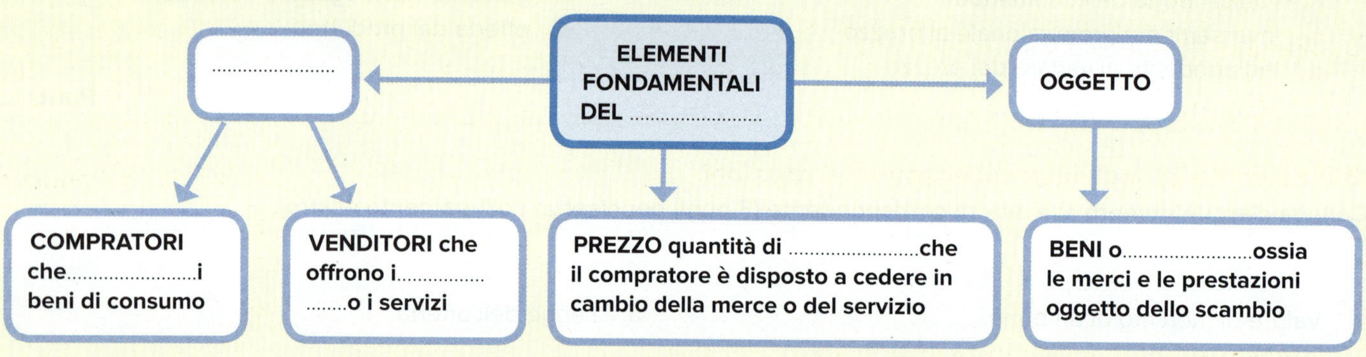


**Punti: ..../18**

■ ✪✪✪ **Esercizio 5). Comunica (comprendi).**

**Rispondi alle seguenti domande (4 punti per ciascuna risposta esatta).**

1. Quali sono i fattori che condizionano la domanda? (Par. n. 2)
2. Quali sono i fattori che influenzano l'offerta? (Par. n. 3)
3. Che cos'è il prezzo di equilibrio del mercato? (Par. n. 3)

**Punti: ..../18**

■ ✪✪✪ **Esercizio 6). Risolvi i problemi.**

**Analizza il caso e rispondi ai quesiti a risposta multipla (4 punti per ogni scelta multipla) .**

Franco è titolare di una panetteria, che quotidianamente produce una certa varietà di pane, riuscendo a soddisfare le richieste della clientela. In modo particolare, si è specializzato nella produzione di pagnotte ai cinque cereali che, negli ultimi tempi, riscuotono grande successo grazie ai consigli dei dietisti. Ciò ha provocato un aumento del loro prezzo. Franco, secondo te, come potrà sfruttare a suo vantaggio questa situazione di mercato?

**1. La quantità domandata di pane ai cinque cereali dipende, oltre che dal prezzo:**
- **a.** dal reddito delle persone
- **b.** dal reddito e dai gusti
- **c.** dal reddito, dai gusti, dalle mode e dal prezzo degli altri beni

**2. Il prezzo di vendita del pane costituisce per Franco:**
- **a.** un costo
- **b.** un ricavo
- **c.** un profitto

**3. Il prezzo dei cereali che cosa rappresenta per Franco?**
- **a.** il prezzo di mercato
- **b.** il costo di produzione
- **c.** il prezzo di un bene succedaneo
- **d.** il prezzo di un bene complementare

**4. Che cosa conviene fare a Franco?**
- **a.** aumentare la produzione e la quantità offerta, per trarre maggiori profitti
- **b.** diminuire la produzione e l'offerta di pagnotte ai cereali, per guadagnare di più

**Punti: ..../16**

**Calcola il punteggio totale conseguito e assegnati la valutazione a esso corrispondente:**

| Tabella di autovalutazione | |
|---|---|
| ☐ 100-87 | **A** Lavoro eccellente. |
| ☐ 86-67 | **B.** Lavoro buono. |
| ☐ 66-47 | **C.** Lavoro adeguato. |
| ☐ 46-2 | **D.** Lavoro da migliorare. |

# UdA 2 LE FORME DI MERCATO

## 1. Le forme di mercato

I mercati non funzionano tutti nello stesso modo e non presentano sempre gli stessi caratteri. Si possono distinguere tra loro secondo criteri diversi, come le dimensioni delle imprese che vi operano (piccole o grandi), il numero (tante, poche, una), la loro possibilità di entrata e di uscita dal mercato (assenza o no di barriere) o il tipo di prodotto offerto (omogeneo o differenziato).

Le forme di mercato

Le cosiddette **forme di mercato** hanno origine dalla coesistenza di caratteristiche e situazioni diverse in cui vengono ad operare i venditori e i compratori, all'interno dei mercati. In questa sede esaminiamo le principali forme di mercato che sono:

- libera concorrenza (perfetta, imperfetta);
- monopolio;
- oligopolio.

## 2. Il mercato di libera concorrenza

▸ Libera concorrenza: numerosi venditori

La libera concorrenza

In generale, il mercato di **libera concorrenza** è quello in cui:

- l'offerta è costituita da numerosi venditori in concorrenza fra loro (cioè in competizione per estendere la loro fetta di mercato);
- la domanda è rappresentata da una pluralità di acquirenti;
- il prezzo di mercato è unico e determinato dall'incontro della domanda e dell'offerta.

In base alle diverse connotazioni che assumono questi elementi distinguiamo un mercato di concorrenza perfetta o imperfetta.

La concorrenza perfetta

Le caratteristiche principali che contraddistinguono un mercato di **concorrenza perfetta** sono:

- la presenza nel mercato di **numerosissimi piccoli-medi produttori** e di una **pluralità di consumatori**;
- la **flessibilità dei prezzi**, che variano in relazione agli aggiustamenti necessari tra domanda e offerta per tendere all'equilibrio di mercato;
- l'**omogeneità del prodotto** venduto, perché i beni presentano le stesse caratteristiche e quindi, per il consumatore, è indifferente acquistare il prodotto da una venditore piuttosto che da un altro (es. le patate sono più o meno le stesse, indipendentemente dal negoziante che le vende). L'unico elemento distintivo può essere, eventualmente, il prezzo;

▸ Omogeneità del prodotto: vino

- la **trasparenza** del mercato, che consiste nel far conoscere, attraverso una perfetta informazione e in ogni momento, le caratteristiche dei prodotti (es. il prezzo, la qualità) sia ai compratori sia ai venditori;
- il **libero ingresso** nel mercato senza barriere all'entrata e all'uscita. Ogni produttore ha la libertà di accedere e di uscire dal mercato.

Nella realtà, la concorrenza perfetta è raramente praticata ed è considerata una forma di mercato puramente teorica, perché i produttori, per accaparrarsi maggiori fette di mercato, cercano di differenziare il prodotto per attirare una clientela sempre più ampia.

**La concorrenza imperfetta o monopolistica**

Molto frequente, invece, è il mercato di **concorrenza imperfetta o monopolistica**, le cui caratteristiche fondamentali sono:

- la presenza sul mercato di **numerosi produttori** di beni di largo consumo (es. elettrodomestici, prodotti alimentari), che vendono a **molti consumatori**;
- la **diversificazione dei prodotti**, perché ci sono numerose imprese che vendono beni differenti, appartenenti allo stesso settore, ma sostituibili tra loro (es. abbigliamento: un paio di calze con un altro paio di calze). Le differenze tra i beni non sempre sono sostanziali e possono riguardare, ad esempio, il colore, la forma, la confezione. Spesso, la presentazione pubblicitaria è in grado di rendere unico un prodotto agli occhi dei consumatori che sono disposti ad acquistarlo, anche a un prezzo più alto rispetto agli altri beni simili.

▸ Diversificazione dei prodotti: detersivo piatti

**Esempio:** **Claudia si reca al supermercato per acquistare un detersivo per lavastoviglie. Fra le tante confezioni che si trova davanti, la scelta cade su un prodotto del quale conosce, tramite la pubblicità televisiva, la caratteristica di sciogliere le macchie di grasso più ostinate. Anche se questo prodotto costa più degli altri, Claudia decide di acquistarlo;**

- la **mancanza di trasparenza** nella formazione del prezzo di mercato. Con la concorrenza imperfetta, detta anche concorrenza monopolistica, ogni produttore cerca di attuare tutte le strategie per rendere il prodotto unico, come se egli fosse l'unico venditore (da ciò l'attributo "monopolistica"). Il produttore, infatti, sostiene dei costi (es. pubblicità) che, in parte, sono coperti dall'aumento delle vendite e, in parte, dall'aumento, seppure lieve, del prezzo del bene che, pertanto, non è determinato da una migliore qualità del bene. Ciò rende la formazione del prezzo poco trasparente.

La normativa a tutela dei diritti del consumatore

**Esempio: tutti i jeans sono prodotti con un certo tessuto e, a parità di modello, dovrebbe essere indifferente per il consumatore acquistarne uno di una marca piuttosto di un'altra. Ogni modello di jeans ha, però, le proprie caratteristiche e ogni produttore cercherà, attraverso campagne pubblicitarie, di rendere il suo prodotto unico e originale, in modo tale da diventare il maggiore offerente e, in questa posizione, aumentare, seppure di poco, il prezzo di vendita.**

Dentro l'**economia**

### Le etichette dei prodotti

Negli ultimi anni, il compratore è più attento alle etichette che prevedono, secondo una normativa nazionale ed europea, un'informazione mirata a una corretta identificazione del prodotto. Esse, pertanto, devono:

- evidenziare le differenze qualitative dei prodotti;
- offrire idonea trasparenza nel rapporto qualità/prezzo;
- assicurare una libera e corretta concorrenza di mercato.

Esistono delle normative specifiche per ogni settore produttivo (es. tessile o dei giocattoli) per i quali si prevedono obblighi di etichettatura specifici. Ad esempio, le etichette sui capi di abbigliamento posti in commercio devono contenere informazioni sia di composizione sia di manutenzione del prodotto, vale a dire:

- la descrizione della composizione fibrosa del prodotto in lingua italiana anche se è d'importazione;
- i dati identificativi del produttore (es. ragione sociale o marchio registrato);
- i dati identificativi del prodotto (es. codice articolo, modello, codice a barra);
- i simboli grafici di manutenzione unificati a livello internazionale (etichettatura di manutenzione).

Per i prodotti non disciplinati da normative settoriali (es. oggetti per la casa, accessori per la persona), l'obbligo dell'etichettatura è previsto dal Codice del Consumo che detta il contenuto minimo delle informazioni.

**Esercizio A) per l'apprendimento. Comunica (comprendi).**
**Rispondi ai quesiti, utilizzando uno dei suggerimenti indicati nella parentesi.**

1. Come si forma il prezzo di mercato di libera concorrenza perfetta? *(Dall'offerta, dall'incontro della domanda e dell'offerta, dalla domanda).*
2. Quale caratteristica ha il bene prodotto in concorrenza imperfetta? *(Diversità, omogeneità, diversità apparente).*
3. In quale mercato di concorrenza vi sono tanti piccoli-medi venditori e tanti compratori? *(Perfetta e imperfetta, imperfetta, perfetta).*

## 3. Il monopolio

Nella forma di mercato del monopolio vi è un solo produttore (monopolista), che offre un determinato bene o servizio, in presenza di barriere all'entrata che impediscono l'ingresso di altri venditori. La domanda, invece, è frazionata tra numerosi acquirenti.

Il **monopolista** è l'unico offerente e può decidere il prezzo del bene o la quantità di prodotto da immettere sul mercato. Al consumatore non resta che accettare il prezzo imposto oppure rinunciare all'acquisto del prodotto.

**Monopolio:** è una parola che deriva dal greco (*monos* "uno" e *polein* "vendere") e che letteralmente significa un solo venditore.

**Esempio: nel nostro Paese, lo Stato è l'unico venditore di tabacchi, l'unico gestore del gioco del lotto e, come tale, agisce in regime di monopolio.**

▸ Monopolio tabacchi

In base alla natura delle barriere, il mercato di monopolio si può presentare come:

**Il monopolio naturale**

- **monopolio naturale**, in cui la barriera è di tipo tecnologico e riguarda la dimensione produttiva. Esso si verifica quando un'unica grande impresa, specializzata nella produzione di grandi opere (es. acquedotti, autostrade), riesce ad essere l'unica sul mercato, perché può praticare prezzi più bassi e sostenere costi inferiori a quelli di piccole-medie imprese che restano escluse dal mercato (barriera tecnologica). I prodotti o i servizi della grande impresa sono rivolti ad un alto numero di persone o all'intera collettività. Attualmente, nel nostro Paese, a seguito della cosiddetta privatizzazione dei servizi (es. di telefonia fissa) a favore di più imprese private, questo tipo di monopolio si trova raramente;

**Privatizzazione:** si intende il processo attraverso il quale lo Stato recede da interi settori della vita economico-sociale, trasformando le imprese che operavano in regime di monopolio naturale, in regime di concorrenza, con la presenza di imprese private (es. servizio telefonico, servizi socio-assistenziali).

**Esempio: in passato, la creazione di una rete di servizi pubblici (es. rete ferroviaria) prevedeva che questi fossero offerti da una sola impresa specializzata (es. Ferrovie dello Stato), che, essendo l'unica sul mercato, poteva produrre a costi minori e raggiungere la maggior parte delle persone. Oggi, il servizio ferroviario non è più prodotto in regime di monopolio naturale, perché è fornito da imprese private.**

**Il monopolio legale**

- **monopolio legale**, in cui la barriera è di natura legislativa. La legge può attribuire la produzione di un determinato bene o servizio a un certo soggetto economico che può essere esclusivamente lo Stato (es. tabacco: monopolio statale) o un soggetto economico privato (es. brevetti: monopolio legale privato).

**Brevetto:** è il documento, rilasciato dall'*Ufficio italiano brevetti e marchi*, con cui l'inventore di creazioni industriali (es. un dispositivo meccanico, un composto chimico) ha il diritto esclusivo di realizzare l'invenzione e di ricavarne i relativi vantaggi economici.

**Le caratteristiche del monopolio**

Gli **elementi** che caratterizzano il mercato di monopolio, si possono così sintetizzare:

- presenza di un **unico produttore** che offre beni e servizi;
- **pluralità di domanda**, che è effettuata da numerosi consumatori;
- **mancanza di libero accesso** di altri produttori al mercato;
- presenza di un **unico prodotto**, non essendovi la concorrenza di altri produttori;
- **unicità del prezzo** di vendita del bene, che è stabilito dal monopolista.

La competizione fra imprese, che caratterizza la libera concorrenza, è un fenomeno positivo per il mercato, perché indirizza i consumatori verso prodotti e servizi più convenienti per qualità e prezzo. Al contrario, il **monopolio** è un mercato in cui un solo produttore ha il potere economico di imporre il prezzo dei beni e servizi e di conseguire elevati profitti a scapito, a volte, dei consumatori.

L'Autorità garante della concorrenza e del mercato

Per evitare situazioni di monopolio, contrari agli interessi del mercato, si sono introdotte leggi sia a livello europeo sia a livello nazionale che cercano di limitare la formazione di monopoli e di eliminare situazioni di privilegio. In Italia, è stato istituito un apposito organo pubblico, l'**Autorità garante della concorrenza e del mercato**, con funzione di vigilanza sulla corretta applicazione delle norme antimonopolistiche.

▸ Legislazione antitrust

Dentro l'**economia**

### La legislazione antimonopolistica o Antitrust

Questa legislazione è stata introdotta nel 1990 con la legge "Norme per la tutela della concorrenza e del mercato" che, dopo aver recepito i principi della legislazione antimonopolistica dell'Unione Europea, disciplina la condotta concorrenziale del mercato nazionale. In particolare, è stata istituita l'Autorità della concorrenza e del mercato con funzioni di:

- controllo sulle operazioni di concentrazione fra imprese come, ad esempio, le fusioni tra società, che non sono vietate, ma devono seguire una specifica procedura;
- vigilanza contro gli abusi di posizione dominante da parte di una o più imprese;
- vigilanza su eventuali intese restrittive della concorrenza, ossia quei comportamenti concordati fra imprese per limitare la libertà operativa sul mercato.

**Esercizio B) per l'apprendimento. Individua collegamenti e relazioni.**
**Cerca l'estraneo, evidenziandolo nel testo.**

1. Monopolio, prezzo differenziato, unico produttore, pluralità di acquirenti.
2. Unico prodotto, unico produttore, libero accesso nel mercato, unico prezzo.
3. Monopolio legale, Stato, privatizzazione, brevetto.
4. Autorità garante della concorrenza e del mercato, organo pubblico di formazione di monopoli, Antitrust, organo pubblico di vigilanza.

## 4. L'oligopolio

Nell'**oligopolio** operano imprese che non sono di piccole dimensioni, ognuna delle quali occupa una fetta rilevante del mercato e produce gran parte dell'offerta complessiva di beni e di servizi.

Le caratteristiche dell'oligopolio

Si tratta di una forma di mercato che ha le seguenti **caratteristiche fondamentali**:

- l'offerta dei beni e servizi è eseguita da **pochi produttori di dimensioni medio-grandi**, che detengono ingenti capitali (es. autoveicoli, carburante, servizi telefonici);
- la domanda è costituita da un **gran numero di acquirenti**;
- la **possibilità d'ingresso** di nuove imprese nel mercato è **limitata**, anche se le barriere esistenti sono meno alte di quelle del monopolio.

▸ Oligopolio: pochi produttori

Questa forma di mercato si distingue in:

▸ Oligopolio: tanti acquirenti

**L'oligopolio perfetto**

- **oligopolio perfetto**, in cui il prodotto è omogeneo (es. petrolio, acciaio, materie prime), perché i beni sono identici o molto simili tra loro. In questo mercato esiste una grande impresa del settore che decide sia il prezzo sia la quantità da produrre;

**L'oligopolio imperfetto**

- **oligopolio imperfetto**, in cui il prodotto è differenziato (es. telefono cellulari, automobili, arredamento), sostituibile con un altro uguale nel genere ma diversificato nei particolari (es. colore, forma) e nei modi in cui viene offerto al consumatore (es. campagne pubblicitarie, operazioni di marketing). In questo mercato i produttori si fanno concorrenza e i prezzi sono differenziati, anche se non di molto.

**Cartello:** è un accordo tra più imprese che operano nello stesso settore (es. automobilistico, informatico) e che per non farsi concorrenza, stabiliscono, ad esempio, la quantità della produzione, il livello dei prezzi, le zone e le condizioni di vendita del mercato.

Attraverso la legislazione antimonopolistica, l'Autorità garante della concorrenza e del mercato sorveglia il mercato per evitare che possano verificarsi situazioni di oligopolio tali da danneggiare l'economia e i consumatori.

**Esempio: tra produttori che operano in regime di oligopolio è stato previsto un accordo (es. cartello) che prevede la limitazione della produzione al fine di mantenere lo stesso livello dei prezzi. Questo accordo può essere considerato illegale, perché contrario alla legislazione antimonopolistica.**

**LE CARATTERISTICHE DELLE FORME DI MERCATO**

| FORME DI MERCATO | NUMERO DI VENDITORI | NUMERO DI COMPRATORI | PRODOTTO | DIFFUSIONE |
|---|---|---|---|---|
| CONCORRENZA PERFETTA | Numerosissimi e di dimensioni medio-piccole. | Numerosi. | Omogeneo. | Rara e quasi inesistente. |
| CONCORRENZA IMPERFETTA | Numerosi e di grandi dimensioni. | Numerosi. | Differenziato. | Molto estesa. |
| MONOPOLIO | Un solo produttore. | Numerosi. | Unico prodotto. | Poco comune nel settore privato. |
| OLIGOPOLIO | Pochi grandi produttori, con ingenti capitali. | Numerosi. | Omogeneo (oligopolio perfetto); Differenziato (oligopolio imperfetto). | Comune solo per alcune tipologie di prodotti. |

### Esercizio C) per l'apprendimento. Impara ad imparare.

**Dopo aver individuato gli errori, riscrivi le frasi correttamente.**

1. Nel mercato di oligopolio esistono tanti produttori e tanti compratori.
   ..........................................................................................
2. Nell'oligopolio perfetto il prodotto è differenziato.
   ..........................................................................................
3. Il mercato di oligopolio è molto diffuso e non soggetto alla legislazione antimonopolistica.
   ..........................................................................................
4. L'oligopolio è imperfetto quando i produttori stipulano accordi per non farsi concorrenza e fissare prezzi unici sul mercato.
   ..........................................................................................

Hai studiato per la verifica? Serve aiuto?

## Ripassiamo insieme

**Che cosa sono le FORME DI MERCATO?**

Esse hanno origine dalla coesistenza di caratteristiche e situazioni diverse in cui vengono ad operare i venditori e i compratori, all'interno dei mercati. Le principali forme di mercato sono:

- libera concorrenza (perfetta, imperfetta);
- monopolio;
- oligopolio.

**Che cos'è la LIBERA CONCORRENZA?**

In generale, il mercato di libera concorrenza è quello in cui:

- l'offerta è costituita da numerosi venditori in concorrenza (cioè in competizione) fra loro;
- la domanda è rappresentata da una pluralità di acquirenti;
- il prezzo di mercato è unico e determinato dall'incontro della domanda e dell'offerta.

**Che cos'è la CONCORRENZA PERFETTA?**

È una forma di mercato in cui vi è:

- la presenza nel mercato di numerosissimi piccoli-medi produttori e di una pluralità di consumatori;
- la flessibilità dei prezzi (che tendono all'equilibrio di mercato);
- l'omogeneità del prodotto venduto;
- la trasparenza del mercato;
- il libero ingresso nel mercato senza barriere all'entrata e all'uscita.

**Che cos'è la CONCORRENZA IMPERFETTA?**

È una forma di mercato in cui vi è:

- la presenza sul mercato di numerosi produttori di beni di largo consumo, che vendono a molti consumatori;
- la diversificazione dei prodotti, in quanto ci sono numerose imprese che vendono beni differenti, appartenenti allo stesso settore, ma sostituibili tra loro;
- la mancanza di trasparenza nella formazione del prezzo di mercato.

**Che cos'è il MONOPOLIO?**

È la forma di mercato in cui vi è un solo produttore (monopolista), che offre un determinato bene o servizio, in presenza di barriere all'entrata che impediscono l'ingresso di altri venditori. La domanda, invece, è frazionata tra numerosi acquirenti. In base alla natura delle barriere, il mercato di monopolio si può presentare come: monopolio naturale e monopolio legale.

**Che cos'è l'OLIGOPOLIO?**

È la forma di mercato in cui operano imprese di dimensioni medio-grandi, ognuna delle quali occupa una fetta rilevante del mercato e produce gran parte dell'offerta complessiva di beni e di servizi. La domanda è costituita da un gran numero di acquirenti. L'ingresso di nuove imprese nel mercato è limitato, anche se le barriere esistenti sono meno alte di quelle del monopolio.

Per una didattica inclusiva:

## Parole chiave

**FORME DI MERCATO** →
- Libera concorrenza
- Monopolio
- Oligopolio

**LIBERA CONCORRENZA** →
- Concorrenza perfetta
- Concorrenza imperfetta
- Caratteristiche

**MONOPOLIO** →
- Monopolio naturale
- Monopolio legale
- Caratteristiche

**OLIGOPOLIO** →
- Oligopolio perfetto
- Oligopolio imperfetto
- Caratteristiche

CLIL

### Forms of market structure

Markets differ in the way they work, in size and in the number of firms, and in access to and leaving the market, and the type of products. Three main **market structures** can be distinguished on the basis of these characteristics and seller and buyer situation. These are **free market**, monopoly and oligopoly. In a free market, there are numerous sellers in competition on the supply side, and numerous buyers on the demand side. In **monopoly,** there is just one producer supplying a good or service, and entry barriers which prevent other sellers from operating. In **oligopoly**, there are medium or large sized firms, each occupying a large slice of the market and producing a large part of the supply of goods and services

**Exercise. Complete the sentences with the missing words.**

1. The ............ is the set of negotiations or bargaining over goods and services between buyers of a good and those who sell it at a certain .........
2. In a ................ ..............., a single subject is permitted by law to be the sole firm licenced for ................ of a given good or service.

*(market, legal monopoly, production, price)*

## Verifica delle competenze

- Livello BASE: ✪ (Punteggio totale: 12)
- Livello INTERMEDIO: ✪✪ (Punteggio totale: 60)
- Livello AVANZATO: ✪✪✪ (Punteggio totale: 28)

### ✪ Esercizio 1). Impara ad imparare.

**Scelta multipla: evidenzia la risposta esatta. Il paragrafo indicato nella parentesi è quello su cui devi riflettere (2 punti per ciascuna scelta corretta)**

**1. Nel mercato di concorrenza perfetta il bene deve essere (Par. n. 2):**
- a. diverso
- b. diverso solo in apparenza
- c. omogeneo
- d. simile

**2. Nel mercato di concorrenza imperfetta o monopolistica, la pubblicità (Par. n. 2):**
- a. non esiste
- b. esiste solamente in certi settori produttivi
- c. non è mai importante
- d. è sempre molto importante

**3. Il monopolio può essere (Par. n. 3):**
- a. sia legale sia naturale
- b. solo naturale
- c. solo legale
- d. inesistente

**4. In un mercato di monopolio il consumatore (Par. n. 3):**
- a. è presente in numero limitato
- b. ha un'ampia scelta di prodotti
- c. ha prezzi differenziati tra loro
- d. non ha scelta di prodotti e il prezzo è imposto

**5. Nel mercato di oligopolio vi sono (Par. n. 4):**
- a. molti produttori di piccole dimensioni
- b. molti produttori di grandi dimensioni
- c. pochi produttori di grandi dimensioni
- d. pochi produttori di piccole dimensioni

**6. Esiste un'apposita legislazione per (Par. n. 4):**
- a. vietare la concorrenza
- b. favorire i monopoli
- c. favorire accordi tra oligopolisti
- d. tutelare la concorrenza

**Punti: ..../12**

### ✪✪ Esercizio 2). Individua collegamenti e relazioni.

**Collega ciascun numero alla lettera corrispondente (3 punti per ciascun collegamento esatto).**

1. Forme di mercato
2. Concorrenza perfetta
3. Monopolio
4. Oligopolio
5. Antitrust
6. Monopolio legale
7. Concorrenza imperfetta
8. Oligopolio imperfetto

- a. Monopolio statale
- b. Presenza di pochi medio-grandi produttori
- c. Libera concorrenza- monopolio- oligopolio
- d. Diversificazione dei prodotti
- e. Pochi grandi produttori in concorrenza tra loro
- f. Legislazione antimonopolistica
- g. Presenza di un unico produttore
- h. Omogeneità del prodotto

| 1 | 2 | 3 | 4 | 5 | 6 | 7 | 8 |
|---|---|---|---|---|---|---|---|
| | | | | | | | |

**Punti: ..../24**

## ■ ✪✪ Esercizio 3). Acquisisci ed interpreta l'informazione.

**Indica se le seguenti affermazioni sono vere o false, motivando la risposta (3 punti per ciascuna risposta esatta).**

| | | V | F |
|---|---|---|---|
| **1.** | La concorrenza perfetta e imperfetta sono caratterizzate da numerosi venditori in concorrenza tra loro<br>Perché .................................................... | ☐ | ☐ |
| **2.** | Nel mercato di concorrenza imperfetta c'è la totale trasparenza nella formazione del prezzo dei beni<br>Perché .................................................... | ☐ | ☐ |
| **3.** | In un mercato di oligopolio vi sono molti produttori<br>Perché .................................................... | ☐ | ☐ |
| **4.** | La trasparenza del mercato è una caratteristica della libera concorrenza<br>Perché .................................................... | ☐ | ☐ |
| **5.** | Il monopolio legale è solo quello statale<br>Perché .................................................... | ☐ | ☐ |
| **6.** | L'Autorità garante della concorrenza e del mercato è un organo pubblico di vigilanza<br>Perché .................................................... | ☐ | ☐ |

**Punti: ..../18**

## ■ ✪✪ Esercizio 4). Comunica (rappresenta).

**Completa la mappa concettuale che segue (3 punti per ciascun completamento esatto).**

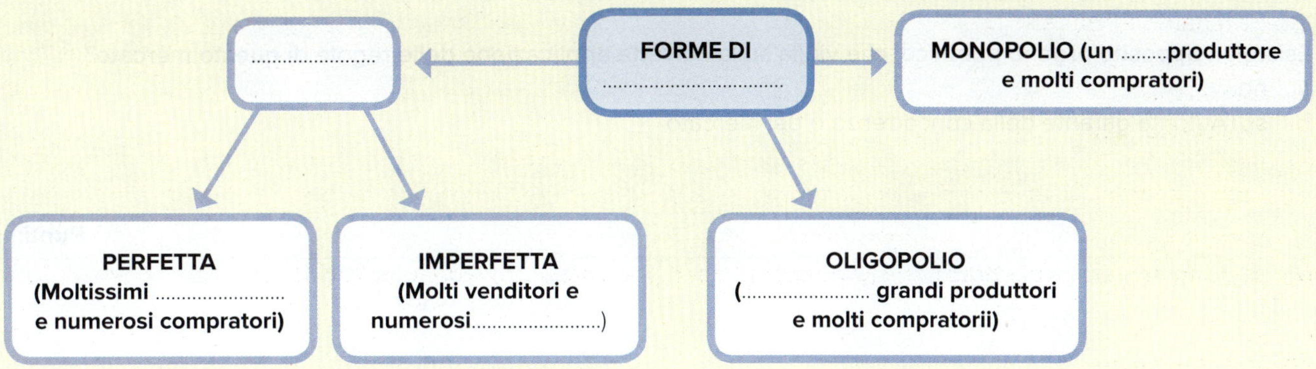


**Punti: ..../18**

## ■ ✪✪✪ Esercizio 5). Comunica (comprendi).

**Rispondi alle seguenti domande (4 punti per ciascuna risposta esatta).**

1. Che cosa sono le forme di mercato e di quali tipi possono essere? (Par. n. 1)
2. Quali sono le principali caratteristiche del mercato di concorrenza imperfetta? (Par. n. 2)
3. Quali sono le caratteristiche dell'oligopolio? (Par. n. 4)

**Punti: ..../12**

■ ✪✪✪ **Esercizio 6). Risolvi i problemi.**

**Analizza il caso e rispondi ai quesiti a risposta multipla (4 punti per ogni scelta multipla) .**

Il compleanno di Luca (18 anni) è coinciso con la promozione alla quinta classe di un Istituto Tecnico. I genitori vogliono fargli un regalo importante che resti nel tempo. Per questo motivo, pensano di regalargli un'autovettura di piccola cilindrata, che, come tutti i beni di questo tipo, è prodotta da poche grandi industrie automobilistiche. A quale forma di mercato appartiene il mercato automobilistico e quali caratteristiche ha?

1. **Le grandi industrie automobilistiche producono, normalmente, in regime di:**
   a. monopolio
   b. concorrenza
   c. oligopolio

2. **I prodotti di questo mercato sono**
   a. identici
   b. omogenei
   c. dalla separazione di fatto dei coniugi
   d. differenziati tra loro

3. **In questa forma di mercato:**
   a. non esiste concorrenza
   b. esiste una certa concorrenza tra molti venditori
   c. esiste poca concorrenza tra pochi venditori

4. **Esiste un apposito organo pubblico, che vigila sulla corretta applicazione delle regole di questo mercato?**
   a. no
   b. si, l'Autorità garante della concorrenza e del mercato

**Punti: ..../16**

**Calcola il punteggio totale conseguito e assegnati la valutazione a esso corrispondente:**

| Tabella di autovalutazione | |
|---|---|
| ☐ 100-87 | **A**<br>Lavoro eccellente. |
| ☐ 86-67 | **B.**<br>Lavoro buono. |
| ☐ 66-47 | **C.**<br>Lavoro adeguato. |
| ☐ 46-2 | **D.**<br>Lavoro da migliorare. |

**Verifica di autovalutazione di fine modulo**

## Un percorso per tutti

# Le regole del mercato e le sue forme

Questo è un percorso a tappe che rispetta i tempi e i bisogni di apprendimento di tutti, anche quelli speciali. Uno, due, tre, pronti ... VIA!

**TAPPA N. 1): acquisisci una visione d'insieme.**

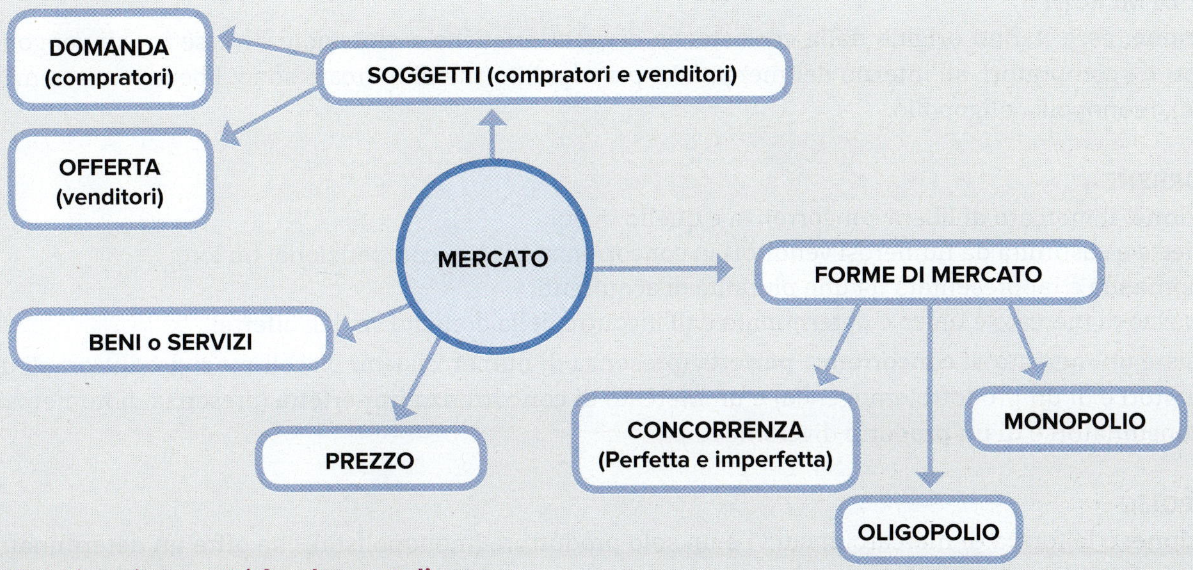


**TAPPA N. 2): sintetizza i concetti fondamentali.**

**MERCATO**

**Definizione:** è l'insieme delle contrattazioni di beni e servizi fra chi acquista un determinato bene e chi lo vende, a un determinato prezzo o valore di mercato.

**Elementi fondamentali:** essi sono:

- i **soggetti,** ossia i compratori che domandano i beni di consumo e i venditori che li offrono;
- i **beni o servizi**, cioè le merci e le prestazioni, oggetto dello scambio;
- il **prezzo,** ossia la quantità di moneta che il compratore è disposto a cedere in cambio della merce o del servizio e che costituisce il prezzo di mercato del bene o del servizio.

**Tipi di mercato:** i mercati possono essere **fisicamente individuati** come, ad esempio, il mercato locale (di quartiere), nazionale (all'interno del nostro Stato) o internazionale (quando coinvolge anche altri Stati) oppure **virtuali** (es. commercio elettronico), in cui le attività dirette allo scambio di beni e di servizi (transazioni) avvengono senza la presenza fisica di venditori e compratori.

**Mercato in equilibrio:** è la situazione in cui la quantità offerta e quella domandata si eguagliano, ossia tutta la merce offerta a quel prezzo è venduta. Tale prezzo è definito **prezzo di equilibrio.**

**DOMANDA**

**Definizione:** è la quantità di un determinato prodotto o servizio che è richiesta dal singolo consumatore (domanda individuale) o da tutti i consumatori (domanda collettiva), in un determinato momento e a un certo prezzo.

**Fattori che la influenzano**: possono essere di tipo economico (es. il prezzo del bene, la quantità di moneta a disposizione, cioè il reddito), oppure di natura soggettiva, che sono strettamente collegati alla persona e non sempre quantificabili (es. gusti, moda, pubblicità, età).

**Legge della domanda**: è la relazione tra la quantità domandata e il prezzo di vendita, in base alla quale la quantità domandata di un bene è inversamente proporzionale al variare del prezzo, cioè all'aumentare del prezzo di un bene la sua domanda diminuisce mentre, se il prezzo cala, la sua domanda aumenta.

**OFFERTA**
**Definizione:** è costituita dalla quantità di beni e servizi che il singolo venditore (offerta individuale) o tutti i venditori (offerta collettiva) immettono sul mercato, per venderla in un determinato momento e a un certo prezzo.
**Fattori che la influenzano:** il prezzo di mercato, il prezzo degli altri beni o i costi di produzione.
**Legge dell'offerta:** è la relazione tra la quantità offerta e il prezzo di vendita, secondo la quale, l'offerta di un bene o di un servizio varia in modo direttamente proporzionale al variare del prezzo, ossia tanto il prezzo di mercato aumenta, quanto la quantità dei beni offerti aumenta e viceversa.

**FORME DI MERCATO**
**Definizione**: esse hanno origine dalla coesistenza di caratteristiche e situazioni diverse in cui vengono ad operare i venditori e i compratori, all'interno dei mercati. Le principali forme di mercato sono: libera concorrenza (perfetta, imperfetta), monopolio, oligopolio.

**CONCORRENZA**
**Definizione:** il mercato di libera concorrenza è quello in cui:
- l'offerta è costituita da numerosi venditori in concorrenza (cioè in competizione) fra loro;
- la domanda è rappresentata da una pluralità di acquirenti;
- il prezzo di mercato è unico e determinato dall'incontro della domanda e dell'offerta.

**Tipi:** esiste un mercato di **concorrenza perfetta** (presenza di numerosissimi piccoli-medi produttori, di una pluralità di consumatori e di un prodotto omogeneo) e un mercato di **concorrenza imperfetta** (presenza di numerosi produttori, di molti consumatori e di un prodotto diversificato).

**MONOPOLIO**
**Definizione:** è la forma di mercato in cui vi è un solo produttore (monopolista), che offre un determinato bene o servizio, in presenza di barriere all'entrata che impediscono l'ingresso di altri venditori. La domanda, invece, è frazionata tra numerosi acquirenti.

**OLIGOPOLIO**
**Definizione:** è la forma di mercato in cui operano imprese di dimensioni medio-grandi, ognuna delle quali occupa una fetta rilevante del mercato e produce gran parte dell'offerta complessiva di beni e di servizi. La domanda è costituita da un gran numero di acquirenti.

### TAPPA N. 3): mettiti alla prova.

- Riascolta la sintesi, mediante il supporto audio.
- Verifica se hai compreso:

- **Esercizio per l'apprendimento. Comunica (comprendi).**
**Rispondi ai quesiti, utilizzando uno dei suggerimenti indicati nella parentesi.**

Verifica facilitata di autovalutazione di fine modulo

1. Nel mercato, i consumatori come si comportano? ..........
(Vendono, producono, acquistano).
2. Se aumenta il prezzo, come varia la domanda di un bene? ..........
(Aumenta, diminuisce, resta uguale).
3. Nel mercato in equilibrio, com'è la domanda di un bene rispetto alla sua offerta? ..........
(Maggiore, minore, uguale).
(Oligopolio, concorrenza imperfetta, monopolio). ..........

- Misura la tua preparazione, avvalendoti degli esercizi facilitati di autovalutazione che trovi nei materiali digitali, sul sito del libro.

## Compito di realtà

***Esamino il testo:***

### *Il mercato dell'e-commerce in Italia*

Secondo i dati del Consorzio del commercio elettronico italiano (Netcomm), il numero degli acquirenti online è di quasi 21 milioni, cresciuto del 26% dal 2014 al 2016. Nello stesso periodo il valore prodotto dal commercio elettronico è aumentato di un terzo, raggiungendo oltre 19 miliardi di euro.

Le previsioni dell'e-commerce per il 2017 prevedono una crescita dei consumi intorno al 20%, che raggiungerà i 23,4 miliardi di valore. In particolare, la domanda di beni e servizi come abbigliamento, arredamento, prodotti alimentari, prodotti dell'elettronica di consumo, editoria, viaggi e vacanze, aumenterà intorno al 30%.*

La frequenza di acquisto e di vendita di prodotti online si ha soprattutto nelle Regioni settentrionali (es. Lombardia, Veneto), dove si concentra il 40% delle contrattazioni.

Inoltre, le transazioni si effettuano all'inizio del mese e per il 48% all'inizio della settimana, fatti per lo più con lo smartphone, muniti di app prevalentemente offerte dai commercianti.

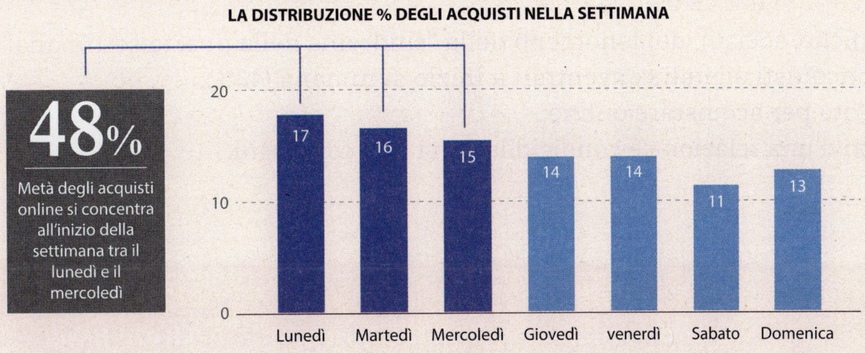


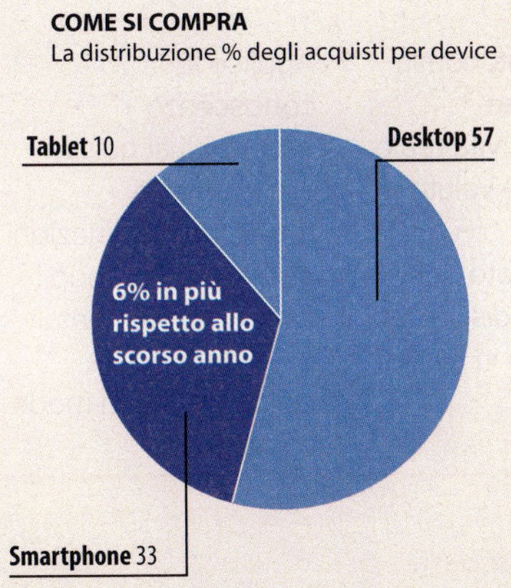


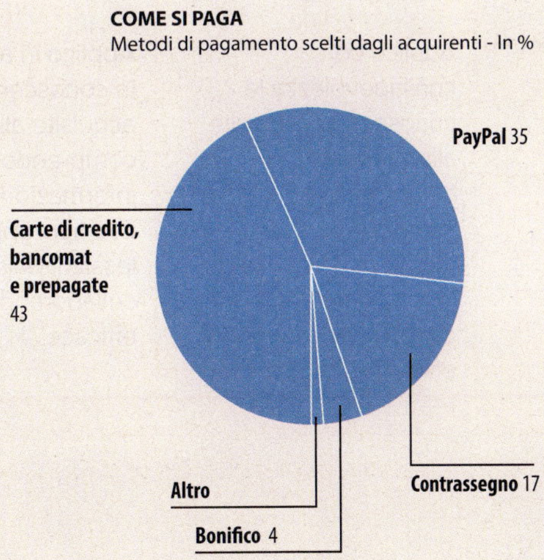


Fonte: Alkemy, digital enabler italiano, con adattamenti

Negli ultimi tempi, le imprese italiane (commerciali e/o produttrici) utilizzano l'online e avviano siti di e-commerce per raggiungere sia i mercati esteri, dove il made in Italy è molto apprezzato, sia i consumatori italiani, consentendo loro di fare nuove esperienze d'acquisto. Ne è un esempio "Crazy web shopping", la "notte bianca" dello shopping on line, che si svolge con il patrocinio del Netcomm due volte l'anno (giugno e novembre), consentendo alle imprese aderenti al progetto di offrire prodotti scontati e offerte speciali.

* Fonte: Il Sole 24 ORE, 27.02.2017, n. 57

***Applico le conoscenze:***

1. Comprendi il concetto di commercio elettronico? Prova a spiegarlo.
2. In quale dimensione di mercato inseriresti l'e-commerce in generale?
3. Osserva i grafici e individua il giorno meno preferito dai consumatori per gli acquisti online e il metodo di pagamento più utilizzato.
4. Riesci a individuare le ragioni della concentrazione del commercio elettronico (40%), nelle Regioni settentrionali?
5. Sei in grado di distinguere tra i motivi che inducono rispettivamente le imprese e i consumatori a partecipare al "Crazy web shopping"?

***Sviluppo le competenze e mi confronto:***

Già un decennio fa, una caratteristica del commercio tradizionale era la tendenza a concentrare la spesa all'inizio del mese, riducendo al minimo gli acquisti nell'ultima parte. Tale fenomeno era definito la "sindrome della quarta settimana", che si ripresenta, come riferito nel testo, anche nel commercio elettronico.
Ricerca sul web:

- le cause (es. economiche, sociali) del fenomeno della "sindrome della quarta settimana";
- le motivazioni degli acquisti digitali concentrati a inizio settimana (48%);
- le fasce orarie preferite per acquistare online;

Dopo aver raccolto i dati, scrivi una relazione e condividila con i tuoi compagni.

***Valuto le competenze:***

| Competenze | A<br>Livello Avanzato | B<br>Livello Intermedio | C<br>Livello Base | D<br>Livello Iniziale |
|---|---|---|---|---|
| • Riconosco le caratteristiche essenziali del sistema socio-economico per orientarmi nel tessuto produttivo del mio territorio.<br>• Ricerco informazioni in Rete (competenza digitale).<br>• Imparo ad imparare.<br>• Individuo collegamenti e relazioni.<br>• Acquisisco ed interpreto le informazioni.<br>• Comunico.<br>• Collaboro e partecipo. | **Lavoro eccellente**<br>☐<br>Applico con consapevolezza le conoscenze acquisite alla vita reale; comprendo e valuto informazioni, con buona padronanza del lessico della disciplina, collaborando in modo efficiente. | **Lavoro buono**<br>☐<br>Applico in autonomia le conoscenze acquisite alla vita reale; comprendo e valuto informazioni, con un uso appropriato del lessico della disciplina, collaborando in modo efficace. | **Lavoro adeguato**<br>☐<br>Applico le conoscenze essenziali acquisite alla vita reale; reperisco informazioni di base, utilizzando i termini fondamentali della disciplina e collaborando in modo corretto. | **Lavoro da migliorare**<br>☐<br>Applico alcune conoscenze elementari acquisite alla vita reale, se guidato; fatico a reperire le informazioni di base, con un uso limitato dei termini della disciplina, collaborando in modo passivo. |

# 4 IL MERCATO DEL LAVORO

**UdA 1**
**Le conoscenze essenziali per l'accesso al lavoro**

MERCATO DEL LAVORO → DOMANDA E OFFERTA → OCCUPAZIONE → DISOCCUPAZIONE

**UdA 2**
**L'occupazione e il colloquio di lavoro**

FLESSIBILITÀ DEL LAVORO → RIFORME → CURRICULUM → COLLOQUIO DI LAVORO

**Alla fine di questo percorso didattico, saprai individuare gli elementi che influenzano il mercato del lavoro e i fattori che ne regolano l'accesso.**

**Educazione digitale:** La reputazione online e la ricerca del lavoro

**FLIPPED classroom**

### A casa: lezione

Leggo e ascolto i materiali digitali:
- La sicurezza sul lavoro e i soggetti responsabili (*PowerPoint*).
- Lo Statuto dei lavoratori (Pdf).
- "Ripassiamo insieme" (Audio).
- "Parole chiave" (Animazione).

### A scuola: sviluppo le competenze

Rifletto:
- Confronto e dibattito in classe.
- Verifica delle competenze di fine unità di apprendimento.

Mi metto alla prova:
- Compito di realtà di fine modulo.

# UdA 1 LE CONOSCENZE ESSENZIALI PER L'ACCESSO AL LAVORO

## 1. La domanda e l'offerta di lavoro

▸ Risorse naturali

**I fattori produttivi**

La produzione di merci richiede l'impiego di **fattori produttivi** che sono alla base di ciascun sistema economico e che gli economisti sono soliti distinguere in quattro grandi categorie: lavoro, capitale (es. macchinari, fabbricati), natura (terra o risorse naturali) e organizzazione (programmazione e coordinamento dell'imprenditore).

**Il lavoro**

Il **lavoro** è inteso come qualsiasi tipo di prestazione materiale o intellettuale che un soggetto mette a disposizione della produzione, in cambio della retribuzione (es. l'operaio, il tecnico specializzato, il dirigente).

Gli elementi che influenzano il lavoro, determinandone le caratteristiche, sono:

- la **quantità** della forza lavoro, che varia a seconda del grado di sviluppo economico, da Paese a Paese e all'interno dello stesso Paese;
- la **composizione** per età e per sesso della popolazione, il grado di conoscenze tecnico-scientifiche e di abilità professionali raggiunte;
- l'**abilità organizzativa** dell'impresa nel saper valorizzare il lavoro (es. assegnando a un lavoratore le mansioni per le quali è più capace);
- l'**impegno** dello **Stato** e delle **istituzioni** nel far crescere il livello culturale e nel saper tutelare i diritti dei lavoratori.

▸ Domanda di impiegate

La domanda e l'offerta di lavoro danno inizio al processo produttivo e creano lavoro.

**Mercato:** è il luogo in cui avvengono le trattative fra i soggetti che domandano beni e servizi e i soggetti che li offrono a un determinato prezzo o valore di mercato.

**La domanda di lavoro**

La **domanda di lavoro** consiste nella quantità di lavoro richiesta dalle imprese per la produzione di beni e servizi domandati dal mercato.

**Esempio:** se aumenta la richiesta di computer, crescerà la domanda di programmatori e tecnici.

**Costo:** è il sacrificio economico sopportato dall'imprenditore nell'attività d'impresa (es. per l'acquisto di materie prime).
**Ricavo:** è il risultato in termini monetari della vendita dei beni prodotti.

Essa dipende sia dalle decisioni di produzione dell'impresa sia dalle condizioni del mercato del lavoro e, in particolare, dal:

- **costo del lavoro**, ossia l'ammontare delle retribuzioni che per l'impresa sono un sacrificio economico che deve essere coperto dai ricavi. Il confronto costi/ricavi è indispensabile per un'impresa privata, poiché essa rimane sul mercato solo se i secondi superano o sono almeno pari ai primi;

**Esempio:** **l'impresa assume un lavoratore in più (costo) solo se potrà esserci un aumento della produzione (ricavo), che copra il costo del lavoro.**

- **progresso tecnico**, ossia il modo in cui i beni e i servizi sono prodotti. Se il lavoro può essere facilmente sostituito con capitale (es. robot), la domanda di lavoro (es. manodopera) subirà una riduzione;

- **prezzo del bene finale**, ossia quello che il consumatore paga quando acquista sul mercato. Se esso diminuisce, l'impresa avrà minori ricavi e, di conseguenza, calerà la produzione e la domanda di lavoro.

▸ Offerta di lavoro

L' offerta di lavoro

L'**offerta di lavoro** proviene da uomini e donne che vogliono lavorare e che sono in cerca di un'occupazione. Essa è influenzata dai seguenti elementi:

- **fattori demografici** (es. nascite, livello d'istruzione) che regolano il flusso della popolazione in età lavorativa;

- **preferenze del lavoratore** in relazione al tipo di lavoro e alla quantità di ore in cui è disposto a prestare la propria attività, in cambio della retribuzione prestabilita;

- **quantità** e **qualità di lavoro** manuale e intellettuale effettivamente disponibile sul mercato.

Il mercato del lavoro

Il **mercato del lavoro** è l'insieme delle contrattazioni tra chi offre lavoro (lavoratori) e chi lo domanda (datori di lavoro, imprenditori). Esso è in **equilibrio** quando non c'è disoccupazione, nel senso che l'offerta di lavoro è interamente assorbita dalla domanda.

Con il termine **occupazione** si fa riferimento all'insieme delle persone che, in un determinato momento, prestano un'attività lavorativa.

Le relazioni fra domanda e offerta di lavoro sono disciplinate da numerose norme giuridiche, che tutelano gli interessi sia dei lavoratori sia delle imprese.

Le organizzazioni sindacali

A tale scopo esistono le **organizzazioni sindacali**, il cui **ruolo** consiste nel:

- **rappresentare e promuovere gli interessi dei lavoratori** (es. CGIL, CISL, UIL) o dei datori di lavoro (es. Confindustria, Confcommercio), in quanto appartenenti ad una determinata categoria (es. metalmeccanici o industriali);

**Esempio:** **il padre di Gabriele è un imprenditore agricolo che coltiva barbabietole per la produzione di zucchero. La Confagricoltura è l'organizzazione alla quale si può rivolgere per essere tutelato nei suoi diritti d'imprenditore e per ricevere un'adeguata assistenza.**

- **stipulare contratti collettivi di lavoro**, cioè accordi tra le organizzazioni sindacali dei lavoratori e le associazioni dei datori di lavoro, che contengono le regole generali sul trattamento economico (es. stipendio) e normativo (es. disciplina dell'orario di lavoro) dei lavoratori di un determinato comparto produttivo (es. metalmeccanico, tessile, edile), e che valgono su tutto il territorio nazionale.

| MERCATO DEL LAVORO | | |
|---|---|---|
| **DOMANDA DI LAVORO** | È la quantità di lavoro richiesta dalle imprese per la produzione di beni e servizi domandati dal mercato. | Dipende da:<br>▪ costo del lavoro;<br>▪ progresso tecnico;<br>▪ prezzo del bene finale. |
| **OFFERTA DI LAVORO** | È costituita da uomini e donne che vogliono lavorare e che sono in cerca di un'occupazione. | Dipende da:<br>▪ fattori demografici;<br>▪ preferenze del lavoratore;<br>▪ quantità e qualità di lavoro disponibile sul mercato. |

Dentro l'**economia**

## Le organizzazioni sindacali

Storicamente, le prime organizzazioni sindacali nacquero in Gran Bretagna nel corso del XIX secolo. Inizialmente, agirono in clandestinità poiché l'associazionismo sindacale era vietato, perché era considerato in contrasto con la libertà economica.

In Italia le prime organizzazioni, con lo scopo di fornire sostegno ai propri aderenti, si diffusero in alcune regioni (Lombardia, Piemonte e Liguria) e presero il nome di associazioni di mutuo soccorso, che alla fine del secolo si trasformarono in associazioni con finalità sindacali e stipularono i primi accordi a tutela dei lavoratori.

Con l'avvento del regime fascista (1922) le libere organizzazioni dei lavoratori furono sciolte e furono istituite le corporazioni per i lavoratori e per i datori di lavoro.

Dopo la previsione dei sindacati, attuata dalla Costituzione (1948), tra gli anni cinquanta e sessanta le organizzazioni sindacali trovarono ampio riconoscimento e, dopo un periodo di alterne vicende, assunsero una struttura e una forma ancora oggi esistenti:

- Cgil: Confederazione generale italiana del lavoro;
- Cisl: Confederazione italiana dei sindacati dei lavoratori;
- Uil: Unione italiana del lavoro.

Anche i datori di lavoro, a tutela dei loro interessi, si associarono in organizzazioni sindacali, dando origine in particolare a:

- Confindustria: Confederazione generale dell'industria italiana;
- Confcommercio: Confederazione generale del commercio e del turismo;
- Confagricoltura: Confederazione generale dell'agricoltura italiana.

**Esercizio A) per l'apprendimento. Individua collegamenti e relazioni.**
**Cerca l'estraneo, evidenziandolo nel testo.**

1. Fattori produttivi, lavoro, famiglia, capitale.
2. Domanda di lavoro, capitale, mercato del lavoro, impresa.
3. Mercato in equilibrio, piena occupazione, disoccupazione, domanda e offerta di lavoro uguali.
4. Sindacati, progresso tecnico, contratto collettivo di lavoro, UIL.

## 2. L'assunzione del lavoratore

Le modalità di accesso al mercato del lavoro sono diverse a seconda che si cerchi un posto di lavoro nel settore pubblico (pubblico impiego) o in quello privato.

▸ Accesso al pubblico impiego: concorso

**Il pubblico impiego**

L'accesso al **pubblico impiego** è subordinato al superamento di un concorso, che consiste in una serie di prove con le quali si accerta la professionalità del lavoratore e si assicura l'ingresso ai candidati più meritevoli e capaci.

L'assunzione tramite **concorso** rappresenta una specifica applicazione del **principio di imparzialità** e del **buon andamento della Pubblica Amministrazione**, in quanto consente di operare una congrua scelta del personale da impiegare, senza favoritismi, ma secondo la capacità di svolgere i compiti richiesti.

**Principio di imparzialità:** impone alla Pubblica Amministrazione di agire senza operare favoritismi o atteggiamenti di disfavore, riservando a situazioni analoghe un trattamento uniforme.
**Principio del buon andamento:** indica l'attitudine a raggiungere un risultato nel minor tempo possibile e col minor sacrificio economico.

**Esempio: Stefano sta frequentando la quinta classe dell'istituto commerciale e, al termine degli studi, vorrebbe fare il vigile urbano. Occorrerà che la Polizia municipale del suo Comune indica un concorso e renda pubblici i requisiti di ammissione, le date, le modalità di svolgimento e il numero dei lavoratori che intende assumere. Stefano sarà vigile urbano se supererà il concorso e avrà ottenuto un punteggio che lo posizioni tra i primi della graduatoria.**

**Il lavoro privato**

In passato, l'accesso al **lavoro privato** avveniva tramite degli enti pubblici (Uffici di collocamento) che agevolavano un'equa distribuzione dei posti di lavoro e tutelavano i lavoratori in cerca di occupazione. Nel corso degli anni, questa gestione burocratica e centralizzata si è rivelata inefficiente e, con le riforme del mercato del lavoro, è stata sostituita con altri strumenti, tra i quali:

- i **Centri per l'impiego**, strutture operative provinciali, che forniscono servizi finalizzati a favorire l'incontro tra domanda e offerta di lavoro, a promuovere il reinserimento di lavoratori svantaggiati (es. disoccupati di lunga durata, giovani) e a prevenire fenomeni di disoccupazione strutturale;

▸ Agenzia per il lavoro

- le **Agenzie per il lavoro**, operatori privati, introdotte con la cosiddetta "Riforma Biagi" del 2003, che sono competenti a svolgere tutte le attività in materia di servizi per l'impiego, previa autorizzazione o accreditamento dello Stato. Esse sono iscritte in un apposito Albo tenuto presso il Ministero del Lavoro. La medesima riforma, per favorire la maggiore efficienza e trasparenza del mercato del lavoro, ha istituito una rete telematica sia a livello nazionale sia regionale, definita Borsa continua nazionale del lavoro (BCNL), che costituisce un sistema aperto di incontro tra domanda e offerta di lavoro;

**Riforma Biagi (L n. 30/2003 e D.Lgs. N. 276/2003):** così denominata dal giuslavorista Marco Biagi, professore universitario esperto del diritto del lavoro, che cooperò alla sua redazione e che fu vittima del terrorismo. Questo complesso normativo è composto da ben 86 articoli, che hanno introdotto cambiamenti tali da essere considerati pari a quelli dello Statuto dei lavoratori.

- l'**assunzione diretta**, ossia il datore di lavoro sceglie il lavoratore che ritiene più idoneo, con l'obbligo di trasmettere agli uffici pubblici competenti (Centri per l'Impiego) una scheda anagrafico-professionale, contenente la data dell'assunzione, la scadenza del rapporto di lavoro, i dati anagrafici del lavoratore, il trattamento economico.

Dentro l'**economia**

### I lavoratori disabili

Nel nostro ordinamento giuridico, la tutela dei lavoratori con ridotte capacità lavorative ha lo scopo di favorire il loro inserimento nel mondo del lavoro, sia mediante l'utilizzo di strumenti tesi a valutare adeguatamente le loro abilità e competenze, sia attraverso azioni positive volte a risolvere problemi connessi con l'ambiente o le relazioni interpersonali, al fine di occuparli nel posto più idoneo. A tal proposito si parla di "collocamento mirato", che impone ai datori di lavoro, pubblici e privati, l'assunzione di una quota di soggetti disabili, concedendo incentivi per favorire tale assunzione e disponendo sanzioni in caso di violazione della normativa.
Si definiscono disabili, i soggetti:

- **invalidi civili** in età lavorativa, affetti da minorazioni fisiche, psichiche o sensoriali e portatori di handicap intellettivo, che comportino una riduzione della capacità lavorativa superiore al 45% (accertata dalle competenti commissioni per il riconoscimento dell'invalidità civile);
- **invalidi del lavo**ro con invalidità superiore al 33%, accertata dall'INAIL;
- **persone non vedenti o sordomute**;
- **invalidi di guerra**, invalidi civili di guerra e invalidi per servizio con minorazioni (specificamente indicate dalla normativa in materia di pensioni di guerra).

**Esercizio B) per l'apprendimento. Comunica (comprendi).**
**Rispondi ai quesiti, utilizzando uno dei suggerimenti indicati nella parentesi.**

1. Come si accede al pubblico impiego?..........
   *(Chiamata diretta, Centri per l'impiego, concorso).*
2. Quali sono i principi costituzionali richiesti alla Pubblica Amministrazione?..........
   *(Imparzialità e buon andamento, parzialità, perseguimento di interessi personali).*
3. Che tipo di strutture sono i Centri per l'Impiego?..........
   *(Private, pubbliche, pubbliche e private).*
4. Che tipo di operatori sono le Agenzie per il lavoro? ..........
   *(Privati iscritti in un apposito Albo, operatori pubblici, uffici pubblici di collocamento).*

## 3. I diritti e gli obblighi dei lavoratori

Numerose sono le norme giuridiche che regolano il rapporto di lavoro (o contratto), in cui sia il datore di lavoro sia il lavoratore assumono reciprocamente degli obblighi e dei diritti, nel senso che all'obbligo di uno (datore di lavoro) corrisponde un diritto dell'altro (lavoratore) e viceversa.

**Esempio: il datore di lavoro ha l'obbligo di corrispondere all'operaio il salario, che ha il diritto a essere pagato per la prestazione lavorativa resa.**

▸ **Lavoratori subordinati: medici ospedalieri**

Il rapporto di lavoro può essere subordinato o autonomo.

**Il lavoratore subordinato**

Il **lavoratore subordinato** è colui che si obbliga, mediante una retribuzione, a svolgere il proprio lavoro manuale o intellettuale alle dipendenze e sotto la direzione del datore di lavoro.

**Esempio:** **il padre di Michele fa il cassiere presso una banca della sua città, agisce secondo le indicazioni ricevute dal responsabile dell'ufficio e percepisce uno stipendio mensile.**

**Il lavoratore autonomo**

Il **lavoratore autonomo**, invece, è colui che effettua una prestazione d'opera con mezzi prevalentemente propri, con piena discrezionalità, senza vincoli di subordinazione e dietro pagamento di un corrispettivo, garantendo il raggiungimento di determinati risultati.

**Esempio:** **Vincenzo fa l'idraulico, si reca con la sua attrezzatura a domicilio delle persone che lo chiamano per le riparazioni del caso ed è pagato a riparazione avvenuta.**

▶ Il lavoratore autonomo: falegname

Nell'ambito del lavoro subordinato, in genere, è riconosciuta al lavoratore una posizione socialmente ed economicamente più debole rispetto a quella del datore di lavoro. Quest'ultimo, infatti, è titolare dei mezzi di produzione e, pertanto, dispone di una maggiore forza economica, sociale e spesso culturale. Il **lavoratore**, invece, nella maggior parte dei casi, non ha grandi capitali ed è costretto a trovare un'occupazione per procurare sostentamento a sé e alla sua famiglia.
Da ciò deriva la valutazione del lavoratore come **contraente debole** che il diritto deve tutelare per evitare situazioni di discriminazione (cioè disparità di trattamento).

**I diritti dei lavoratori**

I principali **diritti** a tutela **dei lavoratori**, sono:

Lo statuto dei lavoratori

- il **diritto** alla **retribuzione**, ossia il trattamento economico che il datore di lavoro corrisponde al lavoratore e che deve essere adeguato al tipo, alla durata e alle condizioni del suo lavoro;
- il **diritto** al **riposo giornaliero**, **settimanale** e alle **ferie annuali** retribuite, che ha lo scopo di proteggere le energie psico-fisiche della persona e di consentirne il recupero;
- il **diritto alla parità tra uomo e donna**, in base al quale la lavoratrice ha gli stessi diritti e la stessa retribuzione che spetta all'uomo, a parità di lavoro. Inoltre, la medesima ha il diritto alla tutela della maternità e al riconoscimento di condizioni di lavoro tali da permetterle la cura della famiglia;
- il **diritto dei lavoratori minorenni a essere tutelati con speciali norme** che stabiliscono, tra le altre cose, anche l'età minima per il lavoro salariato. Oggi è consentito iniziare un'attività lavorativa al compimento dei sedici anni, dopo l'assolvimento dell'obbligo scolastico, salvo la possibilità di essere assunti un anno prima con un contratto di apprendistato;

> **Contratto di apprendistato:** è uno speciale rapporto di lavoro a contenuto formativo, che è uno dei canali principali d'ingresso dei giovani nel mondo del lavoro (fin dal compimento dei 15 anni) e che coniuga formazione e continuità occupazionale.

- il **diritto** al mantenimento e all'**assistenza sociale** dei cittadini **inabili al lavoro** e sprovvisti dei mezzi necessari per vivere. Gli inabili al lavoro sono coloro che si trovano nell'impossibilità di svolgere qualsiasi attività, a causa della totale perdita della capacità lavorativa. Essi hanno, inoltre, il diritto all'educazione e all'avviamento professionale per favorire il loro inserimento nel mondo del lavoro e per occuparli nel posto più idoneo;

▸ Diritto alla previdenza sociale

- il **diritto alla previdenza sociale**, che consiste in una somma di denaro percepita al momento della cessazione dell'attività lavorativa (es. pensione) o in caso di perdita della capacità di lavoro per infortunio o malattia;
- il **diritto alla salute e alla sicurezza nei luoghi di lavoro**, per cui è fatto obbligo al datore di lavoro di adottare, nell'esercizio dell'impresa, le misure necessarie a tutelare l'integrità fisica e morale del lavoratore (art. 2087 c.c.).

**Infortunio sul lavoro:** si verifica quando il lavoratore perde la capacità lavorativa, per causa violenta ed in occasione di lavoro. In questa circostanza il lavoratore ha diritto ad usufruire delle prestazioni erogate dall'INAIL (Istituto Nazionale per l'Assicurazione contro gli Infortuni sul lavoro).

I doveri dei lavoratori

**I doveri** del lavoratore subordinato si ricavano dal codice civile e sono:

- **obbligo di eseguire personalmente la prestazione** (lavoro). Il lavoratore non può farsi sostituire da altri nello svolgimento della sua attività, salvo che non sia a ciò autorizzato dal datore di lavoro;
- **obbligo di diligenza.** Il lavoratore subordinato deve prestare la propria attività con la diligenza del buon padre di famiglia, ossia deve curare con l'attenzione, la prudenza e la perizia dell'uomo medio la sua prestazione lavorativa, tenuto conto anche della natura dell'attività esercitata;
- **obbligo di fedeltà.** Patto di non concorrenza. Il lavoratore deve astenersi da quei comportamenti che possano nuocere al datore di lavoro e che, in modo sleale, possano recare, al lavoratore, un profitto personale. L'obbligo di astenersi dalla concorrenza permane per tutta la durata del rapporto di lavoro;
- **obbligo di obbedienza.** Al potere direttivo e disciplinare del datore di lavoro corrisponde il dovere di obbedienza del prestatore di lavoro subordinato che deve osservare le disposizioni impartite dall'imprenditore e dai suoi collaboratori.

La sicurezza sul lavoro e i soggetti responsabili

| DIRITTI DEL LAVORATORE | OBBLIGHI DEL LAVORATORE |
|---|---|
| ▪ Diritto alla retribuzione.<br>▪ Diritto al riposo giornaliero, settimanale e alle ferie annuali.<br>▪ Diritto alla parità tra uomo e donna.<br>▪ Diritto dei lavoratori minorenni a essere tutelati.<br>▪ Diritto all'assistenza sociale degli inabili al lavoro.<br>▪ Diritto alla previdenza sociale.<br>▪ Diritto alla salute e alla sicurezza nei luoghi di lavoro. | ▪ Obbligo di eseguire personalmente la prestazione.<br>▪ Obbligo di diligenza.<br>▪ Obbligo di fedeltà.<br>▪ Obbligo di obbedienza. |

Dentro l'**economia**

## La tutela della sicurezza nei luoghi di lavoro

L'obbligo del datore di lavoro di garantire adeguate condizioni lavorative trova fondamento, innanzitutto, nella Costituzione, secondo la quale l'iniziativa economica non deve svolgersi in contrasto con l'utilità sociale o "*in modo da arrecare danno alla sicurezza, libertà e dignità umana*".

L'elaborazione di un testo unico (raccolta di norme giuridiche relative a un determinato settore) sulla sicurezza sul lavoro, contemplata dalla legge di riforma del sistema sanitario del 1978, è rimasta a lungo disattesa, per giungere a compimento solo dopo trent'anni dalla sua previsione.

Oggi, infatti, la materia è regolata dal **Testo Unico in materia di Salute e sicurezza nei luoghi di lavoro** (D.Lgs. n. 81/2008, integrato e corretto dal D.Lgs. n. 106/2009) che si estende a tutti i lavoratori e lavoratrici e si applica a tutti i settori, privati e pubblici, e a tutte le tipologie di rischio.
All'interno dell'impresa, l'obbligo di sicurezza incombe principalmente sul datore di lavoro, ma anche sui suoi collaboratori (es. dirigenti), sui lavoratori e i loro rappresentanti che sono chiamati a collaborare attivamente per realizzare un efficace sistema di gestione delle attività di prevenzione e protezione dei rischi.
In particolare, è previsto che il datore di lavoro compia una **valutazione dei rischi** per la sicurezza e la salute dei lavoratori, che devono essere contenuti in un documento, periodicamente aggiornato, nel quale sono elencati criteri e misure da adottare con le relative modalità di applicazione (es. i rischi collegati allo stress lavorativo o scale ignifughe, in caso di incendio), a cui deve far seguito la **programmazione della prevenzione** (es. informazione e formazione dei lavoratori).
Il mancato rispetto dell'obbligo di sicurezza da parte del datore di lavoro e degli altri soggetti, comporta:

- **responsabilità penale**, nell'ipotesi in cui, a causa dell'inosservanza degli obblighi di sicurezza, si verifichino eventi, come, ad esempio, gravi lesioni o morte del lavoratore, che prevedono applicazione di norme di diritto penale, con sanzioni, come la reclusione o l'arresto;
- **responsabilità civile**, qualora il datore di lavoro non adempia l'obbligo di assicurare il lavoratore presso l'assicurazione sociale gestita dall'INAIL e si verifichino eventi lesivi della persona, è tenuto a risarcirne il danno;
- **responsabilità amministrativa**, nel caso di inosservanza di obblighi puniti con sanzioni pecuniaria amministrative.

■ **Esercizio C) per l'apprendimento. Comunica (comprendi).**

**Completa la seguente tabella, inserendo le definizioni corrette e individuando il concetto nascosto nella colonna evidenziata.**

| | | | | | | | | | | | | | | | |
|---|---|---|---|---|---|---|---|---|---|---|---|---|---|---|---|
| **1** | | R | | | | B | | | | | | | | | |
| **2** | | | | | | | N | | | | | | | | |
| **3** | | | | | | | | | | R | | | | | |
| **4** | | | | | | I | | | | | | | | | |
| **5** | | | | S | | | | | D | | | A | | | |
| **6** | | | | | O | | | | | | | | | | |
| **7** | | | C | | | | | | | | | | N | | |
| **8** | | | | | | | | | | | R | | | | O |
| **9** | | | | | | F | | | | | | | | | |
| **10** | | | | | | | | | L | | | | | | |

1. Costituisce la forma di governo del nostro Stato.
2. Ha diritto alla parità rispetto all'uomo.
3. Prestazione manuale o intellettuale in cambio di retribuzione.
4. Persona di età inferiore ai 18 anni.
5. È il lavoro prestato alle dipendenze di un datore di lavoro.
6. Regola.
7. È la legge fondamentale dello Stato.
8. Si stipula quando s'inizia un lavoro.
9. Spettano ogni anno al lavoratore.
10. Protezione.

# 4. Sospensione ed estinzione del rapporto di lavoro

Il contratto di lavoro può essere a **tempo indeterminato**, quando non è indicato un termine finale, e a **tempo determinato**, se sottoposto ad un termine finale (es. sei mesi, un anno).

La sospensione del rapporto di lavoro

Quando l'esecuzione del contratto di lavoro diventa temporaneamente impossibile, per cause riguardanti il lavoratore, come la malattia, l'infortunio, la gravidanza, si ha **sospensione del rapporto di lavoro** per il periodo stabilito dalla legge o dai contratti collettivi.
In tal caso, il lavoratore ha diritto al versamento della retribuzione o, al suo posto, di un'indennità erogata dagli istituti previdenziali (es. INPS), oltre al conteggio dei periodi di assenza dal lavoro nell'anzianità di servizio.

L'estinzione del rapporto di lavoro

Quando, invece, intervengono cause di **estinzione del rapporto di lavoro**, ognuna delle quali è regolata in modo specifico dal diritto, gli effetti del contratto cessano e sia il lavoratore sia il datore di lavoro non hanno più reciprocamente diritti e doveri.
Il rapporto di lavoro subordinato può estinguersi, principalmente, nei seguenti casi:

- per **recesso** del **datore di lavoro**, (cosiddetto licenziamento), che incontra diverse limitazioni e che può avvenire per specifici motivi previsti dalla legge (es. furto in azienda da parte del lavoratore);
- per **recesso del lavoratore** (dimissioni), che implica, in caso di contratto a tempo indeterminato, il dovere del lavoratore di dare un periodo di preavviso;
- per **accordo** delle parti (lavoratore, datore di lavoro) di porre fine al rapporto di lavoro;
- per **scadenza del termine** (contratto a tempo determinato);
- **morte** del lavoratore.

▸ Estinzione rapporto di lavoro: licenziamento

**Esercizio D) per l'apprendimento. Impara ad imparare.**
**Dopo aver individuato gli errori, riscrivi le frasi correttamente.**

1. Il licenziamento sospende il rapporto di lavoro.
.......................................................................
2. La malattia del lavoratore è causa di estinzione del rapporto giuridico.
.......................................................................
3. Il contratto a tempo indeterminato si estingue per scadenza del termine.
.......................................................................
4. Nel periodo di sospensione del contratto, il lavoratore non percepisce alcuna retribuzione.
.......................................................................

▸ Disoccupati in cerca di lavoro

## 5. La disoccupazione

In economia, la **disoccupazione** si riferisce, di solito, alle persone che non hanno un lavoro e che ne cercano uno attivamente senza riuscire a trovarlo.

**Esempio:** **Mario è disoccupato perché non ha ancora trovato un lavoro da quando l'impresa presso cui lavorava ha cessato l'attività, nonostante il curriculum inviato sia alle Agenzie per il lavoro sia alle imprese.**

In Italia e in molti Paesi industrializzati, il fenomeno della disoccupazione è andato via via crescendo, tanto che oggi mostra livelli molto preoccupanti. Già nel 1999, con l'entrata in vigore del Trattato di Amsterdam, i Paesi membri dell'Unione europea cercavano di arginare il fenomeno e rafforzavano la cooperazione per affrontare le problematiche occupazionali.

**Le cause di disoccupazione**

Le **cause** più importanti, che provocano **disoccupazione**, sono:

- l'**insufficienza della domanda di lavoro** rispetto all'offerta, che cagiona la cosiddetta **disoccupazione strutturale**, perché colpisce interi settori industriali (es. siderurgico) o aree geografiche (es. Regioni), provocando squilibri al sistema economico del Paese. In questo caso, il rimedio consisterà nel riportare la domanda al livello di piena occupazione, aumentando l'attività produttiva. Per combattere questo tipo di disoccupazione, spesso interviene lo Stato con politiche economiche (es. sgravi fiscali o incentivi per le imprese), diretti a diminuire il costo del lavoro e a incentivare sia la produzione sia l'occupazione;
- l'**introduzione di nuovi processi produttivi** (es. impianti, macchinari), che può essere fonte di **disoccupazione tecnologica**. In economia, la tecnologia non è automaticamente fonte di disoccupazione, bensì mancanza di occupazione per i lavoratori non qualificati. Il rimedio a questo tipo di disoccupazione è la formazione tecnologica che si deve adeguare alle nuove richieste sia a livello nazionale sia a livello europeo;
- il **trasferimento di manodopera** da un settore produttivo all'altro (**disoccupazione frizionale**), in cui il lavoratore è temporaneamente disoccupato in attesa del nuovo lavoro. Normalmente, essa è generata dal fatto che vi sono dei lavoratori che in parte volontariamente lasciano un'occupazione per cercarne una migliore.

**Esempio:** **Elisa, a causa del trasferimento del coniuge in un'altra città, è obbligata a dare le dimissioni dal proprio lavoro, per cercarne un altro nella nuova residenza.**

**Gli effetti della disoccupazione**

La disoccupazione produce **effetti** molto gravi, in diversi ambiti:

- sul **piano sociale**, nel senso che la disoccupazione colpisce le persone più svantaggiate, come coloro che non hanno una formazione tecnologica, i lavoratori anziani ma non ancora pensionati, le donne e le minoranze etniche. Tale fenomeno è stato individuato come una delle cause che può procurare malessere fisico con ripercussioni negative in ambito sia sanitario (es. depressione) sia socio-familiare (es. divorzio);
- sul **piano economico**, perché l'attività economica non riesce ad esprimere appieno le sue potenzialità con una minore produttività, con minor benessere e disponibilità di ricchezza per ogni lavoratore (reddito pro capite). Gli impianti e i macchinari, ad esempio, che a causa della disoccupazione non sono utilizzati o lo sono solo in parte, perdono in fretta la loro capacità produttiva e aggravano la situazione finanziaria delle imprese.

**Gli interventi a sostegno del reddito**

Il nostro sistema previdenziale prevede degli **interventi a sostegno del reddito** dei lavoratori temporaneamente sprovvisti di occupazione, cosiddetti ammortizzatori sociali, tra i quali i principali sono:

> **Ammortizzatori sociali:** misure di sostegno al reddito finalizzate ad evitare che i lavoratori rimangano privi di retribuzione quando il datore di lavoro non sia in grado, per motivi legittimi, di ricevere la prestazione lavorativa e di conseguenza non abbia più l'obbligo di corrispondere la retribuzione. Ne sono un esempio la Cassa integrazione guadagni (CIG), contratti di solidarietà, indennità di disoccupazione e di mobilità.

▸ Indennità di disoccupazione

- l'**indennità mensile di disoccupazione**, spettante esclusivamente ai lavoratori subordinati in età di lavoro, con qualsiasi tipo di qualifica, compresa quella dirigenziale, che si trovano involontariamente disoccupati per mancanza di lavoro e che hanno versato un minimo di contributi;
- la **Cassa integrazione guadagni** (CIG), prevista nell'ipotesi in cui le cause di sospensione del rapporto di lavoro riguardino il datore di lavoro e l'organizzazione produttiva (es. ristrutturazioni aziendali, crisi di mercato). I lavoratori sospesi hanno diritto all'integrazione salariale, pari all'80% della retribuzione per una durata media che va da un minimo di tre mesi a due anni.

| DISOCCUPAZIONE | | |
|---|---|---|
| **CAUSE** | **EFFETTI** | **INTERVENTI A SOSTEGNO DEL REDDITO** |
| ▪ Insufficienza della domanda di lavoro;<br>▪ introduzione di nuovi processi produttivi;<br>▪ trasferimento di manodopera da un settore a un altro. | ▪ Sul piano sociale (colpisce le persone più svantaggiate);<br>▪ sul piano economico (perdita della capacità produttiva da parte dei fattori utilizzati nell'attività economica). | ▪ Indennità di disoccupazione;<br>▪ Cassa Integrazione guadagni (CIG). |

**Esercizio E) per l'apprendimento. Acquisisci ed interpreta l'informazione.**

**Indica in quale tipologia di disoccupazione (strutturale, tecnologica o frizionale) faresti rientrare le situazioni descritte, scrivendo il risultato della tua scelta.**

1. Giulia, stanca di essere costretta a fare turni anche la domenica in un supermercato, si licenzia per trovare un'occupazione che le dia più tempo libero.
...........................................................................................................
2. L'utilizzo delle nuove tecnologie digitali consente di velocizzare il disbrigo delle pratiche amministrative, determinando esuberi di personale.
...........................................................................................................
3. Le calamità naturali che hanno colpito duramente una Regione causano una diminuzione della richiesta di lavoratori da parte delle imprese di quel territorio, colpite dalla conseguente crisi economica e produttiva.
...........................................................................................................
4. L'impiego in un'impresa di un nuovo impianto che imbusta automaticamente le spugne prodotte per la pulizia della casa, rende superflua la presenza degli operai addetti, in precedenza, a quel reparto.
...........................................................................................................

Hai capito? Hai dei dubbi?

## Ripassiamo insieme

**Che cos'è il LAVORO?**
È inteso come qualsiasi tipo di prestazione materiale o intellettuale che un soggetto mette a disposizione della produzione, in cambio della retribuzione (es. l'operaio, il dirigente).

**Che cos'è la DOMANDA DI LAVORO?**
È la quantità di lavoro richiesta dalle imprese per la produzione di beni e servizi domandati dal mercato.

**Che cos'è l'OFFERTA DI LAVORO?**
È costituita da uomini e donne che vogliono lavorare e che sono in cerca di un'occupazione.

**Che cos'è il MERCATO DEL LAVORO?**
È l'insieme delle contrattazioni tra chi offre lavoro (lavoratori) e chi lo domanda (datori di lavoro, imprenditori). Esso è in equilibrio quando non c'è disoccupazione, nel senso che l'offerta di lavoro è interamente assorbita dalla domanda.

**Qual è il RUOLO DEI SINDACATI?**
Essi rappresentano e promuovono gli interessi dei lavoratori o dei datori di lavoro e stipulano contratti collettivi di lavoro, cioè accordi tra le organizzazioni sindacali dei lavoratori e le associazioni dei datori di lavoro, valevoli su tutto il territorio nazionale.

**Come avviene l'ACCESSO AL PUBBLICO IMPIEGO?**
È subordinato al superamento di un concorso, che consiste in una serie di prove con le quali si accerta la professionalità del lavoratore e si assicura l'ingresso ai candidati più meritevoli e capaci.

**Come avviene l'ACCESSO ALL'IMPIEGO PRIVATO?**
Esso avviene tramite i Centri per l'impiego, le Agenzie per il lavoro o l'assunzione diretta da parte del datore di lavoro.

**Quali sono i principali DIRITTI E OBBLIGHI DEI LAVORATORI?**
I principali diritti dei lavoratori sono:
- Diritto alla retribuzione.
- Diritto al riposo giornaliero, settimanale e alle ferie annuali.
- Diritto alla parità tra uomo e donna.
- Diritto dei lavoratori minorenni a essere tutelati.
- Diritto all'assistenza sociale degli inabili al lavoro.
- Diritto alla previdenza sociale.
- Diritto alla salute e alla sicurezza nei luoghi di lavoro.

I principali obblighi dei lavoratori sono:
- Obbligo di eseguire personalmente la prestazione.
- Obbligo di diligenza.
- Obbligo di fedeltà.
- Obbligo di obbedienza.

**Quando si verifica la SOSPENSIONE del RAPPORTO DI LAVORO?**
Quando l'esecuzione del contratto di lavoro diventa temporaneamente impossibile, per cause riguardanti il lavoratore, come la malattia, l'infortunio, la gravidanza. In tal caso, il lavoratore ha diritto al versamento della retribuzione o, al suo posto, di un'indennità erogata dagli istituti previdenziali (es. INPS), oltre al conteggio dei periodi di assenza dal lavoro nell'anzianità di servizio.

**Quando si verifica l'ESTINZIONE del RAPPORTO DI LAVORO?**
Quando gli effetti del contratto cessano e sia il lavoratore sia il datore di lavoro non hanno più reciprocamente diritti e doveri, per cause regolate in modo specifico dal diritto, come il licenziamento da parte del datore di lavoro, le dimissioni del lavoratore, l'accordo delle parti, la scadenza del termine o la morte del lavoratore.

**Che cos'è la DISOCCUPAZIONE?**
Essa fa riferimento alle persone che non hanno un lavoro e che ne cercano uno attivamente senza riuscire a trovarlo.

**Quali sono le principali CAUSE di DISOCCUPAZIONE?**
Esse sono:
- insufficienza della domanda di lavoro rispetto all'offerta (disoccupazione strutturale);
- introduzione di nuovi processi produttivi (disoccupazione tecnologica);
- trasferimento di manodopera da un settore produttivo a un altro (disoccupazione frizionale).

Per una didattica inclusiva:

## Parole chiave

| | |
|---|---|
| **MERCATO DEL LAVORO** | ■ Domanda di lavoro<br>■ Offerta di lavoro |
| **ACCESSO AL PUBBLICO IMPIEGO** | ■ Concorso pubblico |
| **ACCESSO AL LAVORO PRIVATO** | ■ Centri per l'impiego<br>■ Agenzie per il lavoro<br>■ Assunzione diretta |
| **SOSPENSIONE del RAPPORTO DI LAVORO** | ■ Malattia<br>■ Infortunio<br>■ Gravidanza |
| **ESTINZIONE del RAPPORTO DI LAVORO** | ■ Cessazione degli effetti del contratto di lavoro |
| **DISOCCUPAZIONE** | ■ Cause<br>■ Effetti<br>■ Interventi |

## Verifica delle competenze

- Livello BASE: ✪ (Punteggio totale: 12)
- Livello INTERMEDIO: ✪✪ (Punteggio totale: 60)
- Livello AVANZATO: ✪✪✪ (Punteggio totale: 28)

### ✪ Esercizio 1). Impara ad imparare.

**Scelta multipla: evidenzia la risposta esatta. Il paragrafo indicato nella parentesi è quello su cui devi riflettere (2 punti per ciascuna scelta corretta).**

**1. Il mercato del lavoro è il luogo dove (Par. n. 1):**
- a. si incontrano la domanda e l'offerta di lavoro
- b. si acquistano beni
- c. si vendono beni mobili e immobili
- d. si richiede solamente manodopera

**2. Il mercato del lavoro è in equilibrio quando (Par. n. 1):**
- a. l'offerta di lavoro supera la domanda
- b. la domanda di lavoro è maggiore dell'offerta
- c. la domanda di lavoro è interamente assorbita dall'offerta
- d. la domanda di lavoro è minore dell'offerta

**3. L'offerta di lavoro proviene (Par. n. 1):**
- a. dall'impresa
- b. da uomini e donne che cercano lavoro
- c. dalla Pubblica Amministrazione
- d. dagli occupati

**4. La disoccupazione ha effetti (Par. n. 5):**
- a. solo sul piano sociale
- b. sull'aumento delle tasse
- c. sia sul piano sociale sia sul piano economico
- d. solo sul piano economico e finanziario

**5. L'obbligo di eseguire personalmente la prestazione lavorativa spetta (Par. n. 3):**
- a. al datore di lavoro
- b. al lavoratore
- c. a entrambi
- d. a nessuno dei due

**6. La sospensione del rapporto di lavoro avviene (Par. n. 4):**
- a. per morte del lavoratore
- b. per malattia o infortunio del lavoratore
- c. per recesso del datore di lavoro
- d. per licenziamento

**Punti: ..../12**

### ✪✪ Esercizio 2). Individua collegamenti e relazioni.

**Collega ciascun numero alla lettera corrispondente (3 punti per ciascun collegamento esatto).**

1. Costo del lavoro
2. Fattore produttivo
3. Mercato del lavoro
4. Organizzazioni sindacali
5. Contraente debole
6. Artigiano
7. Ammortizzatore sociale
8. Disoccupazione strutturale

- a. Incontro della domanda e dell'offerta di lavoro
- b. Lavoratore autonomo
- c. Lavoratore subordinato
- d. Lavoro
- e. Salario, stipendio
- f. Indennità di disoccupazione
- g. Insufficienza della domanda di lavoro
- h. Contratti collettivi di lavoro

| 1 | 2 | 3 | 4 | 5 | 6 | 7 | 8 |
|---|---|---|---|---|---|---|---|
| | | | | | | | |

**Punti: ..../24**

■ ✪✪ **Esercizio 3). Acquisisci ed interpreta l'informazione.**

**Indica se le seguenti affermazioni sono vere o false, motivando la risposta (3 punti per ciascuna risposta esatta).**

| | | V | F |
|---|---|---|---|
| **1.** | La domanda e l'offerta di lavoro danno vita al processo produttivo<br>Perché ........................................ | ☐ | ☐ |
| **2.** | I fattori demografici sono uno degli elementi che determinano l'offerta di lavoro<br>Perché ........................................ | ☐ | ☐ |
| **3.** | I Centri per l'impiego sono strutture pubbliche che favoriscono l'incontro della domanda e offerta di lavoro<br>Perché ........................................ | ☐ | ☐ |
| **4.** | Il diritto alla previdenza sociale è un obbligo del lavoratore subordinato<br>Perché ........................................ | ☐ | ☐ |
| **5.** | La disoccupazione tecnologica è prodotta dall'insufficienza della domanda di lavoro<br>Perché ........................................ | ☐ | ☐ |
| **6.** | La disoccupazione frizionale è data dal trasferimento di manodopera<br>Perché ........................................ | ☐ | ☐ |

**Punti: ..../18**

■ ✪✪ **Esercizio 4). Comunica (rappresenta).**

**Completa la mappa concettuale che segue (3 punti per ciascun completamento esatto).**

**Punti: ..../18**

■ ✪✪✪ **Esercizio 5). Comunica (comprendi).**

**Rispondi alle seguenti domande (4 punti per ciascuna risposta esatta).**

1. Distingui tra domanda e offerta di lavoro. (Par. n. 1)
2. In che modo avviene l'assunzione del lavoratore, nel settore privato? (Par. n. 2)
3. Quali sono le più importanti cause di disoccupazione? (Par. n. 5)

**Punti: ..../12**

## ■ ✪✪✪ Esercizio 6). Risolvi i problemi.

**Analizza il caso e rispondi ai quesiti a risposta multipla (4 punti per ogni scelta multipla).**

Livia abita a Palermo e da quando ha conseguito il diploma di tecnico industriale, ormai un anno fa, non ha ancora trovato un'occupazione. Nella sua città, infatti, il livello di disoccupazione ha raggiunto indici molto preoccupanti. La ragazza compie una ricerca capillare su tutto il territorio nazionale, utilizzando anche il canale informatico e consultando i vari siti che presentano offerte di posti di lavoro. In questo modo, scopre che la Regione Piemonte offre delle opportunità sia nel settore pubblico sia in quello privato. Livia propende per il primo ma non sa quali siano le modalità per accedervi. Sapresti aiutarla?

**1. L'accesso al lavoro nel settore privato avviene per:**
- a. concorso
- b. esclusivamente tramite assunzione diretta
- c. mediante i Centri per l'impiego, le Agenzie per il lavoro o l'assunzione diretta

**2. L'accesso al pubblico impiego è subordinato al superamento di:**
- a. una selezione privata
- b. un concorso
- c. un periodo di tirocinio formativo

**3. Il concorso pubblico è:**
- a. semplicemente un colloquio conoscitivo
- b. un test sempre a risposta multipla
- c. una serie di prove che accertano la professionalità e il merito dei candidati, giudicati, in genere, da una Commissione appositamente nominata

**4. Che cosa dovrà fare Livia per accedere al pubblico impiego?**
- a. Dovrà rivolgersi a un Centro per l'impiego e attendere di essere chiamata
- b. Dovrà consultare i bandi dei concorsi pubblici indetti dalla Pubblica Amministrazione piemontese, per individuare requisiti di ammissione, date, modalità di svolgimento, e iscriversi in tempo utile per parteciparvi

**Punti: ..../16**

**Calcola il punteggio totale conseguito e assegnati la valutazione a esso corrispondente:**

| Tabella di autovalutazione | |
|---|---|
| ☐ 100-87 | **A** Lavoro eccellente. |
| ☐ 86-67 | **B.** Lavoro buono. |
| ☐ 66-47 | **C.** Lavoro adeguato. |
| ☐ 46-2 | **D.** Lavoro da migliorare. |

# UdA 2 L'OCCUPAZIONE E IL COLLOQUIO DI LAVORO

## 1. Il mercato del lavoro e la flessibilità

Nell'unità didattica precedente, abbiamo visto come il **mercato del lavoro** si consideri in equilibrio quando la richiesta di personale, da parte delle imprese, coincide con la quantità di lavoratori disponibili.

Per quali motivi, a volte, anche per lungo tempo, la domanda e l'offerta di lavoro non si incontrano?

Ciò può dipendere, ad esempio, dalle crisi economiche, dai nuovi processi produttivi che escludono i lavoratori non qualificati, dai tanti oneri che gravano sul lavoro e corrispondono a un costo fisso per le imprese, al di là delle loro effettive esigenze produttive.

**L'occupazione**

In generale, l'**occupazione** premia la specializzazione, la qualificazione professionale elevata, con una specifica conoscenza tecnologica, ma anche altri elementi come la disponibilità a spostarsi da un posto di lavoro a un altro, più adatto alle proprie competenze (mobilità) o a variare il settore produttivo in cui impiegarsi (elasticità).
Anche una riqualificazione professionale, nel corso della vita lavorativa, può essere utile per adeguare le competenze del lavoratore alla domanda del mercato del lavoro.

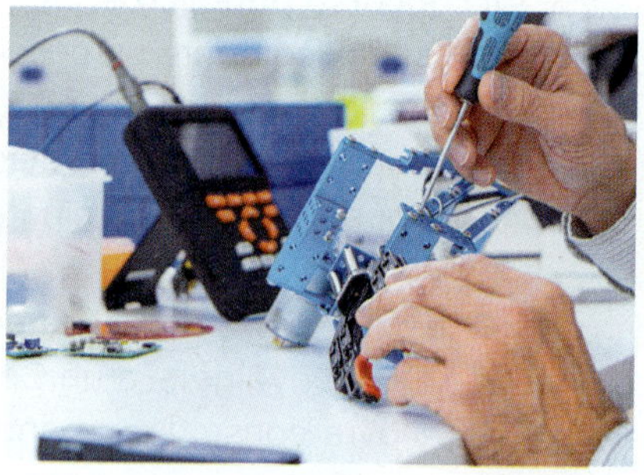

▸ Specializzazione tecnologica

Le prospettive per l'occupazione dipendono dalle riforme del lavoro e dalla loro capacità di ridare vigore e mobilità a un mercato, che è profondamente mutato nel corso degli anni.

**La flessibilità del lavoro**

Nel nostro Paese il dibattito sulla **flessibilità del lavoro** (es. libertà delle imprese di avvalersi dei lavoratori per periodi di tempo determinati, con mansioni differenti, orari di lavoro diversi), intesa come fattore in grado di aumentare l'occupazione, è sempre stato molto acceso.

Gli imprenditori e le loro associazioni di categoria, infatti, spingono per avere una maggiore libertà di variare il numero dei dipendenti in base alle esigenze della produzione. Viceversa, i lavoratori e i sindacati temono per la certezza del loro impiego e per il venir meno delle tutele salariali e socio-previdenziali.

▸ Lavoro flessibile

**Le riforme del lavoro**

Riforme del lavoro

Nell'arco di circa un ventennio, sono state varate diverse **riforme del lavoro** che hanno inciso profondamente sulla struttura del mercato, introducendo una maggiore flessibilità che ha prodotto diverse tipologie di **contratti di lavoro speciali** (perché regolati dal legislatore), con l'intento di agevolare l'ingresso nel mondo del lavoro.

**La Riforma Biagi**

La prima **Riforma** risale al 1997 (Legge **Treu**), che ha introdotto nuove figure di lavoro flessibile (es. part-time, apprendistato), seguita dalla **Riforma Biagi** del 2003 che ha contribuito ad accrescere il ruolo di queste tipologie contrattuali, ridefinendo quelle già previste e introducendone altre (es. il lavoro a chiamata o intermittente).

**La Riforma Fornero**

Ancora più recente è la **Riforma Fornero** del 2012 che ha introdotto importanti novità nella disciplina delle nuove forme contrattuali, per realizzare un mercato del lavoro inclusivo e dinamico, in grado di aumentare l'occupazione dei giovani e delle donne.

**Il Jobs Act**

Alla fine del 2014, è stata approvata una nuova legge delega sull'occupazione, il cosiddetto **Jobs Act**, ossia un "piano per il lavoro" che prevede un contratto unico a tempo indeterminato a tutele crescenti, in base all'anzianità di servizio, l'apprendistato e i contratti a termine, come nuove forme prevalenti di lavoro. La legge suddetta ha trovato piena attuazione attraverso otto decreti legislativi emanati dal Governo nel 2015, che hanno riformato il mondo del lavoro, modificando ammortizzatori sociali e politiche attive, tutela della maternità e tanto altro.

In particolare, sono stati attuati interventi diretti a semplificare, cambiare o superare i tipi di contratti di lavoro esistenti, con l'intento di renderli più rispondenti alle esigenze del contesto occupazionale e produttivo e di facilitare le possibilità d'ingresso nel mercato del lavoro.

L'ultima riforma ha confermato che il **contratto a tempo determinato** non richiede più alcuna motivazione specifica per l'assunzione a termine, pur nel rispetto di determinati limiti, e ha introdotto per tutte le categorie di dipendenti (dirigenti esclusi) il **contratto a tempo indeterminato a tutele crescenti** (nel quale la tutela del lavoratore, in caso di licenziamento illegittimo, aumenta in relazione all'anzianità di servizio).

**Le figure di lavoro flessibile o contratti speciali**

Tra le **figure di lavoro flessibile o contratti speciali,** introdotti dalle precedenti riforme e riordinati dal Jobs Act, quelli che hanno trovato una maggiore diffusione sul mercato sono descritti nella seguente tabella.

| CONTRATTI DI LAVORO SPECIALI | CARATTERISTICHE |
|---|---|
| **CONTRATTO DI APPRENDISTATO** | Ha lo scopo di formare lavoratori ed è destinato a giovani dai 15 ai 29 anni. Esistono tre tipologie di apprendistato, tra le quali è compresa quella per la qualifica e per il diploma professionale e di istruzione secondaria superiore, che consente di assolvere l'obbligo d'istruzione (previsto fino a 16 anni), lavorando. |
| **CONTRATTO A TEMPO PARZIALE (o part-time)** | L'attività lavorativa è svolta a orario inferiore rispetto a quello normale previsto dalla legge o dai contratti collettivi, con riguardo all'arco giornaliero (es. 6 ore al giorno anziché 8), settimanale (es. 12 ore alla settimana anziché 18), mensile o annuale.<br>Per favorire l'utilizzo di questa forma contrattuale, in attuazione del "Jobs Act", sono stati introdotti strumenti di flessibilità (clausole elastiche o flessibili) per chiedere prestazioni aggiuntive o ottenere modifiche dell'orario lavorativo pattuito. |
| **CONTRATTO DI LAVORO A CHIAMATA (o intermittente o job on call)** | Un lavoratore si mette a disposizione di un datore di lavoro che può utilizzarne la prestazione lavorativa quando ne ha effettivamente bisogno (es. addetti alle pompe di carburante, camerieri, lavoratori dello spettacolo). |
| **CONTRATTO DI SOMMINISTRAZIONE DI LAVORO** | È la fornitura professionale di manodopera, da parte di un'agenzia autorizzata, all'impresa che la richiede per soddisfare le sue esigenze produttive. L'impresa utilizzatrice si avvale di personale non assunto direttamente, ma dipendente dall'impresa di somministrazione. Il lavoratore, per tutta la durata del contratto, svolgerà la propria prestazione lavorativa, nell'interesse e sotto il controllo e la direzione dell'imprenditore. |

Dentro l'**economia**

### I riferimenti normativi delle riforme del lavoro

La prima riforma dell'ultimo ventennio, in materia di lavoro, è stata attuata attraverso la Legge n. 196/1997 (detta anche Legge Treu dal nome del ministro proponente), riguardante "*Norme in materia di promozione dell'occupazione*". La Legge n. 30/2003 ha attuato la Riforma Biagi, così denominata dal giuslavorista Marco Biagi, professore universitario di diritto del lavoro, che cooperò alla sua redazione e che fu vittima del terrorismo. Questo complesso normativo è composto da ben 86 articoli, che hanno introdotto cambiamenti tali da essere considerati pari a quello dello Statuto dei lavoratori. A seguire, la Riforma Fornero è stata approvata con la Legge n. 92/2012, intitolata "*Disposizioni in materia di riforma del mercato del lavoro in una prospettiva di crescita*". È infine con la Legge delega n. 183/2014 che è stato approvato il "Jobs Act", attuato nel 2015 mediante otto decreti legislativi emanati dal Governo in tema di:

- ammortizzatori sociali, disoccupazione involontaria e ricollocazione dei lavoratori disoccupati (D.Lgs. n. 22/2015);
- contratto di lavoro a tempo indeterminato a tutele crescenti (D.Lgs. n. 23/2015);
- conciliazione dei tempi di vita e di lavoro (D.Lgs. n. 80/2015);
- tipologie di contratto di lavoro e mansioni (D.Lgs. n. 81/2015);
- ammortizzatori sociali in costanza di rapporto di lavoro (D.Lgs. n. 148/2015);
- attività ispettiva in materia di lavoro e legislazione sociale (D.Lgs. n. 149/2015);
- servizi per il lavoro e politiche attive (D.Lgs. n. 150/2015);
- rapporto di lavoro e pari opportunità (D.Lgs. n. 151/2015).

**Esercizio A) per l'apprendimento. Risolvi i problemi.**
**Analizza il caso e rispondi alla domanda proposta.**

Walter, titolare di un ristorante sul mare, ha un flusso di clientela che si concentra soprattutto nel fine settimana e nei periodi di ferie estive. Necessita quindi di personale addetto ai tavoli (camerieri) e alla cucina (cuoco) che vadano ad aggiungersi ai dipendenti già in forza in quei periodi. Secondo te, quale tipologia contrattuale si presta a soddisfare le esigenze di Walter?

## 2. Il curriculum

Il tirocinio o stage

Per un giovane, che vuole iniziare a conoscere le caratteristiche e le dinamiche del mondo del lavoro, può essere utile misurarsi con il **tirocinio o stage**. Si tratta di un periodo di formazione che può essere sperimentato durante un percorso di studio presso una scuola superiore, enti di formazione professionale, università o scuole di specializzazione.
Il tirocinio non è un rapporto di lavoro e non prevede retribuzione né tutele sindacali. Esso è realizzato mediante una convenzione tra un ente promotore abilitato (es. Istituto tecnico o professionale) e il datore di lavoro pubblico o privato, corredata da un progetto formativo personalizzato. Molte leggi regionali prevedono il pagamento di un compenso minimo, nell'ipotesi di stage extracurricolare che è possibile svolgere entro un certo lasso di tempo (es. 12 mesi), dalla conclusione del percorso di studi.

▸ Curriculum vitae

Il curriculum vitae

L'esperienza di tirocinio o stage può rivelarsi molto interessante dal punto di vista occupazionale e deve sempre essere messa in evidenza nel momento in cui si cerca un lavoro e, a tal fine, si compila un **curriculum vitae**. Questa espressione latina, ormai acquisita nella lingua italiana, si riferisce al documento contenente il percorso biografico, di studio e professionale di una persona.

**Il curriculum europeo**

Nel 2004, a livello europeo, è stato creato il sistema **Europass**, con lo scopo di agevolare la mobilità dei lavoratori, all'interno dell'Unione europea, e per aiutare i cittadini a presentare le proprie competenze e qualifiche in modo più efficace. È previsto un modello standard di curriculum (**curriculum europeo**), riprodotto in allegato alla fine del libro di testo e scaricabile dal sito Internet di riferimento.

Il curriculum vitae rappresenta il biglietto da visita del candidato. È importante quindi non commettere errori nella stesura e considerare che il suo scopo è di farsi leggere e di fornire le informazioni giuste per catturare l'interesse di chi lo esamina.

▸ Curriculum europeo

**Le regole fondamentali**

Quali sono le **regole fondamentali** per compilare un buon curriculum?

- Il linguaggio deve essere chiaro, scorrevole e l'impostazione grafica deve trasmettere ordine e precisione.
- La lunghezza ideale è di massimo due pagine, scritte al computer, senza errori o correzioni.
- Il nome di battesimo deve sempre precedere il cognome, come nella firma in calce al curriculum o alla lettera di accompagnamento.
- Scrivere sempre in prima persona.
- Indicare prima le informazioni personali (es. dati anagrafici, recapiti telefonici, studi o corsi vari) e poi le esperienze lavorative, dalla prima a quella più recente.
- Non inserire informazioni false (es. stage non fatti) perché sarebbero smascherate al momento del colloquio.
- Evidenziare le competenze acquisite e le capacità specifiche.

Il curriculum che va bene sempre, per qualsiasi posizione lavorativa cui si aspiri, non esiste. Al contrario, esso deve essere ricompilato ogni volta sulla base dello specifico posto di lavoro, per il quale si concorre.

**Esempio:** se Laura intende partecipare a una selezione per animatori in un villaggio turistico, metterà in risalto le sue doti comunicative, mentre se concorrerà per un posto d'impiegata amministrativa evidenzierà la sua precisione e la sua predisposizione per i numeri e la contabilità.

**La lettera d'accompagnamento**

Ogni curriculum deve essere presentato da una **lettera d'accompagnamento** che deve spiegare in modo sintetico i motivi che hanno ispirato la scelta di candidarsi per quella posizione. Essa, inoltre, deve contenere una dichiarazione liberatoria, conforme alla normativa in tema di privacy, come "Autorizzo il trattamento dei dati personali, ai sensi del D.Lgs. n. 196/2003".

Le società di selezione o le imprese, per utilizzare e conservare i dati dei candidati, devono osservare le norme sulla privacy che richiedono il consenso dell'interessato.

Se per inviare il **curriculum** si utilizza la **posta elettronica**, è consigliabile trasmetterlo come documento allegato. Non è opportuno inviarlo contemporaneamente a più aziende, salvo che si renda non visibile l'elenco dei destinatari.

**Il videocurriculum**

Ultimamente, sta iniziando a diffondersi anche in Italia l'utilizzo del **videocurriculum**, ossia una presentazione di sé, sotto forma di breve filmato videoregistrato (videoclip), che negli Stati Uniti d'America ha rivoluzionato il mercato della ricerca/offerta di lavoro.

**Esercizio B) per l'apprendimento. Impara ad imparare.**
Immagina di dover rispondere a un'inserzione lavorativa, pubblicata su un quotidiano da un'impresa che cerca giovani dinamici da assumere, per potenziare la propria rete commerciale.
Vai sul sito di Europass (https://europass.cedefop.europa.eu) e prova a compilare online il tuo curriculum vitae. Stampalo e confrontalo in classe con i tuoi compagni. Alla fine del dibattito, scegliete con una votazione a maggioranza chi tra di voi è il candidato ideale.

## 3. Il colloquio di lavoro

Il **colloquio** è lo strumento conoscitivo che rappresenta la tappa fondamentale nella ricerca di un posto di lavoro. È la diretta conseguenza di un curriculum che è stato giudicato interessante dal selezionatore ed è l'occasione in cui si valutano le caratteristiche personali del candidato e le sue capacità e competenze professionali.

▸ Colloquio generale di lavoro

In genere, nel percorso di selezione, si affrontano almeno due colloqui: il primo è di carattere generale e favorisce la conoscenza reciproca tra candidato e azienda; il secondo o, a volte, anche il terzo, riservato ai candidati risultatati più interessanti, è di natura più tecnica e può avvenire con i responsabili dell'impresa.

▸ Colloquio di lavoro su contenuti tecnici

È fondamentale affrontare con sicurezza il colloquio e, a tal fine, può essere utile pensare di avere davanti una persona (il selezionatore) che, a sua volta, spera di aver trovato il candidato giusto perché, se cosi fosse, avrebbe terminato la sua fatica. Per chi seleziona personale, un buon colloquio è quello da cui emergono chiaramente sia i punti di forza sia i punti deboli.

I suggerimenti per il colloquio

Ecco alcuni **suggerimenti** per sostenere in modo efficace un colloquio di lavoro:

- Vestire in modo abbastanza classico e ordinato, sentendosi comunque a proprio agio.
- Arrivare puntuali, tranquilli, salutando e presentandosi subito al selezionatore.
- Mostrarsi disponibili, interessati, partecipando attivamente.
- Guardare sempre negli occhi il selezionatore.
- Evitare di esagerare in merito alle proprie qualità e non vantare competenze che non si possiedono, perché il selezionatore finirebbe per accorgersene.
- Dimostrare di non essere alla ricerca di un impiego qualunque, ma di quel posto in particolare, in quell'azienda.

Le metodologie che possono essere utilizzate da chi fa selezione del personale sono varie e numerose, anche se quelle usate comunemente dalle aziende sono circoscritte ad alcune **tipologie** ricorrenti.

Il colloquio individuale

Il **colloquio individuale** avviene tra il candidato e la persona addetta alla selezione del personale, all'interno dell'azienda o con consulenti esterni cui è affidata la ricerca.

**Il colloquio di gruppo**

È diffuso anche il **colloquio di gruppo** che prevede discussioni o simulazioni proposte a più candidati insieme, riuniti sotto la guida di un esperto selezionatore che, dopo aver spiegato le regole, resta in silenzio ad osservare. Questa tipologia di reclutamento è utilizzata per individuare candidati con spiccate capacità di relazione (es. venditori) o di leadership (es. direttore commerciale).

**Selezionatore:** è la persona o la società incaricata da un'azienda di esaminare candidati, per una determinata posizione lavorativa.

▸ Colloquio di gruppo

**Il colloquio online**

Il **colloquio online**, infine, è frutto delle nuove tecnologie, è concordato preventivamente via e-mail ed è sostenuto in videoconferenza con il selezionatore dell'azienda.

■ **Esercizio C) per l'apprendimento. Individua collegamenti e relazioni.**
**Cerca l'estraneo, evidenziandolo nel testo.**

1. Puntualità, arroganza, colloquio di lavoro, sicurezza.
2. Colloquio individuale, curriculum, colloquio di gruppo, colloquio online.
3. Colloquio di lavoro, strumento conoscitivo, certezza di assunzione, tappa per l'assunzione.
4. Colloquio di gruppo, capacità di relazione, un unico candidato, doti di leadership.

**Hai studiato per la verifica? Serve aiuto?**

## ■ Ripassiamo insieme

**Che cosa s'intende per FLESSIBILITÀ DEL LAVORO?**
È intesa come fattore in grado di aumentare l'occupazione e di garantire, in generale, maggiore libertà delle imprese di avvalersi dei lavoratori per periodi di tempo determinati, con mansioni differenti, orari di lavoro diversi, con la possibilità di variarne il numero, in base alle esigenze della produzione e agli andamenti ciclici dell'economia.

**Quali sono le PRINCIPALI RIFORME DEL LAVORO?**
Hanno introdotto una maggiore flessibilità del lavoro, producendo nuove tipologie di contratti di lavoro speciali e sono:
- Riforma del 1997 (Legge Treu), che ha introdotto, ad esempio, il part-time e l'apprendistato;
- Riforma Biagi del 2003, che ha ridefinito le forme di contratto già previste, introducendone altre (es. il lavoro a chiamata o intermittente);
- Riforma Fornero del 2012, che ha introdotto importanti novità nella disciplina delle nuove figure contrattuali, per realizzare un mercato del lavoro inclusivo e dinamico, in grado di aumentare l'occupazione dei giovani e delle donne;
- il cosiddetto Jobs Act del 2014, ossia un "piano per il lavoro" che disciplina un contratto unico a tempo indeterminato a tutele crescenti, in base all'anzianità di servizio, l'apprendistato e i contratti a termine che saranno le nuove forme prevalenti di lavoro. La legge suddetta ha trovato piena attuazione attraverso otto decreti legislativi emanati dal Governo nel 2015.

**Quali sono le più diffuse FIGURE DI LAVORO FLESSIBILE?**
Esse sono:
- contratto di apprendistato;
- contratto a tempo parziale o part-time;
- contratto di lavoro a chiamata;
- contratto di somministrazione di lavoro.

**Che cos'è il TIROCINIO o STAGE?**
È un periodo di formazione che può essere sperimentato durante un percorso di studio presso una scuola superiore, enti di formazione professionale, università o scuole di specializzazione.

**Che cos'è il CURRICULUM VITAE?**
È il documento contenente il percorso biografico, di studio e professionale di una persona e rappresenta il suo biglietto da visita al fine della ricerca di un posto di lavoro.

**Che cosa s'intende per COLLOQUIO DI LAVORO?**
Il colloquio è lo strumento conoscitivo che rappresenta la tappa fondamentale nella ricerca di un posto di lavoro.

Per una didattica inclusiva:

## Parole chiave

**RIFORME DEL LAVORO**
- Riforma Biagi
- Riforma Fornero
- Jobs Act

**CONTRATTI SPECIALI**
- Contratto di apprendistato
- Contratto a tempo parziale
- Contratto di lavoro a chiamata
- Contratto di somministrazione di lavoro

**CURRICULUM VITAE**
- Regole per la compilazione
- Lettera d'accompagnamento

**COLLOQUIO DI LAVORO**
- Colloquio individuale
- Colloquio di gruppo
- Colloquio online

## CLIL

### The job interview

An **interview** is a fact-finding tool and a key stage in finding a **job**. It takes place when a curriculum vitae or resume is judged to be interesting by a selection panel, and gives the opportunity to evaluate the personal characteristics and professional skills of a candidate.
Most selection processes include at least two interviews. The first is more general and allows candidate and firm to find out about one another. The second and possibly the third are more technical, and may be held by the head of the firm. It is essential to feel confident in a job interview and it may be helpful to consider that the interviewer is hoping to find the right person to fill the role in order to complete his or her task. For the interviewer, a good interview reveals clearly the strengths and weaknesses of the candidate.

**Exercise. Complete the sentences with the missing words.**

1. The curriculum vitae is the .............. .............. of the candidate and contains biographical details and information about educational qualifications and .................... skills.
2. An online ............... ..... ............ is arranged by email and takes place in a video call with the .................... of the firm.

*(selection panel, professional, job interview, calling card)*

## Verifica delle competenze

- Livello BASE: ✪ (Punteggio totale: 12)
- Livello INTERMEDIO: ✪✪ (Punteggio totale: 60)
- Livello AVANZATO: ✪✪✪ (Punteggio totale: 28)

### ✪ Esercizio 1). Impara ad imparare.

**Scelta multipla: evidenzia la risposta esatta. Il paragrafo indicato nella parentesi è quello su cui devi riflettere (2 punti per ciascuna scelta corretta).**

1. **È un contratto con finalità di formazione professionale (Par. n. 1):**
   a. contratto di lavoro part-time
   b. contratto di lavoro a chiamata
   c. contratto di somministrazione di lavoro
   d. contratto di apprendistato

2. **È un contratto che permette di assolvere l'obbligo d'istruzione (Par. n. 1):**
   a. il contratto a tempo determinato
   b. il contratto di lavoro a chiamata
   c. il contratto di apprendistato
   d. il contratto di somministrazione di lavoro

3. **Il tirocinio o stage non è destinato (Par. n. 2):**
   a. agli studenti di scuola superiore
   b. ai lavoratori con anni di esperienza lavorativa
   c. agli studenti universitari
   d. agli studenti di enti di formazione professionale

4. **Il curriculum vitae contiene (Par. n. 2):**
   a. l'indicazione degli interessi e degli sport praticati da un soggetto
   b. il percorso biografico e professionale di una persona
   c. i gusti musicali di un candidato per un posto di lavoro
   d. solo le informazioni anagrafiche del lavoratore

5. **La lettera di accompagnamento (Par. n. 2):**
   a. deve precedere il curriculum
   b. deve essere inviata dopo qualche giorno dall'invio del curriculum
   c. deve essere trasmessa assieme al curriculum
   d. non è necessaria

6. **È il colloquio che avviene tramite Internet (Par. n. 3):**
   a. individuale
   b. di gruppo
   c. online
   d. simulato

**Punti: ..../12**

### ✪✪ Esercizio 2). Individua collegamenti e relazioni.

**Collega ciascun numero alla lettera corrispondente (3 punti per ciascun collegamento esatto).**

1. Apprendistato
2. 2012
3. Contratto a tempo parziale
4. Colloquio individuale di lavoro
5. Curriculum europeo
6. Normativa sulla privacy
7. Job on call
8. Videocurriculum

a. Europass
b. Contratto di lavoro a chiamata
c. Videoclip
d. Autorizzazione al trattamento dei dati personali
e. Formazione di lavoratori
f. Part-time
g. Un candidato e un selezionatore
h. Riforma Fornero

| 1 | 2 | 3 | 4 | 5 | 6 | 7 | 8 |
|---|---|---|---|---|---|---|---|
| | | | | | | | |

**Punti: ..../24**

■ ✪✪ **Esercizio 3). Acquisisci ed interpreta l'informazione.**

**Indica se le seguenti affermazioni sono vere o false, motivando la risposta (3 punti per ciascuna risposta esatta).**

| | V | F |
|---|---|---|
| **1.** Il curriculum è quel documento che garantisce l'assunzione<br>Perché ........................................ | ☐ | ☐ |
| **2.** La riforma Biagi ha introdotto nuove forme di lavoro flessibile<br>Perché ........................................ | ☐ | ☐ |
| **3.** La flessibilità lavorativa ha ispirato le più recenti riforme del lavoro<br>Perché ........................................ | ☐ | ☐ |
| **4.** Il curriculum può essere inviato solo per posta ordinaria<br>Perché ........................................ | ☐ | ☐ |
| **5.** Il colloquio consente di farsi conoscere dai selezionatori di personale<br>Perché ........................................ | ☐ | ☐ |
| **6.** Gli unici colloqui di lavoro possibili sono quelli individuali<br>Perché ........................................ | ☐ | ☐ |

**Punti: ..../18**

■ ✪✪ **Esercizio 4). Comunica (rappresenta).**

**Completa la mappa concettuale che segue (3 punti per ciascun completamento esatto).**

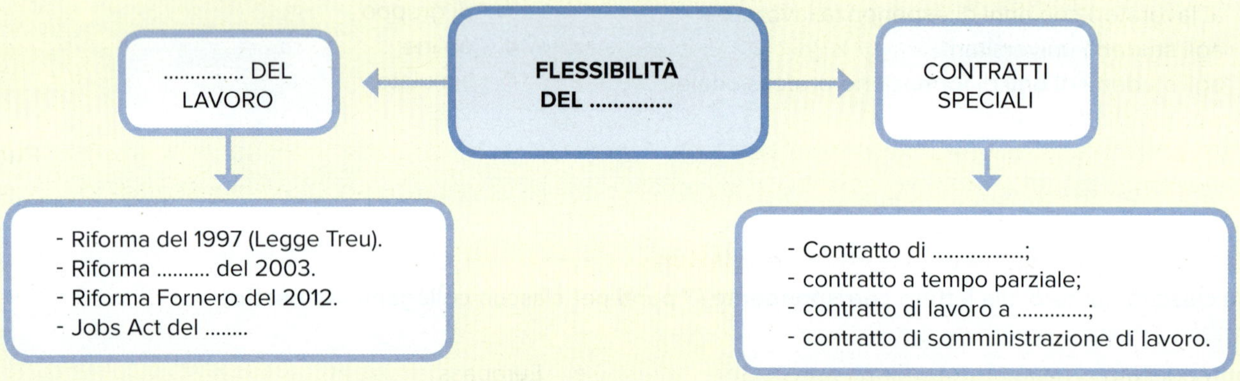


**Punti: ..../18**

■ ✪✪✪ **Esercizio 5). Comunica (comprendi).**

**Rispondi alle seguenti domande (4 punti per ciascuna risposta esatta).**

1. Quali sono i più diffusi contratti speciali di lavoro? (Par. n. 1)
2. Quali sono le regole fondamentali per compilare un curriculum efficace? (Par. n. 2)
3. Quali sono le diverse tipologie di colloquio di lavoro? (Par. n. 3)

**Punti: ..../12**

■ ✪✪✪ **Esercizio 6). Risolvi i problemi.**

**Analizza il caso e rispondi ai quesiti a risposta multipla (4 punti per ogni scelta multipla).**

Camilla ha vent'anni e poca esperienza lavorativa. Dopo il diploma ha effettuato un tirocinio formativo presso un'azienda della sua città che non ha portato a un'assunzione vera e propria. Per questo motivo, la ragazza ha inviato il suo curriculum a decine di imprese, nella speranza di essere convocata per un colloquio. Finalmente, le viene fissato un appuntamento presso un'azienda che opera nel settore tessile. Camilla è molto agitata, non sa come vestirsi né come comportarsi. Saresti in grado di darle qualche consiglio?

1. **È preferibile che Camilla al colloquio indossi:**
   a. jeans strappati, canottiera e scarpe da ginnastica
   b. pantaloncini corti e maglietta aderente
   c. un paio di pantaloni o una gonna con una camicia
   d. una tuta da ginnastica

2. **Come dovrà rispondere la ragazza al selezionatore?**
   a. con gli occhi bassi e le braccia incrociate
   b. guardandolo sempre negli occhi
   c. a monosillabi
   d. con sicurezza e arroganza

3. **Come dovrà comportarsi Camilla?**
   a. Dovrà arrivare con quindici minuti di ritardo, perché le persone importanti si fanno aspettare
   b. Dovrà essere puntuale, rilassata e gentile
   c. Dovrà essere aggressiva perché le persone grintose ai selezionatori piacciono sempre

4. **Che cos'è importante fare in un colloquio?**
   a. Vantare anche competenze che non si hanno, enfatizzando le proprie qualità
   b. Dimostrare di non essere interessati a un impiego qualunque, ma a quel posto in particolare, in quell'azienda

**Punti: ..../16**

**Calcola il punteggio totale conseguito e assegnati la valutazione a esso corrispondente:**

| Tabella di autovalutazione | |
|---|---|
| ☐ 100-87 | **A** Lavoro eccellente. |
| ☐ 86-67 | **B.** Lavoro buono. |
| ☐ 66-47 | **C.** Lavoro adeguato. |
| ☐ 46-2 | **D.** Lavoro da migliorare. |

**Verifica di autovalutazione di fine modulo**

## Un percorso per tutti

# Il mercato del lavoro

Questo è un percorso a tappe che rispetta i tempi e i bisogni di apprendimento di tutti, anche quelli speciali. Uno, due, tre, pronti ... VIA!

### TAPPA N. 1): acquisisci una visione d'insieme.

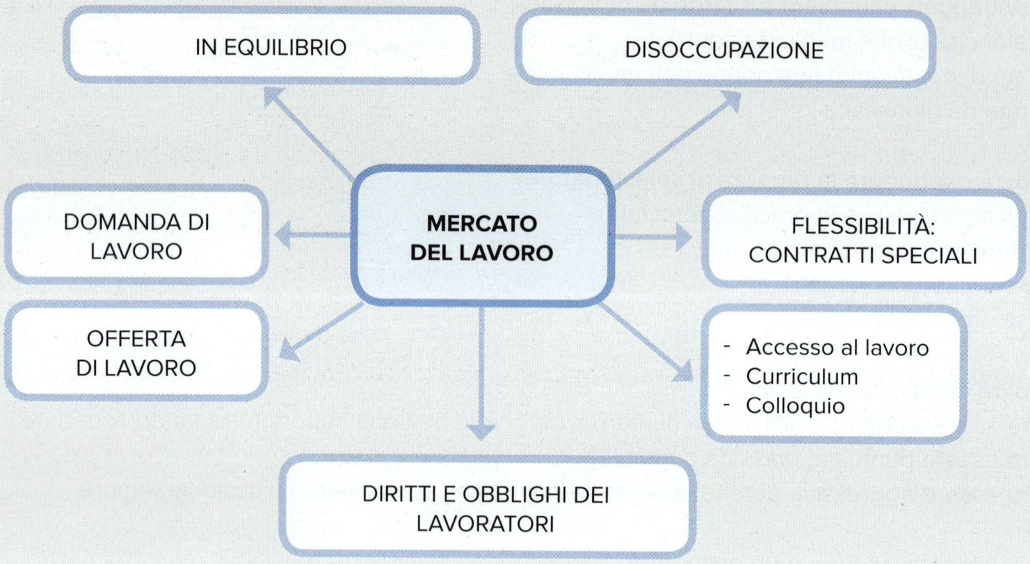


### TAPPA N. 2): sintetizza i concetti fondamentali.

**MERCATO DEL LAVORO**

**Definizione:** è l'insieme delle contrattazioni tra chi offre lavoro (lavoratori) e chi lo domanda (datori di lavoro, imprenditori).

**Domanda di lavoro:** la quantità di lavoro richiesta dalle imprese per la produzione di beni e servizi domandati dal mercato.

**Offerta di lavoro:** è costituita da uomini e donne che vogliono lavorare e che sono in cerca di un'occupazione.

**Mercato in equilibrio:** esso è in equilibrio quando non c'è disoccupazione, nel senso che l'offerta di lavoro è interamente assorbita dalla domanda.

**Disoccupazione:** essa fa riferimento alle persone che non hanno un lavoro e che ne cercano uno attivamente, senza riuscire a trovarlo.

**Cause della disoccupazione:** esse sono: insufficienza della domanda di lavoro rispetto all'offerta; introduzione di nuovi processi produttivi; trasferimento di manodopera da un settore produttivo a un altro.

**ACCESSO AL LAVORO**

**Pubblico impiego:** è subordinato al superamento di un concorso, che consiste in una serie di prove con le quali si accerta la professionalità del lavoratore e si assicura l'ingresso ai candidati più meritevoli e capaci.

**Impiego privato:** l'accesso a questo tipo di impiego avviene tramite i Centri per l'impiego, le Agenzie per il lavoro o l'assunzione diretta da parte del datore di lavoro.

**Curriculum:** è il documento contenente il percorso biografico, di studio e professionale di una persona e rappresenta il suo biglietto da visita per la ricerca di un posto di lavoro.

**Colloquio:** è lo strumento conoscitivo che rappresenta la tappa fondamentale nella ricerca di un posto di lavoro. Può essere: **individuale**, quando avviene tra il candidato e la persona addetta alla selezione del personale, all'interno dell'azienda o con consulenti esterni cui è affidata la ricerca; **di gruppo**, quando prevede discussioni o simulazioni proposte a più candidati insieme, riuniti sotto la guida di

un esperto selezionatore che, dopo aver spiegato le regole, resta in silenzio ad osservare; **online**, se è concordato preventivamente via e-mail e sostenuto in videoconferenza con il selezionatore dell'azienda.
**Sospensione del rapporto di lavoro:** si ha quando l'esecuzione del contratto di lavoro diventa temporaneamente impossibile, per cause riguardanti il lavoratore, come la malattia, l'infortunio, la gravidanza. In tal caso, il lavoratore ha diritto al versamento della retribuzione o, al suo posto, di un'indennità erogata dagli istituti previdenziali (es. INPS).
**Estinzione del rapporto di lavoro:** si verifica quando gli effetti del contratto cessano e sia il lavoratore sia il datore di lavoro non hanno più reciprocamente diritti e doveri, per cause regolate in modo specifico dal diritto, come il licenziamento da parte del datore di lavoro, le dimissioni del lavoratore, l'accordo delle parti, la scadenza del termine o la morte del lavoratore.

**DIRITTI E OBBLIGHI DEI LAVORATORI**
**Diritti:** i principali diritti dei lavoratori sono: diritto alla retribuzione (stipendio); diritto al riposo giornaliero, settimanale e alle ferie annuali; diritto alla parità tra uomo e donna; diritto dei lavoratori minorenni a essere tutelati; diritto all'assistenza sociale degli inabili al lavoro; diritto alla previdenza sociale; diritto alla salute e alla sicurezza nei luoghi di lavoro.
**Obblighi:** i principali obblighi dei lavoratori sono: obbligo di eseguire personalmente la prestazione; obbligo di diligenza; obbligo di fedeltà; obbligo di obbedienza.

**FLESSIBILITÀ**
**Definizione:** è intesa come fattore in grado di aumentare l'occupazione e di garantire, in generale, maggiore libertà delle imprese di avvalersi dei lavoratori per periodi di tempo determinati, con mansioni differenti, orari di lavoro diversi, con la possibilità di variarne il numero, in base alle esigenze della produzione e agli andamenti ciclici dell'economia.
**Contratti speciali:** sono definiti in questo modo perché sono regolati dal legislatore e non dal codice civile e hanno lo scopo di agevolare l'ingresso nel mondo del lavoro. Tra essi quello più utilizzato per i giovani è il **contratto di apprendistato** che ha lo scopo di formare lavoratori dai 15 ai 29 anni. Esistono tre tipologie di apprendistato, tra le quali è compresa quella per la qualifica e per il diploma professionale e di istruzione secondaria superiore, che consente di assolvere l'obbligo d'istruzione (previsto fino a 16 anni), lavorando.

**TAPPA N. 3): mettiti alla prova.**

- Riascolta la sintesi, mediante il supporto audio.
- Verifica se hai compreso:

- **Esercizio per l'apprendimento. Comunica (comprendi).**
**Rispondi ai quesiti, utilizzando uno dei suggerimenti indicati nella parentesi.**

a. Il contratto di lavoro si estingue (cioè finisce definitivamente) per: ..........................
(Gravidanza, malattia, licenziamento).
b. A quale tipo di impiego si accede tramite concorso? ..................................
(Privato, pubblico, né pubblico né privato).
c. Quale tipo di colloquio si svolge tramite Internet? ............................
(Di gruppo, individuale, online).
d. Qual è un diritto del lavoratore? ...............................
(Retribuzione, diligenza, fedeltà).

Verifica facilitata di autovalutazione di fine modulo

- Misura la tua preparazione, avvalendoti degli esercizi facilitati di autovalutazione che trovi nei materiali digitali, sul sito del libro.

## Compito di realtà

**Esamino il testo:**

### *Robot e occupazione*

Nelle imprese italiane il processo produttivo avviene per lo più con l'impiego di nuove tecnologie e si parla sempre più spesso di macchine intelligenti, di intelligenza artificiale e di Impresa 4.0.
Nel 2015, la International Federation of Robotics (IFR) rilevava che nelle attività umane erano impiegati più di tre milioni di robot (es. robotica medica, industriale e ambientale).
L'Istituto Italiano di Tecnologia (IIT) di Genova ha realizzato un robot androide (Walk-Man), alto 185 cm, per compiti pericolosi, come gli interventi di salvataggio in caso d'incendio.
Con "Impresa 4.0" si intende una produzione e una gestione aziendale che si aggiorna secondo i modelli di connessione e integrazione digitale, contando su incentivi e finanziamenti da parte dello Stato.
"Sulla linea di produzione ci sono i robottini che lavorano fianco a fianco con gli operai. Le piattaforme cloud per la raccolta dei dati; un bel po' di sensori a far da badante ai macchinari: avvisano se funzionano e quando rischiano di rompersi. Software sempre più complessi, magazzini intelligenti, le stampanti 3D".*
L'impresa 4.0, detta anche "quarta rivoluzione industriale", suscita due interrogati fondamentali riguardo all'occupazione: saremo destinati a lavorare sempre meno per essere sostituiti da macchine sempre più sofisticate? O ci sarà ancora bisogno dell'intelligenza umana dove serve innovazione, empatia, creatività?
Il rapporto della Commissione del lavoro del Senato "Impatto sul mercato del lavoro della quarta rivoluzione industriale" rileva che il 10% dei lavoratori rischia di essere sostituito da robot, mentre il 44% dovrà modificare le sue competenze.
Accanto ai lavori che scompaiono, nascono nuove professionalità per interagire con le nuove macchine come, ad esempio, analisti del business digitale, hardware engineer, esperti di cybersicurezza che rappresentano le nuove competenze sempre più richieste dal mercato del lavoro.

* *Fonte: Corriere della sera del 29 settembre 2017- supplemento "Corriere Innovazione"*

**Applico le conoscenze:**

1. Sai riportare la definizione di "Impresa 4.0"?
2. Riesci a identificare gli ambiti in cui possono essere maggiormente impiegati i robot?
3. Come risponderesti ai quesiti in tema di Impresa 4.0 e occupazione, contenuti nel brano?
4. Sei in grado di individuare gli effetti della "quarta rivoluzione industriale" sul mercato del lavoro?
5. Sai identificare nel testo le nuove specializzazioni che premiano l'occupazione?

**Sviluppo le competenze e mi confronto:**

Di recente, il Ministero dello Sviluppo economico con il "Piano Industria 4.0", ribattezzato Impresa 4.0, ha dato una spinta enorme all'introduzione della cosiddetta Intelligenza artificiale dentro le fabbriche, riconoscendo super incentivi fiscali per l'acquisto di macchine e software.
Individua sul sito di questo Ministero gli aspetti fondamentali che caratterizzano il "Piano Impresa 4.0" e condividi i risultati della ricerca con i tuoi compagni di classe.

**Valuto le mie competenze:**

| Competenze | A Livello Avanzato | B Livello Intermedio | C Livello Base | D Livello Iniziale |
|---|---|---|---|---|
| • Riconosco le caratteristiche essenziali del sistema socio-economico per orientarmi nel tessuto produttivo del mio territorio.<br>• Ricerco informazioni in Rete (competenza digitale).<br>• Imparo ad imparare.<br>• Individuo collegamenti e relazioni.<br>• Acquisisco ed interpreto le informazioni.<br>• Comunico.<br>• Collaboro e partecipo. | **Lavoro eccellente**<br>☐<br>Applico con consapevolezza le conoscenze acquisite alla vita reale; comprendo e valuto informazioni, con buona padronanza del lessico della disciplina, collaborando in modo efficiente. | **Lavoro buono**<br>☐<br>Applico in autonomia le conoscenze acquisite alla vita reale; comprendo e valuto informazioni, con un uso appropriato del lessico della disciplina, collaborando in modo efficace. | **Lavoro adeguato**<br>☐<br>Applico le conoscenze essenziali acquisite alla vita reale; reperisco informazioni di base, utilizzando i termini fondamentali della disciplina e collaborando in modo corretto. | **Lavoro da migliorare**<br>☐<br>Applico alcune conoscenze elementari acquisite alla vita reale, se guidato; fatico a reperire le informazioni di base, con un uso limitato dei termini della disciplina, collaborando in modo passivo. |

## Educazione Digitale

# La reputazione online e la ricerca del lavoro

La diffusione di Internet e dei social network ha modificato radicalmente il modo di comunicare, di organizzare il tempo libero, di prenotare viaggi, di vendere e comprare beni di consumo.

Anche i modi per cercare un posto di lavoro sono cambiati.

La Rete è diventata uno dei principali canali di contatto perché, rispetto alle solite inserzioni sui giornali, evidenzia in modo rapido e immediato le offerte occupazionali delle imprese.
Negli ultimi anni, si sono moltiplicati i siti specializzati che pubblicano annunci di lavoro, che aprono nuove strade anche per chi è alla ricerca di personale, mettendo a disposizione un'innumerevole quantità di informazioni o curriculum di lavoratori da assumere.

È sempre più diffusa l'abitudine, anche da parte dei selezionatori, di verificare sul web il profilo dei candidati, ancora prima di aver fissato un colloquio con loro. Questo significa che, se vuoi avvalerti delle opportunità che il nuovo mercato del lavoro e la Rete offrono, devi crearti una buona **reputazione online**. Con tal espressione s'intende l'insieme delle informazioni o notizie che tu dai su te stesso, unitamente a ciò che gli altri dicono di te.

▶ Buona reputazione online

Una volta, la formazione della propria identità sociale avveniva con un processo lento e sedimentato nel tempo, frutto del passaparola. Oggi, Internet ha moltiplicato gli ambiti in cui una persona può mostrarsi agli occhi del mondo (es. social network, forum, blog), diffondendo in modo istantaneo dati e contenuti.
In questo spazio globale, la reputazione può essere creata o distrutta in pochissime ore. È importante proteggere le informazioni personali perché, una volta online, non si è più in grado di controllarle: possono essere falsate, manipolate e utilizzate in contesti diversi da quelli originari, creando un'immagine di noi stessi che non ci appartiene.

Anche gli errori e le cadute di stile hanno un peso maggiore rispetto al passato. In generale, infatti, non è possibile cancellare le notizie presenti in Rete solo perché danneggiano il profilo digitale di una persona o perché in futuro potrebbero ostacolarla nella **ricerca di un lavoro**.

Vuoi un esempio?

Un giorno Luca, a sedici anni, si è reso protagonista di una rissa in discoteca? Beveva alcool e si ubriacava il sabato sera. Una sua amica si faceva fotografare in abiti succinti e litigava con tutti. Quell'altro era dipendente del gioco d'azzardo, insultava gli insegnanti su Facebook e minacciava i compagni di classe.

Tutto, ma proprio tutto, resta scolpito in Rete per l'eternità.

Come ognuno di noi utilizza Google per cercare notizie su persone appena conosciute verso le quali ha un interesse, allo stesso modo chi si occupa di selezione del personale può cliccare il nome del candidato su un qualsiasi motore di ricerca, per trovare cosa dice di sé e cosa gli altri dicono di lui.

La prima pagina di notizie e risultati orienta immediatamente l'opinione di chi ha consultato il web e si traduce in un giudizio che può avere una valenza positiva o negativa.

Può anche accadere che molte di queste informazioni siano interpretate in modi cui non avresti mai pensato. Un'immagine che ti ritrae mentre balli e canti con gli amici, con una bottiglia in mano, che oggi decidi di condividere in Rete, domani potrebbe rappresentare un ostacolo per il datore di lavoro dal quale vorresti essere assunto.

Ecco alcuni **suggerimenti o regole di buona condotta** per difendere la tua reputazione online:

1. **Attiva tutte le impostazioni di privacy**. È fondamentale che esse siano utilizzate in tutti i tuoi account sui social network, affinché le informazioni personali restino riservate mentre navighi sul web. Prima di "postare" immagini o opinioni private, pensa all'identità dei tuoi contatti (solo amici o anche professori, semplici conoscenti o magari futuri datori di lavoro) e scegli a chi consentire l'accesso ai tuoi contenuti.

2. **Rifletti prima di pubblicare foto o video**. Una volta che essi sono pubblicati in Rete diverranno visibili a chiunque. È opportuno evitare quindi che immagini che ti ritraggono in situazioni imbarazzanti o ardite possano essere viste un giorno proprio dal datore di lavoro dal quale vorresti essere assunto.

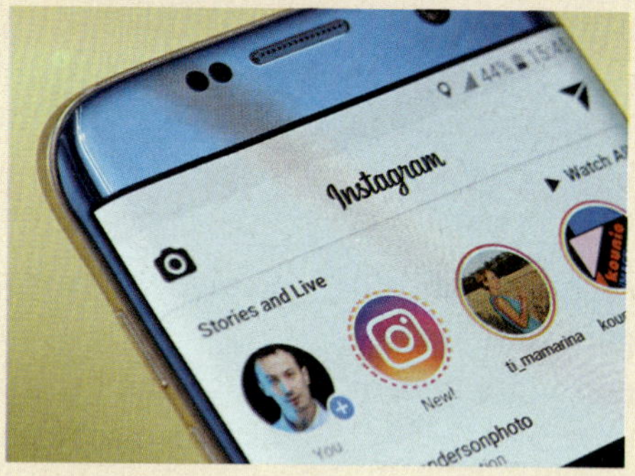


▸ Foto online

3. **Fai attenzione a utilizzare tag**. Poiché esse funzionano come una sorta di etichetta, per collegare un testo a un'immagine, rendono pubbliche ad altre persone foto che sarebbero dovute rimanere riservate e moltiplicano le possibilità di comparire in Internet, spesso a sproposito.

▸ Reputation management

4. **Usa un linguaggio corretto e non offendere nessuno**. Evita espressioni volgari o lesive della dignità e del decoro altrui. Se partecipi a forum o a gruppi di discussione, sii moderato nei giudizi e nei contenuti. Tutto ciò che scrivi sul web può essere letto da chiunque e vi rimane per sempre.

5. **Controlla le informazioni online sul tuo conto e agisci per rimuoverle**. Se in Internet trovi informazioni false o commenti ingiuriosi o diffamatori nei tuoi confronti, sappi che puoi chiedere al proprietario o al gestore del sito di rimuoverle. In difetto, in casi specifici di violazione di legge, è possibile promuovere un'azione legale.

In quest'ultimo caso, se anche la strada giudiziale non è percorribile, perché l'informazione non può essere cancellata, è possibile avvalersi dei servizi offerti da società che si occupano di "web reputation management", ossia di protezione, controllo e miglioramento della reputazione in Rete. Si tratta di professionisti che sono in grado, ad esempio, di attuare strategie per occupare le prime pagine dei motori di ricerca, in modo da mettere in secondo piano le informazioni e i contenuti sgraditi.

## Mettiamoci alla prova

**Competenze di base e di cittadinanza:**

- collocare l'esperienza personale in un sistema di regole fondato sul reciproco riconoscimento dei diritti garantiti dalla Costituzione, a tutela della persone, della collettività e dell'ambiente;
- agire in modo autonomo e responsabile;
- collaborare e partecipare;
- risolvere i problemi;
- acquisire ed interpretare l'informazione.

**Lavoro di gruppo:**

1. Dopo aver letto attentamente l'approfondimento in tema di educazione digitale, la classe si divide in gruppi di lavoro.
2. Ogni gruppo legge e analizza attentamente il seguente caso:
   *Carlo è un ragazzo di vent'anni, appena diplomato, che vanta una serie di profili su diversi social network nei quali fa "bella mostra" di sé, dei suoi tatuaggi sul petto, dei piercing sul naso e delle "bravate" con gli amici. Racconta che ha sostenuto molti colloqui di lavoro, in occasione dei quali si è vestito bene, senza piercing, nascondendo i tatuaggi, mostrandosi gentile e disponibile. Ciononostante, alla fine, si è sempre sentito dire: "Ci dispiace, ma cerchiamo persone serie e affidabili". L'ultima volta, si è fatto coraggio e al responsabile del personale di una nota azienda, presso la quale si era recato per partecipare a una selezione per un posto nell'ambito dell'area commerciale, ha chiesto: "Che cosa c'è che non va in me?". A quella domanda, Carlo si è sentito rispondere: "Non ha certo una buona reputazione sul web! Noi prendiamo in considerazione solo profili di un certo tipo".*
3. Che cosa s'intende per "reputazione online" e perché è diventata così importante?
4. Esistono rimedi per "ripulire" la propria reputazione in Rete?
5. Nel frattempo, quali suggerimenti potrebbero essere utili al ragazzo per il futuro?
6. Dopo una breve discussione, i membri di ciascun gruppo rispondono per iscritto alle domande proposte e riferiscono alla classe.
7. Si apre il dibattito per esaminare e votare il gruppo che ha elaborato le soluzioni migliori per Carlo.

# 5 IL MERCATO DELLA MONETA

**UdA 1**
La moneta e il credito → MONETA A CORSO LEGALE → MONETA A CORSO FIDUCIARIO → INFLAZIONE → UNIONE MONETARIA EUROPEA

**UdA 2**
Le banche e il sistema bancario → MERCATO MONETARIO E FINANZIARIO → OPERAZIONI BANCARIE → BANCA D'ITALIA → BANCA CENTRALE EUROPEA (BCE)

**Alla fine di questo percorso didattico, comprenderai il valore della moneta e il ruolo svolto dalle banche nel nostro Paese e nell'ambito dell'Unione europea.**

**FLIPPED classroom**

**A casa: lezione**

Leggo e ascolto i materiali digitali:
- Le banche online (*PowerPoint*).
- L'Istituto poligrafico e la Zecca dello Stato (*PowerPoint*).
- Statuto di una banca etica (Pdf).
- "Ripassiamo insieme" (Audio).
- "Parole chiave" (Animazione).

**A scuola: sviluppo le competenze**

Rifletto:
- Confronto e dibattito in classe.
- Verifica delle competenze di fine unità di apprendimento.

Mi metto alla prova:
- Compito di realtà di fine modulo.

# UdA 1 LA MONETA E IL CREDITO

## 1. La moneta e le sue funzioni

**La moneta**

Ogni sistema economico è basato sugli scambi commerciali e **la moneta** è lo strumento che consente e agevola la circolazione e il trasferimento dei beni e dei servizi. La moneta svolge anche altre **funzioni**, in quanto è:

▸ Moneta come mezzo di pagamento

- un **mezzo universale di pagamento**, che ha sostituito il baratto e che è accettato da tutti i soggetti economici come corrispettivo per l'acquisto di merci, per la prestazione di servizi e per l'estinzione di debiti;
- uno **strumento di misurazione del valore dei beni e dei servizi**, perché attribuisce ad ogni bene e servizio il proprio valore o prezzo;

**Esempio:** un'ora di lavoro vale circa trenta euro, un caffè un euro, una camicia cinquanta euro.

▸ Moneta come misurazione del valore del bene

- una **riserva di valore**, che permette di trasferire nel tempo e nello spazio il potere d'acquisto dei consumatori o di chi effettua degli scambi.

**Esempio:** con il risparmio si accumula e si conserva ricchezza per essere usata in futuro; con la vendita del patrimonio immobiliare si può trasferire la ricchezza da un luogo a un altro.

Dentro l'**economia**

### Il baratto

È stata la prima forma di scambio tra i soggetti economici, quando esisteva l'economia naturale. Esso consisteva nella cessione di un bene (es. sale) in cambio di un bene di tipo diverso (es. grano). Questa forma di scambio, tuttavia, aveva una serie d'inconvenienti (es. l'indivisibilità dei beni, la deperibilità delle merci e l'individuazione del valore dei beni da scambiare) e perciò, con l'aumentare degli scambi tra i diversi soggetti economici, si passò a un'economia monetaria basata sull'uso di un mezzo di scambio rappresentato dalla moneta.

**Esercizio A) per l'apprendimento. Impara ad imparare.**
**Dopo aver individuato gli errori, riscrivi le frasi correttamente.**

1. La moneta non è un mezzo universale di pagamento, in quanto la stessa non ha sostituito completamente il baratto.

   ..............................................................................................................................

2. La moneta è uno strumento di misurazione del valore dei beni e servizi, perché permette di trasferire nel tempo e nello spazio il potere d'acquisto dei consumatori.

..........................................................................................................................................

3. Il risparmio consente di consumare immediatamente la moneta.

..........................................................................................................................................

## 2. I tipi di moneta

L'Istituto poligrafico della Zecca di Stato

Un tempo, la moneta era rappresentata da oro, argento o banconote convertibili in metalli preziosi; attualmente, essa è costituita da:

La moneta a corso legale

- **moneta a corso legale**, che comprende sia la moneta metallica (es. un euro), coniata dalla Zecca di Stato, sia le banconote o biglietti di banca (es. venti euro) emessi dalla Banca d'Italia, Banca centrale nazionale, su autorizzazione della Banca centrale europea (BCE). La moneta a corso legale è imposta con legge dello Stato e deve essere accettata obbligatoriamente da tutti come mezzo di pagamento;

▸ Moneta a corso legale

**La Banca centrale:** è un istituto di credito che ha il compito di controllare e di indirizzare l'attività di ogni banca nazionale, emettendo moneta e controllandone la quantità in circolazione.

La moneta a corso fiduciario

- **moneta a corso fiduciario**, che si crea con i pagamenti mediante il sistema bancario e che circola grazie alla fiducia accordata ad essa dagli operatori economici. Per questo motivo, può non essere accettata come forma di pagamento. Essa comprende:
  - la **moneta bancaria**, costituita essenzialmente dagli assegni circolari e bancari, che presuppongono l'esistenza presso una banca della moneta necessaria al pagamento;
  - la **moneta commerciale,** come la cambiale che consente, ad esempio, di acquistare un bene, posticipando il pagamento del prezzo in futuro;
  - la **moneta elettronica**, costituita essenzialmente da carte bancomat, carte di credito e carte prepagate, che permettono pagamenti virtuali, senza passaggio fisico di denaro.

▸ Moneta elettronica: carta di credito

**Banca centrale europea (BCE):** è una delle istituzioni dell'Unione europea, fondata a Francoforte (Germania) nel 1998. Il suo compito principale è autorizzare l'emissione di banconote da comunicare alle singole banche nazionali.

| TIPI DI MONETA | |
|---|---|
| MONETA A CORSO LEGALE | ▪ Moneta metallica (es. dieci centesimi)<br>▪ Banconote (es. biglietto di banca da trenta euro) |
| MONETA A CORSO FIDUCIARIO | ▪ Moneta bancaria (es. assegno)<br>▪ Moneta commerciale (es. cambiale)<br>▪ Moneta elettronica (es. bancomat) |

Dentro l'**economia**

## Moneta a corso fiduciario

**Moneta bancaria.**
Con l'**assegno bancario**, il titolare di un conto corrente ordina alla propria banca di versare la somma indicata nell'assegno stesso a un'altra persona (beneficiario).
Con l'**assegno circolare**, al contrario, è la banca che emette direttamente l'assegno in seguito al denaro depositato in anticipo dal suo cliente che ordina di versarlo a un altro soggetto. Tale assegno, essendo emesso dalla banca, è di sicuro buon fine e, per questo motivo, è facilmente accettato come mezzo di pagamento.
**Moneta commerciale.**
Esistono due tipi di cambiali: il **pagherò cambiario** che contiene la promessa sottoscritta da un soggetto di pagare una determinata somma a favore di un altro soggetto, indicato sul titolo stesso, a una certa data; la **cambiale tratta** che prevede l'ordine che un soggetto dà ad un altro (di norma suo debitore) di pagare un determinato importo a favore di un terzo creditore, a una scadenza prestabilita.
**Moneta elettronica.**
Il **bancomat** è una tessera magnetica personale che consente al titolare di un conto corrente di effettuare operazioni bancarie di vario genere (es. prelievo di denaro, ricarica telefonica), da uno qualsiasi degli sportelli automatici delle banche che assicurano questo servizio.
La **carta di credito** (es. Visa, MasterCard, American Express), normalmente rilasciata dalla banca, ha la forma di una tessera magnetica, che permette di fare acquisti, effettuando pagamenti, i cui importi vengono addebitati in un secondo momento sul conto corrente del possessore della carta.

■ **Esercizio B) per l'apprendimento. Individua collegamenti e relazioni.**
**Cerca l'estraneo, evidenziandolo nel testo.**

1. Moneta a corso legale, banconote, moneta metallica, moneta a corso fiduciario.
2. Carta prepagata, bancomat, banconota, carta di credito.
3. Cambiale, moneta metallica, assegno circolare, assegno bancario,
4. Moneta bancaria, moneta commerciale, moneta a corso legale, moneta elettronica.

# 3. Il valore della moneta

Non esiste un unico significato di **valore della moneta**, perché, in base agli aspetti che si prendono in considerazione, si possono distinguere almeno quattro diversi concetti di valore:

Il valore intrinseco

- **valore intrinseco**, che è dato dal valore del materiale con cui è fatta la moneta (metallo, carta). Attualmente le banconote e le monete metalliche sono costituite da materiali di poco conto e, pertanto, il valore intrinseco della moneta è quasi inesistente;

Il valore nominale

- **valore nominale o legale**, che è il valore stampato sulle banconote dall'Istituto poligrafico dello Stato o impresso sulle monete dalla Zecca di Stato;

▸ valore nominale

**Il valore di cambio**

- **valore di cambio**, che è il valore della moneta nazionale rispetto a quello della moneta estera;

**Esempio:** una banconota da dieci euro vale circa dieci dollari.

**Il valore estrinseco o potere d'acquisto**

- **valore estrinseco o potere d'acquisto**, che rappresenta la quantità di beni e servizi che è possibile acquistare con una determinata quantità di moneta.

**Esempio:** il potere di acquisto di un euro può corrispondere a una tazzina di caffè.

Tra questi valori, il potere d'acquisto è il più importante ed è strettamente collegato al prezzo del bene che si vuole acquistare. In particolare, se il prezzo del bene aumenta, il valore della moneta diminuisce e viceversa (relazione inversamente proporzionale). Se si indica con *Pa* il potere d'acquisto della moneta e con *P* il livello dei prezzi, si può esprimere la seguente relazione tra le due grandezze:

$$Pa = 1/P$$

**Esempio:** **Antonio con trenta euro fa il pieno di carburante per il motorino. Se il prezzo raddoppia, con i trenta euro non sarà più possibile riempire tutto il serbatoio, ma solo la metà. Viceversa, se il prezzo del carburante si dimezza, oltre al pieno, Antonio avrà un resto di quindici euro.**

## 4. L'inflazione: cause ed effetti

**L' inflazione**

Si definisce **inflazione** l'aumento generalizzato e continuo del livello dei prezzi di beni e servizi e la conseguente diminuzione del potere d'acquisto della moneta.

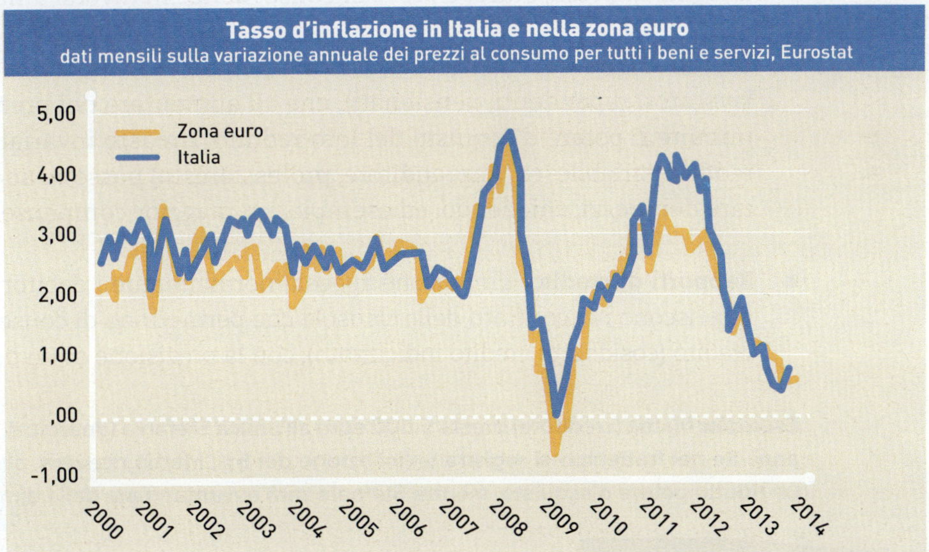


*Fonte: elaborazione DIPE su dati Eurostat, con adattamenti*

**La deflazione**

Al contrario, si chiama **deflazione** la diminuzione generalizzata ed incessante del livello dei prezzi dei beni e servizi. La produzione cala, i redditi pure e di conseguenza anche i prezzi. Pur di indurre il consumatore all'acquisto si ribassano i prezzi e si rinuncia al guadagno. La deflazione coincide con una situazione economica di crisi.

**La stagflazione**

Quando, oltre all'inflazione, si assiste a un generale rallentamento dell'economia, si è in presenza della **stagflazione**, dovuta, ad esempio, alla bassa produzione o alla mancanza d'investimenti o d'innovazione.

**Le cause dell'inflazione**

Le **cause** che producono l'**inflazione** sono principalmente due:

▸ Stagflazione

- l'**aumento dei costi di produzione** (inflazione da costi), provocata dalla crescita dei costi di produzione (es. materie prime, salari) che gli imprenditori tendono a trasferire sui beni e servizi prodotti, aumentando il prezzo di vendita in modo da mantenere invariato il livello dei loro profitti;

**Esempio:** un produttore di scarpe vede aumentare il prezzo del cuoio (costo di produzione) e, contemporaneamente, non riesce ad aumentare il numero di scarpe prodotte. Se l'imprenditore vuole mantenere inalterati i suoi guadagni dovrà aumentare il prezzo di vendita delle scarpe.

- l'**aumento della domanda di beni e servizi** (inflazione da domanda), causata dall'eccesso di domanda sul mercato di beni e servizi, cui non corrisponde una sufficiente produzione;

**Esempio:** si è diffusa tra gli adolescenti la moda di indossare un certo capo d'abbigliamento (berretto) la cui domanda, in breve tempo, ha diminuito i capi a disposizione sul mercato. Qualora la produzione non sia incrementata, la costante crescita della domanda produrrà l'aumento del prezzo del bene.

**Gli effetti dell'inflazione**

Quali sono gli **effetti** dell'**inflazione** sul sistema economico?

Essa genera effetti negativi e crea indecisione e sfiducia sulle aspettative degli operatori economici (famiglia, impresa, Stato) e provoca conseguenze in diversi ambiti:

- **Distribuzione del reddito**. L'inflazione penalizza soprattutto i percettori di reddito fisso (es. lavoratori dipendenti, pensionati), che all'aumentare dei prezzi dei beni e servizi, vedono diminuire il potere d'acquisto del loro reddito, rimasto invariato. Coloro che, invece, hanno un reddito variabile (es. imprenditore, professionista) possono adeguare il loro reddito all'aumentare dei prezzi, chiedendo, ad esempio, un maggior compenso per le loro prestazioni.

- **Rapporti di credito**. L'inflazione agevola normalmente i debitori e danneggia i creditori che non inseriscono nei contratti delle clausole che permettono di conservare nel tempo il valore del loro credito (cosiddetto credito indicizzato), con la previsione di un determinato tasso d'interesse.

**Esempio:** Mattia (creditore) presta 5.000 euro all'amica Stefania (debitrice), con l'obbligo di restituirglieli fra due anni. Se nel frattempo si registra un'inflazione del 5%, Mattia riceverà, alla scadenza, la somma prestata con un ridotto potere d'acquisto, mentre Stefania sarà avvantaggiata dalla diminuzione del valore del suo debito.

▸ Servizio pubblico: istruzione

- **Spesa pubblica**. L'inflazione penalizza lo Stato che deve sopportare costi sempre maggiori per l'erogazione dei servizi pubblici essenziali (es. istruzione, sanità) e per il mantenimento dell'apparato amministrativo (es. stipendi ai dipendenti pubblici).

- **Rapporti commerciali internazionali**. L'inflazione favorisce le importazioni a danno delle esportazioni, in quanto i prezzi dei prodotti nazionali sono più elevati di quelli dei prodotti stranieri che risultano più convenienti di quelli nazionali.

| INFLAZIONE | |
|---|---|
| **CAUSE** | **EFFETTI** |
| ■ Aumento dei costi di produzione<br>■ (inflazione da costi).<br>■ Aumento della domanda di beni e servizi<br>■ (inflazione da domanda). | ■ Penalizza i lavoratori con uno stipendio fisso.<br>■ Danneggia i creditori e agevola i debitori.<br>■ Aumenta la spesa pubblica.<br>■ Favorisce le importazioni a danno delle esportazioni. |

■ **Esercizio C) per l'apprendimento. Comunica (comprendi).**
**Rispondi ai quesiti, utilizzando uno dei suggerimenti indicati nella parentesi.**

1. Qual è il valore della moneta stampato sulle banconote? ..........
(intrinseco, estrinseco, nominale).
2. Quale fenomeno economico determina la perdita del potere d'acquisto della moneta? ..........
(aumento del valore nominale, aumento del livello dei prezzi, diminuzione del livello dei prezzi).
3. Da che cosa è prodotta l'inflazione da costi? ..........
(eccesso di domanda di beni, crescita dei costi di produzione, crescita generalizzata dei prezzi).
4. Quali soggetti penalizza l'inflazione? ..........
(lavoratori dipendenti, lavoratori autonomi, debitori).

## 5. L'Euro e l'Unione monetaria europea

L'euro

L'**euro** è la moneta che ha dato vita all'Unione economica e monetaria europea (UEM) e che, dal 1°gennaio 2002, ha sostituito le monete nazionali di diciannove dei ventotto Stati membri dell'Unione europea, formando la cosiddetta **Eurozona**.

L'eurozona

**Gli Stati dell'Eurozona:**
Italia, Lussemburgo, Belgio, Germania, Slovenia, Malta, Spagna, Irlanda, Francia, Paesi Bassi, Austria, Portogallo, Grecia, Finlandia, Cipro, Estonia, Slovacchia, Lettonia, Lituania.

**Stati dell'Unione europea che non utilizzano l'euro:**
Bulgaria, Croazia, Regno Unito, Repubblica Ceca, Romania, Svezia, Ungheria, Danimarca, Polonia.

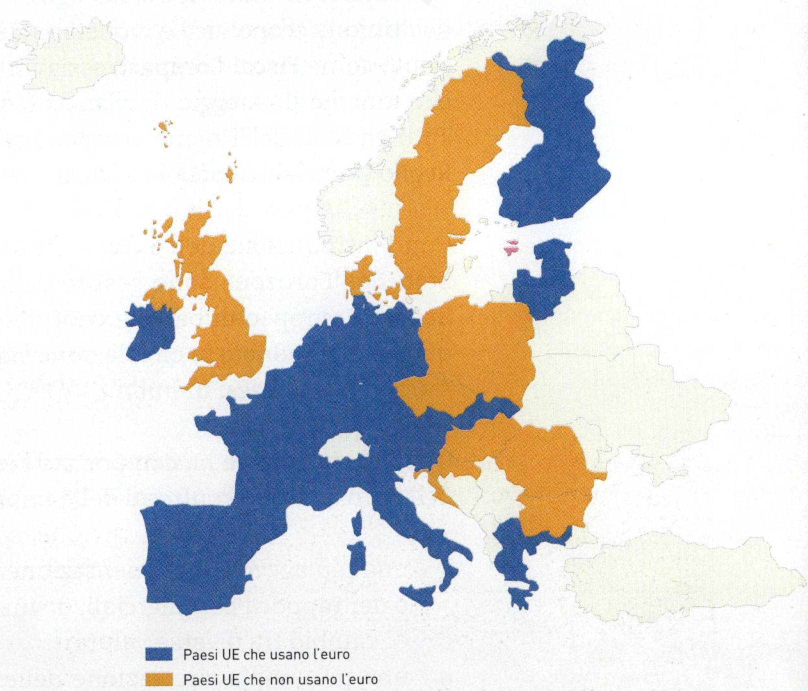


*Fonte: L'UE: schede informative – I fondamenti dell'Unione europea (europa.eu), con adattamenti.*

**I criteri di convergenza**

Per poter entrare a far parte della UEM e adottare l'euro come moneta unica, i Paesi membri devono avere determinate condizioni economiche, che rispondano ai **criteri** cosiddetti **di convergenza**, stabiliti dal Trattato di Maastricht del 1992, che prevedono, tra l'altro:

- la stabilità dei **prezzi** e il relativo contenimento del **tasso d'inflazione**;
- una variabilità limitata dei **tassi d'interesse** (compenso, espresso in percentuale, pagato al creditore, in occasione di un prestito);
- un **debito pubblico** non superiore al 60%, rispetto al prodotto interno lordo (PIL) (insieme dei valori monetari dei beni e dei servizi prodotti in uno Stato);
- un **disavanzo pubblico** (che si ha quando le spese della pubblica amministrazione superano le entrate) entro il 3% del PIL.

**Il patto di stabilità e di crescita**

Per quest'ultimo criterio, sono stati attribuiti alle istituzioni europee (es. Consiglio) sia il potere di controllare i bilanci pubblici degli Stati dell'Eurozona sia quello di sanzionare gli Stati che presentano bilanci fuori dai parametri, in forza del **Patto di stabilità e crescita**, stipulato ad Amsterdam nel 1997.

**Politica economica:** è l'insieme degli interventi con i quali l'autorità pubblica (es. Governo) orienta l'attività economica a sostegno, ad esempio, dell'occupazione, della stabilità del livello dei prezzi. Gli strumenti principali di cui si serve la politica economica sono: la politica monetaria, la politica fiscale e di bilancio.

**Il "Fondo salva Stati"**

In seguito alla crisi economica e finanziaria che ha colpito buona parte dei Paesi dell'Unione europea, nel 2012, è stato istituito il Meccanismo europeo di stabilità (MES), cosiddetto "**Fondo salva Stati**" o *firewall*. Quest'istituzione, con sede a Lussemburgo, ha lo scopo di fornire aiuti finanziari (es. prestiti) agli Stati membri in difficoltà economica e finanziaria, purché gli stessi adottino una rigorosa politica economica.

**Il Fiscal Compact**

Contemporaneamente, è stato siglato un accordo sulla stabilità, sul coordinamento e sulla *governance* dell'Unione economica e monetaria dell'Unione europea, meglio conosciuto come **Fiscal Compact**, ossia un patto, entrato in vigore nel 2013, che impone il pareggio di bilancio (equivalenza tra uscite ed entrate). Tutti gli Stati dell'Unione europea hanno aderito all'accordo, tranne il Regno Unito e la Repubblica Ceca.

**Politica monetaria:** è l'insieme degli interventi adottati dalle autorità monetarie (es. Ministro del Bilancio, del Tesoro, Banca d'Italia), che regolano l'offerta di moneta, il credito e i tassi di cambio, con la finalità, ad esempio, di mantenere stabile il potere d'acquisto della moneta e di incentivare il credito.

**La politica monetaria**

Con l'introduzione dell'euro, le funzioni di **politica monetaria** degli Stati dell'Eurozona sono gestite dalla Banca centrale europea e dal Sistema europeo di banche centrali (SEBC), che determinano sia la quantità di moneta in circolazione sia gli obiettivi e le scelte in materia, comuni ai Paesi membri.

**L'introduzione dell'euro**

Quali **conseguenze** ha comportato l'**introduzione dell'euro**, nei Paesi dell'Eurozona, nei confronti delle imprese e dei consumatori?

- una più agevole movimentazione degli investimenti, dei capitali e dei rapporti commerciali, dovuti all'eliminazione del rapporto di cambio tra diverse valute;
- una più ampia circolazione delle merci, senza costi doganali e limiti di quantità di merci trasportate;
- una maggiore concorrenza all'interno del mercato unico;
- una più vasta libertà di circolare, per turismo, lavoro e studio, senza necessità di cambiare moneta e di subire controlli alle frontiere.

▶ Introduzione dell'euro

Dentro l'**economia**

## Le principali fasi dell'introduzione dell'euro

L'integrazione monetaria europea è stata lenta e graduale ed è avvenuta principalmente attraverso tre fasi:

- **1ª fase**, ossia quella caratterizzata dall'abbattimento delle frontiere interne e dalla libera circolazione di beni, persone, servizi e capitali fra gli Stati membri della Comunità Europea (accordi di Schengen, cui l'Italia ha aderito nel 1990);
- **2ª fase**, ossia quella che ha sancito la trasformazione dell'Europa da Comunità Europea (CE) in Unione Europea (UE) e ha fissato le tappe fondamentali per giungere all'Unione Economica e Monetaria (UEM), con la creazione di una moneta unica europea (Euro) e una Banca Centrale europea (Trattato di Maastricht del 1992);
- **3ª fase**, con la quale sono stati fissati (il 1° gennaio 1999), in modo irrevocabile, i tassi di conversione fra le valute degli Stati aderenti all'Unione (es. per un euro: 1936,27 lire). Il 1° gennaio 2002, le banconote e le monete in euro hanno affiancato le monete nazionali dei Paesi membri aderenti e per i primi mesi hanno circolato entrambe. Il 1° marzo 2002, le monete nazionali sono state dichiarate fuori corso e definitivamente sostituite dall'euro.

■ **Esercizio D) per l'apprendimento. Comunica (rappresenta).**
**Completa la seguente mappa concettuale.**

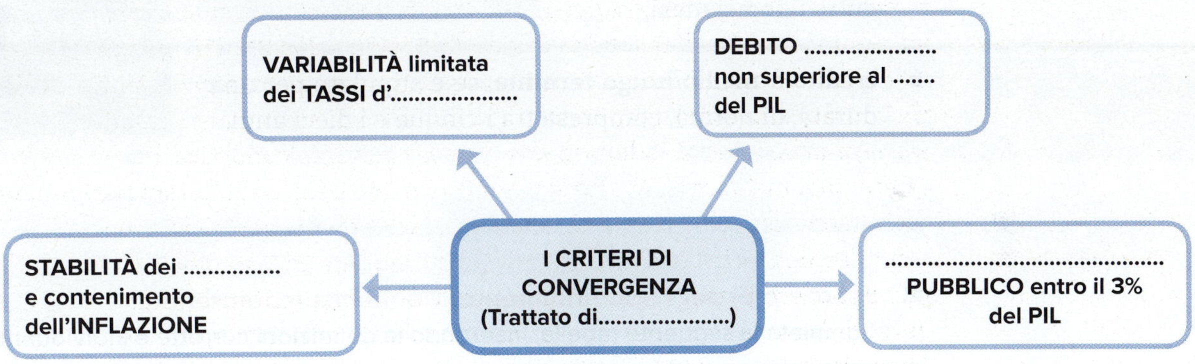


## 6. Il credito

**Il credito** Il **credito** è uno scambio tra due soggetti separato nel tempo, nel quale a una prestazione presente corrisponde la promessa di una controprestazione futura.

**Esempio:** Nicola decide di comprare un iPad, ma non avendo tutta la somma necessaria, chiede al fratello di fargli credito di 200 euro, con la promessa di restituire l'importo fra due mesi.

Il credito si stabilisce fra due soggetti:

**Il creditore**

- il **creditore**, che trasferisce una determinata quantità di denaro, bene o servizio ad un soggetto debitore e che ha il diritto alla restituzione del denaro o al pagamento del bene, compresi eventuali interessi, ad una determinata scadenza;

**Il debitore**

- il **debitore**, che riceve il denaro, il bene o la prestazione e che si impegna al pagamento o alla restituzione del denaro, maggiorato di un interesse, a una data prefissata.

**Le tipologie di credito**

Tenuto conto dei soggetti, dell'oggetto e delle condizioni del credito, è possibile distinguere varie **tipologie**, tra le quali:

- **credito al consumo**, che è un prestito fatto al consumatore per l'acquisto di beni e servizi (es. di un'automobile a rate);
- **credito alla produzione**, che è un prestito fatto ad un'impresa, prevalentemente tramite le banche, per finanziare gli acquisti (es. macchinari o materie prime).

Il credito si può classificare anche in base alla durata, ossia al tempo che intercorre tra la consegna, ad esempio, del denaro al debitore e la completa restituzione da parte dello stesso al creditore. Pertanto, esso si definisce:

- **credito a breve termine**, quando la durata è compresa entro i dodici mesi;
- **credito a medio/lungo termine**, se è stipulato per una durata, di norma, compresa tra i cinque e i dieci anni.

▸ Debitore

▸ Creditore

**Esercizio E) per l'apprendimento. Comunica (comprendi).**
**Completa la seguente tabella, inserendo le definizioni corrette e individuando il concetto nascosto nella colonna evidenziata.**

| | | | | | | | | | | | | | |
|---|---|---|---|---|---|---|---|---|---|---|---|---|---|
| 1 | | | | | | | O | | | T | | | |
| 2 | | | | | U | | | | | | | | |
| 3 | | | | | | | | I | | | | | |
| 4 | | | | | | | D | | | | | | |
| 5 | | C | | | | | | | | | | | |
| 6 | | | | I | | | | | | | | | |
| 7 | | | | | | | | E | | | | | |

1. È un tipo di moneta.
2. È la moneta dell'Unione europea.
3. Riceve del denaro in prestito e s'impegna a restituirlo.
4. Flusso di ricchezza quale corrispettivo del lavoro dipendente e autonomo.
5. Presta una somma di denaro e ha diritto alla restituzione.
6. Compenso, espresso in percentuale e pagato al creditore, in occasione di un prestito.
7. È un mezzo di pagamento.

Hai capito? Hai dei dubbi?

## Ripassiamo insieme

**Che cos'è la MONETA?**
È lo strumento che consente e agevola la circolazione e il trasferimento dei beni e dei servizi.

**Quali sono le FUNZIONI della MONETA?**
La moneta è:
- un mezzo universale di pagamento, accettato da tutti i soggetti economici come corrispettivo per l'acquisto di merci, per la prestazione di servizi e per l'estinzione di debiti;
- uno strumento di misurazione del valore dei beni e dei servizi, perché la moneta attribuisce ad ogni bene e servizio il proprio valore o prezzo;
- una riserva di valore, che permette di trasferire nel tempo e nello spazio il potere d'acquisto dei consumatori o di chi effettua degli scambi.

**Quali TIPI DI MONETA esistono?**
La moneta si distingue in :
- moneta a corso legale, imposta con legge dello Stato, che comprende la moneta metallica (es. dieci centesimi) e le Banconote (es. biglietto di banca da venti euro);
- moneta a corso fiduciario, che circola grazie alla fiducia accordata dagli operatori economici ed è costituita da moneta bancaria (es. assegno), moneta commerciale (es. cambiale) e moneta elettronica (es. bancomat).

**Qual è il VALORE della MONETA?**
Esso può avere diversi significati:
- valore intrinseco, che è dato dal valore del materiale con cui è fatta la moneta (metallo, carta);
- valore nominale o legale, che è il valore stampato sulle banconote dall'Istituto poligrafico dello Stato o impresso sulle monete dalla Zecca di Stato;
- valore di cambio, che è il valore della moneta nazionale rispetto a quello della moneta estera;
- valore estrinseco o potere d'acquisto, che rappresenta la quantità di beni e servizi che è possibile acquistare con una determinata quantità di moneta.

**Che cos'è l'INFLAZIONE?**
È l'aumento generalizzato e continuo del livello dei prezzi di beni e servizi e la conseguente diminuzione del potere d'acquisto della moneta.

**Quali sono le CAUSE e gli EFFETTI dell'INFLAZIONE?**
Le cause sono:
- l'aumento dei costi di produzione (inflazione da costi);
- l'aumento della domanda di beni e servizi (inflazione da domanda).

Per i suoi effetti l'inflazione:
- penalizza i lavoratori con uno stipendio fisso;
- danneggia i creditori e agevola i debitori;
- aumenta la spesa pubblica;
- favorisce le importazioni a danno delle esportazioni.

**Che cos'è l'EURO?**
È la moneta che ha dato vita all'Unione economica e monetaria europea (UEM) e che, dal 1°gennaio 2002, ha sostituito le monete nazionali di diciannove dei ventotto Stati membri dell'Unione europea, formando la cosiddetta Eurozona.

**Quali sono i CRITERI richiesti per entrare a far parte dell'UNIONE MONETARIA EUROPEA?**
I criteri, cosiddetti di convergenza, stabiliti dal Trattato di Maastricht del 1992, prevedono:
- la stabilità dei prezzi e il relativo contenimento del tasso d'inflazione;
- una variabilità limitata dei tassi d'interesse (compenso, espresso in percentuale, pagato al creditore, in occasione di un prestito);
- un debito pubblico non superiore al 60%, rispetto al prodotto interno lordo (PIL) (insieme dei valori monetari dei beni e dei servizi prodotti in uno Stato);
- un disavanzo pubblico (che si ha quando le spese della pubblica amministrazione superano le entrate) entro il 3% del PIL.

**Quali sono le CONSEGUENZE dell'INTRODUZIONE dell'EURO?**
Esse sono:
- una più agevole movimentazione degli investimenti, dei capitali e dei rapporti commerciali, dovuti all'eliminazione del rapporto di cambio tra diverse valute;
- una più ampia circolazione delle merci, senza costi doganali e limiti di quantità di merci trasportate;
- una maggiore concorrenza all'interno del mercato unico;
- una più vasta libertà di circolare, per turismo, lavoro e studio, senza necessità di cambiare moneta e di subire controlli alle frontiere.

**Che cos'è il CREDITO?**
È uno scambio tra due soggetti separato nel tempo, nel quale a una prestazione presente corrisponde la promessa di una controprestazione futura.

**Quali sono le CLASSIFICAZIONI del CREDITO?**
In base all'oggetto e alle condizioni si distingue in:
- credito al consumo, che è un prestito fatto al consumatore per l'acquisto di beni e servizi (es. di un'automobile a rate);
- credito alla produzione, che è un prestito fatto ad un'impresa, prevalentemente tramite le banche, per finanziare gli acquisti (es. macchinari o materie prime).

In base alla sua durata si definisce:
- credito a breve termine, quando la durata è compresa entro i dodici mesi;
- credito a medio/lungo termine, se è stipulato per una durata, di norma, compresa tra i cinque e i dieci anni.

Per una didattica inclusiva:

## Parole chiave

**MONETA** →
- Funzioni
- Moneta a corso legale
- Moneta a corso fiduciario
- Valore

**MONETA A CORSO FIDUCIARIO** →
- Moneta bancaria
- Moneta commerciale
- Moneta elettronica

**VALORE DELLA MONETA** →
- Valore intrinseco
- Valore nominale o legale
- Valore di cambio
- Valore estrinseco o potere d'acquisto

**INFLAZIONE** →
- Unione monetaria europea
- Criteri di convergenza

**EURO** →
- Cause
- Effetti

**CREDITO** →
- Creditore
- Debitore
- Tipologie di credito

## CLIL

### Currency

**Money** or legal tender makes it possible for goods and services to circulate. It is a universal form of payment accepted by all economic subjects in exchange for acquisition of goods, the provision of services and paying debts. It is also a unit of measurement of the value of goods and services in that these are given a price. It is a way of storing value, as purchasing power of consumers or buyers and sellers can be transferred over time and space. In the past, it consisted of gold, silver or banknotes convertible into precious metals. Today it consists of legal tender like metal coins and banknotes defined by state laws. Alongside cash, there is also tender like cheques, promissory notes and cash cards, which involve the banking system and circulate on the basis of trust on the part of economic operators.

**Exercise. Complete the sentences with the missing words.**

1. The use of ............. is based on the presence of funds held in a ......... account.
2. Metal ............. are ............. by the national Mint.

*(minted, coins, bank, cheques)*

## Verifica delle competenze

- Livello BASE: ✪ (Punteggio totale: 12)
- Livello INTERMEDIO: ✪✪ (Punteggio totale: 60)
- Livello AVANZATO: ✪✪✪ (Punteggio totale: 28)

### ✪ Esercizio 1). Impara ad imparare.

**Scelta multipla: evidenzia la risposta esatta. Il paragrafo indicato nella parentesi è quello su cui devi riflettere (2 punti per ciascuna scelta corretta).**

**1. Il credito concesso alle imprese è denominato (Par. n. 6):**
- a. credito agevolato
- b. credito al consumo
- c. credito alla produzione
- d. credito garantito

**2. L'inflazione avvantaggia (Par. n. 4):**
- a. gli esportatori
- b. i debitori
- c. i creditori
- d. i pensionati

**3. L'euro ha sostituito le monete nazionali (Par. n. 5):**
- a. della metà degli Stati membri dell'Unione europea
- b. di 10 dei 28 Stati membri dell'Unione europea
- c. di 19 dei 28 Stati membri dell'Unione europea
- d. di tutti gli Stati membri dell'Unione europea

**4. La circolazione dell'euro è stata introdotta nell'anno (Par. n 5):**
- a. 1999
- b. 2002
- c. 1994
- d. 2000

**5. La moneta è una riserva di valore, perché (Par. n. 1):**
- a. permette di accumulare e trasferire ricchezza
- b. attribuisce ad ogni bene e servizio il proprio valore
- c. è un mezzo universale di pagamento
- d. favorisce gli scambi

**6. Il credito è a breve termine quando non è superiore ai (Par. n. 6):**
- a. cinque anni
- b. due anni
- c. dodici mesi
- d. sei mesi

**Punti: ..../12**

### ✪✪ Esercizio 2). Individua collegamenti e relazioni.

**Collega ciascun numero alla lettera corrispondente (3 punti per ciascun collegamento esatto).**

1. Banconote
2. Cambio
3. Inflazione da domanda
4. Moneta metallica
5. Credito
6. Carta di credito
7. Inflazione
8. Deflazione

- a. Scambio tra creditore e debitore separato nel tempo
- b. Eccesso di domanda di beni e servizi
- c. Zecca dello Stato
- d. Diminuzione generalizzata del livello dei prezzi
- e. Banca d'Italia
- f. Valore della moneta nazionale rispetto a quella estera
- g. Moneta elettronica
- h. Aumento generalizzato del livello dei prezzi

| 1 | 2 | 3 | 4 | 5 | 6 | 7 | 8 |
|---|---|---|---|---|---|---|---|
| | | | | | | | |

**Punti: ..../24**

■ ✪✪ **Esercizio 3). Acquisisci ed interpreta l'informazione.**
**Indica se le seguenti affermazioni sono vere o false, motivando la risposta (3 punti per ciascuna risposta esatta).**

| | V | F |
|---|---|---|
| 1. L'inflazione è la diminuzione costante del livello generale dei prezzi<br>Perché ................................................................ | ☐ | ☐ |
| 2. La stagflazione si ha in presenza d'inflazione e di un rallentamento dell'economia<br>Perché ................................................................ | ☐ | ☐ |
| 3. L'inflazione favorisce le esportazioni a danno delle importazioni<br>Perché ................................................................ | ☐ | ☐ |
| 4. L'euro è la moneta ufficiale dei 28 Stati dell'Unione europea<br>Perché ................................................................ | ☐ | ☐ |
| 5. I criteri di convergenza sono stati fissati dal Trattato di Maastricht<br>Perché ................................................................ | ☐ | ☐ |
| 6. Il credito a medio/lungo termine è stipulato per una durata inferiore ai cinque anni<br>Perché ................................................................ | ☐ | ☐ |

**Punti: ..../18**

■ ✪✪ **Esercizio 4). Comunica (rappresenta).**
**Completa la mappa concettuale che segue (3 punti per ciascun completamento esatto).**

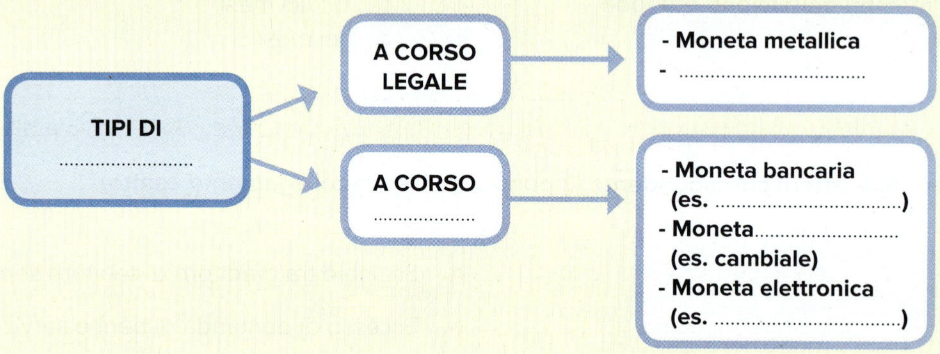


**Punti: ..../18**

■ ✪✪✪ **Esercizio 5). Comunica (comprendi).**
**Rispondi alle seguenti domande (4 punti per ciascuna risposta esatta).**

1. Quali sono le funzioni della moneta? (Par. n. 1)
2. Che cos'è l'inflazione e quali sono le sue cause? (Par. n. 4)
3. Che differenza c'è tra moneta a corso legale e moneta a corso fiduciario? (Par. n. 2)

**Punti: ..../12**

■ ✪✪✪ **Esercizio 6). Risolvi i problemi.**

**Analizza il caso e rispondi ai quesiti a risposta multipla (4 punti per ogni scelta multipla).**

Niccolò ha da poco conseguito il diploma di tecnico informatico e, assieme ad alcuni ex compagni di scuola, vuole costituire una società. Il momento economico non è dei migliori: il Paese registra, tra l'altro, inflazione e un alto tasso di disoccupazione. Il ragazzo e i suoi soci decidono comunque di mettersi in gioco poiché i genitori si sono resi disponibili a concedere loro dei prestiti monetari e la banca ha accolto la loro richiesta di credito. Anche a livello europeo, potrebbero esserci dei provvedimenti in grado di agevolarli. Niccolò e i suoi soci, pur essendo determinati nel loro progetto, si pongono una serie di domande: vuoi aiutarli a trovare una risposta?

1. **Quand'è che un Paese si trova in regime d'inflazione?**
   a. in presenza dell'aumento generalizzato del livello dei prezzi e della diminuzione del potere d'acquisto della moneta
   b. di fronte ad un rallentamento della crescita dei prezzi
   c. di fronte ad una vera e propria diminuzione del livello dei prezzi

2. **Nel rapporto di credito tra Niccolò e i suoi genitori, chi sarà avvantaggiato dall'inflazione?**
   a. Niccolò, che è il debitore
   b. i genitori, che sono i creditori
   c. entrambi, se i genitori evitano di indicizzare il prestito

3. **Quale tipo di credito Niccolò e i suoi soci possono ottenere dalla banca?**
   a. Credito fiduciario
   b. Credito al consumo
   c. Credito alla produzione
   d. Credito condizionato

4. **Esistono dei provvedimenti europei utili a Niccolò e soci?**
   a. No, perché la realtà imprenditoriale di Niccolò è ininfluente a livello europeo
   b. Sì, perché attraverso la politica monetaria europea, la Banca centrale europea può rendere più facile l'accesso al credito presso le banche nazionali (ad es. diminuendo il tasso di interesse sui prestiti).

**Punti: ..../16**

**Calcola il punteggio totale conseguito e assegnati la valutazione a esso corrispondente:**

| Tabella di autovalutazione | |
|---|---|
| ☐ 100-87 | **A**<br>Lavoro eccellente. |
| ☐ 86-67 | **B.**<br>Lavoro buono. |
| ☐ 66-47 | **C.**<br>Lavoro adeguato. |
| ☐ 46-2 | **D.**<br>Lavoro da migliorare. |

# UdA 2 LE BANCHE E IL SISTEMA BANCARIO

## 1. Il mercato della moneta e le banche

**Il mercato della moneta**

Il **mercato della moneta** è il luogo in cui s'incontrano la domanda e l'offerta di moneta legale, bancaria, commerciale ed elettronica.

**La domanda di moneta**

La **domanda di moneta** è la richiesta di denaro, dietro compenso (tasso d'interesse), da parte delle singole persone e delle imprese, per far fronte ai loro bisogni.

**Esempio: Giulia deve arredare il suo nuovo appartamento e, per acquistare i mobili della cucina, chiede alla banca un prestito di 5.000 euro che restituirà con gli interessi.**

**L'offerta di moneta**

L'**offerta di moneta**, al contrario, è data dalla quantità di moneta che le banche nazionali e la Banca centrale europea (BCE) mettono a disposizione delle persone e delle imprese, sotto forma di credito, con la previsione di un interesse.

**Esempio: la Banca Popolare dell'Emilia Romagna (Bper) concede un prestito a Claudio, imprenditore tessile che deve ampliare la propria attività, fissando il termine di restituzione del denaro, l'importo delle rate e il tasso degli interessi.**

**I soggetti nel mercato della moneta**

I **soggetti** che agiscono nel **mercato della moneta**, sono:

- le **famiglie**, che con il loro risparmio (es. depositi bancari) alimentano le attività delle imprese;
- le **imprese**, che ricorrono al credito delle banche;
- lo **Stato**, che per far fronte alle spese della Pubblica Amministrazione, si procura i mezzi necessari, con l'emissione, ad esempio, di titoli del debito pubblico (es. BOT), acquistati dalle famiglie e dalle imprese;
- le **banche**, che attraverso la raccolta del denaro dei risparmiatori, svolgono la funzione d'intermediazione tra chi ha mezzi monetari in esubero e coloro che ne hanno bisogno;
- il **resto del mondo**, costituito da tutti gli operatori economici stranieri che intrattengono rapporti monetari con il nostro paese.

Il mercato della moneta si distingue in:

**Il mercato monetario**

- **mercato monetario**, che riguarda principalmente le trattative di prestiti a breve termine (inferiore a dodici mesi). La domanda di denaro proviene, prevalentemente, dai consumatori per i loro acquisti (es. automobile) e dagli imprenditori che si procurano i fattori produttivi che si esauriscono in un solo ciclo produttivo (es. materie prime). L'offerta, invece, è data dai risparmiatori che desiderano impiegare il loro denaro per brevi periodi. In questo mercato, le contrattazioni sono tenute, prevalentemente, dalle banche.

▸ Mercato monetario

▶ Mercato finanziario

**Il mercato finanziario**

- **mercato finanziario**, che comprende le negoziazioni dei prestiti a medio/lungo termine (superiore ai diciotto mesi). In questo mercato la domanda è avanzata, principalmente, dalle imprese e dallo Stato per finanziare i loro progetti d'investimento in più cicli produttivi (es. impianti e macchinari). L'offerta, invece, è rappresentata da quei risparmiatori che vogliono investire i loro capitali monetari per un lungo periodo. Le contrattazioni del mercato finanziario, che riguardano gli strumenti come titoli di Stato, azioni e obbligazioni (cosiddetti valori mobiliari), avvengono in una sede ufficiale, che è la Borsa valori.

Dentro l'**economia**

## Borsa valori

È il mercato organizzato, dove si vendono e si acquistano principalmente titoli pubblici, azioni e obbligazioni. Le contrattazioni, che un tempo avvenivano tramite agente di cambio, sono effettuate da intermediari abilitati (es. Sim - Società d'investimento mobiliare), che acquistano o vendono titoli dopo aver ricevuto l'ordine dal risparmiatore. In questo mercato sia lo Stato e gli enti pubblici sia le imprese sono in grado di trovare i mezzi finanziari adeguati per coprire il proprio fabbisogno e per svolgere le loro rispettive attività; mentre i risparmiatori, investendo il loro denaro in titoli, che possono essere facilmente venduti o acquistati, hanno la possibilità di trasformare rapidamente i propri capitali in moneta.

## Strumenti finanziari

Gli strumenti finanziari, che sono prevalentemente contrattati nella Borsa valori, sono le azioni, le obbligazioni e i titoli pubblici (cosiddetti titoli o valori mobiliari).

I **titoli pubblici** sono documenti emessi dallo Stato e dagli enti pubblici (es. Regione, Comune) che rappresentano un credito per quei risparmiatori che li hanno acquistati e, che hanno diritto, alla scadenza del titolo, al rimborso della somma e al pagamento di un interesse annuo prestabilito. Lo Stato e gli enti pubblici emettono titoli come, ad esempio, i Buoni ordinari del Tesoro (BOT), i Certificati di credito del Tesoro (CCT), i Buoni del Tesoro pluriennali (BTP), per finanziare l'attività della Pubblica amministrazione (debito pubblico).

Le **azioni** sono titoli rappresentativi della partecipazione dei soci in una società per azioni. Esse attribuiscono la qualità di socio e i diritti patrimoniali (es. partecipazione ai dividendi) e i diritti amministrativi (es. diritto di voto). Le azioni sono titoli a reddito variabile perché, di anno in anno, il profitto della società cambia e non è sempre uguale.

Le **obbligazioni** sono titoli che rappresentano un debito di una società, contratto verso chi le ha dato un prestito. Le obbligazioni sono titoli a reddito fisso: i risparmiatori che li hanno acquistati, alla scadenza del titolo, hanno il diritto al rimborso della somma e al pagamento dell'interesse annuo prestabilito.

■ **Esercizio A) per l'apprendimento. Individua collegamenti e relazioni.**

**Colloca le parole mancanti**

Il mercato ............. è il luogo in cui avvengono le trattative di prestiti a ............. termine. La .............. è avanzata dalle .............. e dallo Stato per i loro .............. L'offerta è fatta dai ............. che vogliono impiegare il loro denaro per un lungo .............. In questo mercato le ................. avvengono presso la Borsa valori.

*(contrattazioni, investimenti, medio/lungo, risparmiatori, domanda, finanziario, periodo, imprese)*

## 2. Le banche e le operazioni bancarie

Le **banche** sono delle istituzioni che svolgono il ruolo d'intermediazione tra coloro che risparmiano denaro e coloro che lo richiedono per soddisfare i loro bisogni. Nell'ambito di tale funzione le banche assumono anche il compito di garantire il buon fine delle operazioni finanziarie, controllando la solvibilità dei debitori, cioè la loro capacità di rimborsare le somme dovute.

L'intermediazione del credito

L'attività d'**intermediazione del credito** è esercitata dalle banche attraverso, principalmente, due forme di operazioni: passive e attive.

▸ Operazioni passive: deposito bancario

Le operazioni passive

Le **operazioni passive** sono lo strumento col quale le banche raccolgono, presso i risparmiatori, i mezzi monetari necessari per svolgere le loro attività, dietro il pagamento degli interessi (cosiddetti passivi) che per la banca sono un costo. Il **deposito bancario**, la più comune delle operazioni passive, può essere:

- **deposito a risparmio**: la banca rilascia al cliente un documento (libretto di risparmio) che attesta sia il versamento sia l'entità degli interessi;
- **deposito in conto corrente**: il cliente, dopo aver depositato il proprio denaro in banca su un conto identificato da un determinato numero, lo può utilizzare per effettuare pagamenti o prelievi tramite gli assegni, le carte di credito o bancomat, oppure per accreditare somme di denaro (es. stipendio, pensione) o per addebitare costi delle utenze di luce, gas e telefono.

Le operazioni attive

Le **operazioni attive** sono i mezzi con i quali le banche impiegano il denaro raccolto, cedendolo a chi lo richiede (es. imprese, singoli soggetti), in cambio di un interesse, cosiddetto attivo, perché comporta per la banca un vantaggio. Le operazioni attive più frequenti sono:

▸ Operazioni attive: apertura di credito

- **Sconto cambiario**: la banca stipula con il cliente un contratto, in forza del quale accetta i suoi titoli non ancora scaduti (es. cambiali) e ne anticipa l'importo, dopo aver trattenuto (scontato) l'interesse pattuito.

**Esempio: Maria ha un negozio di ortofrutta e dove pagare una fornitura di mele. Al momento non possiede liquidità se non una cambiale, emessa a proprio favore da un suo debitore, che scadrà tra otto mesi. Maria va in banca e chiede lo sconto bancario. La banca le anticipa l'importo della cambiale scontato dell'interesse, diventando proprietaria del titolo e del relativo credito.**

- **Apertura di credito**: la banca si obbliga a mettere a disposizione del cliente, per un dato periodo, una somma di denaro (cosiddetto fido), di cui si può avvalere pagando un determinato interesse. Quest'operazione è molto utile per gli imprenditori o per chi ha necessità di avere a disposizione, in modo rapido, denaro per pagare, ad esempio, fornitori, lavoratori.
- **Mutuo**: la banca concede al cliente un prestito monetario a medio/lungo termine, che dovrà essere restituito mediante rate periodiche e comprensive d'interessi, entro un tempo prefissato.

▸ Operazioni accessorie: cassette di sicurezza

Accanto a queste operazioni attive, la banca svolge una serie di **operazioni** cosiddette **accessorie**, che generalmente sono a pagamento e che quindi consentono di realizzare guadagni. Esse sono delle prestazioni che la banca mette a disposizione della clientela, tra le quali ricordiamo: servizio custodia di beni di valore nelle cassette di sicurezza; servizio di cassa continua; servizio di vendita biglietti per eventi (es. sportivi, culturali); servizi di custodia e amministrazione titoli (es. azioni, obbligazioni, buoni ordinari del tesoro- Bot); servizi di pagamento (es. cannone di locazione, stipendi, pensioni).

*Fonte: CRIF (www.crif.it), con adattamenti.*

| PRINCIPALI OPERAZIONI BANCARIE | |
|---|---|
| **OPERAZIONI PASSIVE** | **OPERAZIONI ATTIVE** |
| ■ Deposito bancario. | ■ Sconto cambiario;<br>■ Apertura di credito;<br>■ Mutuo. |

Le banche online

■ **Esercizio B) per l'apprendimento. Comunica (comprendi).**
**Rispondi ai quesiti, utilizzando uno dei suggerimenti indicati nella parentesi.**

1. Qual è un'operazione bancaria passiva? ..................................................
(Apertura di credito, sconto cambiario, deposito in conto corrente).
2. Com'è considerato il servizio custodia di beni di valore nelle cassette di sicurezza? ....................
(Operazione attiva, operazione passiva, operazione accessoria).
3. Con quale titolo la banca concede lo sconto cambiario?..................................................
(Cambiale, assegno bancario, assegno circolare).
4. Qual è un'operazione bancaria attiva? ..................................................
(Deposito, mutuo, deposito a risparmio).

## 3. Il sistema bancario italiano

Il **sistema bancario** è formato dall'insieme delle banche che operano in uno Stato e dal complesso delle regole che le disciplinano.

Il **sistema bancario italiano**, dopo la riforma del 1993, vede:

Gli organi di indirizzo e di vigilanza

- al vertice del sistema creditizio gli **organi d'indirizzo e di vigilanza** (CICR - Comitato Interministeriale per il Credito e il Risparmio; il Ministro dell'Economia e delle Finanze; la Banca d'Italia);

**Gli enti creditizi**

- alla base del medesimo sistema, le **banche** che assumono la denominazione di **enti creditizi**, con il compito di svolgere tutte le attività tipiche bancarie (es. raccolta e impiego del risparmio, esercizio del credito e intermediazione finanziaria).

▸ Banche extracomunitarie

In questo nuovo sistema bancario si possono distinguere:

**Le banche nazionali, comunitarie ed extracomunitarie**

- le banche **nazionali**, che hanno sede legale in Italia;
- le banche **comunitarie**, che hanno sede legale e amministrazione centrale in uno Stato dell'Unione europea diverso dall'Italia. Esse possono esercitare liberamente la loro attività senza autorizzazione da parte del nostro Stato, perché sono sottoposte a quella del loro Paese;
- le banche **extracomunitarie**, che hanno la loro sede legale e amministrazione centrale in uno Stato non appartenente all'Unione europea e per poter esercitare la loro attività necessitano di autorizzazioni (es. Banca d'Italia).

Dentro l'**economia**

## Gli enti creditizi

Dopo la riforma del sistema bancario del 1993, la banca o ente creditizio è così organizzata:

- effettua ogni operazione bancaria senza limite di tempo (breve, medio/lungo termine). È introdotto il modello organizzativo di banca universale, che supera la distinzione tra banca ordinaria e istituto di credito e che può svolgere tutte le attività tipiche bancarie;
- svolge la propria attività per via telematica (banca virtuale), attraverso l'utilizzo di computer o altre tecnologie;
- può investire in capitali aziendali, acquistando partecipazioni (es. pacchetti azionari) nel settore industriale (es. società di capitali – SPA), affermando il carattere imprenditoriale della sua attività;
- modifica la propria struttura giuridica e, attraverso la costituzione di gruppi bancari (o polifunzionali), svolge l'attività d'intermediazione nei vari campi, sotto la direzione di una banca capogruppo (es. Gruppo Monte dei Pasci di Siena, Gruppo San Paolo di Torino).

- **Esercizio C) per l'apprendimento. Comunica (rappresenta).**
  Completa la seguente tabella.

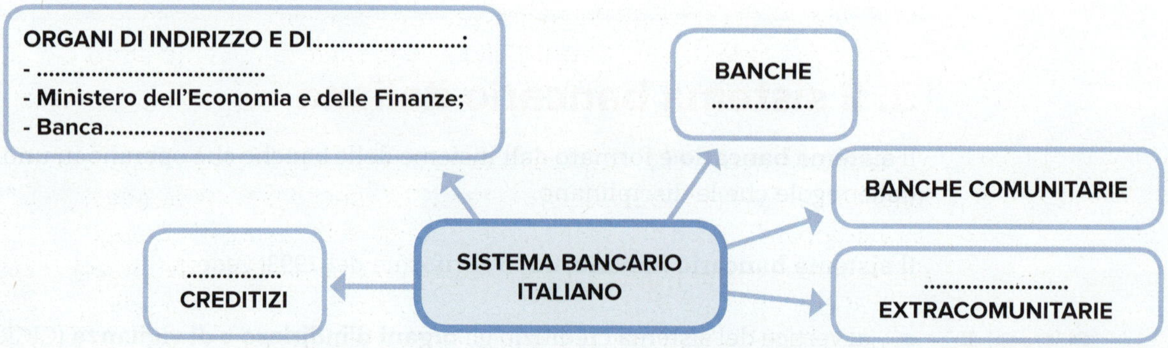

# 4. La Banca d’Italia e le autorità monetarie europee

In quasi tutti gli Stati esiste una Banca centrale, ossia un organismo capace di controllare e indirizzare l’attività di ciascuna banca e dell’intero sistema bancario.

**La Banca d’Italia**

Nel nostro Paese, tali funzioni sono esercitate dalla **Banca d’Italia**, che opera principalmente come:

- **organo tecnico** di alta vigilanza sugli enti creditizi che, assieme al Comitato Interministeriale per il Credito e il Risparmio (CICR), accerta la regolare gestione della loro attività e l’osservanza delle disposizioni in materia creditizia;
- **organo di emissione** di banconote (banca di emissione), il cui quantitativo è stabilito dal 1°gennaio del 1999 dalla Banca centrale europea ( BCE);
- **organo di finanziamento** (banca delle banche) per gli enti creditizi e lo Stato, poiché concede loro crediti per finanziare gli investimenti (es. sociali, commerciali, industriali);
- **organo di tesoreria** dello Stato (banca dello Stato) con il compito di gestire i movimenti finanziari (entrate e spese) pubblici.

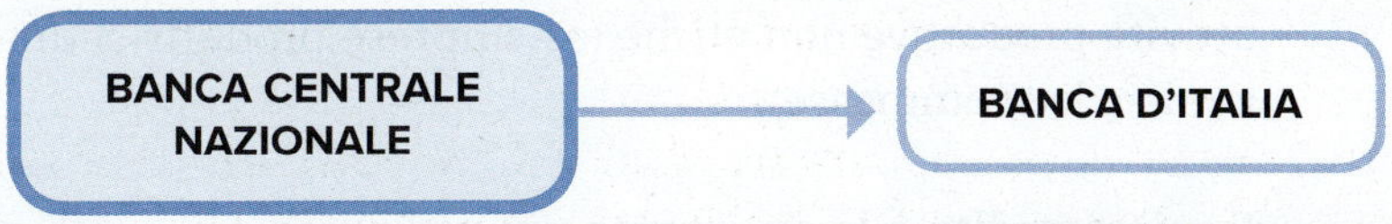


Con la nascita dell’Unione monetaria europea (UEM), la Banca d’Italia ha attribuito gran parte delle sue funzioni, in particolare quelle di politica monetaria, alla Banca centrale europea (BCE) e al Sistema Europeo di Banche centrali (SEBC).

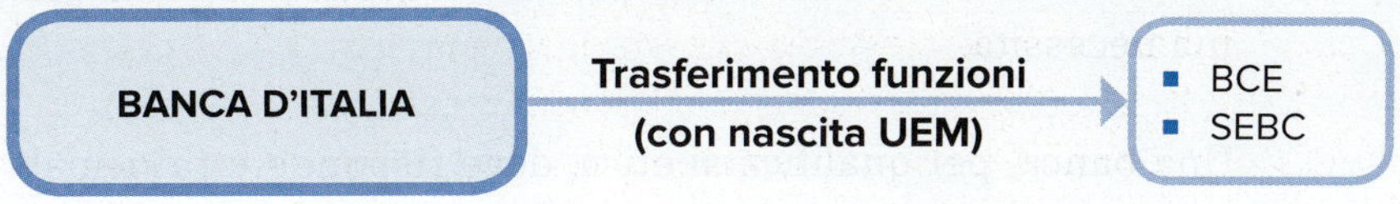


**La Banca centrale europea (BCE)**

La **Banca centrale europea (BCE)** è una delle istituzioni dell’Unione europea, fondata a Francoforte (Germania) nel 1998. E’ gestita da un Comitato esecutivo (sei membri) e da un Consiglio direttivo, del quale fanno parte, oltre i membri del Comitato, i governatori delle banche centrali dei Paesi dell’Unione monetaria. I suoi compiti principali sono:

- autorizzare l’emissione di banconote da comunicare alle singole banche nazionali;
- vigilare sulla stabilità dei prezzi nell’area dell’euro;
- fissare i tassi di riferimento (TUR) e controllare la quantità di moneta in circolazione nell’area euro.

▸ Banca centrale europea

**TUR (Tasso ufficiale di riferimento):** è il tasso d’interesse praticato dalla Banca centrale europea, per la concessione dei prestiti in denaro alle altre banche. Queste, in funzione di esso, regolano i tassi da applicare ai loro clienti.

**Il Sistema europeo di banche centrali (SEBC)**

Il **Sistema europeo di banche centrali (SEBC)** è un organismo composto dalla BCE e dalle Banche centrali dei Paesi dell’Unione monetaria, addetto alla sorveglianza e alla gestione del sistema dei pagamenti europei. Il suo obiettivo principale è il mantenimento della **stabilità dei prezzi** al fine di preservare il valore dell’euro e consentire un regolare sviluppo dell’attività economica generale dell’Unione europea.

■ **Esercizio D) per l'apprendimento. Individua collegamenti e relazioni.**
**Cerca l'estraneo, evidenziandolo nel testo.**

1. Determinazione del Tasso ufficiale di riferimento (TUR), emissione di banconote, Banca centrale europea (BCE), emanazione di leggi.
2. Politica monetaria, BCE, ente creditizio, Tasso ufficiale di riferimento (TUR).
3. Sistema europeo di banche centrali (SEBC), stabilità dei prezzi, BCE, banche extracomunitarie.

## 5. La banca etica

Una **banca** si definisce **etica** quando, nel fornire i servizi bancari alla propria clientela (es. conto corrente, carta di credito) agisce con l'obiettivo di finanziare l'economia cosiddetta civile e solidale che opera, ad esempio, in ambito socio-assistenziale o culturale. Sono esclusi impieghi di denaro in attività produttive non etiche (es. imprese produttrici di armi, di prodotti inquinanti, il gioco d'azzardo e le scommesse).

Il microcredito

Il **microcredito** è lo strumento più utilizzato, tra quelli messi a disposizione dalla banca etica. Esso permette anche alle persone in condizione di povertà di ottenere prestiti di piccola entità e con interessi molto bassi, per avviare, ad esempio, piccole attività economiche o per far fronte ai bisogni di prima necessità.

▸ Microcredito

I criteri qualificanti

Una banca, per qualificarsi etica, deve rispondere principalmente a **criteri** di:

- **eticità dei crediti**, ossia la banca finanzia solo i progetti che realizzano iniziative etiche e i risparmiatori scelgono l'area o il settore cui destinare il proprio denaro (es. ambiente, volontariato, solidarietà);
- **trasparenza**, perché i depositanti devono essere informati dalla banca sull'impiego dei fondi;
- **nominatività del deposito**, perché il depositante è sempre identificato.

**Terzo settore:** è composto da organizzazioni private (es. volontariato, cooperative sociali), che operano con motivazioni non lucrative (non profit), dando vita ad attività di solidarietà sociale (es. servizi sociali).

Nel nostro sistema bancario, la banca etica ha fatto il suo ingresso all'inizio degli anni duemila, per iniziativa di organizzazioni del Terzo settore o settore *non profit* e finanzia imprese di evidente valore sociale (es. impresa sociale) o organizzazioni senza scopo di lucro (es. cooperative sociali).

Statuto di una banca etica

■ **Esercizio E) per l'apprendimento. Risolvi i problemi.**
Sveva è vedova, madre di due figli, e ha da poco perso il lavoro, anche se ha buone prospettive di essere riassunta tra sei mesi. In questo momento, anche se fa qualche lavoro di sartoria per amiche e conoscenti, si trova in notevoli difficoltà economiche, per mancanza di liquidità. Per questo motivo, si trova costretta a chiedere un piccolo prestito per far fronte ai bisogni ordinari della famiglia. Tuttavia, la banca presso la quale ha il deposito in conto corrente respinge la sua domanda di credito. Sapresti suggerire a Sveva una soluzione alternativa? A quale istituto bancario potrebbe rivolgersi? Perché?

Hai studiato per la verifica? Serve aiuto?

## Ripassiamo insieme

**Che cos'è il MERCATO DELLA MONETA?**

È il luogo in cui s'incontrano la domanda e l'offerta di moneta legale, bancaria, commerciale ed elettronica. Il mercato della moneta si distingue in:

- mercato monetario, che riguarda principalmente le trattative di prestiti a breve termine (inferiore a dodici mesi);
- mercato finanziario, che comprende le negoziazioni dei prestiti a medio/lungo termine (superiore ai diciotto mesi).

**Che cos'è la DOMANDA DI MONETA?**

È la richiesta di denaro, dietro compenso (tasso d'interesse), da parte delle singole persone e delle imprese, per far fronte ai loro bisogni.

**Che cos'è l'OFFERTA DI MONETA?**

È data dalla quantità di moneta che le banche nazionali e la Banca centrale europea (BCE) mettono a disposizione delle persone e delle imprese, sotto forma di credito, con la previsione di un interesse.

**Che cosa sono le BANCHE?**

Sono delle istituzioni che svolgono il ruolo d'intermediazione tra coloro che risparmiano denaro e coloro che lo richiedono per soddisfare i loro bisogni. Nell'ambito di tale funzione le banche assumono anche il compito di garantire il buon fine delle operazioni finanziarie, controllando la solvibilità dei debitori, cioè la loro capacità di rimborsare le somme dovute.

**Quali sono le PRINCIPALI OPERAZIONI svolte dalle BANCHE?**

Esse sono:

- operazioni passive, che sono lo strumento col quale le banche raccolgono, presso i risparmiatori, i mezzi monetari necessari per svolgere le loro attività, dietro il pagamento degli interessi (cosiddetti passivi) che per la banca sono un costo (deposito bancario);
- operazioni attive, che sono i mezzi con i quali le banche impiegano il denaro raccolto, cedendolo a chi lo richiede (es. imprese, singoli soggetti), in cambio di un interesse, cosiddetto attivo, perché comporta per la banca un vantaggio (sconto cambiario, apertura di credito, mutuo).

**Che cos'è il SISTEMA BANCARIO ITALIANO?**

È formato dall'insieme delle banche che operano in uno Stato e dal complesso delle regole che le disciplinano. Esso vede al vertice del sistema creditizio gli organi d'indirizzo e di vigilanza (CICR - Comitato Interministeriale per il Credito e il Risparmio; il Ministro dell'Economia e delle Finanze; la Banca d'Italia), e, alla base, le banche che assumono la denominazione di enti creditizi, con il compito di svolgere tutte le attività tipiche bancarie (es. raccolta e impiego del risparmio). All'interno di esso si distinguono:

- le banche nazionali, che hanno sede legale in Italia;
- le banche comunitarie, che hanno sede legale e amministrazione centrale in uno Stato dell'Unione europea diverso dall'Italia;
- le banche extracomunitarie, che hanno la loro sede legale e amministrazione centrale in uno Stato non appartenente all'Unione europea.

**Che cos'è la BANCA D'ITALIA?**

È la Banca centrale nazionale, ossia un organismo capace di controllare e indirizzare l'attività di ciascuna banca e dell'intero sistema bancario. Essa opera principalmente come:

- organo tecnico di alta vigilanza sugli enti creditizi;
- organo di emissione di banconote (banca di emissione), il cui quantitativo è stabilito dal 1°gennaio del 1999 dalla Banca centrale europea (BCE);
- organo di finanziamento per gli enti creditizi e lo Stato, poiché concede loro crediti per finanziare gli investimenti;
- organo di tesoreria dello Stato, con il compito di gestire i movimenti finanziari (entrate e spese) pubblici.

**Quali sono le principali AUTORITÀ MONETARIE EUROPEE?**

Esse sono:

- Banca centrale europea (BCE), che è una delle istituzioni dell'Unione europea, fondata a Francoforte (Germania) nel 1998. I suoi compiti principali sono:
  - autorizzare l'emissione di banconote da comunicare alle singole banche nazionali;
  - vigilare sulla stabilità dei prezzi nell'area dell'euro;
  - fissare i tassi di riferimento (TUR) e controllare la quantità di moneta in circolazione nell'area euro;
- Sistema europeo di banche centrali (SEBC) che è un organismo composto dalla BCE e dalle Banche centrali dei Paesi dell'Unione monetaria, addetto alla sorveglianza e alla gestione del sistema dei pagamenti europei. Il suo obiettivo principale è il mantenimento della stabilità dei prezzi al fine di preservare il valore dell'euro e consentire un regolare sviluppo dell'attività economica generale dell'Unione europea.

**Che cos'è la BANCA ETICA?**

È una banca che è in grado di fornire i servizi bancari alla propria clientela (es. conto corrente), agendo con l'obiettivo di finanziare l'economia cosiddetta civile e solidale che opera, ad esempio, in ambito socio-assistenziale o culturale. Sono esclusi impieghi di denaro in attività produttive non etiche (es. imprese produttrici di armi).

**Che cos'è il MICROCREDITO?**

È uno strumento finanziario, messo a disposizione dalla banca etica, che permette anche alle persone in condizione di povertà di ottenere prestiti di piccola entità e con interessi molto bassi, per avviare, ad esempio, piccole attività economiche o per far fronte ai bisogni di prima necessità.

Per una didattica inclusiva:

## Parole chiave

**MERCATO DELLA MONETA** →
- Domanda di moneta
- Offerta di moneta
- Soggetti del mercato monetario
- Mercato monetario
- Mercato finanziario

**BANCHE** →
- Intermediazione del credito

**OPERAZIONI PASSIVE** →
- Deposito a risparmio
- Deposito in conto corrente

**OPERAZIONI ATTIVE** →
- Sconto cambiario
- Apertura di credito
- Mutuo
- Operazioni accessorie

**SISTEMA BANCARIO ITALIANO** →
- Organismi d'indirizzo e di vigilanza
- Banche o enti creditizi

**BANCA CENTRALE NAZIONALE** →
- Banca d'Italia

**AUTORITÀ MONETARIE EUROPEE** →
- Banca centrale europea (BCE)
- Sistema europeo di banche centrali (SEBC)

## Verifica delle competenze

- Livello BASE: ✪ (Punteggio totale: 12)
- Livello INTERMEDIO: ✪✪ (Punteggio totale: 60)
- Livello AVANZATO: ✪✪✪ (Punteggio totale: 28)

### ✪ Esercizio 1). Impara ad imparare.

**Scelta multipla: evidenzia la risposta esatta. Il paragrafo indicato nella parentesi è quello su cui devi riflettere (2 punti per ciascuna scelta corretta)**

**1. Le operazioni bancarie sono principalmente (Par. n. 2):**
- a. gratuite
- b. solo attive
- c. attive e passive
- d. esclusivamente passive

**2. Il mercato della moneta è il luogo (Par. n. 1):**
- a. della domanda di moneta
- b. d'incontro della domanda e dell'offerta di moneta
- c. dell'offerta di moneta
- d. di emissione delle banconote

**3. Nella Borsa valori sono trattati prevalentemente (Par. n. 1):**
- a. titoli di Stato, azioni e obbligazioni
- b. solo titoli di Stato
- c. solo azioni
- d. solo obbligazioni

**4. Il microcredito finanzia principalmente (Par. n. 5):**
- a. tutte le persone
- b. le grandi imprese
- c. le multinazionali
- d. le persone in condizione di povertà

**5. La Banca d'Italia è (Par. n. 4):**
- a. il CICR
- b. la Banca centrale
- c. una banca che concede microcredito
- d. l'Istituto poligrafico di Stato

**6. Gli enti creditizi hanno il compito di svolgere (Par. n. 3):**
- a. tutte le attività tipiche bancarie
- b. solamente le attività di credito a breve termine
- c. solamente le attività bancarie a medio/lungo termine
- d. solamente le operazioni bancarie attive

**Punti: ..../12**

### ✪✪ Esercizio 2). Individua collegamenti e relazioni.

**Collega ciascun numero alla lettera corrispondente (3 punti per ciascun collegamento esatto).**

1. Soggetti del mercato della moneta
2. Mercato finanziario
3. Titoli o valori mobiliari
4. Operazione bancaria attiva
5. Operazione bancaria passiva
6. Banca etica
7. Operazione bancaria accessoria
8. Banca centrale europea

a. Deposito in conto corrente
b. Microcredito
c. Servizio di cassa continua
d. Francoforte
e. Famiglie, imprese, Stato, banche, resto del mondo
f. Sconto cambiario
g. Borsa valori
h. Azioni, obbligazioni, titoli di Stato

| 1 | 2 | 3 | 4 | 5 | 6 | 7 | 8 |
|---|---|---|---|---|---|---|---|
| | | | | | | | |

**Punti: ..../24**

## ✪✪ Esercizio 3). Acquisisci ed interpreta l'informazione.

**Indica se le seguenti affermazioni sono vere o false, motivando la risposta (3 punti per ciascuna risposta esatta).**

| | V | F |
|---|---|---|
| **1.** La domanda di moneta è la richiesta di denaro da parte delle imprese e delle persone<br>Perché ...................................................................... | ☐ | ☐ |
| **2.** La Banca centrale europea ha sostituito la Banca d'Italia<br>Perché ...................................................................... | ☐ | ☐ |
| **3.** Gli enti creditizi sono al vertice del sistema bancario italiano<br>Perché ...................................................................... | ☐ | ☐ |
| **4.** La Banca d'Italia fa parte del Sistema europeo di banche centrali<br>Perché ...................................................................... | ☐ | ☐ |
| **5.** La banca etica finanzia imprese produttrici di armi<br>Perché ...................................................................... | ☐ | ☐ |
| **6.** La Banca d'Italia è l'organo di emissione di banconote<br>Perché ...................................................................... | ☐ | ☐ |

**Punti: ..../18**

## ✪✪ Esercizio 4). Comunica (rappresenta).

**Completa la mappa concettuale che segue (3 punti per ciascun completamento esatto).**

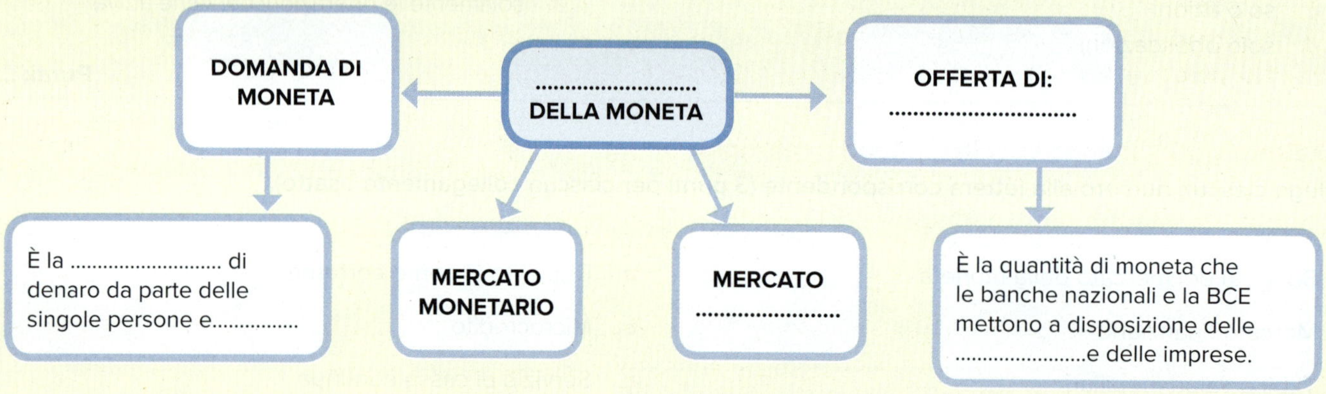


**Punti: ..../18**

## ✪✪✪ Esercizio 5). Comunica (comprendi).

**Rispondi alle seguenti domande (4 punti per ciascuna risposta esatta).**

1. In che cosa consiste il mercato della moneta? (Par. n. 1)
2. Indica e spiega le operazioni passive e attive della banca. (Par. n. 2)
3. Quali sono le funzioni della Banca d'Italia? (Par. n. 4)

**Punti: ..../12**

■ ✪✪✪ **Esercizio 6). Risolvi i problemi.**

**Analizza il caso e rispondi ai quesiti a risposta multipla (4 punti per ogni scelta multipla) .**

Enrico, essendo stato assunto come perito industriale a tempo indeterminato, decide di lasciare la casa dei genitori e di andare ad abitare da solo. Vorrebbe acquistare un piccolo appartamento, ma non ha abbastanza denaro, anche se gli manca meno della metà dell'importo. Si rivolge quindi alla sua banca, presso la quale è accreditato il suo stipendio, per chiedere un prestito, che gli consenta di pagare la sua abitazione, nell'arco di vent'anni. Anche i genitori sono disposti a garantire per lui.

**1. Quale tipo di operazione bancaria chiederà Enrico?**
- **a.** Sconto cambiario
- **b.** Apertura di credito
- **c.** Mutuo
- **d.** Deposito in conto corrente

**2. Che durata avrà l'operazione bancaria che Enrico andrà a stipulare?**
- **a.** breve termine
- **b.** medio/lungo termine

**3. L'operazione bancaria scelta da Enrico, che cosa comporta per la banca?**
- **a.** interessi attivi
- **b.** interessi passivi
- **c.** nessun interesse

**4. Secondo te, Enrico riuscirà a sottoscrivere l'operazione bancaria che gli darà il prestito?**
- **a.** Sì, perché Enrico ha un lavoro a tempo indeterminato che gli consente di far fronte agli impegni finanziari assunti ed è in grado di offrire ulteriori idonee garanzie (genitori).
- **b.** No, perché la banca ritiene che l'importo richiesto sia troppo alto e che non vi siano garanzie.

**Punti: ..../16**

**Calcola il punteggio totale conseguito e assegnati la valutazione a esso corrispondente:**

| Tabella di autovalutazione | |
|---|---|
| ☐ 100-87 | **A**<br>Lavoro eccellente. |
| ☐ 86-67 | **B.**<br>Lavoro buono. |
| ☐ 66-47 | **C.**<br>Lavoro adeguato. |
| ☐ 46-2 | **D.**<br>Lavoro da migliorare. |

**Verifica di autovalutazione di fine modulo**

## Un percorso per tutti

# Il mercato della moneta

Questo è un percorso a tappe che rispetta i tempi e i bisogni di apprendimento di tutti, anche quelli speciali Uno, due, tre, pronti ... VIA!

### TAPPA N. 1): acquisisci una visione d'insieme.

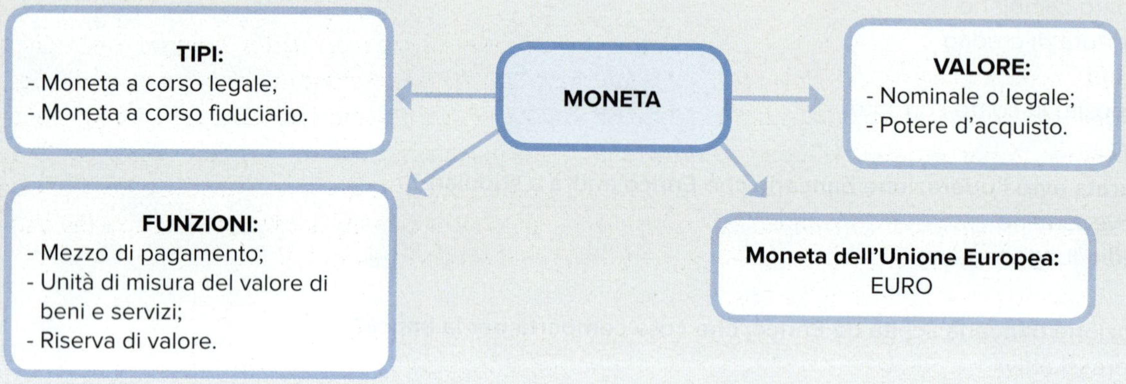


### TAPPA N. 2): sintetizza i concetti fondamentali.

**MONETA**

**Definizione**: è lo strumento che consente la circolazione e il trasferimento dei beni e dei servizi.

**Funzioni**: la moneta è:

- un **mezzo universale di pagamento**, accettato da tutti i soggetti economici come corrispettivo per l'acquisto di merci, per la prestazione di servizi e per l'estinzione di debiti;
- uno **strumento di misurazione del valore dei beni e dei servizi**, perché la moneta attribuisce ad ogni bene e servizio il proprio valore o prezzo;
- una **riserva di valore**, che permette di trasferire nel tempo e nello spazio il potere d'acquisto dei consumatori o di chi effettua degli scambi.

**Tipi**: essi sono: **moneta a corso legale**, che è imposta con legge dello Stato e deve essere accettata obbligatoriamente da tutti (moneta metallica: es. un euro; banconote: es. biglietto di banca da venti euro; **moneta a corso fiduciario**, che circola grazie alla fiducia ad essa accordata dagli operatori economici e per questo può anche non essere accettata in pagamento (moneta bancaria: es. assegno; moneta commerciale: es. cambiale; moneta elettronica: es. bancomat).

**Valore**: può essere: **nominale o legale**, che è il valore stampato sulle banconote dall'Istituto poligrafico dello Stato o impresso sulle monete dalla Zecca di Stato; **potere d'acquisto**, che rappresenta la quantità di beni e servizi che si può acquistare con una determinata quantità di moneta.

**Mercato della moneta**: è il luogo in cui s'incontrano la **domanda** (richiesta di denaro da parte di famiglie e imprese) e l'**offerta** di moneta legale, bancaria, commerciale ed elettronica (quantità di denaro che le banche nazionali e la Banca centrale europea mettono a disposizione sotto forma di credito). Per **credito** s'intende uno scambio tra due soggetti separato nel tempo, nel quale a una prestazione presente corrisponde la promessa di una controprestazione futura.

**INFLAZIONE**

È l'aumento generalizzato e continuo del livello dei prezzi di beni e servizi e la conseguente diminuzione del potere d'acquisto della moneta.

**EURO**

È la moneta che ha dato vita all'Unione economica e monetaria europea (UEM) e che, dal 1°gennaio 2002, ha sostituito le monete nazionali di diciannove dei ventotto Stati membri dell'Unione europea, formando la cosiddetta **Eurozona**.

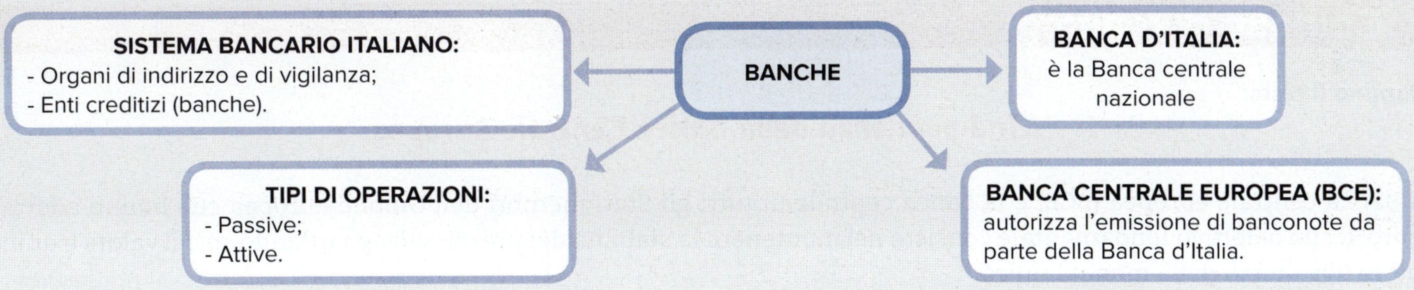


**BANCHE**

**Definizione**: sono delle istituzioni che svolgono il ruolo d'intermediazione tra coloro che risparmiano denaro e coloro che lo richiedono per soddisfare i loro bisogni.

**Tipi di operazioni bancarie**: esse sono:

**operazioni passive**, che sono lo strumento col quale le banche raccolgono, presso i risparmiatori, i mezzi monetari necessari per svolgere le loro attività, dietro il pagamento degli interessi (cosiddetti passivi), che per la banca sono un costo (deposito bancario);

**operazioni attive**, che sono i mezzi con i quali le banche impiegano il denaro raccolto, cedendolo a chi lo richiede (es. imprese), in cambio di un interesse, cosiddetto attivo, perché comporta per la banca un vantaggio (sconto cambiario, apertura di credito, mutuo).

**SISTEMA BANCARIO ITALIANO**

È formato dall'insieme delle banche che operano in uno Stato e dal complesso delle regole che le disciplinano. Esso si compone di: **organi d'indirizzo e di vigilanza** (CICR - Comitato Interministeriale per il Credito e il Risparmio; il Ministro dell'Economia e delle Finanze; la Banca d'Italia); banche denominate **enti creditizi**, con il compito di svolgere tutte le attività tipiche bancarie (es. raccolta e impiego del risparmio).

**BANCA D'ITALIA**

È la Banca centrale nazionale, ossia un organismo capace di controllare e indirizzare l'attività di ciascuna banca e dell'intero sistema bancario.

**BANCA CENTRALE EUROPEA**

Banca centrale europea (BCE), che è una delle istituzioni dell'Unione europea e che, tra i compiti principali, autorizza l'emissione di banconote da comunicare alle singole banche nazionali.

## TAPPA N. 3): mettiti alla prova.

- Riascolta la sintesi, mediante il supporto audio.
- Verifica se hai compreso:

- **Esercizio per l'apprendimento. Comunica (comprendi).**
  **Rispondi ai quesiti, utilizzando uno dei suggerimenti indicati nella parentesi.**

**Verifica facilitata di autovalutazione di fine modulo**

1. A quale tipo di moneta appartiene il bancomat? .........................
   (Metallica, commerciale, elettronica).
2. A che cosa ha dato vita l'Euro? ....................
   (UE, UEM, BCE).
3. Qual è un esempio di operazione passiva di una banca? ........................
   (Deposito bancario, mutuo, apertura di credito).
4. Chi svolge funzioni d'indirizzo e di vigilanza del sistema bancario italiano? ..................
   (Banca centrale europea, Banca d'Italia, Parlamento).

- Misura la tua preparazione, avvalendoti degli esercizi facilitati di autovalutazione che trovi nei materiali digitali, sul sito del libro.

## Compito di realtà

***Esamino il testo:***

### *L'indipendenza della Banca Centrale Europea*

La Banca centrale europea (BCE) è la banca centrale di tutti gli Stati membri dell'Unione europea che hanno adottato l'euro. Il suo obiettivo fondamentale consiste nel mantenere la stabilità dei prezzi, salvaguardando così il valore e quindi potere d'acquisto della moneta unica.

"Perché è necessaria l'indipendenza della banca centrale?

Le banche centrali non sono state sempre indipendenti; tuttavia, nel corso del tempo è emersa la chiara tendenza a sottrarre la politica monetaria a influssi politici diretti. (...)
Vigilando sulla stabilità dei prezzi le banche centrali creano i presupposti per un'economia solida e stabile. Se i governi esercitassero un controllo diretto sulle banche centrali, potrebbero cercare di modificare i tassi d'interesse in funzione dei propri obiettivi, per indurre una forte crescita economica nel breve termine o per finanziare misure popolari con moneta di banca centrale. Questo avrebbe, a lungo termine, gravi ripercussioni sull'economia.

La BCE è stata concepita come istituzione indipendente proprio per assicurare che agisca nel miglior interesse dei cittadini europei. Il Trattato sul funzionamento dell'UE conferisce alla BCE un mandato molto chiaro e ben definito: il mantenimento della stabilità dei prezzi nell'area dell'euro. In questo modo la BCE può condurre una politica monetaria che promuova la crescita economica e la creazione di posti di lavoro in Europa. (...)".*

* Fonte: sito web della Banca centrale europea.

***Applico le conoscenze:***

1. Sei in grado di individuare l'obiettivo principale della Banca centrale europea?
2. Riesci a chiarire che cosa s'intende per "potere d'acquisto della moneta unica"?
3. Hai compreso perché la BCE è stata concepita come istituzione indipendente? Prova a spiegarlo.
4. Sapresti spiegare in che senso si usa l'espressione "area dell'euro"?
5. Riesci a individuare i due principali obiettivi di politica monetaria, riportati nel brano, promossi dalla BCE?

***Sviluppo le competenze e mi confronto:***

Immagina di essere un insegnante che deve preparare una lezione sulle funzioni e le attività della Banca centrale europea. Vai sul sito della BCE e inizia a navigare, scegli una tematica specifica tra quelle proposte e utilizza i documenti e i video che ti sembrano più adatti. Realizza uno schema o una traccia che possa aiutarti nell'esposizione e riferisci alla classe. A seguire, ascolta e partecipa agli interventi dei tuoi compagni, chiamati ad eseguire il medesimo compito.

***Valuto le competenze:***

| Competenze | A<br>Livello Avanzato | B<br>Livello Intermedio | C<br>Livello Base | D<br>Livello Iniziale |
|---|---|---|---|---|
| • Riconosco le caratteristiche essenziali del sistema socio-economico per orientarmi nel tessuto produttivo del mio territorio.<br>• Ricerco informazioni in Rete (competenza digitale).<br>• Imparo ad imparare.<br>• Individuo collegamenti e relazioni.<br>• Acquisisco ed interpreto le informazioni.<br>• Comunico.<br>• Collaboro e partecipo. | **Lavoro eccellente**<br>☐<br>Applico con consapevolezza le conoscenze acquisite alla vita reale; comprendo e valuto informazioni, con buona padronanza del lessico della disciplina, collaborando in modo efficiente. | **Lavoro buono**<br>☐<br>Applico in autonomia le conoscenze acquisite alla vita reale; comprendo e valuto informazioni, con un uso appropriato del lessico della disciplina, collaborando in modo efficace. | **Lavoro adeguato**<br>☐<br>Applico le conoscenze essenziali acquisite alla vita reale; reperisco informazioni di base, utilizzando i termini fondamentali della disciplina e collaborando in modo corretto. | **Lavoro da migliorare**<br>☐<br>Applico alcune conoscenze elementari acquisite alla vita reale, se guidato; fatico a reperire le informazioni di base, con un uso limitato dei termini della disciplina, collaborando in modo passivo. |

# 6 IL RESTO DEL MONDO E LE RELAZIONI ECONOMICHE INTERNAZIONALI

**UdA 1**
**Il mercato internazionale, crescita e squilibri dello sviluppo**

RESTO DEL MONDO → SCAMBI INTERNAZIONALI → IMPORTAZIONI ED ESPORTAZIONI → GLOBALIZZAZIONE

PRODOTTO INTERNO LORDO → CRESCITA ECONOMICA → SVILUPPO ECONOMICO → SVILUPPO SOSTENIBILE

**Alla fine di questo percorso didattico, saprai individuare i protagonisti del mercato internazionale e i diversi fattori che concorrono allo sviluppo economico di un Paese.**

**FLIPPED classroom**

### A casa: lezione

Leggo e ascolto i materiali digitali:
- Lo sviluppo sostenibile e la tutela dell'ambiente (*PowerPoint*).
- Il commercio equo e solidale (*PowerPoint*).
- Il Protocollo di Kyoto (Pdf).
- "Ripassiamo insieme".
- Parole chiave (Animazione).

### A scuola: sviluppo le competenze

Rifletto:
- Confronto e dibattito in classe.
- Verifica delle competenze di fine unità di apprendimento.

Mi metto alla prova:
- Compito di realtà di fine modulo.

# UdA 1 IL MERCATO INTERNAZIONALE, CRESCITA E SQUILIBRI DELLO SVILUPPO

## 1. L'operatore resto del mondo e il mercato internazionale

Per l'economia, l'**operatore resto del mondo** comprende tutti i soggetti economici stranieri, appartenenti ad altri Stati, che intrattengono scambi di beni e servizi con il nostro Paese.

Il mercato internazionale

Il complesso degli scambi che coinvolgono più Stati si definisce **commercio internazionale** e il luogo in cui avvengono le relative contrattazioni è il **mercato internazionale**.

▸ Mercato internazionale

L'Italia, come la maggior parte dei Paesi, non è economicamente autosufficiente, perché non riesce a produrre tutto ciò di cui necessita e a consumare ogni bene che produce e, per questo motivo, intrattiene con il resto del mondo una fitta relazione di scambi.

Le importazioni e le esportazioni

Quando i beni sono acquistati da un altro Paese, si parla di **importazioni**, mentre se si vendono prodotti nazionali a uno Stato straniero si parla di **esportazioni**.

**Esempio:** lo Stato italiano acquista all'estero i beni di cui non dispone o che possiede in misura limitata, come il caffè o il petrolio (importazioni) e vende i prodotti che sono richiesti dagli altri Paesi come la pasta, i vestiti d'alta moda, le automobili di lusso (esportazioni).

I rapporti commerciali

I **rapporti commerciali** di un Paese con l'estero dipendono da una serie di elementi, quali:

- **grado di apertura del sistema economico nazionale** rispetto al sistema economico straniero. Tale grado si calcola rapportando le importazioni o le esportazioni alla ricchezza nazionale (PIL) di uno Stato. Se il rapporto risulta elevato, anche il grado di apertura lo sarà, con la conseguenza che le decisioni e i provvedimenti presi dal resto del mondo si ripercuoteranno anche sull'economia interna del Paese;

**Esempio:** in Italia, l'aumento del prezzo del caffè, stabilito dai Paesi esportatori, provoca non solo il rialzo del prezzo di una tazzina di caffè, ma anche di quello di tutti i beni ad esso collegati.

- **remunerazione dei fattori produttivi**, in particolare del lavoro e del capitale che possono registrare alcune differenze sul mercato internazionale, rispetto a quello interno. Di conseguenza, può essere più conveniente acquistare un prodotto da un Paese nel quale i costi di produzione sono più bassi di quelli interni. Esso, infatti, sarà offerto sul mercato a un prezzo inferiore;

**Esempio:** la produzione di computer avviene nei Paesi, in cui il costo della manodopera è più basso rispetto a quello praticato in Europa (es. Asia).

- **grado di specializzazione delle produzioni**. Quando un Paese abbonda di determinati fattori produttivi (es. risorse naturali) può realizzare un prodotto (es. petrolio) con costi più bassi, per cui è conveniente che il Paese si specializzi in tale produzione ed esportazione, così come lo stesso Paese avrà convenienza a importare quei beni, per i quali ha scarsità di fattore produttivo.

▸ Specializzazione delle produzioni: raffineria

**Esempio:** **il Medio Oriente è un forte produttore specializzato di petrolio ma ha una scarsa produzione di vino e pasta. L'Italia, essendo uno Stato conosciuto per produrre rinomati generi alimentari, avrà la possibilità di esportarli in quei Paesi dai quali importerà petrolio.**

**Esercizio A) per l'apprendimento. Individua collegamenti e relazioni.**
**Cerca l'estraneo, evidenziandolo nel testo.**

1. Mercato interno, importazioni, esportazioni, mercato internazionale.
2. Commercio internazionale, resto del mondo, Stati, economia chiusa.
3. Importazioni, beni acquistati da un altro Paese, vendita di prodotti nazionali, prezzo dei beni importati.
4. Offerta di prodotti nazionali, importazioni, esportazioni, domanda estera.

## 2. La politica commerciale: protezionismo e liberismo

▸ Politica commerciale

L'insieme delle scelte e dei provvedimenti commerciali, che uno Stato adotta nei confronti del resto del mondo, costituisce la **politica commerciale**.

Essa si può fondare:

**Il liberismo**

- sul **liberismo**, che prevede la libertà degli scambi, senza restrizioni e vincoli alla circolazione dei beni e dei servizi. Ogni Paese è libero di esportare e importare, a vantaggio della creazione di un mercato concorrenziale a livello mondiale.
  Il più grande **limite** della politica liberista è quello di frenare la nascita e la crescita delle imprese locali, ostacolate dalla concorrenza di quelle straniere;

**Esempio:** **se in un mercato di uno Stato in via di sviluppo operano imprese estere molto competitive, che si possono permettere di produrre a costi inferiori a quelli del mercato interno, per le imprese nazionali nascenti sarà molto difficile reggere il confronto.**

**Il protezionismo**

- sul **protezionismo**, che consiste in una serie di misure dirette a ridurre le importazioni ed espandere le esportazioni come, ad esempio, i dazi doganali (tributi imposti dallo Stato per l'ingresso delle merci nel territorio nazionale), i contingenti di importazioni (quantità massima di un prodotto estero da importare), i sussidi governativi cosiddetti premi all'esportazione (es. sgravi tributari o degli oneri sociali alle imprese esportatrici). Tali misure riducono i costi di produzione delle imprese, incentivandone così sia l'esportazione sia la vendita dei beni sul mercato nazionale.

Il dumping

Il protezionismo è anche un valido strumento per proteggere le importazioni di beni, prodotti in regime di **dumping.** Si tratta di un'operazione commerciale praticata dalle imprese nazionali, che consiste nel vendere i loro prodotti sul mercato estero a prezzi inferiori a quelli praticati in quello interno.

I motivi

I **motivi** che spingono gli Stati ad applicare politiche protezionistiche riguardano, principalmente:

- la **difesa delle industrie nascenti** che, senza misure di protezione dalla concorrenza estera, non potrebbero sopravvivere;
- la **protezione dell'occupazione**, da realizzarsi, ad esempio, con l'introduzione di dazi a difesa di determinati settori produttivi che facciano aumentare l'occupazione;
- l'**autosufficienza economica**, con la quale si evitano gli eccessivi indebitamenti con gli Stati.

I limiti

Anche la politica protezionistica presenta dei **limiti.** La difesa delle industrie nascenti e il conseguente sostegno alla produzione interna possono rappresentare, nel lungo periodo, un indebolimento per l'attività industriale che, se non stimolata dalla concorrenza, può perdere in efficacia ed efficienza produttiva. Inoltre, l'autosufficienza economica (autarchia) è un modello produttivo che non può reggere nel tempo, con conseguenze negative soprattutto per i consumatori che si vedono costretti ad acquistare prodotti, forse di qualità scadente e a prezzi maggiorati rispetto a quelli stranieri.

Dentro l'**economia**

## Il dumping

Il termine, di origine americana, indica il sistema dei prezzi adottato dalle grandi imprese nazionali che, per accrescere il volume delle esportazioni, vendono i loro prodotti sui mercati stranieri a un prezzo inferiore a quello praticato all'interno e che addirittura può essere più basso del costo di produzione (dumping price).
La finalità di questa pratica commerciale è quella di sbaragliare la concorrenza delle altre imprese per elevare i prezzi senza il freno della competizione.
Gli Stati, vittima del dumping, possono reagire con l'introduzione o meno di misure antidumping (es. dazi). Per combattere questo fenomeno, gli Stati cercano di adottare politiche protezionistiche uniformi.
Dal 2010, l'Unione europea, con un apposito regolamento (Ce) n. 1225/2009, protegge il mercato comunitario dai danni derivanti dalle importazioni di beni in regime di dumping da parte di Paesi non membri della Comunità europea. Questo regolamento contiene norme sulla procedura relativa all'istituzione di misure antidumping provvisorie e definitive (es. dazi doganali).

■ **Esercizio B) per l'apprendimento. Comunica (comprendi).**

**Indica se i seguenti provvedimenti sono tipici del liberismo (L) o del protezionismo (P), apponendo una crocetta in corrispondenza della risposta che ritieni esatta.**

1. Divieto di importare dall'estero più di 15.000 litri di vino all'anno. L P
2. Richiesta di certificati bollati relativi alla composizione dei prodotti. L P
3. Eliminazione dei dazi sui prodotti stranieri. L P
4. Previsione di nuovi dazi doganali sui prodotti importati. L P
5. Soppressione di qualsiasi limite all'importazione di merci estere. L P

# 3. L'integrazione tra Stati e la globalizzazione

Le relazioni economiche internazionali, basate sul principio della libertà di circolazione di beni, servizi, persone e capitali, determinano, tra le diverse aree del mondo, un certo grado d'integrazione sia a livello economico (es. commerciale, finanziario) sia a livello socio-culturale (es. aiuti ai Paesi in via di sviluppo).

▸ Integrazione fra Stati

La globalizzazione

Dalla fine degli anni novanta si usa il termine **globalizzazione** per indicare il grado d'integrazione economica, sociale e culturale tra i vari Stati che ha condotto alla creazione di un mercato unico mondiale.

I principali aspetti

I **principali aspetti** di questo fenomeno sono:

- l'unificazione dei mercati a livello mondiale (**globalizzazione dei mercati**). Essa è dovuta alle innovazioni tecnologiche e informatiche, che hanno sviluppato in modo veloce modelli uniformi di produzione e di consumi. Le imprese che operano nel mercato globale tendono a unirsi in grandi **gruppi multinazionali** che, svolgendo la loro attività produttiva in più Stati, sono in grado di offrire beni e servizi standardizzati, idonei cioè a soddisfare i bisogni omogenei dei consumatori, a prezzi contenuti. Ciò è possibile grazie all'utilizzo di fattori produttivi, reperiti negli Stati che li offrono a costi più bassi;
- la soppressione dei vincoli ai movimenti di capitali che ha favorito un **mercato mondiale della finanza**, consentendo agli investitori di impiegare facilmente i loro risparmi in tutto il mondo;
- l'avvento delle nuove tecnologie multimediali e della rete **Internet**, con le quali sono diventati più rapidi gli scambi commerciali, mediante l'**e-commerce** (commercio elettronico), e i consumatori sono diventati acquirenti di beni e servizi di tutto il mondo;

▸ Commercio elettronico

- la formazione di una società civile internazionale (**globalizzazione socio-culturale**), data dal costante sviluppo di numerose organizzazioni internazionali che operano nel sociale con impegno solidaristico. Esse agiscono con la finalità di promuovere e sviluppare progetti di cooperazione con i Paesi in via di sviluppo, tali da incoraggiare una maggiore tutela dei diritti umani e incrementare il benessere (migliori condizioni di vita) di coloro che si trovano a vivere in zone meno fortunate del Pianeta (es. Organizzazioni non governative – ONG).

La globalizzazione è un fenomeno in continua evoluzione, oggetto di analisi da parte degli economisti, che ne segnalano sia i vantaggi sia gli svantaggi.

I vantaggi della globalizzazione

Tra i **vantaggi** si individuano:

- **apertura dei commerci**, con il conseguente sviluppo della produzione e degli scambi di beni e servizi a livello mondiale, che consentono alle imprese dei Paesi più economicamente sviluppati di delocalizzare i processi produttivi e commerciali verso quei Paesi meno avanzati, attenuando il divario tra Paesi ricchi e quelli in via di sviluppo;
- l'**abbattimento** delle **barriere spazio/tempo** fra i Paesi, dovuto all'introduzione dei moderni sistemi di comunicazione (es. Internet).

Gli svantaggi della globalizzazione

Tra gli **svantaggi** si rilevano:

- una **diminuzione** per gli Stati europei della **crescita economica**. In particolare, le imprese nazionali, appesantite dagli oneri sociali (es. contributi per finanziare il sistema previdenziale, assistenziale e sanitario) perdono di competitività rispetto a quelle i cui Paesi non hanno adottato le stesse politiche sociali;

▶ Esempio di società multinazionale tecnologica: Google

- una forte **flessione** dell'**occupazione ad alta qualificazione**. Ciò accade, ad esempio, quando l'introduzione di innovazioni tecnologiche, specie nel campo della telematica è in grado di sostituire la forza lavoro, spingendo molti colossi della produzione hi-tech a delocalizzare i laboratori di ricerca e sviluppo nei Paesi in cui il lavoro ad alto contenuto di conoscenza (es. ingegneri informatici) è disponibile a un costo più basso (es. India);
- un **allargamento** dei gruppi **multinazionali** che può comportare nei confronti delle imprese locali, meno sviluppate, difficoltà a inserirsi e a rimanere nel mercato.

| GLOBALIZZAZIONE | |
|---|---|
| VANTAGGI | SVANTAGGI |
| ▪ Apertura dei commerci.<br>▪ Abbattimento delle barriere spazio/tempo. | ▪ Diminuzione per gli Stati europei della crescita economica.<br>▪ Flessione dell'occupazione ad alta qualificazione.<br>▪ Allargamento dei gruppi multinazionali. |

Dentro l'**economia**

### La delocalizzazione delle imprese

Con il termine delocalizzazione s'intende lo spostamento della produzione di beni e servizi da imprese nazionali ad altre localizzate in regioni o Stati diversi. I motivi che possono spingere verso una scelta di questo tipo, ricordiamo:

- la riduzione dei costi di produzione (es. minor costo dei fattori produttivi);
- la disponibilità di manodopera specializzata a basso costo e con un buon livello di conoscenze linguistiche (es. India);
- la possibilità di creare nuovi sbocchi di mercato.

Il trasferimento dell'attività produttiva all'estero, tuttavia, non è esente da svantaggi. Primo fra tutti è la riduzione del livello di occupazione per l'economia nazionale, con conseguenze negative non solo sul piano economico ma anche su quello socio-culturale.

La delocalizzazione delle imprese all'estero è un fenomeno in continua espansione. Nato, prevalentemente negli Stati Uniti, si è diffuso in tutto il globo, coinvolgendo anche l'Europa e Paesi, come la Francia, la Germania e l'Italia che trasferiscono le loro imprese, soprattutto, verso i Paesi dell'Europa Orientale (es. Polonia), dove gli imprenditori possono conseguire maggiori profitti, dati proprio dai minori costi di produzione.

■ **Esercizio C) per l'apprendimento. Acquisisci ed interpreta l'informazione.**

**Indica, a fianco di ogni situazione descritta, l'effetto che ne consegue, avvalendoti dei termini indicati nella parentesi.**

1. Unificazione dei mercati a livello mondiale ..............................
2. Eliminazione dei vincoli per i movimenti di capitale ..............................
3. Diffusione di Internet ..............................
4. Nascita di una società civile internazionale ..............................

*(Maggiore rapidità degli scambi commerciali, mercato mondiale della finanza, globalizzazione socio-culturale, globalizzazione dei mercati).*

## 4. La Bilancia dei pagamenti e il cambio delle valute

Il volume degli scambi commerciali di uno Stato con il resto del mondo è fornito dalla **bilancia dei pagamenti**.

Essa è un importante documento contabile nel quale sono registrati annualmente i dati relativi agli scambi di beni e servizi (transazioni reali) e ai corrispondenti flussi monetari, come le valute e i prestiti (transazioni finanziarie), che intercorrono tra i residenti e i non residenti dell'economia italiana con quelli degli altri Paesi.

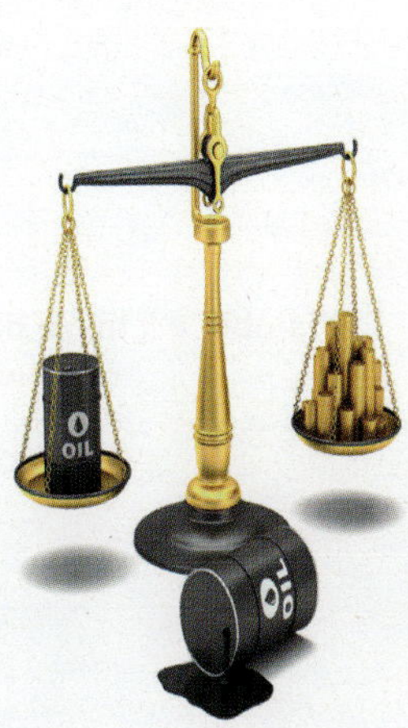

▸ Bilancia dei pagamenti

**Esempio: l'Italia importa gas dalla Russia (transazione reale) e deve trasferire nel Paese esportatore la valuta necessaria (es. dollari) per il pagamento (transazione valutaria).**

La struttura

La **struttura** della Bilancia dei pagamenti è composta da tre principali sezioni: Conto corrente, Conto capitale e Conto finanziario.

**Il Conto corrente**

Il **Conto corrente** comprende tutte le transazioni tra residenti e non residenti relative alle merci, ai servizi, ai redditi e ai trasferimenti unilaterali in conto corrente (es. rimesse degli emigrati), pubblici e privati. Il conto corrente, a sua volta, si suddivide in sottosezioni, tra cui la parte più significativa è la **bilancia commerciale**, che riporta i flussi monetari generati dalle importazioni ed esportazioni di merci e servizi. Attraverso il saldo (differenza tra importazioni ed esportazioni) della bilancia commerciale si capisce se e quanto un Paese dipenda da merci e fattori produttivi esteri.

**La bilancia commerciale**

**Esempio: l'Italia deve importare materie prime necessarie alle sue industrie e ciò comporta un flusso monetario che si sposta dall'Italia al Paese esportatore ed è registrato al passivo della bilancia commerciale; al contrario quando l'Italia esporta beni, il flusso monetario esce dal Paese straniero ed è registrato in attivo nella bilancia commerciale italiana.**

▸ Bilancia commerciale

**Il Conto capitale**

Il **Conto capitale** è la sezione in cui sono riportati i dati relativi ai movimenti di capitale e descrive il processo degli investimenti lordi come, ad esempio, i trasferimenti di contributi dell'Unione europea per sostenere le politiche agricole; entrate ed uscite relative all'acquisto o vendita di terreni o risorse naturali pubblici o attività intangibili (es. brevetti, licenze). Il saldo del Conto capitale ci dice l'ammontare delle disponibilità che il Paese, rispettivamente, riceve o mette a disposizione del resto del mondo.

**Il Conto finanziario**

Il **Conto finanziario** registra gli investimenti, come l'acquisto di titoli (azioni, obbligazioni) di società estere, da parte di residenti italiani o residenti stranieri che comprano titoli di società italiane o il trasferimento di valuta per l'acquisto di un'impresa straniera o nazionale. Attraverso il saldo del conto finanziario, si conosce come il Paese finanzia l'eventuale squilibrio negativo o positivo nella relazione con il resto del mondo.

**Gli scambi commerciali**

I pagamenti delle transazioni internazionali devono essere accompagnati da moneta o valuta accettata universalmente dagli operatori del mondo; poiché non esiste un unico strumento di pagamento, ossia un'unica moneta legale obbligatoriamente accettata da tutti i Paesi, si converte la moneta nazionale in quella del Paese con il quale si effettuano gli **scambi commerciali**.

**Esempio: chi acquista beni o servizi prodotti negli Stati Uniti deve procurarsi, per il pagamento, valuta straniera (dollaro statunitense), ottenibile vendendo valuta nazionale alla propria banca, così come chi vende all'estero prodotti nazionali è pagato in valuta straniera, convertibile, tramite l'azienda di credito, in moneta nazionale.**

**Il cambio e il tasso di cambio**

L'operazione che converte la quantità di moneta nazionale in una certa quantità di moneta estera, si definisce **cambio**, mentre il valore (prezzo) che esprime la quantità di valuta nazionale necessaria per ottenere un'unità di valuta estera è il **tasso di cambio**.

▸ Cambio valuta

I rapporti di cambio fra le monete possono essere determinati dalla presenza o meno di accordi internazionali che prevedano interventi delle autorità monetarie (es. Banca centrale), affinché gli scambi commerciali avvengano in regime di cambi fissi o flessibili.

**I cambi fissi**

In un regime di **cambi fissi**, il rapporto di cambio tra le valute di due o più Stati è fissato dall'autorità monetarie e mantenuto a un livello predeterminato secondo gli accordi internazionali. I cambi fissi hanno caratterizzato il sistema monetario internazionale fino alla seconda guerra mondiale.

**I cambi flessibili**

In un regime di **cambi flessibili**, il tasso di cambio è determinato dall'offerta e dalla domanda di valuta ed è escluso ogni intervento della Banca centrale. Questo regime si è affermato nel 1973, a seguito dell'abbandono definitivo dei cambi fissi.

**Esempio: Matteo che vuole andare in Giappone deve procurarsi la moneta del Paese (yen) cambiando la propria moneta nazionale (euro). Poiché il tasso di cambio non è stabile, ma varia di giorno in giorno, Matteo cerca di effettuare il cambio euro/yen quando il tasso scende, per cui aumenta il numero di unità di yen che può acquistare con 1 unità di moneta nazionale (apprezzamento del tasso di cambio). Viceversa, non gli conviene quando il tasso di cambio euro/yen sale, perché si riduce il numero di yen che può acquistare con un euro (deprezzamento del tasso di cambio).**

▸ Cambio flessibile

**Il mercato dei cambi**

Il **mercato dei cambi** o valutario è un luogo ideale (non corrisponde cioè a nessun luogo fisico), dove avvengono le contrattazioni tra operatori (es. banca), per l'acquisto (domanda) e la vendita (offerta) delle valute (es. yen, dollari) dei vari Paesi e dove, dall'incontro della domanda e dell'offerta di valuta estera, si individua il tasso di cambio, ossia il prezzo di acquisto e di vendita delle valute straniere.

**Esempio: un imprenditore italiano, per pagare le importazioni di forniture di materie prime provenienti dal Medio Oriente, cede alla banca valuta nazionale (euro) per acquistare dollari (domanda valuta estera). Lo stesso imprenditore, quando esporta i prodotti finiti (es. mobili), riceve in pagamento dei dollari, che sono ceduti alla banca (offerta di valuta) per acquistare euro.**

## ■ Esercizio D) per l'apprendimento. Comunica (rappresenta).

Completa la mappa concettuale che segue.

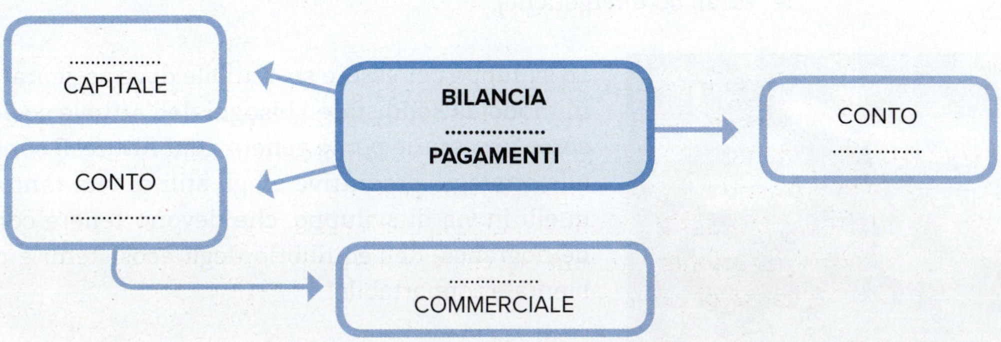

# 5. Lo sviluppo e crescita economica

**Lo sviluppo economico**

Con l'espressione "**sviluppo economico**" s'intende il miglioramento del benessere economico, quindi l'aumento del livello della ricchezza (misurata in termini economici) e la crescita di standard qualitativi della vita di un Paese o di una specifica regione.
Esso misura sia la crescita economica sia la crescita di funzioni importanti, come il benessere sociale, il livello culturale, la qualità ambientale.

**Esempio:** **la Polonia, con l'ingresso nell'Unione europea, ha migliorato il grado di sviluppo economico, perché è aumentata la ricchezza nazionale e la popolazione ha raggiunto un certo benessere.**

**La crescita economica**

Il termine "**crescita economica**", invece, si riferisce tipicamente all'aumento in termini quantitativi del prodotto interno lordo (PIL) o del reddito nazionale lordo (RNL). L'aumento del PIL di un dato Paese indica che ci sono maggiori risorse da destinare all'attività produttiva e che, quindi, è in atto una crescita economica.

**Prodotto interno lordo (PIL):** è costituito da tutti i beni e i servizi prodotti, di norma nell'arco di un anno, all'interno dello Stato e disponibili sul mercato per soddisfare la domanda finale di consumo delle famiglie e delle imprese.
**Reddito nazionale lordo (RNL):** è l'insieme dei beni e dei servizi finali, prodotti da tutte le persone residenti in uno Stato sia che operino in Italia sia all'estero.

▸ PIL

**Esempio:** **l'emirato del Dubai registra un'incessante crescita economica con un PIL in costante aumento, ma il grado di sviluppo di questo Paese non è così elevato, perché la ricchezza nazionale è concentrata nelle mani di pochi.**

**Le politiche di sviluppo economico**

Lo sviluppo economico di un Paese dipende, in buona parte, dalle **politiche di sviluppo economico** che, tramite interventi pubblici, operano per:

- attuare **obiettivi economici** come, ad esempio, la creazione di condizioni favorevoli per lo sviluppo industriale (es. infrastrutture) e per l'occupazione (es. offerta scolastica), piani di investimenti pubblici e coordinazione di quelli privati;
- fornire **servizi pubblici** in generale, quali edilizia abitativa, assistenza sanitaria, tutela dell'ambiente;
- perseguire uno **sviluppo sostenibile**, in grado di assicurare un'equilibrata distribuzione della ricchezza compatibile con l'equità sociale e con l'ecosistema (es. ambiente, risorse naturali ed energetiche).

**Ecosistema:** è costituito dall'insieme di tutti gli organismi viventi e dei fattori ambientali ad essi relativi, con cui le varie specie interagiscono.

Lo sviluppo sostenibile e la tutela dell'ambiente

▸ ONU

Lo sviluppo per essere sostenibile deve assicurare la riproducibilità delle risorse, in modo da soddisfare i bisogni dell'attuale società, senza compromettere le risorse necessarie per le generazioni future. Il concetto di sostenibilità è collegato alle strategie produttive e agli stili di vita tanto dei Paesi sviluppati quanto di quelli in via di sviluppo, che devono tenere conto, nella crescita economica e demografica, dell'equilibrio degli ecosistemi e del livello d'inquinamento ambientale sopportabile.

A favore dello sviluppo sostenibile si sono tenute, dal 1992, diverse **Conferenze** delle Nazioni Unite (**ONU**) su ambiente e sviluppo, sui cambiamenti

**Effetto serra:** fenomeno climatico-atmosferico dovuto all'accumulo di notevole quantità di gas nell'atmosfera (es. anidride carbonica, metano, vapore acqueo) che ostacolano la fuoriuscita del calore proveniente dalla superficie terrestre, provocando il surriscaldamento globale del pianeta.

climatici, sulla diversità biologica, che sono state oggetto di altrettanti Trattati ambientali internazionali.

Nell'ambito dell'**Unione Europea**, con il Trattato di Lisbona del 2009, sono state fissate, tra l'altro, misure comuni per:

Il protocollo di Kyoto

- ottenere il contenimento delle concentrazioni di gas ad effetto serra nell'atmosfera, secondo gli obiettivi del Protocollo di Kyoto;
- conseguire una gestione sostenibile delle risorse naturali;
- affrontare le conseguenze dell'invecchiamento demografico;
- rafforzare la lotta contro la povertà nel mondo e garantire uno sviluppo sostenibile globale.

**Protocollo di Kyoto (PK):** accordo internazionale col quale si sono posti, a carico dei Paesi aderenti, degli obiettivi vincolanti per il contenimento delle emissioni di gas in atmosfera (es. biossido di carbonio, metano, ossido di azoto).

Dentro l'**economia**

### I 17 Obiettivi di Sviluppo Sostenibile definiti dall'ONU per il 2030

Nel 2016, i 193 Paesi membri dell'ONU hanno dato vita all'**Agenda Globale per lo Sviluppo Sostenibile** contenente 17 **Obiettivi di Sviluppo Sostenibile** (Sostainable Development Goals – SDGs), da raggiungere entro il 2030.

L'**Unione Europea** (UE) ha partecipato alla realizzazione della cosiddetta Agenda 2030, svolgendo un ruolo attivo per una crescita economica intelligente, sostenibile e inclusiva; anche l'Italia, all'interno della UE, ha dato il suo contributo, partecipando al Gruppo di Lavoro sui 17 Obiettivi di Sviluppo Sostenibile, che sono comuni a tutti i Paesi e rappresentano finalità condivise su questioni come la lotta alla povertà, il contrasto al cambiamento climatico, l'eliminazione della fame, la promozione della salute e del benessere, la riduzione delle disuguaglianze tra gli Stati.

■ **Esercizio E) per l'apprendimento. Individua collegamenti e relazioni.**
**Colloca le parole mancanti.**

Lo ..................... economico sostenibile deve assicurare la riproducibilità delle ..................... in modo da soddisfare sia i ..................... delle generazioni presenti sia quelli delle generazioni future. Lo sviluppo dell'economia e la ricerca del ..................... sociale spesso sono accompagnati da problemi di ..................... e di mutamenti ..................... irreversibili. La comunità ..................... si fa carico di sviluppare un'economia i cui processi produttivi siano rispettosi degli ..................... e dell'ambiente.

*(internazionale, benessere, ecosistemi, ambientali, risorse, sviluppo, bisogni, inquinamento)*

## 6. Gli squilibri dello sviluppo

Gli indicatori

Per misurare lo sviluppo economico sono utilizzati degli **indicatori** riferiti sia agli aspetti economici (es. PIL, consumi, occupazione) sia a quelli demografici (es. livello di alfabetizzazione, la speranza di vita alla nascita, grado di povertà) e, sulla base di questi, i Paesi del pianeta sono raggruppati in:

- **Paesi sviluppati**, con un sistema economico in continua crescita, capacità tecnologica avanzata, servizi sociali diffusi, nei quali il livello di benessere sociale ed economico assicura una buona qualità di vita;

▸ Paesi sviluppati e paesi sottosviluppati

Il commercio equo e solidale

- **Paesi sottosviluppati**, con un apparato economico quasi inesistente, scarsi o nulli i servizi pubblici, nei quali risulta difficile anche il soddisfacimento dei bisogni primari;
- **Paesi in via di sviluppo**, con un apparato industriale in crescita, nei quali lentamente aumenta il benessere sociale.

**Le cause del sottosviluppo**

Le **cause del sottosviluppo** sono numerose e dipendono, principalmente, da un insieme di fattori, interni ed esterni ai singoli Paesi che ne limitano la crescita economica.

Tra le **cause esterne** del sottosviluppo, rientrano quelle:

- **storiche**, legate al colonialismo europeo, che ha la responsabilità economica di aver sottratto ai Paesi dell'Africa, dell'America latina e dell'Asia i fattori produttivi necessari (es. materie prime) allo sviluppo delle loro economie;
- **geografiche**, connesse alle difficoltà ambientali, come, ad esempio, la siccità, le temperature elevate, che impediscono o limitano l'attività economica di molti Paesi (gran parte delle zone sottosviluppate sono desertiche).

Tra le **cause interne**, la maggior parte dei Paesi sottosviluppati presenta:

- un **elevato incremento demografico**, non sostenuto dalla crescita di risorse disponibili, che impedisce, molto spesso, di soddisfare i bisogni primari (es. fame);
- un'**arretratezza culturale** e un **alto grado** di **analfabetismo** per cui, spesso, un numero sempre maggiore di bambini è costretto, in età scolare, a lavorare;

▸ Agricoltura praticata con tecniche arretrate

- un **sistema economico, basato** prevalentemente sull'**agricoltura**, praticata con tecniche arretrate, che essendo scarsamente produttiva non riesce a coprire i consumi interni. I Paesi poveri, pertanto, sono costretti a importare, dai Paesi ricchi, la stragrande maggioranza dei prodotti necessari alla popolazione a prezzi elevati, contraendo il cosiddetto debito dei Paesi poveri;
- un **circolo vizioso della povertà**, basato sull'esistenza di bassi redditi, che non consentono di risparmiare, perché quasi tutto viene impiegato nei consumi, che, a loro volta, aumentano per l'incremento demografico. Senza risparmio, mancano gli investimenti indispensabili per uno sviluppo industriale e il sistema produttivo si basa, solamente, su un'agricoltura arretrata.

A sostegno dei Paesi sottosviluppati e per interrompere il circolo vizioso delle povertà, le organizzazioni internazionali, in particolare l'ONU, attuano progetti di sviluppo (es. prestiti) sia per il finanziamento di attività economiche sia per migliorare le condizioni sociali della popolazione (es. servizi sanitari, assistenziali-educativi).

| SOTTOSVILUPPO | |
|---|---|
| CAUSE ESTERNE | CAUSE INTERNE |
| ■ Storiche.<br>■ Geografiche. | ■ Elevato incremento demografico.<br>■ Arretratezza culturale e alto grado di analfabetismo.<br>■ Sistema economico basato prevalentemente sull'agricoltura.<br>■ Circolo vizioso della povertà. |

## 7. Le Organizzazioni del commercio internazionale

Per **organizzazione del commercio internazionale** s'intende un'organizzazione di Stati, che stipula accordi di cooperazione internazionale, fissando politiche economiche generali, per assicurare una crescita equilibrata tra i Paesi sviluppati e quelli in via di sviluppo.

Tra le organizzazioni del commercio internazionale, le più conosciute sono:

OMC

- **Organizzazione mondiale del commercio** (**OMC**), in inglese World trade organization (WTO), che è un organismo sorto nel 1995 al posto di un'altra organizzazione economica internazionale (GATT). Essa svolge, principalmente, due funzioni: quella di realizzare e gestire gli accordi commerciali tra gli attuali 159 Stati membri (la quasi totalità del commercio mondiale di beni e servizi) e quella di risolvere le eventuali dispute o controversie internazionali sul commercio. Il WTO, inoltre, si occupa di problematiche ambientali, aiuti ai Paesi in via di sviluppo, salvaguardia dei diritti dei lavoratori e di quelli culturali;

▶ WTO World Trade Organization

OCSE

- **Organizzazione per la cooperazione e lo sviluppo economico** (**OCSE**), sorta nel 1961, che all'inizio comprendeva venti Paesi tra cui l'Italia. Oggi, raccoglie trentaquattro Paesi membri compresi Estonia, Israele, Slovenia e Cile, di recente adesione. L'organizzazione ha le seguenti attività principali: realizzare la crescita economica in una logica di sviluppo sostenibile (es. ambiente, energia); favorire gli investimenti e la stabilità finanziaria per un allargamento dell'occupazione e un ampliamento del commercio internazionale; sostenere lo sviluppo delle economie dei Paesi non membri;

MERCOSUR

- **Organizzazione internazionale di un mercato comune** (**MERCOSUR**), istituita nel 1991, a seguito di un accordo sudamericano per il libero scambio tra gli Stati come, Argentina, Brasile, Paraguay, Uruguay e Venezuela. Essa si pone l'obiettivo di creare un mercato unico, con libera circolazione di beni e servizi e fattori produttivi. Inoltre, l'organizzazione persegue una politica d'integrazione economica sia al suo interno sia con gli altri Paesi, con finalità di crescita e di sviluppo socio-culturale, soprattutto, fra i suoi Stati membri;

NAFTA

- **Accordo di libero scambio nordamericano** (Nord American Free Trade Agreement- **NAFTA**) che coinvolge Stati Uniti, Canada e Messico. Viene stipulato nel 1992 ed entra in vigore nel 1994. La liberalizzazione degli scambi all'interno dei Paesi membri è assicurata dalla graduale riduzione delle barriere tariffarie commerciali (es. dogane), in particolare, per i prodotti agricoli, tessili ed energetici. Il NAFTA non è un'organizzazione internazionale come l'Unione europea ma un organismo che favorisce, con scambi di merci e servizi, la crescita economica dei Paesi aderenti;

**ASEAN**

- **Organizzazione dei Paesi del Sud-Est asiatico** (Association of South East Asian Nations- **ASEAN**), creata nel 1967 da Filippine, Indonesia, Singapore, Malaysia e Thailandia, ai quali, in seguito, si sono aggiunti altri Stati (es. Vietnam, Cambogia). L'organizzazione è stata creata per incentivare lo sviluppo economico, sociale-culturale dei Paesi dell'area asiatica e, attraverso l'eliminazione delle barriere doganali e di quelle tariffarie (es. dazi), si è voluto realizzare un'area di libero scambio sia al suo interno sia con i principali partner commerciali (es. Canada, Unione europea, Stati Uniti);

**G20**

- **Organismo informale internazionale** (**G20**), istituito nel 1999, che comprende le rappresentanze di diciannove Paesi ( sia industrializzati sia emergenti), nonché l'Unione europea. Inizialmente, esisteva il G6 (Stati Uniti, Giappone, Germania, Italia, Francia, Regno Unito), ai quali, con il G7, si aggiungeva il Canada. Il G20 comprende, oltre ai Paesi del G7, Arabia Saudita, Argentina, Australia, Brasile, Cina, Corea del Sud, India, Indonesia, Messico, Russia, Sudafrica e Turchia. Questo organismo informale, composto dai ministri delle Finanze, dai Governatori delle Banche Centrali e dai Capi di Stato e di Governo dei diciannove Paesi, ha, prevalentemente, lo scopo di assicurare la stabilità economica e la crescita sostenibile, di approvare piani d'azione per sostenere l'occupazione e di promuovere l'inclusione socio-culturale.

▸ Le bandiere dei 19 Paesi membri del G20 e dell'Unione Europea

**Esercizio F) per l'apprendimento. Comunica (comprendi).**

**Completa la seguente tabella, inserendo le definizioni corrette e individuando il concetto nascosto nella colonna evidenziata.**

| | | | | | | | | | | | | | | | |
|---|---|---|---|---|---|---|---|---|---|---|---|---|---|---|---|
| 1 | | | | | | | S | | | M | B | | | | |
| 2 | | | | | | | | | M | | | | | | |
| 3 | | | | | | | A | | | | O | | | | |
| 4 | | | | | | | | | | R | | | S | | |
| 5 | | | | | | | | | | I | | | | | |
| 6 | | | | | | | | | | S | C | | | | |
| 7 | | | | | | | C | | | | D | | | | |
| 8 | | | | | | | | | L | | | P | | | |
| 9 | | | | | | | | | | S | | | | | |

1. Barattare un bene con un altro.
2. Organizzazione mondiale del commercio.
3. Operazione che converte la quantità di moneta nazionale in una certa quantità di moneta estera.
4. Organizzazione internazionale di un mercato comune.
5. Cose che soddisfano i bisogni.
6. Aumento dell'attività produttiva.
7. Patto.
8. Miglioramento del benessere comune.
9. Organizzazione per la cooperazione e lo sviluppo economico.

Hai capito? Hai dei dubbi?

## Ripassiamo insieme

**Chi è l'operatore RESTO DEL MONDO?**
Esso comprende tutti i soggetti economici stranieri, appartenenti ad altri Stati, che intrattengono scambi di beni e servizi con il nostro Paese.

**Che cos'è il COMMERCIO INTERNAZIONALE?**
È il complesso degli scambi che coinvolgono più Stati.

**Che cos'è il MERCATO INTERNAZIONALE?**
È il luogo in cui avvengono le contrattazioni commerciali tra Stati diversi. Quando i beni sono acquistati da un altro Paese, si parla di importazioni, mentre se si vendono prodotti nazionali a uno Stato straniero si parla di esportazioni.

**Che cos'è la POLITICA COMMERCIALE?**
È l'insieme delle scelte e dei provvedimenti commerciali, che uno Stato adotta nei confronti del resto del mondo.

**Che cos'è il LIBERISMO?**
È una politica commerciale che prevede la libertà degli scambi, senza restrizioni e vincoli alla circolazione dei beni e dei servizi.

**Che cos'è il PROTEZIONISMO?**
È una politica che consiste in una serie di misure dirette a ridurre le importazioni ed espandere le esportazioni come, ad esempio, i dazi doganali, i contingenti di importazioni, i sussidi governativi cosiddetti premi all'esportazione.

**Che cos'è la GLOBALIZZAZIONE?**
Indica il grado d'integrazione economica, sociale e culturale tra i vari Stati che ha condotto alla creazione di un mercato unico mondiale.

**Che cos'è la BILANCIA DEI PAGAMENTI?**
Esso è un importante documento contabile che indica il volume degli scambi commerciali di uno Stato, perché registra annualmente i dati relativi agli scambi di beni e servizi (transazioni reali) e ai corrispondenti flussi monetari, come le valute e i prestiti (transazioni finanziarie), che intercorrono tra i residenti e i non residenti dell'economia italiana con quelli degli altri Paesi.

**Che cos'è la BILANCIA COMMERCIALE?**
Riporta i flussi monetari generati dalle importazioni ed esportazioni di merci e servizi. Attraverso il saldo (differenza tra importazioni ed esportazioni) della bilancia commerciale si capisce se e quanto un Paese dipenda da merci e fattori produttivi esteri.

**Che cos'è il CAMBIO?**
È l'operazione che converte la quantità di moneta nazionale in una certa quantità di moneta estera. Il valore (prezzo) che esprime la quantità di valuta nazionale necessaria per ottenere un'unità di valuta estera è il tasso di cambio. Nel regime di cambi flessibili, adottato dal 1973, il tasso di cambio è determinato dall'offerta e dalla domanda di valuta ed è escluso ogni intervento della Banca centrale.

**Che cos'è lo SVILUPPO ECONOMICO?**
Con esso s'intende il miglioramento del benessere economico, quindi l'aumento del livello della ricchezza (misurata in termini economici) e la crescita di standard qualitativi della vita di un Paese o di una specifica regione. Lo sviluppo misura sia la crescita economica sia la crescita di funzioni importanti, come il benessere sociale, il livello culturale, la qualità ambientale.

**Che cos'è la CRESCITA ECONOMICA?**
Essa si riferisce all'aumento in termini quantitativi del prodotto interno lordo (PIL) o del reddito nazionale lordo (RNL).

**Che cos'è lo SVILUPPO SOSTENIBILE?**
È lo sviluppo che assicura un'equilibrata distribuzione della ricchezza compatibile con l'equità sociale e con l'ecosistema (es. ambiente, risorse naturali ed energetiche). Esso deve assicurare la riproducibilità delle risorse, in modo da soddisfare i bisogni dell'attuale società, senza compromettere le risorse necessarie per le generazioni future.

**Quali sono le CAUSE del SOTTOSVILUPPO?**
Le cause sono numerose e dipendono, principalmente, da un insieme di fattori, interni (storici, geografici) ed esterni ai singoli Paesi (elevato incremento demografico, alto grado di analfabetismo, sistema economico prevalentemente agricolo, circolo vizioso della povertà), che ne limitano la crescita economica.

**Che cos'è un'ORGANIZZAZIONE DEL COMMERCIO INTERNAZIONALE?**
È un'organizzazione di Stati che stipula accordi di cooperazione internazionale, fissando politiche economiche generali, per assicurare una crescita equilibrata tra i Paesi sviluppati e quelli in via di sviluppo (es. OMC, OCSE, MERCOSUR, G20).

Per una didattica inclusiva:

## Parole chiave

**RESTO DEL MONDO** →
- Mercato internazionale

**COMMERCIO INTERNAZIONALE** →
- Importazioni
- Esportazioni
- Organizzazioni del commercio internazionale

**POLITICA COMMERCIALE** →
- Liberismo
- Protezionismo

**GLOBALIZZAZIONE** →
- Caratteri
- Vantaggi
- Svantaggi

**BILANCIA DEI PAGAMENTI** →
- Conto corrente
- Conto capitale
- Conto finanziario

**SVILUPPO** →
- Sviluppo economico
- Sviluppo sostenibile
- Squilibri dello sviluppo

CLIL

## The international market and globalization

Trade between states is defined as international trade and trading takes place on the **international market**. Like most countries, Italy is unable to produce everything it needs for its requirements, or consume everything it produces. Because it is not economically self-sufficient, it has a close trade network with the rest of the world. Goods bought from another county are termed **imports,** and home-produced products sold overseas are termed **exports**. International economic relations based on free circulation of gods, services, people and capital mean that different areas around the world are integrated at different levels. Since the end of the 1990s, the term **globalization** has been used to indicate the level of economic, social and cultural integration the various states have reached in creating a single world market

**Exercise. Complete the sentences with the missing words.**

1. Italy .......... coffee and oil from overseas and ......... pasta and luxury cars.
2. .................. of markets is the result of technological and informatic innovation which has led to standard models of .................. and consumption.

*(globalization, imports, exports, prodution)*

## Verifica delle competenze

- Livello BASE: ✪ (Punteggio totale: 12)
- Livello INTERMEDIO: ✪✪ (Punteggio totale: 60)
- Livello AVANZATO: ✪✪✪ (Punteggio totale: 28)

### ✪ Esercizio 1). Impara ad imparare.

**Scelta multipla: evidenzia la risposta esatta. Il paragrafo indicato nella parentesi è quello su cui devi riflettere (2 punti per ciascuna scelta corretta).**

1. **Con le politiche protezionistiche gli Stati adottano misure per ridurre (Par. n. 2):**
   a. le esportazioni
   b. i dazi doganali
   c. le importazioni
   d. i sussidi governativi

2. **L'apertura degli scambi commerciali con altri Paesi si definisce (Par. n. 2):**
   a. collettivismo
   b. nazionalismo
   c. protezionismo
   d. liberismo

3. **La bilancia dei pagamenti è un documento contabile che contiene (Par. n. 4):**
   a. il Conto corrente, il Conto capitale e il Conto finanziario
   b. solamente il Conto corrente
   c. il Conto finanziario
   d. il Conto finanziario e il Conto capitale

4. **In un regime di cambi flessibile il tasso di cambio (Par. n. 4):**
   a. è determinato in base agli accordi internazionali
   b. è deciso dall'autorità monetaria
   c. è determinato dalla domanda e dall'offerta di valuta
   d. è prefissato dalla Banca centrale

5. **Lo sviluppo sostenibile si riferisce (Par. n. 5):**
   a. solamente ai Paesi sottosviluppati
   b. a tutti i Paesi del mondo
   c. ai Paesi dell'Africa
   d. ai Paesi industrializzati

6. **Il G20 è (Par. n. 7):**
   a. un'organizzazione mondiale del commercio
   b. un'organizzazione internazionale di un mercato comune
   c. un organismo informale internazionale
   d. un accordo di libero scambio Nordamericano

**Punti: ..../12**

### ✪✪ Esercizio 2). Individua collegamenti e relazioni.

**Collega ciascun numero alla lettera corrispondente (3 punti per ciascun collegamento esatto).**

1. Operatori economici stranieri
2. Commercio internazionale
3. Politica commerciale
4. Globalizzazione socio-culturale
5. Importazioni ed esportazioni di merci
6. Indicatore della crescita economica
7. Accordo di libero scambio Nordamericano
8. Organizzazione dei Paesi del Sud-Est asiatico

a. Organizzazioni non governative (ONG)
b. Prodotto interno lordo (PIL)
c. ASEAN
d. Resto del mondo
e. Liberismo
f. Bilancia commerciale
g. Mercato internazionale
h. NAFTA

| 1 | 2 | 3 | 4 | 5 | 6 | 7 | 8 |
|---|---|---|---|---|---|---|---|
| | | | | | | | |

**Punti: ..../24**

■ **✪✪ Esercizio 3). Acquisisci ed interpreta l'informazione.**
**Indica se le seguenti affermazioni sono vere o false, motivando la risposta (3 punti per ciascuna risposta esatta).**

| | V | F |
|---|---|---|
| **1.** Il Conto finanziario registra gli investimenti<br>Perché ........................................ | ☐ | ☐ |
| **2.** Le importazioni riguardano la vendita di prodotti nazionali a uno Stato straniero<br>Perché ........................................ | ☐ | ☐ |
| **3.** La bilancia dei pagamenti è composta da tre grandi sezioni<br>Perché ........................................ | ☐ | ☐ |
| **4.** Il mercato dei cambi è il luogo dove materialmente si scambiano le valute<br>Perché ........................................ | ☐ | ☐ |
| **5.** I Paesi del pianeta sono distinti in base allo sviluppo e alla crescita economica<br>Perché ........................................ | ☐ | ☐ |
| **6.** Il circolo vizioso della povertà si basa sull'esistenza di alti redditi e risparmi<br>Perché ........................................ | ☐ | ☐ |

**Punti: ..../18**

■ **✪✪ Esercizio 4). Comunica (rappresenta).**
**Completa la mappa concettuale che segue (3 punti per ciascun completamento esatto).**

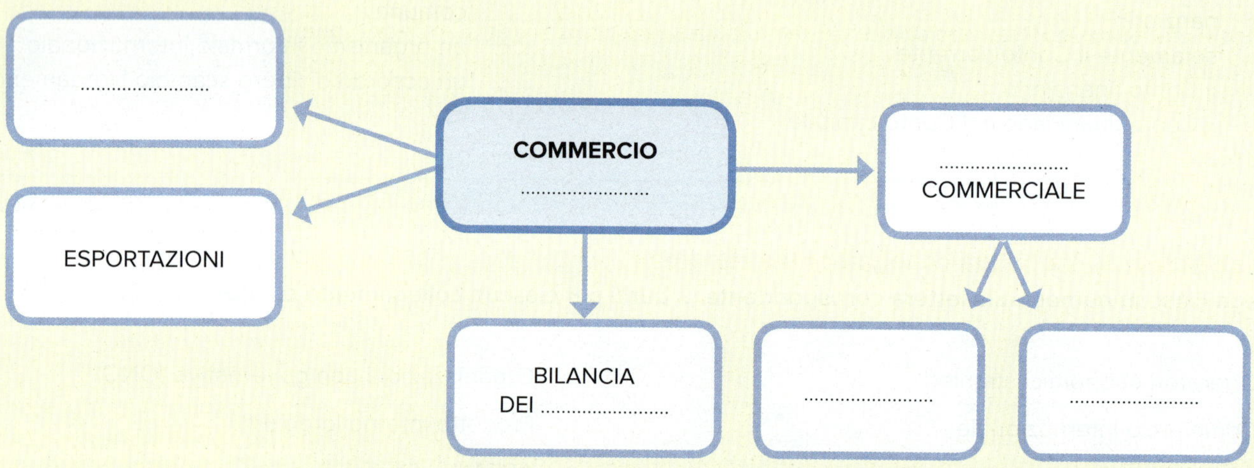


**Punti: ..../18**

■ **✪✪✪ Esercizio 5). Comunica (comprendi).**
**Rispondi alle seguenti domande (4 punti per ciascuna risposta esatta).**

1. Definisci la globalizzazione e spiegane le cause interne ed esterne. (Par. n. 3)
2. Quali sono le organizzazioni più conosciute del commercio internazionale? (Par. n. 7)
3. Quali sono le cause esterne e interne del sottosviluppo? (Par. n. 6)

**Punti: ..../12**

■ ✪✪✪ **Esercizio 6). Risolvi i problemi.**

**Analizza il caso e rispondi ai quesiti a risposta multipla (4 punti per ogni scelta multipla) .**

Chiara ha quattordici anni e frequenta la prima classe di un Istituto tecnico. Il pomeriggio, a volte, dopo i compiti, ama passare da un canale all'altro del televisore, per rilassarsi un po'. Un giorno, casualmente, la ragazza si imbatte in un documentario che mostra le condizioni di sottosviluppo e di estrema povertà, in cui versano le popolazioni di alcuni Paesi africani. Chiara rimane molto colpita e si chiede quali siano i fattori che abbiano determinato una situazione di quel tipo. Vuoi aiutarla a rispondere a questa domanda?

1. **Che cos'è lo sviluppo?**
   a. il peggioramento delle condizioni di vita
   b. il miglioramento del benessere economico
   c. una diminuzione del livello di ricchezza

1. **Quali caratteristiche hanno i Paesi sottosviluppati?**
   a. hanno un sistema economico in continua crescita
   b. hanno un lento aumento del benessere sociale
   c. hanno un apparato economico inesistente che non consente il soddisfacimento dei bisogni primari

2. **Qual è una causa interna del sottosviluppo?**
   a. un alto grado di analfabetismo
   b. un basso incremento demografico
   c. l'esistenza di redditi elevati

3. **Che cosa fanno le organizzazioni internazionali a sostegno dei Paesi sottosviluppati?**
   a. non possono intervenire, perché le risorse economiche a disposizione sono molto scarse
   b. attuano progetti di sviluppo per finanziare le attività economiche e per migliorare le condizioni sociali delle popolazioni

**Punti: ..../16**

**Calcola il punteggio totale conseguito e assegnati la valutazione a esso corrispondente:**

| Tabella di autovalutazione | |
|---|---|
| ☐ 100-87 | **A**<br>Lavoro eccellente. |
| ☐ 86-67 | **B.**<br>Lavoro buono. |
| ☐ 66-47 | **C.**<br>Lavoro adeguato. |
| ☐ 46-2 | **D.**<br>Lavoro da migliorare. |

**Verifica di autovalutazione di fine modulo**

## Un percorso per tutti

# Il resto del mondo e le relazioni economiche internazionali

Questo è un percorso a tappe che rispetta i tempi e i bisogni di apprendimento di tutti, anche quelli speciali. Uno, due, tre, pronti ... VIA!

**TAPPA N. 1): acquisisci una visione d'insieme.**

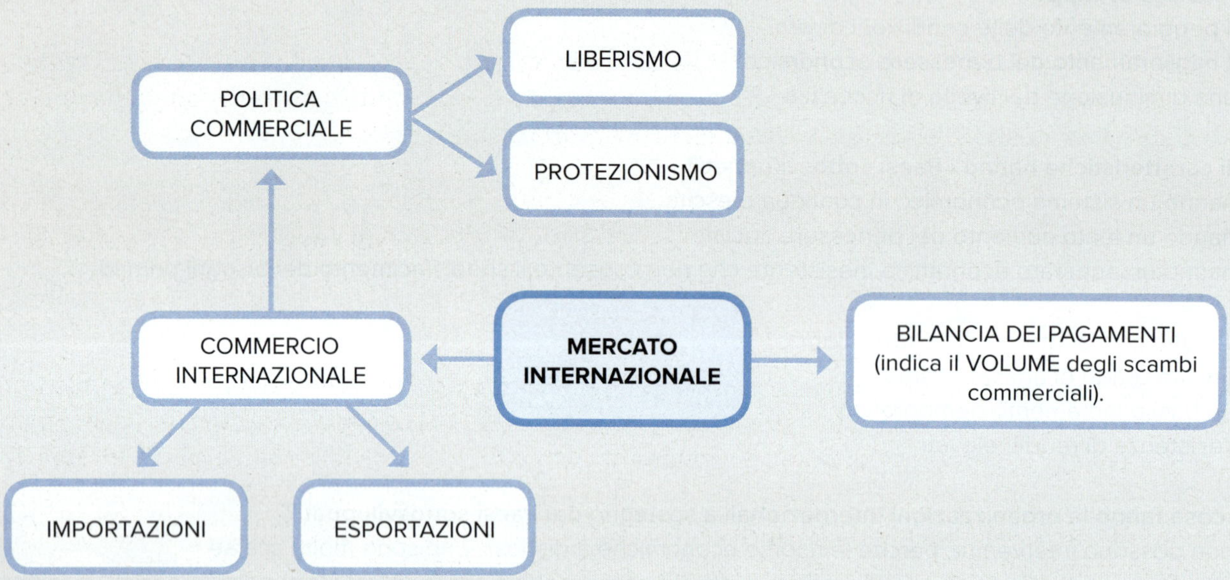


**TAPPA N. 2): sintetizza i concetti fondamentali.**

**RESTO DEL MONDO**
Esso comprende tutti i soggetti economici stranieri, appartenenti ad altri Stati, che intrattengono scambi di beni e servizi con il nostro Paese.

**MERCATO INTERNAZIONALE**
È il luogo in cui avvengono le contrattazioni commerciali tra Stati diversi.

**COMMERCIO INTERNAZIONALE**
**Definizione:** è il complesso degli scambi che coinvolgono più Stati.
**Importazioni:** sono costituite dai beni acquistati da un altro Paese.
**Esportazioni:** sono rappresentate dai prodotti nazionali venduti a uno Stato straniero.

**POLITICA COMMERCIALE**
**Definizione:** è l'insieme delle scelte e dei provvedimenti commerciali, che uno Stato adotta nei confronti del resto del mondo.
**Liberismo:** è una politica commerciale che prevede la libertà degli scambi, senza restrizioni e vincoli alla circolazione dei beni e dei servizi.
**Protezionismo:** è una politica che consiste in una serie di misure dirette a ridurre le importazioni ed espandere le esportazioni come, ad esempio, i dazi doganali, i contingenti di importazioni, i sussidi governativi cosiddetti premi all'esportazione.
**Globalizzazione:** indica il grado d'integrazione economica, sociale e culturale tra i vari Stati che ha condotto alla crea-

zione di un mercato unico mondiale. Essa presenta **vantaggi** come: l'apertura dei commerci; l'abbattimento delle barriere spazio/tempo, dovuto all'introduzione dei moderni sistemi di comunicazione (Internet). Essa ha, inoltre, **svantaggi** come: la diminuzione per gli Stati europei della crescita economica; la flessione dell'occupazione ad alta qualificazione (es. ingegneri informatici); l'allargamento dei gruppi multinazionali (imprese che svolgono la loro attività produttiva in più Stati).

**BILANCIA DEI PAGAMENTI**

**Definizione:** essa è un importante documento contabile che indica il volume degli scambi commerciali di uno Stato, perché registra annualmente i dati relativi agli scambi di beni e servizi (transazioni reali) e ai corrispondenti flussi monetari, come le valute e prestiti (transazioni finanziarie), che intercorrono tra i residenti e non residenti dell'economia italiana con quelli degli altri Paesi.

**Bilancia commerciale:** essa fa parte della bilancia dei pagamenti e riporta i flussi monetari generati dalle importazioni ed esportazioni di merci e servizi. Attraverso il saldo (differenza tra importazioni ed esportazioni) della bilancia commerciale si capisce se e quanto un Paese dipenda da merci e fattori produttivi esteri.

**CAMBIO**

È l'operazione che converte la quantità di moneta nazionale in una certa quantità di moneta estera. Il valore (prezzo) che esprime la quantità di valuta nazionale necessaria per ottenere un'unità di valuta estera è il tasso di cambio.

**SVILUPPO**

**Definizione:** è il miglioramento del benessere economico, quindi l'aumento del livello della ricchezza (misurata in termini economici) e la crescita di standard qualitativi della vita di un Paese o di una specifica regione. Lo sviluppo misura sia la crescita economica sia la crescita di funzioni importanti, come il benessere sociale, il livello culturale, la qualità ambientale.

**Sviluppo sostenibile:** esso deve assicurare la riproducibilità delle risorse, in modo da soddisfare i bisogni dell'attuale società, senza compromettere le risorse necessarie per le generazioni future.

**Cause del sottosviluppo:** esse sono numerose e dipendono, principalmente, da un insieme di fattori, interni (storici, geografici) ed esterni ai singoli Paesi (elevato incremento demografico, alto grado di analfabetismo, sistema economico prevalentemente agricolo, circolo vizioso della povertà), che ne limitano la crescita economica.

### TAPPA N. 3): mettiti alla prova.

- Riascolta la sintesi, mediante il supporto audio.
- Verifica se hai compreso:

- **Esercizio per l'apprendimento. Comunica (comprendi).**
  **Rispondi ai quesiti, utilizzando uno dei suggerimenti indicati nella parentesi.**

Verifica facilitata di autovalutazione di fine modulo

1. Che cosa sono le esportazioni? ..................................
   (Beni acquistati da un altro Stato, prodotti nazionali venduti all'estero, transazioni commerciali nazionali).
2. Da quando si è iniziato a parlare di globalizzazione? ..................................
   (Fine anni ottanta, inizio anni settanta, fine anni novanta).
3. Quale politica commerciale prevede dazi doganali? ............................
   (Protezionismo, liberismo, sia protezionismo sia liberismo).
4. Che cos'è il mercato internazionale? ............................
   (Complesso degli scambi tra più Stati, luogo in cui avvengono le contrattazioni, insieme delle transazioni all'interno di uno Stato).

- Misura la tua preparazione, avvalendoti degli esercizi facilitati di autovalutazione che trovi nei materiali digitali, sul sito del libro.

## Compito di realtà

***Esamino il testo:***

### *Verso uno sviluppo sostenibile "Sprint 2050 Un'energia diversa"*

"Un mondo alimentato al 100% da fonti pulite è possibile. Un gruppo di scienziati internazionali ritiene che la transizione sia davvero realizzabile. E in tempi brevi: da qui al 2050. Ha quindi messo a punto decine di piani d'azione, tagliati su misura per quasi ogni Paese del mondo, indicando la via per iniziare (o completare) il passaggio alle fonti rinnovabili. I benefici sarebbero tanti, non solo per l'ambiente: milioni di posti di lavoro in più e un forte abbattimento dei costi in ambito sanitario, con la riduzione dell'inquinamento.

Lo studio, condotto da 26 ricercatori delle Università di Stanford, Berkeley, Berlino e Aathus, diretti da Marl Jacobson della Stanford School of Earth, indica come soluzione l'elettrificazione a tappeto di tutti i settori, dai trasporti all'industria, e la trasformazione del sistema elettrico per generare da vento, sole e acqua tutta l'energia necessaria. L'utilizzo di queste tre fonti non solo andrebbe a sostituire il sistema energetico attuale, ma ridurrebbe i consumi finali del 40%, in parte grazie alla maggiore efficienza di produzione da rinnovabili e in parte grazie all'azzeramento dei consumi per l'estrazione, il trasporto e la trasformazione dei combustibili fossili. (...)

Lo studio diretto da Jacobson, pubblicato dalla rivista scientifica Joule, delinea (...) anche la strategia economica della transizione per i 139 Paesi del mondo (compresa l'Italia) responsabili del 99% delle emissioni globali, puntando a un contributo delle rinnovabili sufficiente a soddisfare l'80% della domanda nel 2030 e il 100% nel 2050. (...)

Per l'Italia (...) il mix elettrico finale sarebbe composto al 56,7% da fotovoltaico (distribuito fra centrali e terra, tetti solari sulle case e sugli edifici pubblici), al 26,4% da eolico, all'11,3% da solare a concentrazione, al 5% da idroelettrico e allo 0,6% da geotermico. Lo scenario di un'Italia al 100% rinnovabile comporterebbe la creazione di 650mila posti di lavoro e oltre 20mila morti per inquinamento in meno all'anno, con un risparmio di 214 miliardi all'anno in costi sanitari." (...) *

* Fonte: Corriere della Sera – L'Economia, articolo di Elena Comelli del 6 novembre 2017.

***Applico le conoscenze:***

1. Riesci a spiegare come deve essere lo sviluppo per essere "sostenibile"?
2. Comprendi il concetto di "fonti rinnovabili"? Prova a spiegarlo.
3. Quali sono le tre principali fonti rinnovabili, indicate nel testo, il cui impiego andrebbe a sostituire il sistema energetico attuale?
4. Che cosa s'intende, secondo te, per "emissioni globali"?
5. Sei in grado di individuare nel brano i vantaggi di realizzare un'Italia al 100% rinnovabile?

***Sviluppo le competenze e mi confronto:***

Attraverso riviste, quotidiani o consultando la Rete o il sito del Comune della tua città, prova a individuare gli interventi realizzati a livello locale per promuovere uno sviluppo sostenibile (es. promozione della mobilità sostenibile, per incoraggiare i cittadini all'utilizzo di mezzi di trasporto alternativi all'auto, attraverso l'organizzazione di una camminata ludico motoria non competitiva). Stendi una breve relazione e confrontati in classe con i tuoi compagni e l'insegnante.

***Valuto le competenze:***

| Competenze | A<br>Livello Avanzato | B<br>Livello Intermedio | C<br>Livello Base | D<br>Livello Iniziale |
|---|---|---|---|---|
| • Riconosco le caratteristiche essenziali del sistema socio-economico per orientarmi nel tessuto produttivo del mio territorio.<br>• Ricerco informazioni in Rete (competenza digitale).<br>• Imparo ad imparare.<br>• Individuo collegamenti e relazioni.<br>• Acquisisco ed interpreto le informazioni.<br>• Comunico.<br>• Collaboro e partecipo. | **Lavoro eccellente**<br>☐<br>Applico con consapevolezza le conoscenze acquisite alla vita reale; comprendo e valuto informazioni, con buona padronanza del lessico della disciplina, collaborando in modo efficiente. | **Lavoro buono**<br>☐<br>Applico in autonomia le conoscenze acquisite alla vita reale; comprendo e valuto informazioni, con un uso appropriato del lessico della disciplina, collaborando in modo efficace. | **Lavoro adeguato**<br>☐<br>Applico le conoscenze essenziali acquisite alla vita reale; reperisco informazioni di base, utilizzando i termini fondamentali della disciplina e collaborando in modo corretto. | **Lavoro da migliorare**<br>☐<br>Applico alcune conoscenze elementari acquisite alla vita reale, se guidato; fatico a reperire le informazioni di base, con un uso limitato dei termini della disciplina, collaborando in modo passivo. |

europass **Curriculum Vitae**

INFORMAZIONI PERSONALI

## Sostituire con Nome (i) Cognome (i)

[Tutti i campi del CV sono facoltativi. Rimuovere i campi vuoti.]

Sostituire con via, numero civico, codice postale, città, paese
Sostituire con numero telefonico Sostituire con telefono cellulare
Sostituire con indirizzo e-mail
Sostituire con sito web personale
Sostituire con servizio di messaggistica istantanea Sostituire con account di messaggistica

Sesso Indicare il sesso | Data di nascita gg/mm/aaaa | Nazionalità Indicare la nazionalità

OCCUPAZIONE PER LA QUALE SI CONCORRE
POSIZIONE RICOPERTA
OCCUPAZIONE DESIDERATA
TITOLO DI STUDIO
DICHIARAZIONI PERSONALI

Sostituire con lavoro richiesto / posizione / occupazione desiderata / studi intrapresi / dichiarazioni personali (eliminare le voci non rilevanti nella colonna di sinistra)

ESPERIENZA PROFESSIONALE

[Inserire separatamente le esperienze professionali svolte iniziando dalla più recente.]

Sostituire con date (da - a)

### Sostituire con il lavoro o posizione ricoperta

Sostituire con Nome e località del datore di lavoro (se rilevante, indirizzo completo e indirizzo sito web)
- Sostituire con le principali attività e responsabilità

Attività o settore Sostituire con il tipo di attività o settore

ISTRUZIONE E FORMAZIONE

[Inserire separatamente i corsi frequentati iniziando da quelli più recenti.]

Sostituire con date (da - a)

### Sostituire con la qualifica rilasciata

Sostituire con il livello QEQ o altro, se conosciuto

Sostituire con il nome e l'indirizzo dell'organizzazione erogatrice dell'istruzione e formazione (se rilevante, indicare il paese)
- Sostituire con un elenco delle principali materie trattate o abilità acquisite

COMPETENZE PERSONALI

[Rimuovere i campi non compilati.]

| | | | | | |
|---|---|---|---|---|---|
| Lingua madre | Sostituire con la lingua (e) madre | | | | |
| Altre lingue | COMPRENSIONE | | PARLATO | | PRODUZIONE SCRITTA |
| | Ascolto | Lettura | Interazione | Produzione orale | |
| Sostituire con la lingua | Inserire il livello | Inserire il livello | Inserire il livello | Inserire il livello | Inserire il livello |
| | Sostituire con il nome del certificato di lingua acquisito. Inserire il livello, se conosciuto | | | | |
| Sostituire con la lingua | Inserire il livello | Inserire il livello | Inserire il livello | Inserire il livello | Inserire il livello |
| | Sostituire con il nome del certificato di lingua acquisito. Inserire il livello, se conosciuto | | | | |
| | Livelli: A1/2 Livello base - B1/2 Livello intermedio - C1/2 Livello avanzato<br>Quadro Comune Europeo di Riferimento delle Lingue | | | | |

europass Curriculum vitae | Sostituire con Nome (i) Cognome (i)

| | |
|---|---|
| COMPETENZE COMUNICATIVE | Sostituire con le competenze comunicative possedute. Specificare in quale contesto sono state acquisite. Esempio:<br>▪ possiedo buone competenze comunicative acquisite durante la mia esperienza di direttore vendite |
| COMPETENZE ORGANIZZATIVE E GESTIONALI | Sostituire con le competenze organizzative e gestionali possedute. Specificare in quale contesto sono state acquisite. Esempio:<br>leadership (attualmente responsabile di un team di 10 persone) |
| COMPETENZE PROFESSIONALI | Sostituire con le competenze professionali possedute non indicate altrove. Esempio:<br>▪ buona padronanza dei processi di controllo qualità (attualmente responsabile del controllo qualità) |
| COMPETENZE INFORMATICHE | Sostituire con le competenze informatiche possedute. Specificare in quale contesto sono state acquisite. Esempio:<br>▪ buona padronanza degli strumenti Microsoft Office |
| ALTRE COMPETENZE | Sostituire con altre rilevanti competenze non ancora menzionate. Specificare in quale contesto sono state acquisite. Esempio:<br>▪ falegnameria |
| PATENTE DI GUIDA | Sostituire con la categoria/e della patente di guida |
| ULTERIORI INFORMAZIONI | |
| PUBBLICAZIONI<br>PRESENTAZIONI<br>PROGETTI<br>CONFERENZE<br>SEMINARI<br>RICONOSCIMENTI E PREMI<br>APPARTENENZA A GRUPPI/ASSOCIAZIONI<br>REFERENZE | Sostituire con rilevanti pubblicazioni, presentazioni, progetti, conferenze, seminari, riconoscimenti e premi, appartenenza a gruppi/associazioni, referenze: Rimuovere le voci non rilevanti nella colonna di sinistra.<br>Esempio di pubblicazione:<br>▪ Come scrivere un CV di successo, New Associated Publisher, Londra, 2002.<br>Esempio di progetto:<br>▪ La nuova biblioteca pubblica di Devon. Architetto a capo del progetto e realizzazione, della supervisione della commessa e della costruzione (2008-2012). |
| ALLEGATI | Sostituire con la lista di documenti allegati al CV. Esempio:<br>▪ copie delle lauree e qualifiche conseguite;<br>▪ attestazione di servizio;<br>▪ attestazione del datore di lavoro. |

Fonte: http://europass.cedefop.europa.eu

comma: un periodo che finisce con punto e si va a capo del rigo

# Costituzione della Repubblica italiana

Il Capo provvisorio dello Stato
Vista la deliberazione dell'Assemblea Costituente, che nella seduta del 22 dicembre 1947 ha approvato la Costituzione della Repubblica Italiana;
Vista la XVIII disposizione finale della Costituzione;

Promulga
La Costituzione della Repubblica Italiana nel seguente testo:

## PRINCIPI FONDAMENTALI

**Art. 1** L'Italia è una Repubblica democratica, fondata sul lavoro.
La sovranità appartiene al popolo, che la esercita nelle forme e nei limiti della Costituzione.

**Art. 2** La Repubblica riconosce e garantisce i diritti inviolabili dell'uomo, sia come singolo, sia nelle formazioni sociali ove si svolge la sua personalità, e richiede l'adempimento dei doveri inderogabili di solidarietà politica, economica e sociale.

**Art. 3** Tutti i cittadini hanno pari dignità sociale e sono eguali davanti alla legge, senza distinzione di sesso, di razza, di lingua, di religione, di opinioni politiche, di condizioni personali e sociali.
È compito della Repubblica rimuovere gli ostacoli di ordine economico e sociale, che, limitando di fatto la libertà e la uguaglianza dei cittadini, impediscono il pieno sviluppo della persona umana e l'effettiva partecipazione di tutti i lavoratori all'organizzazione politica, economica e sociale del Paese.

**Art. 4** La Repubblica riconosce a tutti i cittadini il diritto al lavoro e promuove le condizioni che rendano effettivo questo diritto.
Ogni cittadino ha il dovere di svolgere, secondo le proprie possibilità e la propria scelta, una attività o una funzione che concorra al progresso materiale o spirituale della società.

**Art. 5** La Repubblica, una e indivisibile, riconosce e promuove le autonomie locali; attua nei servizi che dipendono dallo Stato il più ampio decentramento amministrativo; adegua i principi ed i metodi della sua legislazione alle esigenze dell'autonomia e del decentramento.

**Art. 6** La Repubblica tutela con apposite norme le minoranze linguistiche.

**Art. 7** Lo Stato e la Chiesa cattolica sono, ciascuno nel proprio ordine, indipendenti e sovrani.
I loro rapporti sono regolati dai Patti Lateranensi. Le modificazioni dei Patti, accettate dalle due parti, non richiedono procedimento di revisione costituzionale.

**Art. 8** Tutte le confessioni religiose sono egualmente libere davanti alla legge.
Le confessioni religiose diverse dalla cattolica hanno diritto di organizzarsi secondo i propri statuti, in quanto non contrastino con l'ordinamento giuridico italiano.
I loro rapporti con lo Stato sono regolati per legge sulla base di intese con le relative rappresentanze.

**Art. 9** La Repubblica promuove lo sviluppo della cultura e la ricerca scientifica e tecnica.
Tutela il paesaggio e il patrimonio storico e artistico della Nazione.

**Art. 10** L'ordinamento giuridico italiano si conforma alle norme del diritto internazionale generalmente riconosciute.
La condizione giuridica dello straniero è regolata dalla legge in conformità delle norme e dei trattati internazionali.
Lo straniero, al quale sia impedito nel suo paese l'effettivo esercizio delle libertà democratiche garantite dalla Costituzione italiana, ha diritto d'asilo nel territorio della Repubblica, secondo le condizioni stabilite dalla legge.
Non è ammessa l'estradizione dello straniero per reati politici.

**Art. 11** L'Italia ripudia la guerra come strumento di offesa alla libertà degli altri popoli e come mezzo di risoluzione delle controversie internazionali; consente, in condizioni di parità con gli altri Stati, alle limitazioni di sovranità necessarie ad un ordinamento che assicuri la pace e la giustizia fra le Nazioni; promuove e favorisce le organizzazioni internazionali rivolte a tale scopo.

**Art. 12** La bandiera della Repubblica è il tricolore italiano: verde, bianco e rosso, a tre bande verticali di eguali dimensioni.

## PARTE PRIMA
## DIRITTI E DOVERI DEI CITTADINI

### Titolo I
### Rapporti civili

**Art. 13** La libertà personale è inviolabile.
Non è ammessa forma alcuna di detenzione, di ispezione o perquisizione personale, né qualsiasi altra restrizione della libertà personale, se non per atto motivato dall'autorità giudiziaria e nei soli casi e modi previsti dalla legge.
In casi eccezionali di necessità ed urgenza, indicati tassativamente dalla legge, l'autorità di pubblica sicurezza può adottare provvedimenti provvisori, che devono essere comunicati entro quarantotto ore all'autorità giudiziaria e, se questa non li convalida nelle successive quarantotto ore, si intendono revocati e restano privi di ogni effetto.
È punita ogni violenza fisica e morale sulle persone comunque sottoposte a restrizioni di libertà.
La legge stabilisce i limiti massimi della carcerazione preventiva.

**Art. 14** Il domicilio è inviolabile.
Non vi si possono eseguire ispezioni o perquisizioni o sequestri se non nei casi e modi stabiliti dalla legge secondo le garanzie prescritte per la tutela della libertà personale.
Gli accertamenti e le ispezioni per motivi di sanità e di incolumità pubblica o a fini economici e fiscali sono regolati da leggi speciali.

**Art. 15** La libertà e la segretezza della corrispondenza e di ogni altra forma di comunicazione sono inviolabili.
La loro limitazione può avvenire soltanto per atto motivato dell'autorità giudiziaria con le garanzie stabilite dalla legge.

**Art. 16** Ogni cittadino può circolare e soggiornare liberamente in qualsiasi parte del territorio nazionale, salvo le limitazioni che la legge stabilisce in via generale per motivi di sanità o di sicurezza. Nessuna restrizione può essere determinata da ragioni politiche.
Ogni cittadino è libero di uscire dal territorio della Repubblica e di rientrarvi, salvo gli obblighi di legge.

**Art. 17** I cittadini hanno diritto di riunirsi pacificamente e senz'armi.
Per le riunioni, anche in luogo aperto al pubblico, non è richiesto preavviso.
Delle riunioni in luogo pubblico deve essere dato preavviso alle autorità, che possono vietarle soltanto per comprovati motivi di sicurezza o di incolumità pubblica.

**Art. 18** I cittadini hanno diritto di associarsi liberamente, senza autorizzazione, per fini che non sono vietati ai singoli dalla legge penale.
Sono proibite le associazioni segrete e quelle che perseguono, anche indirettamente, scopi politici mediante organizzazioni di carattere militare.

**Art. 19** Tutti hanno diritto di professare liberamente la propria fede religiosa in qualsiasi forma, individuale o associata, di farne propaganda e di esercitarne in privato o in pubblico il culto, purché non si tratti di riti contrari al buon costume.

**Art. 20** Il carattere ecclesiastico e il fine di religione o di culto d'una associazione od istituzione non possono essere causa di speciali limitazioni legislative, né di speciali gravami fiscali per la sua costituzione, capacità giuridica e ogni forma di attività.

**Art. 21** Tutti hanno diritto di manifestare liberamente il proprio pensiero con la parola, lo scritto e ogni altro mezzo di diffusione.
La stampa non può essere soggetta ad autorizzazioni o censure.
Si può procedere a sequestro soltanto per atto

motivato dell'autorità giudiziaria nel caso di delitti, per i quali la legge sulla stampa espressamente lo autorizzi, o nel caso di violazione delle norme che la legge stessa prescriva per l'indicazione dei responsabili.
In tali casi, quando vi sia assoluta urgenza e non sia possibile il tempestivo intervento dell'autorità giudiziaria, il sequestro della stampa periodica può essere eseguito da ufficiali di polizia giudiziaria, che devono immediatamente, e non mai oltre ventiquattro ore, fare denunzia all'autorità giudiziaria. Se questa non lo convalida nelle ventiquattro ore successive, il sequestro si intende revocato e privo d'ogni effetto.
La legge può stabilire, con norme di carattere generale, che siano resi noti i mezzi di finanziamento della stampa periodica.
Sono vietate le pubblicazioni a stampa, gli spettacoli e tutte le altre manifestazioni contrarie al buon costume. La legge stabilisce provvedimenti adeguati a prevenire e a reprimere le violazioni.

**Art. 22** Nessuno può essere privato, per motivi politici, della capacità giuridica, della cittadinanza, del nome.

**Art. 23** Nessuna prestazione personale o patrimoniale può essere imposta se non in base alla legge.

**Art. 24** Tutti possono agire in giudizio per la tutela dei propri diritti e interessi legittimi.
La difesa è diritto inviolabile in ogni stato e grado del procedimento.
Sono assicurati ai non abbienti, con appositi istituti, i mezzi per agire e difendersi davanti ad ogni giurisdizione.
La legge determina le condizioni e i modi per la riparazione degli errori giudiziari.

**Art. 25** Nessuno può essere distolto dal giudice naturale precostituito per legge.
Nessuno può essere punito se non in forza di una legge che sia entrata in vigore prima del fatto commesso.
Nessuno può essere sottoposto a misure di sicurezza se non nei casi previsti dalla legge.

**Art. 26** L'estradizione del cittadino può essere consentita soltanto ove sia espressamente prevista dalle convenzioni internazionali.
Non può in alcun caso essere ammessa per reati politici.

**Art. 27** La responsabilità penale è personale.
L'imputato non è considerato colpevole sino alla condanna definitiva.
Le pene non possono consistere in trattamenti contrari al senso di umanità e devono tendere alla rieducazione del condannato.
Non è ammessa la pena di morte.

**Art. 28** I funzionari e i dipendenti dello Stato e degli enti pubblici sono direttamente responsabili, secondo le leggi penali, civili e amministrative, degli atti compiuti in violazione di diritti. In tali casi la responsabilità civile si estende allo Stato e agli enti pubblici.

## Titolo II
## Rapporti etico-sociali

**Art. 29** La Repubblica riconosce i diritti della famiglia come società naturale fondata sul matrimonio.
Il matrimonio è ordinato sull'eguaglianza morale e giuridica dei coniugi, con i limiti stabiliti dalla legge a garanzia dell'unità familiare.

**Art. 30** È dovere e diritto dei genitori, mantenere, istruire ed educare i figli, anche se nati fuori del matrimonio.
Nei casi di incapacità dei genitori, la legge provvede a che siano assolti i loro compiti.
La legge assicura ai figli nati fuori dal matrimonio ogni tutela giuridica e sociale, compatibile con i diritti dei membri della famiglia legittima.
La legge detta le norme e i limiti per la ricerca della paternità.

**Art. 31** La Repubblica agevola con misure economiche e altre provvidenze la formazione della famiglia e l'adempimento dei compiti relativi, con particolare riguardo alle famiglie numerose.
Protegge la maternità e l'infanzia e la gioventù, favorendo gli istituti necessari a tale scopo.

**Art. 32** La Repubblica tutela la salute come fondamentale diritto dell'individuo e interesse della collettività, e garantisce cure gratuite agli indigenti.
Nessuno può essere obbligato a un determinato trattamento sanitario se non per disposizione di legge. La legge non può in nessun caso violare i limiti imposti dal rispetto della persona umana.

**Art. 33** L'arte e la scienza sono libere e libero ne è l'insegnamento.
La Repubblica detta le norme generali sull'istruzione ed istituisce scuole statali per tutti gli ordini e gradi.
Enti e privati hanno il diritto di istituire scuole ed istituti di educazione, senza oneri per lo Stato.
La legge, nel fissare i diritti e gli obblighi delle scuole non statali che chiedono la parità, deve assicurare ad esse piena libertà e ai loro alunni un trattamento scolastico equipollente a quello degli alunni di scuole statali.
È prescritto un esame di Stato per la ammissione ai vari ordini e gradi di scuole o per la conclusione di essi e per l'abilitazione all'esercizio professionale.
Le istituzioni di alta cultura, università ed accademie, hanno il diritto di darsi ordinamenti autonomi nei limiti stabiliti dalle leggi dello Stato.

**Art. 34** La scuola è aperta a tutti.
L'istruzione inferiore, impartita per almeno otto anni, è obbligatoria e gratuita.
I capaci e meritevoli, anche se privi di mezzi, hanno diritto di raggiungere i gradi più alti degli studi.
La Repubblica rende effettivo questo diritto con borse di studio, assegni alle famiglie ed altre provvidenze, che devono essere attribuite per concorso.

## Titolo III
## Rapporti economici

**Art. 35** La Repubblica tutela il lavoro in tutte le sue forme ed applicazioni.
Cura la formazione e l'elevazione professionale dei lavoratori.
Promuove e favorisce gli accordi e le organizzazioni internazionali intesi ad affermare e regolare i diritti del lavoro.
Riconosce la libertà di emigrazione, salvo gli obblighi stabiliti dalla legge nell'interesse generale, e tutela il lavoro italiano all'estero.

**Art. 36** Il lavoratore ha diritto ad una retribuzione proporzionata alla quantità e qualità del suo lavoro e in ogni caso sufficiente ad assicurare a sé e alla famiglia un'esistenza libera e dignitosa.
La durata massima della giornata lavorativa è stabilita dalla legge.
Il lavoratore ha diritto al riposo settimanale e a ferie annuali retribuite, e non può rinunziarvi.

**Art. 37** La donna lavoratrice ha gli stessi diritti e, a parità di lavoro, le stesse retribuzioni che spettano al lavoratore. Le condizioni di lavoro devono consentire l'adempimento della sua essenziale funzione familiare e assicurare alla madre e al bambino una speciale e adeguata protezione.
La legge stabilisce il limite minimo di età per il lavoro salariato.
La Repubblica tutela il lavoro dei minori con speciali norme e garantisce ad essi, a parità di lavoro, il diritto alla parità di retribuzione.

**Art. 38** Ogni cittadino inabile al lavoro e sprovvisto dei mezzi necessari per vivere ha diritto al mantenimento e all'assistenza sociale.
I lavoratori hanno diritto che siano preveduti ed assicurati mezzi adeguati alle loro esigenze di vita in caso di infortunio, malattia, invalidità e vecchiaia, disoccupazione involontaria.
Gli inabili ed i minorati hanno diritto all'educazione e all'avviamento professionale.
Ai compiti previsti in questo articolo provvedono organi ed istituti predisposti o integrati dallo Stato.
L'assistenza privata è libera.

**Art. 39** L'organizzazione sindacale è libera.
Ai sindacati non può essere imposto altro obbligo se non la loro registrazione presso uffici locali o centrali, secondo le norme di legge.
È condizione per la registrazione che gli statuti dei sindacati sanciscano un ordinamento interno a base democratica.
I sindacati registrati hanno personalità giuridica.

Possono, rappresentati unitariamente in proporzione dei loro iscritti, stipulare contratti collettivi di lavoro con efficacia obbligatoria per tutti gli appartenenti alle categorie alle quali il contratto si riferisce.

**Art. 40** Il diritto di sciopero si esercita nell'ambito delle leggi che lo regolano.

**Art. 41** L'iniziativa economica privata è libera.
Non può svolgersi in contrasto con l'utilità sociale o in modo da recare danno alla sicurezza, alla libertà, alla dignità umana.
La legge determina i programmi e i controlli opportuni perché l'attività economica pubblica e privata possa essere indirizzata e coordinata a fini sociali.

**Art. 42** La proprietà è pubblica o privata. I beni economici appartengono allo Stato, ad enti o a privati.
La proprietà privata è riconosciuta e garantita dalla legge, che ne determina i modi di acquisto, di godimento e i limiti allo scopo di assicurarne la funzione sociale e di renderla accessibile a tutti.
La proprietà privata può essere, nei casi preveduti dalla legge, e salvo indennizzo, espropriata per motivi d'interesse generale.
La legge stabilisce le norme ed i limiti della successione legittima e testamentaria e i diritti dello Stato sulle eredità.

**Art. 43** A fini di utilità generale la legge può riservare originariamente o trasferire, mediante espropriazione e salvo indennizzo, allo Stato, ad enti pubblici o a comunità di lavoratori o di utenti, determinate imprese o categorie di imprese, che si riferiscano a servizi pubblici essenziali o a fonti di energia o a situazioni di monopolio ed abbiano carattere di preminente interesse generale.

**Art. 44** Al fine di conseguire il razionale sfruttamento del suolo e di stabilire equi rapporti sociali, la legge impone obblighi e vincoli alla proprietà terriera privata, fissa limiti alla sua estensione secondo le regioni e le zone agrarie, promuove ed impone la bonifica delle terre, la trasformazione del latifondo e la ricostituzione delle unità produttive; aiuta la piccola e la media proprietà.
La legge dispone provvedimenti a favore delle zone montane.

**Art. 45** La Repubblica riconosce la funzione sociale della cooperazione a carattere di mutualità e senza fini di speculazione privata. La legge ne promuove e favorisce l'incremento con i mezzi più idonei e ne assicura, con gli opportuni controlli, il carattere e le finalità.
La legge provvede alla tutela e allo sviluppo dell'artigianato.

**Art. 46** Ai fini della elevazione economica e sociale del lavoro e in armonia con le esigenze della produzione, la Repubblica riconosce il diritto dei lavoratori a collaborare, nei modi e nei limiti stabiliti dalle leggi, alla gestione delle aziende.

**Art. 47** La Repubblica incoraggia e tutela il risparmio in tutte le sue forme; disciplina, coordina e controlla l'esercizio del credito.
Favorisce l'accesso del risparmio popolare alla proprietà dell'abitazione, alla proprietà diretta coltivatrice e al diretto e indiretto investimento azionario nei grandi complessi produttivi del Paese.

### Titolo IV
### Rapporti politici

**Art. 48** Sono elettori tutti i cittadini, uomini e donne, che hanno raggiunto la maggiore età.
Il voto è personale ed eguale, libero e segreto. Il suo esercizio è dovere civico.
La legge stabilisce requisiti e modalità per l'esercizio del diritto di voto dei cittadini residenti all'estero e ne assicura l'effettività. A tale fine è istituita una circoscrizione Estero per l'elezione delle Camere, alla quale sono assegnati seggi nel numero stabilito da norma costituzionale e secondo criteri determinati dalla legge.
Il diritto di voto non può essere limitato se non per incapacità civile o per effetto di sentenza penale irrevocabile o nei casi di indegnità morale indicati dalla legge.

**Art. 49** Tutti i cittadini hanno diritto di associarsi liberamente in partiti per concorrere con metodo democratico a determinare la politica nazionale.

**Art. 50** Tutti i cittadini possono rivolgere petizioni alle Camere per chiedere provvedimenti legislativi o esporre comuni necessità.

**Art. 51** Tutti i cittadini dell'uno o dell'altro sesso possono accedere agli uffici pubblici e alle cariche elettive in condizioni di eguaglianza, secondo i requisiti stabiliti dalla legge. A tale fine la Repubblica promuove con appositi provvedimenti le pari opportunità tra donne e uomini.
La legge può, per l'ammissione ai pubblici uffici e alle cariche elettive, parificare ai cittadini gli italiani non appartenenti alla Repubblica.
Chi è chiamato a funzioni pubbliche elettive ha diritto di disporre del tempo necessario al loro adempimento e di conservare il suo posto di lavoro.

**Art. 52** La difesa della Patria è sacro dovere del cittadino.
Il servizio militare è obbligatorio nei limiti e modi stabiliti dalla legge. Il suo adempimento non pregiudica la posizione di lavoro del cittadino, né l'esercizio dei diritti politici.
L'ordinamento delle Forze armate si informa allo spirito democratico della Repubblica.

**Art. 53** Tutti sono tenuti a concorrere alle spese pubbliche in ragione della loro capacità contributiva.
Il sistema tributario è informato a criteri di progressività.

**Art. 54** Tutti i cittadini hanno il dovere di essere fedeli alla Repubblica e di osservarne la Costituzione e le leggi.
I cittadini cui sono affidate funzioni pubbliche hanno il dovere di adempierle, con disciplina ed onore, prestando giuramento nei casi stabiliti dalla legge.

# PARTE SECONDA ORDINAMENTO DELLA REPUBBLICA

## Titolo I
## Il Parlamento

### Sezione I
### Le Camere

**Art. 55** Il Parlamento si compone della Camera dei deputati e del Senato della Repubblica.
Il Parlamento si riunisce in seduta comune dei membri delle due Camere nei soli casi stabiliti dalla Costituzione.

**Art. 56** La Camera dei deputati è eletta a suffragio universale e diretto.
Il numero dei deputati è di seicentotrenta, dodici dei quali eletti nella circoscrizione Estero.
Sono eleggibili a deputati tutti gli elettori che nel giorno delle elezioni hanno compiuto i venticinque anni di età.
La ripartizione dei seggi tra le circoscrizioni, fatto salvo il numero dei seggi assegnati alla circoscrizione Estero, si effettua dividendo il numero degli abitanti della Repubblica, quale risulta dall'ultimo censimento generale della popolazione, per seicentodiciotto e distribuendo i seggi in proporzione alla popolazione di ogni circoscrizione, sulla base dei quozienti interi e dei più alti resti.

**Art. 57** Il Senato della Repubblica è eletto a base regionale, salvi i seggi assegnati alla circoscrizione Estero.
Il numero dei senatori elettivi è di trecentoquindici, sei dei quali eletti nella circoscrizione Estero.
Nessuna Regione può avere un numero di senatori inferiore a sette; il Molise ne ha due, la Valle d'Aosta uno.
La ripartizione dei seggi tra le Regioni, fatto salvo il numero dei seggi assegnati alla circoscrizione Estero, previa applicazione delle disposizioni del precedente comma, si effettua in proporzione alla popolazione delle Regioni, quale risulta dall'ultimo censimento generale, sulla base dei quozienti interi e dei più alti resti.

**Art. 58** I senatori sono eletti a suffragio uni-

versale e diretto dagli elettori che hanno superato il venticinquesimo anno di età.
Sono eleggibili a senatori gli elettori che hanno compiuto il quarantesimo anno.

**Art. 59** È senatore di diritto e a vita, salvo rinunzia, chi è stato Presidente della Repubblica.
Il Presidente della Repubblica può nominare senatori a vita cinque cittadini che hanno illustrato la Patria per altissimi meriti nel campo sociale, scientifico, artistico e letterario.

**Art. 60** La Camera dei deputati e il Senato della Repubblica sono eletti per cinque anni.
La durata di ciascuna Camera non può essere prorogata se non per legge e soltanto in caso di guerra.

**Art. 61** Le elezioni delle nuove Camere hanno luogo entro settanta giorni dalla fine delle precedenti. La prima riunione ha luogo non oltre il ventesimo giorno dalle elezioni.
Finché non siano riunite le nuove Camere sono prorogati i poteri delle precedenti.

**Art. 62** Le Camere si riuniscono di diritto il primo giorno non festivo di febbraio e di ottobre.
Ciascuna Camera può essere convocata in via straordinaria per iniziativa del suo Presidente o del Presidente della Repubblica o di un terzo dei suoi componenti.
Quando si riunisce in via straordinaria una Camera, è convocata di diritto anche l'altra.

**Art. 63** Ciascuna Camera elegge fra i suoi componenti il Presidente e l'Ufficio di presidenza.
Quando il Parlamento si riunisce in seduta comune, il Presidente e l'Ufficio di presidenza sono quelli della Camera dei deputati.

**Art. 64** Ciascuna Camera adotta il proprio regolamento a maggioranza assoluta dei suoi componenti.
Le sedute sono pubbliche: tuttavia ciascuna delle due Camere e il Parlamento a Camere riunite possono deliberare di adunarsi in seduta segreta.
Le deliberazioni di ciascuna Camera e del Parlamento non sono valide se non è presente la maggioranza dei loro componenti, e se non sono adottate a maggioranza dei presenti, salvo che la Costituzione prescriva una maggioranza speciale.
I membri del Governo, anche se non fanno parte delle Camere, hanno diritto, e se richiesti obbligo, di assistere alle sedute. Devono essere sentiti ogni volta che lo richiedono.

**Art. 65** La legge determina i casi di ineleggibilità e di incompatibilità con l'ufficio di deputato o di senatore.
Nessuno può appartenere contemporaneamente alle due Camere.

**Art. 66** Ciascuna Camera giudica dei titoli di ammissione dei suoi componenti e delle cause sopraggiunte di ineleggibilità e di incompatibilità.

**Art. 67** Ogni membro del Parlamento rappresenta la Nazione ed esercita le sue funzioni senza vincolo di mandato.

**Art. 68** I membri del Parlamento non possono essere chiamati a rispondere delle opinioni espresse e dei voti dati nell'esercizio delle loro funzioni.
Senza autorizzazione della Camera alla quale appartiene, nessun membro del Parlamento può essere sottoposto a perquisizione personale o domiciliare, né può essere arrestato o altrimenti privato della libertà personale, o mantenuto in detenzione, salvo che in esecuzione di una sentenza irrevocabile di condanna, ovvero se sia colto nell'atto di commettere un delitto per il quale è previsto l'arresto obbligatorio in flagranza.
Analoga autorizzazione è richiesta per sottoporre i membri del Parlamento ad intercettazioni, in qualsiasi forma, di conversazioni o comunicazioni e a sequestro di corrispondenza.

**Art. 69** I membri del Parlamento ricevono una indennità stabilita dalla legge.

### Sezione II
### La formazione delle leggi

**Art. 70** La funzione legislativa è esercitata collettivamente dalle due Camere.

**Art. 71** L'iniziativa delle leggi appartiene al Governo, a ciascun membro delle Camere ed agli organi ed enti ai quali sia conferita da legge costituzionale.
Il popolo esercita l'iniziativa delle leggi, mediante la proposta, da parte di almeno cinquantamila elettori, di un progetto redatto in articoli.

**Art. 72** Ogni disegno di legge, presentato ad una Camera è, secondo le norme del suo regolamento, esaminato da una commissione e poi dalla Camera stessa, che l'approva articolo per articolo e con votazione finale.
Il regolamento stabilisce procedimenti abbreviati per i disegni di legge dei quali è dichiarata l'urgenza.
Può altresì stabilire in quali casi e forme l'esame e l'approvazione dei disegni di legge sono deferiti a commissioni, anche permanenti, composte in modo da rispecchiare la proporzione dei gruppi parlamentari. Anche in tali casi, fino al momento della sua approvazione definitiva, il disegno di legge è rimesso alla Camera, se il Governo o un decimo dei componenti della Camera o un quinto della commissione richiedono che sia discusso e votato dalla Camera stessa oppure che sia sottoposto alla sua approvazione finale con sole dichiarazioni di voto. Il regolamento determina le forme di pubblicità dei lavori delle commissioni.
La procedura normale di esame e di approvazione diretta da parte della Camera è sempre adottata per i disegni di legge in materia costituzionale ed elettorale e per quelli di delegazione legislativa, di autorizzazione a ratificare trattati internazionali, di approvazione di bilanci e consuntivi.

**Art. 73** Le leggi sono promulgate dal Presidente della Repubblica entro un mese dall'approvazione.
Se le Camere, ciascuna a maggioranza assoluta dei propri componenti, ne dichiarano l'urgenza, la legge è promulgata nel termine da essa stabilito.
Le leggi sono pubblicate subito dopo la promulgazione ed entrano in vigore il quindicesimo giorno successivo alla loro pubblicazione, salvo che le leggi stesse stabiliscano un termine diverso.

**Art. 74** Il Presidente della Repubblica, prima di promulgare la legge, può con messaggio motivato alle Camere chiedere una nuova deliberazione.
Se le Camere approvano nuovamente la legge, questa deve essere promulgata.

**Art. 75** È indetto referendum popolare per deliberare l'abrogazione, totale o parziale, di una legge o di un atto avente valore di legge, quando lo richiedono cinquecentomila elettori o cinque Consigli regionali.
Non è ammesso il referendum per le leggi tributarie e di bilancio, di amnistia e di indulto, di autorizzazione a ratificare trattati internazionali.
Hanno diritto di partecipare al referendum tutti i cittadini chiamati ad eleggere la Camera dei deputati.
La proposta soggetta a referendum è approvata se ha partecipato alla votazione la maggioranza degli aventi diritto, e se è raggiunta la maggioranza dei voti validamente espressi.
La legge determina le modalità di attuazione del referendum.

**Art. 76** L'esercizio della funzione legislativa non può essere delegato al Governo se non con determinazione di principi e criteri direttivi e soltanto per tempo limitato e per oggetti definiti.

**Art. 77**
Il Governo non può, senza delegazione delle Camere, emanare decreti che abbiano valore di legge ordinaria.
Quando, in casi straordinari di necessità e d'urgenza, il Governo adotta, sotto la sua responsabilità, provvedimenti provvisori con forza di legge, deve il giorno stesso presentarli per la conversione alle Camere che, anche se sciolte, sono appositamente convocate e si riuniscono entro cinque giorni .
I decreti perdono efficacia sin dall'inizio, se non sono convertiti in legge entro sessanta giorni dalla loro pubblicazione. Le Camere possono tuttavia regolare con legge i rapporti giuridici sorti sulla base dei decreti non convertiti.

**Art. 78** Le Camere deliberano lo stato di guerra e conferiscono al Governo i poteri necessari.

**Art. 79** L'amnistia e l'indulto sono concessi con legge deliberata a maggioranza dei due terzi dei componenti di ciascuna Camera, in ogni suo articolo e nella votazione finale.
La legge che concede l'amnistia o l'indulto stabilisce il termine per la loro applicazione.
In ogni caso l'amnistia e l'indulto non possono applicarsi ai reati commessi successivamente alla presentazione del disegno di legge.

**Art. 80** Le Camere autorizzano con legge la ratifica dei trattati internazionali che sono di natura politica, o prevedono arbitrati o regolamenti giudiziari, o importano variazioni del territorio od oneri alle finanze o modificazioni di leggi.

**Art. 81** Lo Stato assicura l'equilibrio tra le entrate e le spese del proprio bilancio, tenendo conto delle fasi avverse e delle fasi favorevoli del ciclo economico.
Il ricorso all'indebitamento è consentito solo al fine di considerare gli effetti del ciclo economico e, previa autorizzazione delle Camere adottata a maggioranza assoluta dei rispettivi componenti, al verificarsi di eventi eccezionali.
Ogni legge che importi nuovi o maggiori oneri provvede ai mezzi per farvi fronte.
Le Camere ogni anno approvano con legge il bilancio e il rendiconto consuntivo presentati dal Governo.
L'esercizio provvisorio del bilancio non può essere concesso se non per legge e per periodi non superiori complessivamente a quattro mesi.
Il contenuto della legge di bilancio, le norme fondamentali e i criteri volti ad assicurare l'equilibrio tra le entrate e le spese dei bilanci e la sostenibilità del debito del complesso delle pubbliche amministrazioni sono stabiliti con legge approvata a maggioranza assoluta dei componenti di ciascuna Camera, nel rispetto dei princìpi definiti con legge costituzionale.

**Art. 82** Ciascuna Camera può disporre inchieste su materie di pubblico interesse.
A tale scopo nomina fra i propri componenti una commissione formata in modo da rispecchiare la proporzione dei vari gruppi. La commissione di inchiesta procede alle indagini e agli esami con gli stessi poteri e le stesse limitazioni della autorità giudiziaria.

## Titolo II
## Il Presidente della Repubblica

**Art. 83** Il Presidente della Repubblica è eletto dal Parlamento in seduta comune dei suoi membri.
All'elezione partecipano tre delegati per ogni Regione eletti dal Consiglio regionale in modo che sia assicurata la rappresentanza delle minoranze. La Valle d'Aosta ha un solo delegato.
L'elezione del Presidente della Repubblica ha luogo per scrutinio segreto a maggioranza di due terzi della assemblea. Dopo il terzo scrutinio è sufficiente la maggioranza assoluta.

**Art. 84** Può essere eletto Presidente della Repubblica ogni cittadino che abbia compiuto cinquanta anni di età e goda dei diritti civili e politici.
L'ufficio di Presidente della Repubblica è incompatibile con qualsiasi altra carica.
L'assegno e la dotazione del Presidente sono determinati per legge.

**Art. 85** Il Presidente della Repubblica è eletto per sette anni.
Trenta giorni prima che scada il termine, il Presidente della Camera dei deputati convoca in seduta comune il Parlamento e i delegati regionali, per eleggere il nuovo Presidente della Repubblica.
Se le Camere sono sciolte, o manca meno di tre mesi alla loro cessazione, la elezione ha luogo entro quindici giorni dalla riunione delle Camere nuove. Nel frattempo sono prorogati i poteri del Presidente in carica.

**Art. 86** Le funzioni del Presidente della Repubblica, in ogni caso che egli non possa adempierle, sono esercitate dal Presidente del Senato.
In caso di impedimento permanente o di morte o di dimissioni del Presidente della Repubblica, il Presidente della Camera dei deputati indice la elezione del nuovo Presidente della Repubblica entro quindici giorni, salvo il maggior termine previsto se le Camere sono sciolte o manca meno di tre mesi alla loro cessazione.

**Art. 87** Il Presidente della Repubblica è il Capo dello Stato e rappresenta l'unità nazionale.
Può inviare messaggi alle Camere.
Indice le elezioni delle nuove Camere e ne fissa la prima riunione.
Autorizza la presentazione alle Camere dei disegni di legge di iniziativa del Governo.
Promulga le leggi ed emana i decreti aventi valore di legge e i regolamenti.
Indice il referendum popolare nei casi previsti dalla Costituzione.
Nomina, nei casi indicati dalla legge, i funzionari dello Stato.
Accredita e riceve i rappresentanti diplomatici, ratifica i trattati internazionali, previa, quando occorra, l'autorizzazione delle Camere.
Ha il comando delle Forze armate, presiede il Consiglio supremo di difesa costituito secondo la legge, dichiara lo stato di guerra deliberato dalle Camere.
Presiede il Consiglio superiore della magistratura.
Può concedere grazia e commutare le pene.
Conferisce le onorificenze della Repubblica.

**Art. 88** Il Presidente della Repubblica può, sentiti i loro Presidenti, sciogliere le Camere o anche una sola di esse.
Non può esercitare tale facoltà negli ultimi sei mesi del suo mandato, salvo che essi coincidano in tutto o in parte con gli ultimi sei mesi della legislatura.

**Art. 89** Nessun atto del Presidente della Repubblica è valido se non è controfirmato dai ministri proponenti, che ne assumono la responsabilità.
Gli atti che hanno valore legislativo e gli altri indicati dalla legge sono controfirmati anche dal Presidente del Consiglio dei ministri.

**Art. 90** Il Presidente della Repubblica non è responsabile degli atti compiuti nell'esercizio delle sue funzioni, tranne che per alto tradimento o per attentato alla Costituzione.
In tali casi è messo in stato di accusa dal Parlamento in seduta comune, a maggioranza assoluta dei suoi membri.

**Art. 91** Il Presidente della Repubblica, prima di assumere le sue funzioni, presta giuramento di fedeltà alla Repubblica e di osservanza della Costituzione dinanzi al Parlamento in seduta comune.

## Titolo III
## Il Governo

### Sezione I
### Il Consiglio dei ministri

**Art. 92** Il Governo della Repubblica è composto del Presidente del Consiglio e dei ministri, che costituiscono insieme il Consiglio dei ministri.
Il Presidente della Repubblica nomina il Presidente del Consiglio dei ministri e, su proposta di questo, i ministri.

**Art. 93** Il Presidente del Consiglio dei ministri e i ministri, prima di assumere le funzioni, prestano giuramento nelle mani del Presidente della Repubblica.

**Art. 94** Il Governo deve avere la fiducia delle due Camere.
Ciascuna Camera accorda o revoca la fiducia mediante mozione motivata e votata per appello nominale.
Entro dieci giorni dalla sua formazione il Governo si presenta alle Camere per ottenerne la fiducia.
Il voto contrario di una o di entrambe le Camere su una proposta del Governo non importa obbligo di dimissioni.
La mozione di sfiducia deve essere firmata da almeno un decimo dei componenti della Camera e non può essere messa in discussione prima di tre giorni dalla sua presentazione.

**Art. 95** Il Presidente del Consiglio dei ministri dirige la politica generale del Governo e ne è responsabile. Mantiene l'unità di indirizzo politico ed amministrativo, promovendo e coordinando l'attività dei ministri.

I ministri sono responsabili collegialmente degli atti del Consiglio dei ministri, e individualmente degli atti dei loro dicasteri.
La legge provvede all'ordinamento della Presidenza del Consiglio e determina il numero, le attribuzioni e l'organizzazione dei ministeri.
**Art. 96** Il Presidente del Consiglio dei ministri ed i ministri, anche se cessati dalla carica, sono sottoposti, per i reati commessi nell'esercizio delle loro funzioni, alla giurisdizione ordinaria, previa autorizzazione del Senato della Repubblica o della Camera dei deputati, secondo le norme stabilite con legge costituzionale.

### Sezione II
### La Pubblica Amministrazione

**Art. 97** Le pubbliche amministrazioni, in coerenza con l'ordinamento dell'Unione europea, assicurano l'equilibrio dei bilanci e la sostenibilità del debito pubblico.
I pubblici uffici sono organizzati secondo disposizioni di legge, in modo che siano assicurati il buon andamento e la imparzialità dell'amministrazione.
Nell'ordinamento degli uffici sono determinate le sfere di competenza, le attribuzioni e le responsabilità proprie dei funzionari.
Agli impieghi nelle pubbliche amministrazioni si accede mediante concorso, salvo i casi stabiliti dalla legge.
**Art. 98** I pubblici impiegati sono al servizio esclusivo della Nazione.
Se sono membri del Parlamento, non possono conseguire promozioni se non per anzianità.
Si possono con legge stabilire limitazioni al diritto d'iscriversi ai partiti politici per i magistrati, i militari di carriera in servizio attivo, i funzionari ed agenti di polizia, i rappresentanti diplomatici e consolari all'estero.

### Sezione III
### Gli organi ausiliari

**Art. 99** Il Consiglio nazionale dell'economia e del lavoro è composto, nei modi stabiliti dalla legge, di esperti e di rappresentanti delle categorie produttive, in misura che tenga conto della loro importanza numerica e qualitativa.
È organo di consulenza delle Camere e del Governo per le materie e secondo le funzioni che gli sono attribuite dalla legge.
Ha l'iniziativa legislativa e può contribuire alla elaborazione della legislazione economica e sociale secondo i principi ed entro i limiti stabiliti dalla legge.
**Art. 100** Il Consiglio di Stato è organo di consulenza giuridico-amministrativa e di tutela della giustizia nell'amministrazione.
La Corte dei conti esercita il controllo preventivo di legittimità sugli atti del Governo, e anche quello successivo sulla gestione del bilancio dello Stato. Partecipa, nei casi e nelle forme stabilite dalla legge, al controllo sulla gestione finanziaria degli enti a cui lo Stato contribuisce in via ordinaria. Riferisce direttamente alle Camere sul risultato del riscontro eseguito.
La legge assicura l'indipendenza dei due istituti e dei loro componenti di fronte al Governo.

## Titolo IV
## La magistratura

### Sezione I
### Ordinamento giurisdizionale

**Art. 101** La giustizia è amministrata in nome del popolo.
I giudici sono soggetti soltanto alla legge.
**Art. 102** La funzione giurisdizionale è esercitata da magistrati ordinari istituiti e regolati dalle norme sull'ordinamento giudiziario.
Non possono essere istituiti giudici straordinari o giudici speciali. Possono soltanto istituirsi presso gli organi giudiziari ordinari sezioni specializzate per determinate materie, anche con la partecipazione di cittadini idonei estranei alla magistratura.
La legge regola i casi e le forme della partecipazione diretta del popolo all'amministrazione della giustizia.
**Art. 103** Il Consiglio di Stato e gli altri organi di giustizia amministrativa hanno giurisdizione per la tutela nei confronti della pubblica amministrazione degli interessi legittimi e, in particolari materie indicate dalla legge, anche dei diritti soggettivi.
La Corte dei conti ha giurisdizione nelle materie di contabilità pubblica e nelle altre specificate dalla legge.
I tribunali militari in tempo di guerra hanno la giurisdizione stabilita dalla legge. In tempo di pace hanno giurisdizione soltanto per i reati militari commessi da appartenenti alle Forze armate.
**Art. 104** La magistratura costituisce un ordine autonomo e indipendente da ogni altro potere.
Il Consiglio superiore della magistratura è presieduto dal Presidente della Repubblica.
Ne fanno parte di diritto il primo presidente e il procuratore generale della Corte di cassazione.
Gli altri componenti sono eletti per due terzi da tutti i magistrati ordinari tra gli appartenenti alle varie categorie, e per un terzo dal Parlamento in seduta comune tra professori ordinari di università in materie giuridiche ed avvocati dopo quindici anni di esercizio.
Il Consiglio elegge un vicepresidente fra i componenti designati dal Parlamento.
I membri elettivi del Consiglio durano in carica quattro anni e non sono immediatamente rieleggibili.
Non possono, finché sono in carica, essere iscritti, negli albi professionali, né far parte del Parlamento o di un Consiglio regionale.
**Art. 105** Spettano al Consiglio superiore della magistratura, secondo le norme dell'ordinamento giudiziario, le assunzioni, le assegnazioni ed i trasferimenti, le promozioni e i provvedimenti disciplinari nei riguardi dei magistrati.
**Art. 106** Le nomine dei magistrati hanno luogo per concorso.
La legge sull'ordinamento giudiziario può ammettere la nomina, anche elettiva, di magistrati onorari per tutte le funzioni attribuite a giudici singoli.
Su designazione del Consiglio superiore della magistratura possono essere chiamati all'ufficio di consiglieri di cassazione, per meriti insigni, professori ordinari di università in materie giuridiche e avvocati che abbiano quindici anni di esercizio e siano iscritti negli albi speciali per le giurisdizioni superiori.
**Art. 107** I magistrati sono inamovibili. Non possono essere dispensati o sospesi dal servizio né destinati ad altre sedi o funzioni se non in seguito a decisione del Consiglio superiore della magistratura, adottata o per i motivi e con le garanzie di difesa stabilite dall'ordinamento giudiziario o con il loro consenso.
Il Ministro della giustizia ha facoltà di promuovere l'azione disciplinare.
I magistrati si distinguono fra loro soltanto per diversità di funzioni.
Il pubblico ministero gode delle garanzie stabilite nei suoi riguardi dalle norme sull'ordinamento giudiziario.
**Art. 108** Le norme sull'ordinamento giudiziario e su ogni magistratura sono stabilite con legge.
La legge assicura l'indipendenza dei giudici delle giurisdizioni speciali, del pubblico ministero presso di esse, e degli estranei che partecipano all'amministrazione della giustizia.
**Art. 109** L'autorità giudiziaria dispone direttamente della polizia giudiziaria.
**Art. 110** Ferme le competenze del Consiglio superiore della magistratura, spettano al Ministro della giustizia l'organizzazione e il funzionamento dei servizi relativi alla giustizia.

### Sezione II
### Norme sulla giurisdizione

**Art. 111** La giurisdizione si attua mediante il giusto processo regolato dalla legge.
Ogni processo si svolge nel contraddittorio tra le parti, in condizioni di parità, davanti a giudice terzo e imparziale. La legge ne assicura la ragionevole durata.
Nel processo penale, la legge assicura che la persona accusata di un reato sia, nel più breve tempo possibile, informata riservatamente del-

la natura e dei motivi dell'accusa elevata a suo carico; disponga del tempo e delle condizioni necessari per preparare la sua difesa; abbia la facoltà, davanti al giudice, di interrogare o di far interrogare le persone che rendono dichiarazioni a suo carico, di ottenere la convocazione e l'interrogatorio di persone a sua difesa nelle stesse condizioni dell'accusa e l'acquisizione di ogni altro mezzo di prova a suo favore; sia assistita da un interprete se non comprende o non parla la lingua impiegata nel processo.

Il processo penale è regolato dal principio del contraddittorio nella formazione della prova. La colpevolezza dell'imputato non può essere provata sulla base di dichiarazioni rese da chi, per libera scelta, si è sempre volontariamente sottratto all'interrogatorio da parte dell'imputato o del suo difensore.

La legge regola i casi in cui la formazione della prova non ha luogo in contraddittorio per consenso dell'imputato o per accertata impossibilità di natura oggettiva o per effetto di provata condotta illecita.

Tutti i provvedimenti giurisdizionali devono essere motivati.

Contro le sentenze e contro i provvedimenti sulla libertà personale, pronunciati dagli organi giurisdizionali ordinari o speciali, è sempre ammesso ricorso in cassazione per violazione di legge. Si può derogare a tale norma soltanto per le sentenze dei tribunali militari in tempo di guerra.

Contro le decisioni del Consiglio di Stato e della Corte dei conti il ricorso in cassazione è ammesso per i soli motivi inerenti alla giurisdizione.

**Art. 112** Il pubblico ministero ha l'obbligo di esercitare l'azione penale.

**Art. 113** Contro gli atti della pubblica amministrazione è sempre ammessa la tutela giurisdizionale dei diritti e degli interessi legittimi dinanzi agli organi di giurisdizione ordinaria o amministrativa.

Tale tutela giurisdizionale non può essere esclusa o limitata a particolari mezzi di impugnazione o per determinate categorie di atti.

La legge determina quali organi di giurisdizione possono annullare gli atti della pubblica amministrazione nei casi e con gli effetti previsti dalla legge stessa.

## Titolo V
## Le Regioni, le Province, i Comuni

**Art. 114** La Repubblica è costituita dai Comuni, dalle Province, dalle Città metropolitane, dalle Regioni e dallo Stato.

I Comuni, le Province, le Città metropolitane e le Regioni sono enti autonomi con propri statuti, poteri e funzioni secondo i principi fissati dalla Costituzione.

Roma è la capitale della Repubblica. La legge dello Stato disciplina il suo ordinamento.

**Art. 115** *(Abrogato)*

**Art. 116** Il Friuli Venezia Giulia, la Sardegna, la Sicilia, il Trentino-Alto Adige/Südtirol e la Valle d'Aosta/Vallée d'Aoste dispongono di forme e condizioni particolari di autonomia, secondo i rispettivi statuti speciali adottati con legge costituzionale.

La Regione Trentino-Alto Adige/Südtirol è costituita dalle Province autonome di Trento e di Bolzano.

Ulteriori forme e condizioni particolari di autonomia, concernenti le materie di cui al terzo comma dell'articolo 117 e le materie indicate dal secondo comma del medesimo articolo alle lettere l), limitatamente all'organizzazione della giustizia di pace, n) e s), possono essere attribuite ad altre Regioni, con legge dello Stato, su iniziativa della Regione interessata, sentiti gli enti locali, nel rispetto dei principi di cui all'articolo 119. La legge è approvata dalle Camere a maggioranza assoluta dei componenti, sulla base di intesa fra lo Stato e la Regione interessata.

**Art. 117** La potestà legislativa è esercitata dallo Stato e dalle Regioni nel rispetto della Costituzione, nonché dei vincoli derivanti dall'ordinamento comunitario e dagli obblighi internazionali.

Lo Stato ha legislazione esclusiva nelle seguenti materie:

a) politica estera e rapporti internazionali dello Stato; rapporti dello Stato con l'Unione europea; diritto di asilo e condizione giuridica dei cittadini di Stati non appartenenti all'Unione europea;
b) immigrazione;
c) rapporti tra la Repubblica e le confessioni religiose;
d) difesa e Forze armate; sicurezza dello Stato; armi, munizioni ed esplosivi;
e) moneta, tutela del risparmio e mercati finanziari; tutela della concorrenza; sistema valutario; sistema tributario e contabile dello Stato; armonizzazione dei bilanci pubblici; perequazione delle risorse finanziarie;
f) organi dello Stato e relative leggi elettorali; referendum statali; elezione del Parlamento europeo;
g) ordinamento e organizzazione amministrativa dello Stato e degli enti pubblici nazionali;
h) ordine pubblico e sicurezza, ad esclusione della polizia amministrativa locale;
i) cittadinanza, stato civile e anagrafi;
l) giurisdizione e norme processuali; ordinamento civile e penale; giustizia amministrativa;
m) determinazione dei livelli essenziali delle prestazioni concernenti i diritti civili e sociali che devono essere garantiti su tutto il territorio nazionale;
n) norme generali sull'istruzione;
o) previdenza sociale;
p) legislazione elettorale, organi di governo e funzioni fondamentali di Comuni, Province e Città metropolitane;
q) dogane, protezione dei confini nazionali e profilassi internazionale;
r) pesi, misure e determinazione del tempo; coordinamento informativo statistico e informatico dei dati dell'amministrazione statale, regionale e locale; opere dell'ingegno;
s) tutela dell'ambiente, dell'ecosistema e dei beni culturali.

Sono materie di legislazione concorrente quelle relative a: rapporti internazionali e con l'Unione europea delle Regioni; commercio con l'estero; tutela e sicurezza del lavoro; istruzione, salva l'autonomia delle istituzioni scolastiche e con esclusione della istruzione e della formazione professionale; professioni; ricerca scientifica e tecnologica e sostegno all'innovazione per i settori produttivi; tutela della salute; alimentazione; ordinamento sportivo; protezione civile; governo del territorio; porti e aeroporti civili; grandi reti di trasporto e di navigazione; ordinamento della comunicazione; produzione, trasporto e distribuzione nazionale dell'energia; previdenza complementare e integrativa; coordinamento della finanza pubblica e del sistema tributario; valorizzazione dei beni culturali e ambientali e promozione e organizzazione di attività culturali; casse di risparmio, casse rurali, aziende di credito a carattere regionale; enti di credito fondiario e agrario a carattere regionale. Nelle materie di legislazione concorrente spetta alle Regioni la potestà legislativa, salvo che per la determinazione dei principi fondamentali, riservata alla legislazione dello Stato.

Spetta alle Regioni la potestà legislativa in riferimento ad ogni materia non espressamente riservata alla legislazione dello Stato.

Le Regioni e le Province autonome di Trento e di Bolzano, nelle materie di loro competenza, partecipano alle decisioni dirette alla formazione degli atti normativi comunitari e provvedono all'attuazione e all'esecuzione degli accordi internazionali e degli atti dell'Unione europea, nel rispetto delle norme di procedura stabilite da legge dello Stato, che disciplina le modalità di esercizio del potere sostitutivo in caso di inadempienza.

La potestà regolamentare spetta allo Stato nelle materie di legislazione esclusiva, salva delega alle Regioni. La potestà regolamentare spetta alle Regioni in ogni altra materia. I Comuni, le Province e le Città metropolitane hanno potestà regolamentare in ordine alla disciplina dell'organizzazione e dello svolgimento delle funzioni loro attribuite.

Le leggi regionali rimuovono ogni ostacolo che impedisce la piena parità degli uomini e delle donne nella vita sociale, culturale ed economica e promuovono la parità di accesso tra donne e uomini alle cariche elettive.

La legge regionale ratifica le intese della Regione con altre Regioni per il migliore esercizio delle proprie funzioni, anche con individuazione di organi comuni.

Nelle materie di sua competenza la Regione può concludere accordi con Stati e intese con enti territoriali interni ad altro Stato, nei casi e con le forme disciplinati da leggi dello Stato.

**Art. 118** Le funzioni amministrative sono attribuite ai Comuni salvo che, per assicurarne l'esercizio unitario, siano conferite a Province, Città metropolitane, Regioni e Stato, sulla base dei principi di sussidiarietà, differenziazione ed adeguatezza.

I Comuni, le Province e le Città metropolitane sono titolari di funzioni amministrative proprie e di quelle conferite con legge statale o regionale, secondo le rispettive competenze.

La legge statale disciplina forme di coordinamento fra Stato e Regioni nelle materie di cui alle lettere b) e h) del secondo comma dell'articolo 117, e disciplina inoltre forme di intesa e coordinamento nella materia della tutela dei beni culturali.

Stato, Regioni, Città metropolitane, Province e Comuni favoriscono l'autonoma iniziativa dei cittadini, singoli e associati, per lo svolgimento di attività di interesse generale, sulla base del principio di sussidiarietà.

**Art. 119** I Comuni, le Province, le Città metropolitane e le Regioni hanno autonomia finanziaria di entrata e di spesa, nel rispetto dell'equilibrio dei relativi bilanci, e concorrono ad assicurare l'osservanza dei vincoli economici e finanziari derivanti dall'ordinamento dell'Unione europea.

I Comuni, le Province, le Città metropolitane e le Regioni hanno risorse autonome. Stabiliscono e applicano tributi ed entrate propri, in armonia con la Costituzione e secondo i principi di coordinamento della finanza pubblica e del sistema tributario. Dispongono di compartecipazioni al gettito di tributi erariali riferibile al loro territorio.

La legge dello Stato istituisce un fondo perequativo, senza vincoli di destinazione, per i territori con minore capacità fiscale per abitante.

Le risorse derivanti dalle fonti di cui ai commi precedenti consentono ai Comuni, alle Province, alle Città metropolitane e alle Regioni di finanziare integralmente le funzioni pubbliche loro attribuite.

Per promuovere lo sviluppo economico, la coesione e la solidarietà sociale, per rimuovere gli squilibri economici e sociali, per favorire l'effettivo esercizio dei diritti della persona, o per provvedere a scopi diversi dal normale esercizio delle loro funzioni, lo Stato destina risorse aggiuntive ed effettua interventi speciali in favore di determinati Comuni, Province, Città metropolitane e Regioni.

I Comuni, le Province, le Città metropolitane e le Regioni hanno un proprio patrimonio, attribuito secondo i princìpi generali determinati dalla legge dello Stato. Possono ricorrere all'indebitamento solo per finanziare spese di investimento, con la contestuale definizione di piani di ammortamento e a condizione che per il complesso degli enti di ciascuna Regione sia rispettato l'equilibrio di bilancio. È esclusa ogni garanzia dello Stato sui prestiti dagli stessi contratti.

**Art. 120** La Regione non può istituire dazi di importazione o esportazione o transito tra le Regioni, né adottare provvedimenti che ostacolino in qualsiasi modo la libera circolazione delle persone e delle cose tra le Regioni, nè limitare l'esercizio del diritto al lavoro in qualunque parte del territorio nazionale.

Il Governo può sostituirsi a organi delle Regioni, delle Città metropolitane, delle Province e dei Comuni nel caso di mancato rispetto di norme e trattati internazionali o della normativa comunitaria oppure di pericolo grave per l'incolumità e la sicurezza pubblica, ovvero quando lo richiedono la tutela dell'unità giuridica o dell'unità economica e in particolare la tutela dei livelli essenziali delle prestazioni concernenti i diritti civili e sociali, prescindendo dai confini territoriali dei governi locali. La legge definisce le procedure atte a garantire che i poteri sostitutivi siano esercitati nel rispetto del principio di sussidiarietà e del principio di leale collaborazione.

**Art. 121** Sono organi della Regione: il Consiglio regionale, la Giunta e il suo Presidente.

Il Consiglio regionale esercita le potestà legislative attribuite alla Regione e le altre funzioni conferitegli dalla Costituzione e dalle leggi. Può fare proposte di legge alle Camere.

La Giunta regionale è l'organo esecutivo delle Regioni.

Il Presidente della Giunta rappresenta la Regione; dirige la politica della Giunta e ne è responsabile; promulga le leggi ed emana i regolamenti regionali; dirige le funzioni amministrative delegate dallo Stato alla Regione, conformandosi alle istruzioni del Governo della Repubblica.

**Art. 122** Il sistema di elezione e i casi di ineleggibilità e di incompatibilità del Presidente e degli altri componenti della Giunta regionale nonché dei consiglieri regionali sono disciplinati con legge della Regione nei limiti dei principi fondamentali stabiliti con legge della Repubblica, che stabilisce anche la durata degli organi elettivi.

Nessuno può appartenere contemporaneamente a un Consiglio o a una Giunta regionale e ad una delle Camere del Parlamento, ad un altro Consiglio o ad altra Giunta regionale, ovvero al Parlamento europeo.

Il Consiglio elegge tra i suoi componenti un Presidente e un ufficio di presidenza.

I consiglieri regionali non possono essere chiamati a rispondere delle opinioni espresse e dei voti dati nell'esercizio delle loro funzioni.

Il Presidente della Giunta regionale, salvo che lo statuto regionale disponga diversamente, è eletto a suffragio universale e diretto. Il Presidente eletto nomina e revoca i componenti della Giunta.

**Art. 123** Ciascuna Regione ha uno statuto che, in armonia con la Costituzione, ne determina la forma di governo e i principi fondamentali di organizzazione e funzionamento. Lo statuto regola l'esercizio del diritto di iniziativa e del referendum su leggi e provvedimenti amministrativi della Regione e la pubblicazione delle leggi e dei regolamenti regionali.

Lo statuto è approvato e modificato dal Consiglio regionale con legge approvata a maggioranza assoluta dei suoi componenti, con due deliberazioni successive adottate ad intervallo non minore di due mesi. Per tale legge non è richiesta l'apposizione del visto da parte del Commissario del Governo. Il Governo della Repubblica può promuovere la questione di legittimità costituzionale sugli statuti regionali dinanzi alla Corte costituzionale entro trenta giorni dalla loro pubblicazione.

Lo statuto è sottoposto a referendum popolare qualora entro tre mesi dalla sua pubblicazione ne faccia richiesta un cinquantesimo degli elettori della Regione o un quinto dei componenti il Consiglio regionale. Lo statuto sottoposto a referendum non è promulgato se non è approvato dalla maggioranza dei voti validi.

In ogni Regione, lo statuto disciplina il Consiglio delle autonomie locali, quale organo di consultazione fra la Regione e gli enti locali.

**Art. 124** *(Abrogato)*

**Art. 125** Nella Regione sono istituiti organi di giustizia amministrativa di primo grado, secondo l'ordinamento stabilito da legge della Repubblica. Possono istituirsi sezioni con sede diversa dal capoluogo della Regione.

**Art. 126** Con decreto motivato del Presidente della Repubblica sono disposti lo scioglimento del Consiglio regionale e la rimozione del Presidente della Giunta che abbiano compiuto atti contrari alla Costituzione o gravi violazioni di legge. Lo scioglimento e la rimozione possono altresì essere disposti per ragioni di sicurezza nazionale. Il decreto è adottato sentita una Commissione di deputati e senatori costituita, per le questioni regionali, nei modi stabiliti con legge della Repubblica.

Il Consiglio regionale può esprimere la sfiducia nei confronti del Presidente della Giunta mediante mozione motivata, sottoscritta da almeno un quinto dei suoi componenti e approvata per appello nominale a maggioranza assoluta

dei componenti. La mozione non può essere messa in discussione prima di tre giorni dalla presentazione.
L'approvazione della mozione di sfiducia nei confronti del Presidente della Giunta eletto a suffragio universale e diretto, nonché la rimozione, l'impedimento permanente, la morte o le dimissioni volontarie dello stesso comportano le dimissioni della Giunta e lo scioglimento del Consiglio. In ogni caso i medesimi effetti conseguono alle dimissioni contestuali della maggioranza dei componenti il Consiglio.

**Art. 127** Il Governo, quando ritenga che una legge regionale ecceda la competenza della Regione, può promuovere la questione di legittimità costituzionale dinanzi alla Corte costituzionale entro sessanta giorni dalla sua pubblicazione.
La Regione, quando ritenga che una legge o un atto avente valore di legge dello Stato o di un'altra Regione leda la sua sfera di competenza, può promuovere la questione di legittimità costituzionale dinanzi alla Corte costituzionale entro sessanta giorni dalla pubblicazione della legge o dell'atto avente valore di legge.

**Art. 128** *(Abrogato)*

**Art. 129** *(Abrogato)*

**Art. 130** *(Abrogato)*

**Art. 131** Sono costituite le seguenti Regioni:
Piemonte; Valle d'Aosta; Lombardia; Trentino-Alto Adige; Veneto; Friuli-Venezia Giulia; Liguria; Emilia-Romagna; Toscana; Umbria; Marche; Lazio; Abruzzi; Molise; Campania; Puglia; Basilicata; Calabria; Sicilia; Sardegna.

**Art. 132** Si può, con legge costituzionale, sentiti i Consigli regionali, disporre la fusione di Regioni esistenti o la creazione di nuove Regioni con un minimo di un milione di abitanti, quando ne facciano richiesta tanti Consigli comunali che rappresentino almeno un terzo delle popolazioni interessate, e la proposta sia approvata con referendum dalla maggioranza delle popolazioni stesse.
Si può, con l'approvazione della maggioranza delle popolazioni della Provincia o delle Province interessate e del Comune o dei Comuni interessati espressa mediante referendum e con legge della Repubblica, sentiti i Consigli regionali, consentire che Province e Comuni, che ne facciano richiesta, siano staccati da una Regione e aggregati ad un'altra.

**Art. 133** Il mutamento delle circoscrizioni provinciali e la istituzione di nuove Province nell'ambito di una Regione sono stabiliti con leggi della Repubblica, su iniziativa dei Comuni, sentita la stessa Regione.
La Regione, sentite le popolazioni interessate, può con sue leggi istituire nel proprio territorio nuovi Comuni e modificare le loro circoscrizioni e denominazioni.

## Titolo VI
## Garanzie costituzionali

### Sezione I
### La Corte costituzionale

**Art. 134** La Corte costituzionale giudica:
sulle controversie relative alla legittimità costituzionale delle leggi e degli atti, aventi forza di legge, dello Stato e delle Regioni;
sui conflitti di attribuzione tra i poteri dello Stato e su quelli tra lo Stato e le Regioni, e tra le Regioni;
sulle accuse promosse contro il Presidente della Repubblica, a norma della Costituzione.

**Art. 135** La Corte costituzionale è composta di quindici giudici nominati per un terzo dal Presidente della Repubblica, per un terzo dal Parlamento in seduta comune e per un terzo dalle supreme magistrature ordinaria ed amministrative.
I giudici della Corte costituzionale sono scelti fra i magistrati anche a riposo delle giurisdizioni superiori ordinaria ed amministrative, i professori ordinari di università in materie giuridiche e gli avvocati dopo venti anni di esercizio.
I giudici della Corte costituzionale sono nominati per nove anni, decorrenti per ciascuno di essi dal giorno del giuramento, e non possono essere nuovamente nominati.
Alla scadenza del termine il giudice costituzionale cessa dalla carica e dall'esercizio delle funzioni.
La Corte elegge tra i suoi componenti, secondo le norme stabilite dalla legge, il Presidente, che rimane in carica per un triennio, ed è rieleggibile, fermi in ogni caso i termini di scadenza dall' ufficio di giudice.
L'ufficio di giudice della Corte è incompatibile con quello di membro del Parlamento, di un Consiglio regionale, con l'esercizio della professione di avvocato e con ogni carica ed ufficio indicati dalla legge.
Nei giudizi d'accusa contro il Presidente della Repubblica intervengono, oltre i giudici ordinari della Corte, sedici membri tratti a sorte da un elenco di cittadini aventi i requisiti per l'eleggibilità a senatore, che il Parlamento compila ogni nove anni mediante elezione con le stesse modalità stabilite per la nomina dei giudici ordinari.

**Art. 136** Quando la Corte dichiara l'illegittimità costituzionale di una norma di legge o di un atto avente forza di legge, la norma cessa di avere efficacia dal giorno successivo alla pubblicazione della decisione.
La decisione della Corte è pubblicata e comunicata alle Camere ed ai Consigli regionali interessati, affinché, ove lo ritengano necessario, provvedano nelle forme costituzionali.

**Art. 137** Una legge costituzionale stabilisce le condizioni, le forme, i termini di proponibilità dei giudizi di legittimità costituzionale, e le garanzie d'indipendenza dei giudici della Corte.
Con legge ordinaria sono stabilite le altre norme necessarie per la costituzione e il funzionamento della Corte.
Contro le decisioni della Corte costituzionale non è ammessa alcuna impugnazione.

### Sezione II
### Revisione della Costituzione. Leggi costituzionali

**Art. 138** Le leggi di revisione della Costituzione e le altre leggi costituzionali sono adottate da ciascuna Camera con due successive deliberazioni ad intervallo non minore di tre mesi, e sono approvate a maggioranza assoluta dei componenti di ciascuna Camera nella seconda votazione.
Le leggi stesse sono sottoposte a referendum popolare quando, entro tre mesi dalla loro pubblicazione, ne facciano domanda un quinto dei membri di una Camera o cinquecentomila elettori o cinque Consigli regionali. La legge sottoposta a referendum non è promulgata se non è approvata dalla maggioranza dei voti validi.
Non si fa luogo a referendum se la legge è stata approvata nella seconda votazione da ciascuna delle Camere a maggioranza di due terzi dei suoi componenti.

**Art. 139** La forma repubblicana non può essere oggetto di revisione costituzionale.

# DISPOSIZIONI TRANSITORIE E FINALI

**I**

Con l'entrata in vigore della Costituzione il Capo provvisorio dello Stato esercita le attribuzioni di Presidente della Repubblica e ne assume il titolo.

**II**

Se alla data della elezione del Presidente della Repubblica non sono costituiti tutti i Consigli regionali, partecipano alla elezione soltanto i componenti delle due Camere.

**III**

Per la prima composizione del Senato della Repubblica sono nominati senatori, con decreto del Presidente della Repubblica, i deputati dell'Assemblea Costituente che posseggono i requisiti di legge per essere senatori e che:
sono stati presidenti del Consiglio dei ministri o di Assemblee legislative;
hanno fatto parte del disciolto Senato;
hanno avuto almeno tre elezioni compresa quella all'Assemblea Costituente;
sono stati dichiarati decaduti nella seduta della Camera dei deputati del 9 novembre 1926;

hanno scontato la pena della reclusione non inferiore a cinque anni in seguito a condanna del tribunale speciale fascista per la difesa dello Stato.
Sono nominati altresì senatori, con decreto del Presidente della Repubblica, i membri del disciolto Senato che hanno fatto parte della Consulta Nazionale.
Al diritto di essere nominati senatori si può rinunciare prima della firma del decreto di nomina. L'accettazione della candidatura alle elezioni politiche implica rinuncia al diritto di nomina a senatore.

**IV**

Per la prima elezione del Senato il Molise è considerato come Regione a sé stante, con il numero dei senatori che gli compete in base alla sua popolazione.

**V**

La disposizione dell'articolo 80 della Costituzione, per quanto concerne i trattati internazionali che importano oneri alle finanze o modificazioni di legge, ha effetto dalla data di convocazione delle Camere.

**VI**

Entro cinque anni dall'entrata in vigore della Costituzione si procede alla revisione degli organi speciali di giurisdizione attualmente esistenti, salvo le giurisdizioni del Consiglio di Stato, della Corte dei conti e dei Tribunali militari.
Entro un anno dalla stessa data si provvede con legge al riordinamento del Tribunale supremo militare in relazione all'articolo 111.

**VII**

Fino a quando non sia emanata la nuova legge sull'ordinamento giudiziario in conformità con la Costituzione, continuano ad osservarsi le norme dell'ordinamento vigente.
Fino a quando non entri in funzione la Corte costituzionale, la decisione delle controversie indicate nell'articolo 134 ha luogo nelle forme e nei limiti delle norme preesistenti all'entrata in vigore della Costituzione.

**VIII**

Le elezioni dei Consigli regionali e degli organi elettivi delle amministrazioni provinciali sono indette entro un anno dall'entrata in vigore della Costituzione.
Leggi della Repubblica regolano per ogni ramo della pubblica amministrazione il passaggio delle funzioni statali attribuite alle Regioni. Fino a quando non sia provveduto al riordinamento e alla distribuzione delle funzioni amministrative fra gli enti locali, restano alle Provincie ed ai Comuni le funzioni che esercitano attualmente e le altre di cui le Regioni deleghino loro l'esercizio.
Leggi della Repubblica regolano il passaggio alle Regioni di funzionari e dipendenti dello Stato, anche delle amministrazioni centrali, che sia reso necessario dal nuovo ordinamento. Per la formazione dei loro uffici le Regioni devono, tranne che in casi di necessità, trarre il proprio personale da quello dello Stato e degli enti locali.

**IX**

La Repubblica, entro tre anni dall'entrata in vigore della Costituzione, adegua le sue leggi alle esigenze delle autonomie locali e alla competenza legislativa attribuita alle Regioni.

**X**

Alla Regione del Friuli-Venezia Giulia, di cui all'articolo 116, si applicano provvisoriamente le norme generali del Titolo V della parte seconda, ferma restando la tutela delle minoranze linguistiche in conformità con l'articolo 6.

**XI**

Fino a cinque anni dall'entrata in vigore della Costituzione si possono, con leggi costituzionali, formare altre Regioni, a modificazione dell'elenco di cui all'articolo 131, anche senza il concorso delle condizioni richieste dal primo comma dell'articolo 132, fermo rimanendo tuttavia l'obbligo di sentire le popolazioni interessate.

**XII**

È vietata la riorganizzazione, sotto qualsiasi forma, del disciolto partito fascista.
In deroga all'articolo 48, sono stabilite con legge, per non oltre un quinquennio dalla entrata in vigore della Costituzione, limitazioni temporanee al diritto di voto e alla eleggibilità per i capi responsabili del regime fascista.

**XIII**

I membri e i discendenti di Casa Savoia non sono elettori e non possono ricoprire uffici pubblici né cariche elettive.
Agli ex re di Casa Savoia, alle loro consorti e ai loro discendenti maschi sono vietati l'ingresso e il soggiorno nel territorio nazionale.
I beni, esistenti nel territorio nazionale, degli ex re di Casa Savoia, delle loro consorti e dei loro discendenti maschi, sono avocati allo Stato. I trasferimenti e le costituzioni di diritti reali sui beni stessi, che siano avvenuti dopo il 2 giugno 1946, sono nulli.

*[La legge costituzionale 23 ottobre 2002, n. 1 ha stabilito che i commi primo e secondo della XIII disposizione transitoria e finale della Costituzione esauriscono i loro effetti a decorrere dalla data di entrata in vigore della stessa legge costituzionale (10 novembre 2002).]*

**XIV**

I titoli nobiliari non sono riconosciuti.
I predicati di quelli esistenti prima del 28 ottobre 1922 valgono come parte del nome.
L'Ordine mauriziano è conservato come ente ospedaliero e funziona nei modi stabiliti dalla legge.
La legge regola la soppressione della Consulta araldica.

**XV**

Con l'entrata in vigore della Costituzione si ha per convertito in legge il decreto legislativo luogotenziale 25 giugno 1944, n. 151, sull'ordinamento provvisorio dello Stato.

**XVI**

Entro un anno dalla entrata in vigore della Costituzione si procede alla revisione e al coordinamento con essa delle precedenti leggi costituzionali che non siano state finora esplicitamente o implicitamente abrogate.

**XVII**

L'Assemblea Costituente sarà convocata dal suo Presidente per deliberare, entro il 31 gennaio 1948, sulla legge per la elezione del Senato della Repubblica, sugli statuti regionali speciali e sulla legge per la stampa.
Fino al giorno delle elezioni delle nuove Camere, l'Assemblea Costituente può essere convocata, quando vi sia necessità di deliberare nelle materie attribuite alla sua competenza dagli articoli 2, primo e secondo comma, e 3, comma primo e secondo, del decreto legislativo 16 marzo 1946, n. 98.
In tale periodo le Commissioni permanenti restano in funzione. Quelle legislative rinviano al Governo i disegni di legge, ad esse trasmessi, con eventuali osservazioni e proposte di emendamenti.
I deputati possono presentare al Governo interrogazioni con richiesta di risposta scritta.
L'Assemblea Costituente, agli effetti di cui al secondo comma del presente articolo, è convocata dal suo Presidente su richiesta motivata del Governo o di almeno duecento deputati.

**XVIII**

La presente Costituzione è promulgata dal Capo provvisorio dello Stato entro cinque giorni dalla sua approvazione da parte dell'Assemblea Costituente, ed entra in vigore il 1° gennaio 1948.
Il testo della Costituzione è depositato nella sala comunale di ciascun Comune della Repubblica per rimanervi esposto, durante tutto l'anno 1948, affinché ogni cittadino possa prenderne cognizione.
La Costituzione, munita del sigillo dello Stato, sarà inserita nella Raccolta ufficiale delle leggi e dei decreti della Repubblica.
La Costituzione dovrà essere fedelmente osservata come legge fondamentale della Repubblica da tutti i cittadini e dagli organi dello Stato.

Data a Roma, addì 27 dicembre 1947

ENRICO DE NICOLA
Controfirmano:

*Il Presidente dell'Assemblea Costituente*
UMBERTO TERRACINI

*Il Presidente del Consiglio dei Ministri*
ALCIDE DE GASPERI

Visto: *Il guardasigilli*
Grassi